2025

国家统一法律职业资格考试

法律法规汇编
指导性案例书

民 法

一本全

| 法律法规 | 收录法考大纲指定法律法规及司法解释，并及时增补新公布和修订的法律文件。 |

＋

| 相关法条 | 将关联法条化整为零，拆分纳入相应的基本法条之后，便于深入理解法条内涵。 |

＋

| 指导案例 | 以案例所涉法条为线索，全文收录最高人民法院、最高人民检察院指导案例60件。 |

法律法规　司法解释　指导案例　相关法条　电子增补

中国法制出版社
CHINA LEGAL PUBLISHING HOUSE

实用法律小全书　全新法考小助手

出版说明

1. 法律法规　全面收录

全面收录法考大纲指定法律法规及司法解释，并及时增补新公布和修订的法律文件。对于已经拆分纳入相应的基本法条之后的配套法规和司法解释，在目录中明确指出其所在页码，方便读者查阅。

2. 法条拆分　以法释法

将配套法规和司法解释化整为零，一一拆分纳入相应的基本法条之后，使二者紧密结合，相互对照，以法释法，便于全面、深入理解法条内涵。避免读者瞻前顾后，顾此失彼，以及在理解上断章取义。

3. 指导案例　以案释法

全文收录最高人民法院、最高人民检察院相关指导案例，以案例所涉法条为线索，科学定位法条与案例所在页码位置，不仅方便查阅，更有助于将法条与案例融会贯通。

4. 关键标注　提示重点

新增和修订法规在目录中用"灰底"标注；主观题已考法条用"♠"标注；其他重点法条用"★"号标注；关键词（题眼）用"下划线"标注；条文主旨用"黑体字"标注；法律文件修改变化用"脚注"标注。

检索说明

1. 目录检索法

本书采取双目录设计，方便查找和定位相关法条、指导案例所在页码。

2. 页眉检索法

以"章"为单位设置页眉，可根据页眉提示快速定位相应章节内容。

3. 新法检索法

对新增、新修法律法规及司法解释在目录中加灰底标示，便于重点查阅。

4. 案例检索法

在图书切口处用灰色条标注案例所在位置，可快速查阅案例内容。

5. 手机检索法

扫描封底二维码，免费获取电子图书，电子法条手机速查。

目 录

| 法 条 | 案 例 |

PART I

第一部分
法律法规

中华人民共和国民法典

(2020年5月28日第十三届全国人民代表大会第三次会议通过 2020年5月28日中华人民共和国主席令第45号公布 自2021年1月1日起施行)

第一编 总 则

第一章 基本规定

★ **第一条** [**立法目的和依据**]为了保护民事主体的合法权益,调整民事关系,维护社会和经济秩序,适应中国特色社会主义发展要求,弘扬社会主义核心价值观,根据宪法,制定本法。

★ **第二条** [**调整范围**]民法调整平等主体的自然人、法人和非法人组织之间的人身关系和财产关系。

第三条 [**民事权利及其他合法权益受法律保护**]民事主体的人身权利、财产权利以及其他合法权益受法律保护,任何组织或者个人不得侵犯。

★ **第四条** [**平等原则**]民事主体在民事活动中的法律地位一律平等。

★ **第五条** [**自愿原则**]民事主体从事民事活动,应当遵循自愿原则,按照自己的意思设立、变更、终止民事法律关系。

★ **第六条** [**公平原则**]民事主体从事民事活动,应当遵循公平原则,合理确定各方的权利和义务。

★ **第七条** [**诚信原则**]民事主体从事民事活动,应当遵循诚信原则,秉持诚实,恪守承诺。

> **最高人民法院指导案例(166号)**
> 北京隆昌伟业贸易有限公司诉北京城建重工有限公司合同纠纷案

★ **第八条** [**守法与公序良俗原则**]民事主体从事民事活动,不得违反法律,不得违背公序良俗。

第九条 [**绿色原则**]民事主体从事民事活动,应当有利于节约资源、保护生态环境。

★ **第十条** [**处理民事纠纷的依据**]处理民事纠纷,应当依照法律;法律没有规定的,可以适用习惯,但是不得违背公序良俗。

> **《最高人民法院关于适用〈中华人民共和国民法典〉总则编若干问题的解释》**①
> 第二条 在一定地域、行业范围内长期为一般人从事民事活动时普遍遵守的民间习俗、惯常做法等,可以认定为民法典第十条规定的习惯。
> 当事人主张适用习惯的,应当就习惯及其具体内容提供相应证据;必要时,人民法院可以依职权查明。
> 适用习惯,不得违背社会主义核心价值观,不得违背公序良俗。

第十一条 [**特别法优先**]其他法律对民事关系有特别规定的,依照其规定。

第十二条 [**民法的效力范围**]中华人民共和国领域内的民事活动,适用中华人民共和国法律。法律另有规定的,依照其规定。

> **最高人民法院指导案例(107号)**
> 中化国际(新加坡)有限公司诉蒂森克虏伯冶金产品有限责任公司国际货物买卖合同纠纷案

第二章 自然人

第一节 民事权利能力和民事行为能力

第十三条 [**自然人民事权利能力的起止时间**]自然人从出生时起到死亡时止,具有民事权利能力,依法享有民事权利,承担民事义务。

第十四条 [**民事权利能力平等**]自然人的民事权利能力一律平等。

★ **第十五条** [**出生和死亡时间的认定**]自然人的出生时间和死亡时间,以出生证明、死亡证明记载的时间为准;没有出生证明、死亡证明的,以户籍登记或者其他有效身份登记记载的时间为准。有其他证据足以推翻以上记载时间的,以该证据证明的时间为准。

★ **第十六条** [**胎儿利益保护**]涉及遗产继承、接受赠与等胎儿利益保护的,胎儿视为具有民事权利能力。但是,胎儿娩出时为死体的,其民事权利能力自始不存在。

> **《最高人民法院关于适用〈中华人民共和国民法典〉总则编若干问题的解释》**
> 第四条 涉及遗产继承、接受赠与等胎儿利益保护,父母在胎儿娩出前作为法定代理人主张相应权利的,人民法院依法予以支持。

---

① 2021年12月30日最高人民法院审判委员会第1861次会议通过,2022年2月24日公布,自2022年3月1日起施行。(法释〔2022〕6号)

第十七条 [成年时间]十八周岁以上的自然人为成年人。不满十八周岁的自然人为未成年人。

★ **第十八条** [完全民事行为能力人]成年人为完全民事行为能力人,可以独立实施民事法律行为。

十六周岁以上的未成年人,以自己的劳动收入为主要生活来源的,视为完全民事行为能力人。

★ **第十九条** [限制民事行为能力的未成年人]八周岁以上的未成年人为限制民事行为能力人,实施民事法律行为由其法定代理人代理或者经其法定代理人同意、追认;但是,可以独立实施纯获利益的民事法律行为或者与其年龄、智力相适应的民事法律行为。

> 《民法典》 第 145、1143 条
>
> 《最高人民法院关于适用〈中华人民共和国民法典〉总则编若干问题的解释》
>
> 第五条 限制民事行为能力人实施的民事法律行为是否与其年龄、智力、精神健康状况相适应,人民法院可以从行为与本人生活相关联的程度,本人的智力、精神健康状况能否理解其行为并预见相应的后果,以及标的、数量、价款或者报酬等方面认定。
>
> 《劳动法》①
>
> 第十五条 禁止用人单位招用未满十六周岁的未成年人。
>
> 文艺、体育和特种工艺单位招用未满十六周岁的未成年人,必须遵守国家有关规定,并保障其接受义务教育的权利。

★ **第二十条** [无民事行为能力的未成年人]不满八周岁的未成年人为无民事行为能力人,由其法定代理人代理实施民事法律行为。

> 《民法典》 第 144、1143 条

★ **第二十一条** [无民事行为能力的成年人]不能辨认自己行为的成年人为无民事行为能力人,由其法定代理人代理实施民事法律行为。

八周岁以上的未成年人不能辨认自己行为的,适用前款规定。

★ **第二十二条** [限制民事行为能力的成年人]不能完全辨认自己行为的成年人为限制民事行为能力人,实施民事法律行为由其法定代理人代理或者经其法定代理人同意、追认;但是,可以独立实施纯获利益的民事法律行为或者与其智力、精神健康状况相适应的民事法律行为。

第二十三条 [非完全民事行为能力人的法定代理人]无民事行为能力人、限制民事行为能力人的监护人是其法定代理人。

★ **第二十四条** [民事行为能力的认定及恢复]不能辨认或者不能完全辨认自己行为的成年人,其利害关系人或者有关组织,可以向人民法院申请认定该成年人为无民事行为能力人或者限制民事行为能力人。

被人民法院认定为无民事行为能力人或者限制民事行为能力人的,经本人、利害关系人或者有关组织申请,人民法院可以根据其智力、精神健康恢复的状况,认定该成年人恢复为限制民事行为能力人或者完全民事行为能力人。

本条规定的有关组织包括:居民委员会、村民委员会、学校、医疗机构、妇女联合会、残疾人联合会、依法设立的老年人组织、民政部门等。

★ **第二十五条** [自然人的住所]自然人以户籍登记或者其他有效身份登记记载的居所为住所;经常居所与住所不一致的,经常居所视为住所。

第二节 监 护

第二十六条 [父母子女之间的法律义务]父母对未成年子女负有抚养、教育和保护的义务。

成年子女对父母负有赡养、扶助和保护的义务。

★ **第二十七条** [未成年人的监护人]父母是未成年子女的监护人。

未成年人的父母已经死亡或者没有监护能力的,由下列有监护能力的人按顺序担任监护人:

(一)祖父母、外祖父母;

(二)兄、姐;

(三)其他愿意担任监护人的个人或者组织,但是须经未成年人住所地的居民委员会、村民委员会或者民政部门同意。

★ **第二十八条** [非完全民事行为能力成年人的监护人]无民事行为能力或者限制民事行为能力的成年人,由下列有监护能力的人按顺序担任监护人:

(一)配偶;

(二)父母、子女;

(三)其他近亲属;

(四)其他愿意担任监护人的个人或者组织,但是须经被监护人住所地的居民委员会、村民委员会或者民政部门同意。

> 《最高人民法院关于适用〈中华人民共和国民法典〉总则编若干问题的解释》
>
> 第六条 人民法院认定自然人的监护能力,应当根据其年龄、身心健康状况、经济条件等因素确定;认定有关组织的监护能力,应当根据其资质、信用、财产状况等因素确定。

---

① 1994 年 7 月 5 日第八届全国人民代表大会常务委员会第八次会议通过,根据 2009 年 8 月 27 日第十一届全国人民代表大会常务委员会第十次会议《关于修改部分法律的决定》第一次修正,根据 2018 年 12 月 29 日第十三届全国人民代表大会常务委员会第七次会议《关于修改〈中华人民共和国劳动法〉等七部法律的决定》第二次修正。

★ **第二十九条** ［遗嘱指定监护］被监护人的父母担任监护人的,可以通过遗嘱指定监护人。

《最高人民法院关于适用〈中华人民共和国民法典〉总则编若干问题的解释》

第七条 担任监护人的被监护人父母通过遗嘱指定监护人,遗嘱生效时被指定的人不同意担任监护人的,人民法院应当适用民法典第二十七条、第二十八条的规定确定监护人。

未成年人由父母担任监护人,父母中的一方通过遗嘱指定监护人,另一方在遗嘱生效时有监护能力,有关当事人对监护人的确定有争议的,人民法院应当适用民法典第二十七条第一款的规定确定监护人。

★ **第三十条** ［协议确定监护人］依法具有监护资格的人之间可以协议确定监护人。协议确定监护人应当尊重被监护人的真实意愿。

《最高人民法院关于适用〈中华人民共和国民法典〉总则编若干问题的解释》

第八条 未成年人的父母与其他依法具有监护资格的人订立协议,约定免除具有监护能力的父母的监护职责的,人民法院不予支持。协议约定在未成年人的父母丧失监护能力时由该具有监护资格的人担任监护人的,人民法院依法予以支持。

依法具有监护资格的人之间依据民法典第三十条的规定,约定由民法典第二十七条第二款、第二十八条规定的不同顺序的人共同担任监护人,或者由顺序在后的人担任监护人的,人民法院依法予以支持。

★ **第三十一条** ［监护争议解决程序］对监护人的确定有争议的,由被监护人住所地的居民委员会、村民委员会或者民政部门指定监护人,有关当事人对指定不服的,可以向人民法院申请指定监护人;有关当事人也可以直接向人民法院申请指定监护人。

居民委员会、村民委员会、民政部门或者人民法院应当尊重被监护人的真实意愿,按照最有利于被监护人的原则在依法具有监护资格的人中指定监护人。

依据本条第一款规定指定监护人前,被监护人的人身权利、财产权利以及其他合法权益处于无人保护状态的,由被监护人住所地的居民委员会、村民委员会、法律规定的有关组织或者民政部门担任临时监护人。

监护人被指定后,不得擅自变更;擅自变更的,不免除被指定的监护人的责任。

《最高人民法院关于适用〈中华人民共和国民法典〉总则编若干问题的解释》

第九条 人民法院依据民法典第三十一条第二款、第三十六条第一款的规定指定监护人时,应当尊重被监护人的真实意愿,按照最有利于被监护人的原则指定,具体参考以下因素:

(一)与被监护人生活、情感联系的密切程度;

(二)依法具有监护资格的人的监护顺序;

(三)是否有不利于履行监护职责的违法犯罪等情形;

(四)依法具有监护资格的人的监护能力、意愿、品行等。

人民法院依法指定的监护人一般应当是一人,由数人共同担任监护人更有利于保护被监护人利益的,也可以是数人。

第十条 有关当事人不服居民委员会、村民委员会或者民政部门的指定,在接到指定通知之日起三十日内向人民法院申请指定监护人的,人民法院经审理认为指定并无不当,依法裁定驳回申请;认为指定不当,依法判决撤销指定并另行指定监护人。

有关当事人在接到指定通知之日起三十日后提出申请的,人民法院应当按照变更监护关系处理。

第三十二条 ［公职监护人］没有依法具有监护资格的人的,监护人由民政部门担任,也可以由具备履行监护职责条件的被监护人住所地的居民委员会、村民委员会担任。

★ **第三十三条** ［意定监护］具有完全民事行为能力的成年人,可以与其近亲属、其他愿意担任监护人的个人或者组织事先协商,以书面形式确定自己的监护人,在自己丧失或者部分丧失民事行为能力时,由该监护人履行监护职责。

《最高人民法院关于适用〈中华人民共和国民法典〉总则编若干问题的解释》

第十一条 具有完全民事行为能力的成年人与他人依据民法典第三十三条的规定订立书面协议事先确定自己的监护人后,协议的任何一方在该成年人丧失或者部分丧失民事行为能力前请求解除协议的,人民法院依法予以支持。该成年人丧失或者部分丧失民事行为能力后,协议确定的监护人无正当理由请求解除协议的,人民法院不予支持。

该成年人丧失或者部分丧失民事行为能力后,协议确定的监护人有民法典第三十六条第一款规定的情形之一,该条第二款规定的有关个人、组织申请撤销其监护人资格的,人民法院依法予以支持。

★ **第三十四条** ［监护职责及临时生活照料］监护人的职责是代理被监护人实施民事法律行为,保护被监护人的人身权利、财产权利以及其他合法权益等。

监护人依法履行监护职责产生的权利,受法律保护。

监护人不履行监护职责或者侵害被监护人合法权益的,应当承担法律责任。

因发生突发事件等紧急情况,监护人暂时无法履行监护职责,被监护人的生活处于无人照料状态的,被监护人住所地的居民委员会、村民委员会或者民政部门应当为被监护人安排必要的临时生活照料措施。

最高人民法院指导案例(228号)
张某诉李某、刘某监护权纠纷案

《最高人民法院关于适用〈中华人民共和国民法典〉侵权责任编的解释》(一)①

第一条 非法使被监护人脱离监护,监护人请求赔偿为恢复监护状态而支出的合理费用等财产损失的,人民法院应予支持。

第二条 非法使被监护人脱离监护,导致父母子女关系或者其他近亲属关系受到严重损害的,应当认定为民法典第一千一百八十三条第一款规定的严重精神损害。

第三条 非法使被监护人脱离监护,被监护人在脱离监护期间死亡,作为近亲属的监护人既请求赔偿人身损害,又请求赔偿监护关系受侵害产生的损失的,人民法院依法予以支持。

★ **第三十五条** [履行监护职责应遵循的原则]监护人应当按照最有利于被监护人的原则履行监护职责。监护人除为维护被监护人利益外,不得处分被监护人的财产。

未成年人的监护人履行监护职责,在作出与被监护人利益有关的决定时,应当根据被监护人的年龄和智力状况,尊重被监护人的真实意愿。

成年人的监护人履行监护职责,应当最大程度地尊重被监护人的真实意愿,保障并协助被监护人实施与其智力、精神健康状况相适应的民事法律行为。对被监护人有能力独立处理的事务,监护人不得干涉。

第三十六条 [监护人资格的撤销]监护人有下列情形之一的,人民法院根据有关个人或者组织的申请,撤销其监护人资格,安排必要的临时监护措施,并按照最有利于被监护人的原则依法指定监护人:

(一)实施严重损害被监护人身心健康的行为;

(二)怠于履行监护职责,或者无法履行监护职责且拒绝将监护职责部分或者全部委托给他人,导致被监护人处于危困状态;

(三)实施严重侵害被监护人合法权益的其他行为。

本条规定的有关个人、组织包括:其他依法具有监护资格的人,居民委员会、村民委员会、学校、医疗机构、妇女联合会、残疾人联合会、未成年人保护组织、依法设立的老年人组织、民政部门等。

前款规定的个人和民政部门以外的组织未及时向人民法院申请撤销监护人资格的,民政部门应当向

人民法院申请。

《最高人民法院关于适用〈中华人民共和国民法典〉婚姻家庭编的解释(一)》②

第六十二条 无民事行为能力人的配偶有民法典第三十六条第一款规定行为,其他有监护资格的人可以要求撤销其监护资格,并依法指定新的监护人;变更后的监护人代理无民事行为能力一方提起离婚诉讼的,人民法院应当受理。

《最高人民法院、最高人民检察院、公安部、民政部关于依法处理监护人侵害未成年人权益行为若干问题的意见》③

35. 被申请人有下列情形之一的,人民法院可以判决撤销其监护人资格:

(一)性侵害、出卖、遗弃、虐待、暴力伤害未成年人,严重损害未成年人身心健康的;

(二)将未成年人置于无人监管和照看的状态,导致未成年人面临死亡或者严重伤害危险,经教育不改的;

(三)拒不履行监护职责长达六个月以上,导致未成年人流离失所或者生活无着的;

(四)有吸毒、赌博、长期酗酒等恶习无法正确履行监护职责或者因服刑等原因无法履行监护职责,且拒绝将监护职责部分或者全部委托给他人,致使未成年人处于困境或者危险状态的;

(五)胁迫、诱骗、利用未成年人乞讨,经公安机关和未成年人救助保护机构等部门三次以上批评教育拒不改正,严重影响未成年人正常生活和学习的;

(六)教唆、利用未成年人实施违法犯罪行为,情节恶劣的;

(七)有其他严重侵害未成年人合法权益行为的。

第三十七条 [监护人资格撤销后的义务]依法负担被监护人抚养费、赡养费、扶养费的父母、子女、配偶等,被人民法院撤销监护人资格后,应当继续履行负担的义务。

《最高人民法院、最高人民检察院、公安部、民政部关于依法处理监护人侵害未成年人权益行为若干问题的意见》

42. 被撤销监护人资格的父、母应当继续负担未成年人的抚养费用和因监护侵害行为产生的各项费用。相关单位和人员起诉的,人民法院应予支持。

---

① 2023年12月18日最高人民法院审判委员会第1909次会议通过,2024年9月25日公布,自2024年9月27日起施行。(法释〔2024〕12号)

② 2020年12月25日最高人民法院审判委员会第1825次会议通过,2020年12月29日公布,自2021年1月1日起施行。(法释〔2020〕22号)

③ 2014年12月18日公布。(法发〔2014〕24号)

★ **第三十八条** [监护人资格的恢复]被监护人的父母或者子女被人民法院撤销监护人资格后,除对被监护人实施故意犯罪的外,确有悔改表现的,经其申请,人民法院可以在尊重被监护人真实意愿的前提下,视情况恢复其监护人资格,人民法院指定的监护人与被监护人的监护关系同时终止。

> **《最高人民法院、最高人民检察院、公安部、民政部关于依法处理监护人侵害未成年人权益行为若干问题的意见》**
>
> 38. 被撤销监护人资格的侵害人,自监护人资格被撤销之日起三个月至一年内,可以书面向人民法院申请恢复监护人资格,并应当提交相关证据。
>
> 人民法院应当将前款内容书面告知侵害人和其他监护人、指定监护人。
>
> 39. 人民法院审理申请恢复监护人资格案件,按照变更监护关系的案件审理程序进行。
>
> 人民法院应当征求未成年人现任监护人和有表达能力的未成年人的意见,并可以委托申请人住所地的未成年人救助保护机构或者其他未成年人保护组织,对申请人监护意愿、悔改表现、监护能力、身心状况、工作生活情况等进行调查,形成调查评估报告。
>
> 申请人正在服刑或者接受社区矫正的,人民法院应当征求刑罚执行机关或者社区矫正机构的意见。
>
> 40. 人民法院经审理认为申请人确有悔改表现并且适宜担任监护人的,可以判决恢复其监护人资格,原指定监护人的监护人资格终止。
>
> 申请人具有下列情形之一的,一般不得判决恢复其监护人资格:
>
> (一)性侵害、出卖未成年人的;
>
> (二)虐待、遗弃未成年人六个月以上、多次遗弃未成年人,并且造成重伤以上严重后果的;
>
> (三)因监护侵害行为被判处五年有期徒刑以上刑罚的。

第三十九条 [监护关系的终止]有下列情形之一的,监护关系终止:

(一)被监护人取得或者恢复完全民事行为能力;

(二)监护人丧失监护能力;

(三)被监护人或者监护人死亡;

(四)人民法院认定监护关系终止的其他情形。

监护关系终止后,被监护人仍然需要监护的,应当依法另行确定监护人。

> **《最高人民法院关于适用〈中华人民共和国民法典〉总则编若干问题的解释》**
>
> 第十二条 监护人、其他依法具有监护资格的人之间就监护人是否有民法典第三十九条第一款第二项、第四项规定的应当终止监护关系的情形发生争议,申请变更监护人的,人民法院应当依法受理。经审理认为理由成立的,人民法院依法予以支持。
>
> 被依法指定的监护人与其他具有监护资格的人之间协议变更监护人的,人民法院应当尊重被监护人的真实意愿,按照最有利于被监护人的原则作出裁判。

第三节 宣告失踪和宣告死亡

★ **第四十条** [宣告失踪]自然人下落不明满二年的,利害关系人可以向人民法院申请宣告该自然人为失踪人。

> **《最高人民法院关于适用〈中华人民共和国民法典〉总则编若干问题的解释》**
>
> 第十四条 人民法院审理宣告失踪案件时,下列人员应当认定为民法典第四十条规定的利害关系人:
>
> (一)被申请人的近亲属;
>
> (二)依据民法典第一千一百二十八条、第一千一百二十九条规定对被申请人有继承权的亲属;
>
> (三)债权人、债务人、合伙人等与被申请人有民事权利义务关系的民事主体,但是不申请宣告失踪不影响其权利行使、义务履行的除外。

第四十一条 [下落不明的起算时间]自然人下落不明的时间自其失去音讯之日起计算。战争期间下落不明的,下落不明的时间自战争结束之日或者有关机关确定的下落不明之日起计算。

> **《民事诉讼法》①**
>
> 第一百九十二条第一款 人民法院受理宣告失踪、宣告死亡案件后,应当发出寻找下落不明人的公告。宣告失踪的公告期间为三个月,宣告死亡的公告期间为一年。因意外事件下落不明,经有关机关证明该公民不可能生存的,宣告死亡的公告期间为三个月。

第四十二条 [财产代管人]失踪人的财产由其配偶、成年子女、父母或者其他愿意担任财产代管人的人代管。

代管有争议,没有前款规定的人,或者前款规定的人无代管能力的,由人民法院指定的人代管。

---

① 1991年4月9日第七届全国人民代表大会第四次会议通过,根据2007年10月28日第十届全国人民代表大会常务委员会第三十次会议《关于修改〈中华人民共和国民事诉讼法〉的决定》第一次修正,根据2012年8月31日第十一届全国人民代表大会常务委员会第二十八次会议《关于修改〈中华人民共和国民事诉讼法〉的决定》第二次修正,根据2017年6月27日第十二届全国人民代表大会常务委员会第二十八次会议《关于修改〈中华人民共和国民事诉讼法〉和〈中华人民共和国行政诉讼法〉的决定》第三次修正,根据2021年12月24日第十三届全国人民代表大会常务委员会第三十二次会议《关于修改〈中华人民共和国民事诉讼法〉的决定》第四次修正,根据2023年9月1日第十四届全国人民代表大会常务委员会第五次会议《关于修改〈中华人民共和国民事诉讼法〉的决定》第五次修正。

★ **第四十三条** [财产代管人的职责]财产代管人应当妥善管理失踪人的财产,维护其财产权益。

失踪人所欠税款、债务和应付的其他费用,由财产代管人从失踪人的财产中支付。

财产代管人因故意或者重大过失造成失踪人财产损失的,应当承担赔偿责任。

《最高人民法院关于适用〈中华人民共和国民法典〉总则编若干问题的解释》

第十五条 失踪人的财产代管人向失踪人的债务人请求偿还债务的,人民法院应当将财产代管人列为原告。

债权人提起诉讼,请求失踪人的财产代管人支付失踪人所欠的债务和其他费用的,人民法院应当将财产代管人列为被告。经审理认为债权人的诉讼请求成立的,人民法院应当判决财产代管人从失踪人的财产中支付失踪人所欠的债务和其他费用。

第四十四条 [财产代管人的变更]财产代管人不履行代管职责、侵害失踪人财产权益或者丧失代管能力的,失踪人的利害关系人可以向人民法院申请变更财产代管人。

财产代管人有正当理由的,可以向人民法院申请变更财产代管人。

人民法院变更财产代管人的,变更后的财产代管人有权请求原财产代管人及时移交有关财产并报告财产代管情况。

第四十五条 [失踪宣告的撤销]失踪人重新出现,经本人或者利害关系人申请,人民法院应当撤销失踪宣告。

失踪人重新出现,有权请求财产代管人及时移交有关财产并报告财产代管情况。

第四十六条 [宣告死亡]自然人有下列情形之一的,利害关系人可以向人民法院申请宣告该自然人死亡:

(一)下落不明满四年;

(二)因意外事件,下落不明满二年。

因意外事件下落不明,经有关机关证明该自然人不可能生存的,申请宣告死亡不受二年时间的限制。

《最高人民法院关于适用〈中华人民共和国民法典〉总则编若干问题的解释》

第十六条 人民法院审理宣告死亡案件时,被申请人的配偶、父母、子女,以及依据民法典第一千一百二十九条规定对被申请人有继承权的亲属应当认定为民法典第四十六条规定的利害关系人。

符合下列情形之一的,被申请人的其他近亲属,以及依据民法典第一千一百二十八条规定对被申请人有继承权的亲属应当认定为民法典第四十六条规定的利害关系人:

(一)被申请人的配偶、父母、子女均已死亡或者

下落不明的;

(二)不申请宣告死亡不能保护其相应合法权益的。

被申请人的债权人、债务人、合伙人等民事主体不能认定为民法典第四十六条规定的利害关系人,但是不申请宣告死亡不能保护其相应合法权益的除外。

第十七条 自然人在战争期间下落不明的,利害关系人申请宣告死亡的期间适用民法典第四十六条第一款第一项的规定,自战争结束之日或者有关机关确定的下落不明之日起计算。

《民事诉讼法》

第一百九十一条 公民下落不明满四年,或者因意外事件下落不明满二年,或者因意外事件下落不明,经有关机关证明该公民不可能生存,利害关系人申请宣告其死亡的,向下落不明人住所地基层人民法院提出。

申请书应当写明下落不明的事实、时间和请求,并附有公安机关或者其他有关机关关于该公民下落不明的书面证明。

★ **第四十七条** [宣告失踪与宣告死亡申请的竞合]对同一自然人,有的利害关系人申请宣告死亡,有的利害关系人申请宣告失踪,符合本法规定的宣告死亡条件的,人民法院应当宣告死亡。

★ **第四十八条** [死亡日期的确定]被宣告死亡的人,人民法院宣告死亡的判决作出之日视为其死亡的日期;因意外事件下落不明宣告死亡的,意外事件发生之日视为其死亡的日期。

《最高人民法院关于适用〈中华人民共和国民法典〉继承编的解释(一)》①

第一条 继承从被继承人生理死亡或者被宣告死亡时开始。

宣告死亡的,根据民法典第四十八条规定确定的死亡日期,为继承开始的时间。

★ **第四十九条** [被宣告死亡人实际生存时的行为效力]自然人被宣告死亡但是并未死亡的,不影响该自然人在被宣告死亡期间实施的民事法律行为的效力。

第五十条 [死亡宣告的撤销]被宣告死亡的人重新出现,经本人或者利害关系人申请,人民法院应当撤销死亡宣告。

★ **第五十一条** [宣告死亡及其撤销后婚姻关系的效力]被宣告死亡的人的婚姻关系,自死亡宣告之日起消除。死亡宣告被撤销的,婚姻关系自撤销死亡宣

---

① 2020年12月25日最高人民法院审判委员会第1825次会议通过,自2021年1月1日起施行。(法释〔2020〕23号)

告之日起自行恢复。但是,其配偶再婚或者向婚姻登记机关书面声明不愿意恢复的除外。

第五十二条 [死亡宣告撤销后子女被收养的效力]被宣告死亡的人在被宣告死亡期间,其子女被他人依法收养的,在死亡宣告被撤销后,不得以未经本人同意为由主张收养行为无效。

★ **第五十三条** [死亡宣告撤销后的财产返还与赔偿责任]被撤销死亡宣告的人有权请求依照本法第六编取得其财产的民事主体返还财产;无法返还的,应当给予适当补偿。

利害关系人隐瞒真实情况,致使他人被宣告死亡而取得其财产的,除应当返还财产外,还应当对由此造成的损失承担赔偿责任。

第四节　个体工商户和农村承包经营户

第五十四条 [个体工商户]自然人从事工商业经营,经依法登记,为个体工商户。个体工商户可以起字号。

第五十五条 [农村承包经营户]农村集体经济组织的成员,依法取得农村土地承包经营权,从事家庭承包经营的,为农村承包经营户。

第五十六条 ["两户"的债务承担]个体工商户的债务,个人经营的,以个人财产承担;家庭经营的,以家庭财产承担;无法区分的,以家庭财产承担。

农村承包经营户的债务,以从事农村土地承包经营的农户财产承担;事实上由农户部分成员经营的,以该部分成员的财产承担。

第三章　法　人

第一节　一般规定

第五十七条 [法人的定义]法人是具有民事权利能力和民事行为能力,依法独立享有民事权利和承担民事义务的组织。

★ **第五十八条** [法人的成立]法人应当依法成立。

法人应当有自己的名称、组织机构、住所、财产或者经费。法人成立的具体条件和程序,依照法律、行政法规的规定。

设立法人,法律、行政法规规定须经有关机关批准的,依照其规定。

★ **第五十九条** [法人的民事权利能力和民事行为能力]法人的民事权利能力和民事行为能力,从法人成立时产生,到法人终止时消灭。

★ **第六十条** [法人的民事责任承担]法人以其全部财产独立承担民事责任。

♠ **第六十一条** [法定代表人]依照法律或者法人章程的规定,代表法人从事民事活动的负责人,为法人的法定代表人。

法定代表人以法人名义从事的民事活动,其法律后果由法人承受。

法人章程或者法人权力机构对法定代表人代表权的限制,不得对抗善意相对人。

> 《民法典》　第504条

★ **第六十二条** [法定代表人职务行为的法律责任]法定代表人因执行职务造成他人损害的,由法人承担民事责任。

法人承担民事责任后,依照法律或者法人章程的规定,可以向有过错的法定代表人追偿。

> 《公司法》①
>
> 第十一条　法定代表人以公司名义从事的民事活动,其法律后果由公司承受。
>
> 公司章程或者股东会对法定代表人职权的限制,不得对抗善意相对人。
>
> 法定代表人因执行职务造成他人损害的,由公司承担民事责任。公司承担民事责任后,依照法律或者公司章程的规定,可以向有过错的法定代表人追偿。

第六十三条 [法人的住所]法人以其主要办事机构所在地为住所。依法需要办理法人登记的,应当将主要办事机构所在地登记为住所。

第六十四条 [法人的变更登记]法人存续期间登记事项发生变化的,应当依法向登记机关申请变更登记。

第六十五条 [法人登记的对抗效力]法人的实际情况与登记的事项不一致的,不得对抗善意相对人。

第六十六条 [法人登记公示制度]登记机关应当依法及时公示法人登记的有关信息。

★ **第六十七条** [法人合并、分立后的权利义务承担]法人合并的,其权利和义务由合并后的法人享有和承担。

法人分立的,其权利和义务由分立后的法人享有连带债权,承担连带债务,但是债权人和债务人另有约定的除外。

---

① 1993年12月29日第八届全国人民代表大会常务委员会第五次会议通过,根据1999年12月25日第九届全国人民代表大会常务委员会第十三次会议《关于修改〈中华人民共和国公司法〉的决定》第一次修正,根据2004年8月28日第十届全国人民代表大会常务委员会第十一次会议《关于修改〈中华人民共和国公司法〉的决定》第二次修正,2005年10月27日第十届全国人民代表大会常务委员会第十八次会议修订,根据2013年12月28日第十二届全国人民代表大会常务委员会第六次会议《关于修改〈中华人民共和国海洋环境保护法〉等七部法律的决定》第三次修正,根据2018年10月26日第十三届全国人民代表大会常务委员会第六次会议《关于修改〈中华人民共和国公司法〉的决定》第四次修正,2023年12月29日第十四届全国人民代表大会常务委员会第七次会议第二次修订。

> **《公司法》**
> 第二百二十一条　公司合并时,合并各方的债权、债务,应当由合并后存续的公司或者新设的公司承继。
> 第二百二十三条　公司分立前的债务由分立后的公司承担连带责任。但是,公司在分立前与债权人就债务清偿达成的书面协议另有约定的除外。

第六十八条　[法人的终止]有下列原因之一并依法完成清算、注销登记的,法人终止:

(一)法人解散;

(二)法人被宣告破产;

(三)法律规定的其他原因。

法人终止,法律、行政法规规定须经有关机关批准的,依照其规定。

第六十九条　[法人的解散]有下列情形之一的,法人解散:

(一)法人章程规定的存续期间届满或者法人章程规定的其他解散事由出现;

(二)法人的权力机构决议解散;

(三)因法人合并或者分立需要解散;

(四)法人依法被吊销营业执照、登记证书,被责令关闭或者被撤销;

(五)法律规定的其他情形。

★ 第七十条　[法人解散后的清算]法人解散的,除合并或者分立的情形外,清算义务人应当及时组成清算组进行清算。

法人的董事、理事等执行机构或者决策机构的成员为清算义务人。法律、行政法规另有规定的,依照其规定。

清算义务人未及时履行清算义务,造成损害的,应当承担民事责任;主管机关或者利害关系人可以申请人民法院指定有关人员组成清算组进行清算。

第七十一条　[法人清算的法律适用]法人的清算程序和清算组职权,依照有关法律的规定;没有规定的,参照适用公司法律的有关规定。

★ 第七十二条　[清算的法律效果]清算期间法人存续,但是不得从事与清算无关的活动。

法人清算后的剩余财产,按法人章程的规定或者法人权力机构的决议处理。法律另有规定的,依照其规定。

清算结束并完成法人注销登记时,法人终止;依法不需要办理法人登记的,清算结束时,法人终止。

第七十三条　[法人因破产而终止]法人被宣告破产的,依法进行破产清算并完成法人注销登记时,法人终止。

★ 第七十四条　[法人的分支机构]法人可以依法设立分支机构。法律、行政法规规定分支机构应当登记的,依照其规定。

分支机构以自己的名义从事民事活动,产生的民事责任由法人承担;也可以先以该分支机构管理的财产承担,不足以承担的,由法人承担。

★ 第七十五条　[法人设立行为的法律后果]设立人为设立法人从事的民事活动,其法律后果由法人承受;法人未成立的,其法律后果由设立人承受,设立人为二人以上的,享有连带债权,承担连带债务。

设立人为设立法人以自己的名义从事民事活动产生的民事责任,第三人有权选择请求法人或者设立人承担。

第二节　营利法人

第七十六条　[营利法人的定义和类型]以取得利润并分配给股东等出资人为目的成立的法人,为营利法人。

营利法人包括有限责任公司、股份有限公司和其他企业法人等。

★ 第七十七条　[营利法人的成立]营利法人经依法登记成立。

第七十八条　[营利法人的营业执照]依法设立的营利法人,由登记机关发给营利法人营业执照。营业执照签发日期为营利法人的成立日期。

> **《公司法》**
> 第三十三条　依法设立的公司,由公司登记机关发给公司营业执照。公司营业执照签发日期为公司成立日期。
> 公司营业执照应当载明公司的名称、住所、注册资本、经营范围、法定代表人姓名等事项。
> 公司登记机关可以发给电子营业执照。电子营业执照与纸质营业执照具有同等法律效力。

第七十九条　[营利法人的章程]设立营利法人应当依法制定法人章程。

> **《公司法》**
> 第五条　设立公司应当依法制定公司章程。公司章程对公司、股东、董事、监事、高级管理人员具有约束力。

★ 第八十条　[营利法人的权力机构]营利法人应当设权力机构。

权力机构行使修改法人章程,选举或者更换执行机构、监督机构成员,以及法人章程规定的其他职权。

第八十一条　[营利法人的执行机构]营利法人应当设执行机构。

执行机构行使召集权力机构会议,决定法人的经营计划和投资方案,决定法人内部管理机构的设置,以及法人章程规定的其他职权。

执行机构为董事会或者执行董事的,董事长、执行董事或者经理按照法人章程的规定担任法定代表人;未设董事会或者执行董事的,<u>法人章程规定的主要负责人为其执行机构和法定代表人。</u>

第八十二条 [**营利法人的监督机构**]营利法人设监事会或者监事等监督机构的,监督机构依法行使检查法人财务,监督执行机构成员、高级管理人员执行法人职务的行为,以及法人章程规定的其他职权。

♠ 第八十三条 [**出资人滥用权利的责任承担**]营利法人的出资人不得滥用出资人权利损害法人或者其他出资人的利益;<u>滥用出资人权利造成法人或者其他出资人损失的,应当依法承担民事责任。</u>

营利法人的出资人不得滥用法人独立地位和出资人有限责任损害法人债权人的利益;<u>滥用法人独立地位和出资人有限责任,逃避债务,严重损害法人债权人的利益的,应当对法人债务承担连带责任。</u>

> **最高人民法院指导案例(15号)**
> **徐工集团工程机械股份有限公司诉成都川交工贸有限责任公司等买卖合同纠纷案**

> **《公司法》**
> 第二十一条 公司股东应当遵守法律、行政法规和公司章程,依法行使股东权利,不得滥用股东权利损害公司或者其他股东的利益。
> 公司股东滥用股东权利给公司或者其他股东造成损失的,应当承担赔偿责任。
> ♠ 第二十三条 公司股东滥用公司法人独立地位和股东有限责任,逃避债务,严重损害公司债权人利益的,应当对公司债务承担连带责任。
> 股东利用其控制的两个以上公司实施前款规定行为的,各公司应当对任一公司的债务承担连带责任。
> 只有一个股东的公司,股东不能证明公司财产独立于股东自己的财产的,应当对公司债务承担连带责任。

★ 第八十四条 [**利用关联关系造成损失的赔偿责任**]营利法人的控股出资人、实际控制人、董事、监事、高级管理人员不得利用其关联关系损害法人的利益;利用关联关系造成法人损失的,应当承担赔偿责任。

> **《公司法》**
> ♠ 第二十二条 公司的控股股东、实际控制人、董事、监事、高级管理人员不得利用关联关系损害公司利益。
> 违反前款规定,给公司造成损失的,应当承担赔偿责任。

★ 第八十五条 [**营利法人出资人对瑕疵决议的撤销权**]营利法人的权力机构、执行机构作出决议的会议召集程序、表决方式违反法律、行政法规、法人章程,或者决议内容违反法人章程的,营利法人的出资人可以请求人民法院撤销该决议。但是,营利法人依据该决议与善意相对人形成的民事法律关系不受影响。

> **《公司法》**
> 第二十五条 公司股东会、董事会的决议内容违反法律、行政法规的无效。
> 第二十六条 公司股东会、董事会的会议召集程序、表决方式违反法律、行政法规或者公司章程,或者决议内容违反公司章程的,股东自决议作出之日起六十日内,可以请求人民法院撤销。但是,股东会、董事会的会议召集程序或者表决方式仅有轻微瑕疵,对决议未产生实质影响的除外。
> 未被通知参加股东会会议的股东自知道或者应当知道股东会决议作出之日起六十日内,可以请求人民法院撤销;自决议作出之日起一年内没有行使撤销权的,撤销权消灭。
> 第二十七条 有下列情形之一的,公司股东会、董事会的决议不成立:
> (一)未召开股东会、董事会会议作出决议;
> (二)股东会、董事会会议未对决议事项进行表决;
> (三)出席会议的人数或者所持表决权数未达到本法或者公司章程规定的人数或者所持表决权数;
> (四)同意决议事项的人数或者所持表决权数未达到本法或者公司章程规定的人数或者所持表决权数。
> 第二十八条 公司股东会、董事会决议被人民法院宣告无效、撤销或者确认不成立的,公司应当向公司登记机关申请撤销根据该决议已办理的登记。
> 股东会、董事会决议被人民法院宣告无效、撤销或者确认不成立的,公司根据该决议与善意相对人形成的民事法律关系不受影响。

第八十六条 [**营利法人的社会责任**]营利法人从事经营活动,应当遵守商业道德,维护交易安全,接受政府和社会的监督,承担社会责任。

第三节 非营利法人

第八十七条 [**非营利法人的定义和范围**]为公益目的或者其他非营利目的成立,不向出资人、设立人或者会员分配所取得利润的法人,为非营利法人。

非营利法人包括<u>事业单位</u>、<u>社会团体</u>、<u>基金会</u>、<u>社会服务机构</u>等。

★ 第八十八条 [**事业单位法人资格的取得**]具备法人条件,为适应经济社会发展需要,提供公益服务设立的事业单位,经依法登记成立,取得事业单位法人资格;依法<u>不需要办理法人登记的,从成立之日起,具有事业单位法人资格。</u>

第八十九条　[事业单位法人的组织机构]事业单位法人设理事会的,除法律另有规定外,理事会为其决策机构。事业单位法人的法定代表人依照法律、行政法规或者法人章程的规定产生。

★ 第九十条　[社会团体法人资格的取得]具备法人条件,基于会员共同意愿,为公益目的或者会员共同利益等非营利目的设立的社会团体,经依法登记成立,取得社会团体法人资格;依法不需要办理法人登记的,从成立之日起,具有社会团体法人资格。

第九十一条　[社会团体法人章程和组织机构]设立社会团体法人应当依法制定法人章程。

社会团体法人应当设会员大会或者会员代表大会等权力机构。

社会团体法人应当设理事会等执行机构。理事长或者会长等负责人按照法人章程的规定担任法定代表人。

★ 第九十二条　[捐助法人]具备法人条件,为公益目的以捐助财产设立的基金会、社会服务机构等,经依法登记成立,取得捐助法人资格。

依法设立的宗教活动场所,具备法人条件的,可以申请法人登记,取得捐助法人资格。法律、行政法规对宗教活动场所有规定的,依照其规定。

第九十三条　[捐助法人章程和组织机构]设立捐助法人应当依法制定法人章程。

捐助法人应当设理事会、民主管理组织等决策机构,并设执行机构。理事长等负责人按照法人章程的规定担任法定代表人。

捐助法人应当设监事会等监督机构。

★ 第九十四条　[捐助人的权利]捐助人有权向捐助法人查询捐助财产的使用、管理情况,并提出意见和建议,捐助法人应当及时、如实答复。

捐助法人的决策机构、执行机构或者法定代表人作出决定的程序违反法律、行政法规、法人章程,或者决定内容违反法人章程的,捐助人等利害关系人或者主管机关可以请求人民法院撤销该决定。但是,捐助法人依据该决定与善意相对人形成的民事法律关系不受影响。

★ 第九十五条　[公益性非营利法人剩余财产的处理]为公益目的成立的非营利法人终止时,不得向出资人、设立人或者会员分配剩余财产。剩余财产应当按照法人章程的规定或者权力机构的决议用于公益目的;无法按照法人章程的规定或者权力机构的决议处理的,由主管机关主持转给宗旨相同或者相近的法人,并向社会公告。

第四节　特别法人

第九十六条　[特别法人的类型]本节规定的机关法人、农村集体经济组织法人、城镇农村的合作经济组织法人、基层群众性自治组织法人,为特别法人。

第九十七条　[机关法人]有独立经费的机关和承担行政职能的法定机构从成立之日起,具有机关法人资格,可以从事为履行职能所需要的民事活动。

第九十八条　[机关法人的终止]机关法人被撤销的,法人终止,其民事权利和义务由继任的机关法人享有和承担;没有继任的机关法人的,由作出撤销决定的机关法人享有和承担。

第九十九条　[农村集体经济组织法人]农村集体经济组织依法取得法人资格。

法律、行政法规对农村集体经济组织有规定的,依照其规定。

第一百条　[合作经济组织法人]城镇农村的合作经济组织依法取得法人资格。

法律、行政法规对城镇农村的合作经济组织有规定的,依照其规定。

第一百零一条　[基层群众性自治组织法人]居民委员会、村民委员会具有基层群众性自治组织法人资格,可以从事为履行职能所需要的民事活动。

未设立村集体经济组织的,村民委员会可以依法代行村集体经济组织的职能。

第四章　非法人组织

第一百零二条　[非法人组织的定义]非法人组织是不具有法人资格,但是能够依法以自己的名义从事民事活动的组织。

非法人组织包括个人独资企业、合伙企业、不具有法人资格的专业服务机构等。

第一百零三条　[非法人组织的设立程序]非法人组织应当依照法律的规定登记。

设立非法人组织,法律、行政法规规定须经有关机关批准的,依照其规定。

♠ 第一百零四条　[非法人组织的债务承担]非法人组织的财产不足以清偿债务的,其出资人或者设立人承担无限责任。法律另有规定的,依照其规定。

《个人独资企业法》①
第三十一条　个人独资企业财产不足以清偿债务的,投资人应当以其个人的其他财产予以清偿。
《合伙企业法》②
第三十九条　合伙企业不能清偿到期债务的,合伙人承担无限连带责任。

---

① 1999 年 8 月 30 日第九届全国人民代表大会常务委员会第十一次会议通过,1999 年 8 月 30 日中华人民共和国主席令第 20 号公布,自 2000 年 1 月 1 日起施行。

② 1997 年 2 月 23 日第八届全国人民代表大会常务委员会第二十四次会议通过,2006 年 8 月 27 日第十届全国人民代表大会常务委员会第二十三次会议修订。

第一百零五条 [非法人组织的代表人]非法人组织可以确定一人或者数人代表该组织从事民事活动。

> 《合伙企业法》
>
> 第二十六条 合伙人对执行合伙事务享有同等的权利。
>
> 按照合伙协议的约定或者经全体合伙人决定,可以委托一个或者数个合伙人对外代表合伙企业,执行合伙事务。
>
> 作为合伙人的法人、其他组织执行合伙事务的,由其委派的代表执行。

第一百零六条 [非法人组织的解散]有下列情形之一的,非法人组织解散:

(一)章程规定的存续期间届满或者章程规定的其他解散事由出现;

(二)出资人或者设立人决定解散;

(三)法律规定的其他情形。

第一百零七条 [非法人组织的清算]非法人组织解散的,应当依法进行清算。

第一百零八条 [非法人组织的参照适用规定]非法人组织除适用本章规定外,参照适用本编第三章第一节的有关规定。

第五章 民事权利

第一百零九条 [一般人格权]自然人的人身自由、人格尊严受法律保护。

> 《最高人民法院关于确定民事侵权精神损害赔偿责任若干问题的解释》①
>
> 第一条 因人身权益或者具有人身意义的特定物受到侵害,自然人或者其近亲属向人民法院提起诉讼请求精神损害赔偿的,人民法院应当依法予以受理。

第一百一十条 [民事主体的人格权]自然人享有生命权、身体权、健康权、姓名权、肖像权、名誉权、荣誉权、隐私权、婚姻自主权等权利。

法人、非法人组织享有名称权、名誉权和荣誉权。

第一百一十一条 [个人信息受法律保护]自然人的个人信息受法律保护。任何组织或者个人需要获取他人个人信息的,应当依法取得并确保信息安全,不得非法收集、使用、加工、传输他人个人信息,不得非法买卖、提供或者公开他人个人信息。

第一百一十二条 [婚姻家庭关系等产生的人身权利]自然人因婚姻家庭关系等产生的人身权利受法律保护。

第一百一十三条 [财产权受法律平等保护]民事主体的财产权利受法律平等保护。

第一百一十四条 [物权的定义及类型]民事主体依法享有物权。

物权是权利人依法对特定的物享有直接支配和排他的权利,包括所有权、用益物权和担保物权。

第一百一十五条 [物权的客体]物包括不动产和动产。法律规定权利作为物权客体的,依照其规定。

★ 第一百一十六条 [物权法定原则]物权的种类和内容,由法律规定。

第一百一十七条 [征收与征用]为了公共利益的需要,依照法律规定的权限和程序征收、征用不动产或者动产的,应当给予公平、合理的补偿。

> 《民法典》 第243、245条

第一百一十八条 [债权的定义]民事主体依法享有债权。

债权是因合同、侵权行为、无因管理、不当得利以及法律的其他规定,权利人请求特定义务人为或者不为一定行为的权利。

第一百一十九条 [合同之债]依法成立的合同,对当事人具有法律约束力。

★ 第一百二十条 [侵权之债]民事权益受到侵害的,被侵权人有权请求侵权人承担侵权责任。

> 最高人民检察院指导案例(检例第164号)
> **江西省浮梁县人民检察院诉A化工集团有限公司**
> **污染环境民事公益诉讼案**

★ 第一百二十一条 [无因管理之债]没有法定的或者约定的义务,为避免他人利益受损失而进行管理的人,有权请求受益人偿还由此支出的必要费用。

★ 第一百二十二条 [不当得利之债]因他人没有法律根据,取得不当利益,受损失的人有权请求其返还不当利益。

★ 第一百二十三条 [知识产权及其客体]民事主体依法享有知识产权。

知识产权是权利人依法就下列客体享有的专有的权利:

(一)作品;

(二)发明、实用新型、外观设计;

(三)商标;

(四)地理标志;

(五)商业秘密;

(六)集成电路布图设计;

(七)植物新品种;

(八)法律规定的其他客体。

---

① 2001年2月26日由最高人民法院审判委员会第1161次会议通过,根据2020年12月23日最高人民法院审判委员会第1823次会议通过的《最高人民法院关于修改〈最高人民法院关于在民事审判工作中适用〈中华人民共和国工会法〉若干问题的解释〉等二十七件民事类司法解释的决定》修正。

第一百二十四条 [继承权及其客体]自然人依法享有继承权。

自然人合法的私有财产,可以依法继承。

第一百二十五条 [投资性权利]民事主体依法享有股权和其他投资性权利。

★ 第一百二十六条 [其他民事权益]民事主体享有法律规定的其他民事权利和利益。

★ 第一百二十七条 [对数据和网络虚拟财产的保护]法律对数据、网络虚拟财产的保护有规定的,依照其规定。

第一百二十八条 [对弱势群体的特别保护]法律对未成年人、老年人、残疾人、妇女、消费者等的民事权利保护有特别规定的,依照其规定。

★ 第一百二十九条 [民事权利的取得方式]民事权利可以依据民事法律行为、事实行为、法律规定的事件或者法律规定的其他方式取得。

第一百三十条 [权利行使的自愿原则]民事主体按照自己的意愿依法行使民事权利,不受干涉。

第一百三十一条 [权利人的义务履行]民事主体行使权利时,应当履行法律规定的和当事人约定的义务。

第一百三十二条 [禁止权利滥用]民事主体不得滥用民事权利损害国家利益、社会公共利益或者他人合法权益。

> **《最高人民法院关于适用〈中华人民共和国民法典〉总则编若干问题的解释》**
>
> 第三条 对于民法典第一百三十二条所称的滥用民事权利,人民法院可以根据权利行使的对象、目的、时间、方式、造成当事人之间利益失衡的程度等因素作出认定。
>
> 行为人以损害国家利益、社会公共利益、他人合法权益为主要目的行使民事权利的,人民法院应当认定构成滥用民事权利。
>
> 构成滥用民事权利的,人民法院应当认定该滥用行为不发生相应的法律效力。滥用民事权利造成损害的,依照民法典第七编等有关规定处理。

第六章 民事法律行为

第一节 一般规定

★ 第一百三十三条 [民事法律行为的定义]民事法律行为是民事主体通过意思表示设立、变更、终止民事法律关系的行为。

★ 第一百三十四条 [民事法律行为的成立]民事法律行为可以基于双方或者多方的意思表示一致成立,也可以基于单方的意思表示成立。

法人、非法人组织依照法律或者章程规定的议事方式和表决程序作出决议的,该决议行为成立。

★ 第一百三十五条 [民事法律行为的形式]民事法律行为可以采用书面形式、口头形式或者其他形式;法律、行政法规规定或者当事人约定采用特定形式的,应当采用特定形式。

> **《最高人民法院关于适用〈中华人民共和国民法典〉总则编若干问题的解释》**
>
> 第十八条 当事人未采用书面形式或者口头形式,但是实施的行为本身表明已经作出相应意思表示,并符合民事法律行为成立条件的,人民法院可以认定为民法典第一百三十五条规定的采用其他形式实施的民事法律行为。

★ 第一百三十六条 [民事法律行为的生效]民事法律行为自成立时生效,但是法律另有规定或者当事人另有约定的除外。

行为人非依法律规定或者未经对方同意,不得擅自变更或者解除民事法律行为。

第二节 意思表示

★ 第一百三十七条 [有相对人的意思表示的生效时间]以对话方式作出的意思表示,相对人知道其内容时生效。

以非对话方式作出的意思表示,到达相对人时生效。以非对话方式作出的采用数据电文形式的意思表示,相对人指定特定系统接收数据电文的,该数据电文进入该特定系统时生效;未指定特定系统的,相对人知道或者应当知道该数据电文进入其系统时生效。当事人对采用数据电文形式的意思表示的生效时间另有约定的,按照其约定。

第一百三十八条 [无相对人的意思表示的生效时间]无相对人的意思表示,表示完成时生效。法律另有规定的,依照其规定。

第一百三十九条 [公告的意思表示的生效时间]以公告方式作出的意思表示,公告发布时生效。

★ 第一百四十条 [意思表示的方式]行为人可以明示或者默示作出意思表示。

沉默只有在有法律规定、当事人约定或者符合当事人之间的交易习惯时,才可以视为意思表示。

★ 第一百四十一条 [意思表示的撤回]行为人可以撤回意思表示。撤回意思表示的通知应当在意思表示到达相对人前或者与意思表示同时到达相对人。

★ 第一百四十二条 [意思表示的解释]有相对人的意思表示的解释,应当按照所使用的词句,结合相关条款、行为的性质和目的、习惯以及诚信原则,确定意思表示的含义。

无相对人的意思表示的解释,不能完全拘泥于所使用的词句,而应当结合相关条款、行为的性质和目的、习惯以及诚信原则,确定行为人的真实意思。

第三节　民事法律行为的效力

♠ **第一百四十三条**　[民事法律行为的有效条件]具备下列条件的民事法律行为有效：

（一）行为人具有相应的民事行为能力；

（二）意思表示真实；

（三）不违反法律、行政法规的强制性规定，不违背公序良俗。

★ **第一百四十四条**　[无民事行为能力人实施的民事法律行为]无民事行为能力人实施的民事法律行为无效。

★ **第一百四十五条**　[限制民事行为能力人实施的民事法律行为]限制民事行为能力人实施的纯获利益的民事法律行为或者与其年龄、智力、精神健康状况相适应的民事法律行为有效；实施的其他民事法律行为经法定代理人同意或者追认后有效。

相对人可以催告法定代理人自收到通知之日起三十日内予以追认。法定代理人未作表示的，视为拒绝追认。民事法律行为被追认前，善意相对人有撤销的权利。撤销应当以通知的方式作出。

> 最高人民检察院指导案例（检例第174号）
> **未成年人网络民事权益综合司法保护案**

♠ **第一百四十六条**　[虚假表示与隐藏行为效力]行为人与相对人以虚假的意思表示实施的民事法律行为无效。

以虚假的意思表示隐藏的民事法律行为的效力，依照有关法律规定处理。

♠ **第一百四十七条**　[重大误解]基于重大误解实施的民事法律行为，行为人有权请求人民法院或者仲裁机构予以撤销。

> **《最高人民法院关于适用〈中华人民共和国民法典〉总则编若干问题的解释》**
> 第十九条　行为人对行为的性质、对方当事人或者标的物的品种、质量、规格、价格、数量等产生错误认识，按照通常理解如果不发生该错误认识行为人就不会作出相应意思表示的，人民法院可以认定为民法典第一百四十七条规定的重大误解。
> 行为人能够证明自己实施民事法律行为时存在重大误解，并请求撤销该民事法律行为的，人民法院依法予以支持；但是，根据交易习惯等认定行为人无权请求撤销的除外。
> 第二十条　行为人以其意思表示存在第三人转达错误为由请求撤销民事法律行为的，适用本解释第十九条的规定。

♠ **第一百四十八条**　[欺诈]一方以欺诈手段，使对方在违背真实意思的情况下实施的民事法律行为，受欺诈方有权请求人民法院或者仲裁机构予以撤销。

> **《最高人民法院关于适用〈中华人民共和国民法典〉总则编若干问题的解释》**
> 第二十一条　故意告知虚假情况，或者负有告知义务的人故意隐瞒真实情况，致使当事人基于错误认识作出意思表示的，人民法院可以认定为民法典第一百四十八条、第一百四十九条规定的欺诈。

♠ **第一百四十九条**　[第三人欺诈]第三人实施欺诈行为，使一方在违背真实意思的情况下实施的民事法律行为，对方知道或者应当知道该欺诈行为的，受欺诈方有权请求人民法院或者仲裁机构予以撤销。

♠ **第一百五十条**　[胁迫]一方或者第三人以胁迫手段，使对方在违背真实意思的情况下实施的民事法律行为，受胁迫方有权请求人民法院或者仲裁机构予以撤销。

> **《最高人民法院关于适用〈中华人民共和国民法典〉总则编若干问题的解释》**
> 第二十二条　以给自然人及其近亲属等的人身权利、财产权利以及其他合法权益造成损害或者以给法人、非法人组织的名誉、荣誉、财产权益等造成损害为要挟，迫使其基于恐惧心理作出意思表示的，人民法院可以认定为民法典第一百五十条规定的胁迫。
>
> **《最高人民法院关于适用〈中华人民共和国民法典〉合同编通则若干问题的解释》**①
> 第五条　第三人实施欺诈、胁迫行为，使当事人在违背真实意思的情况下订立合同，受到损失的当事人请求第三人承担赔偿责任的，人民法院依法予以支持；当事人亦有违背诚信原则的行为的，人民法院应当根据各自的过错确定相应的责任。但是，法律、司法解释对当事人与第三人的民事责任另有规定的，依照其规定。

♠ **第一百五十一条**　[乘人之危导致的显失公平]一方利用对方处于危困状态、缺乏判断能力等情形，致使民事法律行为成立时显失公平的，受损害方有权请求人民法院或者仲裁机构予以撤销。

> **《最高人民法院关于适用〈中华人民共和国民法典〉合同编通则若干问题的解释》**
> 第十一条　当事人一方是自然人，根据该当事人的年龄、智力、知识、经验并结合交易的复杂程度，能够认定其对合同的性质、合同订立的法律后果或者交易中存在的特定风险缺乏应有的认知能力的，人民法院可以认定该情形构成民法典第一百五十一条规定的"缺乏判断能力"。

---

① 2023年5月23日最高人民法院审判委员会第1889次会议通过，2023年12月4日公布，自2023年12月5日起施行。（法释〔2023〕13号）

★ **第一百五十二条** [撤销权的消灭事由]有下列情形之一的,撤销权消灭:

(一)当事人自知道或者应当知道撤销事由之日起一年内、重大误解的当事人自知道或者应当知道撤销事由之日起九十日内没有行使撤销权;

(二)当事人受胁迫,自胁迫行为终止之日起一年内没有行使撤销权;

(三)当事人知道撤销事由后明确表示或者以自己的行为表明放弃撤销权。

当事人自民事法律行为发生之日起五年内没有行使撤销权的,撤销权消灭。

★ **第一百五十三条** [违反强制性规定及违背公序良俗的民事法律行为的效力]违反法律、行政法规的强制性规定的民事法律行为无效。但是,该强制性规定不导致该民事法律行为无效的除外。

违背公序良俗的民事法律行为无效。

最高人民法院指导案例(170 号)
饶国礼诉某物资供应站等房屋租赁合同纠纷案

《最高人民法院关于适用〈中华人民共和国民法典〉合同编通则若干问题的解释》

第十六条 合同违反法律、行政法规的强制性规定,有下列情形之一,由行为人承担行政责任或者刑事责任能够实现强制性规定的立法目的的,人民法院可以依据民法典第一百五十三条第一款关于"该强制性规定不导致该民事法律行为无效的除外"的规定认定该合同不因违反强制性规定无效:

(一)强制性规定虽然旨在维护社会公共秩序,但是合同的实际履行对社会公共秩序造成的影响显著轻微,认定合同无效将会导致案件处理结果有失公平公正;

(二)强制性规定旨在维护政府的税收、土地出让金等国家利益或者其他民事主体的合法利益而非合同当事人的民事权益,认定合同有效不会影响该规范目的的实现;

(三)强制性规定旨在要求当事人一方加强风险控制、内部管理等,对方无能力或者无义务审查合同是否违反强制性规定,认定合同无效将使其承担不利后果;

(四)当事人一方虽然在订立合同时违反强制性规定,但是在合同订立后其已经具备补正违反强制性规定的条件却违背诚信原则不予补正;

(五)法律、司法解释规定的其他情形。

法律、行政法规的强制性规定旨在规制合同订立后的履行行为,当事人以合同违反强制性规定为由请求认定合同无效的,人民法院不予支持。但是,合同履行必然导致违反强制性规定或者法律、司法解释另有规定的除外。

依据前两款认定合同有效,但是当事人的违法行为未经处理的,人民法院应当向有关行政管理部门提出司法建议。当事人的行为涉嫌犯罪的,应当将案件线索移送刑事侦查机关;属于刑事自诉案件的,应当告知当事人可以向有管辖权的人民法院另行提起诉讼。

第十七条 合同虽然不违反法律、行政法规的强制性规定,但是有下列情形之一,人民法院应当依据民法典第一百五十三条第二款的规定认定合同无效:

(一)合同影响政治安全、经济安全、军事安全等国家安全的;

(二)合同影响社会稳定、公平竞争秩序或者损害社会公共利益等违背社会公共秩序的;

(三)合同背离社会公德、家庭伦理或者有损人格尊严等违背善良风俗的。

人民法院在认定合同是否违背公序良俗时,应当以社会主义核心价值观为导向,综合考虑当事人的主观动机和交易目的、政府部门的监管强度、一定期限内当事人从事类似交易的频次、行为的社会后果等因素,并在裁判文书中充分说明。当事人确因生活需要进行交易,未给社会公共秩序造成重大影响,且不影响国家安全,也不违背善良风俗的,人民法院不应当认定合同无效。

第十八条 法律、行政法规的规定虽然有"应当""必须"或者"不得"等表述,但是该规定旨在限制或者赋予民事权利,行为人违反该规定将构成无权处分、无权代理、越权代表等,或者导致合同相对人、第三人因此获得撤销权、解除权等民事权利的,人民法院应当依据法律、行政法规规定的关于违反该规定的民事法律后果认定合同效力。

★ **第一百五十四条** [恶意串通]行为人与相对人恶意串通,损害他人合法权益的民事法律行为无效。

最高人民法院指导案例(35 号)
广东龙正投资发展有限公司与广东景茂拍卖行有限公司委托拍卖执行复议案

最高人民法院指导案例(33 号)
瑞士嘉吉国际公司诉福建金石制油有限公司等确认合同无效纠纷案

《最高人民法院关于适用〈中华人民共和国民法典〉合同编通则若干问题的解释》

第二十三条 法定代表人、负责人或者代理人与相对人恶意串通,以法人、非法人组织的名义订立合同,损害法人、非法人组织的合法权益,法人、非法人组织主张不承担民事责任的,人民法院应予支持。法人、非法人组织请求法定代表人、负责人或者代理人与相对人对因此受到的损失承担连带赔偿责任的,人民法院应予支持。

根据法人、非法人组织的举证,综合考虑当事人之间的交易习惯、合同在订立时是否显失公平、相关人员是否获取了不正当利益、合同的履行情况等因素，人民法院能够认定法定代表人、负责人或者代理人与相对人存在恶意串通的高度可能性的，可以要求前述人员就合同订立、履行的过程等相关事实作出陈述或者提供相应的证据。其无正当理由拒绝作出陈述，或者所作陈述不具合理性又不能提供相应证据的，人民法院可以认定恶意串通的事实成立。

第一百五十五条　[无效或者被撤销民事法律行为自始无效] 无效的或者被撤销的民事法律行为自始没有法律约束力。

★ **第一百五十六条　[民事法律行为部分无效]** 民事法律行为部分无效，不影响其他部分效力的，其他部分仍然有效。

★ **第一百五十七条　[民事法律行为无效、被撤销、不生效力的法律后果]** 民事法律行为无效、被撤销或者确定不发生效力后，行为人因该行为取得的财产，应当予以返还；不能返还或者没有必要返还的，应当折价补偿。有过错的一方应当赔偿对方由此所受到的损失；各方都有过错的，应当各自承担相应的责任。法律另有规定的，依照其规定。

> **最高人民法院指导案例（170 号）**
> **饶国礼诉某物资供应站等房屋租赁合同纠纷案**
>
> **最高人民检察院指导案例（检例第 174 号）**
> **未成年人网络民事权益综合司法保护案**

《最高人民法院关于适用〈中华人民共和国民法典〉总则编若干问题的解释》

第二十三条　民事法律行为不成立，当事人请求返还财产、折价补偿或者赔偿损失的，参照适用民法典第一百五十七条的规定。

《最高人民法院关于适用〈中华人民共和国民法典〉合同编通则若干问题的解释》

第二十四条　合同不成立、无效、被撤销或者确定不发生效力，当事人请求返还财产，经审查财产能够返还的，人民法院应当根据案件具体情况，单独或者合并适用返还占有的标的物、更正登记簿册记载等方式；经审查财产不能返还或者没有必要返还的，人民法院应当以认定合同不成立、无效、被撤销或者确定不发生效力之日该财产的市场价值或者以其他合理方式计算的价值为基准判决折价补偿。

除前款规定的情形外，当事人还请求赔偿损失的，人民法院应当结合财产返还或者折价补偿的情况，综合考虑财产增值收益和贬值损失、交易成本的支出等事实，按照双方当事人的过错程度及原因力大小，根据诚信原则和公平原则，合理确定损失赔偿额。

合同不成立、无效、被撤销或者确定不发生效力，

当事人的行为涉嫌违法且未经处理，可能导致一方或者双方通过违法行为获得不当利益的，人民法院应当向有关行政管理部门提出司法建议。当事人的行为涉嫌犯罪的，应当将案件线索移送刑事侦查机关；属于刑事自诉案件的，应当告知当事人可以向有管辖权的人民法院另行提起诉讼。

第二十五条　合同不成立、无效、被撤销或者确定不发生效力，有权请求返还价款或者报酬的当事人一方请求对方支付资金占用费的，人民法院应当在当事人请求的范围内按照中国人民银行授权全国银行间同业拆借中心公布的一年期贷款市场报价利率（LPR）计算。但是，占用资金的当事人对于合同不成立、无效、被撤销或者确定不发生效力没有过错的，应当以中国人民银行公布的同期同类存款基准利率计算。

双方互负返还义务，当事人主张同时履行的，人民法院应予支持；占有标的物的一方对标的物存在使用或者依法可以使用的情形，对方请求将其应支付的资金占用费与应收取的标的物使用费相互抵销的，人民法院应予支持，但是法律另有规定的除外。

第四节　民事法律行为的附条件和附期限

★ **第一百五十八条　[附条件的民事法律行为]** 民事法律行为可以附条件，但是根据其性质不得附条件的除外。附生效条件的民事法律行为，自条件成就时生效。附解除条件的民事法律行为，自条件成就时失效。

《最高人民法院关于适用〈中华人民共和国民法典〉总则编若干问题的解释》

第二十四条　民事法律行为所附条件不可能发生，当事人约定为生效条件的，人民法院应当认定民事法律行为不发生效力；当事人约定为解除条件的，应当认定未附条件，民事法律行为是否失效，依照民法典和相关法律、行政法规的规定认定。

第一百五十九条　[条件成就或不成就的拟制] 附条件的民事法律行为，当事人为自己的利益不正当地阻止条件成就的，视为条件已经成就；不正当地促成条件成就的，视为条件不成就。

第一百六十条　[附期限的民事法律行为] 民事法律行为可以附期限，但是根据其性质不得附期限的除外。附生效期限的民事法律行为，自期限届至时生效。附终止期限的民事法律行为，自期限届满时失效。

第七章　代　理

第一节　一般规定

★ **第一百六十一条　[代理的适用范围]** 民事主体可以通过代理人实施民事法律行为。

依照法律规定、当事人约定或者民事法律行为的

性质,应当由本人亲自实施的民事法律行为,不得代理。

第一百六十二条 [代理的效力]代理人在代理权限内,以被代理人名义实施的民事法律行为,对被代理人发生效力。

第一百六十三条 [代理的类型]代理包括委托代理和法定代理。

委托代理人按照被代理人的委托行使代理权。法定代理人依照法律的规定行使代理权。

★ **第一百六十四条** [不当代理的民事责任]代理人不履行或者不完全履行职责,造成被代理人损害的,应当承担民事责任。

代理人和相对人恶意串通,损害被代理人合法权益的,代理人和相对人应当承担连带责任。

第二节 委托代理

★ **第一百六十五条** [授权委托书]委托代理授权采用书面形式的,授权委托书应当载明代理人的姓名或者名称、代理事项、权限和期限,并由被代理人签名或者盖章。

★ **第一百六十六条** [共同代理]数人为同一代理事项的代理人的,应当共同行使代理权,但是当事人另有约定的除外。

> **《最高人民法院关于适用〈中华人民共和国民法典〉总则编若干问题的解释》**
>
> 第二十五条 数个委托代理人共同行使代理权,其中一人或者数人未与其他委托代理人协商,擅自行使代理权的,依据民法典第一百七十一条、第一百七十二条等规定处理。

第一百六十七条 [违法代理的责任承担]代理人知道或者应当知道代理事项违法仍然实施代理行为,或者被代理人知道或者应当知道代理人的代理行为违法未作反对表示的,被代理人和代理人应当承担连带责任。

★ **第一百六十八条** [禁止自己代理和双方代理]代理人不得以被代理人的名义与自己实施民事法律行为,但是被代理人同意或者追认的除外。

代理人不得以被代理人的名义与自己同时代理的其他人实施民事法律行为,但是被代理的双方同意或者追认的除外。

★ **第一百六十九条** [复代理]代理人需要转委托第三人代理的,应当取得被代理人的同意或者追认。

转委托代理经被代理人同意或者追认的,被代理人可以就代理事务直接指示转委托的第三人,代理人仅就第三人的选任以及对第三人的指示承担责任。

转委托代理未经被代理人同意或者追认的,代理人应当对转委托的第三人的行为承担责任;但是,在

紧急情况下代理人为了维护被代理人的利益需要转委托第三人代理的除外。

> **《民法典》** 第 923 条
> **《最高人民法院关于适用〈中华人民共和国民法典〉总则编若干问题的解释》**
>
> 第二十六条 由于急病、通讯联络中断、疫情防控等特殊原因,委托代理人自己不能办理代理事项,又不能与被代理人及时取得联系,如不及时转委托第三人代理,会给被代理人的利益造成损失或者扩大损失的,人民法院应当认定为民法典第一百六十九条规定的紧急情况。

★ **第一百七十条** [职务代理]执行法人或者非法人组织工作任务的人员,就其职权范围内的事项,以法人或者非法人组织的名义实施的民事法律行为,对法人或者非法人组织发生效力。

法人或者非法人组织对执行其工作任务的人员职权范围的限制,不得对抗善意相对人。

> **《最高人民法院关于适用〈中华人民共和国民法典〉合同编通则若干问题的解释》**
>
> 第二十一条 法人、非法人组织的工作人员就超越其职权范围的事项以法人、非法人组织的名义订立合同,相对人主张该合同对法人、非法人组织发生效力并由其承担违约责任的,人民法院不予支持。但是,法人、非法人组织有过错的,人民法院可以参照民法典第一百五十七条的规定判决其承担相应的赔偿责任。前述情形,构成表见代理的,人民法院应当依据民法典第一百七十二条的规定处理。
>
> 合同所涉事项有下列情形之一的,人民法院应当认定法人、非法人组织的工作人员在订立合同时超越其职权范围:
>
> (一)依法应当由法人、非法人组织的权力机构或者决策机构决议的事项;
>
> (二)依法应当由法人、非法人组织的执行机构决定的事项;
>
> (三)依法应当由法定代表人、负责人代表法人、非法人组织实施的事项;
>
> (四)不属于通常情形下依其职权可以处理的事项。
>
> 合同所涉事项未超越依据前款确定的职权范围,但是超越法人、非法人组织对工作人员职权范围的限制,相对人主张该合同对法人、非法人组织发生效力并由其承担违约责任的,人民法院应予支持。但是,法人、非法人组织举证证明相对人知道或者应当知道该限制的除外。
>
> 法人、非法人组织承担民事责任后,向故意或者有重大过失的工作人员追偿的,人民法院依法予以支持。
>
> 第二十二条 法定代表人、负责人或者工作人员

以法人、非法人组织的名义订立合同且未超越权限,法人、非法人组织仅以合同加盖的印章不是备案印章或者系伪造的印章为由主张该合同对其不发生效力的,人民法院不予支持。

合同系以法人、非法人组织的名义订立,但是仅有法定代表人、负责人或者工作人员签名或者按指印而未加盖法人、非法人组织的印章,相对人能够证明法定代表人、负责人或者工作人员在订立合同时未超越权限的,人民法院应当认定合同对法人、非法人组织发生效力。但是,当事人约定以加盖印章作为合同成立条件的除外。

合同仅加盖法人、非法人组织的印章而无人员签名或者按指印,相对人能够证明合同系法定代表人、负责人或者工作人员在其权限范围内订立的,人民法院应当认定该合同对法人、非法人组织发生效力。

在前三款规定的情形下,法定代表人、负责人或者工作人员在订立合同时虽然超越代表或者代理权限,但是依据民法典第五百零四条的规定构成表见代表,或者依据民法典第一百七十二条的规定构成表见代理的,人民法院应当认定合同对法人、非法人组织发生效力。

★ **第一百七十一条** ［无权代理］行为人没有代理权、超越代理权或者代理权终止后,仍然实施代理行为,未经被代理人追认的,对被代理人不发生效力。

相对人可以催告被代理人自收到通知之日起三十日内予以追认。被代理人未作表示的,视为拒绝追认。行为人实施的行为被追认前,善意相对人有撤销的权利。撤销应当以通知的方式作出。

行为人实施的行为未被追认的,善意相对人有权请求行为人履行债务或者就其受到的损害请求行为人赔偿。但是,赔偿的范围不得超过被代理人追认时相对人所能获得的利益。

相对人知道或者应当知道行为人无权代理的,相对人和行为人按照各自的过错承担责任。

> 《民法典》 第 503 条
> 《最高人民法院关于适用〈中华人民共和国民法典〉总则编若干问题的解释》
> 第二十七条 无权代理行为未被追认,相对人请求行为人履行债务或者赔偿损失的,由行为人就相对人知道或者应当知道行为人无权代理承担举证责任。行为人不能证明的,人民法院依法支持相对人的相应诉讼请求;行为人能够证明的,人民法院应当按照各自的过错认定行为人与相对人的责任。
> 第二十九条 法定代理人、被代理人依据民法典第一百四十五条、第一百七十一条的规定向相对人作出追认的意思表示的,人民法院应当依据民法典第一百三十七条的规定确认其追认意思表示的生效时间。

♠ **第一百七十二条** ［表见代理］行为人没有代理权、超越代理权或者代理权终止后,仍然实施代理行为,相对人有理由相信行为人有代理权的,代理行为有效。

> 《最高人民法院关于适用〈中华人民共和国民法典〉总则编若干问题的解释》
> 第二十八条 同时符合下列条件的,人民法院可以认定为民法典第一百七十二条规定的相对人有理由相信行为人有代理权:
> (一)存在代理权的外观;
> (二)相对人不知道行为人行为时没有代理权,且无过失。
> 因是否构成表见代理发生争议的,相对人应当就无权代理符合前款第一项规定的条件承担举证责任;被代理人应当就相对人不符合前款第二项规定的条件承担举证责任。

第三节　代理终止

第一百七十三条 ［委托代理的终止］有下列情形之一的,委托代理终止:

(一)代理期限届满或者代理事务完成;

(二)被代理人取消委托或者代理人辞去委托;

(三)代理人丧失民事行为能力;

(四)代理人或者被代理人死亡;

(五)作为代理人或者被代理人的法人、非法人组织终止。

第一百七十四条 ［委托代理终止的例外］被代理人死亡后,有下列情形之一的,委托代理人实施的代理行为有效:

(一)代理人不知道且不应当知道被代理人死亡;

(二)被代理人的继承人予以承认;

(三)授权中明确代理权在代理事务完成时终止;

(四)被代理人死亡前已经实施,为了被代理人的继承人的利益继续代理。

作为被代理人的法人、非法人组织终止的,参照适用前款规定。

第一百七十五条 ［法定代理的终止］有下列情形之一的,法定代理终止:

(一)被代理人取得或者恢复完全民事行为能力;

(二)代理人丧失民事行为能力;

(三)代理人或者被代理人死亡;

(四)法律规定的其他情形。

第八章　民事责任

第一百七十六条 ［民事责任］民事主体依照法律规定或者按照当事人约定,履行民事义务,承担民事责任。

第一百七十七条　[按份责任]二人以上依法承担按份责任,能够确定责任大小的,各自承担相应的责任;难以确定责任大小的,平均承担责任。

♠ 第一百七十八条　[连带责任]二人以上依法承担连带责任的,权利人有权请求部分或者全部连带责任人承担责任。

连带责任人的责任份额根据各自责任大小确定;难以确定责任大小的,平均承担责任。实际承担责任超过自己责任份额的连带责任人,有权向其他连带责任人追偿。

连带责任,由法律规定或者当事人约定。

> 最高人民检察院指导案例(检例第164号)
> 江西省浮梁县人民检察院诉A化工集团有限公司污染环境民事公益诉讼案

★ 第一百七十九条　[民事责任的承担方式]承担民事责任的方式主要有:

(一)停止侵害;

(二)排除妨碍;

(三)消除危险;

(四)返还财产;

(五)恢复原状;

(六)修理、重作、更换;

(七)继续履行;

(八)赔偿损失;

(九)支付违约金;

(十)消除影响、恢复名誉;

(十一)赔礼道歉。

法律规定惩罚性赔偿的,依照其规定。

本条规定的承担民事责任的方式,可以单独适用,也可以合并适用。

> 最高人民法院指导案例(205号)
> 上海市人民检察院第三分院诉郎溪华远固体废物处置有限公司、宁波高新区米泰贸易有限公司、黄德庭、薛强环境污染民事公益诉讼案
>
> 最高人民检察院指导案例(检例第164号)
> 江西省浮梁县人民检察院诉A化工集团有限公司污染环境民事公益诉讼案

《消费者权益保护法》①

第五十五条　经营者提供商品或者服务有欺诈行为的,应当按照消费者的要求增加赔偿其受到的损失,增加赔偿的金额为消费者购买商品的价款或者接受服务的费用的三倍;增加赔偿的金额不足五百元的,为五百元。法律另有规定的,依照其规定。经营者明知商品或者服务存在缺陷,仍然向消费者提供,造成消费者或者其他受害人死亡或者健康严重损害的,受害人有权要求经营者依照本法第四十九条、第五十一条等法律规定赔偿损失,并有权要求所受损失二倍以下的惩罚性赔偿。

《食品安全法》②

第一百四十八条　消费者因不符合食品安全标准的食品受到损害的,可以向经营者要求赔偿损失,也可以向生产者要求赔偿损失。接到消费者赔偿要求的生产经营者,应当实行首负责任制,先行赔付,不得推诿;属于生产者责任的,经营者赔偿后有权向生产者追偿;属于经营者责任的,生产者赔偿后有权向经营者追偿。

生产不符合食品安全标准的食品或者经营明知是不符合食品安全标准的食品,消费者除要求赔偿损失外,还可以向生产者或者经营者要求支付价款十倍或者损失三倍的赔偿金;增加赔偿的金额不足一千元的,为一千元。但是,食品的标签、说明书存在不影响食品安全且不会对消费者造成误导的瑕疵的除外。

《最高人民法院关于审理旅游纠纷案件适用法律若干问题的规定》③

第十五条　旅游经营者违反合同约定,有擅自改变旅游行程、遗漏旅游景点、减少旅游服务项目、降低旅游服务标准等行为,旅游者请求旅游经营者赔偿未完成约定旅游服务项目等合理费用的,人民法院应予支持。

旅游经营者提供服务时有欺诈行为,旅游者依据消费者权益保护法第五十五条第一款规定请求旅游经营者承担惩罚性赔偿责任的,人民法院应予支持。

★ 第一百八十条　[不可抗力]因不可抗力不能履行民事义务的,不承担民事责任。法律另有规定的,依照其规定。

不可抗力是不能预见、不能避免且不能克服的客观情况。

> 《民法典》　第590、832、835、1239、1240条

① 1993年10月31日第八届全国人民代表大会常务委员会第四次会议通过,根据2009年8月27日第十一届全国人民代表大会常务委员会第十次会议《关于修改部分法律的决定》第一次修正,根据2013年10月25日第十二届全国人民代表大会常务委员会第五次会议《关于修改〈中华人民共和国消费者权益保护法〉的决定》第二次修正。

② 2009年2月28日第十一届全国人民代表大会常务委员会第七次会议通过,2015年4月24日第十二届全国人民代表大会常务委员会第十四次会议修订,根据2018年12月29日第十三届全国人民代表大会常务委员会第七次会议《关于修改〈中华人民共和国产品质量法〉等五部法律的决定》第一次修正,根据2021年4月29日第十三届全国人民代表大会常务委员会第二十八次会议《关于修改〈中华人民共和国道路交通安全法〉等八部法律的决定》第二次修正。

③ 2010年9月13日由最高人民法院审判委员会第1496次会议通过,根据2020年12月23日最高人民法院审判委员会第1823次会议通过的《最高人民法院关于修改〈最高人民法院关于在民事审判工作中适用《中华人民共和国工会法》若干问题的解释〉等二十七件民事类司法解释的决定》修正。

第一百八十一条 [正当防卫]因正当防卫造成损害的,不承担民事责任。

正当防卫超过必要的限度,造成不应有的损害的,正当防卫人应当承担适当的民事责任。

《最高人民法院关于适用〈中华人民共和国民法典〉总则编若干问题的解释》

第三十条 为了使国家利益、社会公共利益、本人或者他人的人身权利、财产权利以及其他合法权益免受正在进行的不法侵害,而针对实施侵害行为的人采取的制止不法侵害的行为,应当认定为民法典第一百八十一条规定的正当防卫。

第三十一条 对于正当防卫是否超过必要的限度,人民法院应当综合不法侵害的性质、手段、强度、危害程度和防卫的时机、手段、强度、损害后果等因素判断。

经审理,正当防卫没有超过必要限度的,人民法院应当认定正当防卫人不承担责任。正当防卫超过必要限度的,人民法院应当认定正当防卫人在造成不应有的损害范围内承担部分责任;实施侵害行为的人请求正当防卫人承担全部责任的,人民法院不予支持。

实施侵害行为的人不能证明防卫行为造成不应有的损害,仅以正当防卫人采取的反击方式和强度与不法侵害不相当为由主张防卫过当的,人民法院不予支持。

★ 第一百八十二条 [紧急避险]因紧急避险造成损害的,由引起险情发生的人承担民事责任。

危险由自然原因引起的,紧急避险人不承担民事责任,可以给予适当补偿。

紧急避险采取措施不当或者超过必要的限度,造成不应有的损害的,紧急避险人应当承担适当的民事责任。

《最高人民法院关于适用〈中华人民共和国民法典〉总则编若干问题的解释》

第三十二条 为了使国家利益、社会公共利益、本人或者他人的人身权利、财产权利以及其他合法权益免受正在发生的急迫危险,不得已而采取紧急措施的,应当认定为民法典第一百八十二条规定的紧急避险。

第三十三条 对于紧急避险是否采取措施不当或者超过必要的限度,人民法院应当综合危险的性质、急迫程度、避险行为所保护的权益以及造成的损害后果等因素判断。

经审理,紧急避险采取措施并无不当且没有超过必要限度的,人民法院应当认定紧急避险人不承担责任。紧急避险采取措施不当或者超过必要限度的,人民法院应当根据紧急避险人的过错程度、避险措施造成不应有的损害的原因力大小、紧急避险人是否为受益人等因素认定紧急避险人在造成的不应有的损害范围内承担相应的责任。

★ 第一百八十三条 [因保护他人民事权益而受损的责任承担]因保护他人民事权益使自己受到损害

的,由侵权人承担民事责任,受益人可以给予适当补偿。没有侵权人、侵权人逃逸或者无力承担民事责任,受害人请求补偿的,受益人应当给予适当补偿。

最高人民法院指导案例(98 号)
张庆福、张殿凯诉朱振彪生命权纠纷案

《民法典》 第 979 条
《最高人民法院关于适用〈中华人民共和国民法典〉总则编若干问题的解释》

第三十四条 因保护他人民事权益使自己受到损害,受害人依据民法典第一百八十三条的规定请求受益人适当补偿的,人民法院可以根据受害人所受损失和已获赔偿的情况、受益人受益的多少及其经济条件等因素确定受益人承担的补偿数额。

★ 第一百八十四条 [紧急救助的责任豁免]因自愿实施紧急救助行为造成受助人损害的,救助人不承担民事责任。

第一百八十五条 [英雄烈士人格利益的保护]侵害英雄烈士等的姓名、肖像、名誉、荣誉,损害社会公共利益的,应当承担民事责任。

最高人民法院指导案例(99 号)
葛长生诉洪振快名誉权、荣誉权纠纷案

《最高人民法院关于适用〈中华人民共和国民法典〉时间效力的若干规定》①

第六条 《中华人民共和国民法总则》施行前,侵害英雄烈士等的姓名、肖像、名誉、荣誉,损害社会公共利益引起的民事纠纷案件,适用民法典第一百八十五条的规定。

★ 第一百八十六条 [违约责任与侵权责任的竞合]因当事人一方的违约行为,损害对方人身权益、财产权益的,受损害方有权选择请求其承担违约责任或者侵权责任。

第一百八十七条 [民事责任优先]民事主体因同一行为应当承担民事责任、行政责任和刑事责任的,承担行政责任或者刑事责任不影响承担民事责任;民事主体的财产不足以支付的,优先用于承担民事责任。

最高人民法院指导案例(205 号)
上海市人民检察院第三分院诉郎溪华远固体废物处置有限公司、宁波高新区米泰贸易有限公司、黄德庭、薛强环境污染民事公益诉讼案

---

① 2020 年 12 月 14 日最高人民法院审判委员会第 1821 次会议通过,2020 年 12 月 29 日公布,自 2021 年 1 月 1 日起施行。(法释〔2020〕15 号)

第九章　诉讼时效

★ **第一百八十八条** [普通诉讼时效]向人民法院请求保护民事权利的诉讼时效期间为三年。法律另有规定的,依照其规定。

诉讼时效期间自权利人知道或者应当知道权利受到损害以及义务人之日起计算。法律另有规定的,依照其规定。但是,自权利受到损害之日起超过二十年的,人民法院不予保护,有特殊情况的,人民法院可以根据权利人的申请决定延长。

> **《民法典》** 第594条
>
> **《最高人民法院关于适用〈中华人民共和国民法典〉总则编若干问题的解释》**
>
> 第三十五条 民法典第一百八十八条第一款规定的三年诉讼时效期间,可以适用民法典有关诉讼时效中止、中断的规定,不适用延长的规定。该条第二款规定的二十年期间不适用中止、中断的规定。
>
> 第三十六条 无民事行为能力人或者限制民事行为能力人的权利受到损害的,诉讼时效期间自其法定代理人知道或者应当知道权利受到损害以及义务人之日起计算,但是法律另有规定的除外。
>
> 第三十七条 无民事行为能力人、限制民事行为能力人的权利受到原法定代理人损害,且在取得、恢复完全民事行为能力或者在原法定代理终止并确定新的法定代理人后,相应民事主体才知道或者应当知道权利受到损害的,有关请求权诉讼时效期间的计算适用民法典第一百八十八条第二款、本解释第三十六条的规定。
>
> **《最高人民法院关于审理民事案件适用诉讼时效制度若干问题的规定》①**
>
> 第六条 返还不当得利请求权的诉讼时效期间,从当事人一方知道或者应当知道不当得利事实及对方当事人之日起计算。
>
> 第七条 管理人因无因管理行为产生的给付必要管理费用、赔偿损失请求权的诉讼时效期间,从无因管理行为结束并且管理人知道或者应当知道本人之日起计算。
>
> 本人因不当无因管理行为产生的赔偿损失请求权的诉讼时效期间,从其知道或者应当知道管理人及损害事实之日起计算。
>
> **《最高人民法院关于适用〈中华人民共和国民法典〉时间效力的若干规定》**
>
> 第一条 民法典施行后的法律事实引起的民事纠纷案件,适用民法典的规定。
>
> 民法典施行前的法律事实引起的民事纠纷案件,适用当时的法律、司法解释的规定,但是法律、司法解释另有规定的除外。
>
> 民法典施行前的法律事实持续至民法典施行后,该法律事实引起的民事纠纷案件,适用民法典的规定,但是法律、司法解释另有规定的除外。
>
> 第二条 民法典施行前的法律事实引起的民事纠纷案件,当时的法律、司法解释有规定,适用当时的法律、司法解释的规定,但是适用民法典的规定更有利于保护民事主体合法权益,更有利于维护社会和经济秩序,更有利于弘扬社会主义核心价值观的除外。

> **最高人民检察院指导案例(检例第164号)**
> **江西省浮梁县人民检察院诉A化工集团有限公司污染环境民事公益诉讼案**

> 第三条 民法典施行前的法律事实引起的民事纠纷案件,当时的法律、司法解释没有规定而民法典有规定的,可以适用民法典的规定,但是明显减损当事人合法权益、增加当事人法定义务或者背离当事人合理预期的除外。
>
> 第四条 民法典施行前的法律事实引起的民事纠纷案件,当时的法律、司法解释仅有原则性规定而民法典有具体规定的,适用当时的法律、司法解释的规定,但是可以依据民法典具体规定进行裁判说理。
>
> 第五条 民法典施行前已经终审的案件,当事人申请再审或者按照审判监督程序决定再审的,不适用民法典的规定。

第一百八十九条 [分期履行债务诉讼时效的起算]当事人约定同一债务分期履行的,诉讼时效期间自最后一期履行期限届满之日起计算。

> **《最高人民法院关于审理民事案件适用诉讼时效制度若干问题的规定》**
>
> 第四条 未约定履行期限的合同,依照民法典第五百一十条、第五百一十一条的规定,可以确定履行期限的,诉讼时效期间从履行期限届满之日起计算;不能确定履行期限的,诉讼时效期间从债权人要求债务人履行义务的宽限期届满之日起计算,但债务人在债权人第一次向其主张权利之时明确表示不履行义务的,诉讼时效期间从债务人明确表示不履行义务之日起计算。

第一百九十条 [对法定代理人请求权诉讼时效的起算]无民事行为能力人或者限制民事行为能力人对其法定代理人的请求权的诉讼时效期间,自该法定代理终止之日起计算。

第一百九十一条 [未成年人遭受性侵害的损害赔偿诉讼时效的起算]未成年人遭受性侵害的损害赔

---

① 2008年8月11日由最高人民法院审判委员会第1450次会议通过,根据2020年12月23日最高人民法院审判委员会第1823次会议通过的《最高人民法院关于修改〈最高人民法院关于在民事审判工作中适用《中华人民共和国工会法》若干问题的解释〉等二十七件民事类司法解释的决定》修正。

偿请求权的诉讼时效期间,自受害人年满十八周岁之日起计算。

★ **第一百九十二条** [诉讼时效届满的法律效果] 诉讼时效期间届满的,义务人可以提出不履行义务的抗辩。

诉讼时效期间届满后,义务人同意履行的,不得以诉讼时效期间届满为由抗辩;义务人已经自愿履行的,不得请求返还。

> **《最高人民法院关于审理民事案件适用诉讼时效制度若干问题的规定》**
>
> 第十八条 主债务诉讼时效期间届满,保证人享有主债务人的诉讼时效抗辩权。
>
> 保证人未主张前述诉讼时效抗辩权,承担保证责任后向主债务人行使追偿权的,人民法院不予支持,但主债务人同意给付的情形除外。
>
> 第十九条 诉讼时效期间届满,当事人一方向对方当事人作出同意履行义务的意思表示或者自愿履行义务后,又以诉讼时效期间届满为由进行抗辩的,人民法院不予支持。
>
> 当事人双方就原债务达成新的协议,债权人主张义务人放弃诉讼时效抗辩权的,人民法院应予支持。
>
> 超过诉讼时效期间,贷款人向借款人发出催收到期贷款通知单,债务人在通知单上签字或者盖章,能够认定借款人同意履行诉讼时效期间已经届满的义务的,对于贷款人关于借款人放弃诉讼时效抗辩权的主张,人民法院应予支持。
>
> **《最高人民法院关于适用〈中华人民共和国民法典〉有关担保制度的解释》**①
>
> 第三十五条 保证人知道或者应当知道主债权诉讼时效期间届满仍然提供保证或者承担保证责任,又以诉讼时效期间届满为由拒绝承担保证责任或者请求返还财产的,人民法院不予支持;保证人承担保证责任后向债务人追偿的,人民法院不予支持,但是债务人放弃诉讼时效抗辩的除外。

★ **第一百九十三条** [诉讼时效援用] 人民法院不得主动适用诉讼时效的规定。

> **《最高人民法院关于审理民事案件适用诉讼时效制度若干问题的规定》**
>
> 第二条 当事人未提出诉讼时效抗辩,人民法院不应对诉讼时效问题进行释明。
>
> 第三条 当事人在一审期间未提出诉讼时效抗辩,在二审期间提出的,人民法院不予支持,但其基于新的证据能够证明对方当事人的请求权已过诉讼时效期间的情形除外。
>
> 当事人未按照前款规定提出诉讼时效抗辩,以诉讼时效期间届满为由申请再审或者提出再审抗辩的,人民法院不予支持。

★ **第一百九十四条** [诉讼时效的中止] 在诉讼时效期间的最后六个月内,因下列障碍,不能行使请求权的,诉讼时效中止:

(一)不可抗力;

(二)无民事行为能力人或者限制民事行为能力人没有法定代理人,或者法定代理人死亡、丧失民事行为能力、丧失代理权;

(三)继承开始后未确定继承人或者遗产管理人;

(四)权利人被义务人或者其他人控制;

(五)其他导致权利人不能行使请求权的障碍。

自中止时效的原因消除之日起满六个月,诉讼时效期间届满。

★ **第一百九十五条** [诉讼时效的中断] 有下列情形之一的,诉讼时效中断,从中断、有关程序终结时起,诉讼时效期间重新计算:

(一)权利人向义务人提出履行请求;

(二)义务人同意履行义务;

(三)权利人提起诉讼或者申请仲裁;

(四)与提起诉讼或者申请仲裁具有同等效力的其他情形。

> **《最高人民法院关于审理民事案件适用诉讼时效制度若干问题的规定》**
>
> 第八条 具有下列情形之一的,应当认定为民法典第一百九十五条规定的"权利人向义务人提出履行请求",产生诉讼时效中断的效力:
>
> (一)当事人一方直接向对方当事人送交主张权利文书,对方当事人在文书上签名、盖章、按指印或者虽未签名、盖章、按指印但能够以其他方式证明该文书到达对方当事人的;
>
> (二)当事人一方以发送信件或者数据电文方式主张权利,信件或者数据电文到达或者应当到达对方当事人的;
>
> (三)当事人一方为金融机构,依照法律规定或者当事人约定从对方当事人账户中扣收欠款本息的;
>
> (四)当事人一方下落不明,对方当事人在国家级或者下落不明的当事人一方住所地的省级有影响的媒体上刊登具有主张权利内容的公告的,但法律和司法解释另有特别规定的,适用其规定。
>
> 前款第(一)项情形中,对方当事人为法人或者其他组织的,签收人可以是其法定代表人、主要负责人、负责收发信件的部门或者被授权主体;对方当事人为自然人的,签收人可以是自然人本人、同住的具有完全行为能力的亲属或者被授权主体。
>
> 第九条 权利人对同一债权中的部分债权主张权

---

① 2020 年 12 月 25 日最高人民法院审判委员会第 1824 次会议通过,2020 年 12 月 31 日公布,自 2021 年 1 月 1 日起施行。(法释〔2020〕28 号)

利,诉讼时效中断的效力及于剩余债权,但权利人明确表示放弃剩余债权的情形除外。

第十条 当事人一方向人民法院提交起诉状或者口头起诉的,诉讼时效从提交起诉状或者口头起诉之日起中断。

第十一条 下列事项之一,人民法院应当认定与提起诉讼具有同等诉讼时效中断的效力:

(一)申请支付令;

(二)申请破产、申报破产债权;

(三)为主张权利而申请宣告义务人失踪或死亡;

(四)申请诉前财产保全、诉前临时禁令等诉前措施;

(五)申请强制执行;

(六)申请追加当事人或者被通知参加诉讼;

(七)在诉讼中主张抵销;

(八)其他与提起诉讼具有同等诉讼时效中断效力的事项。

第十二条 权利人向人民调解委员会以及其他依法有权解决相关民事纠纷的国家机关、事业单位、社会团体等社会组织提出保护相应民事权利的请求,诉讼时效从提出请求之日起中断。

第十三条 权利人向公安机关、人民检察院、人民法院报案或者控告,请求保护其民事权利的,诉讼时效从其报案或者控告之日起中断。

上述机关决定不立案、撤销案件、不起诉的,诉讼时效期间从权利人知道或者应当知道不立案、撤销案件或者不起诉之日起重新计算;刑事案件进入审理阶段,诉讼时效期间从刑事裁判文书生效之日起重新计算。

第十四条 义务人作出分期履行、部分履行、提供担保、请求延期履行、制定清偿债务计划等承诺或者行为的,应当认定为民法典第一百九十五条规定的"义务人同意履行义务"。

第十五条 对于连带债权人中的一人发生诉讼时效中断效力的事由,应当认定对其他连带债权人也发生诉讼时效中断的效力。

对于连带债务人中的一人发生诉讼时效中断效力的事由,应当认定对其他连带债务人也发生诉讼时效中断的效力。

第十六条 债权人提起代位权诉讼的,应当认定对债权人的债权和债务人的债权均发生诉讼时效中断的效力。

第十七条 债权转让的,应当认定诉讼时效从债权转让通知到达债务人之日起中断。

债务承担情形下,构成原债务人对债务承认的,应当认定诉讼时效从债务承担意思表示到达债权人之日起中断。

《最高人民法院关于适用〈中华人民共和国民法典〉总则编若干问题的解释》

第三十八条 诉讼时效依据民法典第一百九十五条的规定中断后,在新的诉讼时效期间内,再次出现第一百九十五条规定的中断事由,可以认定为诉讼时效再次中断。

权利人向义务人的代理人、财产代管人或者遗产管理人等提出履行请求的,可以认定为民法典第一百九十五条规定的诉讼时效中断。

★ **第一百九十六条** [不适用诉讼时效的情形]下列请求权不适用诉讼时效的规定:

(一)请求停止侵害、排除妨碍、消除危险;

(二)不动产物权和登记的动产物权的权利人请求返还财产;

(三)请求支付抚养费、赡养费或者扶养费;

(四)依法不适用诉讼时效的其他请求权。

最高人民法院指导案例(65号)
上海市虹口区久乐大厦小区业主大会诉上海环亚实业总公司业主共有权纠纷案

《最高人民法院关于审理民事案件适用诉讼时效制度若干问题的规定》

第一条 当事人可以对债权请求权提出诉讼时效抗辩,但对下列债权请求权提出诉讼时效抗辩的,人民法院不予支持:

(一)支付存款本金及利息请求权;

(二)兑付国债、金融债券以及向不特定对象发行的企业债券本息请求权;

(三)基于投资关系产生的缴付出资请求权;

(四)其他依法不适用诉讼时效规定的债权请求权。

★ **第一百九十七条** [诉讼时效法定]诉讼时效的期间、计算方法以及中止、中断的事由由法律规定,当事人约定无效。

当事人对诉讼时效利益的预先放弃无效。

第一百九十八条 [仲裁时效]法律对仲裁时效有规定的,依照其规定;没有规定的,适用诉讼时效的规定。

第一百九十九条 [除斥期间]法律规定或者当事人约定的撤销权、解除权等权利的存续期间,除法律另有规定外,自权利人知道或者应当知道权利产生之日起计算,不适用有关诉讼时效中止、中断和延长的规定。存续期间届满,撤销权、解除权等权利消灭。

《最高人民法院关于审理民事案件适用诉讼时效制度若干问题的规定》

第五条 享有撤销权的当事人一方请求撤销合同

的,应适用民法典关于除斥期间的规定。对方当事人对撤销合同请求权提出诉讼时效抗辩的,人民法院不予支持。

合同被撤销,返还财产、赔偿损失请求权的诉讼时效期间从合同被撤销之日起计算。

第十章　期间计算

第二百条　[期间的计算单位]民法所称的期间按照公历年、月、日、小时计算。

第二百零一条　[期间的起算]按照年、月、日计算期间的,开始的当日不计入,自下一日开始计算。

按照小时计算期间的,自法律规定或者当事人约定的时间开始计算。

第二百零二条　[期间结束]按照年、月计算期间的,到期月的对应日为期间的最后一日;没有对应日的,月末日为期间的最后一日。

第二百零三条　[期间计算的特殊规定]期间的最后一日是法定休假日的,以法定休假日结束的次日为期间的最后一日。

期间的最后一日的截止时间为二十四时;有业务时间的,停止业务活动的时间为截止时间。

第二百零四条　[期间法定或约定]期间的计算方法依照本法的规定,但是法律另有规定或者当事人另有约定的除外。

第二编　物　权

第一分编　通　则

第一章　一般规定

第二百零五条　[物权编的调整范围]本编调整因物的归属和利用产生的民事关系。

第二百零六条　[我国基本经济制度与社会主义市场经济原则]国家坚持和完善公有制为主体、多种所有制经济共同发展,按劳分配为主体、多种分配方式并存,社会主义市场经济体制等社会主义基本经济制度。

国家巩固和发展公有制经济,鼓励、支持和引导非公有制经济的发展。

国家实行社会主义市场经济,保障一切市场主体的平等法律地位和发展权利。

第二百零七条　[平等保护原则]国家、集体、私人的物权和其他权利人的物权受法律平等保护,任何组织或者个人不得侵犯。

第二百零八条　[物权公示原则]不动产物权的设立、变更、转让和消灭,应当依照法律规定登记。动产物权的设立和转让,应当依照法律规定交付。

第二章　物权的设立、变更、转让和消灭

第一节　不动产登记

★ 第二百零九条　[不动产物权的登记生效原则及其例外]不动产物权的设立、变更、转让和消灭,经依法登记,发生效力;未经登记,不发生效力,但是法律另有规定的除外。

依法属于国家所有的自然资源,所有权可以不登记。

第二百一十条　[不动产登记机构和不动产统一登记]不动产登记,由不动产所在地的登记机构办理。

国家对不动产实行统一登记制度。统一登记的范围、登记机构和登记办法,由法律、行政法规规定。

《不动产登记暂行条例》①

第六条　国务院自然资源主管部门负责指导、监督全国不动产登记工作。

县级以上地方人民政府应当确定一个部门为本行政区域的不动产登记机构,负责不动产登记工作,并接受上级人民政府不动产登记主管部门的指导、监督。

第七条　不动产登记由不动产所在地的县级人民政府不动产登记机构办理;直辖市、设区的市人民政府可以确定本级不动产登记机构统一办理所属各区的不动产登记。

跨县级行政区域的不动产登记,由所跨县级行政区域的不动产登记机构分别办理。不能分别办理的,由所跨县级行政区域的不动产登记机构协商办理;协商不成的,由共同的上一级人民政府不动产登记主管部门指定办理。

国务院确定的重点国有林区的森林、林木和林地,国务院批准项目用海、用岛,中央国家机关使用的国有土地等不动产登记,由国务院自然资源主管部门会同有关部门规定。

第二百一十一条　[申请不动产登记应提供的必要材料]当事人申请登记,应当根据不同登记事项提供权属证明和不动产界址、面积等必要材料。

第二百一十二条　[不动产登记机构应当履行的职责]登记机构应当履行下列职责:

(一)查验申请人提供的权属证明和其他必要材料;

(二)就有关登记事项询问申请人;

(三)如实、及时登记有关事项;

(四)法律、行政法规规定的其他职责。

---

① 2014年11月24日中华人民共和国国务院令第656号公布,根据2019年3月24日《国务院关于修改部分行政法规的决定》修订,根据2024年3月10日《国务院关于修改和废止部分行政法规的决定》第二次修订。

申请登记的不动产的有关情况需要进一步证明的,登记机构可以要求申请人补充材料,必要时可以实地查看。

第二百一十三条 [不动产登记机构的禁止行为]登记机构不得有下列行为:

(一)要求对不动产进行评估;

(二)以年检等名义进行重复登记;

(三)超出登记职责范围的其他行为。

第二百一十四条 [不动产物权变动的生效时间]不动产物权的设立、变更、转让和消灭,依照法律规定应当登记的,自记载于不动产登记簿时发生效力。

《最高人民法院关于适用〈中华人民共和国民法典〉物权编的解释(一)》①

♠ **第二条** 当事人有证据证明不动产登记簿的记载与真实权利状态不符、其为该不动产物权的真实权利人,请求确认其享有物权的,应予支持。

♠ **第二百一十五条** [合同效力和物权效力区分]当事人之间订立有关设立、变更、转让和消灭不动产物权的合同,除法律另有规定或者当事人另有约定外,自合同成立时生效;未办理物权登记的,不影响合同效力。

最高人民法院指导案例(168 号)
中信银行股份有限公司东莞分行诉陈志华等
金融借款合同纠纷案

第二百一十六条 [不动产登记簿效力及管理机构]不动产登记簿是物权归属和内容的根据。

不动产登记簿由登记机构管理。

《最高人民法院关于适用〈中华人民共和国民法典〉有关担保制度的解释》

第四十七条 不动产登记簿就抵押财产、被担保的债权范围等所作的记载与抵押合同约定不一致的,人民法院应当根据登记簿的记载确定抵押财产、被担保的债权范围等事项。

第二百一十七条 [不动产登记簿与不动产权属证书的关系]不动产权属证书是权利人享有该不动产物权的证明。不动产权属证书记载的事项,应当与不动产登记簿一致;记载不一致的,除有证据证明不动产登记簿确有错误外,以不动产登记簿为准。

第二百一十八条 [不动产登记资料的查询、复制]权利人、利害关系人可以申请查询、复制不动产登记资料,登记机构应当提供。

第二百一十九条 [利害关系人的非法利用不动产登记资料禁止义务]利害关系人不得公开、非法使用权利人的不动产登记资料。

★ **第二百二十条** [更正登记和异议登记]权利人、利害关系人认为不动产登记簿记载的事项错误的,可以申请更正登记。不动产登记簿记载的权利人书面同意更正或者有证据证明登记确有错误的,登记机构应当予以更正。

不动产登记簿记载的权利人不同意更正的,利害关系人可以申请异议登记。登记机构予以异议登记,申请人自异议登记之日起十五日内不提起诉讼的,异议登记失效。异议登记不当,造成权利人损害的,权利人可以向申请人请求损害赔偿。

《最高人民法院关于适用〈中华人民共和国民法典〉物权编的解释(一)》

第三条 异议登记因民法典第二百二十条第二款规定的事由失效后,当事人提起民事诉讼,请求确认物权归属的,应当依法受理。异议登记失效不影响人民法院对案件的实体审理。

♠ **第二百二十一条** [预告登记]当事人签订买卖房屋的协议或者签订其他不动产物权的协议,为保障将来实现物权,按照约定可以向登记机构申请预告登记。预告登记后,未经预告登记的权利人同意,处分该不动产的,不发生物权效力。

预告登记后,债权消灭或者自能够进行不动产登记之日起九十日内未申请登记的,预告登记失效。

《最高人民法院关于适用〈中华人民共和国民法典〉物权编的解释(一)》

♠ 第四条 未经预告登记的权利人同意,转让不动产所有权等物权,或者设立建设用地使用权、居住权、地役权、抵押权等其他物权的,应当依照民法典第二百二十一条第一款的规定,认定其不发生物权效力。

第五条 预告登记的买卖不动产物权的协议被认定无效、被撤销,或者预告登记的权利人放弃债权的,应当认定为民法典第二百二十一条第二款所称的"债权消灭"。

《最高人民法院关于适用〈中华人民共和国民法典〉有关担保制度的解释》

♠ 第五十二条 当事人办理抵押预告登记后,预告登记权利人请求就抵押财产优先受偿,经审查存在尚未办理建筑物所有权首次登记、预告登记的财产与办理建筑物所有权首次登记时的财产不一致、抵押预告登记已经失效等情形,导致不具备办理抵押登记条件的,人民法院不予支持;经审查已经办理建筑物所有权首次登记,且不存在预告登记失效等情形的,人民法院

① 2020 年 12 月 25 日最高人民法院审判委员会第 1825 次会议通过,2020 年 12 月 29 日公布,自 2021 年 1 月 1 日起施行。(法释〔2020〕24 号)

应予支持,并应当认定抵押权自预告登记之日起设立。

当事人办理了抵押预告登记,抵押人破产,经审查抵押财产属于破产财产,预告登记权利人主张就抵押财产优先受偿的,人民法院应当在受理破产申请时抵押财产的价值范围内予以支持,但是在人民法院受理破产申请前一年内,债务人对没有财产担保的债务设立抵押预告登记的除外。

★ **第二百二十二条** ［**不动产登记错误损害赔偿责任**］当事人提供虚假材料申请登记,造成他人损害的,应当承担赔偿责任。

因登记错误,造成他人损害的,登记机构应当承担赔偿责任。登记机构赔偿后,可以向造成登记错误的人追偿。

> 《最高人民法院关于适用〈中华人民共和国民法典〉有关担保制度的解释》
> 第四十八条　当事人申请办理抵押登记手续时,因登记机构的过错致使其不能办理抵押登记,当事人请求登记机构承担赔偿责任的,人民法院依法予以支持。

第二百二十三条 ［**不动产登记收费标准的确定**］不动产登记费按件收取,不得按照不动产的面积、体积或者价款的比例收取。

第二节　动产交付

♠ **第二百二十四条** ［**动产物权变动生效时间**］动产物权的设立和转让,自交付时发生效力,但是法律另有规定的除外。

♠ **第二百二十五条** ［**船舶、航空器和机动车物权变动采取登记对抗主义**］船舶、航空器和机动车等的物权的设立、变更、转让和消灭,未经登记,不得对抗善意第三人。

> 《最高人民法院关于适用〈中华人民共和国民法典〉物权编的解释(一)》
> 第六条　转让人转让船舶、航空器和机动车等所有权,受让人已经支付合理价款并取得占有,虽未经登记,但转让人的债权人主张其为民法典第二百二十五条所称的"善意第三人"的,不予支持,法律另有规定的除外。

★ **第二百二十六条** ［**简易交付**］动产物权设立和转让前,权利人已经占有该动产的,物权自民事法律行为生效时发生效力。

★ **第二百二十七条** ［**指示交付**］动产物权设立和转让前,第三人占有该动产的,负有交付义务的人可以通过转让请求第三人返还原物的权利代替交付。

★ **第二百二十八条** ［**占有改定**］动产物权转让时,当事人又约定由出让人继续占有该动产的,物权自该约定生效时发生效力。

第三节　其他规定

★ **第二百二十九条** ［**法律文书、征收决定导致物权变动效力发生时间**］因人民法院、仲裁机构的法律文书或者人民政府的征收决定等,导致物权设立、变更、转让或者消灭的,自法律文书或者征收决定等生效时发生效力。

> 《最高人民法院关于适用〈中华人民共和国民法典〉物权编的解释(一)》
> 第七条　人民法院、仲裁机构在分割共有不动产或者动产等案件中作出并依法生效的改变原有物权关系的判决书、裁决书、调解书,以及人民法院在执行程序中作出的拍卖成交裁定书、变卖成交裁定书、以物抵债裁定书,应当认定为民法典第二百二十九条所称导致物权设立、变更、转让或者消灭的人民法院、仲裁机构的法律文书。
> 第八条　依据民法典第二百二十九条至第二百三十一条规定享有物权,但尚未完成动产交付或者不动产登记的权利人,依据民法典第二百三十五条至第二百三十八条的规定,请求保护其物权的,应予支持。

★ **第二百三十条** ［**因继承取得物权的生效时间**］因继承取得物权的,自继承开始时发生效力。

★ **第二百三十一条** ［**因事实行为设立或者消灭物权的生效时间**］因合法建造、拆除房屋等事实行为设立或者消灭物权的,自事实行为成就时发生效力。

★ **第二百三十二条** ［**非依民事法律行为享有的不动产物权变动**］处分依照本节规定享有的不动产物权,依照法律规定需要办理登记的,未经登记,不发生物权效力。

第三章　物权的保护

第二百三十三条 ［**物权保护争讼程序**］物权受到侵害的,权利人可以通过和解、调解、仲裁、诉讼等途径解决。

★ **第二百三十四条** ［**物权确认请求权**］因物权的归属、内容发生争议的,利害关系人可以请求确认权利。

★ **第二百三十五条** ［**返还原物请求权**］无权占有不动产或者动产的,权利人可以请求返还原物。

★ **第二百三十六条** ［**排除妨害、消除危险请求权**］妨害物权或者可能妨害物权的,权利人可以请求排除妨害或者消除危险。

第二百三十七条 ［**修理、重作、更换或者恢复原状请求权**］造成不动产或者动产毁损的,权利人可以依法请求修理、重作、更换或者恢复原状。

♠ **第二百三十八条** ［物权损害赔偿请求权]侵害物权,造成权利人损害的,权利人可以依法请求损害赔偿,也可以依法请求承担其他民事责任。

第二百三十九条 ［物权保护方式的单用和并用]本章规定的物权保护方式,可以单独适用,也可以根据权利被侵害的情形合并适用。

第二分编 所 有 权

第四章 一般规定

第二百四十条 ［所有权的定义]所有权人对自己的不动产或者动产,依法享有占有、使用、收益和处分的权利。

第二百四十一条 ［所有权人设立他物权]所有权人有权在自己的不动产或者动产上设立用益物权和担保物权。用益物权人、担保物权人行使权利,不得损害所有权人的权益。

第二百四十二条 ［国家专有]法律规定专属于国家所有的不动产和动产,任何组织或者个人不能取得所有权。

★ **第二百四十三条** ［征收]为了公共利益的需要,依照法律规定的权限和程序可以征收集体所有的土地和组织、个人的房屋以及其他不动产。

征收集体所有的土地,应当依法及时足额支付土地补偿费、安置补助费以及农村村民住宅、其他地上附着物和青苗等的补偿费用,并安排被征地农民的社会保障费用,保障被征地农民的生活,维护被征地农民的合法权益。

征收组织、个人的房屋以及其他不动产,应当依法给予征收补偿,维护被征收人的合法权益;征收个人住宅的,还应当保障被征收人的居住条件。

任何组织或者个人不得贪污、挪用、私分、截留、拖欠征收补偿费等费用。

《土地管理法》①

第四十八条 征收土地应当给予公平、合理的补偿,保障被征地农民原有生活水平不降低、长远生计有保障。

征收土地应当依法及时足额支付土地补偿费、安置补助费以及农村村民住宅、其他地上附着物和青苗等的补偿费用,并安排被征地农民的社会保障费用。

征收农用地的土地补偿费、安置补助费标准由省、自治区、直辖市通过制定公布区片综合地价确定。制定区片综合地价应当综合考虑土地原用途、土地资源条件、土地产值、土地区位、土地供求关系、人口以及经济社会发展水平等因素,并至少每三年调整或者重新公布一次。

征收农用地以外的其他土地、地上附着物和青苗等的补偿标准,由省、自治区、直辖市制定。对其中的农村村民住宅,应当按照先补偿后搬迁、居住条件有改善的原则,尊重农村村民意愿,采取重新安排宅基地建房、提供安置房或者货币补偿等方式给予公平、合理的补偿,并对因征收造成的搬迁、临时安置等费用予以补偿,保障农村村民居住的权利和合法的住房财产权益。

县级以上地方人民政府应当将被征地农民纳入相应的养老等社会保障体系。被征地农民的社会保障费用主要用于符合条件的被征地农民的养老保险等社会保险缴费补贴。被征地农民社会保障费用的筹集、管理和使用办法,由省、自治区、直辖市制定。

第二百四十四条 ［保护耕地与禁止违法征地]国家对耕地实行特殊保护,严格限制农用地转为建设用地,控制建设用地总量。不得违反法律规定的权限和程序征收集体所有的土地。

★ **第二百四十五条** ［征用]因抢险救灾、疫情防控等紧急需要,依照法律规定的权限和程序可以征用组织、个人的不动产或者动产。被征用的不动产或者动产使用后,应当返还被征用人。组织、个人的不动产或者动产被征用或者征用后毁损、灭失的,应当给予补偿。

第五章 国家所有权和集体所有权、私人所有权

第二百四十六条 ［国家所有权]法律规定属于国家所有的财产,属于国家所有即全民所有。

国有财产由国务院代表国家行使所有权。法律另有规定的,依照其规定。

第二百四十七条 ［矿藏、水流和海域的国家所有权]矿藏、水流、海域属于国家所有。

第二百四十八条 ［无居民海岛的国家所有权]无居民海岛属于国家所有,国务院代表国家行使无居民海岛所有权。

第二百四十九条 ［国家所有土地的范围]城市的土地,属于国家所有。法律规定属于国家所有的农村和城市郊区的土地,属于国家所有。

第二百五十条 ［国家所有的自然资源]森林、山

---

① 1986 年 6 月 25 日第六届全国人民代表大会常务委员会第十六次会议通过,根据 1988 年 12 月 29 日第七届全国人民代表大会常务委员会第五次会议《关于修改〈中华人民共和国土地管理法〉的决定》第一次修正,1998 年 8 月 29 日第九届全国人民代表大会常务委员会第四次会议修订,根据 2004 年 8 月 28 日第十届全国人民代表大会常务委员会第十一次会议《关于修改〈中华人民共和国土地管理法〉的决定》第二次修正,根据 2019 年 8 月 26 日第十三届全国人民代表大会常务委员会第十二次会议《关于修改〈中华人民共和国土地管理法〉、〈中华人民共和国城市房地产管理法〉的决定》第三次修正。

岭、草原、荒地、滩涂等自然资源，属于国家所有，但是法律规定属于集体所有的除外。

第二百五十一条　[国家所有的野生动植物资源]法律规定属于国家所有的野生动植物资源，属于国家所有。

第二百五十二条　[无线电频谱资源的国家所有权]无线电频谱资源属于国家所有。

第二百五十三条　[国家所有的文物的范围]法律规定属于国家所有的文物，属于国家所有。

第二百五十四条　[国防资产、基础设施的国家所有权]国防资产属于国家所有。

铁路、公路、电力设施、电信设施和油气管道等基础设施，依照法律规定为国家所有的，属于国家所有。

第二百五十五条　[国家机关的物权]国家机关对其直接支配的不动产和动产，享有占有、使用以及依照法律和国务院的有关规定处分的权利。

第二百五十六条　[国家举办的事业单位的物权]国家举办的事业单位对其直接支配的不动产和动产，享有占有、使用以及依照法律和国务院的有关规定收益、处分的权利。

第二百五十七条　[国有企业出资人制度]国家出资的企业，由国务院、地方人民政府依照法律、行政法规规定分别代表国家履行出资人职责，享有出资人权益。

第二百五十八条　[国有财产的保护]国家所有的财产受法律保护，禁止任何组织或者个人侵占、哄抢、私分、截留、破坏。

第二百五十九条　[国有财产管理法律责任]履行国有财产管理、监督职责的机构及其工作人员，应当依法加强对国有财产的管理、监督，促进国有财产保值增值，防止国有财产损失；滥用职权，玩忽职守，造成国有财产损失的，应当依法承担法律责任。

违反国有财产管理规定，在企业改制、合并分立、关联交易等过程中，低价转让、合谋私分、擅自担保或者以其他方式造成国有财产损失的，应当依法承担法律责任。

第二百六十条　[集体财产范围]集体所有的不动产和动产包括：

（一）法律规定属于集体所有的土地和森林、山岭、草原、荒地、滩涂；

（二）集体所有的建筑物、生产设施、农田水利设施；

（三）集体所有的教育、科学、文化、卫生、体育等设施；

（四）集体所有的其他不动产和动产。

第二百六十一条　[农民集体所有财产归属及重大事项集体决定]农民集体所有的不动产和动产，属于本集体成员集体所有。

下列事项应当依照法定程序经本集体成员决定：

（一）土地承包方案以及将土地发包给本集体以外的组织或者个人承包；

（二）个别土地承包经营权人之间承包地的调整；

（三）土地补偿费等费用的使用、分配办法；

（四）集体出资的企业的所有权变动等事项；

（五）法律规定的其他事项。

第二百六十二条　[行使集体所有权的主体]对于集体所有的土地和森林、山岭、草原、荒地、滩涂等，依照下列规定行使所有权：

（一）属于村农民集体所有的，由村集体经济组织或者村民委员会依法代表集体行使所有权；

（二）分别属于村内两个以上农民集体所有的，由村内各该集体经济组织或者村民小组依法代表集体行使所有权；

（三）属于乡镇农民集体所有的，由乡镇集体经济组织代表集体行使所有权。

第二百六十三条　[城镇集体财产权利]城镇集体所有的不动产和动产，依照法律、行政法规的规定由本集体享有占有、使用、收益和处分的权利。

第二百六十四条　[集体财产状况的公布]农村集体经济组织或者村民委员会、村民小组应当依照法律、行政法规以及章程、村规民约向本集体成员公布集体财产的状况。集体成员有权查阅、复制相关资料。

第二百六十五条　[集体财产的保护]集体所有的财产受法律保护，禁止任何组织或者个人侵占、哄抢、私分、破坏。

农村集体经济组织、村民委员会或者其负责人作出的决定侵害集体成员合法权益的，受侵害的集体成员可以请求人民法院予以撤销。

第二百六十六条　[私人所有权]私人对其合法的收入、房屋、生活用品、生产工具、原材料等不动产和动产享有所有权。

第二百六十七条　[私有财产的保护]私人的合法财产受法律保护，禁止任何组织或者个人侵占、哄抢、破坏。

第二百六十八条　[企业出资人的权利]国家、集体和私人依法可以出资设立有限责任公司、股份有限公司或者其他企业。国家、集体和私人所有的不动产或者动产投到企业的，由出资人按照约定或者出资比例享有资产收益、重大决策以及选择经营管理者等权利并履行义务。

第二百六十九条　[法人财产权]营利法人对其不动产和动产依照法律、行政法规以及章程享有占有、使用、收益和处分的权利。

营利法人以外的法人,对其不动产和动产的权利,适用有关法律、行政法规以及章程的规定。

第二百七十条 [社会团体法人、捐助法人合法财产的保护]社会团体法人、捐助法人依法所有的不动产和动产,受法律保护。

第六章　业主的建筑物区分所有权

★ **第二百七十一条** [建筑物区分所有权]业主对建筑物内的住宅、经营性用房等专有部分享有所有权,对专有部分以外的共有部分享有共有和共同管理的权利。

★ **第二百七十二条** [业主对专有部分的专有权]业主对其建筑物专有部分享有占有、使用、收益和处分的权利。业主行使权利不得危及建筑物的安全,不得损害其他业主的合法权益。

> 《最高人民法院关于审理建筑物区分所有权纠纷案件适用法律若干问题的解释》①
> 　　第二条　建筑区划内符合下列条件的房屋,以及车位、摊位等特定空间,应当认定为民法典第二编第六章所称的专有部分:
> 　　(一)具有构造上的独立性,能够明确区分;
> 　　(二)具有利用上的独立性,可以排他使用;
> 　　(三)能够登记成为特定业主所有权的客体。
> 　　规划上专属于特定房屋,且建设单位销售时已经根据规划列入该特定房屋买卖合同中的露台等,应当认定为前款所称的专有部分的组成部分。
> 　　本条第一款所称房屋,包括整栋建筑物。

第二百七十三条 [业主对共有部分的共有权及义务]业主对建筑物专有部分以外的共有部分,享有权利,承担义务;不得以放弃权利为由不履行义务。

业主转让建筑物内的住宅、经营性用房,其对共有部分享有的共有和共同管理的权利一并转让。

> 《最高人民法院关于审理建筑物区分所有权纠纷案件适用法律若干问题的解释》
> 　　第四条　业主基于对住宅、经营性用房等专有部分特定使用功能的合理需要,无偿利用屋顶以及与其专有部分相对应的外墙面等共有部分的,不应认定为侵权。但违反法律、法规、管理规约,损害他人合法权益的除外。

第二百七十四条 [建筑区划内的道路、绿地等场所和设施属于业主共有财产]建筑区划内的道路,属于业主共有,但是属于城镇公共道路的除外。建筑区划内的绿地,属于业主共有,但是属于城镇公共绿地或者明示属于个人的除外。建筑区划内的其他公共场所、公用设施和物业服务用房,属于业主共有。

> 《最高人民法院关于审理建筑物区分所有权纠纷案件适用法律若干问题的解释》
> 　　第三条　除法律、行政法规规定的共有部分外,建筑区划内的以下部分,也应当认定为民法典第二编第六章所称的共有部分:
> 　　(一)建筑物的基础、承重结构、外墙、屋顶等基本结构部分,通道、楼梯、大堂等公共通行部分,消防、公共照明等附属设施、设备,避难层、设备层或者设备间等结构部分;
> 　　(二)其他不属于业主专有部分,也不属于市政公用部分或者其他权利人所有的场所及设施等。
> 　　建筑区划内的土地,依法由业主共同享有建设用地使用权,但属于业主专有的整栋建筑物的规划占地或者城镇公共道路、绿地占地除外。

★ **第二百七十五条** [车位、车库的归属规则]建筑区划内,规划用于停放汽车的车位、车库的归属,由当事人通过出售、附赠或者出租等方式约定。

占用业主共有的道路或者其他场地用于停放汽车的车位,属于业主共有。

> 《最高人民法院关于审理建筑物区分所有权纠纷案件适用法律若干问题的解释》
> 　　第六条　建筑区划内在规划用于停放汽车的车位之外,占用业主共有道路或者其他场地增设的车位,应当认定为民法典第二百七十五条第二款所称的车位。

第二百七十六条 [车位、车库优先满足业主需求]建筑区划内,规划用于停放汽车的车位、车库应当首先满足业主的需要。

> 《最高人民法院关于审理建筑物区分所有权纠纷案件适用法律若干问题的解释》
> 　　第五条　建设单位按照配置比例将车位、车库,以出售、附赠或者出租等方式处分给业主的,应当认定其行为符合民法典第二百七十六条有关"应当首先满足业主的需要"的规定。
> 　　前款所称配置比例是指规划确定的建筑区划内规划用于停放汽车的车位、车库与房屋套数的比例。

第二百七十七条 [设立业主大会和选举业主委员会]业主可以设立业主大会,选举业主委员会。业主大会、业主委员会成立的具体条件和程序,依照法律、法规的规定。

地方人民政府有关部门、居民委员会应当对设立

---

　　① 2009年3月23日由最高人民法院审判委员会第1464次会议通过,根据2020年12月23日最高人民法院审判委员会第1823次会议通过的《最高人民法院关于修改〈最高人民法院关于在民事审判工作中适用《中华人民共和国工会法》若干问题的解释〉等二十七件民事类司法解释的决定》修正。

业主大会和选举业主委员会给予指导和协助。

★ 第二百七十八条 ［由业主共同决定的事项以及表决规则］下列事项由业主共同决定：

（一）制定和修改业主大会议事规则；

（二）制定和修改管理规约；

（三）选举业主委员会或者更换业主委员会成员；

（四）选聘和解聘物业服务企业或者其他管理人；

（五）使用建筑物及其附属设施的维修资金；

（六）筹集建筑物及其附属设施的维修资金；

（七）改建、重建建筑物及其附属设施；

（八）改变共有部分的用途或者利用共有部分从事经营活动；

（九）有关共有和共同管理权利的其他重大事项。

业主共同决定事项，应当由专有部分面积占比三分之二以上的业主且人数占比三分之二以上的业主参与表决。决定前款第六至第八项规定的事项，应当经参与表决专有部分面积四分之三以上的业主且参与表决人数四分之三以上的业主同意。决定前款其他事项，应当经参与表决专有部分面积过半数的业主且参与表决人数过半数的业主同意。

> **《最高人民法院关于审理建筑物区分所有权纠纷案件适用法律若干问题的解释》**
>
> 第七条 处分共有部分，以及业主大会依法决定或者管理规约依法确定应当由业主共同决定的事项，应当认定为民法典第二百七十八条第一款第（九）项规定的有关共有和共同管理权利的"其他重大事项"。
>
> 第八条 民法典第二百七十八条第二款和第二百八十三条规定的专有部分面积可以按照不动产登记簿记载的面积计算；尚未进行物权登记的，暂按测绘机构的实测面积计算；尚未进行实测的，暂按房屋买卖合同记载的面积计算。
>
> 第九条 民法典第二百七十八条第二款规定的业主人数可以按照专有部分的数量计算，一个专有部分按一人计算。但建设单位尚未出售和虽已出售但尚未交付的部分，以及同一买受人拥有一个以上专有部分的，按一人计算。

★ 第二百七十九条 ［业主将住宅转变为经营性用房应当遵循的规则］业主不得违反法律、法规以及管理规约，将住宅改变为经营性用房。业主将住宅改变为经营性用房的，除遵守法律、法规以及管理规约外，应当经有利害关系的业主一致同意。

> **《最高人民法院关于审理建筑物区分所有权纠纷案件适用法律若干问题的解释》**
>
> 第十条 业主将住宅改变为经营性用房，未依据民法典第二百七十九条的规定经有利害关系的业主一致同意，有利害关系的业主请求排除妨害、消除危险、恢复原状或者赔偿损失的，人民法院应予支持。
>
> 将住宅改变为经营性用房的业主以多数有利害关系的业主同意其行为进行抗辩的，人民法院不予支持。
>
> 第十一条 业主将住宅改变为经营性用房，本栋建筑物内的其他业主，应当认定为民法典第二百七十九条所称"有利害关系的业主"。建筑区划内，本栋建筑物之外的业主，主张与自己有利害关系的，应证明其房屋价值、生活质量受到或者可能受到不利影响。

★ 第二百八十条 ［业主大会、业主委员会决定的效力］业主大会或者业主委员会的决定，对业主具有法律约束力。

业主大会或者业主委员会作出的决定侵害业主合法权益的，受侵害的业主可以请求人民法院予以撤销。

> **《最高人民法院关于审理建筑物区分所有权纠纷案件适用法律若干问题的解释》**
>
> 第十二条 业主以业主大会或者业主委员会作出的决定侵害其合法权益或者违反了法律规定的程序为由，依据民法典第二百八十条第二款的规定请求人民法院撤销该决定的，应当在知道或者应当知道业主大会或者业主委员会作出决定之日起一年内行使。

第二百八十一条 ［建筑物及其附属设施维修资金的归属和处分］建筑物及其附属设施的维修资金，属于业主共有。经业主共同决定，可以用于电梯、屋顶、外墙、无障碍设施等共有部分的维修、更新和改造。建筑物及其附属设施的维修资金的筹集、使用情况应当定期公布。

紧急情况下需要维修建筑物及其附属设施的，业主大会或者业主委员会可以依法申请使用建筑物及其附属设施的维修资金。

第二百八十二条 ［业主共有部分产生收入的归属］建设单位、物业服务企业或者其他管理人等利用业主的共有部分产生的收入，在扣除合理成本之后，属于业主共有。

第二百八十三条 ［建筑物及其附属设施的费用分摊和收益分配确定规则］建筑物及其附属设施的费用分摊、收益分配等事项，有约定的，按照约定；没有约定或者约定不明确的，按业主专有部分面积所占比例确定。

第二百八十四条 ［建筑物及其附属设施的管理］业主可以自行管理建筑物及其附属设施，也可以委托物业服务企业或者其他管理人管理。

对建设单位聘请的物业服务企业或者其他管理人，业主有权依法更换。

第二百八十五条 ［物业服务企业或其他接受业主委托的管理人的管理义务］物业服务企业或者其他

管理人根据业主的委托,依照本法第三编有关物业服务合同的规定管理建筑区划内的建筑物及其附属设施,接受业主的监督,并及时答复业主对物业服务情况提出的询问。

物业服务企业或者其他管理人应当执行政府依法实施的应急处置措施和其他管理措施,积极配合开展相关工作。

★ 第二百八十六条 [业主守法义务和业主大会与业主委员会职责]业主应当遵守法律、法规以及管理规约,相关行为应当符合节约资源、保护生态环境的要求。对于物业服务企业或者其他管理人执行政府依法实施的应急处置措施和其他管理措施,业主应当依法予以配合。

业主大会或者业主委员会,对任意弃置垃圾、排放污染物或者噪声、违反规定饲养动物、违章搭建、侵占通道、拒付物业费等损害他人合法权益的行为,有权依照法律、法规以及管理规约,请求行为人停止侵害、排除妨碍、消除危险、恢复原状、赔偿损失。

业主或者其他行为人拒不履行相关义务的,有关当事人可以向有关行政主管部门报告或者投诉,有关行政主管部门应当依法处理。

《最高人民法院关于审理建筑物区分所有权纠纷案件适用法律若干问题的解释》

第十四条　建设单位、物业服务企业或者其他管理人等擅自占用、处分业主共有部分、改变其使用功能或者进行经营性活动,权利人请求排除妨害、恢复原状、确认处分行为无效或者赔偿损失的,人民法院应予支持。

属于前款所称擅自进行经营性活动的情形,权利人请求建设单位、物业服务企业或者其他管理人等将扣除合理成本之后的收益用于补充专项维修资金或者业主共同决定的其他用途的,人民法院应予支持。行为人对成本的支出及其合理性承担举证责任。

第十五条　业主或者其他行为人违反法律、法规、国家相关强制性标准、管理规约,或者违反业主大会、业主委员会依法作出的决定,实施下列行为的,可以认定为民法典第二百八十六条第二款所称的其他"损害他人合法权益的行为":

(一)损害房屋承重结构,损害或者违章使用电力、燃气、消防设施,在建筑物内放置危险、放射性物品等危及建筑物安全或者妨碍建筑物正常使用;

(二)违反规定破坏、改变建筑物外墙面的形状、颜色等损害建筑物外观;

(三)违反规定进行房屋装饰装修;

(四)违章加建、改建,侵占、挖掘公共通道、道路、场地或者其他共有部分。

★ 第二百八十七条 [业主请求权]业主对建设单位、物业服务企业或者其他管理人以及其他业主侵害自己合法权益的行为,有权请求其承担民事责任。

第七章　相邻关系

第二百八十八条 [处理相邻关系的原则]不动产的相邻权利人应当按照有利生产、方便生活、团结互助、公平合理的原则,正确处理相邻关系。

第二百八十九条 [处理相邻关系的依据]法律、法规对处理相邻关系有规定的,依照其规定;法律、法规没有规定的,可以按照当地习惯。

第二百九十条 [相邻用水、排水、流水关系]不动产权利人应当为相邻权利人用水、排水提供必要的便利。

对自然流水的利用,应当在不动产的相邻权利人之间合理分配。对自然流水的排放,应当尊重自然流向。

第二百九十一条 [相邻关系中的通行权]不动产权利人对相邻权利人因通行等必须利用其土地的,应当提供必要的便利。

第二百九十二条 [相邻土地的利用]不动产权利人因建造、修缮建筑物以及铺设电线、电缆、水管、暖气和燃气管线等必须利用相邻土地、建筑物的,该土地、建筑物的权利人应当提供必要的便利。

第二百九十三条 [相邻建筑物通风、采光、日照]建造建筑物,不得违反国家有关工程建设标准,不得妨碍相邻建筑物的通风、采光和日照。

第二百九十四条 [相邻不动产之间不得排放、施放污染物]不动产权利人不得违反国家规定弃置固体废物,排放大气污染物、水污染物、土壤污染物、噪声、光辐射、电磁辐射等有害物质。

第二百九十五条 [维护相邻不动产安全]不动产权利人挖掘土地、建造建筑物、铺设管线以及安装设备等,不得危及相邻不动产的安全。

第二百九十六条 [相邻权的限度]不动产权利人因用水、排水、通行、铺设管线等利用相邻不动产的,应当尽量避免对相邻的不动产权利人造成损害。

第八章　共　有

第二百九十七条 [共有及其形式]不动产或者动产可以由两个以上组织、个人共有。共有包括按份共有和共同共有。

第二百九十八条 [按份共有]按份共有人对共有的不动产或者动产按照其份额享有所有权。

第二百九十九条 [共同共有]共同共有人对共有的不动产或者动产共同享有所有权。

第三百条 [共有物的管理]共有人按照约定管理共有的不动产或者动产;没有约定或者约定不明确的,各共有人都有管理的权利和义务。

★ 第三百零一条 [共有人对共有财产重大事项的表决权规则]处分共有的不动产或者动产以及对共有

的不动产或者动产作重大修缮、变更性质或者用途的，应当经占份额三分之二以上的按份共有人或者全体共同共有人同意，但是共有人之间另有约定的除外。

★ **第三百零二条　[共有物管理费用的分担规则]** 共有人对共有物的管理费用以及其他负担，有约定的，按照其约定；没有约定或者约定不明确的，按份共有人按照其份额负担，共同共有人共同负担。

★ **第三百零三条　[共有物的分割规则]** 共有人约定不得分割共有的不动产或者动产，以维持共有关系的，应当按照约定，但是共有人有重大理由需要分割的，可以请求分割；没有约定或者约定不明确的，按份共有人可以随时请求分割，共同共有人在共有的基础丧失或者有重大理由需要分割时可以请求分割。因分割造成其他共有人损害的，应当给予赔偿。

★ **第三百零四条　[共有物分割的方式]** 共有人可以协商确定分割方式。达不成协议，共有的不动产或者动产可以分割且不会因分割减损价值的，应当对实物予以分割；难以分割或者因分割会减损价值的，应当对折价或者拍卖、变卖取得的价款予以分割。

共有人分割所得的不动产或者动产有瑕疵的，其他共有人应当分担损失。

★ **第三百零五条　[按份共有人的优先购买权]** 按份共有人可以转让其享有的共有的不动产或者动产份额。其他共有人在同等条件下享有优先购买的权利。

> **《最高人民法院关于适用〈中华人民共和国民法典〉物权编的解释（一）》**
>
> 第十条　民法典第三百零五条所称的"同等条件"，应当综合共有份额的转让价格、价款履行方式及期限等因素确定。
>
> 第十三条　按份共有人之间转让共有份额，其他按份共有人主张依据民法典第三百零五条规定优先购买的，不予支持，但按份共有人之间另有约定的除外。

★ **第三百零六条　[按份共有人行使优先购买权的规则]** 按份共有人转让其享有的共有的不动产或者动产份额的，应当将转让条件及时通知其他共有人。其他共有人应当在合理期限内行使优先购买权。

两个以上其他共有人主张行使优先购买权的，协商确定各自的购买比例；协商不成的，按照转让时各自的共有份额比例行使优先购买权。

★ **第三百零七条　[因共有产生的债权债务承担规则]** 因共有的不动产或者动产产生的债权债务，在对外关系上，共有人享有连带债权、承担连带债务，但是法律另有规定或者第三人知道共有人不具有连带债权债务关系的除外；在共有人内部关系上，除共有人另有约定外，按份共有人按份额享有债权、承担债务，共同共有人共同享有债权、承担债务。偿还债务超过自己应当承担份额的按份共有人，有权向其他共有人追偿。

★ **第三百零八条　[共有关系不明时对共有关系性质的推定]** 共有人对共有的不动产或者动产没有约定为按份共有或者共同共有，或者约定不明确的，除共有人具有家庭关系等外，视为按份共有。

★ **第三百零九条　[按份共有人份额不明时份额的确定]** 按份共有人对共有的不动产或者动产享有的份额，没有约定或者约定不明确的，按照出资额确定；不能确定出资额的，视为等额享有。

第三百一十条　[准共有] 两个以上组织、个人共同享有用益物权、担保物权的，参照适用本章的有关规定。

第九章　所有权取得的特别规定

♠ **第三百一十一条　[善意取得]** 无处分权人将不动产或者动产转让给受让人的，所有权人有权追回；除法律另有规定外，符合下列情形的，受让人取得该不动产或者动产的所有权：

（一）受让人受让该不动产或者动产时是善意；

（二）以合理的价格转让；

（三）转让的不动产或者动产依照法律规定应当登记的已经登记，不需要登记的已经交付给受让人。

受让人依据前款规定取得不动产或者动产的所有权的，原所有权人有权向无处分权人请求损害赔偿。

当事人善意取得其他物权的，参照适用前两款规定。

> **《最高人民法院关于适用〈中华人民共和国民法典〉物权编的解释（一）》**
>
> 第十七条　民法典第三百一十一条第一款第一项所称的"受让人受让该不动产或者动产时"，是指依法完成不动产物权转移登记或者动产交付之时。
>
> 当事人以民法典第二百二十六条规定的方式交付动产的，转让动产民事法律行为生效时为动产交付之时；当事人以民法典第二百二十七条规定的方式交付动产的，转让人与受让人之间有关转让返还原物请求权的协议生效时为动产交付之时。
>
> 法律对不动产、动产物权的设立另有规定的，应当按照法律规定的时间认定权利人是否为善意。
>
> 第十八条　民法典第三百一十一条第一款第二项所称"合理的价格"，应当根据转让标的物的性质、数量以及付款方式等具体情况，参考转让时交易地市场价格以及交易习惯等因素综合认定。
>
> 第十九条　转让人将民法典第二百二十五条规定的船舶、航空器和机动车等交付给受让人的，应当认定

符合民法典第三百一十一条第一款第三项规定的善意取得的条件。

第二十条　具有下列情形之一,受让人主张依据民法典第三百一十一条规定取得所有权的,不予支持:

(一)转让合同被认定无效;

(二)转让合同被撤销。

《高人民法院关于适用〈中华人民共和国民法典〉有关担保制度的解释》

第三十七条　当事人以所有权、使用权不明或者有争议的财产抵押,经审查构成无权处分的,人民法院应当依照民法典第三百一十一条的规定处理。

当事人以依法被查封或者扣押的财产抵押,抵押权人请求行使抵押权,经审查查封或者扣押措施已经解除的,人民法院应予支持。抵押人以抵押权设立时财产被查封或者扣押为由主张抵押合同无效的,人民法院不予支持。

以依法被监管的财产抵押的,适用前款规定。

★ 第三百一十二条　[遗失物的善意取得]所有权人或者其他权利人有权追回遗失物。该遗失物通过转让被他人占有的,权利人有权向无处分权人请求损害赔偿,或者自知道或者应当知道受让人之日起二年内向受让人请求返还原物;但是,受让人通过拍卖或者向具有经营资格的经营者购得该遗失物的,权利人请求返还原物时应当支付受让人所付的费用。权利人向受让人支付所付费用后,有权向无处分权人追偿。

★ 第三百一十三条　[善意取得的动产上原有的权利负担消灭及其例外]善意受让人取得动产后,该动产上的原有权利消灭。但是,善意受让人在受让时知道或者应当知道该权利的除外。

★ 第三百一十四条　[拾得遗失物的返还]拾得遗失物,应当返还权利人。拾得人应当及时通知权利人领取,或者送交公安等有关部门。

第三百一十五条　[有关部门收到遗失物的处理]有关部门收到遗失物,知道权利人的,应当及时通知其领取;不知道的,应当及时发布招领公告。

★ 第三百一十六条　[遗失物的妥善保管义务]拾得人在遗失物送交有关部门前,有关部门在遗失物被领取前,应当妥善保管遗失物。因故意或者重大过失致使遗失物毁损、灭失的,应当承担民事责任。

★ 第三百一十七条　[权利人领取遗失物时的费用支付义务]权利人领取遗失物时,应当向拾得人或者有关部门支付保管遗失物等支出的必要费用。

权利人悬赏寻找遗失物的,领取遗失物时应当按照承诺履行义务。

拾得人侵占遗失物的,无权请求保管遗失物等支出的费用,也无权请求权利人按照承诺履行义务。

第三百一十八条　[无人认领的遗失物的处理规则]遗失物自发布招领公告之日起一年内无人认领的,归国家所有。

★ 第三百一十九条　[拾得漂流物、埋藏物或者隐藏物]拾得漂流物、发现埋藏物或者隐藏物的,参照适用拾得遗失物的有关规定。法律另有规定的,依照其规定。

第三百二十条　[从物随主物转让规则]主物转让的,从物随主物转让,但是当事人另有约定的除外。

♠ 第三百二十一条　[孳息的归属]天然孳息,由所有权人取得;既有所有权人又有用益物权人的,由用益物权人取得。当事人另有约定的,按照其约定。

法定孳息,当事人有约定的,按照约定取得;没有约定或者约定不明确的,按照交易习惯取得。

《民法典》　第 630 条

★ 第三百二十二条　[添附]因加工、附合、混合而产生的物的归属,有约定的,按照约定;没有约定或者约定不明确的,依照法律规定;法律没有规定的,按照充分发挥物的效用以及保护无过错当事人的原则确定。因一方当事人的过错或者确定物的归属造成另一方当事人损害的,应当给予赔偿或者补偿。

第三分编　用益物权

第十章　一般规定

第三百二十三条　[用益物权的定义]用益物权人对他人所有的不动产或者动产,依法享有占有、使用和收益的权利。

第三百二十四条　[国家和集体所有的自然资源的使用规则]国家所有或者国家所有由集体使用以及法律规定属于集体所有的自然资源,组织、个人依法可以占有、使用和收益。

第三百二十五条　[自然资源有偿使用制度]国家实行自然资源有偿使用制度,但是法律另有规定的除外。

第三百二十六条　[用益物权的行使规范]用益物权人行使权利,应当遵守法律有关保护和合理开发利用资源、保护生态环境的规定。所有权人不得干涉用益物权人行使权利。

第三百二十七条　[被征收、征用时用益物权人的补偿请求权]因不动产或者动产被征收、征用致使用益物权消灭或者影响用益物权行使的,用益物权人有权依据本法第二百四十三条、第二百四十五条的规定获得相应补偿。

第三百二十八条　[海域使用权]依法取得的海域使用权受法律保护。

第三百二十九条　[特许物权依法保护]依法取

得的探矿权、采矿权、取水权和使用水域、滩涂从事养殖、捕捞的权利受法律保护。

第十一章 土地承包经营权

第三百三十条 ［农村土地承包经营］农村集体经济组织实行家庭承包经营为基础、统分结合的双层经营体制。

农民集体所有和国家所有由农民集体使用的耕地、林地、草地以及其他用于农业的土地，依法实行土地承包经营制度。

第三百三十一条 ［土地承包经营权内容］土地承包经营权人依法对其承包经营的耕地、林地、草地等享有占有、使用和收益的权利，有权从事种植业、林业、畜牧业等农业生产。

第三百三十二条 ［土地的承包期限］耕地的承包期为三十年。草地的承包期为三十年至五十年。林地的承包期为三十年至七十年。

前款规定的承包期限届满，由土地承包经营权人依照农村土地承包的法律规定继续承包。

★ **第三百三十三条** ［土地承包经营权的设立与登记］土地承包经营权自土地承包经营权合同生效时设立。

登记机构应当向土地承包经营权人发放土地承包经营权证、林权证等证书，并登记造册，确认土地承包经营权。

> **《农村土地承包法》**①
>
> 第二十三条 承包合同自成立之日起生效。承包方自承包合同生效时取得土地承包经营权。
>
> 第二十四条 国家对耕地、林地和草地等实行统一登记，登记机构应当向承包方颁发土地承包经营权证或者林权证等证书，并登记造册，确认土地承包经营权。
>
> 土地承包经营权证或者林权证等证书应当将具有土地承包经营权的全部家庭成员列入。
>
> 登记机构除按规定收取证书工本费外，不得收取其他费用。
>
> 第二十五条 承包合同生效后，发包方不得因承办人或者负责人的变动而变更或者解除，也不得因集体经济组织的分立或者合并而变更或者解除。

★ **第三百三十四条** ［土地承包经营权的互换、转让］土地承包经营权人依照法律规定，有权将土地承包经营权互换、转让。未经依法批准，不得将承包地用于非农建设。

★ **第三百三十五条** ［土地承包经营权流转的登记对抗主义］土地承包经营权互换、转让的，当事人可以向登记机构申请登记；未经登记，不得对抗善意第三人。

★ **第三百三十六条** ［承包地的调整］承包期内发包人不得调整承包地。

因自然灾害严重毁损承包地等特殊情形，需要适当调整承包的耕地和草地的，应当依照农村土地承包的法律规定办理。

> **《农村土地承包法》**
>
> 第二十八条 承包期内，发包方不得调整承包地。
>
> 承包期内，因自然灾害严重毁损承包地等特殊情形对个别农户之间承包的耕地和草地需要适当调整的，必须经本集体经济组织成员的村民会议三分之二以上成员或者三分之二以上村民代表的同意，并报乡（镇）人民政府和县级人民政府农业农村、林业和草原等主管部门批准。承包合同中约定不得调整的，按照其约定。
>
> 第二十九条 下列土地应当用于调整承包土地或者承包给新增人口：
>
> （一）集体经济组织依法预留的机动地；
>
> （二）通过依法开垦等方式增加的；
>
> （三）发包方依法收回和承包方依法、自愿交回的。

第三百三十七条 ［承包地的收回］承包期内发包人不得收回承包地。法律另有规定的，依照其规定。

> **《农村土地承包法》**
>
> 第二十七条 承包期内，发包方不得收回承包地。
>
> 国家保护进城农户的土地承包经营权。不得以退出土地承包经营权作为农户进城落户的条件。
>
> 承包期内，承包农户进城落户的，引导支持其按照自愿有偿原则依法在本集体经济组织内转让土地承包经营权或者将承包地交回发包方，也可以鼓励其流转土地经营权。
>
> 承包期内，承包方交回承包地或者发包方依法收回承包地时，承包方对其在承包地上投入而提高土地生产能力的，有权获得相应的补偿。

第三百三十八条 ［征收承包地的补偿规则］承包地被征收的，土地承包经营权人有权依据本法第二百四十三条的规定获得相应补偿。

★ **第三百三十九条** ［土地经营权的流转］土地承包经营权人可以自主决定依法采取出租、入股或者其他方式向他人流转土地经营权。

> **《农村土地承包法》**
>
> 第三十八条 土地经营权流转应当遵循以下原则：

---

① 2002年8月29日第九届全国人民代表大会常务委员会第二十九次会议通过，根据2009年8月27日第十一届全国人民代表大会常务委员会第十次会议《关于修改部分法律的决定》第一次修正，根据2018年12月29日第十三届全国人民代表大会常务委员会第七次会议《关于修改〈中华人民共和国农村土地承包法〉的决定》第二次修正。

(一)依法、自愿、有偿,任何组织和个人不得强迫或者阻碍土地经营权流转;

(二)不得改变土地所有权的性质和土地的农业用途,不得破坏农业综合生产能力和农业生态环境;

(三)流转期限不得超过承包期的剩余期限;

(四)受让方须有农业经营能力或者资质;

(五)在同等条件下,本集体经济组织成员享有优先权。

第三十九条　土地经营权流转的价款,应当由当事人双方协商确定。流转的收益归承包方所有,任何组织和个人不得擅自截留、扣缴。

第四十二条　承包方不得单方解除土地经营权流转合同,但受让方有下列情形之一的除外:

(一)擅自改变土地的农业用途;

(二)弃耕抛荒连续两年以上;

(三)给土地造成严重损害或者严重破坏土地生态环境;

(四)其他严重违约行为。

第三百四十条　[土地经营权人的基本权利]土地经营权人有权在合同约定的期限内占有农村土地,自主开展农业生产经营并取得收益。

★ 第三百四十一条　[土地经营权的设立与登记]流转期限为五年以上的土地经营权,自流转合同生效时设立。当事人可以向登记机构申请土地经营权登记;未经登记,不得对抗善意第三人。

★ 第三百四十二条　[以其他方式承包取得的土地经营权流转]通过招标、拍卖、公开协商等方式承包农村土地,经依法登记取得权属证书的,可以依法采取出租、入股、抵押或者其他方式流转土地经营权。

第三百四十三条　[国有农用地承包经营的法律适用]国家所有的农用地实行承包经营的,参照适用本编的有关规定。

第十二章　建设用地使用权

第三百四十四条　[建设用地使用权的概念]建设用地使用权人依法对国家所有的土地享有占有、使用和收益的权利,有权利用该土地建造建筑物、构筑物及其附属设施。

第三百四十五条　[建设用地使用权的分层设立]建设用地使用权可以在土地的地表、地上或者地下分别设立。

第三百四十六条　[建设用地使用权的设立原则]设立建设用地使用权,应当符合节约资源、保护生态环境的要求,遵守法律、行政法规关于土地用途的规定,不得损害已经设立的用益物权。

★ 第三百四十七条　[建设用地使用权的出让方式]设立建设用地使用权,可以采取出让或者划拨等方式。

工业、商业、旅游、娱乐和商品住宅等经营性用地以及同一土地有两个以上意向用地者的,应当采取招标、拍卖等公开竞价的方式出让。

严格限制以划拨方式设立建设用地使用权。

第三百四十八条　[建设用地使用权出让合同]通过招标、拍卖、协议等出让方式设立建设用地使用权的,当事人应当采用书面形式订立建设用地使用权出让合同。

建设用地使用权出让合同一般包括下列条款:

(一)当事人的名称和住所;

(二)土地界址、面积等;

(三)建筑物、构筑物及其附属设施占用的空间;

(四)土地用途、规划条件;

(五)建设用地使用权期限;

(六)出让金等费用及其支付方式;

(七)解决争议的方法。

★ 第三百四十九条　[建设用地使用权的登记]设立建设用地使用权的,应当向登记机构申请建设用地使用权登记。建设用地使用权自登记时设立。登记机构应当向建设用地使用权人发放权属证书。

第三百五十条　[土地用途限定规则]建设用地使用权人应当合理利用土地,不得改变土地用途;需要改变土地用途的,应当依法经有关行政主管部门批准。

第三百五十一条　[建设用地使用权人支付出让金等费用的义务]建设用地使用权人应当依照法律规定以及合同约定支付出让金等费用。

★ 第三百五十二条　[建设用地使用权人建造的建筑物、构筑物及其附属设施的归属]建设用地使用权人建造的建筑物、构筑物及其附属设施的所有权属于建设用地使用权人,但是有相反证据证明的除外。

第三百五十三条　[建设用地使用权的流转方式]建设用地使用权人有权将建设用地使用权转让、互换、出资、赠与或者抵押,但是法律另有规定的除外。

第一百五十四条　[建设用地使用权流转的合同形式和期限]建设用地使用权转让、互换、出资、赠与或者抵押的,当事人应当采用书面形式订立相应的合同。使用期限由当事人约定,但是不得超过建设用地使用权的剩余期限。

★ 第三百五十五条　[建设用地使用权流转登记]建设用地使用权转让、互换、出资或者赠与的,应当向登记机构申请变更登记。

★ 第三百五十六条　[建设用地使用权流转之房随地走]建设用地使用权转让、互换、出资或者赠与的,附着于该土地上的建筑物、构筑物及其附属设施一并处分。

★ 第三百五十七条　[建设用地使用权流转之地随房走]建筑物、构筑物及其附属设施转让、互换、出资或者赠与的,该建筑物、构筑物及其附属设施占用范围内的建设用地使用权一并处分。

第三百五十八条 [建设用地使用权的提前收回及其补偿]建设用地使用权期限届满前,因公共利益需要提前收回该土地的,应当依据本法第二百四十三条的规定对该土地上的房屋以及其他不动产给予补偿,并退还相应的出让金。

> **《土地管理法》**
> 第五十八条 有下列情形之一的,由有关人民政府自然资源主管部门报经原批准用地的人民政府或者有批准权的人民政府批准,可以收回国有土地使用权:
> (一)为实施城市规划进行旧城区改建以及其他公共利益需要,确需使用土地的;
> (二)土地出让等有偿使用合同约定的使用期限届满,土地使用者未申请续期或者申请续期未获批准的;
> (三)因单位撤销、迁移等原因,停止使用原划拨的国有土地的;
> (四)公路、铁路、机场、矿场等经核准报废的。
> 依照前款第(一)项的规定收回国有土地使用权的,对土地使用权人应当给予适当补偿。

第三百五十九条 [建设用地使用权期限届满的处理规则]住宅建设用地使用权期限届满的,自动续期。续期费用的缴纳或者减免,依照法律、行政法规的规定办理。

非住宅建设用地使用权期限届满后的续期,依照法律规定办理。该土地上的房屋以及其他不动产的归属,有约定的,按照约定;没有约定或者约定不明确的,依照法律、行政法规的规定办理。

第三百六十条 [建设用地使用权注销登记]建设用地使用权消灭的,出让人应当及时办理注销登记。登记机构应当收回权属证书。

第三百六十一条 [集体土地作为建设用地的法律适用]集体所有的土地作为建设用地的,应当依照土地管理的法律规定办理。

第十三章 宅基地使用权

第三百六十二条 [宅基地使用权内容]宅基地使用权人依法对集体所有的土地享有占有和使用的权利,有权依法利用该土地建造住宅及其附属设施。

第三百六十三条 [宅基地使用权的法律适用]宅基地使用权的取得、行使和转让,适用土地管理的法律和国家有关规定。

> **《土地管理法》**
> 第六十二条 农村村民一户只能拥有一处宅基地,其宅基地的面积不得超过省、自治区、直辖市规定的标准。
> 人均土地少、不能保障一户拥有一处宅基地的地

区,县级人民政府在充分尊重农村村民意愿的基础上,可以采取措施,按照省、自治区、直辖市规定的标准保障农村村民实现户有所居。
> 农村村民建住宅,应当符合乡(镇)土地利用总体规划、村庄规划,不得占用永久基本农田,并尽量使用原有的宅基地和村内空闲地。编制乡(镇)土地利用总体规划、村庄规划应当统筹并合理安排宅基地用地,改善农村村民居住环境和条件。
> 农村村民住宅用地,由乡(镇)人民政府审核批准;其中,涉及占用农用地的,依照本法第四十四条的规定办理审批手续。
> 农村村民出卖、出租、赠与住宅后,再申请宅基地的,不予批准。
> 国家允许进城落户的农村村民依法自愿有偿退出宅基地,鼓励农村集体经济组织及其成员盘活利用闲置宅基地和闲置住宅。
> 国务院农业农村主管部门负责全国农村宅基地改革和管理有关工作。

第三百六十四条 [宅基地灭失后的重新分配]宅基地因自然灾害等原因灭失的,宅基地使用权消灭。对失去宅基地的村民,应当依法重新分配宅基地。

第三百六十五条 [宅基地使用权的变更登记与注销登记]已经登记的宅基地使用权转让或者消灭的,应当及时办理变更登记或者注销登记。

第十四章 居住权

第三百六十六条 [居住权的定义]居住权人有权按照合同约定,对他人的住宅享有占有、使用的用益物权,以满足生活居住的需要。

第三百六十七条 [居住权合同]设立居住权,当事人应当采用书面形式订立居住权合同。

居住权合同一般包括下列条款:
(一)当事人的姓名或者名称和住所;
(二)住宅的位置;
(三)居住的条件和要求;
(四)居住权期限;
(五)解决争议的方法。

★ **第三百六十八条** [居住权的设立]居住权无偿设立,但是当事人另有约定的除外。设立居住权的,应当向登记机构申请居住权登记。居住权自登记时设立。

★ **第三百六十九条** [居住权的限制性规定及例外]居住权不得转让、继承。设立居住权的住宅不得出租,但是当事人另有约定的除外。

第三百七十条 [居住权的消灭]居住权期限届满或者居住权人死亡的,居住权消灭。居住权消灭的,应当及时办理注销登记。

第三百七十一条　[以遗嘱设立居住权的法律适用]以遗嘱方式设立居住权的,参照适用本章的有关规定。

第十五章　地 役 权

★ 第三百七十二条　[地役权的定义]地役权人有权按照合同约定,利用他人的不动产,以提高自己的不动产的效益。

前款所称他人的不动产为供役地,自己的不动产为需役地。

第三百七十三条　[地役权合同]设立地役权,当事人应当采用书面形式订立地役权合同。

地役权合同一般包括下列条款:

(一)当事人的姓名或者名称和住所;

(二)供役地和需役地的位置;

(三)利用目的和方法;

(四)地役权期限;

(五)费用及其支付方式;

(六)解决争议的方法。

★ 第三百七十四条　[地役权的设立与登记]地役权自地役权合同生效时设立。当事人要求登记的,可以向登记机构申请地役权登记;未经登记,不得对抗善意第三人。

第三百七十五条　[供役地权利人的义务]供役地权利人应当按照合同约定,允许地役权人利用其不动产,不得妨害地役权人行使权利。

第三百七十六条　[地役权人的义务]地役权人应当按照合同约定的利用目的和方法利用供役地,尽量减少对供役地权利人物权的限制。

第三百七十七条　[地役权的期限]地役权期限由当事人约定;但是,不得超过土地承包经营权、建设用地使用权等用益物权的剩余期限。

★ 第三百七十八条　[在享有或者负担地役权的土地上设立用益物权的规则]土地所有权人享有地役权或者负担地役权的,设立土地承包经营权、宅基地使用权等用益物权时,该用益物权人继续享有或者负担已经设立的地役权。

第三百七十九条　[土地所有权人在已设立用益物权的土地上设立地役权的规则]土地上已经设立土地承包经营权、建设用地使用权、宅基地使用权等用益物权的,未经用益物权人同意,土地所有权人不得设立地役权。

★ 第三百八十条　[地役权的转让规则]地役权不得单独转让。土地承包经营权、建设用地使用权等转让的,地役权一并转让,但是合同另有约定的除外。

★ 第三百八十一条　[地役权不得单独抵押]地役权不得单独抵押。土地经营权、建设用地使用权等抵押的,在实现抵押权时,地役权一并转让。

第三百八十二条　[需役地部分转让效果]需役地以及需役地上的土地承包经营权、建设用地使用权等部分转让时,转让部分涉及地役权的,受让人同时享有地役权。

第三百八十三条　[供役地部分转让效果]供役地以及供役地上的土地承包经营权、建设用地使用权等部分转让时,转让部分涉及地役权的,地役权对受让人具有法律约束力。

第三百八十四条　[供役地权利人解除权]地役权人有下列情形之一的,供役地权利人有权解除地役权合同,地役权消灭:

(一)违反法律规定或者合同约定,滥用地役权;

(二)有偿利用供役地,约定的付款期限届满后在合理期限内经两次催告未支付费用。

第三百八十五条　[地役权变动后的登记]已经登记的地役权变更、转让或者消灭的,应当及时办理变更登记或者注销登记。

第四分编　担保物权

第十六章　一般规定

第三百八十六条　[担保物权的定义]担保物权人在债务人不履行到期债务或者发生当事人约定的实现担保物权的情形,依法享有就担保财产优先受偿的权利,但是法律另有规定的除外。

《最高人民法院关于适用〈中华人民共和国民法典〉有关担保制度的解释》

♠ 第六十三条　债权人与担保人订立担保合同,约定以法律、行政法规尚未规定可以担保的财产权利设立担保,当事人主张合同无效的,人民法院不予支持。当事人未在法定的登记机构依法进行登记,主张该担保具有物权效力的,人民法院不予支持。

♠ 第六十八条　债务人或者第三人与债权人约定将财产形式上转移至债权人名下,债务人不履行到期债务,债权人有权对财产折价或者以拍卖、变卖该财产所得价款偿还债务的,人民法院应当认定该约定有效。当事人已经完成财产权利变动的公示,债务人不履行到期债务,债权人请求参照民法典关于担保物权的有关规定就该财产优先受偿的,人民法院应予支持。

债务人或者第三人与债权人约定将财产形式上转移至债权人名下,债务人不履行到期债务,财产归债权人所有的,人民法院应当认定该约定无效,但是不影响当事人有关提供担保的意思表示的效力。当事人已经完成财产权利变动的公示,债务人不履行到期债务,债权人请求对该财产享有所有权的,人民法院不予支持;债权人请求参照民法典关于担保物权的规定对财产折价或者以拍卖、变卖该财产所得的价款优先受偿的,人民法院应予支持;债务人履行债务后请求返还财产,或者请求对财产折价或者以拍卖、变卖所得的价款清偿债务的,人民法院应予支持。

债务人与债权人约定将财产转移至债权人名下,在一定期间后再由债务人或者其指定的第三人以交易本金加上溢价款回购,债务人到期不履行回购义务,财产归债权人所有的,人民法院应当参照第二款规定处理。回购对象自始不存在的,人民法院应当依照民法典第一百四十六条第二款的规定,按照其实际构成的法律关系处理。

第七十条 债务人或者第三人为担保债务的履行,设立专门的保证金账户并由债权人实际控制,或者将其资金存入债权人设立的保证金账户,债权人主张就账户内的款项优先受偿的,人民法院应予支持。当事人以保证金账户内的款项浮动为由,主张实际控制该账户的债权人对账户内的款项不享有优先受偿权的,人民法院不予支持。

在银行账户下设立的保证金分户,参照前款规定处理。

当事人约定的保证金并非为担保债务的履行设立,或者不符合前两款规定的情形,债权人主张就保证金优先受偿的,人民法院不予支持,但是不影响当事人依照法律的规定或者按照当事人的约定主张权利。

《最高人民法院关于审理民间借贷案件适用法律若干问题的规定》①

♠ 第二十三条 当事人以订立买卖合同作为民间借贷合同的担保,借款到期后借款人不能还款,出借人请求履行买卖合同的,人民法院应当按照民间借贷法律关系审理。当事人根据法庭审理情况变更诉讼请求的,人民法院应当准许。

按照民间借贷法律关系审理作出的判决生效后,借款人不履行生效判决确定的金钱债务,出借人可以申请拍卖买卖合同标的物,以偿还债务。就拍卖所得的价款与应偿还借款本息之间的差额,借款人或者出借人有权主张返还或者补偿。

★ 第三百八十七条 [担保物权适用范围及反担保]债权人在借贷、买卖等民事活动中,为保障实现其债权,需要担保的,可以依照本法和其他法律的规定设立担保物权。

第三人为债务人向债权人提供担保的,可以要求债务人提供反担保。反担保适用本法和其他法律的规定。

《民法典》 第 394、425、447 条
《最高人民法院关于适用〈中华人民共和国民法典〉有关担保制度的解释》
第一条 因抵押、质押、留置、保证等担保发生

的纠纷,适用本解释。所有权保留买卖、融资租赁、保理等涉及担保功能发生的纠纷,适用本解释的有关规定。

★ 第三百八十八条 [担保合同及其与主合同的关系]设立担保物权,应当依照本法和其他法律的规定订立担保合同。担保合同包括抵押合同、质押合同和其他具有担保功能的合同。担保合同是主债权债务合同的从合同。主债权债务合同无效的,担保合同无效,但是法律另有规定的除外。

担保合同被确认无效后,债务人、担保人、债权人有过错的,应当根据其过错各自承担相应的民事责任。

《最高人民法院关于适用〈中华人民共和国民法典〉有关担保制度的解释》
第二条 当事人在担保合同中约定担保合同的效力独立于主合同,或者约定担保人对主合同无效的法律后果承担担保责任,该有关担保独立性的约定无效。主合同有效的,有关担保独立性的约定无效不影响担保合同的效力;主合同无效的,人民法院应当认定担保合同无效,但是法律另有规定的除外。

因金融机构开立的独立保函发生的纠纷,适用《最高人民法院关于审理独立保函纠纷案件若干问题的规定》。

第十六条 主合同当事人协议以新贷偿还旧贷,债权人请求旧贷的担保人承担担保责任的,人民法院不予支持;债权人请求新贷的担保人承担担保责任的,按照下列情形处理:

(一)新贷与旧贷的担保人相同的,人民法院应予支持;

(二)新贷与旧贷的担保人不同,或者旧贷无担保新贷有担保的,人民法院不予支持,但是债权人有证据证明新贷的担保人提供担保时对以新贷偿还旧贷的事实知道或者应当知道的除外。

主合同当事人协议以新贷偿还旧贷,旧贷的物的担保人在登记尚未注销的情形下同意继续为新贷提供担保,在订立新的贷款合同前又以该担保财产为其他债权人设立担保物权,其他债权人主张其担保物权顺位优先于新贷债权人的,人民法院不予支持。

---

① 2015 年 6 月 23 日最高人民法院审判委员会第 1655 次会议通过,根据 2020 年 8 月 18 日最高人民法院审判委员会第 1809 次会议通过的《最高人民法院关于修改〈关于审理民间借贷案件适用法律若干问题的规定〉的决定》第一次修正,根据 2020 年 12 月 23 日最高人民法院审判委员会第 1823 次会议通过的《最高人民法院关于修改〈最高人民法院关于在民事审判工作中适用《中华人民共和国工会法》若干问题的解释〉等二十七件民事类司法解释的决定》第二次修正。

第十七条 主合同有效而第三人提供的担保合同无效,人民法院应当区分不同情形确定担保人的赔偿责任:

(一)债权人与担保人均有过错的,担保人承担的赔偿责任不应超过债务人不能清偿部分的二分之一;

(二)担保人有过错而债权人无过错的,担保人对债务人不能清偿的部分承担赔偿责任;

(三)债权人有过错而担保人无过错的,担保人不承担赔偿责任。

主合同无效导致第三人提供的担保合同无效,担保人无过错的,不承担赔偿责任;担保人有过错的,其承担的赔偿责任不应超过债务人不能清偿部分的三分之一。

第二十一条 主合同或者担保合同约定了仲裁条款的,人民法院对约定仲裁条款的合同当事人之间的纠纷无管辖权。

债权人一并起诉债务人和担保人的,应当根据主合同确定管辖法院。

债权人依法可以单独起诉担保人且仅起诉担保人的,应当根据担保合同确定管辖法院。

第三十三条 保证合同无效,债权人未在约定或者法定的保证期间内依法行使权利,保证人主张不承担赔偿责任的,人民法院应予支持。

★ **第三百八十九条** [担保范围]担保物权的担保范围包括主债权及其利息、违约金、损害赔偿金、保管担保财产和实现担保物权的费用。当事人另有约定的,按照其约定。

> 《民法典》 第691条
> 《最高人民法院关于适用〈中华人民共和国民法典〉有关担保制度的解释》
> 第三条 当事人对担保责任的承担约定专门的违约责任,或者约定的担保责任范围超出债务人应当承担的责任范围,担保人主张仅在债务人应当承担的责任范围内承担责任的,人民法院应予支持。
> 担保人承担的责任超出债务人应当承担的责任范围,担保人向债务人追偿,债务人主张仅在其应当承担的责任范围内承担责任的,人民法院应予支持;担保人请求债权人返还超出部分的,人民法院依法予以支持。
> 第十五条 最高额担保中的最高债权额,是指包括主债权及其利息、违约金、损害赔偿金、保管担保财产的费用、实现债权或者实现担保物权的费用等在内的全部债权,但是当事人另有约定的除外。
> 登记的最高债权额与当事人约定的最高债权额不一致的,人民法院应当依据登记的最高债权额确定债权人优先受偿的范围。

♠ **第三百九十条** [担保物权的物上代位性]担保期间,担保财产毁损、灭失或者被征收等,担保物权人可以就获得的保险金、赔偿金或者补偿金等优先受偿。被担保债权的履行期限未届满的,也可以提存该保险金、赔偿金或者补偿金等。

> 《最高人民法院关于适用〈中华人民共和国民法典〉有关担保制度的解释》
> 第四十二条 抵押权依法设立后,抵押财产毁损、灭失或者被征收等,抵押权人请求按照原抵押权的顺位就保险金、赔偿金或者补偿金等优先受偿的,人民法院应予支持。
> 给付义务人已经向抵押人给付了保险金、赔偿金或者补偿金,抵押权人请求给付义务人向其给付保险金、赔偿金或者补偿金的,人民法院不予支持,但是给付义务人接到抵押权人要求向其给付的通知后仍然向抵押人给付的除外。
> 抵押权人请求给付义务人向其给付保险金、赔偿金或者补偿金的,人民法院可以通知抵押人作为第三人参加诉讼。

★ **第三百九十一条** [债务转让对担保物权的效力]第三人提供担保,未经其书面同意,债权人允许债务人转移全部或者部分债务的,担保人不再承担相应的担保责任。

> 《最高人民法院关于适用〈中华人民共和国民法典〉有关担保制度的解释》
> 第三十八条 主债权未受全部清偿,担保物权人主张就担保财产的全部行使担保物权的,人民法院应予支持,但是留置权人行使留置权的,应当依照民法典第四百五十条的规定处理。
> 担保财产被分割或者部分转让,担保物权人主张就分割或者转让后的担保财产行使担保物权的,人民法院应予支持,但是法律或者司法解释另有规定的除外。
> 第三十九条 主债权被分割或者部分转让,各债权人主张就其享有的债权份额行使担保物权的,人民法院应予支持,但是法律另有规定或者当事人另有约定的除外。
> 主债务被分割或者部分转移,债务人自己提供物的担保,债权人请求以该担保财产担保全部债务履行的,人民法院应予支持;第三人提供物的担保,主张对未经其书面同意转移的债务不再承担担保责任的,人民法院应予支持。

♠ **第三百九十二条** [人保和物保并存时的处理规则] 被担保的债权既有物的担保又有人的担保的,债务人不履行到期债务或者发生当事人约定的实现担保物权的情形,债权人应当按照约定实现债权;没有约定或者约定不明确,债务人自己提供物的担保的,债权人应当先就该物的担保实现债权;第三人提供物的担保的,债权人可以就物的担保实现债权,也可以请求保证人承担保证责任。提供担保的第三人承担担保责任后,有权向债务人追偿。

《民法典》 第 409、435 条

《最高人民法院关于适用〈中华人民共和国民法典〉有关担保制度的解释》

第十三条 同一债务有两个以上第三人提供担保,担保人之间约定相互追偿及分担份额,承担了担保责任的担保人请求其他担保人按照约定分担份额的,人民法院应予支持;担保人之间约定承担连带共同担保,或者约定相互追偿但是未约定分担份额的,各担保人按照比例分担向债务人不能追偿的部分。

同一债务有两个以上第三人提供担保,担保人之间未对相互追偿作出约定且未约定承担连带共同担保,但是各担保人在同一份合同书上签字、盖章或者按指印,承担了担保责任的担保人请求其他担保人按照比例分担向债务人不能追偿部分的,人民法院应予支持。

除前两款规定的情形外,承担了担保责任的担保人请求其他担保人分担向债务人不能追偿部分的,人民法院不予支持。

第十四条 同一债务有两个以上第三人提供担保,担保人受让债权的,人民法院应当认定该行为系承担担保责任。受让债权的担保人作为债权人请求其他担保人承担担保责任的,人民法院不予支持;该担保人请求其他担保人分担相应份额的,依照本解释第十三条的规定处理。

第十八条 承担了担保责任或者赔偿责任的担保人,在其承担责任的范围内向债务人追偿的,人民法院应予支持。

同一债权既有债务人自己提供的物的担保,又有第三人提供的担保,承担了担保责任或者赔偿责任的第三人,主张行使债权人对债务人享有的担保物权的,人民法院应予支持。

第三百九十三条 [担保物权消灭的情形]有下列情形之一的,担保物权消灭:

(一)主债权消灭;

(二)担保物权实现;

(三)债权人放弃担保物权;

(四)法律规定担保物权消灭的其他情形。

第十七章 抵 押 权

第一节 一般抵押权

★ 第三百九十四条 [抵押权的定义]为担保债务的履行,债务人或者第三人不转移财产的占有,将该财产抵押给债权人的,债务人不履行到期债务或者发生当事人约定的实现抵押权的情形,债权人有权就该财产优先受偿。

前款规定的债务人或者第三人为抵押人,债权人为抵押权人,提供担保的财产为抵押财产。

《最高人民法院关于适用〈中华人民共和国民法典〉有关担保制度的解释》

第四十条 从物产生于抵押权依法设立前,抵押权人主张抵押权的效力及于从物的,人民法院应予支持,但是当事人另有约定的除外。

从物产生于抵押权依法设立后,抵押权人主张抵押权的效力及于从物的,人民法院不予支持,但是在抵押权实现时可以一并处分。

第四十一条 抵押权依法设立后,抵押财产被添附,添附物归第三人所有,抵押权人主张抵押权效力及于补偿金的,人民法院应予支持。

抵押权依法设立后,抵押财产被添附,抵押人对添附物享有所有权,抵押权人主张抵押权的效力及于添附物的,人民法院应予支持,但是添附导致抵押财产价值增加的,抵押权的效力不及于增加的价值部分。

抵押权依法设立后,抵押人与第三人因添附成为添附物的共有人,抵押权人主张抵押权的效力及于抵押人对共有物享有的份额的,人民法院应予支持。

本条所称添附,包括附合、混合与加工。

★ 第三百九十五条 [可抵押财产的范围]债务人或者第三人有权处分的下列财产可以抵押:

(一)建筑物和其他土地附着物;

(二)建设用地使用权;

(三)海域使用权;

(四)生产设备、原材料、半成品、产品;

(五)正在建造的建筑物、船舶、航空器;

(六)交通运输工具;

(七)法律、行政法规未禁止抵押的其他财产。

抵押人可以将前款所列财产一并抵押。

♠ 第三百九十六条 [浮动抵押]企业、个体工商户、农业生产经营者可以将现有的以及将有的生产设备、原材料、半成品、产品抵押,债务人不履行到期债务或者发生当事人约定的实现抵押权的情形,债权人有权就抵押财产确定时的动产优先受偿。

★ 第三百九十七条 [建筑物和相应的建设用地使用权一并抵押规则]以建筑物抵押的,该建筑物占用范围内的建设用地使用权一并抵押。以建设用地使用权抵押的,该土地上的建筑物一并抵押。

抵押人未依据前款规定一并抵押的,未抵押的财产视为一并抵押。

《民法典》 第417条
《高人民法院关于适用〈中华人民共和国民法典〉有关担保制度的解释》

第五十一条 当事人仅以建设用地使用权抵押，债权人主张抵押权的效力及于土地上已有的建筑物以及正在建造的建筑物已完成部分的，人民法院应予支持。债权人主张抵押权的效力及于正在建造的建筑物的续建部分以及新增建筑物的，人民法院不予支持。

当事人以正在建造的建筑物抵押，抵押权的效力范围限于已办理抵押登记的部分。当事人按照担保合同的约定，主张抵押权的效力及于续建部分、新增建筑物以及规划中尚未建造的建筑物的，人民法院不予支持。

抵押人将建设用地使用权、土地上的建筑物或者正在建造的建筑物分别抵押给不同债权人的，人民法院应当根据抵押登记的时间先后确定清偿顺序。

第三百九十八条 [乡镇、村企业的建设用地使用权与房屋一并抵押规则]乡镇、村企业的建设用地使用权不得单独抵押。以乡镇、村企业的厂房等建筑物抵押的，其占用范围内的建设用地使用权一并抵押。

★ **第三百九十九条** [禁止抵押的财产范围]下列财产不得抵押：

(一)土地所有权；

(二)宅基地、自留地、自留山等集体所有土地的使用权，但是法律规定可以抵押的除外；

(三)学校、幼儿园、医疗机构等为公益目的成立的非营利法人的教育设施、医疗卫生设施和其他公益设施；

(四)所有权、使用权不明或者有争议的财产；

(五)依法被查封、扣押、监管的财产；

(六)法律、行政法规规定不得抵押的其他财产。

《最高人民法院关于适用〈中华人民共和国民法典〉有关担保制度的解释》

第三十七条 当事人以所有权、使用权不明或者有争议的财产抵押，经审查构成无权处分的，人民法院应当依照民法典第三百一十一条的规定处理。

当事人以依法被查封或者扣押的财产抵押，抵押权人请求行使抵押权，经审查查封或者扣押措施已经解除的，人民法院应予支持。抵押人以抵押权设立时财产被查封或者扣押为由主张抵押合同无效的，人民法院不予支持。

以依法被监管的财产抵押的，适用前款规定。

第四十九条 以违法的建筑物抵押的，抵押合同无效，但是一审法庭辩论终结前已经办理合法手续的除外。抵押合同无效的法律后果，依照本解释第十七条的有关规定处理。

当事人以建设用地使用权依法设立抵押，抵押人以土地上存在违法的建筑物为由主张抵押合同无效的，人民法院不予支持。

第五十条 抵押人以划拨建设用地上的建筑物抵押，当事人以该建设用地使用权不能抵押或者未办理批准手续为由主张抵押合同无效或者不生效的，人民法院不予支持。抵押权依法实现时，拍卖、变卖建筑物所得的价款，应当优先用于补缴建设用地使用权出让金。

当事人以划拨方式取得的建设用地使用权抵押，抵押人以未办理批准手续为由主张抵押合同无效或者不生效的，人民法院不予支持。已经依法办理抵押登记，抵押权人主张行使抵押权的，人民法院应予支持。抵押权依法实现时所得的价款，参照前款有关规定处理。

★ **第四百条** [抵押合同]设立抵押权，当事人应当采用书面形式订立抵押合同。

抵押合同一般包括下列条款：

(一)被担保债权的种类和数额；

(二)债务人履行债务的期限；

(三)抵押财产的名称、数量等情况；

(四)担保的范围。

★ **第四百零一条** [流押条款的效力]抵押权人在债务履行期限届满前，与抵押人约定债务人不履行到期债务时抵押财产归债权人所有的，只能依法就抵押财产优先受偿。

> **最高人民法院指导案例(72号)**
> 汤龙、刘新龙、马忠太、王洪刚诉新疆鄂尔多斯彦海房地产开发有限公司商品房买卖合同纠纷案

《最高人民法院关于适用〈中华人民共和国民法典〉时间效力的若干规定》

第七条 民法典施行前，当事人在债务履行期限届满前约定债务人不履行到期债务时抵押财产或者质押财产归债权人所有的，适用民法典第四百零一条和第四百二十八条的规定。

♠ **第四百零二条** [不动产抵押登记]以本法第三百九十五条第一款第一项至第三项规定的财产或者第五项规定的正在建造的建筑物抵押的，应当办理抵押登记。抵押权自登记时设立。

《最高人民法院关于适用〈中华人民共和国民法典〉有关担保制度的解释》

第四条 有下列情形之一,当事人将担保物权登记在他人名下,债务人不履行到期债务或者发生当事人约定的实现担保物权的情形,债权人或者其受托人主张就该财产优先受偿的,人民法院依法予以支持:

(一)为债券持有人提供的担保物权登记在债券受托管理人名下;

(二)为委托贷款人提供的担保物权登记在受托人名下;

(三)担保人知道债权人与他人之间存在委托关系的其他情形。

第四十六条 不动产抵押合同生效后未办理抵押登记手续,债权人请求抵押人办理抵押登记手续的,人民法院应予支持。

抵押财产因不可归责于抵押人自身的原因灭失或者被征收等导致不能办理抵押登记,债权人请求抵押人在约定的担保范围内承担责任的,人民法院不予支持;但是抵押人已经获得保险金、赔偿金或者补偿金等,债权人请求抵押人在其所获金额范围内承担赔偿责任的,人民法院依法予以支持。

因抵押人转让抵押财产或者其他可归责于抵押人自身的原因导致不能办理抵押登记,债权人请求抵押人在约定的担保范围内承担责任的,人民法院依法予以支持,但是不得超过抵押权能够设立时抵押人应当承担的责任范围。

第五十二条 当事人办理抵押预告登记后,预告登记权利人请求就抵押财产优先受偿,经审查存在尚未办理建筑物所有权首次登记、预告登记的财产与办理建筑物所有权首次登记时的财产不一致、抵押预告登记已经失效等情形,导致不具备办理抵押登记条件的,人民法院不予支持;经审查已经办理建筑物所有权首次登记,且不存在预告登记失效等情形的,人民法院应予支持,并应当认定抵押权自预告登记之日起设立。

当事人办理了抵押预告登记,抵押人破产,经审查抵押财产属于破产财产,预告登记权利人主张就抵押财产优先受偿的,人民法院应当在受理破产申请时抵押财产的价值范围内予以支持,但是在人民法院受理破产申请前一年内,债务人对没有财产担保的债务设立抵押预告登记的除外。

♠ **第四百零三条** [动产抵押的效力]以动产抵押的,抵押权自抵押合同生效时设立;未经登记,不得对抗善意第三人。

《最高人民法院关于适用〈中华人民共和国民法典〉有关担保制度的解释》

♠ 第五十三条 当事人在动产和权利担保合同中对担保财产进行概括描述,该描述能够合理识别担保财

产的,人民法院应当认定担保成立。

第五十四条 动产抵押合同订立后未办理抵押登记,动产抵押权的效力按照下列情形分别处理:

(一)抵押人转让抵押财产,受让人占有抵押财产后,抵押权人向受让人请求行使抵押权的,人民法院不予支持,但是抵押权人能够举证证明受让人知道或者应当知道已经订立抵押合同的除外;

(二)抵押人将抵押财产出租给他人并移转占有,抵押权人行使抵押权的,租赁关系不受影响,但是抵押权人能够举证证明承租人知道或者应当知道已经订立抵押合同的除外;

(三)抵押人的其他债权人向人民法院申请保全或者执行抵押财产,人民法院已经作出财产保全裁定或者采取执行措施,抵押权人主张对抵押财产优先受偿的,人民法院不予支持;

(四)抵押人破产,抵押权人主张对抵押财产优先受偿的,人民法院不予支持。

♠ **第四百零四条** [动产抵押权对抗效力的限制]以动产抵押的,不得对抗正常经营活动中已经支付合理价款并取得抵押财产的买受人。

《民法典》 第311条

《高人民法院关于适用〈中华人民共和国民法典〉有关担保制度的解释》

第五十六条 买受人在出卖人正常经营活动中通过支付合理对价取得已被设立担保物权的动产,担保物权人请求就该动产优先受偿的,人民法院不予支持,但是有下列情形之一的除外:

(一)购买商品的数量明显超过一般买受人;

(二)购买出卖人的生产设备;

(三)订立买卖合同的目的在于担保出卖人或者第三人履行债务;

(四)买受人与出卖人存在直接或者间接的控制关系;

(五)买受人应当查询抵押登记而未查询的其他情形。

前款所称出卖人正常经营活动,是指出卖人的经营活动属于其营业执照明确记载的经营范围,且出卖人持续销售同类商品。前款所称担保物权人,是指已经办理登记的抵押权人、所有权保留买卖的出卖人、融资租赁合同的出租人。

★ **第四百零五条** [抵押权和租赁权的关系]抵押权设立前,抵押财产已经出租并转移占有的,原租赁关系不受该抵押权的影响。

《民法典》 第725条

★ **第四百零六条** [抵押期间抵押财产转让应当遵循的规则]抵押期间,抵押人可以转让抵押财产。当

事人另有约定的,按照其约定。抵押财产转让的,抵押权不受影响。

抵押人转让抵押财产的,应当及时通知抵押权人。抵押权人能够证明抵押财产转让可能损害抵押权的,可以请求抵押人将转让所得的价款向抵押权人提前清偿债务或者提存。转让的价款超过债权数额的部分归抵押人所有,不足部分由债务人清偿。

《最高人民法院关于适用〈中华人民共和国民法典〉有关担保制度的解释》

第四十三条 当事人约定禁止或者限制转让抵押财产但是未将约定登记,抵押人违反约定转让抵押财产,抵押权人请求确认转让合同无效的,人民法院不予支持;抵押财产已经交付或者登记,抵押权人请求确认转让不发生物权效力的,人民法院不予支持,但是抵押权人有证据证明受让人知道的除外;抵押权人请求抵押人承担违约责任的,人民法院依法予以支持。

当事人约定禁止或者限制转让抵押财产且已经将约定登记,抵押人违反约定转让抵押财产,抵押权人请求确认转让合同无效的,人民法院不予支持;抵押财产已经交付或者登记,抵押权人主张转让不发生物权效力的,人民法院应予支持,但是因受让人代替债务人清偿债务导致抵押权消灭的除外。

★ **第四百零七条** [抵押权的从属性]抵押权不得与债权分离而单独转让或者作为其他债权的担保。债权转让的,担保该债权的抵押权一并转让,但是法律另有规定或者当事人另有约定的除外。

★ **第四百零八条** [抵押权保全请求权]抵押人的行为足以使抵押财产价值减少的,抵押权人有权请求抵押人停止其行为;抵押财产价值减少的,抵押权人有权请求恢复抵押财产的价值,或者提供与减少的价值相应的担保。抵押人不恢复抵押财产的价值,也不提供担保的,抵押权人有权请求债务人提前清偿债务。

★ **第四百零九条** [抵押权人放弃抵押权或抵押权顺位的法律后果]抵押权人可以放弃抵押权或者抵押权的顺位。抵押权人与抵押人可以协议变更抵押权顺位以及被担保的债权数额等内容。但是,抵押权的变更未经其他抵押权人书面同意的,不得对其他抵押权人产生不利影响。

债务人以自己的财产设定抵押,抵押权人放弃该抵押权、抵押权顺位或者变更抵押权的,其他担保人在抵押权人丧失优先受偿权益的范围内免除担保责任,但是其他担保人承诺仍然提供担保的除外。

★ **第四百一十条** [抵押权实现的方式和程序]债务人不履行到期债务或者发生当事人约定的实现抵押权的情形,抵押权人可以与抵押人协议以抵押财产折价或者以拍卖、变卖该抵押财产所得的价款优先受

偿。协议损害其他债权人利益的,其他债权人可以请求人民法院撤销该协议。

抵押权人与抵押人未就抵押权实现方式达成协议的,抵押权人可以请求人民法院拍卖、变卖抵押财产。

抵押财产折价或者变卖的,应当参照市场价格。

《最高人民法院关于适用〈中华人民共和国民法典〉有关担保制度的解释》

第四十五条 当事人约定当债务人不履行到期债务或者发生当事人约定的实现担保物权的情形,担保物权人有权将担保财产自行拍卖、变卖并就所得的价款优先受偿的,该约定有效。因担保人的原因导致担保物权人无法自行对担保财产进行拍卖、变卖,担保物权人请求担保人承担因此增加的费用的,人民法院应予支持。

当事人依照民事诉讼法有关"实现担保物权案件"的规定,申请拍卖、变卖担保财产,被申请人以担保合同约定仲裁条款为由主张驳回申请的,人民法院经审查后,应当按照以下情形分别处理:

(一)当事人对担保物权无实质性争议且实现担保物权条件已经成就的,应当裁定准许拍卖、变卖担保财产;

(二)当事人对实现担保物权有部分实质性争议的,可以就无争议的部分裁定准许拍卖、变卖担保财产,并告知可以就有争议的部分申请仲裁;

(三)当事人对实现担保物权有实质性争议的,裁定驳回申请,并告知可以向仲裁机构申请仲裁。

债权人以诉讼方式行使担保物权的,应当以债务人和担保人作为共同被告。

《民事诉讼法》

第二百零七条 申请实现担保物权,由担保物权人以及其他有权请求实现担保物权的人依照民法典等法律,向担保财产所在地或者担保物权登记地基层人民法院提出。

第四百一十一条 [浮动抵押财产的确定]依据本法第三百九十六条规定设定抵押的,抵押财产自下列情形之一发生时确定:

(一)债务履行期限届满,债权未实现;

(二)抵押人被宣告破产或者解散;

(三)当事人约定的实现抵押权的情形;

(四)严重影响债权实现的其他情形。

★ **第四百一十二条** [抵押财产孳息归属]债务人不履行到期债务或者发生当事人约定的实现抵押权的情形,致使抵押财产被人民法院依法扣押的,自扣押之日起,抵押权人有权收取该抵押财产的天然孳息或者法定孳息,但是抵押权人未通知应当清偿法定孳息义务人的除外。

前款规定的孳息应当先充抵收取孳息的费用。

第四百一十三条 ［抵押财产变价款的归属原则］抵押财产折价或者拍卖、变卖后，其价款超过债权数额的部分归抵押人所有，不足部分由债务人清偿。

★ **第四百一十四条** ［同一财产上多个抵押权的效力顺序］同一财产向两个以上债权人抵押的，拍卖、变卖抵押财产所得的价款依照下列规定清偿：

（一）抵押权已经登记的，按照登记的时间先后确定清偿顺序；

（二）抵押权已经登记的先于未登记的受偿；

（三）抵押权未登记的，按照债权比例清偿。

其他可以登记的担保物权，清偿顺序参照适用前款规定。

★ **第四百一十五条** ［既有抵押权又有质权的财产的清偿顺序］同一财产既设立抵押权又设立质权的，拍卖、变卖该财产所得的价款按照登记、交付的时间先后确定清偿顺序。

★ **第四百一十六条** ［买卖价款抵押权］动产抵押担保的主债权是抵押物的价款，标的物交付后十日内办理抵押登记的，该抵押权人优先于抵押物买受人的其他担保物权人受偿，但是留置权人除外。

《最高人民法院关于适用〈中华人民共和国民法典〉有关担保制度的解释》

第五十七条 担保人在设立动产浮动抵押并办理抵押登记后又购入或者以融资租赁方式承租新的动产，下列权利人为担保价款债权或者租金的实现而订立担保合同，并在该动产交付后十日内办理登记，主张其权利优先于在先设立的浮动抵押权的，人民法院应予支持：

（一）在该动产上设立抵押权或者保留所有权的出卖人；

（二）为价款支付提供融资而在该动产上设立抵押权的债权人；

（三）以融资租赁方式出租该动产的出租人。

买受人取得动产但未付清价款或者承租人以融资租赁方式占有租赁物但是未付清全部租金，又以标的物为他人设立担保物权，前款所列权利人为担保价款债权或者租金的实现而订立担保合同，并在该动产交付后十日内办理登记，主张其权利优先于买受人为他人设立的担保物权的，人民法院应予支持。

同一动产上存在多个价款优先权的，人民法院应当按照登记的时间先后确定清偿顺序。

★ **第四百一十七条** ［抵押权对新增建筑物的效力］建设用地使用权抵押后，该土地上新增的建筑物不属于抵押财产。该建设用地使用权实现抵押权时，应当将该土地上新增的建筑物与建设用地使用权一并处分。但是，新增建筑物所得的价款，抵押权人无权优先受偿。

《最高人民法院关于适用〈中华人民共和国民法典〉有关担保制度的解释》

第五十一条 当事人仅以建设用地使用权抵押，债权人主张抵押权的效力及于土地上已有的建筑物以及正在建造的建筑物已完成部分的，人民法院应予支持。债权人主张抵押权的效力及于正在建造的建筑物的续建部分以及新增建筑物的，人民法院不予支持。

当事人以正在建造的建筑物抵押，抵押权的效力范围限于已办理抵押登记的部分。当事人按照担保合同的约定，主张抵押权的效力及于续建部分、新增建筑物以及规划中尚未建造的建筑物的，人民法院不予支持。

抵押人将建设用地使用权、土地上的建筑物或者正在建造的建筑物分别抵押给不同债权人的，人民法院应当根据抵押登记的时间先后确定清偿顺序。

第四百一十八条 ［集体所有土地使用权抵押权的实现效果］以集体所有土地的使用权依法抵押的，实现抵押权后，未经法定程序，不得改变土地所有权的性质和土地用途。

★ **第四百一十九条** ［抵押权的存续期间］抵押权人应当在主债权诉讼时效期间行使抵押权；未行使的，人民法院不予保护。

《最高人民法院关于适用〈中华人民共和国民法典〉有关担保制度的解释》

第四十四条第一款 主债权诉讼时效期间届满后，抵押权人主张行使抵押权的，人民法院不予支持；抵押人以主债权诉讼时效期间届满为由，主张不承担担保责任的，人民法院应予支持。主债权诉讼时效期间届满前，债权人仅对债务人提起诉讼，经人民法院判决或者调解后未在民事诉讼法规定的申请执行时效期间内对债务人申请强制执行，其向抵押人主张行使抵押权的，人民法院不予支持。

第二节 最高额抵押权

★ **第四百二十条** ［最高额抵押规则］为担保债务的履行，债务人或者第三人对一定期间内将要连续发生的债权提供担保财产的，债务人不履行到期债务或者发生当事人约定的实现抵押权的情形，抵押权人有权在最高债权额限度内就该担保财产优先受偿。

最高额抵押权设立前已经存在的债权，经当事人同意，可以转入最高额抵押担保的债权范围。

最高人民法院指导案例（95号）
中国工商银行股份有限公司宣城龙首支行诉宣城柏冠贸易有限公司、江苏凯盛置业有限公司等金融借款合同纠纷案

《最高人民法院关于适用〈中华人民共和国民法典〉有关担保制度的解释》

第十五条　最高额担保中的最高债权额,是指包括主债权及其利息、违约金、损害赔偿金、保管担保财产的费用、实现债权或者实现担保物权的费用等在内的全部债权,但是当事人另有约定的除外。

登记的最高债权额与当事人约定的最高债权额不一致的,人民法院应当依据登记的最高债权额确定债权人优先受偿的范围。

★ 第四百二十一条　[最高额抵押权担保的部分债权转让效力]最高额抵押担保的债权确定前,部分债权转让的,最高额抵押权不得转让,但是当事人另有约定的除外。

第四百二十二条　[最高额抵押合同条款变更]最高额抵押担保的债权确定前,抵押权人与抵押人可以通过协议变更债权确定的期间、债权范围以及最高债权额。但是,变更的内容不得对其他抵押权人产生不利影响。

★ 第四百二十三条　[最高额抵押所担保债权的确定事由]有下列情形之一的,抵押权人的债权确定:

(一)约定的债权确定期间届满;

(二)没有约定债权确定期间或者约定不明确,抵押权人或者抵押人自最高额抵押权设立之日起满二年后请求确定债权;

(三)新的债权不可能发生;

(四)抵押权人知道或者应当知道抵押财产被查封、扣押;

(五)债务人、抵押人被宣告破产或者解散;

(六)法律规定债权确定的其他情形。

《高人民法院关于适用〈中华人民共和国民法典〉有关担保制度的解释》

第三十条　最高额保证合同对保证期间的计算方式、起算时间等有约定的,按照其约定。

最高额保证合同对保证期间的计算方式、起算时间等没有约定或者约定不明,被担保债权的履行期限均已届满的,保证期间自债权确定之日起开始计算;被担保债权的履行期限尚未届满的,保证期间自最后到期债权的履行期限届满之日起开始计算。

前款所称债权确定之日,依照民法典第四百二十三条的规定认定。

第四百二十四条　[最高额抵押的法律适用]最高额抵押权除适用本节规定外,适用本章第一节的有关规定。

第十八章　质　权

第一节　动产质权

★ 第四百二十五条　[动产质权概念]为担保债务的履行,债务人或者第三人将其动产出质给债权人占有的,债务人不履行到期债务或者发生当事人约定的实现质权的情形,债权人有权就该动产优先受偿。

前款规定的债务人或者第三人为出质人,债权人为质权人,交付的动产为质押财产。

★ 第四百二十六条　[禁止出质的动产范围]法律、行政法规禁止转让的动产不得出质。

第四百二十七条　[质押合同形式及内容]设立质权,当事人应当采用书面形式订立质押合同。

质押合同一般包括下列条款:

(一)被担保债权的种类和数额;

(二)债务人履行债务的期限;

(三)质押财产的名称、数量等情况;

(四)担保的范围;

(五)质押财产交付的时间、方式。

★ 第四百二十八条　[流质条款的效力]质权人在债务履行期限届满前,与出质人约定债务人不履行到期债务时质押财产归债权人所有的,只能依法就质押财产优先受偿。

♠ 第四百二十九条　[质权的设立]质权自出质人交付质押财产时设立。

最高人民法院指导案例(54号)

中国农业发展银行安徽省分行诉张大标、安徽长江融资担保集团有限公司执行异议之诉纠纷案

《最高人民法院关于适用〈中华人民共和国民法典〉有关担保制度的解释》

第五十五条　债权人、出质人与监管人订立三方协议,出质人以通过一定数量、品种等概括描述能够确定范围的货物为债务的履行提供担保,当事人有证据证明监管人系受债权人的委托监管并实际控制该货物的,人民法院应当认定质权于监管人实际控制货物之日起设立。监管人违反约定向出质人或者其他人放货、因保管不善导致货物毁损灭失,债权人请求监管人承担违约责任的,人民法院依法予以支持。

在前款规定情形下,当事人有证据证明监管人系受出质人委托监管该货物,或者虽然受债权人委托但是未实际履行监管职责,导致货物仍由出质人实际控制的,人民法院应当认定质权未设立。债权人可以基于质押合同的约定请求出质人承担违约责任,但是不得超过质权有效设立时出质人应当承担的责任范围。监管人未履行监管职责,债权人请求监管人承担责任的,人民法院依法予以支持。

★ 第四百三十条　[质权人的孳息收取权]质权人有权收取质押财产的孳息,但是合同另有约定的除外。

前款规定的孳息应当先充抵收取孳息的费用。

★ 第四百三十一条 [质权人对质押财产处分的限制及其法律责任]质权人在质权存续期间，未经出质人同意,擅自使用、处分质押财产,造成出质人损害的,应当承担赔偿责任。

★ 第四百三十二条 [质物保管义务]质权人负有妥善保管质押财产的义务;因保管不善致使质押财产毁损、灭失的,应当承担赔偿责任。

质权人的行为可能使质押财产毁损、灭失的,出质人可以请求质权人将质押财产提存,或者请求提前清偿债务并返还质押财产。

第四百三十三条 [质押财产保全]因不可归责于质权人的事由可能使质押财产毁损或者价值明显减少,足以危害质权人权利的,质权人有权请求出质人提供相应的担保;出质人不提供的,质权人可以拍卖、变卖质押财产,并与出质人协议将拍卖、变卖所得的价款提前清偿债务或者提存。

★ 第四百三十四条 [转质]质权人在质权存续期间,未经出质人同意转质,造成质押财产毁损、灭失的,应当承担赔偿责任。

★ 第四百三十五条 [放弃质权]质权人可以放弃质权。债务人以自己的财产出质,质权人放弃该质权的,其他担保人在质权人丧失优先受偿权益的范围内免除担保责任,但是其他担保人承诺仍然提供担保的除外。

★ 第四百三十六条 [质物返还与质权实现]债务人履行债务或者出质人提前清偿所担保的债权的,质权人应当返还质押财产。

债务人不履行到期债务或者发生当事人约定的实现质权的情形,质权人可以与出质人协议以质押财产折价,也可以就拍卖、变卖质押财产所得的价款优先受偿。

质押财产折价或者变卖的,应当参照市场价格。

★ 第四百三十七条 [出质人请求质权人及时行使质权]出质人可以请求质权人在债务履行期限届满后及时行使质权;质权人不行使的,出质人可以请求人民法院拍卖、变卖质押财产。

出质人请求质权人及时行使质权,因质权人怠于行使权利造成出质人损害的,由质权人承担赔偿责任。

《最高人民法院关于适用〈中华人民共和国民法典〉有关担保制度的解释》

第四十四条 主债权诉讼时效期间届满后,抵押权人主张行使抵押权的,人民法院不予支持;抵押人以主债权诉讼时效期间届满为由,主张不承担担保责任的,人民法院应予支持。主债权诉讼时效期间届满前,债权人仅对债务人提起诉讼,经人民法院判决或者调解后未在民事诉讼法规定的申请执行时效期间内对债务人申请强制执行,其向抵押人主张行使抵押权的,人民法院不予支持。

主债权诉讼时效期间届满后,财产被留置的债务人或者对留置财产享有所有权的第三人请求债权人返还留置财产的,人民法院不予支持;债务人或者第三人请求拍卖、变卖留置财产并以所得价款清偿债务的,人民法院应予支持。

主债权诉讼时效期间届满的法律后果,以登记作为公示方式的权利质权,参照适用第一款的规定;动产质权、以交付权利凭证作为公示方式的权利质权,参照适用第二款的规定。

第四百三十八条 [质押财产变价款归属原则]质押财产折价或者拍卖、变卖后,其价款超过债权数额的部分归出质人所有,不足部分由债务人清偿。

第四百三十九条 [最高额质权]出质人与质权人可以协议设立最高额质权。

最高额质权除适用本节有关规定外,参照适用本编第十七章第二节的有关规定。

第二节　权利质权

♠ 第四百四十条 [可出质的权利的范围]债务人或者第三人有权处分的下列权利可以出质:

(一)汇票、本票、支票;

(二)债券、存款单;

(三)仓单、提单;

(四)可以转让的基金份额、股权;

(五)可以转让的注册商标专用权、专利权、著作权等知识产权中的财产权;

(六)现有的以及将有的应收账款;

(七)法律、行政法规规定可以出质的其他财产权利。

《最高人民法院关于适用〈中华人民共和国民法典〉有关担保制度的解释》

♠ 第五十三条 当事人在动产和权利担保合同中对担保财产进行概括描述,该描述能够合理识别担保财产的,人民法院应当认定担保成立。

♠ 第四百四十一条 [有价证券质权]以汇票、本票、支票、债券、存款单、仓单、提单出质的,质权自权利凭证交付质权人时设立;没有权利凭证的,质权自办理出质登记时设立。法律另有规定的,依照其规定。

最高人民法院指导案例(111号)
中国建设银行股份有限公司广州荔湾支行诉广东蓝粤能源发展有限公司等信用证开证纠纷案

《最高人民法院关于适用〈中华人民共和国民法典〉有关担保制度的解释》

第五十八条 以汇票出质,当事人以背书记载"质押"字样并在汇票上签章,汇票已经交付质权人的,人民法院应当认定质权自汇票交付质权人时设立。

第五十九条　存货人或者仓单持有人在仓单上以背书记载"质押"字样,并经保管人签章,仓单已经交付质权人的,人民法院应当认定质权自仓单交付质权人时设立。没有权利凭证的仓单,依法可以办理出质登记的,仓单质权自办理出质登记时设立。

出质人既以仓单出质,又以仓储物设立担保,按照公示的先后确定清偿顺序;难以确定先后的,按照债权比例清偿。

保管人为同一货物签发多份仓单,出质人在多份仓单上设立多个质权,按照公示的先后确定清偿顺序;难以确定先后的,按照债权比例受偿。

存在第二款、第三款规定的情形,债权人举证证明其损失系由出质人与保管人的共同行为所致,请求出质人与保管人承担连带赔偿责任的,人民法院应予支持。

第六十条　在跟单信用证交易中,开证行与开证申请人之间约定以提单作为担保的,人民法院应当依照民法典关于质权的有关规定处理。

在跟单信用证交易中,开证行依据其与开证申请人之间的约定或者跟单信用证的惯例持有提单,开证申请人未按照约定付款赎单,开证行主张对提单项下货物优先受偿的,人民法院应予支持;开证行主张对提单项下货物享有所有权的,人民法院不予支持。

在跟单信用证交易中,开证行依据其与开证申请人之间的约定或者跟单信用证的惯例,通过转让提单或者提单项下货物取得价款,开证申请人请求返还超出债权部分的,人民法院应予支持。

前三款规定不影响合法持有提单的开证行以提单持有人身份主张运输合同项下的权利。

第四百四十二条　[有价证券质权人行使权利的特别规定]汇票、本票、支票、债券、存款单、仓单、提单的兑现日期或者提货日期先于主债权到期的,质权人可以兑现或者提货,并与出质人协议将兑现的价款或者提取的货物提前清偿债务或者提存。

♠ 第四百四十三条　[基金份额质权、股权质权]以基金份额、股权出质的,质权自办理出质登记时设立。

基金份额、股权出质后,不得转让,但是出质人与质权人协商同意的除外。出质人转让基金份额、股权所得的价款,应当向质权人提前清偿债务或者提存。

★ 第四百四十四条　[知识产权质权]以注册商标专用权、专利权、著作权等知识产权中的财产权出质的,质权自办理出质登记时设立。

知识产权中的财产权出质后,出质人不得转让或者许可他人使用,但是出质人与质权人协商同意的除外。出质人转让或者许可他人使用出质的知识产权中的财产权所得的价款,应当向质权人提前清偿债务或者提存。

♠ 第四百四十五条　[应收账款质权]以应收账款出质的,质权自办理出质登记时设立。

应收账款出质后,不得转让,但是出质人与质权人协商同意的除外。出质人转让应收账款所得的价款,应当向质权人提前清偿债务或者提存。

最高人民法院指导案例(53号)
福建海峡银行股份有限公司福州五一支行诉长乐亚新污水处理有限公司、福州市政工程有限公司金融借款合同纠纷案

《最高人民法院关于适用〈中华人民共和国民法典〉有关担保制度的解释》

第六十一条　以现有的应收账款出质,应收账款债务人向质权人确认应收账款的真实性后,又以应收账款不存在或者已经消灭为由主张不承担责任的,人民法院不予支持。

以现有的应收账款出质,应收账款债务人未确认应收账款的真实性,质权人以应收账款债务人为被告,请求就应收账款优先受偿,能够举证证明办理出质登记时应收账款真实存在的,人民法院应予支持;质权人不能举证证明办理出质登记时应收账款真实存在,仅以已经办理出质登记为由,请求就应收账款优先受偿的,人民法院不予支持。

以现有的应收账款出质,应收账款债务人已经向应收账款债权人履行了债务,质权人请求应收账款债务人履行债务的,人民法院不予支持,但是应收账款债务人接到质权人要求向其履行的通知后,仍然向应收账款债权人履行的除外。

以基础设施和公用事业项目收益权、提供服务或者劳务产生的债权以及其他将有的应收账款出质,当事人为应收账款设立特定账户,发生法定或者约定的质权实现事由时,质权人请求就该特定账户内的款项优先受偿的,人民法院应予支持;特定账户内的款项不足以清偿债务或者未设立特定账户,质权人请求折价或者拍卖、变卖项目收益权等将有的应收账款,并以所得的价款优先受偿的,人民法院依法予以支持。

★ 第四百四十六条　[权利质权的法律适用]权利质权除适用本节规定外,适用本章第一节的有关规定。

第十九章　留置权

★ 第四百四十七条　[留置权的定义]债务人不履行到期债务,债权人可以留置已经合法占有的债务人的动产,并有权就该动产优先受偿。

前款规定的债权人为留置权人,占有的动产为留置财产。

♠ 第四百四十八条　[留置财产与债权的关系]债权人留置的动产,应当与债权属于同一法律关系,但

是企业之间留置的除外。

《最高人民法院关于适用〈中华人民共和国民法典〉有关担保制度的解释》

第六十二条 债务人不履行到期债务,债权人因同一法律关系留置合法占有的第三人的动产,并主张就该留置财产优先受偿的,人民法院应予支持。第三人以该留置财产并非债务人的财产为由请求返还的,人民法院不予支持。

企业之间留置的动产与债权并非同一法律关系,债务人以该债权不属于企业持续经营中发生的债权为由请求债权人返还留置财产的,人民法院应予支持。

企业之间留置的动产与债权并非同一法律关系,债权人留置第三人的财产,第三人请求债权人返还留置财产的,人民法院应予支持。

★ 第四百四十九条 [留置权适用范围的限制性规定]法律规定或者当事人约定不得留置的动产,不得留置。

★ 第四百五十条 [可分留置物]留置财产为可分物的,留置财产的价值应当相当于债务的金额。

《最高人民法院关于适用〈中华人民共和国民法典〉有关担保制度的解释》

第三十八条第一款 主债权未受全部清偿,担保物权人主张就担保财产的全部行使担保物权的,人民法院应予支持,但是留置权人行使留置权的,应当依照民法典第四百五十条的规定处理。

第四百五十一条 [留置权人保管义务]留置权人负有妥善保管留置财产的义务;因保管不善致使留置财产毁损、灭失的,应当承担赔偿责任。

★ 第四百五十二条 [留置财产的孳息收取]留置权人有权收取留置财产的孳息。

前款规定的孳息应当先充抵收取孳息的费用。

★ 第四百五十三条 [留置权的实现]留置权人与债务人应当约定留置财产后的债务履行期限;没有约定或者约定不明确的,留置权人应当给债务人六十日以上履行债务的期限,但是鲜活易腐等不易保管的动产除外。债务人逾期未履行的,留置权人可以与债务人协议以留置财产折价,也可以就拍卖、变卖留置财产所得的价款优先受偿。

留置财产折价或者变卖的,应当参照市场价格。

第四百五十四条 [债务人请求留置权人行使留置权]债务人可以请求留置权人在债务履行期限届满后行使留置权;留置权人不行使的,债务人可以请求人民法院拍卖、变卖留置财产。

《最高人民法院关于适用〈中华人民共和国民法典〉有关担保制度的解释》

第四十四条第二款 主债权诉讼时效期间届满

后,财产被留置的债务人或者对留置财产享有所有权的第三人请求债权人返还留置财产的,人民法院不予支持;债务人或者第三人请求拍卖、变卖留置财产并以所得价款清偿债务的,人民法院应予支持。

第四百五十五条 [留置权实现方式]留置财产折价或者拍卖、变卖后,其价款超过债权数额的部分归债务人所有,不足部分由债务人清偿。

★ 第四百五十六条 [留置权优先于其他担保物权效力]同一动产上已经设立抵押权或者质权,该动产又被留置的,留置权人优先受偿。

★ 第四百五十七条 [留置权消灭]留置权人对留置财产丧失占有或者留置权人接受债务人另行提供担保的,留置权消灭。

第五分编 占 有

第二十章 占 有

第四百五十八条 [有权占有法律适用]基于合同关系等产生的占有,有关不动产或者动产的使用、收益、违约责任等,按照合同约定;合同没有约定或者约定不明确的,依照有关法律规定。

★ 第四百五十九条 [恶意占有人的损害赔偿责任]占有人因使用占有的不动产或者动产,致使该不动产或者动产受到损害的,恶意占有人应当承担赔偿责任。

★ 第四百六十条 [权利人的返还请求权和占有人的费用求偿权]不动产或者动产被占有人占有的,权利人可以请求返还原物及其孳息;但是,应当支付善意占有人因维护该不动产或者动产支出的必要费用。

★ 第四百六十一条 [占有物毁损或者灭失时占有人的责任]占有的不动产或者动产毁损、灭失,该不动产或者动产的权利人请求赔偿的,占有人应当将因毁损、灭失取得的保险金、赔偿金或者补偿金等返还给权利人;权利人的损害未得到足够弥补的,恶意占有人还应当赔偿损失。

★ 第四百六十二条 [占有保护的方法]占有的不动产或者动产被侵占的,占有人有权请求返还原物;对妨害占有的行为,占有人有权请求排除妨害或者消除危险;因侵占或者妨害造成损害的,占有人有权依法请求损害赔偿。

占有人返还原物的请求权,自侵占发生之日起一年内未行使的,该请求权消灭。

第三编 合 同

第一分编 通 则

第一章 一般规定

第四百六十三条 [合同编的调整范围]本编调

整因合同产生的民事关系。

★ **第四百六十四条** ［合同的定义及身份关系协议的法律适用］合同是民事主体之间设立、变更、终止民事法律关系的协议。

婚姻、收养、监护等有关身份关系的协议,适用有关该身份关系的法律规定;没有规定的,可以根据其性质参照适用本编规定。

第四百六十五条 ［依法成立的合同受法律保护及合同相对性原则］依法成立的合同,受法律保护。

依法成立的合同,仅对当事人具有法律约束力,但是法律另有规定的除外。

★ **第四百六十六条** ［合同的解释规则］当事人对合同条款的理解有争议的,应当依据本法第一百四十二条第一款的规定,确定争议条款的含义。

合同文本采用两种以上文字订立并约定具有同等效力的,对各文本使用的词句推定具有相同含义。各文本使用的词句不一致的,应当根据合同的相关条款、性质、目的以及诚信原则等予以解释。

> 《民法典》 第 496~498 条
>
> 《最高人民法院关于适用〈中华人民共和国民法典〉合同编通则若干问题的解释》
>
> 第一条　人民法院依据民法典第一百四十二条第一款、第四百六十六条第一款的规定解释合同条款时,应当以词句的通常含义为基础,结合相关条款、合同的性质和目的、习惯以及诚信原则,参考缔约背景、磋商过程、履行行为等因素确定争议条款的含义。
>
> 有证据证明当事人之间对合同条款有不同于词句的通常含义的其他共同理解,一方主张按照词句的通常含义理解合同条款的,人民法院不予支持。
>
> 对合同条款有两种以上解释,可能影响该条款效力的,人民法院应当选择有利于该条款有效的解释;属于无偿合同的,应当选择对债务人负担较轻的解释。

♠ **第四百六十七条** ［非典型合同及特定涉外合同的法律适用］本法或者其他法律没有明文规定的合同,适用本编通则的规定,并可以参照适用本编或者其他法律最相类似合同的规定。

在中华人民共和国境内履行的中外合资经营企业合同、中外合作经营企业合同、中外合作勘探开发自然资源合同,适用中华人民共和国法律。

第四百六十八条 ［非合同之债的法律适用］非因合同产生的债权债务关系,适用有关该债权债务关系的法律规定;没有规定的,适用本编通则的有关规定,但是根据其性质不能适用的除外。

> 《民法典》 第 118 条第 2 款

第二章　合同的订立

★ **第四百六十九条** ［合同形式］当事人订立合同,可以采用书面形式、口头形式或者其他形式。

书面形式是合同书、信件、电报、电传、传真等可以有形地表现所载内容的形式。

以电子数据交换、电子邮件等方式能够有形地表现所载内容,并可以随时调取查用的数据电文,视为书面形式。

> 《民法典》 第 348、354、367、373、400、427、490、668、707、737、762、789、796、851、863、938 条

★ **第四百七十条** ［合同主要条款及示范文本］合同的内容由当事人约定,一般包括下列条款:

(一)当事人的姓名或者名称和住所;

(二)标的;

(三)数量;

(四)质量;

(五)价款或者报酬;

(六)履行期限、地点和方式;

(七)违约责任;

(八)解决争议的方法。

当事人可以参照各类合同的示范文本订立合同。

第四百七十一条 ［订立合同的方式］当事人订立合同,可以采取要约、承诺方式或者其他方式。

★ **第四百七十二条** ［要约的定义及其构成］要约是希望与他人订立合同的意思表示,该意思表示应当符合下列条件:

(一)内容具体确定;

(二)表明经受要约人承诺,要约人即受该意思表示约束。

★ **第四百七十三条** ［要约邀请］要约邀请是希望他人向自己发出要约的表示。拍卖公告、招标公告、招股说明书、债券募集办法、基金招募说明书、商业广告和宣传、寄送的价目表等为要约邀请。

商业广告和宣传的内容符合要约条件的,构成要约。

> 《最高人民法院关于审理商品房买卖合同纠纷案件适用法律若干问题的解释》①
>
> 第三条　商品房的销售广告和宣传资料为要约邀请,但是出卖人就商品房开发规划范围内的房屋及相关设施所作的说明和允诺具体确定,并对商品房买卖合同的订立以及房屋价格的确定有重大影响的,构成要约。该说明和允诺即使未载入商品房买卖合同,亦应当为合同内容,当事人违反的,应当承担违约责任。

---

① 2003 年 3 月 24 日由最高人民法院审判委员会第 1267 次会议通过,根据 2020 年 12 月 23 日最高人民法院审判委员会第 1823 次会议通过的《最高人民法院关于修改〈最高人民法院关于在民事审判工作中适用《中华人民共和国工会法》若干问题的解释〉等二十七件民事类司法解释的决定》修正。

第四百七十四条 [要约的生效时间]要约生效的时间适用本法第一百三十七条的规定。

第四百七十五条 [要约的撤回]要约可以撤回。要约的撤回适用本法第一百四十一条的规定。

★ 第四百七十六条 [要约不得撤销情形]要约可以撤销,但是有下列情形之一的除外:

(一)要约人以确定承诺期限或者其他形式明示要约不可撤销;

(二)受要约人有理由认为要约是不可撤销的,并已经为履行合同做了合理准备工作。

第四百七十七条 [要约撤销条件]撤销要约的意思表示以对话方式作出的,该意思表示的内容应当在受要约人作出承诺之前为受要约人所知道;撤销要约的意思表示以非对话方式作出的,应当在受要约人作出承诺之前到达受要约人。

★ 第四百七十八条 [要约失效]有下列情形之一的,要约失效:

(一)要约被拒绝;

(二)要约被依法撤销;

(三)承诺期限届满,受要约人未作出承诺;

(四)受要约人对要约的内容作出实质性变更。

第四百七十九条 [承诺的定义]承诺是受要约人同意要约的意思表示。

★ 第四百八十条 [承诺的方式]承诺应当以通知的方式作出;但是,根据交易习惯或者要约表明可以通过行为作出承诺的除外。

> **《最高人民法院关于适用〈中华人民共和国民法典〉合同编通则若干问题的解释》**
>
> 第二条 下列情形,不违反法律、行政法规的强制性规定且不违背公序良俗的,人民法院可以认定为民法典所称的"交易习惯":
>
> (一)当事人之间在交易活动中的惯常做法;
>
> (二)在交易行为当地或者某一领域、某一行业通常采用并为交易对方订立合同时所知道或者应当知道的做法。
>
> 对于交易习惯,由提出主张的当事人一方承担举证责任。

第四百八十一条 [承诺的期限]承诺应当在要约确定的期限内到达要约人。

要约没有确定承诺期限的,承诺应当依照下列规定到达:

(一)要约以对话方式作出的,应当即时作出承诺;

(二)要约以非对话方式作出的,承诺应当在合理期限内到达。

> **《民法典》 第137条**

第四百八十二条 [承诺期限的起算]要约以信件或者电报作出的,承诺期限自信件载明的日期或者电报交发之日开始计算。信件未载明日期的,自投寄该信件的邮戳日期开始计算。要约以电话、传真、电子邮件等快速通讯方式作出的,承诺期限自要约到达受要约人时开始计算。

第四百八十三条 [合同成立时间]承诺生效时合同成立,但是法律另有规定或者当事人另有约定的除外。

★ 第四百八十四条 [承诺生效时间]以通知方式作出的承诺,生效的时间适用本法第一百三十七条的规定。

承诺不需要通知的,根据交易习惯或者要约的要求作出承诺的行为时生效。

★ 第四百八十五条 [承诺的撤回]承诺可以撤回。承诺的撤回适用本法第一百四十一条的规定。

★ 第四百八十六条 [逾期承诺及效果]受要约人超过承诺期限发出承诺,或者在承诺期限内发出承诺,按照通常情形不能及时到达要约人的,为新要约;但是,要约人及时通知受要约人该承诺有效的除外。

★ 第四百八十七条 [迟到的承诺]受要约人在承诺期限内发出承诺,按照通常情形能够及时到达要约人,但是因其他原因致使承诺到达要约人时超过承诺期限的,除要约人及时通知受要约人因承诺超过期限不接受该承诺外,该承诺有效。

★ 第四百八十八条 [承诺对要约内容的实质性变更]承诺的内容应当与要约的内容一致。受要约人对要约的内容作出实质性变更的,为新要约。有关合同标的、数量、质量、价款或者报酬、履行期限、履行地点和方式、违约责任和解决争议方法等的变更,是对要约内容的实质性变更。

★ 第四百八十九条 [承诺对要约内容的非实质性变更]承诺对要约的内容作出非实质性变更的,除要约人及时表示反对或者要约表明承诺不得对要约的内容作出任何变更外,该承诺有效,合同的内容以承诺的内容为准。

★ 第四百九十条 [采用书面形式订立合同的成立时间]当事人采用合同书形式订立合同的,自当事人均签名、盖章或者按指印时合同成立。在签名、盖章或者按指印之前,当事人一方已经履行主要义务,对方接受时,该合同成立。

法律、行政法规规定或者当事人约定合同应当采用书面形式订立,当事人未采用书面形式但是一方已经履行主要义务,对方接受时,该合同成立。

> **《最高人民法院关于适用〈中华人民共和国民法典〉合同编通则若干问题的解释》**
>
> 第四条 采取招标方式订立合同,当事人请求确认合同自中标通知书到达中标人时成立的,人民法院

应予支持。合同成立后,当事人拒绝签订书面合同的,人民法院应当依据招标文件、投标文件和中标通知书等确定合同内容。

采取现场拍卖、网络拍卖等公开竞价方式订立合同,当事人请求确认合同自拍卖师落槌、电子交易系统确认成交时成立的,人民法院应予支持。合同成立后,当事人拒绝签订成交确认书的,人民法院应当依据拍卖公告、竞买人的报价等确定合同内容。

产权交易所等机构主持拍卖、挂牌交易,其公布的拍卖公告、交易规则等文件公开确定了合同成立需要具备的条件,当事人请求确认合同自该条件具备时成立的,人民法院应予支持。

★ **第四百九十一条** [签订确认书的合同及电子合同成立时间]当事人采用信件、数据电文等形式订立合同要求签订确认书的,签订确认书时合同成立。

当事人一方通过互联网等信息网络发布的商品或者服务信息符合要约条件的,对方选择该商品或者服务并提交订单成功时合同成立,但是当事人另有约定的除外。

《民法典》 第512条

第四百九十二条 [合同成立的地点]承诺生效的地点为合同成立的地点。

采用数据电文形式订立合同的,收件人的主营业地为合同成立的地点;没有主营业地的,其住所地为合同成立的地点。当事人另有约定的,按照其约定。

★ **第四百九十三条** [采用合同书订立合同的成立地点]当事人采用合同书形式订立合同的,最后签名、盖章或者按指印的地点为合同成立的地点,但是当事人另有约定的除外。

★ **第四百九十四条** [强制缔约义务]国家根据抢险救灾、疫情防控或者其他需要下达国家订货任务、指令性任务的,有关民事主体之间应当依照有关法律、行政法规规定的权利和义务订立合同。

依照法律、行政法规的规定负有发出要约义务的当事人,应当及时发出合理的要约。

依照法律、行政法规的规定负有作出承诺义务的当事人,不得拒绝对方合理的订立合同要求。

★ **第四百九十五条** [预约合同]当事人约定在将来一定期限内订立合同的认购书、订购书、预订书等,构成预约合同。

当事人一方不履行预约合同约定的订立合同义务的,对方可以请求其承担预约合同的违约责任。

《最高人民法院关于适用〈中华人民共和国民法典〉合同编通则若干问题的解释》

第六条 当事人以认购书、订购书、预订书等形式约定在将来一定期限内订立合同,或者为担保在将来一定期限内订立合同交付了定金,能够确定将来所要订立合同的主体、标的等内容的,人民法院应当认定预约合同成立。

当事人通过签订意向书或者备忘录等方式,仅表达交易的意向,未约定在将来一定期限内订立合同,或者虽然有约定但是难以确定将来所要订立合同的主体、标的等内容,一方主张预约合同成立的,人民法院不予支持。

当事人订立的认购书、订购书、预订书等已就合同标的、数量、价款或者报酬等主要内容达成合意,符合本解释第三条第一款规定的合同成立条件,未明确约定在将来一定期限内另行订立合同,或者虽然有约定但是当事人一方已实施履行行为且对方接受的,人民法院应当认定本约合同成立。

第七条 预约合同生效后,当事人一方拒绝订立本约合同或者在磋商订立本约合同时违背诚信原则导致未能订立本约合同的,人民法院应当认定该当事人不履行预约合同约定的义务。

人民法院认定当事人一方在磋商订立本约合同时是否违背诚信原则,应当综合考虑该当事人在磋商时提出的条件是否明显背离预约合同约定的内容以及是否已尽合理努力进行协商等因素。

第八条 预约合同生效后,当事人一方不履行订立本约合同的义务,对方请求其赔偿因此造成的损失的,人民法院依法予以支持。

前款规定的损失赔偿,当事人有约定的,按照约定;没有约定的,人民法院应当综合考虑预约合同在内容上的完备程度以及订立本约合同的条件的成就程度等因素酌定。

★ **第四百九十六条** [格式条款]格式条款是当事人为了重复使用而预先拟定,并在订立合同时未与对方协商的条款。

采用格式条款订立合同的,提供格式条款的一方应当遵循公平原则确定当事人之间的权利和义务,并采取合理的方式提示对方注意免除或者减轻其责任等与对方有重大利害关系的条款,按照对方的要求,对该条款予以说明。提供格式条款的一方未履行提示或者说明义务,致使对方没有注意或者理解与其有重大利害关系的条款的,对方可以主张该条款不成为合同的内容。

最高人民法院指导案例(64号)
刘超捷诉中国移动通信集团江苏有限公司
徐州分公司电信服务合同纠纷案

《最高人民法院关于适用〈中华人民共和国民法典〉时间效力的若干规定》

第九条 民法典施行前订立的合同,提供格式条款一方未履行提示或者说明义务,涉及格式条款效力认定的,适用民法典第四百九十六条的规定。

《最高人民法院关于适用〈中华人民共和国民法典〉合同编通则若干问题的解释》

第九条 合同条款符合民法典第四百九十六条第一款规定的情形,当事人仅以合同系依据合同示范文本制作或者双方已经明确约定合同条款不属于格式条款为由主张该条款不是格式条款的,人民法院不予支持。

从事经营活动的当事人一方仅以未实际重复使用为由主张其预先拟定且未与对方协商的合同条款不是格式条款的,人民法院不予支持。但是,有证据证明该条款不是为了重复使用而预先拟定的除外。

第十条 提供格式条款的一方在合同订立时采用通常足以引起对方注意的文字、符号、字体等明显标识,提示对方注意免除或者减轻其责任、排除或者限制对方权利等与对方有重大利害关系的异常条款的,人民法院可以认定其已经履行民法典第四百九十六条第二款规定的提示义务。

提供格式条款的一方按照对方的要求,就与对方有重大利害关系的异常条款的概念、内容及其法律后果以书面或者口头形式向对方作出通常能够理解的解释说明的,人民法院可以认定其已经履行民法典第四百九十六条第二款规定的说明义务。

提供格式条款的一方对其已经尽到提示义务或者说明义务承担举证责任。对于通过互联网等信息网络订立的电子合同,提供格式条款的一方仅以采取了设置勾选、弹窗等方式为由主张其已经履行提示义务或者说明义务的,人民法院不予支持,但其举证符合前两款规定的除外。

★ 第四百九十七条 [格式条款无效的情形]有下列情形之一的,该格式条款无效:

(一)具有本法第一编第六章第三节和本法第五百零六条规定的无效情形;

(二)提供格式条款一方不合理地免除或者减轻其责任、加重对方责任、限制对方主要权利;

(三)提供格式条款一方排除对方主要权利。

《消费者权益保护法》

第二十六条 经营者在经营活动中使用格式条款的,应当以显著方式提请消费者注意商品或者服务的数量和质量、价款或者费用、履行期限和方式、安全注意事项和风险警示、售后服务、民事责任等与消费者有重大利害关系的内容,并按照消费者的要求予以说明。

经营者不得以格式条款、通知、声明、店堂告示等方式,作出排除或者限制消费者权利、减轻或者免除经营者责任、加重消费者责任等对消费者不公平、不合理的规定,不得利用格式条款并借助技术手段强制交易。

格式条款、通知、声明、店堂告示等含有前款所列内容的,其内容无效。

★ 第四百九十八条 [格式条款的解释方法]对格式条款的理解发生争议的,应当按照通常理解予以解释。对格式条款有两种以上解释的,应当作出不利于提供格式条款一方的解释。格式条款和非格式条款不一致的,应当采用非格式条款。

★ 第四百九十九条 [悬赏广告]悬赏人以公开方式声明对完成特定行为的人支付报酬的,完成该行为的人可以请求其支付。

♠ 第五百条 [缔约过失责任]当事人在订立合同过程中有下列情形之一,造成对方损失的,应当承担赔偿责任:

(一)假借订立合同,恶意进行磋商;

(二)故意隐瞒与订立合同有关的重要事实或者提供虚假情况;

(三)有其他违背诚信原则的行为。

★ 第五百零一条 [合同缔结人的保密义务]当事人在订立合同过程中知悉的商业秘密或者其他应当保密的信息,无论合同是否成立,不得泄露或者不正当地使用;泄露、不正当地使用该商业秘密或者信息,造成对方损失的,应当承担赔偿责任。

第三章 合同的效力

★ 第五百零二条 [合同生效时间及未办理批准手续的处理规则]依法成立的合同,自成立时生效,但是法律另有规定或者当事人另有约定的除外。

依照法律、行政法规的规定,合同应当办理批准等手续的,依照其规定。未办理批准等手续影响合同生效的,不影响合同中履行报批等义务条款以及相关条款的效力。应当办理申请批准等手续的当事人未履行义务的,对方可以请求其承担违反该义务的责任。

依照法律、行政法规的规定,合同的变更、转让、解除等情形应当办理批准等手续的,适用前款规定。

《民法典》 第215条

《最高人民法院关于适用〈中华人民共和国民法典〉合同编通则若干问题的解释》

第十二条 合同依法成立后,负有报批义务的当事人不履行报批义务或者履行报批义务不符合合同的约定或者法律、行政法规的规定,对方请求其继续履行报批义务的,人民法院应予支持;对方主张解除合同并请求其承担违反报批义务的赔偿责任的,人民法院应予支持。

人民法院判决当事人一方履行报批义务后,其仍不履行,对方主张解除合同并参照违反合同的违约责任请求其承担赔偿责任的,人民法院应予支持。

合同获得批准前,当事人一方起诉请求对方履行合同约定的主要义务,经释明后拒绝变更诉讼请求的,人民法院应当判决驳回其诉讼请求,但是不影响其另行提起诉讼。

负有报批义务的当事人已经办理申请批准等手续或者已经履行生效判决确定的报批义务,批准机关决定不予批准,对方请求其承担赔偿责任的,人民法院不予支持。但是,因迟延履行报批义务等可归责于当事人的原因导致合同未获批准,对方请求赔偿因此受到的损失的,人民法院应当依据民法典第一百五十七条的规定处理。

第十三条　合同存在无效或者可撤销的情形,当事人以该合同已在有关行政管理部门办理备案、已经批准机关批准或者已依据该合同办理财产权利的变更登记、移转登记等为由主张合同有效的,人民法院不予支持。

第十四条　当事人之间就同一交易订立多份合同,人民法院应当认定其中以虚假意思表示订立的合同无效。当事人为规避法律、行政法规的强制性规定,以虚假意思表示隐藏真实意思表示的,人民法院应当依据民法典第一百五十三条第一款的规定认定被隐藏合同的效力;当事人为规避法律、行政法规关于合同应当办理批准等手续的规定,以虚假意思表示隐藏真实意思表示的,人民法院应当依据民法典第五百零二条第二款的规定认定被隐藏合同的效力。

依据前款规定认定被隐藏合同无效或者确定不发生效力的,人民法院应当以被隐藏合同为事实基础,依据民法典第一百五十七条的规定确定当事人的民事责任。但是,法律另有规定的除外。

当事人就同一交易订立的多份合同均系真实意思表示,且不存在其他影响合同效力情形的,人民法院应当在查明各合同成立先后顺序和实际履行情况的基础上,认定合同内容是否发生变更。法律、行政法规禁止变更合同内容的,人民法院应当认定合同的相应变更无效。

第十五条　人民法院认定当事人之间的权利义务关系,不应当拘泥于合同使用的名称,而应当根据合同约定的内容。当事人主张的权利义务关系与根据合同内容认定的权利义务关系不一致的,人民法院应当结合缔约背景、交易目的、交易结构、履行行为以及当事人是否存在虚构交易标的等事实认定当事人之间的实际民事法律关系。

★　**第五百零三条** 　[被代理人以默示方式追认无权代理]无权代理人以被代理人的名义订立合同,被代理人已经开始履行合同义务或者接受相对人履行的,视为对合同的追认。

★　**第五百零四条** 　[超越权限订立合同的效力]法人的法定代表人或者非法人组织的负责人超越权限订立的合同,除相对人知道或者应当知道其超越权限外,该代表行为有效,订立的合同对法人或者非法人组织发生效力。

《最高人民法院关于适用〈中华人民共和国民法典〉合同编通则若干问题的解释》

♠　**第二十条** 　法律、行政法规为限制法人的法定代表人或者非法人组织的负责人的代表权,规定合同所涉事项应当由法人、非法人组织的权力机构或者决策机构决议,或者应当由法人、非法人组织的执行机构决定,法定代表人、负责人未取得授权而以法人、非法人组织的名义订立合同,未尽到合理审查义务的相对人主张该合同对法人、非法人组织发生效力并由其承担违约责任的,人民法院不予支持,但是法人、非法人组织有过错的,可以参照民法典第一百五十七条的规定判决其承担相应的赔偿责任。相对人已尽到合理审查义务,构成表见代表的,人民法院应当依据民法典第五百零四条的规定处理。

合同所涉事项未超越法律、行政法规规定的法定代表人或者负责人的代表权限,但是超越法人、非法人组织的章程或者权力机构等对代表权的限制,相对人主张该合同对法人、非法人组织发生效力并由其承担违约责任的,人民法院依法予以支持。但是,法人、非法人组织举证证明相对人知道或者应当知道该限制的除外。

法人、非法人组织承担民事责任后,向有过错的法定代表人、负责人追偿因越权代表行为造成的损失的,人民法院依法予以支持。法律、司法解释对法定代表人、负责人的民事责任另有规定的,依照其规定。

第二十一条　法人、非法人组织的工作人员就超越其职权范围的事项以法人、非法人组织的名义订立合同,相对人主张该合同对法人、非法人组织发生效力并由其承担违约责任的,人民法院不予支持。但是,法人、非法人组织有过错的,人民法院可以参照民法典第一百五十七条的规定判决其承担相应的赔偿责任。前述情形,构成表见代理的,人民法院应当依据民法典第一百七十二条的规定处理。

合同所涉事项有下列情形之一的,人民法院应当认定法人、非法人组织的工作人员在订立合同时超越其职权范围:

(一)依法应当由法人、非法人组织的权力机构或者决策机构决议的事项;

(二)依法应当由法人、非法人组织的执行机构决定的事项;

(三)依法应当由法定代表人、负责人代表法人、非法人组织实施的事项;

(四)不属于通常情形下依其职权可以处理的事项。

合同所涉事项未超越依据前款确定的职权范围，但是超越法人、非法人组织对工作人员职权范围的限制，相对人主张该合同对法人、非法人组织发生效力并由其承担违约责任的，人民法院应予支持。但是，法人、非法人组织举证证明相对人知道或者应当知道该限制的除外。

法人、非法人组织承担民事责任后，向故意或者有重大过失的工作人员追偿的，人民法院依法予以支持。

第二十二条　法定代表人、负责人或者工作人员以法人、非法人组织的名义订立合同且未超越权限，法人、非法人组织仅以合同加盖的印章不是备案印章或者系伪造的印章为由主张该合同对其不发生效力的，人民法院不予支持。

合同系以法人、非法人组织的名义订立，但是仅有法定代表人、负责人或者工作人员签名或者按指印而未加盖法人、非法人组织的印章，相对人能够证明法定代表人、负责人或者工作人员在订立合同时未超越权限的，人民法院应当认定合同对法人、非法人组织发生效力。但是，当事人约定以加盖印章作为合同成立条件的除外。

合同仅加盖法人、非法人组织的印章而无人员签名或者按指印，相对人能够证明合同系法定代表人、负责人或者工作人员在其权限范围内订立的，人民法院应当认定该合同对法人、非法人组织发生效力。

在前三款规定的情形下，法定代表人、负责人或者工作人员在订立合同时虽然超越代表或者代理权限，但是依据民法典第五百零四条的规定构成表见代表，或者依据民法典第一百七十二条的规定构成表见代理的，人民法院应当认定合同对法人、非法人组织发生效力。

《最高人民法院关于适用〈中华人民共和国民法典〉有关担保制度的解释》

▲ 第七条　公司的法定代表人违反公司法关于公司对外担保决议程序的规定，超越权限代表公司与相对人订立担保合同，人民法院应当依照民法典第六十一条和第五百零四条等规定处理：

（一）相对人善意的，担保合同对公司发生效力；相对人请求公司承担担保责任的，人民法院应予支持。

（二）相对人非善意的，担保合同对公司不发生效力；相对人请求公司承担赔偿责任的，参照适用本解释第十七条的有关规定。

法定代表人超越权限提供担保造成公司损失，公司请求法定代表人承担赔偿责任的，人民法院应予支持。

第一款所称善意，是指相对人在订立担保合同时不知道且不应当知道法定代表人超越权限。相对人有证据证明已对公司决议进行了合理审查，人民法院应当认定其构成善意，但是公司有证据证明相对人知道

或者应当知道决议系伪造、变造的除外。

第十七条　主合同有效而第三人提供的担保合同无效，人民法院应当区分不同情形确定担保人的赔偿责任：

（一）债权人与担保人均有过错的，担保人承担的赔偿责任不应超过债务人不能清偿部分的二分之一；

（二）担保人有过错而债权人无过错的，担保人对债务人不能清偿的部分承担赔偿责任；

（三）债权人有过错而担保人无过错的，担保人不承担赔偿责任。

主合同无效导致第三人提供的担保合同无效，担保人无过错的，不承担赔偿责任；担保人有过错的，其承担的赔偿责任不应超过债务人不能清偿部分的三分之一。

★ 第五百零五条　[超越经营范围订立的合同效力]当事人超越经营范围订立的合同的效力，应当依照本法第一编第六章第三节和本编的有关规定确定，不得仅以超越经营范围确认合同无效。

★ 第五百零六条　[免责条款无效情形]合同中的下列免责条款无效：

（一）造成对方人身损害的；

（二）因故意或者重大过失造成对方财产损失的。

★ 第五百零七条　[争议解决条款的独立性]合同不生效、无效、被撤销或者终止的，不影响合同中有关解决争议方法的条款的效力。

《最高人民法院关于适用〈中华人民共和国民法典〉合同编通则若干问题的解释》

第二十四条　合同不成立、无效、被撤销或者确定不发生效力，当事人请求返还财产，经审查财产能够返还的，人民法院应当根据案件具体情况，单独或者合并适用返还占有的标的物、更正登记簿册记载等方式；经审查财产不能返还或者没有必要返还的，人民法院应当以认定合同不成立、无效、被撤销或者确定不发生效力之日该财产的市场价值或者以其他合理方式计算的价值为基准判决折价补偿。

除前款规定的情形外，当事人还请求赔偿损失的，人民法院应当结合财产返还或者折价补偿的情况，综合考虑财产增值收益和贬值损失、交易成本的支出等事实，按照双方当事人的过错程度及原因力大小，根据诚信原则和公平原则，合理确定损失赔偿额。

合同不成立、无效、被撤销或者确定不发生效力，当事人的行为涉嫌违法且未经处理，可能导致一方或者双方通过违法行为获得不当利益的，人民法院应当向有关行政管理部门提出司法建议。当事人的行为涉嫌犯罪的，应当将案件线索移送刑事侦查机关；属于刑事自诉案件的，应当告知当事人可以向有管辖权的人民法院另行提起诉讼。

第五百零八条 ［合同效力适用指引］本编对合同的效力没有规定的,适用本法第一编第六章的有关规定。

第四章 合同的履行

★ **第五百零九条** ［合同履行的原则］当事人应当按照约定全面履行自己的义务。

当事人应当遵循诚信原则,根据合同的性质、目的和交易习惯履行通知、协助、保密等义务。

当事人在履行合同过程中,应当避免浪费资源、污染环境和破坏生态。

> 《民法典》 第7、9条
> 《最高人民法院关于适用〈中华人民共和国民法典〉合同编通则若干问题的解释》
> 第二十六条 当事人一方未根据法律规定或者合同约定履行开具发票、提供证明文件等非主要债务,对方请求继续履行该债务并赔偿因怠于履行该债务造成的损失的,人民法院依法予以支持;对方请求解除合同的,人民法院不予支持,但是不履行该债务致使不能实现合同目的或者当事人另有约定的除外。
> 第二十七条 债务人或者第三人与债权人在债务履行期限届满后达成以物抵债协议,不存在影响合同效力情形的,人民法院应当认定该协议自当事人意思表示一致时生效。
> 债务人或者第三人履行以物抵债协议后,人民法院应当认定相应的原债务同时消灭;债务人或者第三人未按照约定履行以物抵债协议,经催告后在合理期限内仍不履行,债权人选择请求履行原债务或者以物抵债协议的,人民法院应予支持,但是法律另有规定或者当事人另有约定的除外。
> 前款规定的以物抵债协议经人民法院确认或者人民法院根据当事人达成的以物抵债协议制作调解书,债权人主张财产权利自确认书、调解书生效时发生变动或者具有对抗善意第三人效力的,人民法院不予支持。
> 债务人或者第三人以自己不享有所有权或者处分权的财产权利订立以物抵债协议的,依据本解释第十九条的规定处理。
> 第二十八条 债务人或者第三人与债权人在债务履行期限届满前达成以物抵债协议的,人民法院应当在审理债权债务关系的基础上认定该协议的效力。
> 当事人约定债务人到期没有清偿债务,债权人可以对抵债财产拍卖、变卖、折价以实现债权的,人民法院应当认定该约定有效。当事人约定债务人到期没有清偿债务,抵债财产归债权人所有的,人民法院应当认定该约定无效,但是不影响其他部分的效力;债权人请求对抵债财产拍卖、变卖、折价以实现债权的,人民法院应予支持。

> 当事人订立前款规定的以物抵债协议后,债务人或者第三人未将财产权利转移至债权人名下,债权人主张优先受偿的,人民法院不予支持;债务人或者第三人已将财产权利转移至债权人名下的,依据《最高人民法院关于适用〈中华人民共和国民法典〉有关担保制度的解释》第六十八条的规定处理。

★ **第五百一十条** ［约定不明时合同内容的确定］合同生效后,当事人就质量、价款或者报酬、履行地点等内容没有约定或者约定不明确的,可以协议补充;不能达成补充协议的,按照合同相关条款或者交易习惯确定。

★ **第五百一十一条** ［质量、价款、履行地点等内容的确定］当事人就有关合同内容约定不明确,依据前条规定仍不能确定的,适用下列规定:

(一)质量要求不明确的,按照强制性国家标准履行;没有强制性国家标准的,按照推荐性国家标准履行;没有推荐性国家标准的,按照行业标准履行;没有国家标准、行业标准的,按照通常标准或者符合合同目的的特定标准履行。

(二)价款或者报酬不明确的,按照订立合同时履行地的市场价格履行;依法应当执行政府定价或者政府指导价的,依照规定履行。

(三)履行地点不明确,给付货币的,在接受货币一方所在地履行;交付不动产的,在不动产所在地履行;其他标的,在履行义务一方所在地履行。

(四)履行期限不明确的,债务人可以随时履行,债权人也可以随时请求履行,但是应当给对方必要的准备时间。

(五)履行方式不明确的,按照有利于实现合同目的的方式履行。

(六)履行费用的负担不明确的,由履行义务一方负担;因债权人原因增加的履行费用,由债权人负担。

> 《最高人民法院关于适用〈中华人民共和国民法典〉合同编通则若干问题的解释》
> 第三条 当事人对合同是否成立存在争议,人民法院能够确定当事人姓名或者名称、标的和数量的,一般应当认定合同成立。但是,法律另有规定或者当事人另有约定的除外。
> 根据前款规定能够认定合同已经成立的,对合同欠缺的内容,人民法院应当依据民法典第五百一十条、第五百一十一条等规定予以确定。
> 当事人主张合同无效或者请求撤销、解除合同等,人民法院认为合同不成立的,应当依据《最高人民法院关于民事诉讼证据的若干规定》第五十三条的规定将合同是否成立作为焦点问题进行审理,并可以根据案件的具体情况重新指定举证期限。

第五百一十二条　[电子合同交付时间的认定]
通过互联网等信息网络订立的电子合同的标的为交付商品并采用快递物流方式交付的,收货人的签收时间为交付时间。电子合同的标的为提供服务的,生成的电子凭证或者实物凭证中载明的时间为提供服务时间;前述凭证没有载明时间或者载明时间与实际提供服务时间不一致的,以实际提供服务的时间为准。

电子合同的标的物为采用在线传输方式交付的,合同标的物进入对方当事人指定的特定系统且能够检索识别的时间为交付时间。

电子合同当事人对交付商品或者提供服务的方式、时间另有约定的,按照其约定。

★ **第五百一十三条　[执行政府定价或指导价的合同价格确定]**执行政府定价或者政府指导价的,在合同约定的交付期限内政府价格调整时,按照交付时的价格计价。逾期交付标的物的,遇价格上涨时,按照原价格执行;价格下降时,按照新价格执行。逾期提取标的物或者逾期付款的,遇价格上涨时,按照新价格执行;价格下降时,按照原价格执行。

第五百一十四条　[金钱之债给付货币的确定规则]以支付金钱为内容的债,除法律另有规定或者当事人另有约定外,债权人可以请求债务人以实际履行地的法定货币履行。

★ **第五百一十五条　[选择之债中债务人的选择权]**标的有多项而债务人只需履行其中一项的,债务人享有选择权;但是,法律另有规定、当事人另有约定或者另有交易习惯的除外。

享有选择权的当事人在约定期限内或者履行期限届满未作选择,经催告后在合理期限内仍未选择的,选择权转移至对方。

第五百一十六条　[选择权的行使]当事人行使选择权应当及时通知对方,通知到达对方时,标的确定。标的确定后不得变更,但是经对方同意的除外。

可选择的标的发生不能履行情形的,享有选择权的当事人不得选择不能履行的标的,但是该不能履行的情形是由对方造成的除外。

第五百一十七条　[按份债权与按份债务]债权人为二人以上,标的可分,按照份额各自享有债权的,为按份债权;债务人为二人以上,标的可分,按照份额各自负担债务的,为按份债务。

按份债权人或者按份债务人的份额难以确定的,视为份额相同。

★ **第五百一十八条　[连带债权与连带债务]**债权人为二人以上,部分或者全部债权人均可以请求债务人履行债务的,为连带债权;债务人为二人以上,债权人可以请求部分或者全部债务人履行全部债务的,为连带债务。

连带债权或者连带债务,由法律规定或者当事人约定。

★ **第五百一十九条　[连带债务份额的确定及追偿]**连带债务人之间的份额难以确定的,视为份额相同。

实际承担债务超过自己份额的连带债务人,有权就超出部分在其他连带债务人未履行的份额范围内向其追偿,并相应地享有债权人的权利,但是不得损害债权人的利益。其他连带债务人对债权人的抗辩,可以向该债务人主张。

被追偿的连带债务人不能履行其应分担份额的,其他连带债务人应当在相应范围内按比例分担。

★ **第五百二十条　[部分连带债务人所生事项涉他效力]**部分连带债务人履行、抵销债务或者提存标的物的,其他债务人对债权人的债务在相应范围内消灭;该债务人可以依据前条规定向其他债务人追偿。

部分连带债务人的债务被债权人免除的,在该连带债务人应当承担的份额范围内,其他债务人对债权人的债务消灭。

部分连带债务人的债务与债权人的债权同归于一人的,在扣除该债务人应当承担的份额后,债权人对其他债务人的债权继续存在。

债权人对部分连带债务人的给付受领迟延的,对其他连带债务人发生效力。

《民法典》 第 576 条

★ **第五百二十一条　[连带债权内外部关系]**连带债权人之间的份额难以确定的,视为份额相同。

实际受领债权的连带债权人,应当按比例向其他连带债权人返还。

连带债权参照适用本章连带债务的有关规定。

★ **第五百二十二条　[向第三人履行]**当事人约定由债务人向第三人履行债务,债务人未向第三人履行债务或者履行债务不符合约定的,应当向债权人承担违约责任。

法律规定或者当事人约定第三人可以直接请求债务人向其履行债务,第三人未在合理期限内明确拒绝,债务人未向第三人履行债务或者履行债务不符合约定的,第三人可以请求债务人承担违约责任;债务人对债权人的抗辩,可以向第三人主张。

《最高人民法院关于适用〈中华人民共和国民法典〉合同编通则若干问题的解释》

第二十九条　民法典第五百二十二条第二款规定的第三人请求债务人向自己履行债务的,人民法院应予支持;请求行使撤销权、解除权等民事权利的,人民法院不予支持,但是法律另有规定的除外。

合同依法被撤销或者被解除,债务人请求债权人返还财产的,人民法院应予支持。

债务人按照约定向第三人履行债务,第三人拒绝受领,债权人请求债务人向自己履行债务的,人民法院应予支持,但是债务人已经采取提存等方式消灭债务的除外。第三人拒绝受领或者受领迟延,债务人请求债权人赔偿因此造成的损失的,人民法院依法予以支持。

★ **第五百二十三条** [第三人履行]当事人约定由第三人向债权人履行债务,第三人不履行债务或者履行债务不符合约定的,债务人应当向债权人承担违约责任。

★ **第五百二十四条** [第三人代为履行]债务人不履行债务,第三人对履行该债务具有合法利益的,第三人有权向债权人代为履行;但是,根据债务性质、按照当事人约定或者依照法律规定只能由债务人履行的除外。

债权人接受第三人履行后,其对债务人的债权转让给第三人,但是债务人和第三人另有约定的除外。

《最高人民法院关于适用〈中华人民共和国民法典〉合同编通则若干问题的解释》

第三十条 下列民事主体,人民法院可以认定为民法典第五百二十四条第一款规定的对履行债务具有合法利益的第三人:

(一)保证人或者提供物的担保的第三人;

(二)担保财产的受让人、用益物权人、合法占有人;

(三)担保财产上的后顺位担保权人;

(四)对债务人的财产享有合法权益且该权益将因财产被强制执行而丧失的第三人;

(五)债务人为法人或者非法人组织的,其出资人或者设立人;

(六)债务人为自然人的,其近亲属;

(七)其他对履行债务具有合法利益的第三人。

第三人在其已经代为履行的范围内取得对债务人的债权,但是不得损害债权人的利益。

担保人代为履行债务取得债权后,向其他担保人主张担保权利的,依据《最高人民法院关于适用〈中华人民共和国民法典〉有关担保制度的解释》第十三条、第十四条、第十八条第二款等规定处理。

★ **第五百二十五条** [同时履行抗辩权]当事人互负债务,没有先后履行顺序的,应当同时履行。一方在对方履行之前有权拒绝其履行请求。一方在对方履行债务不符合约定时,有权拒绝其相应的履行请求。

《最高人民法院关于适用〈中华人民共和国民法典〉合同编通则若干问题的解释》

第三十一条 当事人互负债务,一方以对方没有

履行非主要债务为由拒绝履行自己的主要债务的,人民法院不予支持。但是,对方不履行非主要债务致使不能实现合同目的或者当事人另有约定的除外。

当事人一方起诉请求对方履行债务,被告依据民法典第五百二十五条的规定主张双方同时履行的抗辩且抗辩成立,被告未提起反诉的,人民法院应当判决被告在原告履行债务的同时履行自己的债务,并在判项中明确原告申请强制执行的,人民法院应当在原告履行自己的债务后对被告采取执行行为;被告提起反诉的,人民法院应当判决双方同时履行自己的债务,并在判项中明确任何一方申请强制执行的,人民法院应当在该当事人履行自己的债务后对对方采取执行行为。

当事人一方起诉请求对方履行债务,被告依据民法典第五百二十六条的规定主张原告应先履行的抗辩且抗辩成立的,人民法院应当驳回原告的诉讼请求,但是不影响原告履行债务后另行提起诉讼。

★ **第五百二十六条** [顺序履行抗辩权]当事人互负债务,有先后履行顺序,应当先履行债务一方未履行的,后履行一方有权拒绝其履行请求。先履行一方履行债务不符合约定的,后履行一方有权拒绝其相应的履行请求。

♠ **第五百二十七条** [不安抗辩权]应当先履行债务的当事人,有确切证据证明对方有下列情形之一的,可以中止履行:

(一)经营状况严重恶化;

(二)转移财产、抽逃资金,以逃避债务;

(三)丧失商业信誉;

(四)有丧失或者可能丧失履行债务能力的其他情形。

当事人没有确切证据中止履行的,应当承担违约责任。

♠ **第五百二十八条** [不安抗辩权的行使]当事人依据前条规定中止履行的,应当及时通知对方。对方提供适当担保的,应当恢复履行。中止履行后,对方在合理期限内未恢复履行能力且未提供适当担保的,视为以自己的行为表明不履行主要债务,中止履行的一方可以解除合同并可以请求对方承担违约责任。

第五百二十九条 [因债权人原因致债务履行困难的处理]债权人分立、合并或者变更住所没有通知债务人,致使履行债务发生困难的,债务人可以中止履行或者将标的物提存。

★ **第五百三十条** [债务人提前履行债务]债权人可以拒绝债务人提前履行债务,但是提前履行不损害债权人利益的除外。

债务人提前履行债务给债权人增加的费用,由债务人负担。

★ **第五百三十一条** [债务人部分履行债务]债权

人可以拒绝债务人部分履行债务,但是部分履行不损害债权人利益的除外。

债务人部分履行债务给债权人增加的费用,由债务人负担。

第五百三十二条　[当事人变化不影响合同效力]合同生效后,当事人不得因姓名、名称的变更或者法定代表人、负责人、承办人的变动而不履行合同义务。

★ **第五百三十三条　[情势变更]**合同成立后,合同的基础条件发生了当事人在订立合同时无法预见的、不属于商业风险的重大变化,继续履行合同对于当事人一方明显不公平的,受不利影响的当事人可以与对方重新协商;在合理期限内协商不成的,当事人可以请求人民法院或者仲裁机构变更或者解除合同。

人民法院或者仲裁机构应当结合案件的实际情况,根据公平原则变更或者解除合同。

《最高人民法院关于适用〈中华人民共和国民法典〉合同编通则若干问题的解释》

第三十二条　合同成立后,因政策调整或者市场供求关系异常变动等原因导致价格发生当事人在订立合同时无法预见的、不属于商业风险的涨跌,继续履行合同对于当事人一方明显不公平的,人民法院应当认定合同的基础条件发生了民法典第五百三十三条第一款规定的"重大变化"。但是,合同涉及市场属性活跃、长期以来价格波动较大的大宗商品以及股票、期货等风险投资型金融产品的除外。

合同的基础条件发生了民法典第五百三十三条第一款规定的重大变化,当事人请求变更合同的,人民法院不得解除合同;当事人一方请求变更合同,对方请求解除合同的,或者当事人一方请求解除合同,对方请求变更合同的,人民法院应当结合案件的实际情况,根据公平原则判决变更或者解除合同。

人民法院依据民法典第五百三十三条的规定判决变更或者解除合同的,应当综合考虑合同基础条件发生重大变化的时间、当事人重新协商的情况以及因合同变更或者解除给当事人造成的损失等因素,在判项中明确合同变更或者解除的时间。

当事人事先约定排除民法典第五百三十三条适用的,人民法院应当认定该约定无效。

第五百三十四条　[合同监督]对当事人利用合同实施危害国家利益、社会公共利益行为的,市场监督管理和其他有关行政主管部门依照法律、行政法规的规定负责监督处理。

第五章　合同的保全

★ **第五百三十五条　[债权人代位权]**因债务人怠于行使其债权或者与该债权有关的从权利,影响债权人的到期债权实现的,债权人可以向人民法院请求以自己的名义代位行使债务人对相对人的权利,但是该权利专属于债务人自身的除外。

代位权的行使范围以债权人的到期债权为限。债权人行使代位权的必要费用,由债务人负担。

相对人对债务人的抗辩,可以向债权人主张。

《最高人民法院关于适用〈中华人民共和国民法典〉合同编通则若干问题的解释》

第三十三条　债务人不履行其对债权人的到期债务,又不以诉讼或者仲裁方式向相对人主张其享有的债权或者与该债权有关的从权利,致使债权人的到期债权未能实现的,人民法院可以认定为民法典第五百三十五条规定的"债务人怠于行使其债权或者与该债权有关的从权利,影响债权人的到期债权实现"。

第三十四条　下列权利,人民法院可以认定为民法典第五百三十五条第一款规定的专属于债务人自身的权利:

(一)抚养费、赡养费或者扶养费请求权;

(二)人身损害赔偿请求权;

(三)劳动报酬请求权,但是超过债务人及其所扶养家属的生活必需费用的部分除外;

(四)请求支付基本养老保险金、失业保险金、最低生活保障金等保障当事人基本生活的权利;

(五)其他专属于债务人自身的权利。

第三十五条　债权人依据民法典第五百三十五条的规定对债务人的相对人提起代位权诉讼的,由被告住所地人民法院管辖,但是依法应当适用专属管辖规定的除外。

债务人或者相对人以双方之间的债权债务关系订有管辖协议为由提出异议的,人民法院不予支持。

第三十六条　债权人提起代位权诉讼后,债务人或者相对人以双方之间的债权债务关系订有仲裁协议为由对法院主管提出异议的,人民法院不予支持。但是,债务人或者相对人在首次开庭前就债务人与相对人之间的债权债务关系申请仲裁的,人民法院可以依法中止代位权诉讼。

第三十七条　债权人以债务人的相对人为被告向人民法院提起代位权诉讼,未将债务人列为第三人的,人民法院应当追加债务人为第三人。

两个以上债权人以债务人的同一相对人为被告提起代位权诉讼的,人民法院可以合并审理。债务人对相对人享有的债权不足以清偿其对两个以上债权人负担的债务的,人民法院应当按照债权人享有的债权比例确定相对人的履行份额,但是法律另有规定的除外。

第三十八条　债权人向人民法院起诉债务人后,又向同一人民法院对债务人的相对人提起代位权诉讼,属于该人民法院管辖的,可以合并审理。不属于该人民法院管辖的,应当告知其向有管辖权的人民法院另行起诉;在起诉债务人的诉讼终结前,代位权诉讼应当中止。

第三十九条 在代位权诉讼中,债务人对超过债权人代位请求数额的债权部分起诉相对人,属于同一人民法院管辖的,可以合并审理。不属于同一人民法院管辖的,应当告知其向有管辖权的人民法院另行起诉;在代位权诉讼终结前,债务人对相对人的诉讼应当中止。

第四十条 代位权诉讼中,人民法院经审理认为债权人的主张不符合代位权行使条件的,应当驳回诉讼请求,但是不影响债权人根据新的事实再次起诉。

债务人的相对人仅以债权人提起代位权诉讼时债权人与债务人之间的债权债务关系未经生效法律文书确认为由,主张债权人提起的诉讼不符合代位权行使条件的,人民法院不予支持。

第四十一条 债权人提起代位权诉讼后,债务人无正当理由减免相对人的债务或者延长相对人的履行期限,相对人以此向债权人抗辩的,人民法院不予支持。

《合伙企业法》

第四十一条 合伙人发生与合伙企业无关的债务,相关债权人不得以其债权抵销其对合伙企业的债务;也不得代位行使合伙人在合伙企业中的权利。

★ **第五百三十六条** [保存行为]债权人的债权到期前,债务人的债权或者与该债权有关的从权利存在诉讼时效期间即将届满或者未及时申报破产债权等情形,影响债权人的债权实现的,债权人可以代位向债务人的相对人请求其向债务人履行、向破产管理人申报或者作出其他必要的行为。

★ **第五百三十七条** [代位权行使后的法律效果]人民法院认定代位权成立的,由债务人的相对人向债权人履行义务,债权人接受履行后,债权人与债务人、债务人与相对人之间相应的权利义务终止。债务人对相对人的债权或者与该债权有关的从权利被采取保全、执行措施,或者债务人破产的,依照相关法律的规定处理。

> **最高人民法院指导案例(167 号)**
> 北京大唐燃料有限公司诉山东百富物流有限公司买卖合同纠纷案

♠ **第五百三十八条** [债权人对债务人无偿处分行为的撤销权]债务人以放弃其债权、放弃债权担保、无偿转让财产等方式无偿处分财产权益,或者恶意延长其到期债权的履行期限,影响债权人的债权实现的,债权人可以请求人民法院撤销债务人的行为。

《最高人民法院关于适用〈中华人民共和国民法典〉合同编通则若干问题的解释》

第四十一条 债权人提起代位权诉讼后,债务人无正当理由减免相对人的债务或者延长相对人的履行期限,相对人以此向债权人抗辩的,人民法院不予支持。

♠ **第五百三十九条** [债权人对债务人有偿处分行为的撤销权]债务人以明显不合理的低价转让财产、以明显不合理的高价受让他人财产或者为他人的债务提供担保,影响债权人的债权实现,债务人的相对人知道或者应当知道该情形的,债权人可以请求人民法院撤销债务人的行为。

《最高人民法院关于适用〈中华人民共和国民法典〉合同编通则若干问题的解释》

第四十二条 对于民法典第五百三十九条规定的"明显不合理"的低价或者高价,人民法院应当按照交易当地一般经营者的判断,并参考交易时交易地的市场交易价或者物价部门指导价予以认定。

转让价格未达到交易时交易地的市场交易价或者指导价百分之七十的,一般可以认定为"明显不合理的低价";受让价格高于交易时交易地的市场交易价或者指导价百分之三十的,一般可以认定为"明显不合理的高价"。

债务人与相对人存在亲属关系、关联关系的,不受前款规定的百分之七十、百分之三十的限制。

第四十三条 债务人以明显不合理的价格,实施互易财产、以物抵债、出租或者承租财产、知识产权许可使用等行为,影响债权人的债权实现,债务人的相对人知道或者应当知道该情形,债权人请求撤销债务人的行为的,人民法院应当依据民法典第五百三十九条的规定予以支持。

第四十四条 债权人依据民法典第五百三十八条、第五百三十九条的规定提起撤销权诉讼的,应当以债务人和债务人的相对人为共同被告,由债务人或者相对人的住所地人民法院管辖,但是依法应当适用专属管辖规定的除外。

两个以上债权人就债务人的同一行为提起撤销权诉讼的,人民法院可以合并审理。

★ **第五百四十条** [撤销权的行使范围]撤销权的行使范围以债权人的债权为限。债权人行使撤销权的必要费用,由债务人负担。

《最高人民法院关于适用〈中华人民共和国民法典〉合同编通则若干问题的解释》

第四十五条 在债权人撤销权诉讼中,被撤销行为的标的可分,当事人主张在受影响的债权范围内撤销债务人的行为的,人民法院应予支持;被撤销行为的标的不可分,债权人主张将债务人的行为全部撤销的,人民法院应予支持。

债权人行使撤销权所支付的合理的律师代理费、差旅费等费用,可以认定为民法典第五百四十条规定的"必要费用"。

第四十六条 债权人在撤销权诉讼中同时请求债务人的相对人向债务人承担返还财产、折价补偿、履行到期债务等法律后果的,人民法院依法予以支持。

债权人请求受理撤销权诉讼的人民法院一并审理其与债务人之间的债权债务关系,属于该人民法院管辖的,可以合并审理。不属于该人民法院管辖的,应当告知其向有管辖权的人民法院另行起诉。

债权人依据其与债务人的诉讼、撤销权诉讼产生的生效法律文书申请强制执行的,人民法院可以就债务人对相对人享有的权利采取强制执行措施以实现债权人的债权。债权人在撤销权诉讼中,申请对相对人的财产采取保全措施的,人民法院依法予以准许。

★ 第五百四十一条 [撤销权的行使期间]撤销权自债权人知道或者应当知道撤销事由之日起一年内行使。自债务人的行为发生之日起五年内没有行使撤销权的,该撤销权消灭。

★ 第五百四十二条 [债务人行为被撤销的法律效果]债务人影响债权人的债权实现的行为被撤销的,自始没有法律约束力。

第六章 合同的变更和转让

♠ 第五百四十三条 [协议变更合同]当事人协商一致,可以变更合同。

第五百四十四条 [合同变更不明确推定为未变更]当事人对合同变更的内容约定不明确的,推定为未变更。

★ 第五百四十五条 [债权转让]债权人可以将债权的全部或者部分转让给第三人,但是有下列情形之一的除外:

(一)根据债权性质不得转让;
(二)按照当事人约定不得转让;
(三)依照法律规定不得转让。

当事人约定非金钱债权不得转让的,不得对抗善意第三人。当事人约定金钱债权不得转让的,不得对抗第三人。

《民法典》 第391条
《高人民法院关于适用〈中华人民共和国民法典〉有关担保制度的解释》

第三十九条 主债权被分割或者部分转让,各债权人主张就其享有的债权份额行使担保物权的,人民法院应予支持,但是法律另有规定或者当事人另有约定的除外。

主债务被分割或者部分转移,债务人自己提供物的担保,债权人请求以该担保财产担保全部债务履行的,人民法院应予支持;第三人提供物的担保,主张对未经其书面同意转移的债务不再承担担保责任的,人民法院应予支持。

★ 第五百四十六条 [债权转让的通知义务]债权人转让债权,未通知债务人的,该转让对债务人不发生效力。

债权转让的通知不得撤销,但是经受让人同意的除外。

★ 第五百四十七条 [债权转让从权利一并转让]债权人转让债权的,受让人取得与债权有关的从权利,但是该从权利专属于债权人自身的除外。

受让人取得从权利不因该从权利未办理转移登记手续或者未转移占有而受到影响。

★ 第五百四十八条 [债权转让中债务人抗辩]债务人接到债权转让通知后,债务人对让与人的抗辩,可以向受让人主张。

《最高人民法院关于适用〈中华人民共和国民法典〉合同编通则若干问题的解释》

第四十七条 债权转让后,债务人向受让人主张其对让与人的抗辩的,人民法院可以追加让与人为第三人。

债务转移后,新债务人主张原债务人对债权人的抗辩的,人民法院可以追加原债务人为第三人。

当事人一方将合同权利义务一并转让后,对方就合同权利义务向受让人主张抗辩或者受让人就合同权利义务向对方主张抗辩的,人民法院可以追加让与人为第三人。

第四十八条 债务人在接到债权转让通知前已经向让与人履行,受让人请求债务人履行的,人民法院不予支持;债务人接到债权转让通知后仍然向让与人履行,受让人请求债务人履行的,人民法院应予支持。

让与人未通知债务人,受让人直接起诉债务人请求履行债务,人民法院经审理确认债权转让事实的,应当认定债权转让自起诉状副本送达时对债务人发生效力。债务人主张因未通知而给其增加的费用或者造成的损失从认定的债权数额中扣除的,人民法院依法予以支持。

第四十九条 债务人接到债权转让通知后,让与人以债权转让合同不成立、无效、被撤销或者确定不发生效力为由请求债务人向其履行的,人民法院不予支持。但是,该债权转让通知被依法撤销的除外。

受让人基于债务人对债权真实存在的确认受让债权后,债务人又以该债权不存在为由拒绝向受让人履行的,人民法院不予支持。但是,受让人知道或者应当知道该债权不存在的除外。

第五十条 让与人将同一债权转让给两个以上受让人,债务人以已经向最先通知的受让人履行为由主张其不再履行债务的,人民法院应予支持。债务人明知接受履行的受让人不是最先通知的受让人,最先通知的受让人请求债务人继续履行债务或者依据债权转让协议请求让与人承担违约责任的,人民法院应予支持;最先通知的受让人请求接受履行的受让人返还其接受的财产的,人民法院不予支持,但是接受履行的受让人明知该债权在其受让前已经转让给其他受让人的除外。

前款所称最先通知的受让人,是指最先到达债务人的转让通知中载明的受让人。当事人之间对通知到达时间有争议的,人民法院应当结合通知的方式等因素综合判断,而不能仅根据债务人认可的通知时间或者通知记载的时间予以认定。当事人采用邮寄、通讯电子系统等方式发出通知的,人民法院应当以邮戳时间或者通讯电子系统记载的时间等作为认定通知到达时间的依据。

★ 第五百四十九条 [债权转让中债务人的抵销权] 有下列情形之一的,债务人可以向受让人主张抵销:

(一)债务人接到债权转让通知时,债务人对让与人享有债权,且债务人的债权先于转让的债权到期或者同时到期;

(二)债务人的债权与转让的债权是基于同一合同产生。

第五百五十条 [债权转让费用的承担]因债权转让增加的履行费用,由让与人负担。

★ 第五百五十一条 [债务转移]债务人将债务的全部或者部分转移给第三人的,应当经债权人同意。

债务人或者第三人可以催告债权人在合理期限内予以同意,债权人未作表示的,视为不同意。

★ 第五百五十二条 [债务加入]第三人与债务人约定加入债务并通知债权人,或者第三人向债权人表示愿意加入债务,债权人未在合理期限内明确拒绝的,债权人可以请求第三人在其愿意承担的债务范围内和债务人承担连带债务。

《最高人民法院关于适用〈中华人民共和国民法典〉合同编通则若干问题的解释》

第五十一条 第三人加入债务并与债务人约定了追偿权,其履行债务后主张向债务人追偿的,人民法院应予支持;没有约定追偿权,第三人依照民法典关于不当得利等的规定,在其已经向债权人履行债务的范围内请求债务人向其履行的,人民法院应予支持,但是第三人知道或者应当知道加入债务会损害债务人利益的除外。

债务人就其对债权人享有的抗辩向加入债务的第三人主张的,人民法院应予支持。

《最高人民法院关于适用〈中华人民共和国民法典〉有关担保制度的解释》

第十二条 法定代表人依照民法典第五百五十二条的规定以公司名义加入债务的,人民法院在认定该行为的效力时,可以参照本解释关于公司为他人提供担保的有关规则处理。

♠ 第三十六条 第三人向债权人提供差额补足、流动性支持等类似承诺文件作为增信措施,具有提供担保的意思表示,债权人请求第三人承担保证责任的,人民法院应当依照保证的有关规定处理。

第三人向债权人提供的承诺文件,具有加入债务或者与债务人共同承担债务等意思表示的,人民法院应当认定为民法典第五百五十二条规定的债务加入。

前两款中第三人提供的承诺文件难以确定是保证还是债务加入的,人民法院应当将其认定为保证。

第三人向债权人提供的承诺文件不符合前三款规定的情形,债权人请求第三人承担保证责任或者连带责任的,人民法院不予支持,但是不影响其依据承诺文件请求第三人履行约定的义务或者承担相应的民事责任。

★ 第五百五十三条 [债务转移时新债务人抗辩]债务人转移债务的,新债务人可以主张原债务人对债权人的抗辩;原债务人对债权人享有债权的,新债务人不得向债权人主张抵销。

第五百五十四条 [从债务随主债务转移]债务人转移债务的,新债务人应当承担与主债务有关的从债务,但是该从债务专属于原债务人自身的除外。

★ 第五百五十五条 [合同权利义务的一并转让]当事人一方经对方同意,可以将自己在合同中的权利和义务一并转让给第三人。

★ 第五百五十六条 [一并转让的法律适用]合同的权利和义务一并转让的,适用债权转让、债务转移的有关规定。

第七章 合同的权利义务终止

★ 第五百五十七条 [债权债务终止的法定情形] 有下列情形之一的,债权债务终止:

(一)债务已经履行;

(二)债务相互抵销;

(三)债务人依法将标的物提存;

(四)债权人免除债务;

(五)债权债务同归于一人;

(六)法律规定或者当事人约定终止的其他情形。

合同解除的,该合同的权利义务关系终止。

★ 第五百五十八条 [后合同义务]债权债务终止后,当事人应当遵循诚信等原则,根据交易习惯履行通知、协助、保密、旧物回收等义务。

★ 第五百五十九条 [从权利消灭]债权债务终止

时,债权的从权利同时消灭,但是法律另有规定或者当事人另有约定的除外。

★ **第五百六十条** ［数项债务的清偿抵充顺序］债务人对同一债权人负担的数项债务种类相同,债务人的给付不足以清偿全部债务的,除当事人另有约定外,由债务人在清偿时指定其履行的债务。

债务人未作指定的,应当优先履行已经到期的债务;数项债务均到期的,优先履行对债权人缺乏担保或者担保最少的债务;均无担保或者担保相等的,优先履行债务人负担较重的债务;负担相同的,按照债务到期的先后顺序履行;到期时间相同的,按照债务比例履行。

★ **第五百六十一条** ［费用、利息和主债务的清偿抵充顺序］债务人在履行主债务外还应当支付利息和实现债权的有关费用,其给付不足以清偿全部债务的,除当事人另有约定外,应当按照下列顺序履行:

(一)实现债权的有关费用;

(二)利息;

(三)主债务。

《最高人民法院关于适用〈中华人民共和国民法典〉合同编通则若干问题的解释》

第五十六条 行使抵销权的一方负担的数项债务种类相同,但是享有的债权不足以抵销全部债务,当事人因抵销的顺序发生争议的,人民法院可以参照民法典第五百六十条的规定处理。

行使抵销权的一方享有的债权不足以抵销其负担的包括主债务、利息、实现债权的有关费用在内的全部债务,当事人因抵销的顺序发生争议的,人民法院可以参照民法典第五百六十一条的规定处理。

♠ **第五百六十二条** ［合同的约定解除］当事人协商一致,可以解除合同。

当事人可以约定一方解除合同的事由。解除合同的事由发生时,解除权人可以解除合同。

《最高人民法院关于适用〈中华人民共和国民法典〉合同编通则若干问题的解释》

第五十二条 当事人就解除合同协商一致时未对合同解除后的违约责任、结算和清理等问题作出处理,一方主张合同已经解除的,人民法院应予支持。但是,当事人另有约定的除外。

有下列情形之一的,除当事人一方另有意思表示外,人民法院可以认定合同解除:

(一)当事人一方主张行使法律规定或者合同约定的解除权,经审理认为不符合解除权行使条件但是对方同意解除;

(二)双方当事人均不符合解除权行使的条件但是均主张解除合同。

前两款情形下的违约责任、结算和清理等问题,人民法院应当依据民法典第五百六十六条、第五百六十七条和有关违约责任的规定处理。

♠ **第五百六十三条** ［合同的法定解除］有下列情形之一的,当事人可以解除合同:

(一)因不可抗力致使不能实现合同目的;

(二)在履行期限届满前,当事人一方明确表示或者以自己的行为表明不履行主要债务;

(三)当事人一方迟延履行主要债务,经催告后在合理期限内仍未履行;

(四)当事人一方迟延履行债务或者有其他违约行为致使不能实现合同目的;

(五)法律规定的其他情形。

以持续履行的债务为内容的不定期合同,当事人可以随时解除合同,但是应当在合理期限之前通知对方。

《民法典》 第 590、631～633、666、711、722、730、731、778、806、829、857、933 条

《最高人民法院关于审理买卖合同纠纷案件适用法律问题的解释》①

第十九条 出卖人没有履行或者不当履行从给付义务,致使买受人不能实现合同目的,买受人主张解除合同的,人民法院应当根据民法典第五百六十三条第一款第四项的规定,予以支持。

《最高人民法院关于审理商品房买卖合同纠纷案件适用法律若干问题的解释》

第十一条 根据民法典第五百六十三条的规定,出卖人迟延交付房屋或者买受人迟延支付购房款,经催告后在三个月的合理期限内仍未履行,解除权人请求解除合同的,应予支持,但当事人另有约定的除外。

法律没有规定或者当事人没有约定,经对方当事人催告后,解除权行使的合理期限为三个月。对方当事人没有催告的,解除权人自知道或者应当知道解除事由之日起一年内行使。逾期不行使的,解除权消灭。

《最高人民法院关于审理技术合同纠纷案件适用法律若干问题的解释》②

第十五条 技术合同当事人一方迟延履行主要债务,经催告后在 30 日内仍未履行,另一方依据民法典

---

① 2012 年 3 月 31 日由最高人民法院审判委员会第 1545 次会议通过,根据 2020 年 12 月 23 日最高人民法院审判委员会第 1823 次会议通过的《最高人民法院关于修改〈最高人民法院关于在民事审判工作中适用《中华人民共和国工会法》若干问题的解释〉等二十七件民事类司法解释的决定》修正。

② 2004 年 11 月 30 日最高人民法院审判委员会第 1335 次会议通过,根据 2020 年 12 月 23 日最高人民法院审判委员会第 1823 次会议通过的《最高人民法院关于修改〈最高人民法院关于审理侵犯专利权纠纷案件应用法律若干问题的解释(二)〉等十八件知识产权类司法解释的决定》修正。

第五百六十三条第一款第(三)项的规定主张解除合同的,人民法院应当予以支持。

当事人在催告通知中附有履行期限且该期限超过30日的,人民法院应当认定该履行期限为民法典第五百六十三条第一款第(三)项规定的合理期限。

★ **第五百六十四条　[解除权行使期限]**法律规定或者当事人约定解除权行使期限,期限届满当事人不行使的,该权利消灭。

法律没有规定或者当事人没有约定解除权行使期限,自解除权人知道或者应当知道解除事由之日起一年内不行使,或者经对方催告后在合理期限内不行使的,该权利消灭。

《最高人民法院关于适用〈中华人民共和国民法典〉时间效力的若干规定》

第二十五条　民法典施行前成立的合同,当时的法律、司法解释没有规定且当事人没有约定解除权行使期限,对方当事人也未催告的,解除权人在民法典施行前知道或者应当知道解除事由,自民法典施行之日起一年内不行使的,人民法院应当依法认定该解除权消灭;解除权人在民法典施行后知道或者应当知道解除事由的,适用民法典第五百六十四条第二款关于解除权行使期限的规定。

★ **第五百六十五条　[合同解除权的行使规则]**当事人一方依法主张解除合同的,应当通知对方。合同自通知到达对方时解除;通知载明债务人在一定期限内不履行债务则合同自动解除,债务人在该期限内未履行债务的,合同自通知载明的期限届满时解除。对方对解除合同有异议的,任何一方当事人均可以请求人民法院或者仲裁机构确认解除行为的效力。

当事人一方未通知对方,直接以提起诉讼或者申请仲裁的方式依法主张解除合同,人民法院或者仲裁机构确认该主张的,合同自起诉状副本或者仲裁申请书副本送达对方时解除。

《最高人民法院关于适用〈中华人民共和国民法典〉合同编通则若干问题的解释》

第五十三条　当事人一方以通知方式解除合同,并以对方未在约定的异议期限或者其他合理期限内提出异议为由主张合同已经解除的,人民法院应当对其是否享有法律规定或者合同约定的解除权进行审查。经审查,享有解除权的,合同自通知到达对方时解除;不享有解除权的,不发生合同解除的效力。

第五十四条　当事人一方未通知对方,直接以提起诉讼的方式主张解除合同,撤诉后再次起诉主张解除合同,人民法院经审理支持该主张的,合同自再次起诉的起诉状副本送达对方时解除。但是,当事人一方

撤诉后又通知对方解除合同且该通知已经到达对方的除外。

《最高人民法院关于适用〈中华人民共和国民法典〉时间效力的若干规定》

第十条　民法典施行前,当事人一方未通知对方而直接以提起诉讼方式依法主张解除合同的,适用民法典第五百六十五条第二款的规定。

♠ **第五百六十六条　[合同解除的法律后果]**合同解除后,尚未履行的,终止履行;已经履行的,根据履行情况和合同性质,当事人可以请求恢复原状或者采取其他补救措施,并有权请求赔偿损失。

合同因违约解除的,解除权人可以请求违约方承担违约责任,但是当事人另有约定的除外。

主合同解除后,担保人对债务人应当承担的民事责任仍应当承担担保责任,但是担保合同另有约定的除外。

第五百六十七条　[结算、清理条款效力的独立性]合同的权利义务关系终止,不影响合同中结算和清理条款的效力。

★ **第五百六十八条　[法定抵销]**当事人互负债务,该债务的标的物种类、品质相同的,任何一方可以将自己的债务与对方的到期债务抵销;但是,根据债务性质、按照当事人约定或者依照法律规定不得抵销的除外。

当事人主张抵销的,应当通知对方。通知自到达对方时生效。抵销不得附条件或者附期限。

《最高人民法院关于适用〈中华人民共和国民法典〉合同编通则若干问题的解释》

第五十五条　当事人一方依据民法典第五百六十八条的规定主张抵销,人民法院经审理认为抵销权成立的,应当认定通知到达对方时双方互负的主债务、利息、违约金或者损害赔偿金等债务在同等数额内消灭。

第五十七条　因侵害自然人人身权益,或者故意、重大过失侵害他人财产权益产生的损害赔偿债务,侵权人主张抵销的,人民法院不予支持。

第五十八条　当事人互负债务,一方以其诉讼时效期间已经届满的债权通知对方主张抵销,对方提出诉讼时效抗辩的,人民法院对该抗辩应予支持。一方的债权诉讼时效期间已经届满,对方主张抵销的,人民法院应予支持。

★ **第五百六十九条　[约定抵销]**当事人互负债务,标的物种类、品质不相同的,经协商一致,也可以抵销。

★ **第五百七十条　[提存的条件]**有下列情形之一,难以履行债务的,债务人可以将标的物提存:

(一)债权人无正当理由拒绝受领;

（二）债权人下落不明；

（三）债权人死亡未确定继承人、遗产管理人，或者丧失民事行为能力未确定监护人；

（四）法律规定的其他情形。

标的物不适于提存或者提存费用过高的，债务人依法可以拍卖或者变卖标的物，提存所得的价款。

第五百七十一条 ［提存的成立］债务人将标的物或者将标的物依法拍卖、变卖所得价款交付提存部门时，提存成立。

提存成立的，视为债务人在其提存范围内已经交付标的物。

第五百七十二条 ［提存的通知］标的物提存后，债务人应当及时通知债权人或者债权人的继承人、遗产管理人、监护人、财产代管人。

★ **第五百七十三条** ［提存期间风险、孳息和提存费用负担］标的物提存后，毁损、灭失的风险由债权人承担。提存期间，标的物的孳息归债权人所有。提存费用由债权人负担。

★ **第五百七十四条** ［提存物的领取与取回］债权人可以随时领取提存物。但是，债权人对债务人负有到期债务的，在债权人未履行债务或者提供担保之前，提存部门根据债务人的要求应当拒绝其领取提存物。

债权人领取提存物的权利，自提存之日起五年内不行使而消灭，提存物扣除提存费用后归国家所有。但是，债权人未履行对债务人的到期债务，或者债权人向提存部门书面表示放弃领取提存物权利的，债务人负担提存费用后有权取回提存物。

★ **第五百七十五条** ［债的免除］债权人免除债务人部分或者全部债务的，债权债务部分或者全部终止，但是债务人在合理期限内拒绝的除外。

★ **第五百七十六条** ［债权债务混同的处理］债权和债务同归于一人的，债权债务终止，但是损害第三人利益的除外。

第八章 违约责任

♠ **第五百七十七条** ［违约责任的种类］当事人一方不履行合同义务或者履行合同义务不符合约定的，应当承担继续履行、采取补救措施或者赔偿损失等违约责任。

> 最高人民法院指导案例（169 号）
> 徐欣诉招商银行股份有限公司上海
> 延西支行银行卡纠纷案

★ **第五百七十八条** ［预期违约责任］当事人一方明确表示或者以自己的行为表明不履行合同义务的，对方可以在履行期限届满前请求其承担违约责任。

★ **第五百七十九条** ［金钱债务的继续履行］当事

人一方未支付价款、报酬、租金、利息，或者不履行其他金钱债务的，对方可以请求其支付。

★ **第五百八十条** ［非金钱债务的继续履行］当事人一方不履行非金钱债务或者履行非金钱债务不符合约定的，对方可以请求履行，但是有下列情形之一的除外：

（一）法律上或者事实上不能履行；

（二）债务的标的不适于强制履行或者履行费用过高；

（三）债权人在合理期限内未请求履行。

有前款规定的除外情形之一，致使不能实现合同目的的，人民法院或者仲裁机构可以根据当事人的请求终止合同权利义务关系，但是不影响违约责任的承担。

> **《最高人民法院关于适用〈中华人民共和国民法典〉合同编通则若干问题的解释》**
> 第五十九条 当事人一方依据民法典第五百八十条第二款的规定请求终止合同权利义务关系的，人民法院一般应当以起诉状副本送达对方的时间作为合同权利义务关系终止的时间。根据案件的具体情况，以其他时间作为合同权利义务关系终止的时间更加符合公平原则和诚信原则的，人民法院可以以该时间作为合同权利义务关系终止的时间，但是应当在裁判文书中充分说明理由。
>
> **《最高人民法院关于适用〈中华人民共和国民法典〉时间效力的若干规定》**
> 第十一条 民法典施行前成立的合同，当事人一方不履行非金钱债务或者履行非金钱债务不符合约定，对方可以请求履行，但是有民法典第五百八十条第一款第一项、第二项、第三项除外情形之一，致使不能实现合同目的，当事人请求终止合同权利义务关系的，适用民法典第五百八十条第二款的规定。

第五百八十一条 ［替代履行］当事人一方不履行债务或者履行债务不符合约定，根据债务的性质不得强制履行的，对方可以请求其负担由第三人替代履行的费用。

第五百八十二条 ［瑕疵履行违约责任］履行不符合约定的，应当按照当事人的约定承担违约责任。对违约责任没有约定或者约定不明确，依据本法第五百一十条的规定仍不能确定的，受损害方根据标的的性质以及损失的大小，可以合理选择请求对方承担修理、重作、更换、退货、减少价款或者报酬等违约责任。

第五百八十三条 ［违约损害赔偿责任］当事人一方不履行合同义务或者履行合同义务不符合约定的，在履行义务或者采取补救措施后，对方还有其他损失的，应当赔偿损失。

♠ **第五百八十四条** ［法定的违约赔偿损失］当事人一方不履行合同义务或者履行合同义务不符合约定，造成对方损失的，损失赔偿额应当相当于因违约所造成的损失,包括合同履行后可以获得的利益;但是,不得超过违约一方订立合同时预见到或者应当预见到的因违约可能造成的损失。

最高人民检察院指导案例(检例第 156 号)
郑某安与某物业发展公司商品房买卖合同
纠纷再审检察建议案

《最高人民法院关于适用〈中华人民共和国民法典〉合同编通则若干问题的解释》

第六十条　人民法院依据民法典第五百八十四条的规定确定合同履行后可以获得的利益时,可以在扣除非违约方为订立、履行合同支出的费用等合理成本后,按照非违约方能够获得的生产利润、经营利润或者转售利润等计算。

非违约方依法行使合同解除权并实施了替代交易,主张按照替代交易价格与合同价格的差额确定合同履行后可以获得的利益的,人民法院依法予以支持;替代交易价格明显偏离替代交易发生时当地的市场价格,违约方主张按照市场价格与合同价格的差额确定合同履行后可以获得的利益的,人民法院应予支持。

非违约方依法行使合同解除权但是未实施替代交易,主张按照违约行为发生后合理期间内合同履行地的市场价格与合同价格的差额确定合同履行后可以获得的利益的,人民法院应予支持。

第六十一条　在以持续履行的债务为内容的定期合同中,一方不履行支付价款、租金等金钱债务,对方请求解除合同,人民法院经审理认为合同应当依法解除的,可以根据当事人的主张,参考合同主体、交易类型、市场价格变化、剩余履行期限等因素确定非违约方寻找替代交易的合理期限,并按照该期限对应的价款、租金等扣除非违约方应当支付的相应履约成本确定合同履行后可以获得的利益。

非违约方主张按照合同解除后剩余履行期限相应的价款、租金等扣除履约成本确定合同履行后可以获得的利益的,人民法院不支持。但是,剩余履行期限少于寻找替代交易的合理期限的除外。

第六十二条　非违约方在合同履行后可以获得的利益难以根据本解释第六十条、第六十一条的规定予以确定的,人民法院可以综合考虑违约方因违约获得的利益、违约方的过错程度、其他违约情节等因素,遵循公平原则和诚信原则确定。

第六十三条　在认定民法典第五百八十四条规定的"违约一方订立合同时预见到或者应当预见到的因违约可能造成的损失"时,人民法院应当根据当事人订立合同的目的,综合考虑合同主体、合同内容、交易类型、交易习惯、磋商过程等因素,按照与违约方处于相同或者类似情况的民事主体在订立合同时预见到或者应当预见到的损失予以确定。

除合同履行后可以获得的利益外,非违约方主张还有其向第三人承担违约责任应当支出的额外费用等其他因违约所造成的损失,并请求违约方赔偿,经审理认为该损失系违约一方订立合同时预见到或者应当预见到的,人民法院应予支持。

在确定违约损失赔偿额时,违约方主张扣除非违约方未采取适当措施导致的扩大损失、非违约方也有过错造成的相应损失、非违约方因违约获得的额外利益或者减少的必要支出的,人民法院依法予以支持。

♠ 第五百八十五条　[违约金的约定]当事人可以约定一方违约时应当根据违约情况向对方支付一定数额的违约金,也可以约定因违约产生的损失赔偿额的计算方法。

约定的违约金低于造成的损失的,人民法院或者仲裁机构可以根据当事人的请求予以增加;约定的违约金过分高于造成的损失的,人民法院或者仲裁机构可以根据当事人的请求予以适当减少。

当事人就迟延履行约定违约金的,违约方支付违约金后,还应当履行债务。

最高人民法院指导案例(189 号)
上海熊猫互娱文化有限公司诉李岑、昆山播爱游
信息技术有限公司合同纠纷案
最高人民法院指导案例(166 号)
北京隆昌伟业贸易有限公司诉北京城建重工
有限公司合同纠纷案

《最高人民法院关于适用〈中华人民共和国民法典〉合同编通则若干问题的解释》

第六十四条　当事人一方通过反诉或者抗辩的方式,请求调整违约金的,人民法院依法予以支持。

违约方主张约定的违约金过分高于违约造成的损失,请求予以适当减少的,应当承担举证责任。非违约方主张约定的违约金合理的,也应当提供相应的证据。

当事人仅以合同约定不得对违约金进行调整为由主张不予调整违约金的,人民法院不予支持。

第六十五条　当事人主张约定的违约金过分高于违约造成的损失,请求予以适当减少的,人民法院应当以民法典第五百八十四条规定的损失为基础,兼顾合同主体、交易类型、合同的履行情况、当事人的过错程度、履约背景等因素,遵循公平原则和诚信原则进行衡量,并作出裁判。

约定的违约金超过造成损失的百分之三十的,人民法院一般可以认定为过分高于造成的损失。

恶意违约的当事人一方请求减少违约金的,人民法院一般不予支持。

第六十六条　当事人一方请求对方支付违约金，对方以合同不成立、无效、被撤销、确定不发生效力、不构成违约或者非违约方不存在损失等为由抗辩，未主张调整过高的违约金的，人民法院应当就若不支持该抗辩，当事人是否请求调整违约金进行释明。第一审人民法院认为抗辩成立且未予释明，第二审人民法院认为应当判决支付违约金的，可以直接释明，并根据当事人的请求，在当事人就是否应当调整违约金充分举证、质证、辩论后，依法判决适当减少违约金。

被告因客观原因在第一审程序中未到庭参加诉讼，但是在第二审程序中到庭参加诉讼并请求减少违约金的，第二审人民法院可以在当事人就是否应当调整违约金充分举证、质证、辩论后，依法判决适当减少违约金。

《最高人民法院关于审理买卖合同纠纷案件适用法律问题的解释》

第二十条　买卖合同因违约而解除后，守约方主张继续适用违约金条款的，人民法院应予支持；但约定的违约金过分高于造成的损失的，人民法院可以参照民法典第五百八十五条第二款的规定处理。

第二十一条　买卖合同当事人一方以对方违约为由主张支付违约金，对方以合同不成立、合同未生效、合同无效或者不构成违约等为由进行免责抗辩而未主张调整过高的违约金的，人民法院应当就法院若不支持免责抗辩，当事人是否需要主张调整违约金进行释明。

一审法院认为免责抗辩成立且未予释明，二审法院认为应当判决支付违约金的，可以直接释明并改判。

《最高人民法院关于审理商品房买卖合同纠纷案件适用法律若干问题的解释》

第十二条　当事人以约定的违约金过高为由请求减少的，应当以违约金超过造成的损失30%为标准适当减少；当事人以约定的违约金低于造成的损失为由请求增加的，应当以违约造成的损失确定违约金数额。

★ **第五百八十六条**　[定金]当事人可以约定一方向对方给付定金作为债权的担保。定金合同自实际交付定金时成立。

定金的数额由当事人约定；但是，不得超过主合同标的额的百分之二十，超过部分不产生定金的效力。实际交付的定金数额多于或者少于约定数额的，视为变更约定的定金数额。

★ **第五百八十七条**　[定金罚则]债务人履行债务的，定金应当抵作价款或者收回。给付定金的一方不履行债务或者履行债务不符合约定，致使不能实现合同目的的，无权请求返还定金；收受定金的一方不履行债务或者履行债务不符合约定，致使不能实现合同目的的，应当双倍返还定金。

《最高人民法院关于适用〈中华人民共和国民法典〉合同编通则若干问题的解释》

第六十七条　当事人交付留置金、担保金、保证金、订约金、押金或者订金等，但是没有约定定金性质，一方主张适用民法典第五百八十七条规定的定金罚则的，人民法院不予支持。当事人约定了定金性质，但是未约定定金类型或者约定不明，一方主张为违约定金的，人民法院应予支持。

当事人约定以交付定金作为订立合同的担保，一方拒绝订立合同或者在磋商订立合同时违背诚信原则导致未能订立合同，对方主张适用民法典第五百八十七条规定的定金罚则的，人民法院应予支持。

当事人约定以交付定金作为合同成立或者生效条件，应当交付定金的一方未交付定金，但是合同主要义务已经履行完毕并为对方所接受的，人民法院应当认定合同在对方接受履行时已经成立或者生效。

当事人约定定金性质为解约定金，交付定金的一方主张以丧失定金为代价解除合同的，或者收受定金的一方主张以双倍返还定金为代价解除合同的，人民法院应予支持。

第六十八条　双方当事人均具有致使不能实现合同目的的违约行为，其中一方请求适用定金罚则的，人民法院不予支持。当事人一方仅有轻微违约，对方具有致使不能实现合同目的的违约行为，轻微违约方主张适用定金罚则，对方以轻微违约方也构成违约为由抗辩的，人民法院对该抗辩不予支持。

当事人一方已经部分履行合同，对方接受并主张按照未履行部分所占比例适用定金罚则的，人民法院应予支持。对方主张按照合同整体适用定金罚则的，人民法院不予支持，但是部分未履行致使不能实现合同目的的除外。

因不可抗力致使合同不能履行，非违约方主张适用定金罚则的，人民法院不予支持。

♠ **第五百八十八条**　[违约金与定金竞合选择权]当事人既约定违约金，又约定定金的，一方违约时，对方可以选择适用违约金或者定金条款。

定金不足以弥补一方违约造成的损失的，对方可以请求赔偿超过定金数额的损失。

第五百八十九条　[债权人受领迟延]债务人按照约定履行债务，债权人无正当理由拒绝受领的，债务人可以请求债权人赔偿增加的费用。

在债权人受领迟延期间，债务人无须支付利息。

★ **第五百九十条**　[因不可抗力不能履行合同]当事人一方因不可抗力不能履行合同的，根据不可抗力的影响，部分或者全部免除责任，但是法律另有规定的除外。因不可抗力不能履行合同的，应当及时通知对方，以减轻可能给对方造成的损失，并应当在合理期限内提供证明。

当事人迟延履行后发生不可抗力的,不免除其违约责任。

> 《民法典》 第 180 条

第五百九十一条 [非违约方防止损失扩大义务]当事人一方违约后,对方应当采取适当措施防止损失的扩大;没有采取适当措施致使损失扩大的,不得就扩大的损失请求赔偿。

当事人因防止损失扩大而支出的合理费用,由违约方负担。

> 《民法典》 第 858 条
> 《保险法》①
> 第五十七条 保险事故发生时,被保险人应当尽力采取必要的措施,防止或者减少损失。
> 保险事故发生后,被保险人为防止或者减少保险标的的损失所支付的必要的、合理的费用,由保险人承担;保险人所承担的费用数额在保险标的的损失赔偿金额以外另行计算,最高不超过保险金额的数额。
> 《最高人民法院关于审理买卖合同纠纷案件适用法律问题的解释》
> 第二十二条 买卖合同当事人一方违约造成对方损失,对方主张赔偿可得利益损失的,人民法院在确定违约责任范围时,应当根据当事人的主张,依据民法典第五百八十四条、第五百九十一条、第五百九十二条、本解释第二十三条等规定进行认定。

第五百九十二条 [双方违约和与过错相抵]当事人都违反合同的,应当各自承担相应的责任。

当事人一方违约造成对方损失,对方对损失的发生有过错的,可以减少相应的损失赔偿额。

> 《民法典》 第 179 条

★ **第五百九十三条** [因第三人原因造成违约情况下的责任承担]当事人一方因第三人的原因造成违约的,应当依法向对方承担违约责任。当事人一方和第三人之间的纠纷,依照法律规定或者按照约定处理。

第五百九十四条 [国际贸易合同诉讼时效和仲裁时效]因国际货物买卖合同和技术进出口合同争议提起诉讼或者申请仲裁的时效期间为四年。

> 《民法典》 第 188 条

第二分编 典型合同

第九章 买卖合同

第五百九十五条 [买卖合同的概念]买卖合同是出卖人转移标的物的所有权于买受人,买受人支付价款的合同。

> 《最高人民法院关于审理买卖合同纠纷案件适用法律问题的解释》
> 第一条 当事人之间没有书面合同,一方以送货单、收货单、结算单、发票等主张存在买卖合同关系的,人民法院应当结合当事人之间的交易方式、交易习惯以及其他相关证据,对买卖合同是否成立作出认定。
> 对账确认函、债权确认书等函件、凭证没有记载债权人名称,买卖合同当事人一方以此证明存在买卖合同关系的,人民法院应予支持,但有相反证据足以推翻的除外。

第五百九十六条 [买卖合同条款]买卖合同的内容一般包括标的物的名称、数量、质量、价款、履行期限、履行地点和方式、包装方式、检验标准和方法、结算方式、合同使用的文字及其效力等条款。

♠ **第五百九十七条** [无权处分的违约责任]因出卖人未取得处分权致使标的物所有权不能转移的,买受人可以解除合同并请求出卖人承担违约责任。

法律、行政法规禁止或者限制转让的标的物,依照其规定。

> 《最高人民法院关于适用〈中华人民共和国民法典〉合同编通则若干问题的解释》
> 第十九条 以转让或者设定财产权利为目的订立的合同,当事人或者真正权利人仅以让与人在订立合同时对标的物没有所有权或者处分权为由主张合同无效的,人民法院不予支持;因未取得真正权利人事后同意或者让与人事后未取得处分权导致合同不能履行,受让人主张解除合同并请求让与人承担违反合同的赔偿责任的,人民法院依法予以支持。
> 前款规定的合同被认定有效,且让与人已经将财产交付或者移转登记至受让人,真正权利人请求认定财产权利未发生变动或者请求返还财产的,人民法院应予支持。但是,受让人依据民法典第三百一十一条等规定善意取得财产权利的除外。

第五百九十八条 [出卖人基本义务]出卖人应当履行向买受人交付标的物或者交付提取标的物的单证,并转移标的物所有权的义务。

---

① 1995 年 6 月 30 日第八届全国人民代表大会常务委员会第十四次会议通过,根据 2002 年 10 月 28 日第九届全国人民代表大会常务委员会第三十次会议《关于修改〈中华人民共和国保险法〉的决定》第一次修正,2009 年 2 月 28 日第十一届全国人民代表大会常务委员会第七次会议修订,根据 2014 年 8 月 31 日第十二届全国人民代表大会常务委员会第十次会议《关于修改〈中华人民共和国保险法〉等五部法律的决定》第二次修正,根据 2015 年 4 月 24 日第十二届全国人民代表大会常务委员会第十四次会议《关于修改〈中华人民共和国计量法〉等五部法律的决定》第三次修正。

《最高人民法院关于审理买卖合同纠纷案件适用法律问题的解释》

第二条 标的物为无需以有形载体交付的电子信息产品,当事人对交付方式约定不明确,且依照民法典第五百一十条的规定仍不能确定的,买受人收到约定的电子信息产品或者权利凭证即为交付。

第五条 出卖人仅以增值税专用发票及税款抵扣资料证明其已履行交付标的物义务,买受人不认可的,出卖人应当提供其他证据证明交付标的物的事实。

合同约定或者当事人之间习惯以普通发票作为付款凭证,买受人以普通发票证明已经履行付款义务的,人民法院应予支持,但有相反证据足以推翻的除外。

第六条 出卖人就同一普通动产订立多重买卖合同,在买卖合同均有效的情况下,买受人均要求实际履行合同的,应当按照以下情形分别处理:

(一)先行受领交付的买受人请求确认所有权已经转移的,人民法院应予支持;

(二)均未受领交付,先行支付价款的买受人请求出卖人履行交付标的物等合同义务的,人民法院应予支持;

(三)均未受领交付,也未支付价款,依法成立在先合同的买受人请求出卖人履行交付标的物等合同义务的,人民法院应予支持。

第七条 出卖人就同一船舶、航空器、机动车等特殊动产订立多重买卖合同,在买卖合同均有效的情况下,买受人均要求实际履行合同的,应当按照以下情形分别处理:

(一)先行受领交付的买受人请求出卖人履行办理所有权转移登记手续等合同义务的,人民法院应予支持;

(二)均未受领交付,先行办理所有权转移登记手续的买受人请求出卖人履行交付标的物等合同义务的,人民法院应予支持;

(三)均未受领交付,也未办理所有权转移登记手续,依法成立在先合同的买受人请求出卖人履行交付标的物和办理所有权转移登记手续等合同义务的,人民法院应予支持;

(四)出卖人将标的物交付给买受人之一,又为其他买受人办理所有权转移登记,已受领交付的买受人请求将标的物所有权登记在自己名下的,人民法院应予支持。

★ **第五百九十九条** [出卖人义务:交付单证、交付资料]出卖人应当按照约定或者交易习惯向买受人交付提取标的物单证以外的有关单证和资料。

《最高人民法院关于审理买卖合同纠纷案件适用法律问题的解释》

第四条 民法典第五百九十九条规定的"提取标的物单证以外的有关单证和资料",主要应当包括保险单、保修单、普通发票、增值税专用发票、产品合格证、质量保证书、质量鉴定书、品质检验证书、产品进出口检疫书、原产地证明书、使用说明书、装箱单等。

第六百条 [买卖合同知识产权保留条款]出卖具有知识产权的标的物的,除法律另有规定或者当事人另有约定外,该标的物的知识产权不属于买受人。

第六百零一条 [出卖人义务:交付期间]出卖人应当按照约定的时间交付标的物。约定交付期限的,出卖人可以在该交付期限内的任何时间交付。

第六百零二条 [标的物交付期限不明时的处理]当事人没有约定标的物的交付期限或者约定不明确的,适用本法第五百一十条、第五百一十一条第四项的规定。

★ **第六百零三条** [买卖合同标的物的交付地点]出卖人应当按照约定的地点交付标的物。

当事人没有约定交付地点或者约定不明确,依据本法第五百一十条的规定仍不能确定,适用下列规定:

(一)标的物需要运输的,出卖人应当将标的物交付给第一承运人以运交给买受人;

(二)标的物不需要运输,出卖人和买受人订立合同时知道标的物在某一地点的,出卖人应当在该地点交付标的物;不知道标的物在某一地点的,应当在出卖人订立合同时的营业地交付标的物。

《最高人民法院关于审理买卖合同纠纷案件适用法律问题的解释》

第八条 民法典第六百零三条第二款第一项规定的"标的物需要运输的",是指标的物由出卖人负责办理托运,承运人系独立于买卖合同当事人之外的运输业者的情形。标的物毁损、灭失的风险负担,按照民法典第六百零七条第二款的规定处理。

♠ **第六百零四条** [标的物的风险承担]标的物毁损、灭失的风险,在标的物交付之前由出卖人承担,交付之后由买受人承担,但是法律另有规定或者当事人另有约定的除外。

《最高人民法院关于审理买卖合同纠纷案件适用法律问题的解释》

第九条 出卖人根据合同约定将标的物运送至买受人指定地点并交付给承运人后,标的物毁损、灭失的风险由买受人负担,但当事人另有约定的除外。

第十一条 当事人对风险负担没有约定,标的物为种类物,出卖人未以装运单据、加盖标记、通知买受人等可识别的方式清楚地将标的物特定于买卖合同,买受人主张不负担标的物毁损、灭失的风险的,人民法院应予支持。

《最高人民法院关于审理商品房买卖合同纠纷案件适用法律若干问题的解释》

第八条第二款　房屋毁损、灭失的风险,在交付使用前由出卖人承担,交付使用后由买受人承担;买受人接到出卖人的书面交房通知,无正当理由拒绝接收的,房屋毁损、灭失的风险自书面交房通知确定的交付使用之日起由买受人承担,但法律另有规定或者当事人另有约定的除外。

★ **第六百零五条**　[迟延交付标的物的风险负担]因买受人的原因致使标的物未按照约定的期限交付的,买受人应当自违反约定时起承担标的物毁损、灭失的风险。

♠ **第六百零六条**　[路货买卖中的标的物风险转移]出卖人出卖交由承运人运输的在途标的物,除当事人另有约定外,毁损、灭失的风险自合同成立时起由买受人承担。

《最高人民法院关于审理买卖合同纠纷案件适用法律问题的解释》

第十条　出卖人出卖交由承运人运输的在途标的物,在合同成立时知道或者应当知道标的物已经毁损、灭失却未告知买受人,买受人主张出卖人负担标的物毁损、灭失的风险的,人民法院应予支持。

第六百零七条　[需要运输的标的物风险负担]出卖人按照约定将标的物运送至买受人指定地点并交付给承运人后,标的物毁损、灭失的风险由买受人承担。

当事人没有约定交付地点或者约定不明确,依据本法第六百零三条第二款第一项的规定标的物需要运输的,出卖人将标的物交付给第一承运人后,标的物毁损、灭失的风险由买受人承担。

第六百零八条　[买受人不履行接受标的物义务的风险负担]出卖人按照约定或者依据本法第六百零三条第二款第二项的规定将标的物置于交付地点,买受人违反约定没有收取的,标的物毁损、灭失的风险自违反约定时起由买受人承担。

第六百零九条　[未交付单证、资料的风险负担]出卖人按照约定未交付有关标的物的单证和资料的,不影响标的物毁损、灭失风险的转移。

★ **第六百一十条**　[根本违约]因标的物不符合质量要求,致使不能实现合同目的的,买受人可以拒绝接受标的物或者解除合同。买受人拒绝接受标的物或者解除合同的,标的物毁损、灭失的风险由出卖人承担。

★ **第六百一十一条**　[买受人承担风险与出卖人违约责任关系]标的物毁损、灭失的风险由买受人承担

的,不影响因出卖人履行义务不符合约定,买受人请求其承担违约责任的权利。

《最高人民法院关于审理商品房买卖合同纠纷案件适用法律若干问题的解释》

第八条　对房屋的转移占有,视为房屋的交付使用,但当事人另有约定的除外。

房屋毁损、灭失的风险,在交付使用前由出卖人承担,交付使用后由买受人承担;买受人接到出卖人的书面交房通知,无正当理由拒绝接收的,房屋毁损、灭失的风险自书面交房通知确定的交付使用之日起由买受人承担,但法律另有规定或者当事人另有约定的除外。

♠ **第六百一十二条**　[出卖人的权利瑕疵担保义务]出卖人就交付的标的物,负有保证第三人对该标的物不享有任何权利的义务,但是法律另有规定的除外。

第六百一十三条　[权利瑕疵担保责任之免除]买受人订立合同时知道或者应当知道第三人对买卖的标的物享有权利的,出卖人不承担前条规定的义务。

《最高人民法院关于审理买卖合同纠纷案件适用法律问题的解释》

第二十四条　买受人在缔约时知道或者应当知道标的物质量存在瑕疵,主张出卖人承担瑕疵担保责任的,人民法院不予支持,但买受人在缔约时不知道该瑕疵会导致标的物的基本效用显著降低的除外。

第六百一十四条　[买受人的中止支付价款权]买受人有确切证据证明第三人对标的物享有权利的,可以中止支付相应的价款,但是出卖人提供适当担保的除外。

第六百一十五条　[买卖标的物的质量瑕疵担保]出卖人应当按照约定的质量要求交付标的物。出卖人提供有关标的物质量说明的,交付的标的物应当符合该说明的质量要求。

第六百一十六条　[标的物法定质量担保义务]当事人对标的物的质量要求没有约定或者约定不明确,依据本法第五百一十条的规定仍不能确定的,适用本法第五百一十一条第一项的规定。

第六百一十七条　[质量瑕疵担保责任]出卖人交付的标的物不符合质量要求的,买受人可以依据本法第五百八十二条至第五百八十四条的规定请求承担违约责任。

第六百一十八条　[标的物瑕疵担保责任减免的特约效力]当事人约定减轻或者免除出卖人对标的物瑕疵承担的责任,因出卖人故意或者重大过失不告知买受人标的物瑕疵的,出卖人无权主张减轻或者免除责任。

第六百一十九条　[标的物的包装方式]出卖人应当按照约定的包装方式交付标的物。对包装方式没有约定或者约定不明确,依据本法第五百一十条的规定仍不能确定的,应当按照通用的方式包装;没有通用方式的,应当采取足以保护标的物且有利于节约资源、保护生态环境的包装方式。

第六百二十条　[买受人的检验义务]买受人收到标的物时应当在约定的检验期限内检验。没有约定检验期限的,应当及时检验。

《民法典》 第623、624条

★ **第六百二十一条　[买受人检验标的物的异议通知]**当事人约定检验期限的,买受人应当在检验期限内将标的物的数量或者质量不符合约定的情形通知出卖人。买受人怠于通知的,视为标的物的数量或者质量符合约定。

当事人没有约定检验期限的,买受人应当在发现或者应当发现标的物的数量或者质量不符合约定的合理期限内通知出卖人。买受人在合理期限内未通知或者自收到标的物之日起二年内未通知出卖人的,视为标的物的数量或者质量符合约定;但是,对标的物有质量保证期的,适用质量保证期,不适用该二年的规定。

出卖人知道或者应当知道提供的标的物不符合约定的,买受人不受前两款规定的通知时间的限制。

《最高人民法院关于审理买卖合同纠纷案件适用法律问题的解释》

第十二条　人民法院具体认定民法典第六百二十一条第二款规定的"合理期限"时,应当综合当事人之间的交易性质、交易目的、交易方式、交易习惯、标的物的种类、数量、性质、安装和使用情况、瑕疵的性质、买受人应尽的合理注意义务、检验方法和难易程度、买受人或者检验人所处的具体环境、自身技能以及其他合理因素,依据诚实信用原则进行判断。

民法典第六百二十一条第二款规定的"二年"是最长的合理期限。该期限为不变期间,不适用诉讼时效中止、中断或者延长的规定。

第十三条　买受人在合理期限内提出异议,出卖人以买受人已经支付价款、确认欠款数额、使用标的物等为由,主张买受人放弃异议的,人民法院不予支持,但当事人另有约定的除外。

第十四条　民法典第六百二十一条规定的检验期限、合理期限、二年期限经过后,买受人主张标的物的数量或者质量不符合约定的,人民法院不予支持。

出卖人自愿承担违约责任后,又以上述期限经过为由翻悔的,人民法院不予支持。

第十六条　买受人在检验期限、质量保证期、合理期限内提出质量异议,出卖人未按要求予以修理或者因情况紧急,买受人自行或者通过第三人修理标的物后,主张出卖人负担因此发生的合理费用的,人民法院应予支持。

第六百二十二条　[检验期限或质量保证期过短的处理]当事人约定的检验期限过短,根据标的物的性质和交易习惯,买受人在检验期限内难以完成全面检验的,该期限仅视为买受人对标的物的外观瑕疵提出异议的期限。

约定的检验期限或者质量保证期短于法律、行政法规规定期限的,应当以法律、行政法规规定的期限为准。

第六百二十三条　[标的物数量和外观瑕疵检验]当事人对检验期限未作约定,买受人签收的送货单、确认单等载明标的物数量、型号、规格的,推定买受人已经对数量和外观瑕疵进行检验,但是有相关证据足以推翻的除外。

第六百二十四条　[向第三人履行情形的检验标准]出卖人依照买受人的指示向第三人交付标的物,出卖人和买受人约定的检验标准与买受人和第三人约定的检验标准不一致的,以出卖人和买受人约定的检验标准为准。

第六百二十五条　[出卖人的回收义务]依照法律、行政法规的规定或者按照当事人的约定,标的物在有效使用年限届满后应予回收的,出卖人负有自行或者委托第三人对标的物予以回收的义务。

第六百二十六条　[买受人支付价款及方式]买受人应当按照约定的数额和支付方式支付价款。对价款的数额和支付方式没有约定或者约定不明确的,适用本法第五百一十条、第五百一十一条第二项和第五项的规定。

第六百二十七条　[买受人支付价款的地点]买受人应当按照约定的地点支付价款。对支付地点没有约定或者约定不明确,依据本法第五百一十条的规定仍不能确定的,买受人应当在出卖人的营业地支付;但是,约定支付价款以交付标的物或者交付提取标的物单证为条件的,在交付标的物或者交付提取标的物单证的所在地支付。

第六百二十八条　[买受人支付价款的时间]买受人应当按照约定的时间支付价款。对支付时间没有约定或者约定不明确,依据本法第五百一十条的规定仍不能确定的,买受人应当在收到标的物或者提取标的物单证的同时支付。

★ **第六百二十九条　[出卖人多交标的物的处理]**出卖人多交标的物的,买受人可以接收或者拒绝接收多交的部分。买受人接收多交部分的,按照约定的价格支付价款;买受人拒绝接收多交部分的,应当及时通知出卖人。

《最高人民法院关于审理买卖合同纠纷案件适用法律问题的解释》

第三条　根据民法典第六百二十九条的规定,买受人拒绝接收多交部分标的物的,可以代为保管多交部分标的物。买受人主张出卖人负担代为保管期间的合理费用的,人民法院应予支持。

买受人主张出卖人承担代为保管期间非因买受人故意或者重大过失造成的损失的,人民法院应予支持。

★ 第六百三十条　[买卖合同标的物孳息的归属]标的物在交付之前产生的孳息,归出卖人所有;交付之后产生的孳息,归买受人所有。但是,当事人另有约定的除外。

第六百三十一条　[主物与从物在解除合同时的效力]因标的物的主物不符合约定而解除合同的,解除合同的效力及于从物。因标的物的从物不符合约定被解除的,解除的效力不及于主物。

第六百三十二条　[数物买卖合同的解除]标的物为数物,其中一物不符合约定的,买受人可以就该物解除。但是,该物与他物分离使标的物的价值显受损害的,买受人可以就数物解除合同。

★ 第六百三十三条　[分批交付标的物的情况下解除合同的情形]出卖人分批交付标的物的,出卖人对其中一批标的物不交付或者交付不符合约定,致使该批标的物不能实现合同目的的,买受人可以就该批标的物解除。

出卖人不交付其中一批标的物或者交付不符合约定,致使之后其他各批标的物的交付不能实现合同目的的,买受人可以就该批以及之后其他各批标的物解除。

买受人如果就其中一批标的物解除,该批标的物与其他各批标的物相互依存的,可以就已经交付和未交付的各批标的物解除。

★ 第六百三十四条　[分期付款买卖]分期付款的买受人未支付到期价款的数额达到全部价款的五分之一,经催告后在合理期限内仍未支付到期价款的,出卖人可以请求买受人支付全部价款或者解除合同。

出卖人解除合同的,可以向买受人请求支付该标的物的使用费。

最高人民法院指导案例(67号)
汤长龙诉周士海股权转让纠纷案

《最高人民法院关于审理买卖合同纠纷案件适用法律问题的解释》

第二十七条　民法典第六百三十四条第一款规定的"分期付款",系指买受人将应付的总价款在一定期限内至少分三次向出卖人支付。

分期付款买卖合同的约定违反民法典第六百三十四条第一款的规定,损害买受人利益,买受人主张该约定无效的,人民法院应予支持。

第二十八条　分期付款买卖合同约定出卖人在解除合同时可以扣留已受领价金,出卖人扣留的金额超过标的物使用费以及标的物受损赔偿额,买受人请求返还超过部分的,人民法院应予支持。

当事人对标的物的使用费没有约定的,人民法院可以参照当地同类标的物的租金标准确定。

第六百三十五条　[凭样品买卖合同]凭样品买卖的当事人应当封存样品,并可以对样品质量予以说明。出卖人交付的标的物应当与样品及其说明的质量相同。

《最高人民法院关于审理买卖合同纠纷案件适用法律问题的解释》

第二十九条　合同约定的样品质量与文字说明不一致且发生纠纷时当事人不能达成合意,样品封存后外观和内在品质没有发生变化的,人民法院应当以样品为准;外观和内在品质发生变化,或者当事人对是否发生变化有争议而又无法查明的,人民法院应当以文字说明为准。

第六百三十六条　[凭样品买卖合同样品存在隐蔽瑕疵的处理]凭样品买卖的买受人不知道样品有隐蔽瑕疵的,即使交付的标的物与样品相同,出卖人交付的标的物的质量仍然应当符合同种物的通常标准。

★ 第六百三十七条　[试用买卖的试用期限]试用买卖的当事人可以约定标的物的试用期限。对试用期限没有约定或者约定不明确,依据本法第五百一十条的规定仍不能确定的,由出卖人确定。

★ 第六百三十八条　[试用买卖合同买受人对标的物购买选择权]试用买卖的买受人在试用期内可以购买标的物,也可以拒绝购买。试用期限届满,买受人对是否购买标的物未作表示的,视为购买。

试用买卖的买受人在试用期内已经支付部分价款或者对标的物实施出卖、出租、设立担保物权等行为的,视为同意购买。

《最高人民法院关于审理买卖合同纠纷案件适用法律问题的解释》

第三十条　买卖合同存在下列约定内容之一的,不属于试用买卖。买受人主张属于试用买卖的,人民法院不予支持:

(一)约定标的物经过试用或者检验符合一定要求时,买受人应当购买标的物;

(二)约定第三人经试验对标的物认可时,买受人应当购买标的物;

（三）约定买受人在一定期限内可以调换标的物；

（四）约定买受人在一定期限内可以退还标的物。

第六百三十九条 ［试用买卖使用费］试用买卖的当事人对标的物使用费没有约定或者约定不明确的，出卖人无权请求买受人支付。

第六百四十条 ［试用买卖中的风险承担］标的物在试用期内毁损、灭失的风险由出卖人承担。

★ **第六百四十一条** ［标的物所有权保留条款］当事人可以在买卖合同中约定买受人未履行支付价款或者其他义务的，标的物的所有权属于出卖人。

出卖人对标的物保留的所有权，未经登记，不得对抗善意第三人。

《最高人民法院关于审理买卖合同纠纷案件适用法律问题的解释》

第二十五条　买卖合同当事人主张民法典第六百四十一条关于标的物所有权保留的规定适用于不动产的，人民法院不予支持。

《最高人民法院关于适用〈中华人民共和国民法典〉有关担保制度的解释》

第五十四条　动产抵押合同订立后未办理抵押登记，动产抵押权的效力按照下列情形分别处理：

（一）抵押人转让抵押财产，受让人占有抵押财产后，抵押权人向受让人请求行使抵押权的，人民法院不予支持，但是抵押权人能够举证证明受让人知道或者应当知道已经订立抵押合同的除外；

（二）抵押人将抵押财产出租给他人并移转占有，抵押权人行使抵押权的，租赁关系不受影响，但是抵押权人能够举证证明承租人知道或者应当知道已经订立抵押合同的除外；

（三）抵押人的其他债权人向人民法院申请保全或者执行抵押财产，人民法院已经作出财产保全裁定或者采取执行措施，抵押权人主张对抵押财产优先受偿的，人民法院不予支持；

（四）抵押人破产，抵押权人主张对抵押财产优先受偿的，人民法院不予支持。

第六十七条　在所有权保留买卖、融资租赁等合同中，出卖人、出租人的所有权未经登记不得对抗的"善意第三人"的范围及其效力，参照本解释第五十四条的规定处理。

★ **第六百四十二条** ［所有权保留中出卖人的取回权］当事人约定出卖人保留合同标的物的所有权，在标的物所有权转移前，买受人有下列情形之一，造成出卖人损害的，除当事人另有约定外，出卖人有权取回标的物：

（一）未按照约定支付价款，经催告后在合理期限内仍未支付；

（二）未按照约定完成特定条件；

（三）将标的物出卖、出质或者作出其他不当处分。

出卖人可以与买受人协商取回标的物；协商不成的，可以参照适用担保物权的实现程序。

《最高人民法院关于审理买卖合同纠纷案件适用法律问题的解释》

第二十六条　买受人已经支付标的物总价款的百分之七十五以上，出卖人主张取回标的物的，人民法院不予支持。

在民法典第六百四十二条第一款第三项情形下，第三人依据民法典第三百一十一条的规定已经善意取得标的物所有权或者其他物权，出卖人主张取回标的物的，人民法院不予支持。

《最高人民法院关于适用〈中华人民共和国民法典〉有关担保制度的解释》

第六十四条　在所有权保留买卖中，出卖人依法有权取回标的物，但是与买受人协商不成，当事人请求参照民事诉讼法"实现担保物权案件"的有关规定，拍卖、变卖标的物的，人民法院应予准许。

出卖人请求取回标的物，符合民法典第六百四十二条规定的，人民法院应予支持；买受人以抗辩或者反诉的方式主张拍卖、变卖标的物，并在扣除买受人未支付的价款以及必要费用后返还剩余款项的，人民法院应当一并处理。

★ **第六百四十三条** ［买受人回赎权及出卖人再出卖权］出卖人依据前条第一款的规定取回标的物后，买受人在双方约定或者出卖人指定的合理回赎期限内，消除出卖人取回标的物的事由的，可以请求回赎标的物。

买受人在回赎期限内没有回赎标的物，出卖人可以以合理价格将标的物出卖给第三人，出卖所得价款扣除买受人未支付的价款以及必要费用后仍有剩余的，应当返还买受人；不足部分由买受人清偿。

第六百四十四条 ［招标投标买卖的法律适用］招标投标买卖的当事人的权利和义务以及招标投标程序等，依照有关法律、行政法规的规定。

第六百四十五条 ［拍卖的法律适用］拍卖的当事人的权利和义务以及拍卖程序等，依照有关法律、行政法规的规定。

★ **第六百四十六条** ［买卖合同准用于有偿合同］法律对其他有偿合同有规定的，依照其规定；没有规定的，参照适用买卖合同的有关规定。

第六百四十七条 ［易货交易的法律适用］当事人约定易货交易，转移标的物的所有权的，参照适用买卖合同的有关规定。

第十章 供用电、水、气、热力合同

第六百四十八条 [供用电合同概念及强制缔约义务]供用电合同是供电人向用电人供电,用电人支付电费的合同。

向社会公众供电的供电人,不得拒绝用电人合理的订立合同要求。

第六百四十九条 [供用电合同的内容]供用电合同的内容一般包括供电的方式、质量、时间,用电容量、地址、性质、计量方式,电价、电费的结算方式,供用电设施的维护责任等条款。

第六百五十条 [供用电合同的履行地点]供用电合同的履行地点,按照当事人约定;当事人没有约定或者约定不明确的,供电设施的产权分界处为履行地点。

第六百五十一条 [供电人的安全供电义务]供电人应当按照国家规定的供电质量标准和约定安全供电。供电人未按照国家规定的供电质量标准和约定安全供电,造成用电人损失的,应当承担赔偿责任。

第六百五十二条 [供电人中断供电时的通知义务]供电人因供电设施计划检修、临时检修、依法限电或者用电人违法用电等原因,需要中断供电时,应当按照国家有关规定事先通知用电人;未事先通知用电人中断供电,造成用电人损失的,应当承担赔偿责任。

第六百五十三条 [供电人抢修义务]因自然灾害等原因断电,供电人应当按照国家有关规定及时抢修;未及时抢修,造成用电人损失的,应当承担赔偿责任。

★ **第六百五十四条** [用电人支付电费的义务]用电人应当按照国家有关规定和当事人的约定及时支付电费。用电人逾期不支付电费的,应当按照约定支付违约金。经催告用电人在合理期限内仍不支付电费和违约金的,供电人可以按照国家规定的程序中止供电。

供电人依据前款规定中止供电的,应当事先通知用电人。

第六百五十五条 [用电人安全用电义务]用电人应当按照国家有关规定和当事人的约定安全、节约和计划用电。用电人未按照国家有关规定和当事人的约定用电,造成供电人损失的,应当承担赔偿责任。

★ **第六百五十六条** [供用水、气、热力合同参照适用供用电合同]供用水、供用气、供用热力合同,参照适用供用电合同的有关规定。

第十一章 赠与合同

★ **第六百五十七条** [赠与合同的概念]赠与合同是赠与人将自己的财产无偿给予受赠人,受赠人表示接受赠与的合同。

♠ **第六百五十八条** [赠与的任意撤销及限制]赠与人在赠与财产的权利转移之前可以撤销赠与。

经过公证的赠与合同或者依法不得撤销的具有救灾、扶贫、助残等公益、道德义务性质的赠与合同,不适用前款规定。

> **《最高人民法院关于适用〈中华人民共和国民法典〉婚姻家庭编的解释(一)》**①
>
> 第三十二条 婚前或者婚姻关系存续期间,当事人约定将一方所有的房产赠与另一方或者共有,赠与方在赠与房产变更登记之前撤销赠与,另一方请求判令继续履行的,人民法院可以按照民法典第六百五十八条的规定处理。

第六百五十九条 [赠与特殊财产需要办理有关法律手续]赠与的财产依法需要办理登记或者其他手续的,应当办理有关手续。

★ **第六百六十条** [法定不得撤销赠与的赠与人不交付赠与财产的责任]经过公证的赠与合同或者依法不得撤销的具有救灾、扶贫、助残等公益、道德义务性质的赠与合同,赠与人不交付赠与财产的,受赠人可以请求交付。

依据前款规定应当交付的赠与财产因赠与人故意或者重大过失致使毁损、灭失的,赠与人应当承担赔偿责任。

★ **第六百六十一条** [附义务的赠与合同]赠与可以附义务。

赠与附义务的,受赠人应当按照约定履行义务。

★ **第六百六十二条** [赠与财产的瑕疵担保责任]赠与的财产有瑕疵的,赠与人不承担责任。附义务的赠与,赠与的财产有瑕疵的,赠与人在附义务的限度内承担与出卖人相同的责任。

赠与人故意不告知瑕疵或者保证无瑕疵,造成受赠人损失的,应当承担赔偿责任。

★ **第六百六十三条** [赠与人的法定撤销情形及撤销权行使期间]受赠人有下列情形之一的,赠与人可以撤销赠与:

(一)严重侵害赠与人或者赠与人近亲属的合法权益;

(二)对赠与人有扶养义务而不履行;

(三)不履行赠与合同约定的义务。

赠与人的撤销权,自知道或者应当知道撤销事由之日起一年内行使。

第六百六十四条 [赠与人的继承人或法定代理人的撤销权]因受赠人的违法行为致使赠与人死亡或

---

① 2020 年 12 月 25 日最高人民法院审判委员会第 1825 次会议通过,2020 年 12 月 29 日公布,自 2021 年 1 月 1 日起施行。(法释〔2020〕22 号)

者丧失民事行为能力的,赠与人的继承人或者法定代理人可以撤销赠与。

赠与人的继承人或者法定代理人的撤销权,自知道或者应当知道撤销事由之日起六个月内行使。

第六百六十五条 [撤销赠与的效力]撤销权人撤销赠与的,可以向受赠人请求返还赠与的财产。

★ **第六百六十六条** [赠与义务的免除]赠与人的经济状况显著恶化,严重影响其生产经营或者家庭生活的,可以不再履行赠与义务。

第十二章 借款合同

第六百六十七条 [借款合同的定义]借款合同是借款人向贷款人借款,到期返还借款并支付利息的合同。

> 最高人民检察院指导案例(检例第 154 号)
> 李某荣等七人与李某云民间借贷纠纷抗诉案

《最高人民法院关于审理民间借贷案件适用法律若干问题的规定》

第二十二条 法人的法定代表人或者非法人组织的负责人以单位名义与出借人签订民间借贷合同,有证据证明所借款项系法定代表人或者负责人个人使用,出借人请求将法定代表人或者负责人列为共同被告或者第三人的,人民法院应予准许。

法人的法定代表人或者非法人组织的负责人以个人名义与出借人订立民间借贷合同,所借款项用于单位生产经营,出借人请求单位与个人共同承担责任的,人民法院应予支持。

★ **第六百六十八条** [借款合同的形式和内容]借款合同应当采用书面形式,但是自然人之间借款另有约定的除外。

借款合同的内容一般包括借款种类、币种、用途、数额、利率、期限和还款方式等条款。

第六百六十九条 [借款合同借款人的告知义务]订立借款合同,借款人应当按照贷款人的要求提供与借款有关的业务活动和财务状况的真实情况。

★ **第六百七十条** [借款利息不得预先扣除]借款的利息不得预先在本金中扣除。利息预先在本金中扣除的,应当按照实际借款数额返还借款并计算利息。

> 最高人民检察院指导案例(检例第 155 号)
> 某小额贷款公司与某置业公司借款合同纠纷抗诉案

《最高人民法院关于审理民间借贷案件适用法律若干问题的规定》

第二十六条 借据、收据、欠条等债权凭证载明的借款金额,一般认定为本金。预先在本金中扣除利息的,人民法院应当将实际出借的金额认定为本金。

第六百七十一条 [提供及收取借款迟延责任]贷款人未按照约定的日期、数额提供借款,造成借款人损失的,应当赔偿损失。

借款人未按照约定的日期、数额收取借款的,应当按照约定的日期、数额支付利息。

第六百七十二条 [贷款人对借款使用情况检查、监督的权利]贷款人按照约定可以检查、监督借款的使用情况。借款人应当按照约定向贷款人定期提供有关财务会计报表或者其他资料。

★ **第六百七十三条** [借款人违约使用借款的后果]借款人未按照约定的借款用途使用借款的,贷款人可以停止发放借款、提前收回借款或者解除合同。

第六百七十四条 [借款利息支付期限的确定]借款人应当按照约定的期限支付利息。对支付利息的期限没有约定或者约定不明确,依据本法第五百一十条的规定仍不能确定,借款期间不满一年的,应当在返还借款时一并支付;借款期间一年以上的,应当在每届满一年时支付,剩余期间不满一年的,应当在返还借款时一并支付。

第六百七十五条 [还款期限的确定]借款人应当按照约定的期限返还借款。对借款期限没有约定或者约定不明确,依据本法第五百一十条的规定仍不能确定的,借款人可以随时返还;贷款人可以催告借款人在合理期限内返还。

> 最高人民检察院指导案例(检例第 154 号)
> 李某荣等七人与李某云民间借贷纠纷抗诉案

第六百七十六条 [借款合同违约责任承担]借款人未按照约定的期限返还借款的,应当按照约定或者国家有关规定支付逾期利息。

《最高人民法院关于审理民间借贷案件适用法律若干问题的规定》

第二十八条 借贷双方对逾期利率有约定的,从其约定,但是以不超过合同成立时一年期贷款市场报价利率四倍为限。

未约定逾期利率或者约定不明的,人民法院可以区分不同情况处理:

(一)既未约定借期内利率,也未约定逾期利率,出借人主张借款人自逾期还款之日起参照当时一年期贷款市场报价利率标准计算的利息承担逾期还款违约责任的,人民法院应予支持;

(二)约定了借期内利率但是未约定逾期利率,出借人主张借款人自逾期还款之日起按照借期内利率支付资金占用期间利息的,人民法院应予支持。

第二十九条 出借人与借款人既约定了逾期利率,又约定了违约金或者其他费用,出借人可以选择主张逾期利息、违约金或者其他费用,也可以一并主张,但是总计超过合同成立时一年期贷款市场报价利率四倍的部分,人民法院不予支持。

第六百七十七条　[提前偿还借款]借款人提前返还借款的,除当事人另有约定外,应当按照实际借款的期间计算利息。

第六百七十八条　[借款展期]借款人可以在还款期限届满前向贷款人申请展期;贷款人同意的,可以展期。

★ **第六百七十九条**　[自然人之间借款合同的成立]自然人之间的借款合同,自贷款人提供借款时成立。

> **《最高人民法院关于审理民间借贷案件适用法律若干问题的规定》**
>
> 第九条　自然人之间的借款合同具有下列情形之一的,可以视为合同成立:
>
> (一)以现金支付的,自借款人收到借款时;
>
> (二)以银行转账、网上电子汇款等形式支付的,自资金到达借款人账户时;
>
> (三)以票据交付的,自借款人依法取得票据权利时;
>
> (四)出借人将特定资金账户支配权授权给借款人的,自借款人取得对该账户实际支配权时;
>
> (五)出借人以与借款人约定的其他方式提供借款并实际履行完成时。
>
> 第十条　法人之间、非法人组织之间以及它们相互之间为生产、经营需要订立的民间借贷合同,除存在民法典第一百四十六条、第一百五十三条、第一百五十四条以及本规定第十三条规定的情形外,当事人主张民间借贷合同有效的,人民法院应予支持。
>
> 第十一条　法人或者非法人组织在本单位内部通过借款形式向职工筹集资金,用于本单位生产、经营,且不存在民法典第一百四十四条、第一百四十六条、第一百五十三条、第一百五十四条以及本规定第十三条规定的情形,当事人主张民间借贷合同有效的,人民法院应予支持。
>
> 第十二条　借款人或者出借人的借贷行为涉嫌犯罪,或者已经生效的裁判认定构成犯罪,当事人提起民事诉讼的,民间借贷合同并不当然无效。人民法院应当依据民法典第一百四十四条、第一百四十六条、第一百五十三条、第一百五十四条以及本规定第十三条之规定,认定民间借贷合同的效力。
>
> 担保人以借款人或者出借人的借贷行为涉嫌犯罪或者已经生效的裁判认定构成犯罪为由,主张不承担民事责任的,人民法院应当依据民间借贷合同与担保合同的效力、当事人的过错程度,依法确定担保人的民事责任。
>
> 第十三条　具有下列情形之一的,人民法院应当认定民间借贷合同无效:
>
> (一)套取金融机构贷款转贷的;

(二)以向其他营利法人借贷、向本单位职工集资,或者以向公众非法吸收存款等方式取得的资金转贷的;

(三)未依法取得放贷资格的出借人,以营利为目的,向社会不特定对象提供借款的;

(四)出借人事先知道或者应当知道借款人借款用于违法犯罪活动仍然提供借款的;

(五)违反法律、行政法规强制性规定的;

(六)违背公序良俗的。

★ **第六百八十条**　[借款利率和利息]禁止高利放贷,借款的利率不得违反国家有关规定。

借款合同对支付利息没有约定的,视为没有利息。

借款合同对支付利息约定不明确,当事人不能达成补充协议的,按照当地或者当事人的交易方式、交易习惯、市场利率等因素确定利息;自然人之间借款的,视为没有利息。

> **《最高人民法院关于审理民间借贷案件适用法律若干问题的规定》**
>
> ♠ 第二十四条　借贷双方没有约定利息,出借人主张支付利息的,人民法院不予支持。
>
> 自然人之间借贷对利息约定不明,出借人主张支付利息的,人民法院不予支持。除自然人之间借贷的外,借贷双方对借贷利息约定不明,出借人主张利息的,人民法院应当结合民间借贷合同的内容,并根据当地或者当事人的交易方式、交易习惯、市场报价利率等因素确定利息。
>
> ♠ 第二十五条　出借人请求借款人按照合同约定利率支付利息的,人民法院应予支持,但是双方约定的利率超过合同成立时一年期贷款市场报价利率四倍的除外。
>
> 前款所称"一年期贷款市场报价利率",是指中国人民银行授权全国银行间同业拆借中心自2019年8月20日起每月发布的一年期贷款市场报价利率。

第十三章　保证合同

第一节　一般规定

★ **第六百八十一条**　[保证合同的概念]保证合同是为保障债权的实现,保证人和债权人约定,当债务人不履行到期债务或者发生当事人约定的情形时,保证人履行债务或者承担责任的合同。

> **《最高人民法院关于适用〈中华人民共和国民法典〉有关担保制度的解释》**
>
> ♠ 第三十六条　第三人向债权人提供差额补足、流动性支持等类似承诺文件作为增信措施,具有提供担

保的意思表示,债权人请求第三人承担保证责任的,人民法院应当依照保证的有关规定处理。

第三人向债权人提供的承诺文件,具有加入债务或者与债务人共同承担债务等意思表示的,人民法院应当认定为民法典第五百五十二条规定的债务加入。

前两款中第三人提供的承诺文件难以确定是保证还是债务加入的,人民法院应当将其认定为保证。

第三人向债权人提供的承诺文件不符合前三款规定的情形,债权人请求第三人承担保证责任或者连带责任的,人民法院不予支持,但是不影响其依据承诺文件请求第三人履行约定的义务或者承担相应的民事责任。

★ **第六百八十二条** [保证合同的附从性及被确认无效后的责任分配]保证合同是主债权债务合同的从合同。主债权债务合同无效的,保证合同无效,但是法律另有规定的除外。

保证合同被确认无效后,债务人、保证人、债权人有过错的,应当根据其过错各自承担相应的民事责任。

《最高人民法院关于适用〈中华人民共和国民法典〉有关担保制度的解释》

第十七条 主合同有效而第三人提供的担保合同无效,人民法院应当区分不同情形确定担保人的赔偿责任:

(一)债权人与担保人均有过错的,担保人承担的赔偿责任不应超过债务人不能清偿部分的二分之一;

(二)担保人有过错而债权人无过错的,担保人对债务人不能清偿的部分承担赔偿责任;

(三)债权人有过错而担保人无过错的,担保人不承担赔偿责任。

主合同无效导致第三人提供的担保合同无效,担保人无过错的,不承担赔偿责任;担保人有过错的,其承担的赔偿责任不应超过债务人不能清偿部分的三分之一。

★ **第六百八十三条** [保证人的资格]机关法人不得为保证人,但是经国务院批准为使用外国政府或者国际经济组织贷款进行转贷的除外。

以公益为目的的非营利法人、非法人组织不得为保证人。

《民法典》 第 399 条

《最高人民法院关于适用〈中华人民共和国民法典〉有关担保制度的解释》

第五条 机关法人提供担保的,人民法院应当认定担保合同无效,但是经国务院批准为使用外国政府或者国际经济组织贷款进行转贷的除外。

居民委员会、村民委员会提供担保的,人民法院

应当认定担保合同无效,但是依法代行村集体经济组织职能的村民委员会,依照村民委员会组织法规定的讨论决定程序对外提供担保的除外。

第六条 以公益为目的的非营利性学校、幼儿园、医疗机构、养老机构等提供担保的,人民法院应当认定担保合同无效,但是有下列情形之一的除外:

(一)在购入或者以融资租赁方式承租教育设施、医疗卫生设施、养老服务设施和其他公益设施时,出卖人、出租人为担保价款或者租金实现而在该公益设施上保留所有权;

(二)以教育设施、医疗卫生设施、养老服务设施和其他公益设施以外的不动产、动产或者财产权利设立担保物权。

登记为营利法人的学校、幼儿园、医疗机构、养老机构等提供担保,当事人以其不具有担保资格为由主张担保合同无效的,人民法院不予支持。

第六百八十四条 [保证合同的一般内容]保证合同的内容一般包括被保证的主债权的种类、数额,债务人履行债务的期限,保证的方式、范围和期间等条款。

♠ **第六百八十五条** [保证合同的订立]保证合同可以是单独订立的书面合同,也可以是主债权债务合同中的保证条款。

第三人单方以书面形式向债权人作出保证,债权人接收且未提出异议的,保证合同成立。

《最高人民法院关于审理民间借贷案件适用法律若干问题的规定》

第二十一条 借贷双方通过网络贷款平台形成借贷关系,网络贷款平台的提供者仅提供媒介服务,当事人请求其承担担保责任的,人民法院不予支持。

网络贷款平台的提供者通过网页、广告或者其他媒介明示或者有其他证据证明其为借贷提供担保,出借人请求网络贷款平台的提供者承担担保责任的,人民法院应予支持。

♠ **第六百八十六条** [保证方式]保证的方式包括一般保证和连带责任保证。

当事人在保证合同中对保证方式没有约定或者约定不明确的,按照一般保证承担保证责任。

★ **第六百八十七条** [一般保证及先诉抗辩权]当事人在保证合同中约定,债务人不能履行债务时,由保证人承担保证责任的,为一般保证。

一般保证的保证人在主合同纠纷未经审判或者仲裁,并就债务人财产依法强制执行仍不能履行债务前,有权拒绝向债权人承担保证责任,但是有下列情形之一的除外:

(一)债务人下落不明,且无财产可供执行;

(二)人民法院已经受理债务人破产案件;

(三)债权人有证据证明债务人的财产不足以履行全部债务或者丧失履行债务能力;

(四)保证人书面表示放弃本款规定的权利。

> 最高人民法院指导案例(120号)
> **青海金泰融资担保有限公司与上海金桥工程建设发展有限公司、青海三工置业有限公司执行复议案**

《最高人民法院关于适用〈中华人民共和国民法典〉有关担保制度的解释》

♠ 第二十五条第一款　当事人在保证合同中约定了保证人在债务人不能履行债务或者无力偿还债务时才承担保证责任等类似内容,具有债务人应当先承担责任的意思表示的,人民法院应当将其认定为一般保证。

♠ 第二十六条　一般保证中,债权人以债务人为被告提起诉讼的,人民法院应予受理。债权人未就主合同纠纷提起诉讼或者申请仲裁,仅起诉一般保证人的,人民法院应当驳回起诉。

一般保证中,债权人一并起诉债务人和保证人的,人民法院可以受理,但是在作出判决时,除有民法典第六百八十七条第二款但书规定的情形外,应当在判决书主文中明确,保证人仅对债务人财产依法强制执行后仍不能履行的部分承担保证责任。

债权人未对债务人的财产申请保全,或者保全的债务人的财产足以清偿债务,债权人申请对一般保证人的财产进行保全的,人民法院不予准许。

《最高人民法院关于审理民间借贷案件适用法律若干问题的规定》

第四条第二款　保证人为借款人提供一般保证,出借人仅起诉保证人的,人民法院应当追加借款人为共同被告;出借人仅起诉借款人的,人民法院可以不追加保证人为共同被告。

★ 第六百八十八条　[连带责任保证]当事人在保证合同中约定保证人和债务人对债务承担连带责任的,为连带责任保证。

连带责任保证的债务人不履行到期债务或者发生当事人约定的情形时,债权人可以请求债务人履行债务,也可以请求保证人在其保证范围内承担保证责任。

《最高人民法院关于适用〈中华人民共和国民法典〉有关担保制度的解释》

第二十五条第二款　当事人在保证合同中约定了保证人在债务人不履行债务或者未偿还债务时即承担保证责任、无条件承担保证责任等类似内容,不具有债务人应当先承担责任的意思表示的,人民法院应当将其认定为连带责任保证。

《最高人民法院关于审理民间借贷案件适用法律若干问题的规定》

第四条第一款　保证人为借款人提供连带责任保

证,出借人仅起诉借款人的,人民法院可以不追加保证人为共同被告;出借人仅起诉保证人的,人民法院可以追加借款人为共同被告。

第六百八十九条　[反担保]保证人可以要求债务人提供反担保。

《最高人民法院关于适用〈中华人民共和国民法典〉有关担保制度的解释》

第十九条　担保合同无效,承担了赔偿责任的担保人按照反担保合同的约定,在其承担赔偿责任的范围内请求反担保人承担担保责任的,人民法院应予支持。

反担保合同无效的,依照本解释第十七条的有关规定处理。当事人仅以担保合同无效为由主张反担保合同无效的,人民法院不予支持。

第六百九十条　[最高额保证合同]保证人与债权人可以协商订立最高额保证的合同,约定在最高债权额限度内就一定期间连续发生的债权提供保证。

最高额保证除适用本章规定外,参照适用本法第二编最高额抵押权的有关规定。

> 最高人民法院指导案例(57号)
> **温州银行股份有限公司宁波分行诉浙江创菱电器有限公司等金融借款合同纠纷案**

第二节　保证责任

★ 第六百九十一条　[保证责任的范围]保证的范围包括主债权及其利息、违约金、损害赔偿金和实现债权的费用。当事人另有约定的,按照其约定。

《最高人民法院关于适用〈中华人民共和国民法典〉有关担保制度的解释》

第三条　当事人对担保责任的承担约定专门的违约责任,或者约定的担保责任范围超出债务人应当承担的责任范围,担保人主张仅在债务人应当承担的责任范围内承担责任的,人民法院应予支持。

担保人承担的责任超出债务人应当承担的责任范围,担保人向债务人追偿,债务人主张仅在其应当承担的责任范围内承担责任的,人民法院应予支持;担保人请求债权人返还超出部分的,人民法院依法予以支持。

★ 第六百九十二条　[保证期间]保证期间是确定保证人承担保证责任的期间,不发生中止、中断和延长。

债权人与保证人可以约定保证期间,但是约定的保证期间早于主债务履行期限或者与主债务履行期限同时届满的,视为没有约定;没有约定或者约定不明确的,保证期间为主债务履行期限届满之日起六个月。

债权人与债务人对主债务履行期限没有约定或者约定不明确的,保证期间自债权人请求债务人履行债务的宽限期届满之日起计算。

《最高人民法院关于适用〈中华人民共和国民法典〉有关担保制度的解释》

第三十条 最高额保证合同对保证期间的计算方式、起算时间等有约定的,按照其约定。

最高额保证合同对保证期间的计算方式、起算时间等没有约定或者约定不明,被担保债权的履行期限均已届满的,保证期间自债权确定之日起开始计算;被担保债权的履行期限尚未届满的,保证期间自最后到期债权的履行期限届满之日起开始计算。

前款所称债权确定之日,依照民法典第四百二十三条的规定认定。

第三十二条 保证合同约定保证人承担保证责任直至主债务本息还清时为止等类似内容的,视为约定不明,保证期间为主债务履行期限届满之日起六个月。

★ **第六百九十三条 [保证期间届满的法律效果]**一般保证的债权人未在保证期间对债务人提起诉讼或者申请仲裁的,保证人不再承担保证责任。

连带责任保证的债权人未在保证期间请求保证人承担保证责任的,保证人不再承担保证责任。

《最高人民法院关于适用〈中华人民共和国民法典〉有关担保制度的解释》

第二十七条 一般保证的债权人取得对债务人赋予强制执行效力的公证债权文书后,在保证期间内向人民法院申请强制执行,保证人以债权人未在保证期间内对债务人提起诉讼或者申请仲裁为由主张不承担保证责任的,人民法院不予支持。

第二十九条 同一债务有两个以上保证人,债权人以其已经在保证期间内依法向部分保证人行使权利为由,主张已经在保证期间内向其他保证人行使权利的,人民法院不予支持。

同一债务有两个以上保证人,保证人之间相互有追偿权,债权人未在保证期间内依法向部分保证人行使权利,导致其他保证人在承担保证责任后丧失追偿权,其他保证人主张在其不能追偿的范围内免除保证责任的,人民法院应予支持。

第三十一条 一般保证的债权人在保证期间内对债务人提起诉讼或者申请仲裁后,又撤回起诉或者仲裁申请,债权人在保证期间届满前未再行提起诉讼或者申请仲裁,保证人主张不再承担保证责任的,人民法院应予支持。

连带责任保证的债权人在保证期间内对保证人提起诉讼或者申请仲裁后,又撤回起诉或者仲裁申请,起

诉状副本或者仲裁申请书副本已经送达保证人的,人民法院应当认定债权人已经在保证期间内向保证人行使了权利。

第三十三条 保证合同无效,债权人未在约定或者法定的保证期间内依法行使权利,保证人主张不承担赔偿责任的,人民法院应予支持。

第三十四条 人民法院在审理保证合同纠纷案件时,应当将保证期间是否届满、债权人是否在保证期间内依法行使权利等事实作为案件基本事实予以查明。

债权人在保证期间内未依法行使权利的,保证责任消灭。保证责任消灭后,债权人书面通知保证人要求承担保证责任,保证人在通知书上签字、盖章或者按指印,债权人请求保证人继续承担保证责任的,人民法院不予支持,但是债权人有证据证明成立了新的保证合同的除外。

★ **第六百九十四条 [保证债务的诉讼时效]**一般保证的债权人在保证期间届满前对债务人提起诉讼或者申请仲裁的,从保证人拒绝承担保证责任的权利消灭之日起,开始计算保证债务的诉讼时效。

连带责任保证的债权人在保证期间届满前请求保证人承担保证责任的,从债权人请求保证人承担保证责任之日起,开始计算保证债务的诉讼时效。

《最高人民法院关于适用〈中华人民共和国民法典〉有关担保制度的解释》

第二十八条 一般保证中,债权人依据生效法律文书对债务人的财产依法申请强制执行,保证债务诉讼时效的起算时间按照下列规则确定:

(一)人民法院作出终结本次执行程序裁定,或者依照民事诉讼法第二百五十七条(现为第二百六十八条)①第三项、第五项的规定作出终结执行裁定的,自裁定送达债权人之日起开始计算;

(二)人民法院自收到申请执行书之日起一年内未作出前项裁定的,自人民法院收到申请执行书满一年之日起开始计算,但是保证人有证据证明债务人仍有财产可供执行的除外。

一般保证的债权人在保证期间届满前对债务人提起诉讼或者申请仲裁,债权人举证证明存在民法典第六百八十七条第二款但书规定情形的,保证债务的诉讼时效自债权人知道或者应当知道该情形之日起开始计算。

第三十五条 保证人知道或者应当知道主债权诉讼时效期间届满仍然提供保证或者承担保证责任,又以诉讼时效期间届满为由拒绝承担保证责任或者请求返还财产的,人民法院不予支持;保证人承担保证责任

---

① 编者注,下同。

后向债务人追偿的,人民法院不予支持,但是债务人放弃诉讼时效抗辩的除外。

★ **第六百九十五条** [主合同变更对保证责任影响]债权人和债务人未经保证人书面同意,协商变更主债权债务合同内容,减轻债务的,保证人仍对变更后的债务承担保证责任;加重债务的,保证人对加重的部分不承担保证责任。

债权人和债务人变更主债权债务合同的履行期限,未经保证人书面同意的,保证期间不受影响。

★ **第六百九十六条** [债权转让时保证人的保证责任]债权人转让全部或者部分债权,未通知保证人的,该转让对保证人不发生效力。

保证人与债权人约定禁止债权转让,债权人未经保证人书面同意转让债权的,保证人对受让人不再承担保证责任。

★ **第六百九十七条** [债务承担对保证责任的影响]债权人未经保证人书面同意,允许债务人转移全部或者部分债务,保证人对未经其同意转移的债务不再承担保证责任,但是债权人和保证人另有约定的除外。

第三人加入债务的,保证人的保证责任不受影响。

★ **第六百九十八条** [一般保证人免责]一般保证的保证人在主债务履行期限届满后,向债权人提供债务人可供执行财产的真实情况,债权人放弃或者怠于行使权利致使该财产不能被执行的,保证人在其提供可供执行的价值范围内不再承担保证责任。

★ **第六百九十九条** [共同保证]同一债务有两个以上保证人的,保证人应当按照保证合同约定的保证份额,承担保证责任;没有约定保证份额的,债权人可以请求任何一个保证人在其保证范围内承担保证责任。

★ **第七百条** [保证人的追偿权]保证人承担保证责任后,除当事人另有约定外,有权在其承担保证责任的范围内向债务人追偿,享有债权人对债务人的权利,但是不得损害债权人的利益。

> 《最高人民法院关于适用〈中华人民共和国民法典〉有关担保制度的解释》
> 第十三条 同一债务有两个以上第三人提供担保,担保人之间约定相互追偿及分担份额,承担了担保责任的担保人请求其他担保人按照约定分担份额的,人民法院应予支持;担保人之间约定承担连带共同担保,或者约定相互追偿但是未约定分担份额的,各担保人按照比例分担向债务人不能追偿的部分。
> 同一债务有两个以上第三人提供担保,担保人之间未对相互追偿作出约定且未约定承担连带共同担

保,但是各担保人在同一份合同书上签字、盖章或者按指印,承担了担保责任的担保人请求其他担保人按照比例分担向债务人不能追偿部分的,人民法院应予支持。
> 除前两款规定的情形外,承担了担保责任的担保人请求其他担保人分担向债务人不能追偿部分的,人民法院不予支持。
> 第十四条 同一债务有两个以上第三人提供担保,担保人受让债权的,人民法院应当认定该行为系承担担保责任。受让债权的担保人作为债权人请求其他担保人承担担保责任的,人民法院不予支持;该担保人请求其他担保人分担相应份额的,依照本解释第十三条的规定处理。

★ **第七百零一条** [保证人的抗辩权]保证人可以主张债务人对债权人的抗辩。债务人放弃抗辩的,保证人仍有权向债权人主张抗辩。

第七百零二条 [抵销权或撤销权范围内的免责]债务人对债权人享有抵销权或者撤销权的,保证人可以在相应范围内拒绝承担保证责任。

第十四章　租赁合同

第七百零三条 [租赁合同的概念]租赁合同是出租人将租赁物交付承租人使用、收益,承租人支付租金的合同。

> 《最高人民法院关于审理城镇房屋租赁合同纠纷案件具体应用法律若干问题的解释》[①]
> 第二条 出租人就未取得建设工程规划许可证或者未按照建设工程规划许可证的规定建设的房屋,与承租人订立的租赁合同无效。但在一审法庭辩论终结前取得建设工程规划许可证或者经主管部门批准建设的,人民法院应当认定有效。
> 第四条第一款 房屋租赁合同无效,当事人请求参照合同约定的租金标准支付房屋占有使用费的,人民法院一般应予支持。
> 第五条第一款 出租人就同一房屋订立数份租赁合同,在合同均有效的情况下,承租人均主张履行合同的,人民法院按照下列顺序确定履行合同的承租人:
> (一)已经合法占有租赁房屋的;
> (二)已经办理登记备案手续的;
> (三)合同成立在先的。

第七百零四条 [租赁合同的内容]租赁合同的

---

① 2009年6月22日由最高人民法院审判委员会第1469次会议通过,根据2020年12月23日最高人民法院审判委员会第1823次会议通过的《最高人民法院关于修改〈最高人民法院关于在民事审判工作中适用〈中华人民共和国工会法〉若干问题的解释〉等二十七件民事类司法解释的决定》修正。

内容一般包括租赁物的名称、数量、用途、租赁期限、租金及其支付期限和方式、租赁物维修等条款。

第七百零五条 [租赁期限的最高限制]租赁期限不得超过二十年。超过二十年的,超过部分无效。

租赁期限届满,当事人可以续订租赁合同;但是,约定的租赁期限自续订之日起不得超过二十年。

第七百零六条 [租赁合同登记对合同效力影响]当事人未依照法律、行政法规规定办理租赁合同登记备案手续的,不影响合同的效力。

> **《最高人民法院关于审理城镇房屋租赁合同纠纷案件具体应用法律若干问题的解释》**
> 第三条 出租人就未经批准或者未按照批准内容建设的临时建筑,与承租人订立的租赁合同无效。但在一审法庭辩论终结前经主管部门批准建设的,人民法院应当认定有效。
> 租赁期限超过临时建筑的使用期限,超过部分无效。但在一审法庭辩论终结前经主管部门批准延长使用期限的,人民法院应当认定延长使用期限内的租赁期间有效。

第七百零七条 [租赁合同形式]租赁期限六个月以上的,应当采用书面形式。当事人未采用书面形式,无法确定租赁期限的,视为不定期租赁。

♠ 第七百零八条 [出租人义务]出租人应当按照约定将租赁物交付承租人,并在租赁期限内保持租赁物符合约定的用途。

> **《民法典》 第724条**

第七百零九条 [承租人义务]承租人应当按照约定的方法使用租赁物。对租赁物的使用方法没有约定或者约定不明确,依据本法第五百一十条的规定仍不能确定的,应根据租赁物的性质使用。

第七百一十条 [承租人合理使用租赁物的免责]承租人按照约定的方法或者根据租赁物的性质使用租赁物,致使租赁物受到损耗的,不承担赔偿责任。

★ 第七百一十一条 [承租人未合理使用租赁物的责任]承租人未按照约定的方法或者未根据租赁物的性质使用租赁物,致使租赁物受到损失的,出租人可以解除合同并请求赔偿损失。

> **《最高人民法院关于审理城镇房屋租赁合同纠纷案件具体应用法律若干问题的解释》**
> 第六条 承租人擅自变动房屋建筑主体和承重结构或者扩建,在出租人要求的合理期限内仍不予恢复原状,出租人请求解除合同并要求赔偿损失的,人民法院依照民法典第七百一十一条的规定处理。

♠ 第七百一十二条 [出租人的维修义务]出租人应当履行租赁物的维修义务,但是当事人另有约定的除外。

♠ 第七百一十三条 [租赁物的维修和维修费负担]承租人在租赁物需要维修时可以请求出租人在合理期限内维修。出租人未履行维修义务的,承租人可以自行维修,维修费用由出租人负担。因维修租赁物影响承租人使用的,应当相应减少租金或者延长租期。

因承租人的过错致使租赁物需要维修的,出租人不承担前款规定的维修义务。

第七百一十四条 [承租人的租赁物妥善保管义务]承租人应当妥善保管租赁物,因保管不善造成租赁物毁损、灭失的,应当承担赔偿责任。

♠ 第七百一十五条 [承租人对租赁物进行改善或增设他物]承租人经出租人同意,可以对租赁物进行改善或者增设他物。

承租人未经出租人同意,对租赁物进行改善或者增设他物的,出租人可以请求承租人恢复原状或者赔偿损失。

> **《最高人民法院关于审理城镇房屋租赁合同纠纷案件具体应用法律若干问题的解释》**
> 第七条 承租人经出租人同意装饰装修,租赁合同无效时,未形成附合的装饰装修物,出租人同意利用的,可折价归出租人所有;不同意利用的,可由承租人拆除。因拆除造成房屋毁损的,承租人应当恢复原状。
> 已形成附合的装饰装修物,出租人同意利用的,可折价归出租人所有;不同意利用的,由双方各自按照导致合同无效的过错分担现值损失。
> 第八条 承租人经出租人同意装饰装修,租赁期间届满或者合同解除时,除当事人另有约定外,未形成附合的装饰装修物,可由承租人拆除。因拆除造成房屋毁损的,承租人应当恢复原状。
> 第九条 承租人经出租人同意装饰装修,合同解除时,双方对已形成附合的装饰装修物的处理没有约定的,人民法院按照下列情形分别处理:
> (一)因出租人违约导致合同解除,承租人请求出租人赔偿剩余租赁期内装饰装修残值损失的,应予支持;
> (二)因承租人违约导致合同解除,承租人请求出租人赔偿剩余租赁期内装饰装修残值损失的,不予支持。但出租人同意利用的,应在利用价值范围内予以适当补偿;
> (三)因双方违约导致合同解除,剩余租赁期内的装饰装修残值损失,由双方根据各自的过错承担相应的责任;
> (四)因不可归责于双方的事由导致合同解除的,剩余租赁期内的装饰装修残值损失,由双方按照公平原则分担。法律另有规定的,适用其规定。
> 第十条 承租人经出租人同意装饰装修,租赁期

间届满时,承租人请求出租人补偿附合装饰装修费用的,不予支持。但当事人另有约定的除外。

第十一条　承租人未经出租人同意装饰装修或者扩建发生的费用,由承租人负担。出租人请求承租人恢复原状或者赔偿损失的,人民法院应予支持。

第十二条　承租人经出租人同意扩建,但双方对扩建费用的处理没有约定的,人民法院按照下列情形分别处理:

(一)办理合法建设手续的,扩建造价费用由出租人负担;

(二)未办理合法建设手续的,扩建造价费用由双方按照过错分担。

♠ 第七百一十六条　[转租]承租人经出租人同意,可以将租赁物转租给第三人。承租人转租的,承租人与出租人之间的租赁合同继续有效;第三人造成租赁物损失的,承租人应当赔偿损失。

承租人未经出租人同意转租的,出租人可以解除合同。

第七百一十七条　[转租期限]承租人经出租人同意将租赁物转租给第三人,转租期限超过承租人剩余租赁期限的,超过部分的约定对出租人不具有法律约束力,但是出租人与承租人另有约定的除外。

★ 第七百一十八条　[出租人同意转租的推定]出租人知道或者应当知道承租人转租,但是在六个月内未提出异议的,视为出租人同意转租。

♠ 第七百一十九条　[次承租人的代为清偿权]承租人拖欠租金的,次承租人可以代承租人支付其欠付的租金和违约金,但是转租合同对出租人不具有法律约束力的除外。

次承租人代为支付的租金和违约金,可以充抵次承租人应当向承租人支付的租金;超出其应付的租金数额的,可以向承租人追偿。

第七百二十条　[租赁物的收益归属]在租赁期限内因占有、使用租赁物获得的收益,归承租人所有,但是当事人另有约定的除外。

第七百二十一条　[租金支付期限]承租人应当按照约定的期限支付租金。对支付租金的期限没有约定或者约定不明确,依据本法第五百一十条的规定仍不能确定,租赁期限不满一年的,应当在租赁期限届满时支付;租赁期限一年以上的,应当在每届满一年时支付,剩余期限不满一年的,应当在租赁期限届满时支付。

第七百二十二条　[承租人的租金支付义务]承租人无正当理由未支付或者迟延支付租金的,出租人可以请求承租人在合理期限内支付;承租人逾期不支付的,出租人可以解除合同。

第七百二十三条　[出租人的权利瑕疵担保责任]因第三人主张权利,致使承租人不能对租赁物使用、收益的,承租人可以请求减少租金或者不支付租金。

第三人主张权利的,承租人应当及时通知出租人。

> **最高人民检察院指导案例(检例第157号)**
> **陈某与向某贵房屋租赁合同纠纷抗诉案**

第七百二十四条　[承租人解除合同的法定情形]有下列情形之一,非因承租人原因致使租赁物无法使用的,承租人可以解除合同:

(一)租赁物被司法机关或者行政机关依法查封、扣押;

(二)租赁物权属有争议;

(三)租赁物具有违反法律、行政法规关于使用条件的强制性规定情形。

♠ 第七百二十五条　[买卖不破租赁]租赁物在承租人按照租赁合同占有期限内发生所有权变动的,不影响租赁合同的效力。

> **《最高人民法院关于审理城镇房屋租赁合同纠纷案件具体应用法律若干问题的解释》**
> 第十四条　租赁房屋在承租人按照租赁合同占有期限内发生所有权变动,承租人请求房屋受让人继续履行原租赁合同的,人民法院应予支持。但租赁房屋具有下列情形或者当事人另有约定的除外:
> (一)房屋在出租前已设立抵押权,因抵押权人实现抵押权发生所有权变动的;
> (二)房屋在出租前已被人民法院依法查封的。

♠ 第七百二十六条　[房屋承租人的优先购买权]出租人出卖租赁房屋的,应当在出卖之前的合理期限内通知承租人,承租人享有以同等条件优先购买的权利;但是,房屋按份共有人行使优先购买权或者出租人将房屋出卖给近亲属的除外。

出租人履行通知义务后,承租人在十五日内未明确表示购买的,视为承租人放弃优先购买权。

> **《最高人民法院关于审理城镇房屋租赁合同纠纷案件具体应用法律若干问题的解释》**
> 第十五条　出租人与抵押权人协议折价、变卖租赁房屋偿还债务,应当在合理期限内通知承租人。承租人请求以同等条件优先购买房屋的,人民法院应予支持。

第七百二十七条　[承租人对拍卖房屋的优先购买权]出租人委托拍卖人拍卖租赁房屋的,应当在拍卖五日前通知承租人。承租人未参加拍卖的,视为放弃优先购买权。

★ 第七百二十八条　[妨害承租人优先购买权的赔偿责任]出租人未通知承租人或者有其他妨害承租人

行使优先购买权情形的,承租人可以请求出租人承担赔偿责任。但是,出租人与第三人订立的房屋买卖合同的效力不受影响。

第七百二十九条 [租赁物毁损、灭失的法律后果]因不可归责于承租人的事由,致使租赁物部分或者全部毁损、灭失的,承租人可以请求减少租金或者不支付租金;因租赁物部分或者全部毁损、灭失,致使不能实现合同目的的,承租人可以解除合同。

★ **第七百三十条** [租期不明的处理]当事人对租赁期限没有约定或者约定不明确,依据本法第五百一十条的规定仍不能确定的,视为不定期租赁;当事人可以随时解除合同,但是应当在合理期限之前通知对方。

第七百三十一条 [租赁物质量不合格时承租人的解除权]租赁物危及承租人的安全或者健康的,即使承租人订立合同时明知该租赁物质量不合格,承租人仍然可以随时解除合同。

★ **第七百三十二条** [房屋承租人死亡时租赁关系的处理]承租人在房屋租赁期限内死亡的,与其生前共同居住的人或者共同经营人可以按照原租赁合同租赁该房屋。

第七百三十三条 [租赁物的返还]租赁期限届满,承租人应当返还租赁物。返还的租赁物应当符合按照约定或者根据租赁物的性质使用后的状态。

★ **第七百三十四条** [租赁期限届满的续租及优先承租权]租赁期限届满,承租人继续使用租赁物,出租人没有提出异议的,原租赁合同继续有效,但是租赁期限为不定期。

租赁期限届满,房屋承租人享有以同等条件优先承租的权利。

《最高人民法院关于适用〈中华人民共和国民法典〉时间效力的若干规定》

第二十一条 民法典施行前租赁期限届满,当事人主张适用民法典第七百三十四条第二款规定的,人民法院不予支持;租赁期限在民法典施行后届满,当事人主张适用民法典第七百三十四条第二款规定的,人民法院依法予以支持。

《最高人民法院关于审理城镇房屋租赁合同纠纷案件具体应用法律若干问题的解释》

第十三条 房屋租赁合同无效、履行期限届满或者解除,出租人请求负有腾房义务的次承租人支付逾期腾房占有使用费的,人民法院应予支持。

第十五章 融资租赁合同

★ **第七百三十五条** [融资租赁合同的概念]融资租赁合同是出租人根据承租人对出卖人、租赁物的选择,向出卖人购买租赁物,提供给承租人使用,承租人支付租金的合同。

《最高人民法院关于审理融资租赁合同纠纷案件适用法律问题的解释》①

第一条 人民法院应当根据民法典第七百三十五条的规定,结合标的物的性质、价值、租金的构成以及当事人的合同权利和义务,对是否构成融资租赁法律关系作出认定。

对名为融资租赁合同,但实际不构成融资租赁法律关系的,人民法院应按照其实际构成的法律关系处理。

第二条 承租人将其自有物出卖给出租人,再通过融资租赁合同将租赁物从出租人处租回的,人民法院不应仅以承租人和出卖人系同一人为由认定不构成融资租赁法律关系。

第七百三十六条 [融资租赁合同的内容]融资租赁合同的内容一般包括租赁物的名称、数量、规格、技术性能、检验方法,租赁期限,租金构成及其支付期限和方式、币种,租赁期限届满租赁物的归属等条款。

融资租赁合同应当采用书面形式。

第七百三十七条 [融资租赁通谋虚伪表示]当事人以虚构租赁物方式订立的融资租赁合同无效。

第七百三十八条 [特定租赁物经营许可对合同效力影响]依照法律、行政法规的规定,对于租赁物的经营使用应当取得行政许可的,出租人未取得行政许可不影响融资租赁合同的效力。

★ **第七百三十九条** [融资租赁标的物的交付]出租人根据承租人对出卖人、租赁物的选择订立的买卖合同,出卖人应当按照约定向承租人交付标的物,承租人享有与受领标的物有关的买受人的权利。

第七百四十条 [承租人的拒绝受领权]出卖人违反向承租人交付标的物的义务,有下列情形之一的,承租人可以拒绝受领出卖人向其交付的标的物:

(一)标的物严重不符合约定;

(二)未按照约定交付标的物,经承租人或者出租人催告后在合理期限内仍未交付。

承租人拒绝受领标的物的,应当及时通知出租人。

★ **第七百四十一条** [承租人的索赔权]出租人、出卖人、承租人可以约定,出卖人不履行买卖合同义务的,由承租人行使索赔的权利。承租人行使索赔权利的,出租人应当协助。

---

① 2013年11月25日最高人民法院审判委员会第1597次会议通过,根据2020年12月23日最高人民法院审判委员会第1823次会议通过的《最高人民法院关于修改〈最高人民法院关于在民事审判工作中适用〈中华人民共和国工会法〉若干问题的解释〉等二十七件民事类司法解释的决定》修正。

《民法典》 第742、743条

★ **第七百四十二条** [承租人行使索赔权的租金支付义务]承租人对出卖人行使索赔权利,不影响其履行支付租金的义务。但是,承租人依赖出租人的技能确定租赁物或者出租人干预选择租赁物的,承租人可以请求减免相应租金。

第七百四十三条 [承租人索赔不能的违约责任承担]出租人有下列情形之一,致使承租人对出卖人行使索赔权利失败的,承租人有权请求出租人承担相应的责任:

(一)明知租赁物有质量瑕疵而不告知承租人;

(二)承租人行使索赔权利时,未及时提供必要协助。

出租人怠于行使只能由其对出卖人行使的索赔权利,造成承租人损失的,承租人有权请求出租人承担赔偿责任。

第七百四十四条 [出租人不得擅自变更买卖合同内容]出租人根据承租人对出卖人、租赁物的选择订立的买卖合同,未经承租人同意,出租人不得变更与承租人有关的合同内容。

★ **第七百四十五条** [租赁物的登记对抗效力]出租人对租赁物享有的所有权,未经登记,不得对抗善意第三人。

《最高人民法院关于适用〈中华人民共和国民法典〉有关担保制度的解释》

第六十七条 在所有权保留买卖、融资租赁等合同中,出卖人、出租人的所有权未经登记不得对抗的"善意第三人"的范围及其效力,参照本解释第五十四条的规定处理。

第五十四条 动产抵押合同订立后未办理抵押登记,动产抵押权的效力按照下列情形分别处理:

(一)抵押人转让抵押财产,受让人占有抵押财产后,抵押权人向受让人请求行使抵押权的,人民法院不予支持,但是抵押权人能够举证证明受让人知道或者应当知道已经订立抵押合同的除外;

(二)抵押人将抵押财产出租给他人并移转占有,抵押权人行使抵押权的,租赁关系不受影响,但是抵押权人能够举证证明承租人知道或者应当知道已经订立抵押合同的除外;

(三)抵押人的其他债权人向人民法院申请保全或者执行抵押财产,人民法院已经作出财产保全裁定或者采取执行措施,抵押权人主张对抵押财产优先受偿的,人民法院不予支持;

(四)抵押人破产,抵押权人主张对抵押财产优先受偿的,人民法院不予支持。

第七百四十六条 [租金的确定规则]融资租赁合同的租金,除当事人另有约定外,应当根据购买租赁物的大部分或者全部成本以及出租人的合理利润确定。

★ **第七百四十七条** [租赁物瑕疵担保责任]租赁物不符合约定或者不符合使用目的的,出租人不承担责任。但是,承租人依赖出租人的技能确定租赁物或者出租人干预选择租赁物的除外。

第七百四十八条 [出租人保证承租人占有和使用租赁物]出租人应当保证承租人对租赁物的占有和使用。

出租人有下列情形之一的,承租人有权请求其赔偿损失:

(一)无正当理由收回租赁物;

(二)无正当理由妨碍、干扰承租人对租赁物的占有和使用;

(三)因出租人的原因致使第三人对租赁物主张权利;

(四)不当影响承租人对租赁物占有和使用的其他情形。

《最高人民法院关于审理融资租赁合同纠纷案件适用法律问题的解释》

第六条 因出租人的原因致使承租人无法占有、使用租赁物,承租人请求解除融资租赁合同的,人民法院应予支持。

第七百四十九条 [租赁物致人损害的责任承担]承租人占有租赁物期间,租赁物造成第三人人身损害或者财产损失的,出租人不承担责任。

第七百五十条 [租赁物的保管、使用、维修]承租人应当妥善保管、使用租赁物。

承租人应当履行占有租赁物期间的维修义务。

第七百五十一条 [承租人占有租赁物毁损、灭失的租金承担]承租人占有租赁物期间,租赁物毁损、灭失的,出租人有权请求承租人继续支付租金,但是法律另有规定或者当事人另有约定的除外。

第七百五十二条 [承租人支付租金的义务]承租人应当按照约定支付租金。承租人经催告后在合理期限内仍不支付租金的,出租人可以请求支付全部租金;也可以解除合同,收回租赁物。

《最高人民法院关于审理融资租赁合同纠纷案件适用法律问题的解释》

第五条 有下列情形之一,出租人请求解除融资租赁合同的,人民法院应予支持:

(一)承租人未按照合同约定的期限和数额支付租金,符合合同约定的解除条件,经出租人催告后在合理期限内仍不支付的;

(二)合同对于欠付租金解除合同的情形没有明确约定,但承租人欠付租金达到两期以上,或者数额达到全部租金百分之十五以上，经出租人催告后在合理期限内仍不支付的；

（三）承租人违反合同约定，致使合同目的不能实现的其他情形。

第九条　承租人逾期履行支付租金义务或者迟延履行其他付款义务，出租人按照融资租赁合同的约定要求承租人支付逾期利息、相应违约金的，人民法院应予支持。

第十条　出租人既请求承租人支付合同约定的全部未付租金又请求解除融资租赁合同的，人民法院应告知其依照民法典第七百五十二条的规定作出选择。

出租人请求承租人支付合同约定的全部未付租金，人民法院判决后承租人未予履行，出租人再行起诉请求解除融资租赁合同、收回租赁物的，人民法院应予受理。

第十一条　出租人依照本解释第五条的规定请求解除融资租赁合同，同时请求收回租赁物并赔偿损失的，人民法院应予支持。

前款规定的损失赔偿范围为承租人全部未付租金及其他费用与收回租赁物价值的差额。合同约定租赁期间届满后租赁物归出租人所有的，损失赔偿范围还应包括融资租赁合同到期后租赁物的残值。

《最高人民法院关于适用〈中华人民共和国民法典〉有关担保制度的解释》

第六十五条　在融资租赁合同中，承租人未按照约定支付租金，经催告后在合理期限内仍不支付，出租人请求承租人支付全部剩余租金，并以拍卖、变卖租赁物所得的价款受偿的，人民法院应予支持；当事人请求参照民事诉讼法"实现担保物权案件"的有关规定，以拍卖、变卖租赁物所得价款支付租金的，人民法院应予准许。

出租人请求解除融资租赁合同并收回租赁物，承租人以抗辩或者反诉的方式主张返还租赁物价值超过欠付租金以及其他费用的，人民法院应当一并处理。当事人对租赁物的价值有争议的，应当按照下列规则确定租赁物的价值：

（一）融资租赁合同有约定的，按照其约定；

（二）融资租赁合同未约定或者约定不明的，根据约定的租赁物折旧以及合同到期后租赁物的残值来确定；

（三）根据前两项规定的方法仍然难以确定，或者当事人认为根据前两项规定的方法确定的价值严重偏离租赁物实际价值的，根据当事人的申请委托有资质的机构评估。

第七百五十三条　[承租人擅自处分租赁物时出租人的解除权] 承租人未经出租人同意，将租赁物转让、抵押、质押、投资入股或者以其他方式处分的，出租人可以解除融资租赁合同。

★ **第七百五十四条　[出租人或承租人均可解除融资租赁合同情形]** 有下列情形之一的，出租人或者承租人可以解除融资租赁合同：

（一）出租人与出卖人订立的买卖合同解除、被确认无效或者被撤销，且未能重新订立买卖合同；

（二）租赁物因不可归责于当事人的原因毁损、灭失，且不能修复或者确定替代物；

（三）因出卖人的原因致使融资租赁合同的目的不能实现。

第七百五十五条　[承租人承担出租人损失赔偿责任情形] 融资租赁合同因买卖合同解除、被确认无效或者被撤销而解除，出卖人、租赁物系由承租人选择的，出租人有权请求承租人赔偿相应损失；但是，因出租人原因致使买卖合同解除、被确认无效或者被撤销的除外。

出租人的损失已经在买卖合同解除、被确认无效或者被撤销时获得赔偿的，承租人不再承担相应的赔偿责任。

第七百五十六条　[租赁物意外毁损灭失] 融资租赁合同因租赁物交付承租人后意外毁损、灭失等不可归责于当事人的原因解除的，出租人可以请求承租人按照租赁物折旧情况给予补偿。

★ **第七百五十七条　[租赁期满租赁物的归属]** 出租人和承租人可以约定租赁期限届满租赁物的归属；对租赁物的归属没有约定或者约定不明确，依据本法第五百一十条的规定仍不能确定的，租赁物的所有权归出租人。

《最高人民法院关于审理融资租赁合同纠纷案件适用法律问题的解释》

第七条　当事人在一审诉讼中仅请求解除融资租赁合同，未对租赁物的归属及损失赔偿提出主张的，人民法院可以向当事人进行释明。

第七百五十八条　[承租人请求部分返还租赁物价值] 当事人约定租赁期限届满租赁物归承租人所有，承租人已经支付大部分租金，但是无力支付剩余租金，出租人因此解除合同收回租赁物，收回的租赁物的价值超过承租人欠付的租金以及其他费用的，承租人可以请求相应返还。

当事人约定租赁期限届满租赁物归出租人所有，因租赁物毁损、灭失或者附合、混合于他物致使承租人不能返还的，出租人有权请求承租人给予合理补偿。

《最高人民法院关于审理融资租赁合同纠纷案件适用法律问题的解释》

第十二条　诉讼期间承租人与出租人对租赁物的价值有争议的，人民法院可以按照融资租赁合同的约定确定租赁物价值;融资租赁合同未约定或者约定不明的,可以参照融资租赁合同约定的租赁物折旧以及合同到期后租赁物的残值确定租赁物价值。

承租人或者出租人认为依前款确定的价值严重偏离租赁物实际价值的,可以请求人民法院委托有资质的机构评估或者拍卖确定。

第七百五十九条 [支付象征性价款时的租赁物归属]当事人约定租赁期限届满,承租人仅需向出租人支付象征性价款的,视为约定的租金义务履行完毕后租赁物的所有权归承租人。

第七百六十条 [融资租赁合同无效时租赁物的归属]融资租赁合同无效,当事人就该情形下租赁物的归属有约定的,按照其约定;没有约定或者约定不明确的,租赁物应当返还出租人。但是,因承租人原因致使合同无效,出租人不请求返还或者返还后会显著降低租赁物效用的,租赁物的所有权归承租人,由承租人给予出租人合理补偿。

第十六章 保理合同

★ 第七百六十一条 [保理合同的概念]保理合同是应收账款债权人将现有的或者将有的应收账款转让给保理人,保理人提供资金融通、应收账款管理或者催收、应收账款债务人付款担保等服务的合同。

第七百六十二条 [保理合同的内容与形式]保理合同的内容一般包括业务类型、服务范围、服务期限、基础交易合同情况、应收账款信息、保理融资款或者服务报酬及其支付方式等条款。

保理合同应当采用书面形式。

第七百六十三条 [虚构应收账款]应收账款债权人与债务人虚构应收账款作为转让标的,与保理人订立保理合同的,应收账款债务人不得以应收账款不存在为由对抗保理人,但是保理人明知虚构的除外。

第七百六十四条 [保理人发出转让通知的表明身份义务]保理人向应收账款债务人发出应收账款转让通知的,应当表明保理人身份并附有必要凭证。

第七百六十五条 [无正当理由变更、终止基础交易合同对保理人的效力]应收账款债务人接到应收账款转让通知后,应收账款债权人与债务人无正当理由协商变更或者终止基础交易合同,对保理人产生不利影响的,对保理人不发生效力。

★ 第七百六十六条 [有追索权保理]当事人约定有追索权保理的,保理人可以向应收账款债权人主张返还保理融资款本息或者回购应收账款债权,也可以向应收账款债务人主张应收账款债权。保理人向应收账款债务人主张应收账款债权,在扣除保理融资款本息和相关费用后有剩余的,剩余部分应当返还给应收账款债权人。

★ 第七百六十七条 [无追索权保理]当事人约定无追索权保理的,保理人应当向应收账款债务人主张应收账款债权,保理人取得超过保理融资款本息和相关费用的部分,无需向应收账款债权人返还。

★ 第七百六十八条 [多重保理的清偿顺序]应收账款债权人就同一应收账款订立多个保理合同,致使多个保理人主张权利的,已经登记的先于未登记的取得应收账款;均已经登记的,按照登记时间的先后顺序取得应收账款;均未登记的,由最先到达应收账款债务人的转让通知中载明的保理人取得应收账款;既未登记也未通知的,按照保理融资款或者服务报酬的比例取得应收账款。

> 《最高人民法院关于适用〈中华人民共和国民法典〉有关担保制度的解释》
>
> 第六十六条 同一应收账款同时存在保理、应收账款质押和债权转让,当事人主张参照民法典第七百六十八条的规定确定优先顺序的,人民法院应予支持。
>
> 在有追索权的保理中,保理人以应收账款债权人或者应收账款债务人为被告提起诉讼,人民法院应予受理;保理人一并起诉应收账款债权人和应收账款债务人的,人民法院可以受理。
>
> 应收账款债权人向保理人返还保理融资款本息或者回购应收账款债权后,请求应收账款债务人向其履行应收账款债务的,人民法院应予支持。

第七百六十九条 [参照适用债权转让的规定]本章没有规定的,适用本编第六章债权转让的有关规定。

第十七章 承揽合同

★ 第七百七十条 [承揽合同的定义及类型]承揽合同是承揽人按照定作人的要求完成工作,交付工作成果,定作人支付报酬的合同。

承揽包括加工、定作、修理、复制、测试、检验等工作。

第七百七十一条 [承揽合同的主要条款]承揽合同的内容一般包括承揽的标的、数量、质量、报酬,承揽方式,材料的提供,履行期限,验收标准和方法等条款。

★ 第七百七十二条 [承揽人独立完成主要工作]承揽人应当以自己的设备、技术和劳力,完成主要工作,但是当事人另有约定的除外。

承揽人将其承揽的主要工作交由第三人完成的,应当就该第三人完成的工作成果向定作人负责;未经定作人同意的,定作人也可以解除合同。

★ 第七百七十三条 [承揽人对辅助性工作的责任]承揽人可以将其承揽的辅助工作交由第三人完成。承揽人将其承揽的辅助工作交由第三人完成的,应当就该第三人完成的工作成果向定作人负责。

第七百七十四条 [承揽人提供材料时的主要义务]承揽人提供材料的,应当按照约定选用材料,并接受定作人检验。

第七百七十五条 [定作人提供材料时双方当事人的义务]定作人提供材料的,应当按照约定提供材料。承揽人对定作人提供的材料应当及时检验,发现不符合约定时,应当及时通知定作人更换、补齐或者采取其他补救措施。

承揽人不得擅自更换定作人提供的材料,不得更换不需要修理的零部件。

第七百七十六条 [定作人要求不合理时双方当事人的义务]承揽人发现定作人提供的图纸或者技术要求不合理的,应当及时通知定作人。因定作人怠于答复等原因造成承揽人损失的,应当赔偿损失。

★ **第七百七十七条** [中途变更工作要求的责任]定作人中途变更承揽工作的要求,造成承揽人损失的,应当赔偿损失。

第七百七十八条 [定作人的协作义务]承揽工作需要定作人协助的,定作人有协助的义务。定作人不履行协助义务致使承揽工作不能完成的,承揽人可以催告定作人在合理期限内履行义务,并可以顺延履行期限;定作人逾期不履行的,承揽人可以解除合同。

第七百七十九条 [定作人监督检验承揽工作]承揽人在工作期间,应当接受定作人必要的监督检验。定作人不得因监督检验妨碍承揽人的正常工作。

第七百八十条 [工作成果交付]承揽人完成工作的,应当向定作人交付工作成果,并提交必要的技术资料和有关质量证明。定作人应当验收该工作成果。

第七百八十一条 [工作成果质量不合约定的责任]承揽人交付的工作成果不符合质量要求的,定作人可以合理选择请求承揽人承担修理、重作、减少报酬、赔偿损失等违约责任。

第七百八十二条 [支付报酬期限]定作人应当按照约定的期限支付报酬。对支付报酬的期限没有约定或者约定不明确,依据本法第五百一十条的规定仍不能确定的,定作人应当在承揽人交付工作成果时支付;工作成果部分交付的,定作人应当相应支付。

★ **第七百八十三条** [承揽人的留置权及同时履行抗辩权]定作人未向承揽人支付报酬或者材料费等价款的,承揽人对完成的工作成果享有留置权或者有权拒绝交付,但是当事人另有约定的除外。

第七百八十四条 [承揽人的保管义务]承揽人应当妥善保管定作人提供的材料以及完成的工作成果,因保管不善造成毁损、灭失的,应当承担赔偿责任。

第七百八十五条 [承揽人的保密义务]承揽人应当按照定作人的要求保守秘密,未经定作人许可,不得留存复制品或者技术资料。

第七百八十六条 [共同承揽]共同承揽人对定作人承担连带责任,但是当事人另有约定的除外。

★ **第七百八十七条** [定作人的任意解除权]定作人在承揽人完成工作前可以随时解除合同,造成承揽人损失的,应当赔偿损失。

第十八章 建设工程合同

第七百八十八条 [建设工程合同的定义]建设工程合同是承包人进行工程建设,发包人支付价款的合同。

建设工程合同包括工程勘察、设计、施工合同。

第七百八十九条 [建设工程合同形式]建设工程合同应当采用书面形式。

第七百九十条 [工程招标投标]建设工程的招标投标活动,应当依照有关法律的规定公开、公平、公正进行。

★ **第七百九十一条** [总包与分包]发包人可以与总承包人订立建设工程合同,也可以分别与勘察人、设计人、施工人订立勘察、设计、施工承包合同。发包人不得将应当由一个承包人完成的建设工程支解成若干部分发包给数个承包人。

总承包人或者勘察、设计、施工承包人经发包人同意,可以将自己承包的部分工作交由第三人完成。第三人就其完成的工作成果与总承包人或者勘察、设计、施工承包人向发包人承担连带责任。承包人不得将其承包的全部建设工程转包给第三人或者将其承包的全部建设工程支解以后以分包的名义分别转包给第三人。

禁止承包人将工程分包给不具备相应资质条件的单位。禁止分包单位将其承包的工程再分包。建设工程主体结构的施工必须由承包人自行完成。

> **《最高人民法院关于审理建设工程施工合同纠纷案件适用法律问题的解释(一)》①**
>
> **第一条** 建设工程施工合同具有下列情形之一的,应当依据民法典第一百五十三条第一款的规定,认定无效:
>
> (一)承包人未取得建筑业企业资质或者超越资质等级的;
>
> (二)没有资质的实际施工人借用有资质的建筑施工企业名义的;

---

① 2020年12月25日最高人民法院审判委员会第1825次会议通过,2020年12月29日公布,自2021年1月1日起施行。(法释〔2020〕25号)

(三)建设工程必须进行招标而未招标或者中标无效的。

承包人因转包、违法分包建设工程与他人签订的建设工程施工合同,应当依据民法典第一百五十三条第一款及第七百九十一条第二款、第三款的规定,认定无效。

第二条　招标人和中标人另行签订的建设工程施工合同约定的工程范围、建设工期、工程质量、工程价款等实质性内容,与中标合同不一致,一方当事人请求按照中标合同确定权利义务的,人民法院应予支持。

招标人和中标人在中标合同之外就明显高于市场价格购买承建房产、无偿建设住房配套设施、让利、向建设单位捐赠财物等另行签订合同,变相降低工程价款,一方当事人以该合同背离中标合同实质性内容为由请求确认无效的,人民法院应予支持。

第三条　当事人以发包人未取得建设工程规划许可证等规划审批手续为由,请求确认建设工程施工合同无效的,人民法院应予支持,但发包人在起诉前取得建设工程规划许可证等规划审批手续的除外。

发包人能够办理审批手续而未办理,并以未办理审批手续为由请求确认建设工程施工合同无效的,人民法院不予支持。

第四条　承包人超越资质等级许可的业务范围签订建设工程施工合同,在建设工程竣工前取得相应资质等级,当事人请求按照无效合同处理的,人民法院不予支持。

第五条　具有劳务作业法定资质的承包人与总承包人、分包人签订的劳务分包合同,当事人请求确认无效的,人民法院依法不予支持。

第四十三条　实际施工人以转包人、违法分包人为被告起诉的,人民法院应当依法受理。

实际施工人以发包人为被告主张权利的,人民法院应当追加转包人或者违法分包人为本案第三人,在查明发包人欠付转包人或者违法分包人建设工程价款的数额后,判决发包人在欠付建设工程价款范围内对实际施工人承担责任。

第四十四条　实际施工人依据民法典第五百三十五条规定,以转包人或者违法分包人怠于向发包人行使到期债权或者与该债权有关的从权利,影响其到期债权实现,提起代位权诉讼的,人民法院应予支持。

第七百九十二条　[国家重大建设工程合同的订立] 国家重大建设工程合同,应当按照国家规定的程序和国家批准的投资计划、可行性研究报告等文件订立。

★ 第七百九十三条　[建设工程施工合同无效的处理] 建设工程施工合同无效,但是建设工程经验收合格的,可以参照合同关于工程价款的约定折价补偿承包人。

建设工程施工合同无效,且建设工程经验收不合格的,按照以下情形处理:

(一)修复后的建设工程经验收合格的,发包人可以请求承包人承担修复费用;

(二)修复后的建设工程经验收不合格的,承包人无权请求参照合同关于工程价款的约定折价补偿。

发包人对因建设工程不合格造成的损失有过错的,应当承担相应的责任。

《最高人民法院关于审理建设工程施工合同纠纷案件适用法律问题的解释(一)》

第六条　建设工程施工合同无效,一方当事人请求对方赔偿损失的,应当就对方过错、损失大小、过错与损失之间的因果关系承担举证责任。

损失大小无法确定,一方当事人请求参照合同约定的质量标准、建设工期、工程价款支付时间等内容确定损失大小的,人民法院可以结合双方过错程度、过错与损失之间的因果关系等因素作出裁判。

第七条　缺乏资质的单位或者个人借用有资质的建筑施工企业名义签订建设工程施工合同,发包人请求出借方与借用方对建设工程质量不合格等因出借资质造成的损失承担连带赔偿责任的,人民法院应予支持。

第七百九十四条　[勘察、设计合同主要内容] 勘察、设计合同的内容一般包括提交有关基础资料和概预算等文件的期限、质量要求、费用以及其他协作条件等条款。

第七百九十五条　[施工合同主要内容] 施工合同的内容一般包括工程范围、建设工期、中间交工工程的开工和竣工时间、工程质量、工程造价、技术资料交付时间、材料和设备供应责任、拨款和结算、竣工验收、质量保修范围和质量保证期、相互协作等条款。

《最高人民法院关于审理建设工程施工合同纠纷案件适用法律问题的解释(一)》

第八条　当事人对建设工程开工日期有争议的,人民法院应当分别按照以下情形予以认定:

(一)开工日期为发包人或者监理人发出的开工通知载明的开工日期;开工通知发出后,尚不具备开工条件的,以开工条件具备的时间为开工日期;因承包人原因导致开工时间推迟的,以开工通知载明的时间为开工日期。

(二)承包人经发包人同意已经实际进场施工的,以实际进场施工时间为开工日期。

(三)发包人或者监理人未发出开工通知,亦无相关证据证明实际开工日期的,应当综合考虑开工报告、合同、施工许可证、竣工验收报告或者竣工验收备案表等载明的时间,并结合是否具备开工条件的事实,认定开工日期。

第九条 当事人对建设工程实际竣工日期有争议的,人民法院应当分别按照以下情形予以认定:

(一)建设工程经竣工验收合格的,以竣工验收合格之日为竣工日期;

(二)承包人已经提交竣工验收报告,发包人拖延验收的,以承包人提交验收报告之日为竣工日期;

(三)建设工程未经竣工验收,发包人擅自使用的,以转移占有建设工程之日为竣工日期。

第七百九十六条 [建设工程监理]建设工程实行监理的,发包人应当与监理人采用书面形式订立委托监理合同。发包人与监理人的权利和义务以及法律责任,应当依照本编委托合同以及其他有关法律、行政法规的规定。

第七百九十七条 [发包人检查权]发包人在不妨碍承包人正常作业的情况下,可以随时对作业进度、质量进行检查。

第七百九十八条 [隐蔽工程]隐蔽工程在隐蔽以前,承包人应当通知发包人检查。发包人没有及时检查的,承包人可以顺延工程日期,并有权请求赔偿停工、窝工等损失。

第七百九十九条 [竣工验收]建设工程竣工后,发包人应当根据施工图纸及说明书、国家颁发的施工验收规范和质量检验标准及时进行验收。验收合格的,发包人应当按照约定支付价款,并接收该建设工程。

建设工程竣工经验收合格后,方可交付使用;未经验收或者验收不合格的,不得交付使用。

《最高人民法院关于审理建设工程施工合同纠纷案件适用法律问题的解释(一)》

第十一条 建设工程竣工前,当事人对工程质量发生争议,工程质量经鉴定合格的,鉴定期间为顺延工期期间。

第十四条 建设工程未经竣工验收,发包人擅自使用后,又以使用部分质量不符合约定为由主张权利的,人民法院不予支持;但是承包人应当在建设工程的合理使用寿命内对地基基础工程和主体结构质量承担民事责任。

第十七条第一款 有下列情形之一,承包人请求发包人返还工程质量保证金的,人民法院应予支持:

(一)当事人约定的工程质量保证金返还期限届满;

(二)当事人未约定工程质量保证金返还期限的,自建设工程通过竣工验收之日起满二年;

(三)因发包人原因建设工程未按约定期限进行竣工验收的,自承包人提交工程竣工验收报告九十日后当事人约定的工程质量保证金返还期限届满;当事人未约定工程质量保证金返还期限的,自承包人提交

工程竣工验收报告九十日后起满二年。

第八百条 [勘察、设计人质量责任]勘察、设计的质量不符合要求或者未按照期限提交勘察、设计文件拖延工期,造成发包人损失的,勘察人、设计人应当继续完善勘察、设计,减收或者免收勘察、设计费并赔偿损失。

★ 第八百零一条 [施工人的质量责任]因施工人的原因致使建设工程质量不符合约定的,发包人有权请求施工人在合理期限内无偿修理或者返工、改建。经过修理或者返工、改建后,造成逾期交付的,施工人应当承担违约责任。

《最高人民法院关于审理建设工程施工合同纠纷案件适用法律问题的解释(一)》

第十二条 因承包人的原因造成建设工程质量不符合约定,承包人拒绝修理、返工或者改建,发包人请求减少支付工程价款的,人民法院应予支持。

第十三条 发包人具有下列情形之一,造成建设工程质量缺陷,应当承担过错责任:

(一)提供的设计有缺陷;

(二)提供或者指定购买的建筑材料、建筑构配件、设备不符合强制性标准;

(三)直接指定分包人分包专业工程。

承包人有过错的,也应当承担相应的过错责任。

第十五条 因建设工程质量发生争议的,发包人可以以总承包人、分包人和实际施工人为共同被告提起诉讼。

第十六条 发包人在承包人提起的建设工程施工合同纠纷案件中,以建设工程质量不符合合同约定或者法律规定为由,就承包人支付违约金或者赔偿修理、返工、改建的合理费用等损失提出反诉的,人民法院可以合并审理。

第八百零二条 [承包人的责任]因承包人的原因致使建设工程在合理使用期限内造成人身损害和财产损失的,承包人应当承担赔偿责任。

《最高人民法院关于审理建设工程施工合同纠纷案件适用法律问题的解释(一)》

第十七条第二款 发包人返还工程质量保证金后,不影响承包人根据合同约定或者法律规定履行工程保修义务。

第十八条 因保修人未及时履行保修义务,导致建筑物毁损或者造成人身损害、财产损失的,保修人应当承担赔偿责任。

保修人与建筑物所有人或者发包人对建筑物毁损均有过错的,各自承担相应的责任。

第八百零三条 [发包人违约责任]发包人未按照约定的时间和要求提供原材料、设备、场地、资金、

技术资料的,承包人可以顺延工程日期,并有权请求赔偿停工、窝工等损失。

《最高人民法院关于审理建设工程施工合同纠纷案件适用法律问题的解释(一)》

第十条　当事人约定顺延工期应当经发包人或者监理人签证等方式确认,承包人虽未取得工期顺延的确认,但能够证明在合同约定的期限内向发包人或者监理人申请过工期顺延且顺延事由符合合同约定,承包人以此为由主张工期顺延的,人民法院应予支持。

当事人约定承包人未在约定期限内提出工期顺延申请视为工期不顺延的,按照约定处理,但发包人在约定期限后同意工期顺延或者承包人提出合理抗辩的除外。

第八百零四条　[发包人原因致工程停建、缓建的责任] 因发包人的原因致使工程中途停建、缓建的,发包人应当采取措施弥补或者减少损失,赔偿承包人因此造成的停工、窝工、倒运、机械设备调迁、材料和构件积压等损失和实际费用。

第八百零五条　[发包人原因致勘察、设计返工、停工或修改设计的责任] 因发包人变更计划,提供的资料不准确,或者未按照期限提供必需的勘察、设计工作条件而造成勘察、设计的返工、停工或者修改设计,发包人应当按照勘察人、设计人实际消耗的工作量增付费用。

★ 第八百零六条　[建设工程合同的法定解除] 承包人将建设工程转包、违法分包的,发包人可以解除合同。

发包人提供的主要建筑材料、建筑构配件和设备不符合强制性标准或者不履行协助义务,致使承包人无法施工,经催告后在合理期限内仍未履行相应义务的,承包人可以解除合同。

合同解除后,已经完成的建设工程质量合格的,发包人应当按照约定支付相应的工程价款;已经完成的建设工程质量不合格的,参照本法第七百九十三条的规定处理。

★ 第八百零七条　[工程价款的支付] 发包人未按照约定支付价款的,承包人可以催告发包人在合理期限内支付价款。发包人逾期不支付的,除根据建设工程的性质不宜折价、拍卖外,承包人可以与发包人协议将该工程折价,也可以请求人民法院将该工程依法拍卖。建设工程的价款就该工程折价或者拍卖的价款优先受偿。

> 最高人民法院指导案例(171 号)
> 中天建设集团有限公司诉河南恒和置业有限公司
> 建设工程施工合同纠纷案
> 最高人民法院指导案例(73 号)
> 通州建总集团有限公司诉安徽天宇化工
> 有限公司别除权纠纷案

《最高人民法院关于审理建设工程施工合同纠纷案件适用法律问题的解释(一)》

第十九条　当事人对建设工程的计价标准或者计价方法有约定的,按照约定结算工程价款。

因设计变更导致建设工程的工程量或者质量标准发生变化,当事人对该部分工程价款不能协商一致的,可以参照签订建设工程施工合同时当地建设行政主管部门发布的计价方法或者计价标准结算工程价款。

建设工程施工合同有效,但建设工程经竣工验收不合格的,依照民法典第五百七十七条规定处理。

第二十条　当事人对工程量有争议的,按照施工过程中形成的签证等书面文件确认。承包人能够证明发包人同意其施工,但未能提供签证文件证明工程量发生的,可以按照当事人提供的其他证据确认实际发生的工程量。

第二十一条　当事人约定,发包人收到竣工结算文件后,在约定期限内不予答复,视为认可竣工结算文件的,按照约定处理。承包人请求按照竣工结算文件结算工程价款的,人民法院应予支持。

第二十二条　当事人签订的建设工程施工合同与招标文件、投标文件、中标通知书载明的工程范围、建设工期、工程质量、工程价款不一致,一方当事人请求将招标文件、投标文件、中标通知书作为结算工程价款的依据的,人民法院应予支持。

第二十三条　发包人将依法不属于必须招标的建设工程进行招标后,与承包人另行订立的建设工程施工合同背离中标合同的实质性内容,当事人请求以中标合同作为结算建设工程价款依据的,人民法院应予支持,但发包人与承包人因客观情况发生了在招标投标时难以预见的变化而另行订立建设工程施工合同的除外。

第二十四条　当事人就同一建设工程订立的数份建设工程施工合同均无效,但建设工程质量合格,一方当事人请求参照实际履行的合同关于工程价款的约定折价补偿承包人的,人民法院应予支持。

实际履行的合同难以确定,当事人请求参照最后签订的合同关于工程价款的约定折价补偿承包人的,人民法院应予支持。

第二十五条　当事人对垫资和垫资利息有约定,承包人请求按照约定返还垫资及其利息的,人民法院应予支持,但是约定的利息计算标准高于垫资时的同类贷款利率或者同期贷款市场报价利率的部分除外。

当事人对垫资没有约定的,按照工程欠款处理。

当事人对垫资利息没有约定,承包人请求支付利息的,人民法院不予支持。

第二十六条　当事人对欠付工程价款利息计付标准有约定的,按照约定处理。没有约定的,按照同期同类贷款利率或者同期贷款市场报价利率计息。

第二十七条 利息从应付工程价款之日开始计付。当事人对付款时间没有约定或者约定不明的,下列时间视为应付款时间:

（一）建设工程已实际交付的,为交付之日;

（二）建设工程没有交付的,为提交竣工结算文件之日;

（三）建设工程未交付,工程价款也未结算的,为当事人起诉之日。

第三十五条 与发包人订立建设工程施工合同的承包人,依据民法典第八百零七条的规定请求其承建工程的价款就工程折价或者拍卖的价款优先受偿的,人民法院应予支持。

第三十六条 承包人根据民法典第八百零七条规定享有的建设工程价款优先受偿权优于抵押权和其他债权。

第三十七条 装饰装修工程具备折价或者拍卖条件,装饰装修工程的承包人请求工程价款就该装饰装修工程折价或者拍卖的价款优先受偿的,人民法院应予支持。

第三十八条 建设工程质量合格,承包人请求其承建工程的价款就工程折价或者拍卖的价款优先受偿的,人民法院应予支持。

第三十九条 未竣工的建设工程质量合格,承包人请求其承建工程的价款就其承建工程部分折价或者拍卖的价款优先受偿的,人民法院应予支持。

第四十条 承包人建设工程价款优先受偿的范围依照国务院有关行政主管部门关于建设工程价款范围的规定确定。

承包人就逾期支付建设工程价款的利息、违约金、损害赔偿金等主张优先受偿的,人民法院不予支持。

第四十一条 承包人应当在合理期限内行使建设工程价款优先受偿权,但最长不得超过十八个月,自发包人应当给付建设工程价款之日起算。

第四十二条 发包人与承包人约定放弃或者限制建设工程价款优先受偿权,损害建筑工人利益,发包人根据该约定主张承包人不享有建设工程价款优先受偿权的,人民法院不予支持。

第八百零八条 [参照适用承揽合同的规定]本章没有规定的,适用承揽合同的有关规定。

第十九章 运输合同

第一节 一般规定

第八百零九条 [运输合同的定义]运输合同是承运人将旅客或者货物从起运地点运输到约定地点,旅客、托运人或者收货人支付票款或者运输费用的合同。

第八百一十条 [公共运输承运人的强制缔约义务]从事公共运输的承运人不得拒绝旅客、托运人通常、合理的运输要求。

第八百一十一条 [承运人安全运输义务]承运人应当在约定期限或者合理期限内将旅客、货物安全运输到约定地点。

第八百一十二条 [承运人合理运输义务]承运人应当按照约定的或者通常的运输路线将旅客、货物运输到约定地点。

第八百一十三条 [支付票款或运输费用]旅客、托运人或者收货人应当支付票款或者运输费用。承运人未按照约定路线或者通常路线运输增加票款或者运输费用的,旅客、托运人或者收货人可以拒绝支付增加部分的票款或者运输费用。

第二节 客运合同

★ **第八百一十四条** [客运合同的成立]客运合同自承运人向旅客出具客票时成立,但是当事人另有约定或者另有交易习惯的除外。

★ **第八百一十五条** [按有效客票记载内容乘坐义务]旅客应当按照有效客票记载的时间、班次和座位号乘坐。旅客无票乘坐、超程乘坐、越级乘坐或者持不符合减价条件的优惠客票乘坐的,应当补交票款,承运人可以按照规定加收票款;旅客不支付票款的,承运人可以拒绝运输。

实名制客运合同的旅客丢失客票的,可以请求承运人挂失补办,承运人不得再次收取票款和其他不合理费用。

第八百一十六条 [退票与变更]旅客因自己的原因不能按照客票记载的时间乘坐的,应当在约定的期限内办理退票或者变更手续;逾期办理的,承运人可以不退票款,并不再承担运输义务。

第八百一十七条 [按约定携带行李义务]旅客随身携带行李应当符合约定的限量和品类要求;超过限量或者违反品类要求携带行李的,应当办理托运手续。

第八百一十八条 [危险物品或者违禁物品的携带禁止]旅客不得随身携带或者在行李中夹带易燃、易爆、有毒、有腐蚀性、有放射性以及可能危及运输工具上人身和财产安全的危险物品或者违禁物品。

旅客违反前款规定的,承运人可以将危险物品或者违禁物品卸下、销毁或者送交有关部门。旅客坚持携带或者夹带危险物品或者违禁物品的,承运人应当拒绝运输。

第八百一十九条 [承运人告知义务和旅客协助配合义务]承运人应当严格履行安全运输义务,及时告知旅客安全运输应当注意的事项。旅客对承运人为安全运输所作的合理安排应当积极协助和配合。

第八百二十条 [**承运人迟延运输或者有其他不能正常运输情形**]承运人应当按照有效客票记载的时间、班次和座位号运输旅客。承运人迟延运输或者有其他不能正常运输情形的,应当及时告知和提醒旅客,采取必要的安置措施,并根据旅客的要求安排改乘其他班次或者退票;由此造成旅客损失的,承运人应当承担赔偿责任,但是不可归责于承运人的除外。

> 最高人民法院指导案例(51 号)
> 阿卜杜勒·瓦希德诉中国东方航空股份有限公司
> 航空旅客运输合同纠纷案

第八百二十一条 [**承运人变更服务标准的后果**]承运人擅自降低服务标准的,应当根据旅客的请求退票或者减收票款;提高服务标准的,不得加收票款。

第八百二十二条 [**承运人尽力救助义务**]承运人在运输过程中,应当尽力救助患有急病、分娩、遇险的旅客。

★ **第八百二十三条** [**旅客伤亡的赔偿责任**]承运人应当对运输过程中旅客的伤亡承担赔偿责任;但是,伤亡是旅客自身健康原因造成的或者承运人证明伤亡是旅客故意、重大过失造成的除外。

前款规定适用于按照规定免票、持优待票或者经承运人许可搭乘的无票旅客。

★ **第八百二十四条** [**对行李的赔偿责任**]在运输过程中旅客随身携带物品毁损、灭失,承运人有过错的,应当承担赔偿责任。

旅客托运的行李毁损、灭失的,适用货物运输的有关规定。

第三节 货运合同

第八百二十五条 [**托运人如实申报情况义务**]托运人办理货物运输,应当向承运人准确表明收货人的姓名、名称或者凭指示的收货人,货物的名称、性质、重量、数量,收货地点等有关货物运输的必要情况。

因托运人申报不实或者遗漏重要情况,造成承运人损失的,托运人应当承担赔偿责任。

第八百二十六条 [**托运人办理审批、检验等手续义务**]货物运输需要办理审批、检验等手续的,托运人应当将办理完有关手续的文件提交承运人。

第八百二十七条 [**托运人的包装义务**]托运人应当按照约定的方式包装货物。对包装方式没有约定或者约定不明确的,适用本法第六百一十九条的规定。

托运人违反前款规定的,承运人可以拒绝运输。

第八百二十八条 [**托运人运送危险货物时的义务**]托运人托运易燃、易爆、有毒、有腐蚀性、有放射性等危险物品的,应当按照国家有关危险物品运输的规定对危险物品妥善包装,做出危险物品标志和标签,并将有关危险物品的名称、性质和防范措施的书面材料提交承运人。

托运人违反前款规定的,承运人可以拒绝运输,也可以采取相应措施以避免损失的发生,因此产生的费用由托运人负担。

★ **第八百二十九条** [**托运人变更或解除的权利**]在承运人将货物交付收货人之前,托运人可以要求承运人中止运输、返还货物、变更到达地或者将货物交给其他收货人,但是应当赔偿承运人因此受到的损失。

> 最高人民法院指导案例(108 号)
> 浙江隆达不锈钢有限公司诉 A.P.穆勒-马士基
> 有限公司海上货物运输合同纠纷案

第八百三十条 [**提货**]货物运输到达后,承运人知道收货人的,应当及时通知收货人,收货人应当及时提货。收货人逾期提货的,应当向承运人支付保管费等费用。

第八百三十一条 [**收货人对货物的检验**]收货人提货时应当按照约定的期限检验货物。对检验货物的期限没有约定或者约定不明确,依据本法第五百一十条的规定仍不能确定的,应当在合理期限内检验货物。收货人在约定的期限或者合理期限内对货物的数量、毁损等未提出异议的,视为承运人已经按照运输单证的记载交付的初步证据。

第八百三十二条 [**承运人对货损的赔偿责任**]承运人对运输过程中货物的毁损、灭失承担赔偿责任。但是,承运人证明货物的毁损、灭失是因不可抗力、货物本身的自然性质或者合理损耗以及托运人、收货人的过错造成的,不承担赔偿责任。

第八百三十三条 [**确定货损额的方法**]货物的毁损、灭失的赔偿额,当事人有约定的,按照其约定;没有约定或者约定不明确,依据本法第五百一十条的规定仍不能确定的,按照交付或者应当交付时货物到达地的市场价格计算。法律、行政法规对赔偿额的计算方法和赔偿限额另有规定的,依照其规定。

★ **第八百三十四条** [**相继运输的责任承担**]两个以上承运人以同一运输方式联运的,与托运人订立合同的承运人应当对全程运输承担责任;损失发生在某一运输区段的,与托运人订立合同的承运人和该区段的承运人承担连带责任。

第八百三十五条 [**货物因不可抗力灭失的运费处理**]货物在运输过程中因不可抗力灭失,未收取运费的,承运人不得请求支付运费;已经收取运费的,托运人可以请求返还。法律另有规定的,依照其规定。

★ 第八百三十六条 [承运人留置权]托运人或者收货人不支付运费、保管费或者其他费用的,承运人对相应的运输货物享有留置权,但是当事人另有约定的除外。

第八百三十七条 [货物的提存]收货人不明或者收货人无正当理由拒绝受领货物的,承运人依法可以提存货物。

第四节 多式联运合同

第八百三十八条 [多式联运经营人的权利义务]多式联运经营人负责履行或者组织履行多式联运合同,对全程运输享有承运人的权利,承担承运人的义务。

★ 第八百三十九条 [多式联运经营人的责任承担]多式联运经营人可以与参加多式联运的各区段承运人就多式联运合同的各区段运输约定相互之间的责任;但是,该约定不影响多式联运经营人对全程运输承担的义务。

第八百四十条 [多式联运单据]多式联运经营人收到托运人交付的货物时,应当签发多式联运单据。按照托运人的要求,多式联运单据可以是可转让单据,也可以是不可转让单据。

第八百四十一条 [托运人的过错赔偿责任]因托运人托运货物时的过错造成多式联运经营人损失的,即使托运人已经转让多式联运单据,托运人仍然应当承担赔偿责任。

第八百四十二条 [赔偿责任的法律适用]货物的毁损、灭失发生于多式联运的某一运输区段的,多式联运经营人的赔偿责任和责任限额,适用调整该区段运输方式的有关法律规定;货物毁损、灭失发生的运输区段不能确定的,依照本章规定承担赔偿责任。

第二十章 技术合同

第一节 一般规定

第八百四十三条 [技术合同的定义]技术合同是当事人就技术开发、转让、许可、咨询或者服务订立的确立相互之间权利和义务的合同。

第八百四十四条 [订立技术合同的原则]订立技术合同,应当有利于知识产权的保护和科学技术的进步,促进科学技术成果的研发、转化、应用和推广。

第八百四十五条 [技术合同的主要条款]技术合同的内容一般包括项目的名称,标的内容、范围和要求,履行的计划、地点和方式,技术信息和资料的保密,技术成果的归属和收益的分配办法,验收标准和方法,名词和术语的解释等条款。

与履行合同有关的技术背景资料、可行性论证和技术评价报告、项目任务书和计划书、技术标准、技术规范、原始设计和工艺文件,以及其他技术文档,按照当事人的约定可以作为合同的组成部分。

技术合同涉及专利的,应当注明发明创造的名称、专利申请人和专利权人、申请日期、申请号、专利号以及专利权的有效期限。

第八百四十六条 [技术合同价款、报酬或使用费的支付方式]技术合同价款、报酬或者使用费的支付方式由当事人约定,可以采取一次总算、一次总付或者一次总算、分期支付,也可以采取提成支付或者提成支付附加预付入门费的方式。

约定提成支付的,可以按照产品价格、实施专利和使用技术秘密后新增的产值、利润或者产品销售额的一定比例提成,也可以按照约定的其他方式计算。提成支付的比例可以采取固定比例、逐年递增比例或者逐年递减比例。

约定提成支付的,当事人可以约定查阅有关会计账目的办法。

第八百四十七条 [职务技术成果的财产权归属]职务技术成果的使用权、转让权属于法人或者非法人组织的,法人或者非法人组织可以就该项职务技术成果订立技术合同。法人或者非法人组织订立技术合同转让职务技术成果时,职务技术成果的完成人享有以同等条件优先受让的权利。

职务技术成果是执行法人或者非法人组织的工作任务,或者主要是利用法人或者非法人组织的物质技术条件所完成的技术成果。

> **《最高人民法院关于审理技术合同纠纷案件适用法律若干问题的解释》**
>
> 第二条 民法典第八百四十七条第二款所称"执行法人或者非法人组织的工作任务",包括:
>
> (一)履行法人或者非法人组织的岗位职责或者承担其交付的其他技术开发任务;
>
> (二)离职后一年内继续从事与其原所在法人或者非法人组织的岗位职责或者交付的任务有关的技术开发工作,但法律、行政法规另有规定的除外。
>
> 法人或者非法人组织与其职工就职工在职期间或者离职以后所完成的技术成果的权益有约定的,人民法院应当依约定确认。
>
> 第三条 民法典第八百四十七条第二款所称"物质技术条件",包括资金、设备、器材、原材料、未公开的技术信息和资料等。
>
> 第四条 民法典第八百四十七条第二款所称"主要是利用法人或者非法人组织的物质技术条件",包括职工在技术成果的研究开发过程中,全部或者大部分利用了法人或者非法人组织的资金、设备、器材或者原材料等物质条件,并且这些物质条件对形成该技术成果具有实质性的影响;还包括该技术成果实质性内容

是在法人或者非法人组织尚未公开的技术成果、阶段性技术成果基础上完成的情形。但下列情况除外：

（一）对利用法人或者非法人组织提供的物质技术条件，约定返还资金或者交纳使用费的；

（二）在技术成果完成后利用法人或者非法人组织的物质技术条件对技术方案进行验证、测试的。

第五条　个人完成的技术成果，属于执行原所在法人或者非法人组织的工作任务，又主要利用了现所在法人或者非法人组织的物质技术条件的，应当按照该自然人原所在和现所在法人或者非法人组织达成的协议确认权益。不能达成协议的，根据对完成该项技术成果的贡献大小由双方合理分享。

第六条　民法典第八百四十七条所称"职务技术成果的完成人"、第八百四十八条所称"完成技术成果的个人"，包括对技术成果单独或者共同作出创造性贡献的人，也即技术成果的发明人或者设计人。人民法院在对创造性贡献进行认定时，应当分解所涉及技术成果的实质性技术构成。提出实质性技术构成并由此实现技术方案的人，是作出创造性贡献的人。

提供资金、设备、材料、试验条件，进行组织管理，协助绘制图纸、整理资料、翻译文献等人员，不属于职务技术成果的完成人、完成技术成果的个人。

第十六条　当事人以技术成果向企业出资但未明确约定权属，接受出资的企业主张该技术成果归其享有的，人民法院一般应当予以支持，但是该技术成果价值与该技术成果所占出资额比例明显不合理损害出资人利益的除外。

当事人对技术成果的权属约定有比例的，视为共同所有，其权利使用和利益分配，按共有技术成果的有关规定处理，但当事人另有约定的，从其约定。

当事人对技术成果的使用权约定有比例的，人民法院可以视为当事人对实施该项技术成果所获收益的分配比例，但当事人另有约定的，从其约定。

第八百四十八条　[非职务技术成果的财产权归属]非职务技术成果的使用权、转让权属于完成技术成果的个人，完成技术成果的个人可以就该项非职务技术成果订立技术合同。

第八百四十九条　[技术成果人身权]完成技术成果的个人享有在有关技术成果文件上写明自己是技术成果完成者的权利和取得荣誉证书、奖励的权利。

★ **第八百五十条　[技术合同的无效]**非法垄断技术或者侵害他人技术成果的技术合同无效。

《最高人民法院关于审理技术合同纠纷案件适用法律若干问题的解释》

第十条　下列情形，属于民法典第八百五十条所称的"非法垄断技术"：

（一）限制当事人一方在合同标的技术基础上进行新的研究开发或者限制其使用所改进的技术，或者双方交换改进技术的条件不对等，包括要求一方将其自行改进的技术无偿提供给对方、非互惠性转让给对方、无偿独占或者共享该改进技术的知识产权；

（二）限制当事人一方从其他来源获得与技术提供方类似技术或者与其竞争的技术；

（三）阻碍当事人一方根据市场需求，按照合理方式充分实施合同标的技术，包括明显不合理地限制技术接受方实施合同标的技术生产产品或者提供服务的数量、品种、价格、销售渠道和出口市场；

（四）要求技术接受方接受并非实施技术必不可少的附带条件，包括购买非必需的技术、原材料、产品、设备、服务以及接收非必需的人员等；

（五）不合理地限制技术接受方购买原材料、零部件、产品或者设备等的渠道或者来源；

（六）禁止技术接受方对合同标的技术知识产权的有效性提出异议或者对提出异议附加条件。

第十一条　技术合同无效或者被撤销后，技术开发合同研究开发人、技术转让合同让与人、技术许可合同许可人、技术咨询合同和技术服务合同的受托人已经履行或者部分履行了约定的义务，并且造成合同无效或者被撤销的过错在对方的，对其已履行部分应当收取的研究开发经费、技术使用费、提供咨询服务的报酬，人民法院可以认定为因对方原因导致合同无效或者被撤销给其造成的损失。

技术合同无效或者被撤销后，因履行合同所完成新的技术成果或者在他人技术成果基础上完成后续改进技术成果的权利归属和利益分享，当事人不能重新协议确定的，人民法院可以判决由完成技术成果的一方享有。

第十二条　根据民法典第八百五十条的规定，侵害他人技术秘密的技术合同被确认无效后，除法律、行政法规另有规定的以外，善意取得该技术秘密的一方当事人可以在其取得时的范围内继续使用该技术秘密，但应当向权利人支付合理的使用费并承担保密义务。

当事人双方恶意串通或者一方知道或者应当知道另一方侵权仍与其订立或者履行合同的，属于共同侵权，人民法院应当判令侵权人承担连带赔偿责任和保密义务，因此取得技术秘密的当事人不得继续使用该技术秘密。

第十三条　依照前条第一款规定可以继续使用技术秘密的人与权利人就使用费支付发生纠纷的，当事人任何一方都可以请求人民法院予以处理。继续使用技术秘密但又拒不支付使用费的，人民法院可以根据权利人的请求判令使用人停止使用。

人民法院在确定使用费时，可以根据权利人通常对外许可该技术秘密的使用费或者使用人取得该技术秘密所支付的使用费，并考虑该技术秘密的研究开发成本、成果转化和应用程度以及使用人的使用规模、经济效益等因素合理确定。

不论使用人是否继续使用技术秘密，人民法院均应当判令其向权利人支付已使用期间的使用费。使用人已向无效合同的让与人或者许可人支付的使用费应当由让与人或者许可人负责返还。

第二节　技术开发合同

第八百五十一条　[**技术开发合同的定义及种类**]技术开发合同是当事人之间就新技术、新产品、新工艺、新品种或者新材料及其系统的研究开发所订立的合同。

技术开发合同包括委托开发合同和合作开发合同。

技术开发合同应当采用书面形式。

当事人之间就具有实用价值的科技成果实施转化订立的合同，参照适用技术开发合同的有关规定。

> **《最高人民法院关于审理技术合同纠纷案件适用法律若干问题的解释》**
>
> 第十七条　民法典第八百五十一条第一款所称"新技术、新产品、新工艺、新品种或者新材料及其系统"，包括当事人在订立技术合同时尚未掌握的产品、工艺、材料及其系统等技术方案，但对技术上没有创新的现有产品的改型、工艺变更、材料配方调整以及对技术成果的验证、测试和使用除外。
>
> 第十八条　民法典第八百五十一条第四款规定的"当事人之间就具有实用价值的科技成果实施转化订立的"技术转化合同，是指当事人之间就具有实用价值但尚未实现工业化应用的科技成果包括阶段性技术成果，以实现该科技成果工业化应用为目标，约定后续试验、开发和应用等内容的合同。

第八百五十二条　[**委托人的主要义务**]委托开发合同的委托人应当按照约定支付研究开发经费和报酬，提供技术资料，提出研究开发要求，完成协作事项，接受研究开发成果。

第八百五十三条　[**研究开发人的主要义务**]委托开发合同的研究开发人应当按照约定制定和实施研究开发计划，合理使用研究开发经费，按期完成研究开发工作，交付研究开发成果，提供有关的技术资料和必要的技术指导，帮助委托人掌握研究开发成果。

第八百五十四条　[**委托开发合同的当事人违约责任**]委托开发合同的当事人违反约定造成研究开发工作停滞、延误或者失败的，应当承担违约责任。

第八百五十五条　[**合作开发各方的主要义务**]合作开发合同的当事人应当按照约定进行投资，包括以技术进行投资，分工参与研究开发工作，协作配合研究开发工作。

> **《最高人民法院关于审理建设工程施工合同纠纷案件适用法律问题的解释(一)》**
>
> 第十九条　民法典第八百五十五条所称"分工参与研究开发工作"，包括当事人按照约定的计划和分工，共同或者分别承担设计、工艺、试验、试制等工作。
>
> 技术开发合同当事人一方仅提供资金、设备、材料等物质条件或者承担辅助协作事项，另一方进行研究开发工作的，属于委托开发合同。

第八百五十六条　[**合作开发各方的违约责任**]合作开发合同的当事人违反约定造成研究开发工作停滞、延误或者失败的，应当承担违约责任。

第八百五十七条　[**技术开发合同的解除**]作为技术开发合同标的的技术已经由他人公开，致使技术开发合同的履行没有意义的，当事人可以解除合同。

第八百五十八条　[**技术开发合同的风险责任负担**]技术开发合同履行过程中，因出现无法克服的技术困难，致使研究开发失败或者部分失败的，该风险由当事人约定；没有约定或者约定不明确，依据本法第五百一十条的规定仍不能确定的，风险由当事人合理分担。

当事人一方发现前款规定的可能致使研究开发失败或者部分失败的情形时，应当及时通知另一方并采取适当措施减少损失；没有及时通知并采取适当措施，致使损失扩大的，应当就扩大的损失承担责任。

第八百五十九条　[**发明创造的归属和分享**]委托开发完成的发明创造，除法律另有规定或者当事人另有约定外，申请专利的权利属于研究开发人。研究开发人取得专利权的，委托人可以依法实施该专利。

研究开发人转让专利申请权的，委托人享有以同等条件优先受让的权利。

★ **第八百六十条**　[**合作开发发明创造专利申请权的归属和分享**]合作开发完成的发明创造，申请专利的权利属于合作开发的当事人共有；当事人一方转让其共有的专利申请权的，其他各方享有以同等条件优先受让的权利。但是，当事人另有约定的除外。

合作开发的当事人一方声明放弃其共有的专利申请权的，除当事人另有约定外，可以由另一方单独申请或者由其他各方共同申请。申请人取得专利权的，放弃专利申请权的一方可以免费实施该专利。

合作开发的当事人一方不同意申请专利的，另一方或者其他各方不得申请专利。

★ **第八百六十一条**　[**技术秘密成果的归属与分配**]委托开发或者合作开发完成的技术秘密成果的使

用权、转让权以及收益的分配办法,由当事人约定;没有约定或者约定不明确,依据本法第五百一十条的规定仍不能确定的,在没有相同技术方案被授予专利权前,当事人均有使用和转让的权利。但是,委托开发的研究开发人不得在向委托人交付研究开发成果之前,将研究开发成果转让给第三人。

《最高人民法院关于审理技术合同纠纷案件适用法律若干问题的解释》

第二十条　民法典第八百六十一条所称"当事人均有使用和转让的权利",包括当事人均有不经对方同意而自己使用或者以普通使用许可的方式许可他人使用技术秘密,并独占由此所获利益的权利。当事人一方将技术秘密成果的转让权让与他人,或者以独占或者排他使用许可的方式许可他人使用技术秘密,未经对方当事人同意或者追认的,应当认定该让与或者许可行为无效。

第二十一条　技术开发合同当事人依照民法典的规定或者约定自行实施专利或使用技术秘密,但因其不具备独立实施专利或者使用技术秘密的条件,以一个普通许可方式许可他人实施或者使用的,可以准许。

第三节　技术转让合同和技术许可合同

第八百六十二条　[技术转让合同和技术许可合同的定义]技术转让合同是合法拥有技术的权利人,将现有特定的专利、专利申请、技术秘密的相关权利让与他人所订立的合同。

技术许可合同是合法拥有技术的权利人,将现有特定的专利、技术秘密的相关权利许可他人实施、使用所订立的合同。

技术转让合同和技术许可合同中关于提供实施技术的专用设备、原材料或者提供有关的技术咨询、技术服务的约定,属于合同的组成部分。

《最高人民法院关于审理技术合同纠纷案件适用法律若干问题的解释》

第二十二条　就尚待研究开发的技术成果或者不涉及专利、专利申请或者技术秘密的知识、技术、经验和信息所订立的合同,不属于民法典第八百六十二条规定的技术转让合同或者技术许可合同。

技术转让合同中关于让与人向受让人提供实施技术的专用设备、原材料或者提供有关的技术咨询、技术服务的约定,属于技术转让合同的组成部分。因此发生的纠纷,按照技术转让合同处理。

当事人以技术入股方式订立联营合同,但技术入股人不参与联营体的经营管理,并且以保底条款形式约定联营体或者联营对方支付其技术价款或者使用费的,视为技术转让合同或者技术许可合同。

第八百六十三条　[技术转让合同和技术许可合同的种类及合同要件]技术转让合同包括专利权转让、专利申请权转让、技术秘密转让等合同。

技术许可合同包括专利实施许可、技术秘密使用许可等合同。

技术转让合同和技术许可合同应当采用书面形式。

第八百六十四条　[技术转让合同和技术许可合同的限制性条款]技术转让合同和技术许可合同可以约定实施专利或者使用技术秘密的范围,但是不得限制技术竞争和技术发展。

《最高人民法院关于审理技术合同纠纷案件适用法律若干问题的解释》

第二十八条　民法典第八百六十四条所称"实施专利或者使用技术秘密的范围",包括实施专利或者使用技术秘密的期限、地域、方式以及接触技术秘密的人员等。

当事人对实施专利或者使用技术秘密的期限没有约定或者约定不明确的,受让人、被许可人实施专利或者使用技术秘密不受期限限制。

★　**第八百六十五条　[专利实施许可合同的有效期限]**专利实施许可合同仅在该专利权的存续期限内有效。专利权有效期限届满或者专利权被宣告无效的,专利权人不得就该专利与他人订立专利实施许可合同。

《最高人民法院关于审理技术合同纠纷案件适用法律若干问题的解释》

第二十五条　专利实施许可包括以下方式:

(一)独占实施许可,是指许可人在约定许可实施专利的范围内,将该专利仅许可一个被许可人实施,许可人依约定不得实施该专利;

(二)排他实施许可,是指许可人在约定许可实施专利的范围内,将该专利仅许可一个被许可人实施,但许可人依约定可以自行实施该专利;

(三)普通实施许可,是指许可人在约定许可实施专利的范围内许可他人实施该专利,并且可以自行实施该专利。

当事人对专利实施许可方式没有约定或者约定不明确的,认定为普通实施许可。专利实施许可合同约定被许可人可以再许可他人实施专利的,认定该再许可为普通实施许可,但当事人另有约定的除外。

技术秘密的许可使用方式,参照本条第一、二款的规定确定。

第二十七条　排他实施许可合同许可人不具备独立实施其专利的条件,以一个普通许可的方式许可他人实施专利的,人民法院可以认定为许可人自己实施专利,但当事人另有约定的除外。

第八百六十六条 [专利实施许可合同许可人的义务]专利实施许可合同的许可人应当按照约定许可被许可人实施专利,交付实施专利有关的技术资料,提供必要的技术指导。

第八百六十七条 [专利实施许可合同被许可人的义务]专利实施许可合同的被许可人应当按照约定实施专利,不得许可约定以外的第三人实施该专利,并按照约定支付使用费。

第八百六十八条 [技术秘密让与人和许可人的义务]技术秘密转让合同的让与人和技术秘密使用许可合同的许可人应当按照约定提供技术资料,进行技术指导,保证技术的实用性、可靠性,承担保密义务。

前款规定的保密义务,不限制许可人申请专利,但是当事人另有约定的除外。

第八百六十九条 [技术秘密受让人和被许可人的义务]技术秘密转让合同的受让人和技术秘密使用许可合同的被许可人应当按照约定使用技术,支付转让费、使用费,承担保密义务。

第八百七十条 [技术转让合同让与人和技术许可合同许可人的保证义务]技术转让合同的让与人和技术许可合同的许可人应当保证自己是所提供的技术的合法拥有者,并保证所提供的技术完整、无误、有效,能够达到约定的目标。

第八百七十一条 [技术转让合同受让人和技术许可合同被许可人保密义务]技术转让合同的受让人和技术许可合同的被许可人应当按照约定的范围和期限,对让与人、许可人提供的技术中尚未公开的秘密部分,承担保密义务。

第八百七十二条 [技术许可人和让与人的违约责任]许可人未按照约定许可技术的,应当返还部分或者全部使用费,并应当承担违约责任;实施专利或者使用技术秘密超越约定的范围的,违反约定擅自许可第三人实施该项专利或者使用该项技术秘密的,应当停止违约行为,承担违约责任;违反约定的保密义务的,应当承担违约责任。

让与人承担违约责任,参照适用前款规定。

第八百七十三条 [技术被许可人和受让人的违约责任]被许可人未按照约定支付使用费的,应当补交使用费并按照约定支付违约金;不补交使用费或者支付违约金的,应当停止实施专利或者使用技术秘密,交还技术资料,承担违约责任;实施专利或者使用技术秘密超越约定的范围的,未经许可人同意擅自许可第三人实施该专利或者使用该技术秘密的,应当停止违约行为,承担违约责任;违反约定的保密义务的,应当承担违约责任。

受让人承担违约责任,参照适用前款规定。

第八百七十四条 [实施专利、使用技术秘密侵害他人合法权益责任承担]受让人或者被许可人按照约定实施专利、使用技术秘密侵害他人合法权益的,由让与人或者许可人承担责任,但是当事人另有约定的除外。

★ 第八百七十五条 [后续改进技术成果的分享办法]当事人可以按照互利的原则,在合同中约定实施专利、使用技术秘密后续改进的技术成果的分享办法;没有约定或者约定不明确,依据本法第五百一十条的规定仍不能确定的,一方后续改进的技术成果,其他各方无权分享。

第八百七十六条 [其他知识产权转让和许可的参照适用]集成电路布图设计专有权、植物新品种权、计算机软件著作权等其他知识产权的转让和许可,参照适用本节的有关规定。

第八百七十七条 [技术出口合同或专利、专利申请合同的法律适用]法律、行政法规对技术进出口合同或者专利、专利申请合同另有规定的,依照其规定。

第四节 技术咨询合同和技术服务合同

第八百七十八条 [技术咨询合同、技术服务合同的定义]技术咨询合同是当事人一方以技术知识为对方就特定技术项目提供可行性论证、技术预测、专题技术调查、分析评价报告等所订立的合同。

技术服务合同是当事人一方以技术知识为对方解决特定技术问题所订立的合同,不包括承揽合同和建设工程合同。

> 《最高人民法院关于审理技术合同纠纷案件适用法律若干问题的解释》
>
> 第三十条 民法典第八百七十八条第一款所称"特定技术项目",包括有关科学技术与经济社会协调发展的软科学研究项目,促进科技进步和管理现代化、提高经济效益和社会效益等运用科学知识和技术手段进行调查、分析、论证、评价、预测的专业性技术项目。
>
> 第三十三条 民法典第八百七十八条第二款所称"特定技术问题",包括需要运用专业技术知识、经验和信息解决的有关改进产品结构、改良工艺流程、提高产品质量、降低产品成本、节约资源能耗、保护资源环境、实现安全操作、提高经济效益和社会效益等专业技术问题。

第八百七十九条 [技术咨询合同委托人的义务]技术咨询合同的委托人应当按照约定阐明咨询的问题,提供技术背景材料及有关技术资料,接受受托人的工作成果,支付报酬。

第八百八十条 [技术咨询合同受托人的义务]

技术咨询合同的受托人应当按照约定的期限完成咨询报告或者解答问题,提出的咨询报告应当达到约定的要求。

第八百八十一条 [**技术咨询合同当事人的违约责任及决策风险责任**]技术咨询合同的委托人未按照约定提供必要的资料,影响工作进度和质量,不接受或者逾期接受工作成果的,支付的报酬不得追回,未支付的报酬应当支付。

技术咨询合同的受托人未按期提出咨询报告或者提出的咨询报告不符合约定的,应当承担减收或者免收报酬等违约责任。

技术咨询合同的委托人按照受托人符合约定要求的咨询报告和意见作出决策所造成的损失,由委托人承担,但是当事人另有约定的除外。

第八百八十二条 [**技术服务合同委托人的义务**]技术服务合同的委托人应当按照约定提供工作条件,完成配合事项,接受工作成果并支付报酬。

第八百八十三条 [**技术服务合同受托人的义务**]技术服务合同的受托人应当按照约定完成服务项目,解决技术问题,保证工作质量,并传授解决技术问题的知识。

第八百八十四条 [**技术服务合同的当事人违约责任**]技术服务合同的委托人不履行合同义务或者履行合同义务不符合约定,影响工作进度和质量,不接受或者逾期接受工作成果的,支付的报酬不得追回,未支付的报酬应当支付。

技术服务合同的受托人未按照约定完成服务工作的,应当承担免收报酬等违约责任。

第八百八十五条 [**技术成果的归属和分享**]技术咨询合同、技术服务合同履行过程中,受托人利用委托人提供的技术资料和工作条件完成的新的技术成果,属于受托人。委托人利用受托人的工作成果完成的新的技术成果,属于委托人。当事人另有约定的,按照其约定。

第八百八十六条 [**受托人履行合同的费用负担**]技术咨询合同和技术服务合同对受托人正常开展工作所需费用的负担没有约定或者约定不明确的,由受托人负担。

第八百八十七条 [**技术中介合同和技术培训合同法律适用**]法律、行政法规对技术中介合同、技术培训合同另有规定的,依照其规定。

《**最高人民法院关于审理技术合同纠纷案件适用法律若干问题的解释**》

第三十六条 民法典第八百八十七条规定的"技术培训合同",是指当事人一方委托另一方对指定的学员进行特定项目的专业技术训练和技术指导所订立的合同,不包括职业培训、文化学习和按照行业、法人或者非法人组织的计划进行的职工业余教育。

第三十八条 民法典第八百八十七条规定的"技术中介合同",是指当事人一方以知识、技术、经验和信息为另一方与第三人订立技术合同进行联系、介绍以及对履行合同提供专门服务所订立的合同。

第二十一章 保管合同

第八百八十八条 [**保管合同的定义**]保管合同是保管人保管寄存人交付的保管物,并返还该物的合同。

寄存人到保管人处从事购物、就餐、住宿等活动,将物品存放在指定场所的,视为保管,但是当事人另有约定或者另有交易习惯的除外。

★ **第八百八十九条** [**保管合同的报酬**]寄存人应当按照约定向保管人支付保管费。

当事人对保管费没有约定或者约定不明确,依据本法第五百一十条的规定仍不能确定的,视为无偿保管。

★ **第八百九十条** [**保管合同的成立**]保管合同自保管物交付时成立,但是当事人另有约定的除外。

第八百九十一条 [**保管人给付保管凭证的义务**]寄存人向保管人交付保管物的,保管人应当出具保管凭证,但是另有交易习惯的除外。

第八百九十二条 [**保管人对保管物的妥善保管义务**]保管人应当妥善保管保管物。

当事人可以约定保管场所或者方法。除紧急情况或者为维护寄存人利益外,不得擅自改变保管场所或者方法。

第八百九十三条 [**寄存人如实告知义务**]寄存人交付的保管物有瑕疵或者根据保管物的性质需要采取特殊保管措施的,寄存人应当将有关情况告知保管人。寄存人未告知,致使保管物受损失的,保管人不承担赔偿责任;保管人因此受损失的,除保管人知道或者应当知道且未采取补救措施外,寄存人应当承担赔偿责任。

第八百九十四条 [**保管人亲自保管义务**]保管人不得将保管物转交第三人保管,但是当事人另有约定的除外。

保管人违反前款规定,将保管物转交第三人保管,造成保管物损失的,应当承担赔偿责任。

第八百九十五条 [**保管人不得使用或许可他人使用保管物义务**]保管人不得使用或者许可第三人使用保管物,但是当事人另有约定的除外。

第八百九十六条 [**保管人返还保管物的义务及危险通知义务**]第三人对保管物主张权利的,除依法对保管物采取保全或者执行措施外,保管人应当履行向寄存人返还保管物的义务。

第三人对保管人提起诉讼或者对保管物申请扣押的,保管人应当及时通知寄存人。

★ **第八百九十七条** ［保管物毁损灭失责任］保管期内,因保管人保管不善造成保管物毁损、灭失的,保管人应当承担赔偿责任。但是,无偿保管人证明自己没有故意或者重大过失的,不承担赔偿责任。

第八百九十八条 ［寄存贵重物品的声明义务］寄存人寄存货币、有价证券或者其他贵重物品的,应当向保管人声明,由保管人验收或者封存;寄存人未声明的,该物品毁损、灭失后,保管人可以按照一般物品予以赔偿。

★ **第八百九十九条** ［保管物的领取及领取时间］寄存人可以随时领取保管物。

当事人对保管期限没有约定或者约定不明确的,保管人可以随时请求寄存人领取保管物;约定保管期限的,保管人无特别事由,不得请求寄存人提前领取保管物。

第九百条 ［保管人归还原物及孳息的义务］保管期限届满或者寄存人提前领取保管物的,保管人应当将原物及其孳息归还寄存人。

第九百零一条 ［消费保管］保管人保管货币的,可以返还相同种类、数量的货币;保管其他可替代物的,可以按照约定返还相同种类、品质、数量的物品。

第九百零二条 ［保管费的支付期限］有偿的保管合同,寄存人应当按照约定的期限向保管人支付保管费。

当事人对支付期限没有约定或者约定不明确,依据本法第五百一十条的规定仍不能确定的,应当在领取保管物的同时支付。

第九百零三条 ［保管人的留置权］寄存人未按照约定支付保管费或者其他费用的,保管人对保管物享有留置权,但是当事人另有约定的除外。

第二十二章　仓储合同

★ **第九百零四条** ［仓储合同的定义］仓储合同是保管人储存存货人交付的仓储物,存货人支付仓储费的合同。

★ **第九百零五条** ［仓储合同的成立时间］仓储合同自保管人和存货人意思表示一致时成立。

第九百零六条 ［危险物品和易变质物品的储存］储存易燃、易爆、有毒、有腐蚀性、有放射性等危险物品或者易变质物品的,存货人应当说明该物品的性质,提供有关资料。

存货人违反前款规定的,保管人可以拒收仓储物,也可以采取相应措施以避免损失的发生,因此产生的费用由存货人负担。

保管人储存易燃、易爆、有毒、有腐蚀性、有放射

性等危险物品的,应当具备相应的保管条件。

第九百零七条 ［仓储物的验收］保管人应当按照约定对入库仓储物进行验收。保管人验收时发现入库仓储物与约定不符合的,应当及时通知存货人。保管人验收后,发生仓储物的品种、数量、质量不符合约定的,保管人应当承担赔偿责任。

第九百零八条 ［保管人出具仓单、入库单义务］存货人交付仓储物的,保管人应当出具仓单、入库单等凭证。

第九百零九条 ［仓单的内容］保管人应当在仓单上签名或者盖章。仓单包括下列事项:

(一)存货人的姓名或者名称和住所;

(二)仓储物的品种、数量、质量、包装及其件数和标记;

(三)仓储物的损耗标准;

(四)储存场所;

(五)储存期限;

(六)仓储费;

(七)仓储物已经办理保险的,其保险金额、期间以及保险人的名称;

(八)填发人、填发地和填发日期。

★ **第九百一十条** ［仓单的转让和出质］仓单是提取仓储物的凭证。存货人或者仓单持有人在仓单上背书并经保管人签名或者盖章的,可以转让提取仓储物的权利。

第九百一十一条 ［检查仓储物或提取样品的权利］保管人根据存货人或者仓单持有人的要求,应当同意其检查仓储物或者提取样品。

第九百一十二条 ［保管人的通知义务］保管人发现入库仓储物有变质或者其他损坏的,应当及时通知存货人或者仓单持有人。

第九百一十三条 ［保管人危险催告义务和紧急处置权］保管人发现入库仓储物有变质或者其他损坏,危及其他仓储物的安全和正常保管的,应当催告存货人或者仓单持有人作出必要的处置。因情况紧急,保管人可以作出必要的处置;但是,事后应当将该情况及时通知存货人或者仓单持有人。

★ **第九百一十四条** ［仓储物的提取］当事人对储存期限没有约定或者约定不明确的,存货人或者仓单持有人可以随时提取仓储物,保管人也可以随时请求存货人或者仓单持有人提取仓储物,但是应当给予必要的准备时间。

第九百一十五条 ［仓储物的提取规则］储存期限届满,存货人或者仓单持有人应当凭仓单、入库单等提取仓储物。存货人或者仓单持有人逾期提取的,应当加收仓储费;提前提取的,不减收仓储费。

第九百一十六条 ［逾期提取仓储物］储存期限

届满,存货人或者仓单持有人不提取仓储物的,保管人可以催告其在合理期限内提取;逾期不提取的,保管人可以提存仓储物。

★ 第九百一十七条　[保管不善的责任承担]储存期内,因保管不善造成仓储物毁损、灭失的,保管人应当承担赔偿责任。因仓储物本身的自然性质、包装不符合约定或者超过有效储存期造成仓储物变质、损坏的,保管人不承担赔偿责任。

第九百一十八条　[参照适用保管合同的规定]本章没有规定的,适用保管合同的有关规定。

第二十三章　委托合同

第九百一十九条　[委托合同的概念]委托合同是委托人和受托人约定,由受托人处理委托人事务的合同。

第九百二十条　[委托权限]委托人可以特别委托受托人处理一项或者数项事务,也可以概括委托受托人处理一切事务。

第九百二十一条　[处理委托事务的费用]委托人应当预付处理委托事务的费用。受托人为处理委托事务垫付的必要费用,委托人应当偿还该费用并支付利息。

第九百二十二条　[受托人服从指示的义务]受托人应当按照委托人的指示处理委托事务。需要变更委托人指示的,应当经委托人同意;因情况紧急,难以和委托人取得联系的,受托人应当妥善处理委托事务,但是事后应当将该情况及时报告委托人。

★ 第九百二十三条　[受托人亲自处理委托事务]受托人应当亲自处理委托事务。经委托人同意,受托人可以转委托。转委托经同意或者追认的,委托人可以就委托事务直接指示转委托的第三人,受托人仅就第三人的选任及其对第三人的指示承担责任。转委托未经同意或者追认的,受托人应当对转委托的第三人的行为承担责任;但是,在紧急情况下受托人为了维护委托人的利益需要转委托第三人的除外。

第九百二十四条　[受托人的报告义务]受托人应当按照委托人的要求,报告委托事务的处理情况。委托合同终止时,受托人应当报告委托事务的结果。

第九百二十五条　[显名的间接代理]受托人以自己的名义,在委托人的授权范围内与第三人订立的合同,第三人在订立合同时知道受托人与委托人之间的代理关系的,该合同直接约束委托人和第三人;但是,有确切证据证明该合同只约束受托人和第三人的除外。

★ 第九百二十六条　[隐名的间接代理]受托人以自己的名义与第三人订立合同时,第三人不知道受托人与委托人之间的代理关系的,受托人因第三人的原因对委托人不履行义务,受托人应当向委托人披露第三人,委托人因此可以行使受托人对第三人的权利。但是,第三人与受托人订立合同时如果知道该委托人就不会订立合同的除外。

受托人因委托人的原因对第三人不履行义务,受托人应当向第三人披露委托人,第三人因此可以选择受托人或者委托人作为相对人主张其权利,但是第三人不得变更选定的相对人。

委托人行使受托人对第三人的权利的,第三人可以向委托人主张其对受托人的抗辩。第三人选定委托人作为其相对人的,委托人可以向第三人主张其对受托人的抗辩以及受托人对第三人的抗辩。

第九百二十七条　[受托人转移所得利益的义务]受托人处理委托事务取得的财产,应当转交给委托人。

第九百二十八条　[委托人支付报酬的义务]受托人完成委托事务的,委托人应当按照约定向其支付报酬。

因不可归责于受托人的事由,委托合同解除或者委托事务不能完成的,委托人应当向受托人支付相应的报酬。当事人另有约定的,按照其约定。

★ 第九百二十九条　[因受托人过错致委托人损失的赔偿责任]有偿的委托合同,因受托人的过错造成委托人损失的,委托人可以请求赔偿损失。无偿的委托合同,因受托人的故意或者重大过失造成委托人损失的,委托人可以请求赔偿损失。

受托人超越权限造成委托人损失的,应当赔偿损失。

第九百三十条　[委托人的赔偿责任]受托人处理委托事务时,因不可归责于自己的事由受到损失的,可以向委托人请求赔偿损失。

第九百三十一条　[委托人另行委托他人处理事务]委托人经受托人同意,可以在受托人之外委托第三人处理委托事务。因此造成受托人损失的,受托人可以向委托人请求赔偿损失。

★ 第九百三十二条　[共同委托]两个以上的受托人共同处理委托事务的,对委托人承担连带责任。

♠ 第九百三十三条　[任意解除权]委托人或者受托人可以随时解除委托合同。因解除合同造成对方损失的,除不可归责于该当事人的事由外,无偿委托合同的解除方应当赔偿因解除时间不当造成的直接损失,有偿委托合同的解除方应当赔偿对方的直接损失和合同履行后可以获得的利益。

第九百三十四条　[委托合同的终止]委托人死亡、终止或者受托人死亡、丧失民事行为能力、终止的,委托合同终止;但是,当事人另有约定或者根据委托事务的性质不宜终止的除外。

第九百三十五条 ［受托人继续处理委托事务］因委托人死亡或者被宣告破产、解散，致使委托合同终止将损害委托人利益的，在委托人的继承人、遗产管理人或者清算人承受委托事务之前，受托人应当继续处理委托事务。

第九百三十六条 ［受托人死亡后其继承人等的义务］因受托人死亡、丧失民事行为能力或者被宣告破产、解散，致使委托合同终止的，受托人的继承人、遗产管理人、法定代理人或者清算人应当及时通知委托人。因委托合同终止将损害委托人利益的，在委托人作出善后处理之前，受托人的继承人、遗产管理人、法定代理人或者清算人应当采取必要措施。

第二十四章　物业服务合同

第九百三十七条 ［物业服务合同的定义］物业服务合同是物业服务人在物业服务区域内，为业主提供建筑物及其附属设施的维修养护、环境卫生和相关秩序的管理维护等物业服务，业主支付物业费的合同。

物业服务人包括物业服务企业和其他管理人。

★ **第九百三十八条** ［物业服务合同的内容与形式］物业服务合同的内容一般包括服务事项、服务质量、服务费用的标准和收取办法、维修资金的使用、服务用房的管理和使用、服务期限、服务交接等条款。

物业服务人公开作出的有利于业主的服务承诺，为物业服务合同的组成部分。

物业服务合同应当采用书面形式。

★ **第九百三十九条** ［物业服务合同的约束力］建设单位依法与物业服务人订立的前期物业服务合同，以及业主委员会与业主大会依法选聘的物业服务人订立的物业服务合同，对业主具有法律约束力。

第九百四十条 ［前期物业服务合同的终止情形］建设单位依法与物业服务人订立的前期物业服务合同约定的服务期限届满前，业主委员会或者业主与新物业服务人订立的物业服务合同生效的，前期物业服务合同终止。

★ **第九百四十一条** ［物业服务合同的转委托］物业服务人将物业服务区域内的部分专项服务事项委托给专业性服务组织或者其他第三人的，应当就该部分专项服务事项向业主负责。

物业服务人不得将其应当提供的全部物业服务转委托给第三人，或者将全部物业服务支解后分别转委托给第三人。

第九百四十二条 ［物业服务人的义务］物业服务人应当按照约定和物业的使用性质，妥善维修、养护、清洁、绿化和经营管理物业服务区域内的业主共有部分，维护物业服务区域内的基本秩序，采取合理措施保护业主的人身、财产安全。

对物业服务区域内违反有关治安、环保、消防等法律法规的行为，物业服务人应当及时采取合理措施制止、向有关行政主管部门报告并协助处理。

第九百四十三条 ［物业服务人的信息公开义务］物业服务人应当定期将服务的事项、负责人员、质量要求、收费项目、收费标准、履行情况，以及维修资金使用情况、业主共有部分的经营与收益情况等以合理方式向业主公开并向业主大会、业主委员会报告。

★ **第九百四十四条** ［业主支付物业费义务］业主应当按照约定向物业服务人支付物业费。物业服务人已经按照约定和有关规定提供服务的，业主不得以未接受或者无需接受相关物业服务为由拒绝支付物业费。

业主违反约定逾期不支付物业费的，物业服务人可以催告其在合理期限内支付；合理期限届满仍不支付的，物业服务人可以提起诉讼或者申请仲裁。

物业服务人不得采取停止供电、供水、供热、供燃气等方式催交物业费。

第九百四十五条 ［业主的告知、协助义务］业主装饰装修房屋的，应当事先告知物业服务人，遵守物业服务人提示的合理注意事项，并配合其进行必要的现场检查。

业主转让、出租物业专有部分、设立居住权或者依法改变共有部分用途的，应当及时将相关情况告知物业服务人。

第九百四十六条 ［业主解聘物业服务人］业主依照法定程序共同决定解聘物业服务人的，可以解除物业服务合同。决定解聘的，应当提前六十日书面通知物业服务人，但是合同对通知期限另有约定的除外。

依据前款规定解除合同造成物业服务人损失的，除不可归责于业主的事由外，业主应当赔偿损失。

第九百四十七条 ［物业服务人的续聘］物业服务期限届满前，业主依法共同决定续聘的，应当与原物业服务人在合同期限届满前续订物业服务合同。

物业服务期限届满前，物业服务人不同意续聘的，应当在合同期限届满前九十日书面通知业主或者业主委员会，但是合同对通知期限另有约定的除外。

第九百四十八条 ［不定期物业服务合同的成立与解除］物业服务期限届满后，业主没有依法作出续聘或者另聘物业服务人的决定，物业服务人继续提供物业服务的，原物业服务合同继续有效，但是服务期限为不定期。

当事人可以随时解除不定期物业服务合同，但是应当提前六十日书面通知对方。

第九百四十九条 ［物业服务合同终止后原物业服务人的义务］物业服务合同终止的，原物业服务人应当在约定期限或者合理期限内退出物业服务区域，将物业服务用房、相关设施、物业服务所必需的相关资料等交还给业主委员会、决定自行管理的业主或者其指定的人，配合新物业服务人做好交接工作，并如实告知物业的使用和管理状况。

原物业服务人违反前款规定的，不得请求业主支付物业服务合同终止后的物业费；造成业主损失的，应当赔偿损失。

第九百五十条 ［物业服务合同终止后新合同成立前期间的相关事项］物业服务合同终止后，在业主或者业主大会选聘的新物业服务人或者决定自行管理的业主接管之前，原物业服务人应当继续处理物业服务事项，并可以请求业主支付该期间的物业费。

第二十五章 行纪合同

第九百五十一条 ［行纪合同的概念］行纪合同是行纪人以自己的名义为委托人从事贸易活动，委托人支付报酬的合同。

★ **第九百五十二条** ［行纪人的费用负担］行纪人处理委托事务支出的费用，由行纪人负担，但是当事人另有约定的除外。

第九百五十三条 ［行纪人保管义务］行纪人占有委托物的，应当妥善保管委托物。

第九百五十四条 ［行纪人处置委托物义务］委托物交付给行纪人时有瑕疵或者容易腐烂、变质的，经委托人同意，行纪人可以处分该物；不能与委托人及时取得联系的，行纪人可以合理处分。

★ **第九百五十五条** ［行纪人按指定价格买卖的义务］行纪人低于委托人指定的价格卖出或者高于委托人指定的价格买入的，应当经委托人同意；未经委托人同意，行纪人补偿其差额的，该买卖对委托人发生效力。

行纪人高于委托人指定的价格卖出或者低于委托人指定的价格买入的，可以按照约定增加报酬；没有约定或者约定不明确，依据本法第五百一十条的规定仍不能确定的，该利益属于委托人。

委托人对价格有特别指示的，行纪人不得违背该指示卖出或者买入。

第九百五十六条 ［行纪人的介入权］行纪人卖出或者买入具有市场定价的商品，除委托人有相反的意思表示外，行纪人自己可以作为买受人或者出卖人。

行纪人有前款规定情形的，仍然可以请求委托人支付报酬。

第九百五十七条 ［委托人受领、取回义务及行纪人提存委托物］行纪人按照约定买入委托物，委托人应当及时受领。经行纪人催告，委托人无正当理由拒绝受领的，行纪人依法可以提存委托物。

委托物不能卖出或者委托人撤回出卖，经行纪人催告，委托人不取回或者不处分该物的，行纪人依法可以提存委托物。

★ **第九百五十八条** ［行纪人的直接履行义务］行纪人与第三人订立合同的，行纪人对该合同直接享有权利、承担义务。

第三人不履行义务致使委托人受到损害的，行纪人应当承担赔偿责任，但是行纪人与委托人另有约定的除外。

第九百五十九条 ［行纪人的报酬请求权及留置权］行纪人完成或者部分完成委托事务的，委托人应当向其支付相应的报酬。委托人逾期不支付报酬的，行纪人对委托物享有留置权，但是当事人另有约定的除外。

第九百六十条 ［参照适用委托合同的规定］本章没有规定的，参照适用委托合同的有关规定。

第二十六章 中介合同

第九百六十一条 ［中介合同的概念］中介合同是中介人向委托人报告订立合同的机会或者提供订立合同的媒介服务，委托人支付报酬的合同。

第九百六十二条 ［中介人的如实报告义务］中介人应当就有关订立合同的事项向委托人如实报告。

中介人故意隐瞒与订立合同有关的重要事实或者提供虚假情况，损害委托人利益的，不得请求支付报酬并应当承担赔偿责任。

★ **第九百六十三条** ［中介人的报酬请求权］中介人促成合同成立的，委托人应当按照约定支付报酬。对中介人的报酬没有约定或者约定不明确，依据本法第五百一十条的规定仍不能确定，根据中介人的劳务合理确定。因中介人提供订立合同的媒介服务而促成合同成立的，由该合同的当事人平均负担中介人的报酬。

中介人促成合同成立的，中介活动的费用，由中介人负担。

第九百六十四条 ［中介人的中介费用］中介人未促成合同成立的，不得请求支付报酬；但是，可以按照约定请求委托人支付从事中介活动支出的必要费用。

第九百六十五条 ［委托人"跳单"应支付中介报酬］委托人在接受中介人的服务后，利用中介人提供的交易机会或者媒介服务，绕开中介人直接订立合同的，应当向中介人支付报酬。

第九百六十六条 [参照适用委托合同的规定]本章没有规定的,参照适用委托合同的有关规定。

第二十七章 合伙合同

第九百六十七条 [合伙合同的定义]合伙合同是两个以上合伙人为了共同的事业目的,订立的共享利益、共担风险的协议。

第九百六十八条 [合伙人的出资义务]合伙人应当按照约定的出资方式、数额和缴付期限,履行出资义务。

★ **第九百六十九条** [合伙财产的定义]合伙人的出资、因合伙事务依法取得的收益和其他财产,属于合伙财产。

合伙合同终止前,合伙人不得请求分割合伙财产。

第九百七十条 [合伙事务的执行]合伙人就合伙事务作出决定的,除合伙合同另有约定外,应当经全体合伙人一致同意。

合伙事务由全体合伙人共同执行。按照合伙合同的约定或者全体合伙人的决定,可以委托一个或者数个合伙人执行合伙事务;其他合伙人不再执行合伙事务,但是有权监督执行情况。

合伙人分别执行合伙事务的,执行事务合伙人可以对其他合伙人执行的事务提出异议;提出异议后,其他合伙人应当暂停该项事务的执行。

第九百七十一条 [合伙人执行合伙事务不得请求支付报酬]合伙人不得因执行合伙事务而请求支付报酬,但是合伙合同另有约定的除外。

★ **第九百七十二条** [合伙的利润分配和亏损分担]合伙的利润分配和亏损分担,按照合伙合同的约定办理;合伙合同没有约定或者约定不明确的,由合伙人协商决定;协商不成的,由合伙人按照实缴出资比例分配、分担;无法确定出资比例的,由合伙人平均分配、分担。

★ **第九百七十三条** [合伙人对合伙债务的连带责任及追偿权]合伙人对合伙债务承担连带责任。清偿合伙债务超过自己应当承担份额的合伙人,有权向其他合伙人追偿。

第九百七十四条 [合伙人转让财产份额的要求]除合伙合同另有约定外,合伙人向合伙人以外的人转让其全部或者部分财产份额的,须经其他合伙人一致同意。

★ **第九百七十五条** [合伙人债权人代位行使权利的限制]合伙人的债权人不得代位行使合伙人依照本章规定和合伙合同享有的权利,但是合伙人享有的利

益分配请求权除外。

★ **第九百七十六条** [合伙期限的推定]合伙人对合伙期限没有约定或者约定不明确,依据本法第五百一十条的规定仍不能确定的,视为不定期合伙。

合伙期限届满,合伙人继续执行合伙事务,其他合伙人没有提出异议的,原合伙合同继续有效,但是合伙期限为不定期。

合伙人可以随时解除不定期合伙合同,但是应当在合理期限之前通知其他合伙人。

第九百七十七条 [合伙人死亡、民事行为能力丧失或终止时合伙合同的效力]合伙人死亡、丧失民事行为能力或者终止的,合伙合同终止;但是,合伙合同另有约定或者根据合伙事务的性质不宜终止的除外。

第九百七十八条 [合伙合同终止后剩余财产的分配规则]合伙合同终止后,合伙财产在支付因终止而产生的费用以及清偿合伙债务后有剩余的,依据本法第九百七十二条的规定进行分配。

第三分编 准合同

第二十八章 无因管理

★ **第九百七十九条** [无因管理的定义及法律效果]管理人没有法定的或者约定的义务,为避免他人利益受损失而管理他人事务的,可以请求受益人偿还因管理事务而支出的必要费用;管理人因管理事务受到损失的,可以请求受益人给予适当补偿。

管理事务不符合受益人真实意思的,管理人不享有前款规定的权利;但是,受益人的真实意思违反法律或者违背公序良俗的除外。

★ **第九百八十条** [不适当的无因管理]管理人管理事务不属于前条规定的情形,但是受益人享有管理利益的,受益人应当在其获得的利益范围内向管理人承担前条第一款规定的义务。

第九百八十一条 [管理人的善良管理义务]管理人管理他人事务,应当采取有利于受益人的方法。中断管理对受益人不利的,无正当理由不得中断。

第九百八十二条 [管理人的通知义务]管理人管理他人事务,能够通知受益人的,应当及时通知受益人。管理的事务不需要紧急处理的,应当等待受益人的指示。

第九百八十三条 [管理人的报告及移交财产义务]管理结束后,管理人应当向受益人报告管理事务的情况。管理人管理事务取得的财产,应当及时转交给受益人。

第九百八十四条 [本人对管理事务的追认]管理人管理事务经受益人事后追认的,从管理事务开始时起,适用委托合同的有关规定,但是管理人另有意

思表示的除外。

第二十九章　不当得利

★　**第九百八十五条**　[不当得利的构成及除外情况]得利人没有法律根据取得不当利益的,受损失的人可以请求得利人返还取得的利益,但是有下列情形之一的除外:

(一)为履行道德义务进行的给付;

(二)债务到期之前的清偿;

(三)明知无给付义务而进行的债务清偿。

第九百八十六条　[善意得利人的返还责任]得利人不知道且不应当知道取得的利益没有法律根据,取得的利益已经不存在的,不承担返还该利益的义务。

第九百八十七条　[恶意得利人的返还责任]得利人知道或者应当知道取得的利益没有法律根据的,受损失的人可以请求得利人返还其取得的利益并依法赔偿损失。

第九百八十八条　[第三人的返还义务]得利人已经将取得的利益无偿转让给第三人的,受损失的人可以请求第三人在相应范围内承担返还义务。

第四编　人格权

第一章　一般规定

第九百八十九条　[人格权编的调整范围]本编调整因人格权的享有和保护产生的民事关系。

第九百九十条　[人格权类型]人格权是民事主体享有的生命权、身体权、健康权、姓名权、名称权、肖像权、名誉权、荣誉权、隐私权等权利。

除前款规定的人格权外,自然人享有基于人身自由、人格尊严产生的其他人格权益。

第九百九十一条　[人格权受法律保护]民事主体的人格权受法律保护,任何组织或者个人不得侵害。

第九百九十二条　[人格权不得放弃、转让、继承]人格权不得放弃、转让或者继承。

第九百九十三条　[人格利益的许可使用]民事主体可以将自己的姓名、名称、肖像等许可他人使用,但是依照法律规定或者根据其性质不许可的除外。

> 《民法典》　第 999 条

第九百九十四条　[死者人格利益保护]死者的姓名、肖像、名誉、荣誉、隐私、遗体等受到侵害的,其配偶、子女、父母有权依法请求行为人承担民事责任;死者没有配偶、子女且父母已经死亡的,其他近亲属有权依法请求行为人承担民事责任。

> 《最高人民法院关于确定民事侵权精神损害赔偿责任若干问题的解释》
> 第三条　死者的姓名、肖像、名誉、荣誉、隐私、遗

体、遗骨等受到侵害,其近亲属向人民法院提起诉讼请求精神损害赔偿的,人民法院应当依法予以支持。

★　**第九百九十五条**　[人格权保护的请求权]人格权受到侵害的,受害人有权依照本法和其他法律的规定请求行为人承担民事责任。受害人的停止侵害、排除妨碍、消除危险、消除影响、恢复名誉、赔礼道歉请求权,不适用诉讼时效的规定。

★　**第九百九十六条**　[人格权责任竞合下的精神损害赔偿]因当事人一方的违约行为,损害对方人格权并造成严重精神损害,受损害方选择请求其承担违约责任的,不影响受损害方请求精神损害赔偿。

第九百九十七条　[申请法院责令停止侵害]民事主体有证据证明行为人正在实施或者即将实施侵害其人格权的违法行为,不及时制止将使其合法权益受到难以弥补的损害的,有权依法向人民法院申请采取责令行为人停止有关行为的措施。

第九百九十八条　[认定行为人承担责任时的考量因素]认定行为人承担侵害除生命权、身体权和健康权外的人格权的民事责任,应当考虑行为人和受害人的职业、影响范围、过错程度,以及行为的目的、方式、后果等因素。

第九百九十九条　[人格利益的合理使用]为公共利益实施新闻报道、舆论监督等行为的,可以合理使用民事主体的姓名、名称、肖像、个人信息等;使用不合理侵害民事主体人格权的,应当依法承担民事责任。

第一千条　[消除影响、恢复名誉、赔礼道歉责任方式]行为人因侵害人格权承担消除影响、恢复名誉、赔礼道歉等民事责任的,应当与行为的具体方式和造成的影响范围相当。

行为人拒不承担前款规定的民事责任的,人民法院可以采取在报刊、网络等媒体上发布公告或者公布生效裁判文书等方式执行,产生的费用由行为人负担。

第一千零一条　[自然人身份权利保护的参照]对自然人因婚姻家庭关系等产生的身份权利的保护,适用本法第一编、第五编和其他法律的相关规定;没有规定的,可以根据其性质参照适用本编人格权保护的有关规定。

第二章　生命权、身体权和健康权

★　**第一千零二条**　[生命权]自然人享有生命权。自然人的生命安全和生命尊严受法律保护。任何组织或者个人不得侵害他人的生命权。

> 《民法典》　第 1181 条

《最高人民法院关于审理人身损害赔偿案件适用法律若干问题的解释》①

第十五条　死亡赔偿金按照受诉法院所在地上一年度城镇居民人均可支配收入标准,按二十年计算。但六十周岁以上的,年龄每增加一岁减少一年;七十五周岁以上的,按五年计算。

★ 第一千零三条　[身体权]自然人享有身体权。自然人的身体完整和行动自由受法律保护。任何组织或者个人不得侵害他人的身体权。

《民法典》　第 1011 条

★ 第一千零四条　[健康权]自然人享有健康权。自然人的身心健康受法律保护。任何组织或者个人不得侵害他人的健康权。

第一千零五条　[法定救助义务]自然人的生命权、身体权、健康权受到侵害或者处于其他危难情形的,负有法定救助义务的组织或者个人应当及时施救。

第一千零六条　[人体捐献]完全民事行为能力人有权依法自主决定无偿捐献其人体细胞、人体组织、人体器官、遗体。任何组织或者个人不得强迫、欺骗、利诱其捐献。

完全民事行为能力人依据前款规定同意捐献的,应当采用书面形式,也可以订立遗嘱。

自然人生前未表示不同意捐献的,该自然人死亡后,其配偶、成年子女、父母可以共同决定捐献,决定捐献应当采用书面形式。

第一千零七条　[禁止买卖人体细胞、组织、器官和遗体]禁止以任何形式买卖人体细胞、人体组织、人体器官、遗体。

违反前款规定的买卖行为无效。

第一千零八条　[人体临床试验]为研制新药、医疗器械或者发展新的预防和治疗方法,需要进行临床试验的,应当依法经相关主管部门批准并经伦理委员会审查同意,向受试者或者受试者的监护人告知试验目的、用途和可能产生的风险等详细情况,并经其书面同意。

进行临床试验的,不得向受试者收取试验费用。

第一千零九条　[从事人体基因、胚胎等医学和科研活动的法定限制]从事与人体基因、人体胚胎等有关的医学和科研活动,应当遵守法律、行政法规和国家有关规定,不得危害人体健康,不得违背伦理道德,不得损害公共利益。

第一千零一十条　[性骚扰]违背他人意愿,以言语、文字、图像、肢体行为等方式对他人实施性骚扰的,受害人有权依法请求行为人承担民事责任。

机关、企业、学校等单位应当采取合理的预防、受理投诉、调查处置等措施,防止和制止利用职权、从属关系等实施性骚扰。

第一千零一十一条　[非法剥夺、限制他人行动自由和非法搜查他人身体]以非法拘禁等方式剥夺、限制他人的行动自由,或者非法搜查他人身体的,受害人有权依法请求行为人承担民事责任。

第三章　姓名权和名称权

★ 第一千零一十二条　[姓名权]自然人享有姓名权,有权依法决定、使用、变更或者许可他人使用自己的姓名,但是不得违背公序良俗。

最高人民法院指导案例(113 号)
迈克尔·杰弗里·乔丹与国家工商行政管理总局商标评审委员会、乔丹体育股份有限公司
"乔丹"商标争议行政纠纷案

《民法典》　第 999、1014、1015 条

第一千零一十三条　[名称权]法人、非法人组织享有名称权,有权依法决定、使用、变更、转让或者许可他人使用自己的名称。

★ 第一千零一十四条　[禁止侵害他人的姓名或名称]任何组织或者个人不得以干涉、盗用、假冒等方式侵害他人的姓名权或者名称权。

第一千零一十五条　[自然人姓氏的选取]自然人应当随父姓或者母姓,但是有下列情形之一的,可以在父姓和母姓之外选取姓氏:

(一)选取其他直系长辈血亲的姓氏;

(二)因由法定扶养人以外的人扶养而选取扶养人姓氏;

(三)有不违背公序良俗的其他正当理由。

少数民族自然人的姓氏可以遵从本民族的文化传统和风俗习惯。

最高人民法院指导案例(89 号)
"北雁云依"诉济南市公安局历下区分局燕山派出所公安行政登记案

第一千零一十六条　[决定、变更姓名、名称及转让名称的规定]自然人决定、变更姓名,或者法人、非法人组织决定、变更、转让名称的,应当依法向有关机关办理登记手续,但是法律另有规定的除外。

---

① 2003 年 12 月 4 日最高人民法院审判委员会第 1299 次会议通过,根据 2020 年 12 月 23 日最高人民法院审判委员会第 1823 次会议通过的《关于修改〈最高人民法院关于在民事审判工作中适用《中华人民共和国工会法》若干问题的解释〉等二十七件民事类司法解释的决定》第一次修正,根据 2022 年 2 月 15 日最高人民法院审判委员会第 1864 次会议通过的《关于修改〈最高人民法院关于审理人身损害赔偿案件适用法律若干问题的解释〉的决定》第二次修正。(法释〔2022〕14 号)

民事主体变更姓名、名称的,变更前实施的民事法律行为对其具有法律约束力。

第一千零一十七条　[姓名与名称的扩展保护]具有一定社会知名度,被他人使用足以造成公众混淆的笔名、艺名、网名、译名、字号、姓名和名称的简称等,参照适用姓名权和名称权保护的有关规定。

最高人民法院指导案例(29号)
天津中国青年旅行社诉天津国青国际旅行社
擅自使用他人企业名称纠纷案

第四章　肖像权

第一千零一十八条　[肖像权及肖像]自然人享有肖像权,有权依法制作、使用、公开或者许可他人使用自己的肖像。

肖像是通过影像、雕塑、绘画等方式在一定载体上所反映的特定自然人可以被识别的外部形象。

★ 第一千零一十九条　[肖像权的保护]任何组织或者个人不得以丑化、污损,或者利用信息技术手段伪造等方式侵害他人的肖像权。未经肖像权人同意,不得制作、使用、公开肖像权人的肖像,但是法律另有规定的除外。

未经肖像权人同意,肖像作品权利人不得以发表、复制、发行、出租、展览等方式使用或者公开肖像权人的肖像。

第一千零二十条　[肖像权的合理使用]合理实施下列行为的,可以不经肖像权人同意:

(一)为个人学习、艺术欣赏、课堂教学或者科学研究,在必要范围内使用肖像权人已经公开的肖像;

(二)为实施新闻报道,不可避免地制作、使用、公开肖像权人的肖像;

(三)为依法履行职责,国家机关在必要范围内制作、使用、公开肖像权人的肖像;

(四)为展示特定公共环境,不可避免地制作、使用、公开肖像权人的肖像;

(五)为维护公共利益或者肖像权人合法权益,制作、使用、公开肖像权人的肖像的其他行为。

★ 第一千零二十一条　[肖像许可使用合同的解释]当事人对肖像许可使用合同中关于肖像使用条款的理解有争议的,应当作出有利于肖像权人的解释。

第一千零二十二条　[肖像许可使用合同期限]当事人对肖像许可使用期限没有约定或者约定不明确的,任何一方当事人可以随时解除肖像许可使用合同,但是应当在合理期限之前通知对方。

当事人对肖像许可使用期限有明确约定,肖像权人有正当理由的,可以解除肖像许可使用合同,但是应当在合理期限之前通知对方。因解除合同造成对方损失的,除不可归责于肖像权人的事由外,应当赔偿损失。

第一千零二十三条　[姓名、声音等的许可使用参照肖像许可使用]对姓名等的许可使用,参照适用肖像许可使用的有关规定。

对自然人声音的保护,参照适用肖像权保护的有关规定。

第五章　名誉权和荣誉权

★ 第一千零二十四条　[名誉权及名誉]民事主体享有名誉权。任何组织或者个人不得以侮辱、诽谤等方式侵害他人的名誉权。

名誉是对民事主体的品德、声望、才能、信用等的社会评价。

最高人民法院指导案例(143号)
北京兰世达光电科技有限公司、黄晓兰诉
赵敏名誉权纠纷案

第一千零二十五条　[新闻报道、舆论监督与保护名誉权关系问题]行为人为公共利益实施新闻报道、舆论监督等行为,影响他人名誉的,不承担民事责任,但是有下列情形之一的除外:

(一)捏造、歪曲事实;

(二)对他人提供的严重失实内容未尽到合理核实义务;

(三)使用侮辱性言辞等贬损他人名誉。

第一千零二十六条　[认定是否尽到合理核实义务的考虑因素]认定行为人是否尽到前条第二项规定的合理核实义务,应当考虑下列因素:

(一)内容来源的可信度;

(二)对明显可能引发争议的内容是否进行了必要的调查;

(三)内容的时限性;

(四)内容与公序良俗的关联性;

(五)受害人名誉受贬损的可能性;

(六)核实能力和核实成本。

第一千零二十七条　[文学、艺术作品侵害名誉权的认定与例外]行为人发表的文学、艺术作品以真人真事或者特定人为描述对象,含有侮辱、诽谤内容,侵害他人名誉的,受害人有权依法请求该行为人承担民事责任。

行为人发表的文学、艺术作品不以特定人为描述对象,仅其中的情节与该特定人的情况相似的,不承担民事责任。

第一千零二十八条　[名誉权人更正权]民事主体有证据证明报刊、网络等媒体报道的内容失实,侵害其名誉权的,有权请求该媒体及时采取更正或者删除等必要措施。

★ 第一千零二十九条　[信用评价]民事主体可以

依法查询自己的信用评价;发现信用评价不当的,有权提出异议并请求采取更正、删除等必要措施。信用评价人应当及时核查,经核查属实的,应当及时采取必要措施。

第一千零三十条 ［处理信用信息的法律适用］民事主体与征信机构等信用信息处理者之间的关系,适用本编有关个人信息保护的规定和其他法律、行政法规的有关规定。

第一千零三十一条 ［荣誉权］民事主体享有荣誉权。任何组织或者个人不得非法剥夺他人的荣誉称号,不得诋毁、贬损他人的荣誉。

获得的荣誉称号应当记载而没有记载的,民事主体可以请求记载;获得的荣誉称号记载错误的,民事主体可以请求更正。

第六章　隐私权和个人信息保护

★ **第一千零三十二条** ［隐私权及隐私］自然人享有隐私权。任何组织或者个人不得以刺探、侵扰、泄露、公开等方式侵害他人的隐私权。

隐私是自然人的私人生活安宁和不愿为他人知晓的私密空间、私密活动、私密信息。

第一千零三十三条 ［侵害隐私权的行为］除法律另有规定或者权利人明确同意外,任何组织或者个人不得实施下列行为:

（一）以电话、短信、即时通讯工具、电子邮件、传单等方式侵扰他人的私人生活安宁;

（二）进入、拍摄、窥视他人的住宅、宾馆房间等私密空间;

（三）拍摄、窥视、窃听、公开他人的私密活动;

（四）拍摄、窥视他人身体的私密部位;

（五）处理他人的私密信息;

（六）以其他方式侵害他人的隐私权。

★ **第一千零三十四条** ［个人信息保护］自然人的个人信息受法律保护。

个人信息是以电子或者其他方式记录的能够单独或者与其他信息结合识别特定自然人的各种信息,包括自然人的姓名、出生日期、身份证件号码、生物识别信息、住址、电话号码、电子邮箱、健康信息、行踪信息等。

个人信息中的私密信息,适用有关隐私权的规定;没有规定的,适用有关个人信息保护的规定。

第一千零三十五条 ［个人信息处理的原则］处理个人信息的,应当遵循合法、正当、必要原则,不得过度处理,并符合下列条件:

（一）征得该自然人或者其监护人同意,但是法律、行政法规另有规定的除外;

（二）公开处理信息的规则;

（三）明示处理信息的目的、方式和范围;

（四）不违反法律、行政法规的规定和双方的约定。

个人信息的处理包括个人信息的收集、存储、使用、加工、传输、提供、公开等。

第一千零三十六条 ［处理个人信息的免责事由］处理个人信息,有下列情形之一的,行为人不承担民事责任:

（一）在该自然人或者其监护人同意的范围内合理实施的行为;

（二）合理处理该自然人自行公开的或者其他已经合法公开的信息,但是该自然人明确拒绝或者处理该信息侵害其重大利益的除外;

（三）为维护公共利益或者该自然人合法权益,合理实施的其他行为。

第一千零三十七条 ［个人信息主体的权利］自然人可以依法向信息处理者查阅或者复制其个人信息;发现信息有错误的,有权提出异议并请求及时采取更正等必要措施。

自然人发现信息处理者违反法律、行政法规的规定或者双方的约定处理其个人信息的,有权请求信息处理者及时删除。

第一千零三十八条 ［个人信息安全］信息处理者不得泄露或者篡改其收集、存储的个人信息;未经自然人同意,不得向他人非法提供其个人信息,但是经过加工无法识别特定个人且不能复原的除外。

信息处理者应当采取技术措施和其他必要措施,确保其收集、存储的个人信息安全,防止信息泄露、篡改、丢失;发生或者可能发生个人信息泄露、篡改、丢失的,应当及时采取补救措施,按照规定告知自然人并向有关主管部门报告。

第一千零三十九条 ［国家机关及其工作人员对个人信息的保密义务］国家机关、承担行政职能的法定机构及其工作人员对于履行职责过程中知悉的自然人的隐私和个人信息,应当予以保密,不得泄露或者向他人非法提供。

第五编　婚姻家庭

第一章　一般规定

★ **第一千零四十条** ［婚姻家庭编的调整范围］本编调整因婚姻家庭产生的民事关系。

第一千零四十一条 ［婚姻家庭关系基本原则］婚姻家庭受国家保护。

实行婚姻自由、一夫一妻、男女平等的婚姻制度。

保护妇女、未成年人、老年人、残疾人的合法权益。

第一千零四十二条 ［禁止的婚姻家庭行为］禁

止包办、买卖婚姻和其他干涉婚姻自由的行为。禁止借婚姻索取财物。

禁止重婚。禁止有配偶者与他人同居。

禁止家庭暴力。禁止家庭成员间的虐待和遗弃。

> **《最高人民法院关于适用〈中华人民共和国民法典〉婚姻家庭编的解释（一）》**
>
> 第一条　持续性、经常性的家庭暴力，可以认定为民法典第一千零四十二条、第一千零七十九条、第一千零九十一条所称的"虐待"。
>
> 第二条　民法典第一千零四十二条、第一千零七十九条、第一千零九十一条规定的"与他人同居"的情形，是指有配偶者与婚外异性，不以夫妻名义，持续、稳定地共同居住。

第一千零四十三条　[婚姻家庭道德规范] 家庭应当树立优良家风，弘扬家庭美德，重视家庭文明建设。

夫妻应当互相忠实，互相尊重，互相关爱；家庭成员应当敬老爱幼，互相帮助，维护平等、和睦、文明的婚姻家庭关系。

> **《最高人民法院关于适用〈中华人民共和国民法典〉婚姻家庭编的解释（一）》**
>
> 第四条　当事人仅以民法典第一千零四十三条为依据提起诉讼的，人民法院不予受理；已经受理的，裁定驳回起诉。

第一千零四十四条　[收养的原则] 收养应当遵循最有利于被收养人的原则，保障被收养人和收养人的合法权益。

禁止借收养名义买卖未成年人。

第一千零四十五条　[亲属、近亲属与家庭成员] 亲属包括配偶、血亲和姻亲。

配偶、父母、子女、兄弟姐妹、祖父母、外祖父母、孙子女、外孙子女为近亲属。

配偶、父母、子女和其他共同生活的近亲属为家庭成员。

第二章　结　婚

第一千零四十六条　[结婚自愿] 结婚应当男女双方完全自愿，禁止任何一方对另一方加以强迫，禁止任何组织或者个人加以干涉。

第一千零四十七条　[法定婚龄] 结婚年龄，男不得早于二十二周岁，女不得早于二十周岁。

★ **第一千零四十八条　[禁止结婚的情形]** 直系血亲或者三代以内的旁系血亲禁止结婚。

★ **第一千零四十九条　[结婚程序]** 要求结婚的男女双方应当亲自到婚姻登记机关申请结婚登记。符合本法规定的，予以登记，发给结婚证。完成结婚登记，即确立婚姻关系。未办理结婚登记的，应当补办登记。

> **《最高人民法院关于适用〈中华人民共和国民法典〉婚姻家庭编的解释（一）》**
>
> 第六条　男女双方依据民法典第一千零四十九条规定补办结婚登记的，婚姻关系的效力从双方均符合民法典所规定的结婚的实质要件时起算。
>
> 第七条　未依据民法典第一千零四十九条规定办理结婚登记而以夫妻名义共同生活的男女，提起诉讼要求离婚的，应当区别对待：
>
> （一）1994年2月1日民政部《婚姻登记管理条例》公布实施以前，男女双方已经符合结婚实质要件的，按事实婚姻处理。
>
> （二）1994年2月1日民政部《婚姻登记管理条例》公布实施以后，男女双方符合结婚实质要件的，人民法院应当告知其补办结婚登记。未补办结婚登记的，依据本解释第三条规定处理。
>
> 第八条　未依据民法典第一千零四十九条规定办理结婚登记而以夫妻名义共同生活的男女，一方死亡，另一方以配偶身份主张享有继承权的，依据本解释第七条的原则处理。

第一千零五十条　[男女双方互为家庭成员] 登记结婚后，按照男女双方约定，女方可以成为男方家庭的成员，男方可以成为女方家庭的成员。

★ **第一千零五十一条　[婚姻无效的情形]** 有下列情形之一的，婚姻无效：

（一）重婚；

（二）有禁止结婚的亲属关系；

（三）未到法定婚龄。

> **《最高人民法院关于适用〈中华人民共和国民法典〉婚姻家庭编的解释（一）》**
>
> 第九条　有权依据民法典第一千零五十一条规定向人民法院就已办理结婚登记的婚姻请求确认婚姻无效的主体，包括婚姻当事人及利害关系人。其中，利害关系人包括：
>
> （一）以重婚为由的，为当事人的近亲属及基层组织；
>
> （二）以未到法定婚龄为由的，为未到法定婚龄者的近亲属；
>
> （三）以有禁止结婚的亲属关系为由的，为当事人的近亲属。
>
> 第十条　当事人依据民法典第一千零五十一条规定向人民法院请求确认婚姻无效，法定的无效婚姻情形在提起诉讼时已经消失的，人民法院不予支持。
>
> 第十一条　人民法院受理请求确认婚姻无效案件后，原告申请撤诉的，不予准许。
>
> 对婚姻效力的审理不适用调解，应当依法作出判决。

涉及财产分割和子女抚养的,可以调解。调解达成协议的,另行制作调解书;未达成调解协议的,应当一并作出判决。

第十二条　人民法院受理离婚案件后,经审理确属无效婚姻的,应当将婚姻无效的情形告知当事人,并依法作出确认婚姻无效的判决。

第十三条　人民法院就同一婚姻关系分别受理了离婚和请求确认婚姻无效案件的,对于离婚案件的审理,应当待请求确认婚姻无效案件作出判决后进行。

第十四条　夫妻一方或者双方死亡后,生存一方或者利害关系人依据民法典第一千零五十一条的规定请求确认婚姻无效的,人民法院应当受理。

第十五条　利害关系人依据民法典第一千零五十一条的规定,请求人民法院确认婚姻无效的,利害关系人为原告,婚姻关系当事人双方为被告。

夫妻一方死亡的,生存一方为被告。

第十六条　人民法院审理重婚导致的无效婚姻案件时,涉及财产处理的,应当准许合法婚姻当事人作为有独立请求权的第三人参加诉讼。

第十七条　当事人以民法典第一千零五十一条规定的三种无效婚姻以外的情形请求确认婚姻无效的,人民法院应当判决驳回当事人的诉讼请求。

当事人以结婚登记程序存在瑕疵为由提起民事诉讼,主张撤销结婚登记的,告知其可以依法申请行政复议或者提起行政诉讼。

★ **第一千零五十二条**　[受胁迫婚姻的撤销]因胁迫结婚的,受胁迫的一方可以向人民法院请求撤销婚姻。

请求撤销婚姻的,应当自胁迫行为终止之日起一年内提出。

被非法限制人身自由的当事人请求撤销婚姻的,应当自恢复人身自由之日起一年内提出。

> 《最高人民法院关于适用〈中华人民共和国民法典〉时间效力的若干规定》
>
> 第二十六条　当事人以民法典施行前受胁迫结婚为由请求人民法院撤销婚姻的,撤销权的行使期限适用民法典第一千零五十二条第二款的规定。
>
> 《最高人民法院关于适用〈中华人民共和国民法典〉婚姻家庭编的解释(一)》
>
> 第十九条　民法典第一千零五十二条规定的"一年",不适用诉讼时效中止、中断或者延长的规定。
>
> 受胁迫或者被非法限制人身自由的当事人请求撤销婚姻的,不适用民法典第一百五十二条第二款的规定。

★ **第一千零五十三条**　[隐瞒重大疾病的可撤销婚姻]一方患有重大疾病的,应当在结婚登记前如实告知另一方;不如实告知的,另一方可以向人民法院请

求撤销婚姻。

请求撤销婚姻的,应当自知道或者应当知道撤销事由之日起一年内提出。

★ **第一千零五十四条**　[婚姻无效或被撤销的法律后果]无效的或者被撤销的婚姻自始没有法律约束力,当事人不具有夫妻的权利和义务。同居期间所得的财产,由当事人协议处理;协议不成的,由人民法院根据照顾无过错方的原则判决。对重婚导致的无效婚姻的财产处理,不得侵害合法婚姻当事人的财产权益。当事人所生的子女,适用本法关于父母子女的规定。

婚姻无效或者被撤销的,无过错方有权请求损害赔偿。

> 《最高人民法院关于适用〈中华人民共和国民法典〉婚姻家庭编的解释(一)》
>
> 第二十条　民法典第一千零五十四条所规定的"自始没有法律约束力",是指无效婚姻或者可撤销婚姻在依法被确认无效或者被撤销时,才确定该婚姻自始不受法律保护。
>
> 第二十一条　人民法院根据当事人的请求,依法确认婚姻无效或者撤销婚姻的,应当收缴双方的结婚证并将生效的判决书寄送当地婚姻登记管理机关。
>
> 第二十二条　被确认无效或者被撤销的婚姻,当事人同居期间所得的财产,除有证据证明为当事人一方所有的以外,按共同共有处理。

第三章　家庭关系

第一节　夫妻关系

第一千零五十五条　[夫妻平等]夫妻在婚姻家庭中地位平等。

第一千零五十六条　[夫妻姓名权]夫妻双方都有各自使用自己姓名的权利。

第一千零五十七条　[夫妻人身自由权]夫妻双方都有参加生产、工作、学习和社会活动的自由,一方不得对另一方加以限制或者干涉。

第一千零五十八条　[夫妻抚养、教育和保护子女的权利义务平等]夫妻双方平等享有对未成年子女抚养、教育和保护的权利,共同承担对未成年子女抚养、教育和保护的义务。

第一千零五十九条　[夫妻扶养义务]夫妻有相互扶养的义务。

需要扶养的一方,在另一方不履行扶养义务时,有要求其给付扶养费的权利。

★ **第一千零六十条**　[夫妻日常家事代理权]夫妻一方因家庭日常生活需要而实施的民事法律行为,对夫妻双方发生效力,但是夫妻一方与相对人另有约定的除外。

夫妻之间对一方可以实施的民事法律行为范围的限制,不得对抗善意相对人。

第一千零六十一条　[夫妻遗产继承权]夫妻有相互继承遗产的权利。

★ 第一千零六十二条　[夫妻共同财产]夫妻在婚姻关系存续期间所得的下列财产,为夫妻的共同财产,归夫妻共同所有:

(一)工资、奖金、劳务报酬;

(二)生产、经营、投资的收益;

(三)知识产权的收益;

(四)继承或者受赠的财产,但是本法第一千零六十三条第三项规定的除外;

(五)其他应当归共同所有的财产。

夫妻对共同财产,有平等的处理权。

《最高人民法院关于适用〈中华人民共和国民法典〉婚姻家庭编的解释(一)》

第二十四条　民法典第一千零六十二条第一款第三项规定的"知识产权的收益",是指婚姻关系存续期间,实际取得或者已经明确可以取得的财产性收益。

第二十五条　婚姻关系存续期间,下列财产属于民法典第一千零六十二条规定的"其他应当归共同所有的财产":

(一)一方以个人财产投资取得的收益;

(二)男女双方实际取得或者应当取得的住房补贴、住房公积金;

(三)男女双方实际取得或者应当取得的基本养老金、破产安置补偿费。

第二十六条　夫妻一方个人财产在婚后产生的收益,除孳息和自然增值外,应认定为夫妻共同财产。

第二十七条　由一方婚前承租、婚后用共同财产购买的房屋,登记在一方名下的,应当认定为夫妻共同财产。

第二十九条　当事人结婚前,父母为双方购置房屋出资的,该出资应当认定为对自己子女个人的赠与,但父母明确表示赠与双方的除外。

当事人结婚后,父母为双方购置房屋出资的,依照约定处理;没有约定或者约定不明确的,按照民法典第一千零六十二条第一款第四项规定的原则处理。

★ 第一千零六十三条　[夫妻个人财产]下列财产为夫妻一方的个人财产:

(一)一方的婚前财产;

(二)一方因受到人身损害获得的赔偿或者补偿;

(三)遗嘱或者赠与合同中确定只归一方的财产;

(四)一方专用的生活用品;

(五)其他应当归一方的财产。

《最高人民法院关于适用〈中华人民共和国民法典〉婚姻家庭编的解释(一)》

第三十条　军人的伤亡保险金、伤残补助金、医药

生活补助费属于个人财产。

第三十一条　民法典第一千零六十三条规定为夫妻一方的个人财产,不因婚姻关系的延续而转化为夫妻共同财产。但当事人另有约定的除外。

♠ 第一千零六十四条　[夫妻共同债务]夫妻双方共同签名或者夫妻一方事后追认等共同意思表示所负的债务,以及夫妻一方在婚姻关系存续期间以个人名义为家庭日常生活需要所负的债务,属于夫妻共同债务。

夫妻一方在婚姻关系存续期间以个人名义超出家庭日常生活需要所负的债务,不属于夫妻共同债务;但是,债权人能够证明该债务用于夫妻共同生活、共同生产经营或者基于夫妻双方共同意思表示的除外。

《最高人民法院关于适用〈中华人民共和国民法典〉婚姻家庭编的解释(一)》

第三十三条　债权人就一方婚前所负个人债务向债务人的配偶主张权利的,人民法院不予支持。但债权人能够证明所负债务用于婚后家庭共同生活的除外。

第三十四条　夫妻一方与第三人串通,虚构债务,第三人主张该债务为夫妻共同债务的,人民法院不予支持。

夫妻一方在从事赌博、吸毒等违法犯罪活动中所负债务,第三人主张该债务为夫妻共同债务的,人民法院不予支持。

第三十五条　当事人的离婚协议或者人民法院生效判决、裁定、调解书已经对夫妻财产分割问题作出处理的,债权人仍有权就夫妻共同债务向男女双方主张权利。

一方就夫妻共同债务承担清偿责任后,主张由另一方按照离婚协议或者人民法院的法律文书承担相应债务的,人民法院应予支持。

第三十六条　夫或者妻一方死亡的,生存一方应当对婚姻关系存续期间的夫妻共同债务承担清偿责任。

★ 第一千零六十五条　[夫妻约定财产制]男女双方可以约定婚姻关系存续期间所得的财产以及婚前财产归各自所有、共同所有或者部分各自所有、部分共同所有。约定应当采用书面形式。没有约定或者约定不明确的,适用本法第一千零六十二条、第一千零六十三条的规定。

夫妻对婚姻关系存续期间所得的财产以及婚前财产的约定,对双方具有法律约束力。

夫妻对婚姻关系存续期间所得的财产约定归各自所有,夫或者妻一方对外所负的债务,相对人知道该约定的,以夫或者妻一方的个人财产清偿。

《最高人民法院关于适用〈中华人民共和国民法典〉婚姻家庭编的解释（一）》

第三十七条 民法典第一千零六十五条第三款所称"相对人知道该约定的"，夫妻一方对此负有举证责任。

第一千零六十六条 [婚内分割夫妻共同财产]婚姻关系存续期间，有下列情形之一的，夫妻一方可以向人民法院请求分割共同财产：

（一）一方有隐藏、转移、变卖、毁损、挥霍夫妻共同财产或者伪造夫妻共同债务等严重损害夫妻共同财产利益的行为；

（二）一方负有法定扶养义务的人患重大疾病需要医治，另一方不同意支付相关医疗费用。

《最高人民法院关于适用〈中华人民共和国民法典〉婚姻家庭编的解释（一）》

第三十八条 婚姻关系存续期间，除民法典第一千零六十六条规定情形以外，夫妻一方请求分割共同财产的，人民法院不予支持。

第二节 父母子女关系和其他近亲属关系

第一千零六十七条 [父母与子女间的抚养赡养义务]父母不履行抚养义务的，未成年子女或者不能独立生活的成年子女，有要求父母给付抚养费的权利。

成年子女不履行赡养义务的，缺乏劳动能力或者生活困难的父母，有要求成年子女给付赡养费的权利。

《最高人民法院关于适用〈中华人民共和国民法典〉婚姻家庭编的解释（一）》

第四十一条 尚在校接受高中及其以下学历教育，或者丧失、部分丧失劳动能力等非因主观原因而无法维持正常生活的成年子女，可以认定为民法典第一千零六十七条规定的"不能独立生活的成年子女"。

第四十二条 民法典第一千零六十七条所称"抚养费"，包括子女生活费、教育费、医疗费等费用。

第一千零六十八条 [父母教育、保护未成年子女的权利和义务]父母有教育、保护未成年子女的权利和义务。未成年子女造成他人损害的，父母应当依法承担民事责任。

第一千零六十九条 [子女尊重父母的婚姻权利及赡养义务]子女应当尊重父母的婚姻权利，不得干涉父母离婚、再婚以及婚后的生活。子女对父母的赡养义务，不因父母的婚姻关系变化而终止。

第一千零七十条 [遗产继承权]父母和子女有相互继承遗产的权利。

第一千零七十一条 [非婚生子女权利]非婚生子女享有与婚生子女同等的权利，任何组织或者个人不得加以危害和歧视。

不直接抚养非婚生子女的生父或者生母，应当负担未成年子女或者不能独立生活的成年子女的抚养费。

★ **第一千零七十二条** [继父母子女之间权利义务]继父母与继子女间，不得虐待或者歧视。

继父或者继母和受其抚养教育的继子女间的权利义务关系，适用本法关于父母子女关系的规定。

第一千零七十三条 [亲子关系异议之诉]对亲子关系有异议且有正当理由的，父或者母可以向人民法院提起诉讼，请求确认或者否认亲子关系。

对亲子关系有异议且有正当理由的，成年子女可以向人民法院提起诉讼，请求确认亲子关系。

第一千零七十四条 [祖孙之间的抚养、赡养义务]有负担能力的祖父母、外祖父母，对于父母已经死亡或者父母无力抚养的未成年孙子女、外孙子女，有抚养的义务。

有负担能力的孙子女、外孙子女，对于子女已经死亡或者子女无力赡养的祖父母、外祖父母，有赡养的义务。

第一千零七十五条 [兄弟姐妹间扶养义务]有负担能力的兄、姐，对于父母已经死亡或者父母无力抚养的未成年弟、妹，有扶养的义务。

由兄、姐扶养长大的有负担能力的弟、妹，对于缺乏劳动能力又缺乏生活来源的兄、姐，有扶养的义务。

第四章 离 婚

第一千零七十六条 [协议离婚]夫妻双方自愿离婚的，应当签订书面离婚协议，并亲自到婚姻登记机关申请离婚登记。

离婚协议应当载明双方自愿离婚的意思表示和对子女抚养、财产以及债务处理等事项协商一致的意见。

《最高人民法院关于适用〈中华人民共和国民法典〉婚姻家庭编的解释（一）》

第六十九条 当事人达成的以协议离婚或者到人民法院调解离婚为条件的财产以及债务处理协议，如果双方离婚不成，一方在离婚诉讼中反悔的，人民法院应当认定该财产以及债务处理协议没有生效，并根据实际情况依照民法典第一千零八十七条和第一千零八十九条的规定判决。

当事人依照民法典第一千零七十六条签订的离婚协议中关于财产以及债务处理的条款，对男女双方具有法律约束力。登记离婚后当事人因履行上述协议发生纠纷提起诉讼的，人民法院应当受理。

★ **第一千零七十七条** [离婚冷静期]自婚姻登记机关收到离婚登记申请之日起三十日内，任何一方不愿意离婚的,可以向婚姻登记机关撤回离婚登记申请。

前款规定期限届满后三十日内,双方应当亲自到婚姻登记机关申请发给离婚证;未申请的,视为撤回离婚登记申请。

第一千零七十八条 ［婚姻登记机关对协议离婚的查明］婚姻登记机关查明双方确实是自愿离婚,并已经对子女抚养、财产以及债务处理等事项协商一致的,予以登记,发给离婚证。

★ **第一千零七十九条** ［诉讼离婚］夫妻一方要求离婚的,可以由有关组织进行调解或者直接向人民法院提起离婚诉讼。

人民法院审理离婚案件,应当进行调解;如果感情确已破裂,调解无效的,应当准予离婚。

有下列情形之一,调解无效的,应当准予离婚:

(一)重婚或者与他人同居;

(二)实施家庭暴力或者虐待、遗弃家庭成员;

(三)有赌博、吸毒等恶习屡教不改;

(四)因感情不和分居满二年;

(五)其他导致夫妻感情破裂的情形。

一方被宣告失踪,另一方提起离婚诉讼的,应当准予离婚。

经人民法院判决不准离婚后,双方又分居满一年,一方再次提起离婚诉讼的,应当准予离婚。

> **《最高人民法院关于适用〈中华人民共和国民典〉时间效力的若干规定》**
>
> 第二十二条　民法典施行前,经人民法院判决不准离婚后,双方又分居满一年,一方再次提起离婚诉讼的,适用民法典第一千零七十九条第五款的规定。
>
> **《最高人民法院关于适用〈中华人民共和国民典〉婚姻家庭编的解释(一)》**
>
> 第二十三条　夫以妻擅自中止妊娠侵犯其生育权为由请求损害赔偿的,人民法院不予支持;夫妻双方因是否生育发生纠纷,致使感情确已破裂,一方请求离婚的,人民法院经调解无效,应依照民法典第一千零七十九条第三款第五项的规定处理。
>
> 第六十三条　人民法院审理离婚案件,符合民法典第一千零七十九条第三款规定"应当准予离婚"情形的,不应当因当事人有过错而判决不准离婚。

第一千零八十条 ［婚姻关系的解除时间］完成离婚登记,或者离婚判决书、调解书生效,即解除婚姻关系。

★ **第一千零八十一条** ［现役军人离婚］现役军人的配偶要求离婚,应当征得军人同意,但是军人一方有重大过错的除外。

> **《最高人民法院关于适用〈中华人民共和国民典〉婚姻家庭编的解释(一)》**
>
> 第六十四条　民法典第一千零八十一条所称的

"军人一方有重大过错",可以依据民法典第一千零七十九条第三款前三项规定及军人有其他重大过错导致夫妻感情破裂的情形予以判断。

★ **第一千零八十二条** ［男方提出离婚的限制情形］女方在怀孕期间、分娩后一年内或者终止妊娠后六个月内,男方不得提出离婚;但是,女方提出离婚或者人民法院认为确有必要受理男方离婚请求的除外。

第一千零八十三条 ［复婚］离婚后,男女双方自愿恢复婚姻关系的,应当到婚姻登记机关重新进行结婚登记。

第一千零八十四条 ［离婚后子女的抚养］父母与子女间的关系,不因父母离婚而消除。离婚后,子女无论由父或者母直接抚养,仍是父母双方的子女。

离婚后,父母对于子女仍有抚养、教育、保护的权利和义务。

离婚后,不满两周岁的子女,以由母亲直接抚养为原则。已满两周岁的子女,父母双方对抚养问题协议不成的,由人民法院根据双方的具体情况,按照最有利于未成年子女的原则判决。子女已满八周岁的,应当尊重其真实意愿。

> **《最高人民法院关于适用〈中华人民共和国民典〉婚姻家庭编的解释(一)》**
>
> 第四十四条　离婚案件涉及未成年子女抚养的,对不满两周岁的子女,按照民法典第一千零八十四条第三款规定的原则处理。母亲有下列情形之一,父亲请求直接抚养的,人民法院应予支持:
>
> (一)患有久治不愈的传染性疾病或者其他严重疾病,子女不宜与其共同生活;
>
> (二)有抚养条件不尽抚养义务,而父亲要求子女随其生活;
>
> (三)因其他原因,子女确不宜随母亲生活。
>
> 第四十五条　父母双方协议不满两周岁子女由父亲直接抚养,并对子女健康成长无不利影响的,人民法院应予支持。
>
> 第四十六条　对已满两周岁的未成年子女,父母均要求直接抚养,一方有下列情形之一的,可予优先考虑:
>
> (一)已做绝育手术或者因其他原因丧失生育能力;
>
> (二)子女随其生活时间较长,改变生活环境对子女健康成长明显不利;
>
> (三)无其他子女,而另一方有其他子女;
>
> (四)子女随其生活,对子女成长有利,而另一方患有久治不愈的传染性疾病或者其他严重疾病,或者有其他不利于子女身心健康的情形,不宜与子女共同生活。

第四十七条 父母抚养子女的条件基本相同,双方均要求直接抚养子女,但子女单独随祖父母或者外祖父母共同生活多年,且祖父母或者外祖父母要求并且有能力帮助子女照顾孙子女或者外孙子女的,可以作为父或者母直接抚养子女的优先条件予以考虑。

第四十八条 在有利于保护子女利益的前提下,父母双方协议轮流直接抚养子女的,人民法院应予支持。

第五十四条 生父与继母离婚或者生母与继父离婚时,对曾受其抚养教育的继子女,继父或者继母不同意继续抚养的,仍应由生父或者生母抚养。

第一千零八十五条 [离婚后子女抚养费的负担]离婚后,子女由一方直接抚养的,另一方应当负担部分或者全部抚养费。负担费用的多少和期限的长短,由双方协议;协议不成的,由人民法院判决。

前款规定的协议或者判决,不妨碍子女在必要时向父母任何一方提出超过协议或者判决原定数额的合理要求。

《最高人民法院关于适用〈中华人民共和国民法典〉婚姻家庭编的解释(一)》

第四十九条 抚养费的数额,可以根据子女的实际需要、父母双方的负担能力和当地的实际生活水平确定。

有固定收入的,抚养费一般可以按其月总收入的百分之二十至三十的比例给付。负担两个以上子女抚养费的,比例可以适当提高,但一般不得超过月总收入的百分之五十。

无固定收入的,抚养费的数额可以依据当年总收入或者同行业平均收入,参照上述比例确定。

有特殊情况的,可以适当提高或者降低上述比例。

第五十条 抚养费应当定期给付,有条件的可以一次性给付。

第五十一条 父母一方无经济收入或者下落不明的,可以用其财物折抵抚养费。

第五十二条 父母双方可以协议由一方直接抚养子女并由直接抚养方负担子女全部抚养费。但是,直接抚养方的抚养能力明显不能保障子女所需费用,影响子女健康成长的,人民法院不予支持。

第五十三条 抚养费的给付期限,一般至子女十八周岁为止。

十六周岁以上不满十八周岁,以其劳动收入为主要生活来源,并能维持当地一般生活水平的,父母可以停止给付抚养费。

第五十五条 离婚后,父母一方要求变更子女抚养关系的,或者子女要求增加抚养费的,应当另行提起诉讼。

第五十九条 父母不得因子女变更姓氏而拒付子女抚养费。父或者母擅自将子女姓氏改为继母或继父姓氏而引起纠纷的,应当责令恢复原姓氏。

★ **第一千零八十六条** [探望子女权利]离婚后,不直接抚养子女的父或者母,有探望子女的权利,另一方有协助的义务。

行使探望权利的方式、时间由当事人协议;协议不成的,由人民法院判决。

父或者母探望子女,不利于子女身心健康的,由人民法院依法中止探望;中止的事由消失后,应当恢复探望。

最高人民法院指导案例(229 号)
沙某某诉袁某某探望权纠纷案

《最高人民法院关于适用〈中华人民共和国民法典〉婚姻家庭编的解释(一)》

第六十五条 人民法院作出的生效的离婚判决中未涉及探望权,当事人就探望权问题单独提起诉讼的,人民法院应予受理。

第六十六条 当事人在履行生效判决、裁定或者调解书的过程中,一方请求中止探望的,人民法院在征询双方当事人意见后,认为需要中止探望的,依法作出裁定;中止探望的情形消失后,人民法院应当根据当事人的请求书面通知其恢复探望。

第六十七条 未成年子女、直接抚养子女的父或者母以及其他对未成年子女负担抚养、教育、保护义务的法定监护人,有权向人民法院提出中止探望的请求。

第六十八条 对于拒不协助另一行使探望权的有关个人或者组织,可以由人民法院依法采取拘留、罚款等强制措施,但是不能对子女的人身、探望行为进行强制执行。

★ **第一千零八十七条** [离婚时夫妻共同财产的处理]离婚时,夫妻的共同财产由双方协议处理;协议不成的,由人民法院根据财产的具体情况,按照照顾子女、女方和无过错方权益的原则判决。

对夫或者妻在家庭土地承包经营中享有的权益等,应当依法予以保护。

《最高人民法院关于适用〈中华人民共和国民法典〉婚姻家庭编的解释(一)》

第七十条 夫妻双方协议离婚后就财产分割问题反悔,请求撤销财产分割协议的,人民法院应当受理。

人民法院审理后,未发现订立财产分割协议时存在欺诈、胁迫等情形的,应当依法驳回当事人的诉讼请求。

第七十一条 人民法院审理离婚案件,涉及分割发放到军人名下的复员费、自主择业费等一次性费用的,以夫妻婚姻关系存续年限乘以年平均值,所得数额为夫妻共同财产。

前款所称年平均值，是指将发放到军人名下的上述费用总额按具体年限均分得出的数额。其具体年限为人均寿命七十岁与军人入伍时实际年龄的差额。

第七十二条　夫妻双方分割共同财产中的股票、债券、投资基金份额等有价证券以及未上市股份有限公司股份时，协商不成或者按市价分配有困难的，人民法院可以根据数量按比例分配。

第七十三条　人民法院审理离婚案件，涉及分割夫妻共同财产中以一方名义在有限责任公司的出资额，另一方不是该公司股东的，按以下情形分别处理：

（一）夫妻双方协商一致将出资额部分或者全部转让给该股东的配偶，其他股东过半数同意，并且其他股东均明确表示放弃优先购买权的，该股东的配偶可以成为该公司股东；

（二）夫妻双方就出资额转让份额和转让价格等事项协商一致后，其他股东半数以上不同意转让，但愿意以同等条件购买该出资的，人民法院可以对转让出资所得财产进行分割。其他股东半数以上不同意转让，也不愿意以同等条件购买该出资额的，视为其同意转让，该股东的配偶可以成为该公司股东。

用于证明前款规定的股东同意的证据，可以是股东会议材料，也可以是当事人通过其他合法途径取得的股东的书面声明材料。

第七十四条　人民法院审理离婚案件，涉及分割夫妻共同财产中以一方名义在合伙企业中的出资，另一方不是该企业合伙人的，当夫妻双方协商一致，将其合伙企业中的财产份额全部或者部分转让给对方时，按以下情形分别处理：

（一）其他合伙人一致同意的，该配偶依法取得合伙人地位；

（二）其他合伙人不同意转让，在同等条件下行使优先购买权的，可以对转让所得的财产进行分割；

（三）其他合伙人不同意转让，也不行使优先购买权，但同意该合伙人退伙或者削减部分财产份额的，可以对结算后的财产进行分割；

（四）其他合伙人既不同意转让，也不行使优先购买权，又不同意该合伙人退伙或者削减部分财产份额的，视为全体合伙人同意转让，该配偶依法取得合伙人地位。

第七十五条　夫妻以一方名义投资设立个人独资企业的，人民法院分割夫妻在该个人独资企业中的共同财产时，应当按照以下情形分别处理：

（一）一方主张经营该企业的，对企业资产进行评估后，由取得企业资产所有权一方给予另一方相应的补偿；

（二）双方均主张经营该企业的，在双方竞价基础上，由取得企业资产所有权的一方给予另一方相应的补偿；

（三）双方均不愿意经营该企业的，按照《中华人民共和国个人独资企业法》等有关规定办理。

第七十六条　双方对夫妻共同财产中的房屋价值及归属无法达成协议时，人民法院按以下情形分别处理：

（一）双方均主张房屋所有权并且同意竞价取得的，应当准许；

（二）一方主张房屋所有权的，由评估机构按市场价格对房屋作出评估，取得房屋所有权的一方应当给予另一方相应的补偿；

（三）双方均不主张房屋所有权的，根据当事人的申请拍卖、变卖房屋，就所得价款进行分割。

第七十七条　离婚时双方对尚未取得所有权或者尚未取得完全所有权的房屋有争议且协商不成的，人民法院不宜判决房屋所有权的归属，应当根据实际情况判决由当事人使用。

当事人就前款规定的房屋取得完全所有权后，有争议的，可以另行向人民法院提起诉讼。

第七十八条　夫妻一方婚前签订不动产买卖合同，以个人财产支付首付款并在银行贷款，婚后用夫妻共同财产还贷，不动产登记于首付款支付方名下的，离婚时该不动产由双方协议处理。

依前款规定不能达成协议的，人民法院可以判决该不动产归登记一方，尚未归还的贷款为不动产登记一方的个人债务。双方婚后共同还贷支付的款项及其相对应财产增值部分，离婚时应根据民法典第一千零八十七条第一款规定的原则，由不动产登记一方对另一方进行补偿。

第七十九条　婚姻关系存续期间，双方用夫妻共同财产出资购买以一方父母名义参加房改的房屋，登记在一方父母名下，离婚时另一方主张按照夫妻共同财产对该房屋进行分割，人民法院不予支持。购买该房屋时的出资，可以作为债权处理。

第八十条　离婚时夫妻一方尚未退休、不符合领取基本养老金条件，另一方请求按照夫妻共同财产分割基本养老金的，人民法院不予支持；婚后以夫妻共同财产缴纳基本养老保险费，离婚时一方主张将养老金账户中婚姻关系存续期间个人实际缴纳部分及利息作为夫妻共同财产分割的，人民法院应予支持。

第八十一条　婚姻关系存续期间，夫妻一方作为继承人依法可以继承的遗产，在继承人之间尚未实际分割，起诉离婚时另一方请求分割的，人民法院应当告知当事人在继承人之间实际分割遗产后另行起诉。

第八十二条　夫妻之间订立借款协议，以夫妻共同财产出借给一方从事个人经营活动或者用于其他个人事务的，应视为双方约定处分夫妻共同财产的行为，离婚时可以按照借款协议的约定处理。

第八十三条　离婚后，一方以尚有夫妻共同财产未处理为由向人民法院起诉请求分割的,经审查该财产确属离婚时未涉及的夫妻共同财产,人民法院应当依法予以分割。

★ **第一千零八十八条** [离婚经济补偿]夫妻一方因抚育子女、照料老年人、协助另一方工作等负担较多义务的,离婚时有权向另一方请求补偿,另一方应当给予补偿。具体办法由双方协议;协议不成的,由人民法院判决。

★ **第一千零八十九条** [离婚时夫妻共同债务的清偿]离婚时,夫妻共同债务应当共同偿还。共同财产不足清偿或者财产归各自所有的,由双方协议清偿;协议不成的,由人民法院判决。

《民法典》 第1064、1065条

第一千零九十条 [离婚经济帮助]离婚时,如果一方生活困难,有负担能力的另一方应当给予适当帮助。具体办法由双方协议;协议不成的,由人民法院判决。

★ **第一千零九十一条** [离婚损害赔偿]有下列情形之一,导致离婚的,无过错方有权请求损害赔偿:

(一)重婚;

(二)与他人同居;

(三)实施家庭暴力;

(四)虐待、遗弃家庭成员;

(五)有其他重大过错。

《最高人民法院关于适用〈中华人民共和国民法典〉婚姻家庭编的解释(一)》

第八十六条 民法典第一千零九十一条规定的"损害赔偿",包括物质损害赔偿和精神损害赔偿。涉及精神损害赔偿的,适用《最高人民法院关于确定民事侵权精神损害赔偿责任若干问题的解释》的有关规定。

第八十七条 承担民法典第一千零九十一条规定的损害赔偿责任的主体,为离婚诉讼当事人中无过错方的配偶。

人民法院判决不准离婚的案件,对于当事人基于民法典第一千零九十一条提出的损害赔偿请求,不予支持。

在婚姻关系存续期间,当事人不起诉离婚而单独依据民法典第一千零九十一条提起损害赔偿请求的,人民法院不予受理。

第八十八条 人民法院受理离婚案件时,应当将民法典第一千零九十一条等规定中当事人的有关权利义务,书面告知当事人。在适用民法典第一千零九十一条时,应当区分以下不同情况:

(一)符合民法典第一千零九十一条规定的无过错方作为原告基于该条规定向人民法院提起损害赔偿请求的,必须在离婚诉讼的同时提出。

(二)符合民法典第一千零九十一条规定的无过错方作为被告的离婚诉讼案件,如果被告不同意离婚也不基于该条规定提起损害赔偿请求的,可以就此单独提起诉讼。

(三)无过错方作为被告的离婚诉讼案件,一审时被告未基于民法典第一千零九十一条规定提出损害赔偿请求,二审期间提出的,人民法院应当进行调解;调解不成的,告知当事人另行起诉。双方当事人同意由第二审人民法院一并审理的,第二审人民法院可以一并裁判。

第八十九条 当事人在婚姻登记机关办理离婚登记手续后,以民法典第一千零九十一条规定为由向人民法院提出损害赔偿请求的,人民法院应当受理。但当事人在协议离婚时已经明确表示放弃该项请求的,人民法院不予支持。

第九十条 夫妻双方均有民法典第一千零九十一条规定的过错情形,一方或者双方向对方提出离婚损害赔偿请求的,人民法院不予支持。

★ **第一千零九十二条** [一方侵害夫妻财产的处理规则]夫妻一方隐藏、转移、变卖、毁损、挥霍夫妻共同财产,或者伪造夫妻共同债务企图侵占另一方财产的,在离婚分割夫妻共同财产时,对该方可以少分或者不分。离婚后,另一方发现有上述行为的,可以向人民法院提起诉讼,请求再次分割夫妻共同财产。

最高人民法院指导案例(66号)
雷某某诉宋某某离婚纠纷案

《最高人民法院关于适用〈中华人民共和国民法典〉婚姻家庭编的解释(一)》

第八十四条 当事人依据民法典第一千零九十二条的规定向人民法院提起诉讼,请求再次分割夫妻共同财产的诉讼时效期间为三年,从当事人发现之日起计算。

第五章 收 养

第一节 收养关系的成立

第一千零九十三条 [被收养人的条件]下列未成年人,可以被收养:

(一)丧失父母的孤儿;

(二)查找不到生父母的未成年人;

(三)生父母有特殊困难无力抚养的子女。

第一千零九十四条 [送养人的条件]下列个人、组织可以作送养人:

(一)孤儿的监护人;

(二)儿童福利机构;

(三)有特殊困难无力抚养子女的生父母。

第一千零九十五条　[监护人送养未成年人的情形]未成年人的父母均不具备完全民事行为能力且可能严重危害该未成年人的,该未成年人的监护人可以将其送养。

★ 第一千零九十六条　[监护人送养孤儿的限制及变更监护人]监护人送养孤儿的,应当征得有抚养义务的人同意。有抚养义务的人不同意送养、监护人不愿意继续履行监护职责的,应当依照本法第一编的规定另行确定监护人。

第一千零九十七条　[生父母送养子女的原则要求与例外]生父母送养子女,应当双方共同送养。生父母一方不明或者查找不到的,可以单方送养。

★ 第一千零九十八条　[收养人条件]收养人应当同时具备下列条件:

(一)无子女或者只有一名子女;

(二)有抚养、教育和保护被收养人的能力;

(三)未患有在医学上认为不应当收养子女的疾病;

(四)无不利于被收养人健康成长的违法犯罪记录;

(五)年满三十周岁。

★ 第一千零九十九条　[三代以内旁系同辈血亲的收养]收养三代以内旁系同辈血亲的子女,可以不受本法第一千零九十三条第三项、第一千零九十四条第三项和第一千一百零二条规定的限制。

华侨收养三代以内旁系同辈血亲的子女,还可以不受本法第一千零九十八条第一项规定的限制。

★ 第一千一百条　[收养人收养子女数量]无子女的收养人可以收养两名子女;有子女的收养人只能收养一名子女。

收养孤儿、残疾未成年人或者儿童福利机构抚养的查找不到生父母的未成年人,可以不受前款和本法第一千零九十八条第一项规定的限制。

第一千一百零一条　[共同收养]有配偶者收养子女,应当夫妻共同收养。

第一千一百零二条　[无配偶者收养异性子女的限制]无配偶者收养异性子女的,收养人与被收养人的年龄应当相差四十周岁以上。

★ 第一千一百零三条　[收养继子女的特别规定]继父或者继母经继子女的生父母同意,可以收养继子女,并可以不受本法第一千零九十三条第三项、第一千零九十四条第三项、第一千零九十八条和第一千一百条第一款规定的限制。

★ 第一千一百零四条　[收养自愿原则]收养人收养与送养人送养,应当双方自愿。收养八周岁以上未成年人的,应当征得被收养人的同意。

★ 第一千一百零五条　[收养登记、收养协议、收养公证及收养评估]收养应当向县级以上人民政府民政部门登记。收养关系自登记之日起成立。

收养查找不到生父母的未成年人的,办理登记的民政部门应当在登记前予以公告。

收养关系当事人愿意签订收养协议的,可以签订收养协议。

收养关系当事人各方或者一方要求办理收养公证的,应当办理收养公证。

县级以上人民政府民政部门应当依法进行收养评估。

第一千一百零六条　[收养后的户口登记]收养关系成立后,公安机关应当按照国家有关规定为被收养人办理户口登记。

第一千一百零七条　[亲属、朋友的抚养]孤儿或者生父母无力抚养的子女,可以由生父母的亲属、朋友抚养;抚养人与被抚养人的关系不适用本章规定。

★ 第一千一百零八条　[祖父母、外祖父母优先抚养权]配偶一方死亡,另一方送养未成年子女的,死亡一方的父母有优先抚养的权利。

第一千一百零九条　[涉外收养]外国人依法可以在中华人民共和国收养子女。

外国人在中华人民共和国收养子女,应当经其所在国主管机关依照该国法律审查同意。收养人应当提供由其所在国有权机构出具的有关其年龄、婚姻、职业、财产、健康、有无受过刑事处罚等状况的证明材料,并与送养人签订书面协议,亲自向省、自治区、直辖市人民政府民政部门登记。

前款规定的证明材料应当经收养人所在国外交机关或者外交机关授权的机构认证,并经中华人民共和国驻该国使领馆认证,但是国家另有规定的除外。

第一千一百一十条　[保守收养秘密]收养人、送养人要求保守收养秘密的,其他人应当尊重其意愿,不得泄露。

第二节　收养的效力

★ 第一千一百一十一条　[收养的效力]自收养关系成立之日起,养父母与养子女间的权利义务关系,适用本法关于父母子女关系的规定;养子女与养父母的近亲属间的权利义务关系,适用本法关于子女与父母的近亲属关系的规定。

养子女与生父母以及其他近亲属间的权利义务关系,因收养关系的成立而消除。

第一千一百一十二条　[养子女的姓氏]养子女可以随养父或者养母的姓氏,经当事人协商一致,也可以保留原姓氏。

第一千一百一十三条　[收养行为的无效]有本法第一编关于民事法律行为无效规定情形或者违反本编规定的收养行为无效。

无效的收养行为自始没有法律约束力。

第三节 收养关系的解除

★ **第一千一百一十四条** ［收养关系的协议解除与诉讼解除］收养人在被收养人成年以前,不得解除收养关系,但是收养人、送养人双方协议解除的除外。养子女八周岁以上的,应当征得本人同意。

收养人不履行抚养义务,有虐待、遗弃等侵害未成年养子女合法权益行为的,送养人有权要求解除养父母与养子女间的收养关系。送养人、收养人不能达成解除收养关系协议的,可以向人民法院提起诉讼。

第一千一百一十五条 ［养父母与成年养子女解除收养关系］养父母与成年养子女关系恶化、无法共同生活的,可以协议解除收养关系。不能达成协议的,可以向人民法院提起诉讼。

第一千一百一十六条 ［解除收养关系的登记］当事人协议解除收养关系的,应当到民政部门办理解除收养关系登记。

第一千一百一十七条 ［收养关系解除的法律后果］收养关系解除后,养子女与养父母以及其他近亲属间的权利义务关系即行消除,与生父母以及其他近亲属间的权利义务关系自行恢复。但是,成年养子女与生父母以及其他近亲属间的权利义务关系是否恢复,可以协商确定。

第一千一百一十八条 ［收养关系解除后生活费、抚养费支付］收养关系解除后,经养父母抚养的成年养子女,对缺乏劳动能力又缺乏生活来源的养父母,应当给付生活费。因养子女成年后虐待、遗弃养父母而解除收养关系的,养父母可以要求养子女补偿收养期间支出的抚养费。

生父母要求解除收养关系的,养父母可以要求生父母适当补偿收养期间支出的抚养费;但是,因养父母虐待、遗弃养子女而解除收养关系的除外。

第六编 继 承

第一章 一般规定

第一千一百一十九条 ［继承编的调整范围］本编调整因继承产生的民事关系。

第一千一百二十条 ［继承权的保护］国家保护自然人的继承权。

★ **第一千一百二十一条** ［继承的开始时间和死亡时间的推定］继承从被继承人死亡时开始。

相互有继承关系的数人在同一事件中死亡,难以确定死亡时间的,推定没有其他继承人的人先死亡。都有其他继承人,辈份不同的,推定长辈先死亡;辈份相同的,推定同时死亡,相互不发生继承。

第一千一百二十二条 ［遗产的范围］遗产是自然人死亡时遗留的个人合法财产。

依照法律规定或者根据其性质不得继承的遗产,不得继承。

★ **第一千一百二十三条** ［法定继承、遗嘱继承、遗赠和遗赠扶养协议的效力］继承开始后,按照法定继承办理;有遗嘱的,按照遗嘱继承或者遗赠办理;有遗赠扶养协议的,按照协议办理。

> **《最高人民法院关于适用〈中华人民共和国民法典〉继承编的解释(一)》**
>
> 第三条　被继承人生前与他人订有遗赠扶养协议,同时又立有遗嘱的,继承开始后,如果遗赠扶养协议与遗嘱没有抵触,遗产分别按协议和遗嘱处理;如果有抵触,按协议处理,与协议抵触的遗嘱全部或者部分无效。

★ **第一千一百二十四条** ［继承和遗赠的接受和放弃］继承开始后,继承人放弃继承的,应当在遗产处理前,以书面形式作出放弃继承的表示;没有表示的,视为接受继承。

受遗赠人应当在知道受遗赠后六十日内,作出接受或者放弃受遗赠的表示;到期没有表示的,视为放弃受遗赠。

> **《最高人民法院关于适用〈中华人民共和国民法典〉继承编的解释(一)》**
>
> 第三十二条　继承人因放弃继承权,致其不能履行法定义务的,放弃继承权的行为无效。
>
> 第三十三条　继承人放弃继承应当以书面形式向遗产管理人或者其他继承人表示。
>
> 第三十四条　在诉讼中,继承人向人民法院以口头方式表示放弃继承的,要制作笔录,由放弃继承的人签名。
>
> 第三十五条　继承人放弃继承的意思表示,应当在继承开始后、遗产分割前作出。遗产分割后表示放弃的不再是继承权,而是所有权。
>
> 第三十六条　遗产处理前或者在诉讼进行中,继承人对放弃继承反悔的,由人民法院根据其提出的具体理由,决定是否承认。遗产处理后,继承人对放弃继承反悔的,不予承认。
>
> 第三十七条　放弃继承的效力,追溯到继承开始的时间。
>
> 第三十八条　继承开始后,受遗赠人表示接受遗赠,并于遗产分割前死亡的,其接受遗赠的权利转移给他的继承人。
>
> 第四十四条　继承诉讼开始后,如继承人、受遗赠人中有既不愿参加诉讼,又不表示放弃实体权利的,应当追加为共同原告;继承人已书面表示放弃继承、受遗赠人在知道受遗赠后六十日内表示放弃受遗赠或者到期没有表示的,不再列为当事人。

第一千一百二十五条 [继承权的丧失]继承人有下列行为之一的,丧失继承权:

(一)故意杀害被继承人;

(二)为争夺遗产而杀害其他继承人;

(三)遗弃被继承人,或者虐待被继承人情节严重;

(四)伪造、篡改、隐匿或者销毁遗嘱,情节严重;

(五)以欺诈、胁迫手段迫使或者妨碍被继承人设立、变更或者撤回遗嘱,情节严重。

继承人有前款第三项至第五项行为,确有悔改表现,被继承人表示宽恕或者事后在遗嘱中将其列为继承人的,该继承人不丧失继承权。

受遗赠人有本条第一款规定行为的,丧失受遗赠权。

《最高人民法院关于适用〈中华人民共和国民法典〉时间效力的若干规定》

第十三条 民法典施行前,继承人有民法典第一千一百二十五条第一款第四项和第五项规定行为之一,对该继承人是否丧失继承权发生争议的,适用民法典第一千一百二十五条第一款和第二款的规定。

民法典施行前,受遗赠人有民法典第一千一百二十五条第一款规定行为之一,对受遗赠人是否丧失受遗赠权发生争议的,适用民法典第一千一百二十五条第一款和第三款的规定。

《最高人民法院关于适用〈中华人民共和国民法典〉继承编的解释(一)》

第五条 在遗产继承中,继承人之间因是否丧失继承权发生纠纷,向人民法院提起诉讼的,由人民法院依据民法典第一千一百二十五条的规定,判决确认其是否丧失继承权。

第六条 继承人是否符合民法典第一千一百二十五条第一款第三项规定的"虐待被继承人情节严重",可以从实施虐待行为的时间、手段、后果和社会影响等方面认定。

虐待被继承人情节严重的,不论是否追究刑事责任,均可确认其丧失继承权。

第七条 继承人故意杀害被继承人的,不论是既遂还是未遂,均应当确认其丧失继承权。

第八条 继承人有民法典第一千一百二十五条第一款第一项或者第二项所列之行为,而被继承人以遗嘱将遗产指定由该继承人继承的,可以确认遗嘱无效,并确认该继承人丧失继承权。

第九条 继承人伪造、篡改、隐匿或者销毁遗嘱,侵害了缺乏劳动能力又无生活来源的继承人的利益,并造成其生活困难的,应当认定为民法典第一千一百二十五条第一款第四项规定的"情节严重"。

第四十三条 人民法院对故意隐匿、侵吞或者争抢遗产的继承人,可以酌情减少其应继承的遗产。

第二章 法定继承

第一千一百二十六条 [继承权男女平等原则]继承权男女平等。

★ **第一千一百二十七条 [继承人的范围及继承顺序]**遗产按照下列顺序继承:

(一)第一顺序:配偶、子女、父母;

(二)第二顺序:兄弟姐妹、祖父母、外祖父母。

继承开始后,由第一顺序继承人继承,第二顺序继承人不继承;没有第一顺序继承人继承的,由第二顺序继承人继承。

本编所称子女,包括婚生子女、非婚生子女、养子女和有扶养关系的继子女。

本编所称父母,包括生父母、养父母和有扶养关系的继父母。

本编所称兄弟姐妹,包括同父母的兄弟姐妹、同父异母或者同母异父的兄弟姐妹、养兄弟姐妹、有扶养关系的继兄弟姐妹。

《最高人民法院关于适用〈中华人民共和国民法典〉继承编的解释(一)》

第十条 被收养人对养父母尽了赡养义务,同时又对生父母扶养较多的,除可以依照民法典第一千一百二十七条的规定继承养父母的遗产外,还可以依照民法典第一千一百三十一条的规定分得生父母适当的遗产。

第十一条 继子女继承了继父母遗产的,不影响其继承生父母的遗产。

继父母继承了继子女遗产的,不影响其继承生子女的遗产。

第十二条 养子女与生子女之间、养子女与养子女之间,系养兄弟姐妹,可以互为第二顺序继承人。

被收养人与其亲兄弟姐妹之间的权利义务关系,因收养关系的成立而消除,不能互为第二顺序继承人。

第十三条 继兄弟姐妹之间的继承权,因继兄弟姐妹之间的扶养关系而发生。没有扶养关系的,不能互为第二顺序继承人。

继兄弟姐妹之间相互继承了遗产的,不影响其继承亲兄弟姐妹的遗产。

★ **第一千一百二十八条 [代位继承]**被继承人的子女先于被继承人死亡的,由被继承人的子女的直系晚辈血亲代位继承。

被继承人的兄弟姐妹先于被继承人死亡的,由被继承人的兄弟姐妹的子女代位继承。

代位继承人一般只能继承被代位继承人有权继承的遗产份额。

《最高人民法院关于适用〈中华人民共和国民法典〉时间效力的若干规定》

第十四条 被继承人在民法典施行前死亡,遗产无人继承又无人受遗赠,其兄弟姐妹的子女请求代位继承的,适用民法典第一千一百二十八条第二款和第三款的规定,但是遗产已经在民法典施行前处理完毕的除外。

《最高人民法院关于适用〈中华人民共和国民法典〉继承编的解释(一)》

第十四条　被继承人的孙子女、外孙子女、曾孙子女、外曾孙子女都可以代位继承,代位继承人不受辈数的限制。

第十五条　被继承人的养子女、已形成扶养关系的继子女的生子女可以代位继承;被继承人亲生子女的养子女可以代位继承;被继承人养子女的养子女可以代位继承;与被继承人已形成扶养关系的继子女的养子女也可以代位继承。

第十六条　代位继承人缺乏劳动能力又没有生活来源,或者对被继承人尽过主要赡养义务的,分配遗产时,可以多分。

第十七条　继承人丧失继承权的,其晚辈直系血亲不得代位继承。如该代位继承人缺乏劳动能力又没有生活来源,或者对被继承人尽赡养义务较多的,可以适当分给遗产。

★ **第一千一百二十九条**　[丧偶儿媳、女婿的继承权]丧偶儿媳对公婆,丧偶女婿对岳父母,尽了主要赡养义务的,作为第一顺序继承人。

《最高人民法院关于适用〈中华人民共和国民法典〉继承编的解释(一)》

第十八条　丧偶儿媳对公婆、丧偶女婿对岳父母,无论其是否再婚,依照民法典第一千一百二十九条规定作为第一顺序继承人时,不影响其子女代位继承。

★ **第一千一百三十条**　[遗产分配规则]同一顺序继承人继承遗产的份额,一般应当均等。

对生活有特殊困难又缺乏劳动能力的继承人,分配遗产时,应当予以照顾。

对被继承人尽了主要扶养义务或者与被继承人共同生活的继承人,分配遗产时,可以多分。

有扶养能力和有扶养条件的继承人,不尽扶养义务的,分配遗产时,应当不分或者少分。

继承人协商同意的,也可以不均等。

《最高人民法院关于适用〈中华人民共和国民法典〉继承编的解释(一)》

第四条　遗嘱继承人依遗嘱取得遗产后,仍有权依照民法典第一千一百三十条的规定取得遗嘱未处分的遗产。

第十九条　对被继承人生活提供了主要经济来源,或者在劳务等方面给予了主要扶助的,应当认定其尽了主要赡养义务或主要扶养义务。

第二十二条　继承人有扶养能力和扶养条件,愿意尽扶养义务,但被继承人因有固定收入和劳动能力,明确表示不要求其扶养的,分配遗产时,一般不应因此而影响其继承份额。

第二十三条　有扶养能力和扶养条件的继承人虽然与被继承人共同生活,但对需要扶养的被继承人不尽扶养义务,分配遗产时,可以少分或者不分。

★ **第一千一百三十一条**　[酌情分得遗产权]对继承人以外的依靠被继承人扶养的人,或者继承人以外的对被继承人扶养较多的人,可以分给适当的遗产。

《最高人民法院关于适用〈中华人民共和国民法典〉继承编的解释(一)》

第二十条　依照民法典第一千一百三十一条规定可以分给适当遗产的人,分给他们遗产时,按具体情况可以多于或者少于继承人。

第二十一条　依照民法典第一千一百三十一条规定可以分给适当遗产的人,在其依法取得被继承人遗产的权利受到侵犯时,本人有权以独立的诉讼主体资格向人民法院提起诉讼。

第四十一条　遗产因无人继承又无人受遗赠归国家或者集体所有制组织所有时,按照民法典第一千一百三十一条规定可以分给适当遗产的人提出取得遗产的诉讼请求,人民法院应当视情况适当分给遗产。

第一千一百三十二条　[继承的处理方式]继承人应当本着互谅互让、和睦团结的精神,协商处理继承问题。遗产分割的时间、办法和份额,由继承人协商确定;协商不成的,可以由人民调解委员会调解或者向人民法院提起诉讼。

第三章　遗嘱继承和遗赠

★ **第一千一百三十三条**　[遗嘱处分个人财产]自然人可以依照本法规定立遗嘱处分个人财产,并可以指定遗嘱执行人。

自然人可以立遗嘱将个人财产指定由法定继承人中的一人或者数人继承。

自然人可以立遗嘱将个人财产赠与国家、集体或者法定继承人以外的组织、个人。

自然人可以依法设立遗嘱信托。

★ **第一千一百三十四条**　[自书遗嘱]自书遗嘱由遗嘱人亲笔书写,签名,注明年、月、日。

《最高人民法院关于适用〈中华人民共和国民法典〉继承编的解释(一)》

第二十七条　自然人在遗书中涉及死后个人财产处分的内容,确为死者的真实意思表示,有本人签名并注明了年、月、日,又无相反证据的,可以按自书遗嘱对待。

★ **第一千一百三十五条** ［代书遗嘱］代书遗嘱应当有两个以上见证人在场见证，由其中一人代书，并由遗嘱人、代书人和其他见证人签名，注明年、月、日。

★ **第一千一百三十六条** ［打印遗嘱］打印遗嘱应当有两个以上见证人在场见证。遗嘱人和见证人应当在遗嘱每一页签名，注明年、月、日。

> **《最高人民法院关于适用〈中华人民共和国民法典〉时间效力的若干规定》**
>
> 第十五条　民法典施行前，遗嘱人以打印方式立的遗嘱，当事人对该遗嘱效力发生争议的，适用民法典第一千一百三十六条的规定，但是遗产已经在民法典施行前处理完毕的除外。

★ **第一千一百三十七条** ［录音录像遗嘱］以录音录像形式立的遗嘱，应当有两个以上见证人在场见证。遗嘱人和见证人应当在录音录像中记录其姓名或者肖像，以及年、月、日。

★ **第一千一百三十八条** ［口头遗嘱］遗嘱人在危急情况下，可以立口头遗嘱。口头遗嘱应当有两个以上见证人在场见证。危急情况消除后，遗嘱人能够以书面或者录音录像形式立遗嘱的，所立的口头遗嘱无效。

★ **第一千一百三十九条** ［公证遗嘱］公证遗嘱由遗嘱人经公证机构办理。

★ **第一千一百四十条** ［作为遗嘱见证人的消极条件］下列人员不能作为遗嘱见证人：

（一）无民事行为能力人、限制民事行为能力人以及其他不具有见证能力的人；

（二）继承人、受遗赠人；

（三）与继承人、受遗赠人有利害关系的人。

> **《最高人民法院关于适用〈中华人民共和国民法典〉继承编的解释(一)》**
>
> 第二十四条　继承人、受遗赠人的债权人、债务人，共同经营的合伙人，也应当视为与继承人、受遗赠人有利害关系，不能作为遗嘱的见证人。

★ **第一千一百四十一条** ［必留份］遗嘱应当为缺乏劳动能力又没有生活来源的继承人保留必要的遗产份额。

> **《最高人民法院关于适用〈中华人民共和国民法典〉继承编的解释(一)》**
>
> 第二十五条　遗嘱人未保留缺乏劳动能力又没有生活来源的继承人的遗产份额，遗产处理时，应当为该继承人留下必要的遗产，所剩余的部分，才可参照遗嘱确定的分配原则处理。
>
> 继承人是否缺乏劳动能力又没有生活来源，应当按遗嘱生效时该继承人的具体情况确定。

★ **第一千一百四十二条** ［遗嘱的撤回与变更］遗嘱人可以撤回、变更自己所立的遗嘱。

立遗嘱后，遗嘱人实施与遗嘱内容相反的民事法律行为的，视为对遗嘱相关内容的撤回。

立有数份遗嘱，内容相抵触的，以最后的遗嘱为准。

> **《最高人民法院关于适用〈中华人民共和国民法典〉时间效力的若干规定》**
>
> 第二十三条　被继承人在民法典施行前立有公证遗嘱，民法典施行后又立有新遗嘱，其死亡后，因该数份遗嘱内容相抵触发生争议的，适用民法典第一千一百四十二条第三款的规定。

★ **第一千一百四十三条** ［遗嘱无效的情形］无民事行为能力人或者限制民事行为能力人所立的遗嘱无效。

遗嘱必须表示遗嘱人的真实意思，受欺诈、胁迫所立的遗嘱无效。

伪造的遗嘱无效。

遗嘱被篡改的，篡改的内容无效。

> **《最高人民法院关于适用〈中华人民共和国民法典〉继承编的解释(一)》**
>
> 第二十六条　遗嘱人以遗嘱处分了国家、集体或者他人财产的，应当认定该部分遗嘱无效。
>
> 第二十八条　遗嘱人立遗嘱时必须具有完全民事行为能力。无民事行为能力人或者限制民事行为能力人所立的遗嘱，即使其本人后来具有完全民事行为能力，仍属无效遗嘱。遗嘱人立遗嘱时具有完全民事行为能力，后来成为无民事行为能力人或者限制民事行为能力人的，不影响遗嘱的效力。

★ **第一千一百四十四条** ［附义务的遗嘱继承或遗赠］遗嘱继承或者遗赠附有义务的，继承人或者受遗赠人应当履行义务。没有正当理由不履行义务的，经利害关系人或者有关组织请求，人民法院可以取消其接受附义务部分遗产的权利。

> **《最高人民法院关于适用〈中华人民共和国民法典〉继承编的解释(一)》**
>
> 第二十九条　附义务的遗嘱继承或者遗赠，如义务能够履行，而继承人、受遗赠人无正当理由不履行，经受益人或者其他继承人请求，人民法院可以取消其接受附义务部分遗产的权利，由提出请求的继承人或者受益人负责按遗嘱人的意愿履行义务，接受遗产。

第四章　遗产的处理

第一千一百四十五条 ［遗产管理人的选任］继承开始后，遗嘱执行人为遗产管理人；没有遗嘱执行人的，继承人应当及时推选遗产管理人；继承人未推选的，由继承人共同担任遗产管理人；没有继承人或者继承人均放弃继承的,由被继承人生前住所地的民政部门或者村民委员会担任遗产管理人。

第一千一百四十六条 [法院指定遗产管理人]对遗产管理人的确定有争议的,利害关系人可以向人民法院申请指定遗产管理人。

第一千一百四十七条 [遗产管理人的职责]遗产管理人应当履行下列职责:

(一)清理遗产并制作遗产清单;

(二)向继承人报告遗产情况;

(三)采取必要措施防止遗产毁损、灭失;

(四)处理被继承人的债权债务;

(五)按照遗嘱或者依法律规定分割遗产;

(六)实施与管理遗产有关的其他必要行为。

★ 第一千一百四十八条 [遗产管理人的责任]遗产管理人应当依法履行职责,因故意或者重大过失造成继承人、受遗赠人、债权人损害的,应当承担民事责任。

第一千一百四十九条 [遗产管理人的报酬]遗产管理人可以依照法律规定或者按照约定获得报酬。

第一千一百五十条 [继承开始的通知]继承开始后,知道被继承人死亡的继承人应当及时通知其他继承人和遗嘱执行人。继承人中无人知道被继承人死亡或者知道被继承人死亡而不能通知的,由被继承人生前所在单位或者住所地的居民委员会、村民委员会负责通知。

第一千一百五十一条 [遗产的保管]存有遗产的人,应当妥善保管遗产,任何组织或者个人不得侵吞或者争抢。

★ 第一千一百五十二条 [转继承]继承开始后,继承人于遗产分割前死亡,并没有放弃继承的,该继承人应当继承的遗产转给其继承人,但是遗嘱另有安排的除外。

★ 第一千一百五十三条 [遗产的确定]夫妻共同所有的财产,除有约定的外,遗产分割时,应当先将共同所有的财产的一半分出为配偶所有,其余的为被继承人的遗产。

遗产在家庭共有财产之中的,遗产分割时,应当先分出他人的财产。

★ 第一千一百五十四条 [按法定继承办理]有下列情形之一的,遗产中的有关部分按照法定继承办理:

(一)遗嘱继承人放弃继承或者受遗赠人放弃受遗赠;

(二)遗嘱继承人丧失继承权或者受遗赠人丧失受遗赠权;

(三)遗嘱继承人、受遗赠人先于遗嘱人死亡或者终止;

(四)遗嘱无效部分所涉及的遗产;

(五)遗嘱未处分的遗产。

★ 第一千一百五十五条 [胎儿预留份]遗产分割时,应当保留胎儿的继承份额。胎儿娩出时是死体的,保留的份额按照法定继承办理。

最高人民法院指导案例(50号)
李某、郭某阳诉郭某和、童某某继承纠纷案

《最高人民法院关于适用〈中华人民共和国民法典〉继承编的解释(一)》

第三十一条 应当为胎儿保留的遗产份额没有保留的,应从继承人所继承的遗产中扣回。

为胎儿保留的遗产份额,如胎儿出生后死亡的,由其继承人继承;如胎儿娩出时是死体的,由被继承人的继承人继承。

不宜分割的遗产,可以采取折价、适当补偿或者共有等方法处理。

第一千一百五十六条 [遗产分割]遗产分割应当有利于生产和生活需要,不损害遗产的效用。

第一千一百五十七条 [再婚时对所继承遗产的处分]夫妻一方死亡后另一方再婚的,有权处分所继承的财产,任何组织或者个人不得干涉。

第一千一百五十八条 [遗赠扶养协议]自然人可以与继承人以外的组织或者个人签订遗赠扶养协议。按照协议,该组织或者个人承担该自然人生养死葬的义务,享有受遗赠的权利。

《最高人民法院关于适用〈中华人民共和国民法典〉继承编的解释(一)》

第四十条 继承人以外的组织或者个人与自然人签订遗赠扶养协议后,无正当理由不履行,导致协议解除的,不能享有受遗赠的权利,其支付的供养费用一般不予补偿;遗赠人无正当理由不履行,导致协议解除的,则应当偿还继承人以外的组织或者个人已支付的供养费用。

第一千一百五十九条 [遗产分割时的义务]分割遗产,应当清偿被继承人依法应当缴纳的税款和债务;但是,应当为缺乏劳动能力又没有生活来源的继承人保留必要的遗产。

第一千一百六十条 [无人继承的遗产的处理]无人继承又无人受遗赠的遗产,归国家所有,用于公益事业;死者生前是集体所有制组织成员的,归所在集体所有制组织所有。

《最高人民法院关于适用〈中华人民共和国民法典〉继承编的解释(一)》

第四十一条 遗产因无人继承又无人受遗赠归国家或者集体所有制组织所有时,按照民法典第一千一百三十一条规定可以分给适当遗产的人提出取得遗产的诉讼请求,人民法院应当视情况适当分给遗产。

★ **第一千一百六十一条**　[限定继承]继承人以所得遗产实际价值为限清偿被继承人依法应当缴纳的税款和债务。超过遗产实际价值部分，继承人自愿偿还的不在此限。

继承人放弃继承的，对被继承人依法应当缴纳的税款和债务可以不负清偿责任。

> 《民法典》 第 1163 条

第一千一百六十二条　[遗赠与遗产债务清偿]执行遗赠不得妨碍清偿遗赠人依法应当缴纳的税款和债务。

★ **第一千一百六十三条**　[既有法定继承又有遗嘱继承、遗赠时的债务清偿]既有法定继承又有遗嘱继承、遗赠的，由法定继承人清偿被继承人依法应当缴纳的税款和债务；超过法定继承遗产实际价值部分，由遗嘱继承人和受遗赠人按比例以所得遗产清偿。

第七编　侵权责任

第一章　一般规定

第一千一百六十四条　[侵权责任编的调整范围]本编调整因侵害民事权益产生的民事关系。

★ **第一千一百六十五条**　[过错责任原则与过错推定责任]行为人因过错侵害他人民事权益造成损害的，应当承担侵权责任。

依照法律规定推定行为人有过错，其不能证明自己没有过错的，应当承担侵权责任。

> 最高人民法院指导案例(227 号)
> 胡某某、王某某诉德某餐厅、蒋某某等生命权纠纷案
>
> 最高人民法院指导案例(222 号)
> 广州德某水产设备科技有限公司诉广州宇某水产科技有限公司、南某水产研究所财产损害赔偿纠纷案
>
> 最高人民法院指导案例(207 号)
> 江苏省南京市人民检察院诉王玉林生态破坏民事公益诉讼案
>
> 最高人民法院指导案例(142 号)
> 刘明莲、郭丽丽、郭双双诉孙伟、河南兰庭物业管理有限公司信阳分公司生命权纠纷案

★ **第一千一百六十六条**　[无过错责任]行为人造成他人民事权益损害，不论行为人有无过错，法律规定应当承担侵权责任的，依照其规定。

★ **第一千一百六十七条**　[危及他人人身、财产安全的责任承担方式]侵权行为危及他人人身、财产安全的，被侵权人有权请求侵权人承担停止侵害、排除妨碍、消除危险等侵权责任。

> 最高人民法院指导案例(206 号)
> 北京市人民检察院第四分院诉朱清良、朱清涛环境污染民事公益诉讼案

★ **第一千一百六十八条**　[共同侵权]二人以上共同实施侵权行为，造成他人损害的，应当承担连带责任。

> 最高人民法院指导案例(220 号)
> 嘉兴市中某化工有限责任公司、上海欣某新技术有限公司诉王某集团有限公司、宁波王某科技股份有限公司等侵害技术秘密纠纷案
>
> 最高人民法院指导案例(130 号)
> 重庆市人民政府、重庆两江志愿服务发展中心诉重庆藏金阁物业管理有限公司、重庆首旭环保科技有限公司生态环境损害赔偿、环境民事公益诉讼案
>
> 最高人民法院指导案例(19 号)
> 赵春明等诉烟台市福山区汽车运输公司、卫德平等机动车交通事故责任纠纷案

★ **第一千一百六十九条**　[教唆侵权、帮助侵权]教唆、帮助他人实施侵权行为的，应当与行为人承担连带责任。

教唆、帮助无民事行为能力人、限制民事行为能力人实施侵权行为的，应当承担侵权责任；该无民事行为能力人、限制民事行为能力人的监护人未尽到监护职责的，应当承担相应的责任。

> 《最高人民法院关于适用《中华人民共和国民法典》侵权责任编的解释(一)》
>
> **第十一条**　教唆、帮助无民事行为能力人、限制民事行为能力人实施侵权行为，教唆人、帮助人以其不知道且不应当知道行为人为无民事行为能力人、限制民事行为能力人为由，主张不承担侵权责任或者与行为人的监护人承担连带责任的，人民法院不予支持。
>
> **第十二条**　教唆、帮助无民事行为能力人、限制民事行为能力人实施侵权行为，被侵权人合并请求教唆人、帮助人以及监护人承担侵权责任的，依照民法典第一千一百六十九条第二款的规定，教唆人、帮助人承担侵权人应承担的全部责任；监护人在未尽到监护职责的范围内与教唆人、帮助人共同承担责任，但责任主体实际支付的赔偿费用总和不应超出被侵权人应受偿的损失数额。
>
> 监护人先行支付赔偿费用后，就超过自己相应责任的部分向教唆人、帮助人追偿的，人民法院应予支持。
>
> **第十三条**　教唆、帮助无民事行为能力人、限制民事行为能力人实施侵权行为，被侵权人合并请求教唆人、帮助人与监护人以及受托履行监护职责的人承担侵权责任的，依照本解释第十条、第十二条的规定认定民事责任。

★ **第一千一百七十条** ［共同危险行为］二人以上实施危及他人人身、财产安全的行为，其中一人或者数人的行为造成他人损害，能够确定具体侵权人的，由侵权人承担责任；不能确定具体侵权人的，行为人承担连带责任。

★ **第一千一百七十一条** ［分别侵权的连带责任］二人以上分别实施侵权行为造成同一损害，每个人的侵权行为都足以造成全部损害的，行为人承担连带责任。

> **《最高人民法院关于审理环境侵权责任纠纷案件适用法律若干问题的解释》**①
>
> 第三条 两个以上侵权人分别实施污染环境、破坏生态行为造成同一损害，每一个侵权人的污染环境、破坏生态行为都足以造成全部损害，被侵权人根据民法典第一千一百七十一条规定请求侵权人承担连带责任的，人民法院应予支持。
>
> 两个以上侵权人分别实施污染环境、破坏生态行为造成同一损害，每一个侵权人的污染环境、破坏生态行为都不足以造成全部损害，被侵权人根据民法典第一千一百七十二条规定请求侵权人承担责任的，人民法院应予支持。
>
> 两个以上侵权人分别实施污染环境、破坏生态行为造成同一损害，部分侵权人的污染环境、破坏生态行为足以造成全部损害，部分侵权人的污染环境、破坏生态行为只造成部分损害，被侵权人根据民法典第一千一百七十一条规定请求足以造成全部损害的侵权人与其他侵权人就共同造成的损害部分承担连带责任，并对全部损害承担责任的，人民法院应予支持。

★ **第一千一百七十二条** ［分别侵权的按份责任］二人以上分别实施侵权行为造成同一损害，能够确定责任大小的，各自承担相应的责任；难以确定责任大小的，平均承担责任。

★ **第一千一百七十三条** ［过错相抵］被侵权人对同一损害的发生或者扩大有过错的，可以减轻侵权人的责任。

> **最高人民法院指导案例（222号）**
> **广州德某水产设备科技有限公司诉广州宇某水产科技有限公司、南某水产研究所财产损害赔偿纠纷案**
> **最高人民法院指导案例（24号）**
> **荣宝英诉王阳、永诚财产保险股份有限公司江阴支公司机动车交通事故责任纠纷案**

★ **第一千一百七十四条** ［受害人故意］损害是因受害人故意造成的，行为人不承担责任。

★ **第一千一百七十五条** ［第三人过错］损害是因第三人造成的，第三人应当承担侵权责任。

★ **第一千一百七十六条** ［自甘风险］自愿参加具有一定风险的文体活动，因其他参加者的行为受到损害的，受害人不得请求其他参加者承担侵权责任；但是，其他参加者对损害的发生有故意或者重大过失的除外。

活动组织者的责任适用本法第一千一百九十八条至第一千二百零一条的规定。

> **《最高人民法院关于适用〈中华人民共和国民法典〉时间效力的若干规定》**
>
> 第十六条 民法典施行前，受害人自愿参加具有一定风险的文体活动受到损害引起的民事纠纷案件，适用民法典第一千一百七十六条的规定。

★ **第一千一百七十七条** ［自力救济］合法权益受到侵害，情况紧迫且不能及时获得国家机关保护，不立即采取措施将使其合法权益受到难以弥补的损害的，受害人可以在保护自己合法权益的必要范围内采取扣留侵权人的财物等合理措施；但是，应当立即请求有关国家机关处理。

受害人采取的措施不当造成他人损害的，应当承担侵权责任。

> **《最高人民法院关于适用〈中华人民共和国民法典〉时间效力的若干规定》**
>
> 第十七条 民法典施行前，受害人为保护自己合法权益采取扣留侵权人的财物等措施引起的民事纠纷案件，适用民法典第一千一百七十七条的规定。

第一千一百七十八条 ［特别规定优先适用］本法和其他法律对不承担责任或者减轻责任的情形另有规定的，依照其规定。

第二章 损害赔偿

第一千一百七十九条 ［人身损害赔偿范围］侵害他人造成人身损害的，应当赔偿医疗费、护理费、交通费、营养费、住院伙食补助费等为治疗和康复支出的合理费用，以及因误工减少的收入。造成残疾的，还应当赔偿辅助器具费和残疾赔偿金；造成死亡的，还应当赔偿丧葬费和死亡赔偿金。

★ **第一千一百八十条** ［以相同数额确定死亡赔偿金］因同一侵权行为造成多人死亡的，可以以相同数额确定死亡赔偿金。

第一千一百八十一条 ［被侵权人死亡时请求权主体的确定］被侵权人死亡的，其近亲属有权请求侵权人承担侵权责任。被侵权人为组织，该组织分立、合并的，承继权利的组织有权请求侵权人承担侵权责任。

---

① 2015年2月9日由最高人民法院审判委员会第1644次会议通过，根据2020年12月23日最高人民法院审判委员会第1823次会议通过的《最高人民法院关于修改〈最高人民法院关于在民事审判工作中适用8 中华人民共和国工会法8 若干问题的解释〉等二十七件民事类司法解释的决定》修正。

被侵权人死亡的,支付被侵权人医疗费、丧葬费等合理费用的人有权请求侵权人赔偿费用,但是侵权人已经支付该费用的除外。

第一千一百八十二条　[侵害他人人身权益造成财产损失的赔偿计算方式]侵害他人人身权益造成财产损失的,按照被侵权人因此受到的损失或者侵权人因此获得的利益赔偿;被侵权人因此受到的损失以及侵权人因此获得的利益难以确定,被侵权人和侵权人就赔偿数额协商不一致,向人民法院提起诉讼的,由人民法院根据实际情况确定赔偿数额。

《最高人民法院关于审理利用信息网络侵害人身权益民事纠纷案件适用法律若干问题的规定》①

第十一条　网络用户或者网络服务提供者侵害他人人身权益,造成财产损失或者严重精神损害,被侵权人依据民法典第一千一百八十二条和第一千一百八十三条的规定,请求其承担赔偿责任的,人民法院应予支持。

第十二条　被侵权人为制止侵权行为所支付的合理开支,可以认定为民法典第一千一百八十二条规定的财产损失。合理开支包括被侵权人或者委托代理人对侵权行为进行调查、取证的合理费用。人民法院根据当事人的请求和具体案情,可以将符合国家有关部门规定的律师费用计算在赔偿范围内。

被侵权人因人身权益受侵害造成的财产损失以及侵权人因此获得的利益难以确定的,人民法院可以根据具体案情在 50 万元以下的范围内确定赔偿数额。

★ **第一千一百八十三条　[精神损害赔偿]**侵害<u>自然人人身权益造成严重精神损害的</u>,被侵权人有权请求精神损害赔偿。

因故意或者重大过失侵害自然人具有人身意义的特定物造成严重精神损害的,被侵权人有权请求精神损害赔偿。

《最高人民法院关于适用〈中华人民共和国民法典〉侵权责任编的解释(一)》

第二条　非法使被监护人脱离监护,导致父母子女关系或者其他近亲属关系受到严重损害的,应当认定为民法典第一千一百八十三条第一款规定的严重精神损害。

《最高人民法院关于确定民事侵权精神损害赔偿责任若干问题的解释》

第一条　因人身权益或者具有人身意义的特定物受到侵害,自然人或者其近亲属向人民法院提起诉讼请求精神损害赔偿的,人民法院应当依法予以受理。

第二条　非法使被监护人脱离监护,导致亲子关系或者近亲属间的亲属关系遭受严重损害,监护人向人民法院起诉请求赔偿精神损害的,人民法院应当依法予以受理。

第三条　死者的姓名、肖像、名誉、荣誉、隐私、遗体、遗骨等受到侵害,其近亲属向人民法院提起诉讼请求精神损害赔偿的,人民法院应当依法予以支持。

第四条　法人或者非法人组织以名誉权、荣誉权、名称权遭受侵害为由,向人民法院起诉请求精神损害赔偿的,人民法院不予支持。

第五条　精神损害的赔偿数额根据以下因素确定:

(一)侵权人的过错程度,但是法律另有规定的除外;

(二)侵权行为的目的、方式、场合等具体情节;

(三)侵权行为所造成的后果;

(四)侵权人的获利情况;

(五)侵权人承担责任的经济能力;

(六)受理诉讼法院所在地的平均生活水平。

第一千一百八十四条　[财产损失的计算]侵害他人财产的,财产损失按照损失发生时的<u>市场价格或者其他合理方式</u>计算。

第一千一百八十五条　[故意侵害知识产权的惩罚性赔偿责任]故意侵害他人知识产权,情节严重的,被侵权人有权请求相应的惩罚性赔偿。

★ **第一千一百八十六条　[公平分担损失]**<u>受害人和行为人对损害的发生都没有过错的</u>,依照法律的规定由双方分担损失。

第一千一百八十七条　[赔偿费用的支付方式]损害发生后,当事人可以协商赔偿费用的支付方式。协商不一致的,赔偿费用应当一次性支付;一次性支付确有困难的,可以分期支付,但是被侵权人有权请求提供相应的担保。

第三章　责任主体的特殊规定

★ **第一千一百八十八条　[监护人责任]**无民事行为能力人、限制民事行为能力人造成他人损害的,由监护人承担侵权责任。<u>监护人尽到监护职责的,可以减轻其侵权责任</u>。

<u>有财产的无民事行为能力人、限制民事行为能力人造成他人损害的,从本人财产中支付赔偿费用;不足部分,由监护人赔偿</u>。

《最高人民法院关于适用〈中华人民共和国民法典〉侵权责任编的解释(一)》

第四条　无民事行为能力人、限制民事行为能力

---

① 2014 年 6 月 23 日由最高人民法院审判委员会第 1621 次会议通过,根据 2020 年 12 月 23 日最高人民法院审判委员会第 1823 次会议通过的《最高人民法院关于修改〈最高人民法院关于在民事审判工作中适用〈中华人民共和国工会法〉若干问题的解释〉等二十七件民事类司法解释的决定》修正。

人造成他人损害,被侵权人请求监护人承担侵权责任,或者合并请求监护人和受托履行监护职责的人承担侵权责任的,人民法院应当将无民事行为能力人、限制民事行为能力人列为共同被告。

第五条　无民事行为能力人、限制民事行为能力人造成他人损害,被侵权人请求监护人承担侵权应承担的全部责任的,人民法院应予支持,并在判决中明确,赔偿费用可以先从被监护人财产中支付,不足部分由监护人支付。

监护人抗辩主张承担补充责任,或者被侵权人、监护人主张人民法院判令有财产的无民事行为能力人、限制民事行为能力人承担赔偿责任的,人民法院不予支持。

从被监护人财产中支付赔偿费用的,应当保留监护人所必需的生活费和完成义务教育所必需的费用。

第六条　行为人在侵权行为发生时不满十八周岁,被诉时已满十八周岁的,被侵权人请求原监护人承担侵权人应承担的全部责任的,人民法院应予支持,并在判决中明确,赔偿费用可以先从被监护人财产中支付,不足部分由监护人支付。

前款规定情形,被侵权人仅起诉行为人的,人民法院应当向原告释明申请追加原监护人为共同被告。

第七条　未成年子女造成他人损害,被侵权人请求父母共同承担侵权责任的,人民法院依照民法典第二十七条第一款、第一千零六十八条以及第一千一百八十八条的规定予以支持。

第八条　夫妻离婚后,未成年子女造成他人损害,被侵权人请求离异夫妻共同承担侵权责任的,人民法院依照民法典第一千零六十八条、第一千零八十四条以及第一千一百八十八条的规定予以支持。一方以未与该子女共同生活为由主张不承担或者少承担责任的,人民法院不予支持。

离异夫妻之间的责任份额,可以由双方协议确定;协议不成的,人民法院可以根据双方履行监护职责的约定和实际履行情况等确定。实际承担责任超过自己责任份额的一方向另一方追偿的,人民法院应予支持。

第九条　未成年子女造成他人损害的,依照民法典第一千零七十二条第二款的规定,未与该子女形成抚养教育关系的继父或者继母不承担监护人的侵权责任,由该子女的生父母依照本解释第八条的规定承担侵权责任。

★ 第一千一百八十九条　[委托监护时监护人的责任]无民事行为能力人、限制民事行为能力人造成他人损害,监护人将监护职责委托给他人的,监护人应当承担侵权责任;受托人有过错的,承担相应的责任。

《最高人民法院关于适用《中华人民共和国民法典》侵权责任编的解释(一)》

第十条　无民事行为能力人、限制民事行为能力人造成他人损害,被侵权人合并请求监护人和受托履行监护职责的人承担侵权责任的,依照民法典第一千一百八十九条的规定,监护人承担侵权人应承担的全部责任;受托人在过错范围内与监护人共同承担责任,但责任主体实际支付的赔偿费用总和不应超出被侵权人应受偿的损失数额。

监护人承担责任后向受托人追偿的,人民法院可以参照民法典第九百二十九条的规定处理。

仅有一般过失的无偿受托人承担责任后向监护人追偿的,人民法院应予支持。

★ 第一千一百九十条　[暂时丧失意识后的侵权责任]完全民事行为能力人对自己的行为暂时没有意识或者失去控制造成他人损害有过错的,应当承担侵权责任;没有过错的,根据行为人的经济状况对受害人适当补偿。

完全民事行为能力人因醉酒、滥用麻醉药品或者精神药品对自己的行为暂时没有意识或者失去控制造成他人损害的,应当承担侵权责任。

♠ 第一千一百九十一条　[用人单位责任和劳务派遣单位、劳务用工单位责任]用人单位的工作人员因执行工作任务造成他人损害的,由用人单位承担侵权责任。用人单位承担侵权责任后,可以向有故意或者重大过失的工作人员追偿。

劳务派遣期间,被派遣的工作人员因执行工作任务造成他人损害的,由接受劳务派遣的用工单位承担侵权责任;劳务派遣单位有过错的,承担相应的责任。

最高人民检察院指导案例(检例第164号)
江西省浮梁县人民检察院诉A化工集团有限公司污染环境民事公益诉讼案

《最高人民法院关于适用《中华人民共和国民法典》侵权责任编的解释(一)》

第十五条　与用人单位形成劳动关系的工作人员、执行用人单位工作任务的其他人员,因执行工作任务造成他人损害,被侵权人依照民法典第一千一百九十一条第一款的规定,请求用人单位承担侵权责任的,人民法院应予支持。

个体工商户的从业人员因执行工作任务造成他人损害的,适用民法典第一千一百九十一条第一款的规定认定民事责任。

第十六条　劳务派遣期间,被派遣的工作人员因执行工作任务造成他人损害,被侵权人合并请求劳务派遣单位与接受劳务派遣的用工单位承担侵权责任的,依照民法典第一千一百九十一条第二款的规定,接受劳务派遣的用工单位承担侵权人应承担的全部责任;劳务派遣单位在不当选派工作人员、未依法履行培训义务等过错范围内,与接受劳务派遣的用工单位共同承担责任,但责任主体实际支付的赔偿费用总和不应超出被侵权人应受偿的损失数额。

劳务派遣单位先行支付赔偿费用后,就超过自己相应责任的部分向接受劳务派遣的用工单位追偿的,人民法院应予支持,但双方另有约定的除外。

第十七条 工作人员在执行工作任务中实施的违法行为造成他人损害,构成自然人犯罪的,工作人员承担刑事责任不影响用人单位依法承担民事责任。依照民法典第一千一百九十一条规定用人单位应当承担侵权责任的,在刑事案件中已完成的追缴、退赔可以在民事判决书中明确并扣减,也可以在执行程序中予以扣减。

★ 第一千一百九十二条 [个人劳务关系中的侵权责任]个人之间形成劳务关系,提供劳务一方因劳务造成他人损害的,由接受劳务一方承担侵权责任。接受劳务一方承担侵权责任后,可以向有故意或者重大过失的提供劳务一方追偿。提供劳务一方因劳务受到损害的,根据双方各自的过错承担相应的责任。

提供劳务期间,因第三人的行为造成提供劳务一方损害的,提供劳务一方有权请求第三人承担侵权责任,也有权请求接受劳务一方给予补偿。接受劳务一方补偿后,可以向第三人追偿。

《最高人民法院关于审理人身损害赔偿案件适用法律若干问题的解释》

第四条 无偿提供劳务的帮工人,在从事帮工活动中致人损害的,被帮工人应当承担赔偿责任。被帮工人承担赔偿责任后向有故意或者重大过失的帮工人追偿的,人民法院应予支持。被帮工人明确拒绝帮工的,不承担赔偿责任。

第五条 无偿提供劳务的帮工人因帮工活动遭受人身损害的,根据帮工人和被帮工人各自的过错承担相应的责任;被帮工人明确拒绝帮工的,被帮工人不承担赔偿责任,但可以在受益范围内予以适当补偿。

帮工人在帮工活动中因第三人的行为遭受人身损害的,有权请求第三人承担赔偿责任,也有权请求被帮工人予以适当补偿。被帮工人补偿后,可以向第三人追偿。

第一千一百九十三条 [承揽关系中的侵权责任]承揽人在完成工作过程中造成第三人损害或者自己损害的,定作人不承担侵权责任。但是,定作人对定作、指示或者选任有过错的,应当承担相应的责任。

《最高人民法院关于适用〈中华人民共和国民法典〉侵权责任编的解释(一)》

第十八条 承揽人在完成工作过程中造成第三人

损害的,人民法院依照民法典第一千一百六十五条的规定认定承揽人的民事责任。

被侵权人合并请求定作人和承揽人承担侵权责任的,依照民法典第一千一百六十五条、第一千一百九十三条的规定,造成损害的承揽人承担侵权人应承担的全部责任;定作人在定作、指示或者选任过错范围内与承揽人共同承担责任,但责任主体实际支付的赔偿费用总和不应超出被侵权人应受偿的损失数额。

定作人先行支付赔偿费用后,就超过自己相应责任的部分向承揽人追偿的,人民法院应予支持,但双方另有约定的除外。

第一千一百九十四条 [网络侵权责任]网络用户、网络服务提供者利用网络侵害他人民事权益的,应当承担侵权责任。法律另有规定的,依照其规定。

《最高人民法院关于审理利用信息网络侵害人身权益民事纠纷案件适用法律若干问题的规定》

第八条 网络用户或者网络服务提供者采取诽谤、诋毁等手段,损害公众对经营主体的信赖,降低其产品或者服务的社会评价,经营主体请求网络用户或者网络服务提供者承担侵权责任的,人民法院应依法予以支持。

第九条 网络用户或者网络服务提供者,根据国家机关依职权制作的文书和公开实施的职权行为等信息来源所发布的信息,有下列情形之一,侵害他人人身权益,被侵权人请求侵权人承担侵权责任的,人民法院应予支持:

(一)网络用户或者网络服务提供者发布的信息与前述信息来源内容不符;

(二)网络用户或者网络服务提供者以添加侮辱性内容、诽谤性信息、不当标题或者通过增删信息、调整结构、改变顺序等方式致人误解;

(三)前述信息来源已被公开更正,但网络用户拒绝更正或者网络服务提供者不予更正;

(四)前述信息来源已被公开更正,网络用户或者网络服务提供者仍然发布更正之前的信息。

第十条 被侵权人与构成侵权的网络用户或者网络服务提供者达成一方支付报酬,另一方提供删除、屏蔽、断开链接等服务的协议,人民法院应认定为无效。

擅自篡改、删除、屏蔽特定网络信息或者以断开链接的方式阻止他人获取网络信息,发布该信息的网络用户或者网络服务提供者请求侵权人承担侵权责任的,人民法院应予支持。接受他人委托实施该行为的,委托人与受托人承担连带责任。

★ 第一千一百九十五条 ["通知与取下"制度]网络用户利用网络服务实施侵权行为的,权利人有权通知网络服务提供者采取删除、屏蔽、断开链接等必要措施。通知应当包括构成侵权的初步证据及权利人的真实身份信息。

网络服务提供者接到通知后,应当及时将该通知转送相关网络用户,并根据构成侵权的初步证据和服务类型采取必要措施;未及时采取必要措施的,对损害的扩大部分与该网络用户承担连带责任。

权利人因错误通知造成网络用户或者网络服务提供者损害的,应当承担侵权责任。法律另有规定的,依照其规定。

> **最高人民法院指导案例(83号)**
> **威海嘉易烤生活家电有限公司诉永康市金仕德工贸有限公司、浙江天猫网络有限公司侵害发明专利权纠纷案**

《最高人民法院关于审理利用信息网络侵害人身权益民事纠纷案件适用法律若干问题的规定》

第二条 原告依据民法典第一千一百九十五条、第一千一百九十七条的规定起诉网络用户或者网络服务提供者的,人民法院应予受理。

原告仅起诉网络用户,网络用户请求追加涉嫌侵权的网络服务提供者为共同被告或者第三人的,人民法院应予准许。

原告仅起诉网络服务提供者,网络服务提供者请求追加可以确定的网络用户为共同被告或者第三人的,人民法院应予准许。

第三条 原告起诉网络服务提供者,网络服务提供者以涉嫌侵权的信息系网络用户发布为由抗辩的,人民法院可以根据原告的请求及案件的具体情况,责令网络服务提供者向人民法院提供能够确定涉嫌侵权的网络用户的姓名(名称)、联系方式、网络地址等信息。

网络服务提供者无正当理由拒不提供的,人民法院可以依据民事诉讼法第一百一十四条(现为第一百一十七条)的规定对网络服务提供者采取处罚等措施。

原告根据网络服务提供者提供的信息请求追加网络用户为被告的,人民法院应予准许。

第四条 人民法院适用民法典第一千一百九十五条第二款的规定,认定网络服务提供者采取的删除、屏蔽、断开链接等必要措施是否及时,应当根据网络服务的类型和性质、有效通知的形式和准确程度、网络信息侵害权益的类型和程度等因素综合判断。

第五条 其发布的信息被采取删除、屏蔽、断开链接等措施的网络用户,主张网络服务提供者承担违约责任或者侵权责任,网络服务提供者以收到民法典第一千一百九十五条第一款规定的有效通知为由抗辩的,人民法院应予支持。

第一千一百九十六条 [**"反通知"制度**]网络用户接到转送的通知后,可以向网络服务提供者提交不存在侵权行为的声明。声明应当包括不存在侵权行为的初步证据及网络用户的真实身份信息。

网络服务提供者接到声明后,应当将该声明转送发出通知的权利人,并告知其可以向有关部门投诉或者向人民法院提起诉讼。网络服务提供者在转送声明到达权利人后的合理期限内,未收到权利人已经投诉或者提起诉讼通知的,应当及时终止所采取的措施。

第一千一百九十七条 [**网络服务提供者与网络用户的连带责任**]网络服务提供者知道或者应当知道网络用户利用其网络服务侵害他人民事权益,未采取必要措施的,与该网络用户承担连带责任。

《最高人民法院关于审理利用信息网络侵害人身权益民事纠纷案件适用法律若干问题的规定》

第六条 人民法院依据民法典第一千一百九十七条认定网络服务提供者是否"知道或者应当知道",应当综合考虑下列因素:

(一)网络服务提供者是否以人工或者自动方式对侵权网络信息以推荐、排名、选择、编辑、整理、修改等方式作出处理;

(二)网络服务提供者应当具备的管理信息的能力,以及所提供服务的性质、方式及其引发侵权的可能性大小;

(三)该网络信息侵害人身权益的类型及明显程度;

(四)该网络信息的社会影响程度或者一定时间内的浏览量;

(五)网络服务提供者采取预防侵权措施的技术可能性及其是否采取了相应的合理措施;

(六)网络服务提供者是否针对同一网络用户的重复侵权行为或者同一侵权信息采取了相应的合理措施;

(七)与本案相关的其他因素。

第七条 人民法院认定网络用户或者网络服务提供者转载网络信息行为的过错及其程度,应当综合以下因素:

(一)转载主体所承担的与其性质、影响范围相适应的注意义务;

(二)所转载信息侵害他人人身权益的明显程度;

(三)对所转载信息是否作出实质性修改,是否添加或者修改文章标题,导致其与内容严重不符以及误导公众的可能性。

★ **第一千一百九十八条** [**违反安全保障义务的侵权责任**]宾馆、商场、银行、车站、机场、体育场馆、娱乐场所等经营场所、公共场所的经营者、管理者或者群众性活动的组织者,未尽到安全保障义务,造成他人损害的,应当承担侵权责任。

因第三人的行为造成他人损害的,由第三人承担侵权责任;经营者、管理者或者组织者未尽到安全保障义务的,承担相应的补充责任。经营者、管理者或者组织者承担补充责任后,可以向第三人追偿。

> 最高人民法院指导案例(141 号)
> 支某 1 等诉北京市永定河管理处生命权、健康权、身体权纠纷案
>
> 最高人民法院指导案例(140 号)
> 李秋月等诉广州市花都区梯面镇红山村村民委员会违反安全保障义务责任纠纷案

★ 第一千一百九十九条 [教育机构对无民事行为能力人受到人身损害的过错推定责任]无民事行为能力人在幼儿园、学校或者其他教育机构学习、生活期间受到人身损害的,幼儿园、学校或者其他教育机构应当承担侵权责任;但是,能够证明尽到教育、管理职责的,不承担侵权责任。

★ 第一千二百条 [教育机构对限制民事行为能力人受到人身损害的过错责任]限制民事行为能力人在学校或者其他教育机构学习、生活期间受到人身损害,学校或者其他教育机构未尽到教育、管理职责的,应当承担侵权责任。

★ 第一千二百零一条 [受到校外人员人身损害时的责任分担]无民事行为能力人或者限制民事行为能力人在幼儿园、学校或者其他教育机构学习、生活期间,受到幼儿园、学校或者其他教育机构以外的第三人人身损害的,由第三人承担侵权责任;幼儿园、学校或者其他教育机构未尽到管理职责的,承担相应的补充责任。幼儿园、学校或者其他教育机构承担补充责任后,可以向第三人追偿。

> 《最高人民法院关于适用《中华人民共和国民法典》侵权责任编的解释(一)》
> 第十四条 无民事行为能力人或者限制民事行为能力人在幼儿园、学校或者其他教育机构学习、生活期间,受到教育机构以外的第三人人身损害,第三人、教育机构作为共同被告且依法应当承担侵权责任的,人民法院应当在判决中明确,教育机构在人民法院就第三人的财产依法强制执行后仍不能履行的范围内,承担与其过错相应的补充责任。
> 被侵权人仅起诉教育机构的,人民法院应当向原告释明申请追加实施侵权行为的第三人为共同被告。
> 第三人不确定的,未尽到管理职责的教育机构先行承担与其过错相应的责任;教育机构承担责任后向已经确定的第三人追偿的,人民法院依照民法典第一千二百零一条的规定予以支持。

第四章 产品责任

第一千二百零二条 [产品生产者侵权责任]因产品存在缺陷造成他人损害的,生产者应当承担侵权责任。

♠ 第一千二百零三条 [被侵权人请求损害赔偿的途径和先行赔偿人追偿权]因产品存在缺陷造成他人损害的,被侵权人可以向产品的生产者请求赔偿,也可以向产品的销售者请求赔偿。

产品缺陷由生产者造成的,销售者赔偿后,有权向生产者追偿。因销售者的过错使产品存在缺陷的,生产者赔偿后,有权向销售者追偿。

> 《最高人民法院关于适用《中华人民共和国民法典》侵权责任编的解释(一)》
> 第十九条 因产品存在缺陷造成买受人财产损害,买受人请求产品的生产者或者销售者赔偿缺陷产品本身损害以及其他财产损害的,人民法院依照民法典第一千二百零二条、第一千二百零三条的规定予以支持。

第一千二百零四条 [生产者、销售者的第三人追偿权]因运输者、仓储者等第三人的过错使产品存在缺陷,造成他人损害的,产品的生产者、销售者赔偿后,有权向第三人追偿。

★ 第一千二百零五条 [产品缺陷危及他人人身、财产安全的侵权责任]因产品缺陷危及他人人身、财产安全的,被侵权人有权请求生产者、销售者承担停止侵害、排除妨碍、消除危险等侵权责任。

第一千二百零六条 [生产者、销售者的补救措施及费用承担]产品投入流通后发现存在缺陷的,生产者、销售者应当及时采取停止销售、警示、召回等补救措施;未及时采取补救措施或者补救措施不力造成损害扩大的,对扩大的损害也应当承担侵权责任。

依据前款规定采取召回措施的,生产者、销售者应当负担被侵权人因此支出的必要费用。

★ 第一千二百零七条 [产品责任中的惩罚性赔偿]明知产品存在缺陷仍然生产、销售,或者没有依据前条规定采取有效补救措施,造成他人死亡或者健康严重损害的,被侵权人有权请求相应的惩罚性赔偿。

第五章 机动车交通事故责任

★ 第一千二百零八条 [机动车交通事故责任的法律适用]机动车发生交通事故造成损害的,依照道路交通安全法律和本法的有关规定承担赔偿责任。

★ 第一千二百零九条 [租赁、借用机动车交通事故责任]因租赁、借用等情形机动车所有人、管理人与使用人不是同一人时,发生交通事故造成损害,属于

该机动车一方责任的,由机动车使用人承担赔偿责任;机动车所有人、管理人对损害的发生有过错的,承担相应的赔偿责任。

《最高人民法院关于审理道路交通事故损害赔偿案件适用法律若干问题的解释》①

第一条　机动车发生交通事故造成损害,机动车所有人或者管理人有下列情形之一,人民法院应当认定其对损害的发生有过错,并适用民法典第一千二百零九条的规定确定其相应的赔偿责任:

(一)知道或者应当知道机动车存在缺陷,且该缺陷是交通事故发生原因之一的;

(二)知道或者应当知道驾驶人无驾驶资格或者未取得相应驾驶资格的;

(三)知道或者应当知道驾驶人因饮酒、服用国家管制的精神药品或者麻醉药品,或者患有妨碍安全驾驶机动车的疾病等依法不能驾驶机动车的;

(四)其它应当认定机动车所有人或者管理人有过错的。

第三条　套牌机动车发生交通事故造成损害,属于该机动车一方责任,当事人请求由套牌机动车的所有人或者管理人承担赔偿责任的,人民法院应予支持;被套牌机动车所有人或者管理人同意套牌的,应当与套牌机动车的所有人或者管理人承担连带责任。

第五条　接受机动车驾驶培训的人员,在培训活动中驾驶机动车发生交通事故造成损害,属于该机动车一方责任,当事人请求驾驶培训单位承担赔偿责任的,人民法院应予支持。

第六条　机动车试乘过程中发生交通事故造成试乘人损害,当事人请求提供试乘服务者承担赔偿责任的,人民法院应予支持。试乘人有过错的,应当减轻提供试乘服务者的赔偿责任。

♠ **第一千二百一十条　[转让并交付但未办理登记的机动车侵权责任]** 当事人之间已经以买卖或者其他方式转让并交付机动车但是未办理登记,发生交通事故造成损害,属于该机动车一方责任的,由受让人承担赔偿责任。

《最高人民法院关于审理道路交通事故损害赔偿案件适用法律若干问题的解释》

第二条　被多次转让但是未办理登记的机动车发生交通事故造成损害,属于该机动车一方责任,当事人请求由最后一次转让并交付的受让人承担赔偿责任的,人民法院应予支持。

第一千二百一十一条　[挂靠机动车交通事故责任] 以挂靠形式从事道路运输经营活动的机动车,发生交通事故造成损害,属于该机动车一方责任的,由挂靠人和被挂靠人承担连带责任。

第一千二百一十二条　[擅自驾驶他人机动车交通事故责任] 未经允许驾驶他人机动车,发生交通事故造成损害,属于该机动车一方责任的,由机动车使用人承担赔偿责任;机动车所有人、管理人对损害的发生有过错的,承担相应的赔偿责任,但是本章另有规定的除外。

★ **第一千二百一十三条　[交通事故侵权救济来源的支付顺序]** 机动车发生交通事故造成损害,属于该机动车一方责任的,先由承保机动车强制保险的保险人在强制保险责任限额范围内予以赔偿;不足部分,由承保机动车商业保险的保险人按照保险合同的约定予以赔偿;仍然不足或者没有投保机动车商业保险的,由侵权人赔偿。

《最高人民法院关于适用《中华人民共和国民法典》侵权责任编的解释(一)》

第二十一条　未依法投保强制保险的机动车发生交通事故造成损害,投保义务人和交通事故责任人不是同一人,被侵权人合并请求投保义务人和交通事故责任人承担侵权责任的,交通事故责任人应承担的全部责任;投保义务人在机动车强制保险责任限额范围内与交通事故责任人共同承担责任,但责任主体实际支付的赔偿费用总和不应超出被侵权人应受偿的损失数额。

投保义务人先行支付赔偿费用后,就超出机动车强制保险责任限额范围部分向交通事故责任人追偿的,人民法院应予支持。

第二十二条　机动车驾驶人离开本车后,因未采取制动措施等自身过错受到本车碰撞、碾压造成损害,机动车驾驶人请求承保本车机动车强制保险的保险人在强制保险责任限额范围内,以及承保本车机动车商业第三者责任保险的保险人按照保险合同的约定赔偿的,人民法院不予支持,但可以依据机动车车上人员责任保险的有关约定支持相应的赔偿请求。

《最高人民法院关于审理道路交通事故损害赔偿案件适用法律若干问题的解释》

第十六条　未依法投保交强险的机动车发生交通事故造成损害,当事人请求投保义务人在交强险责任限额范围内予以赔偿的,人民法院应予支持。

投保义务人和侵权人不是同一人,当事人请求投保义务人和侵权人在交强险责任限额范围内承担相应责任的,人民法院应予支持。

① 2012年9月17日由最高人民法院审判委员会第1556次会议通过,根据2020年12月23日最高人民法院审判委员会第1823次会议通过的《最高人民法院关于修改〈最高人民法院关于在民事审判工作中适用〈中华人民共和国工会法〉若干问题的解释〉等二十七件民事类司法解释的决定》修正。

第十八条第三款　多辆机动车发生交通事故造成第三人损害，其中部分机动车未投保交强险，当事人请求先由已承保交强险的保险公司在责任限额范围内予以赔偿的，人民法院应予支持。保险公司就超出其应承担的部分向未投保交强险的投保义务人或者侵权人行使追偿权的，人民法院应予支持。

第二十一条　当事人主张交强险人身伤亡保险金请求权转让或者设定担保的行为无效的，人民法院应予支持。

第一千二百一十四条　[拼装车、报废车交通事故责任]以买卖或者其他方式转让拼装或者已经达到报废标准的机动车，发生交通事故造成损害的，由转让人和受让人承担连带责任。

《最高人民法院关于适用〈中华人民共和国民法典〉侵权责任编的解释（一）》

第二十条　以买卖或者其他方式转让拼装或者已经达到报废标准的机动车，发生交通事故造成损害，转让人、受让人以其不知道且不应当知道该机动车系拼装或者已经达到报废标准为由，主张不承担侵权责任的，人民法院不予支持。

★ 第一千二百一十五条　[盗抢机动车交通事故责任]盗窃、抢劫或者抢夺的机动车发生交通事故造成损害的，由盗窃人、抢劫人或者抢夺人承担赔偿责任。盗窃人、抢劫人或者抢夺人与机动车使用人不是同一人，发生交通事故造成损害，属于该机动车一方责任的，由盗窃人、抢劫人或者抢夺人与机动车使用人承担连带责任。

保险人在机动车强制保险责任限额范围内垫付抢救费用的，有权向交通事故责任人追偿。

第一千二百一十六条　[驾驶人逃逸责任承担规则]机动车驾驶人发生交通事故后逃逸，该机动车参加强制保险的，由保险人在机动车强制保险责任限额范围内予以赔偿；机动车不明、该机动车未参加强制保险或者抢救费用超过机动车强制保险责任限额，需要支付被侵权人人身伤亡的抢救、丧葬等费用的，由道路交通事故社会救助基金垫付。道路交通事故社会救助基金垫付后，其管理机构有权向交通事故责任人追偿。

★ 第一千二百一十七条　[好意同乘规则]非营运机动车发生交通事故造成无偿搭乘人损害，属于该机动车一方责任的，应当减轻其赔偿责任，但是机动车使用人有故意或者重大过失的除外。

《最高人民法院关于适用〈中华人民共和国民法典〉时间效力的若干规定》

第十八条　民法典施行前，因非营运机动车发生交通事故造成无偿搭乘人损害引起的民事纠纷案件，适用民法典第一千二百一十七条的规定。

第六章　医疗损害责任

★ 第一千二百一十八条　[医疗损害责任归责原则]患者在诊疗活动中受到损害，医疗机构或者其医务人员有过错的，由医疗机构承担赔偿责任。

《最高人民法院关于审理医疗损害责任纠纷案件适用法律若干问题的解释》[①]

第四条　患者依据民法典第一千二百一十八条规定主张医疗机构承担赔偿责任的，应当提交到该医疗机构就诊、受到损害的证据。

患者无法提交医疗机构或者其医务人员有过错、诊疗行为与损害之间具有因果关系的证据，依法提出医疗损害鉴定申请的，人民法院应予准许。

医疗机构主张不承担责任的，应当就民法典第一千二百二十四条第一款规定情形等抗辩事由承担举证证明责任。

第十六条　对医疗机构或者其医务人员的过错，应当依据法律、行政法规、规章以及其他有关诊疗规范进行认定，可以综合考虑患者病情的紧急程度、患者个体差异、当地的医疗水平、医疗机构与医务人员资质等因素。

第二十条　医疗机构邀请本单位以外的医务人员对患者进行诊疗，因受邀医务人员的过错造成患者损害的，由邀请医疗机构承担赔偿责任。

★ 第一千二百一十九条　[医疗机构说明义务与患者知情同意权]医务人员在诊疗活动中应当向患者说明病情和医疗措施。需要实施手术、特殊检查、特殊治疗的，医务人员应当及时向患者具体说明医疗风险、替代医疗方案等情况，并取得其明确同意；不能或者不宜向患者说明的，应当向患者的近亲属说明，并取得其明确同意。

医务人员未尽到前款义务，造成患者损害的，医疗机构应当承担赔偿责任。

《最高人民法院关于审理医疗损害责任纠纷案件适用法律若干问题的解释》

第五条　患者依据民法典第一千二百一十九条规定主张医疗机构承担赔偿责任的，应当按照前条第一款规定提交证据。

实施手术、特殊检查、特殊治疗的，医疗机构应当

---

① 2017年3月27日由最高人民法院审判委员会第1713次会议通过，根据2020年12月23日最高人民法院审判委员会第1823次会议通过的《最高人民法院关于修改〈最高人民法院关于在民事审判工作中适用〈中华人民共和国工会法〉若干问题的解释〉等二十七件民事类司法解释的决定》修正。

承担说明义务并取得患者或者患者近亲属明确同意,但属于民法典第一千二百二十条规定情形的除外。医疗机构提交患者或者患者近亲属明确同意证据的,人民法院可以认定医疗机构尽到说明义务,但患者有相反证据足以反驳的除外。

第十七条 医务人员违反民法典第一千二百一十九条第一款规定义务,但未造成患者人身损害,患者请求医疗机构承担损害赔偿责任的,不予支持。

第一千二百二十条 [紧急情况下实施的医疗措施] 因抢救生命垂危的患者等紧急情况,不能取得患者或者其近亲属意见的,经医疗机构负责人或者授权的负责人批准,可以立即实施相应的医疗措施。

《最高人民法院关于审理医疗损害责任纠纷案件适用法律若干问题的解释》

第十八条 因抢救生命垂危的患者等紧急情况且不能取得患者意见时,下列情形可以认定为民法典第一千二百二十条规定的不能取得患者近亲属意见:

(一)近亲属不明的;

(二)不能及时联系到近亲属的;

(三)近亲属拒绝发表意见的;

(四)近亲属达不成一致意见的;

(五)法律、法规规定的其他情形。

前款情形,医务人员经医疗机构负责人或者授权的负责人批准立即实施相应医疗措施,患者因此请求医疗机构承担赔偿责任的,不予支持;医疗机构及其医务人员怠于实施相应医疗措施造成损害,患者请求医疗机构承担赔偿责任的,应予支持。

第一千二百二十一条 [医务人员过错的医疗机构赔偿责任] 医务人员在诊疗活动中未尽到与当时的医疗水平相应的诊疗义务,造成患者损害的,医疗机构应当承担赔偿责任。

★ **第一千二百二十二条 [医疗机构过错推定的情形]** 患者在诊疗活动中受到损害,有下列情形之一的,推定医疗机构有过错:

(一)违反法律、行政法规、规章以及其他有关诊疗规范的规定;

(二)隐匿或者拒绝提供与纠纷有关的病历资料;

(三)遗失、伪造、篡改或者违法销毁病历资料。

《最高人民法院关于审理医疗损害责任纠纷案件适用法律若干问题的解释》

第六条 民法典第一千二百二十二条规定的病历资料包括医疗机构保管的门诊病历、住院志、体温单、医嘱单、检验报告、医学影像检查资料、特殊检查(治疗)同意书、手术同意书、手术及麻醉记录、病理资料、护理记录、出院记录以及国务院卫生行政主管部门规定的其他病历资料。

患者依法向人民法院申请医疗机构提交由其保管的与纠纷有关的病历资料等,医疗机构未在人民法院指定期限内提交的,人民法院可以依照民法典第一千二百二十二条第二项规定推定医疗机构有过错,但是因不可抗力等客观原因无法提交的除外。

★ **第一千二百二十三条 [因药品、消毒产品、医疗器械的缺陷或输入不合格的血液的侵权责任]** 因药品、消毒产品、医疗器械的缺陷,或者输入不合格的血液造成患者损害的,患者可以向药品上市许可持有人、生产者、血液提供机构请求赔偿,也可以向医疗机构请求赔偿。患者向医疗机构请求赔偿的,医疗机构赔偿后,有权向负有责任的药品上市许可持有人、生产者、血液提供机构追偿。

《最高人民法院关于审理医疗损害责任纠纷案件适用法律若干问题的解释》

第七条 患者依据民法典第一千二百二十三条规定请求赔偿的,应当提交使用医疗产品或者输入血液、受到损害的证据。

患者无法提交使用医疗产品或者输入血液与损害之间具有因果关系的证据,依法申请鉴定的,人民法院应予准许。

医疗机构,医疗产品的生产者、销售者、药品上市许可持有人或者血液提供机构主张不承担责任的,应当对医疗产品不存在缺陷或者血液合格等抗辩事由承担举证证明责任。

第二十一条 因医疗产品的缺陷或者输入不合格血液受到损害,患者请求医疗机构,缺陷医疗产品的生产者、销售者、药品上市许可持有人或者血液提供机构承担赔偿责任的,应予支持。

医疗机构承担赔偿责任后,向缺陷医疗产品的生产者、销售者、药品上市许可持有人或者血液提供机构追偿的,应予支持。

因医疗机构的过错使医疗产品存在缺陷或者血液不合格,医疗产品的生产者、销售者、药品上市许可持有人或者血液提供机构承担赔偿责任后,向医疗机构追偿的,应予支持。

第二十二条 缺陷医疗产品与医疗机构的过错诊疗行为共同造成患者同一损害,患者请求医疗机构与医疗产品的生产者、销售者、药品上市许可持有人承担连带责任的,应予支持。

医疗机构或者医疗产品的生产者、销售者、药品上市许可持有人承担赔偿责任后,向其他责任主体追偿的,应当根据诊疗行为与缺陷医疗产品造成患者损害的原因力大小确定相应的数额。

输入不合格血液与医疗机构的过错诊疗行为共同造成患者同一损害的,参照适用前两款规定。

第二十三条 医疗产品的生产者、销售者、药品上市许可持有人明知医疗产品存在缺陷仍然生产、销售，造成患者死亡或者健康严重损害，被侵权人请求生产者、销售者、药品上市许可持有人赔偿损失及二倍以下惩罚性赔偿的，人民法院应予支持。

第一千二百二十四条 ［医疗机构免责事由］患者在诊疗活动中受到损害，有下列情形之一的，医疗机构不承担赔偿责任：

（一）患者或者其近亲属不配合医疗机构进行符合诊疗规范的诊疗；

（二）医务人员在抢救生命垂危的患者等紧急情况下已经尽到合理诊疗义务；

（三）限于当时的医疗水平难以诊疗。

前款第一项情形中，医疗机构或者其医务人员也有过错的，应当承担相应的赔偿责任。

第一千二百二十五条 ［医疗机构对病历的义务及患者对病历的权利］医疗机构及其医务人员应当按照规定填写并妥善保管住院志、医嘱单、检验报告、手术及麻醉记录、病理资料、护理记录等病历资料。

患者要求查阅、复制前款规定的病历资料的，医疗机构应当及时提供。

第一千二百二十六条 ［患者隐私和个人信息保护］医疗机构及其医务人员应当对患者的隐私和个人信息保密。泄露患者的隐私和个人信息，或者未经患者同意公开其病历资料的，应当承担侵权责任。

第一千二百二十七条 ［不必要检查禁止义务］医疗机构及其医务人员不得违反诊疗规范实施不必要的检查。

第一千二百二十八条 ［医疗机构及医务人员合法权益的维护］医疗机构及其医务人员的合法权益受法律保护。

干扰医疗秩序，妨碍医务人员工作、生活，侵害医务人员合法权益的，应当依法承担法律责任。

第七章　环境污染和生态破坏责任

★ **第一千二百二十九条** ［环境污染和生态破坏侵权责任］因污染环境、破坏生态造成他人损害的，侵权人应当承担侵权责任。

> 最高人民法院指导案例(210号)
> 九江市人民政府诉江西正鹏环保科技有限公司、杭州连新建材有限公司、李德等生态环境损害赔偿诉讼案
>
> 最高人民法院指导案例(206号)
> 北京市人民检察院第四分院诉朱清良、朱清涛环境污染民事公益诉讼案

> 最高人民法院指导案例(129号)
> 江苏省人民政府诉安徽海德化工科技有限公司生态环境损害赔偿案
>
> 最高人民法院指导案例(127号)
> 吕金奎等79人诉山海关船舶重工有限责任公司海上污染损害责任纠纷案
>
> 最高人民检察院指导案例(检例第164号)
> 江西省浮梁县人民检察院诉A化工集团有限公司污染环境民事公益诉讼案

> **《最高人民法院关于审理环境侵权责任纠纷案件适用法律若干问题的解释》**
>
> 第一条　因污染环境、破坏生态造成他人损害，不论侵权人有无过错，侵权人应当承担侵权责任。
>
> 侵权人以排污符合国家或者地方污染物排放标准为由主张不承担责任的，人民法院不予支持。
>
> 侵权人不承担责任或者减轻责任的情形，适用海洋环境保护法、水污染防治法、大气污染防治法等环境保护单行法的规定；相关环境保护单行法没有规定的，适用民法典的规定。
>
> 第六条　被侵权人根据民法典第七编第七章的规定请求赔偿的，应当提供证明以下事实的证据材料：
>
> （一）侵权人排放了污染物或者破坏了生态；
>
> （二）被侵权人的损害；
>
> （三）侵权人排放的污染物或者其次生污染物、破坏生态行为与损害之间具有关联性。

★ **第一千二百三十条** ［环境污染、生态破坏侵权举证责任］因污染环境、破坏生态发生纠纷，行为人应当就法律规定的不承担责任或者减轻责任的情形及其行为与损害之间不存在因果关系承担举证责任。

> 最高人民法院指导案例(133号)
> 山东省烟台市人民检察院诉王振殿、马群凯环境民事公益诉讼案
>
> 最高人民法院指导案例(128号)
> 李劲诉华润置地(重庆)有限公司环境污染责任纠纷案

> **《最高人民法院关于审理环境侵权责任纠纷案件适用法律若干问题的解释》**
>
> 第七条　侵权人举证证明下列情形之一的，人民法院应当认定其污染环境、破坏生态行为与损害之间不存在因果关系：
>
> （一）排放污染物、破坏生态的行为没有造成该损害可能的；
>
> （二）排放的可造成该损害的污染物未到达该损害发生地的；

　　(三)该损害于排放污染物、破坏生态行为实施之前已发生的;

　　(四)其他可以认定污染环境、破坏生态行为与损害之间不存在因果关系的情形。

★ **第一千二百三十一条 [两个以上侵权人造成损害的责任分担]** 两个以上侵权人污染环境、破坏生态的,承担责任的大小,根据污染物的种类、浓度、排放量、破坏生态的方式、范围、程度,以及行为对损害后果所起的作用等因素确定。

《最高人民法院关于审理环境侵权责任纠纷案件适用法律若干问题的解释》

　　第四条 两个以上侵权人污染环境、破坏生态,对侵权人承担责任的大小,人民法院应当根据污染物的种类、浓度、排放量、危害性、有无排污许可证、是否超过污染物排放标准、是否超过重点污染物排放总量控制指标,破坏生态的方式、范围、程度,以及行为对损害后果所起的作用等因素确定。

★ **第一千二百三十二条 [侵权人的惩罚性赔偿]** 侵权人违反法律规定故意污染环境、破坏生态造成严重后果的,被侵权人有权请求相应的惩罚性赔偿。

最高人民检察院指导案例(检例第 164 号)
江西省浮梁县人民检察院诉 A 化工集团有限公司
污染环境民事公益诉讼案

★ **第一千二百三十三条 [因第三人过错污染环境、破坏生态的责任]** 因第三人的过错污染环境、破坏生态的,被侵权人可以向侵权人请求赔偿,也可以向第三人请求赔偿。侵权人赔偿后,有权向第三人追偿。

《最高人民法院关于审理环境侵权责任纠纷案件适用法律若干问题的解释》

　　第五条 被侵权人根据民法典第一千二百三十三条规定分别或者同时起诉侵权人、第三人的,人民法院应予受理。

　　被侵权人请求第三人承担赔偿责任的,人民法院应当根据第三人的过错程度确定其相应赔偿责任。

　　侵权人以第三人的过错污染环境、破坏生态造成损害为由主张不承担责任或者减轻责任的,人民法院不予支持。

　　第一千二百三十四条 [生态环境损害修复责任] 违反国家规定造成生态环境损害,生态环境能够修复的,国家规定的机关或者法律规定的组织有权请求侵权人在合理期限内承担修复责任。侵权人在期限内未修复的,国家规定的机关或者法律规定的组织可以自行或者委托他人进行修复,所需费用由侵权人负担。

最高人民检察院指导案例(检例第 164 号)
江西省浮梁县人民检察院诉 A 化工集团有限公司
污染环境民事公益诉讼案

　　第一千二百三十五条 [生态环境损害赔偿的范围] 违反国家规定造成生态环境损害的,国家规定的机关或者法律规定的组织有权请求侵权人赔偿下列损失和费用:

　　(一)生态环境受到损害至修复完成期间服务功能丧失导致的损失;

　　(二)生态环境功能永久性损害造成的损失;

　　(三)生态环境损害调查、鉴定评估等费用;

　　(四)清除污染、修复生态环境费用;

　　(五)防止损害的发生和扩大所支出的合理费用。

最高人民法院指导案例(215 号)
昆明闽某纸业有限责任公司等污染环境
刑事附带民事公益诉讼案

第八章 高度危险责任

★ **第一千二百三十六条 [高度危险责任一般规定]** 从事高度危险作业造成他人损害的,应当承担侵权责任。

★ **第一千二百三十七条 [民用核设施致害责任]** 民用核设施或者运入运出核设施的核材料发生核事故造成他人损害的,民用核设施的营运单位应当承担侵权责任;但是,能够证明损害是因战争、武装冲突、暴乱等情形或者受害人故意造成的,不承担责任。

★ **第一千二百三十八条 [民用航空器致害责任]** 民用航空器造成他人损害的,民用航空器的经营者应当承担侵权责任;但是,能够证明损害是因受害人故意造成的,不承担责任。

　　第一千二百三十九条 [高度危险物致害责任] 占有或者使用易燃、易爆、剧毒、高放射性、强腐蚀性、高致病性等高度危险物造成他人损害的,占有人或者使用人应当承担侵权责任;但是,能够证明损害是因受害人故意或者不可抗力造成的,不承担责任。被侵权人对损害的发生有重大过失的,可以减轻占有人或者使用人的责任。

　　第一千二百四十条 [高度危险活动致害责任] 从事高空、高压、地下挖掘活动或者使用高速轨道运输工具造成他人损害的,经营者应当承担侵权责任;但是,能够证明损害是因受害人故意或者不可抗力造成的,不承担责任。被侵权人对损害的发生有重大过失的,可以减轻经营者的责任。

★ **第一千二百四十一条 [遗失、抛弃高度危险物致害的侵权责任]** 遗失、抛弃高度危险物造成他人损害的,由所有人承担侵权责任。所有人将高度危险物交由他人管理的,由管理人承担侵权责任;所有人有过错的,与管理人承担连带责任。

★ **第一千二百四十二条** [非法占有高度危险物致害的侵权责任]非法占有高度危险物造成他人损害的,由非法占有人承担侵权责任。所有人、管理人不能证明对防止非法占有尽到高度注意义务的,与非法占有人承担连带责任。

★ **第一千二百四十三条** [未经许可进入高度危险作业区域的致害责任]未经许可进入高度危险活动区域或者高度危险物存放区域受到损害,管理人能够证明已经采取足够安全措施并尽到充分警示义务的,可以减轻或者不承担责任。

第一千二百四十四条 [高度危险责任赔偿限额]承担高度危险责任,法律规定赔偿限额的,依照其规定,但是行为人有故意或者重大过失的除外。

第九章　饲养动物损害责任

★ **第一千二百四十五条** [饲养动物损害责任一般规定]饲养的动物造成他人损害的,动物饲养人或者管理人应当承担侵权责任;但是,能够证明损害是因被侵权人故意或者重大过失造成的,可以不承担或者减轻责任。

★ **第一千二百四十六条** [未对动物采取安全措施损害责任]违反管理规定,未对动物采取安全措施造成他人损害的,动物饲养人或者管理人应当承担侵权责任;但是,能够证明损害是因被侵权人故意造成的,可以减轻责任。

★ **第一千二百四十七条** [禁止饲养的危险动物损害责任]禁止饲养的烈性犬等危险动物造成他人损害的,动物饲养人或者管理人应当承担侵权责任。

> 《最高人民法院关于适用《中华人民共和国民法典》侵权责任编的解释(一)》
> 第二十三条　禁止饲养的烈性犬等危险动物造成他人损害,动物饲养人或者管理人主张不承担责任或者减轻责任的,人民法院不予支持。

★ **第一千二百四十八条** [动物园饲养动物损害责任]动物园的动物造成他人损害的,动物园应当承担侵权责任;但是,能够证明尽到管理职责的,不承担侵权责任。

第一千二百四十九条 [遗弃、逃逸动物损害责任]遗弃、逃逸的动物在遗弃、逃逸期间造成他人损害的,由动物原饲养人或者管理人承担侵权责任。

★ **第一千二百五十条** [因第三人过错致使动物致害责任]因第三人的过错致使动物造成他人损害的,被侵权人可以向动物饲养人或者管理人请求赔偿,也可以向第三人请求赔偿。动物饲养人或者管理人赔偿后,有权向第三人追偿。

第一千二百五十一条 [饲养动物应负的社会责任]饲养动物应当遵守法律法规,尊重社会公德,不得妨碍他人生活。

第十章　建筑物和物件损害责任

★ **第一千二百五十二条** [建筑物、构筑物或者其他设施倒塌、塌陷致害责任]建筑物、构筑物或者其他设施倒塌、塌陷造成他人损害的,由建设单位与施工单位承担连带责任,但是建设单位与施工单位能够证明不存在质量缺陷的除外。建设单位、施工单位赔偿后,有其他责任人的,有权向其他责任人追偿。

因所有人、管理人、使用人或者第三人的原因,建筑物、构筑物或者其他设施倒塌、塌陷造成他人损害的,由所有人、管理人、使用人或者第三人承担侵权责任。

♠ **第一千二百五十三条** [建筑物、构筑物或者其他设施及其搁置物、悬挂物脱落、坠落致害责任]建筑物、构筑物或者其他设施及其搁置物、悬挂物发生脱落、坠落造成他人损害,所有人、管理人或者使用人不能证明自己没有过错的,应当承担侵权责任。所有人、管理人或者使用人赔偿后,有其他责任人的,有权向其他责任人追偿。

★ **第一千二百五十四条** [高空抛掷物、坠落物致害责任]禁止从建筑物中抛掷物品。从建筑物中抛掷物品或者从建筑物上坠落的物品造成他人损害的,由侵权人依法承担侵权责任;经调查难以确定具体侵权人的,除能够证明自己不是侵权人的外,由可能加害的建筑物使用人给予补偿。可能加害的建筑物使用人补偿后,有权向侵权人追偿。

物业服务企业等建筑物管理人应当采取必要的安全保障措施防止前款规定情形的发生;未采取必要的安全保障措施的,应当依法承担未履行安全保障义务的侵权责任。

发生本条第一款规定的情形的,公安等机关应当依法及时调查,查清责任人。

> 《最高人民法院关于适用《中华人民共和国民法典》侵权责任编的解释(一)》
> 第二十四条　物业服务企业等建筑物管理人未采取必要的安全保障措施防止从建筑物中抛掷物品或者从建筑物上坠落的物品造成他人损害,具体侵权人、物业服务企业等建筑物管理人作为共同被告的,人民法院应当依照民法典第一千一百九十八条第二款、第一千二百五十四条的规定,在判决中明确,未采取必要安全保障措施的物业服务企业等建筑物管理人在人民法院就具体侵权人的财产依法强制执行后仍不能履行的范围内,承担与其过错相应的补充责任。
> 第二十五条　物业服务企业等建筑物管理人未采

取必要的安全保障措施防止从建筑物中抛掷物品或者从建筑物上坠落的物品造成他人损害,经公安等机关调查,在民事案件一审法庭辩论终结前仍难以确定具体侵权人的,未采取必要安全保障措施的物业服务企业等建筑物管理人承担与其过错相应的责任。被侵权人其余部分的损害,由可能加害的建筑物使用人给予适当补偿。

具体侵权人确定后,已经承担责任的物业服务企业等建筑物管理人、可能加害的建筑物使用人向具体侵权人追偿的,人民法院依照民法典第一千一百九十八条第二款、第一千二百五十四条第一款的规定予以支持。

《最高人民法院关于适用〈中华人民共和国民法典〉时间效力的若干规定》

第十九条　民法典施行前,从建筑物中抛掷物品或者从建筑物上坠落的物品造成他人损害引起的民事纠纷案件,适用民法典第一千二百五十四条的规定。

★ **第一千二百五十五条**　[堆放物致害责任]堆放物倒塌、滚落或者滑落造成他人损害,堆放人不能证明自己没有过错的,应当承担侵权责任。

★ **第一千二百五十六条**　[在公共道路上妨碍通行物品的致害责任]在公共道路上堆放、倾倒、遗撒妨碍通行的物品造成他人损害的,由行为人承担侵权责任。公共道路管理人不能证明已经尽到清理、防护、警示等义务的,应当承担相应的责任。

♠ **第一千二百五十七条**　[林木致害的责任]因林木折断、倾倒或者果实坠落等造成他人损害,林木的所有人或者管理人不能证明自己没有过错的,应当承担侵权责任。

★ **第一千二百五十八条**　[公共场所或道路施工致害责任和窨井等地下设施致害责任]在公共场所或者道路上挖掘、修缮安装地下设施等造成他人损害,施工人不能证明已经设置明显标志和采取安全措施的,应当承担侵权责任。

窨井等地下设施造成他人损害,管理人不能证明尽到管理职责的,应当承担侵权责任。

附　则

第一千二百五十九条　[法律术语含义]民法所称的“以上”、“以下”、“以内”、“届满”,包括本数;所称的“不满”、“超过”、“以外”,不包括本数。

第一千二百六十条　[施行日期]本法自2021年1月1日起施行。《中华人民共和国婚姻法》、《中华人民共和国继承法》、《中华人民共和国民法通则》、《中华人民共和国收养法》、《中华人民共和国担保法》、《中华人民共和国合同法》、《中华人民共和国物权法》、《中华人民共和国侵权责任法》、《中华人民共和国民法总则》同时废止。

《最高人民法院关于适用〈中华人民共和国民法典〉时间效力的若干规定》

第二条　民法典施行前的法律事实引起的民事纠纷案件,当时的法律、司法解释有规定,适用当时的法律、司法解释的规定,但是适用民法典的规定更有利于保护民事主体合法权益,更有利于维护社会和经济秩序,更有利于弘扬社会主义核心价值观的除外。

中华人民共和国个人信息保护法

(2021 年 8 月 20 日第十三届全国人民代表大会常务委员会第三十次会议通过　2021 年 8 月 20 日中华人民共和国主席令第 91 号公布　自 2021 年 11 月 1 日起施行)

第一章　总　则

第一条　[立法目的]为了保护个人信息权益,规范个人信息处理活动,促进个人信息合理利用,根据宪法,制定本法。

第二条　[个人信息受法律保护]自然人的个人信息受法律保护,任何组织、个人不得侵害自然人的个人信息权益。

第三条　[地域适用范围]在中华人民共和国境内处理自然人个人信息的活动,适用本法。

在中华人民共和国境外处理中华人民共和国境内自然人个人信息的活动,有下列情形之一的,也适用本法:

(一)以向境内自然人提供产品或者服务为目的;

(二)分析、评估境内自然人的行为;

(三)法律、行政法规规定的其他情形。

第四条　[个人信息及个人信息处理的定义]个人信息是以电子或者其他方式记录的与已识别或者可识别的自然人有关的各种信息,不包括匿名化处理后的信息。

个人信息的处理包括个人信息的收集、存储、使用、加工、传输、提供、公开、删除等。

第五条　[个人信息处理原则]处理个人信息应当遵循合法、正当、必要和诚信原则,不得通过误导、欺诈、胁迫等方式处理个人信息。

第六条　[目的明确和最小化处理原则]处理个人信息应当具有明确、合理的目的,并应当与处理目的直接相关,采取对个人权益影响最小的方式。

收集个人信息,应当限于实现处理目的的最小范围,不得过度收集个人信息。

第七条　[公开、透明原则]处理个人信息应当遵循公开、透明原则,公开个人信息处理规则,明示处理的目的、方式和范围。

第八条　[个人信息质量原则]处理个人信息应当保证个人信息的质量,避免因个人信息不准确、不完整对个人权益造成不利影响。

第九条　[责任和安全保障原则]个人信息处理者应当对其个人信息处理活动负责,并采取必要措施保障所处理的个人信息的安全。

第十条　[禁止非法处理个人信息]任何组织、个人不得非法收集、使用、加工、传输他人个人信息,不得非法买卖、提供或者公开他人个人信息;不得从事危害国家安全、公共利益的个人信息处理活动。

第十一条　[国家在个人信息保护方面的责任]国家建立健全个人信息保护制度,预防和惩治侵害个人信息权益的行为,加强个人信息保护宣传教育,推动形成政府、企业、相关社会组织、公众共同参与个人信息保护的良好环境。

第十二条　[参与个人信息保护国际治理]国家积极参与个人信息保护国际规则的制定,促进个人信息保护方面的国际交流与合作,推动与其他国家、地区、国际组织之间的个人信息保护规则、标准等互认。

第二章　个人信息处理规则

第一节　一般规定

第十三条　[处理个人信息合法性基础]符合下列情形之一的,个人信息处理者方可处理个人信息:

(一)取得个人的同意;

(二)为订立、履行个人作为一方当事人的合同所必需,或者按照依法制定的劳动规章制度和依法签订的集体合同实施人力资源管理所必需;

(三)为履行法定职责或者法定义务所必需;

(四)为应对突发公共卫生事件,或者紧急情况下为保护自然人的生命健康和财产安全所必需;

(五)为公共利益实施新闻报道、舆论监督等行为,在合理的范围内处理个人信息;

(六)依照本法规定在合理的范围内处理个人自行公开或者其他已经合法公开的个人信息;

(七)法律、行政法规规定的其他情形。

依照本法其他有关规定,处理个人信息应当取得个人同意,但是有前款第二项至第七项规定情形的,不需取得个人同意。

第十四条　[同意的作出和重新取得同意规定]基于个人同意处理个人信息的,该同意应当由个人在充分知情的前提下自愿、明确作出。法律、行政法规规定处理个人信息应当取得个人单独同意或者书面同意的,从其规定。

个人信息的处理目的、处理方式和处理的个人信息种类发生变更的,应当重新取得个人同意。

第十五条　[撤回同意及其效力]基于个人同意处理个人信息的,个人有权撤回其同意。个人信息处理者应当提供便捷的撤回同意的方式。

个人撤回同意,<u>不影响撤回前基于个人同意已进</u>行的个人信息处理活动的效力。

第十六条　[禁止强制获取用户同意]个人信息处理者<u>不得</u>以个人不同意处理其个人信息或者撤回同意为由,拒绝提供产品或者服务;处理个人信息属于提供产品或者服务所必需的除外。

第十七条　[告知内容和告知方式]个人信息处理者在处理个人信息前,应当以显著方式、清晰易懂的语言真实、准确、完整地向个人告知下列事项:

(一)个人信息处理者的名称或者姓名和联系方式;

(二)个人信息的处理目的、处理方式,处理的个人信息种类、保存期限;

(三)个人行使本法规定权利的方式和程序;

(四)法律、行政法规规定应当告知的其他事项。

前款规定事项发生变更的,应当将变更部分告知个人。

个人信息处理者通过制定个人信息处理规则的方式告知第一款规定事项的,处理规则应当公开,并且便于查阅和保存。

第十八条　[个人信息告知例外规定]个人信息处理者处理个人信息,有法律、行政法规规定应当保密或者不需要告知的情形,可以不向个人告知前条第一款规定的事项。

紧急情况下为保护自然人的生命健康和财产安全无法及时向个人告知的,个人信息处理者应当在<u>紧急情况消除后及时告知</u>。

第十九条　[个人信息保存期限]除法律、行政法规另有规定外,个人信息的保存期限应当为实现处理目的所必要的最短时间。

第二十条　[共同处理个人信息规定]两个以上的个人信息处理者共同决定个人信息的处理目的和处理方式的,应当约定各自的权利和义务。但是,该约定不影响个人向其中任何一个个人信息处理者要求行使本法规定的权利。

个人信息处理者共同处理个人信息,侵害个人信息权益造成损害的,应当依法承担连带责任。

第二十一条　[委托处理个人信息规定]个人信息处理者委托处理个人信息的,应当与受托人约定委托处理的目的、期限、处理方式、个人信息的种类、保护措施以及双方的权利和义务等,并对受托人的个人信息处理活动进行监督。

受托人应当按照约定处理个人信息,不得超出约定的处理目的、处理方式等处理个人信息;委托合同不生效、无效、被撤销或者终止的,受托人应当将个人信息返还个人信息处理者或者予以删除,不得保留。

未经个人信息处理者同意,受托人不得转委托他人处理个人信息。

第二十二条　[转移个人信息规定]个人信息处理者因合并、分立、解散、被宣告破产等原因需要转移个人信息的,应当向个人告知接收方的名称或者姓名和联系方式。接收方应当继续履行个人信息处理者的义务。接收方变更原先的处理目的、处理方式的,应当依照本法规定重新取得个人同意。

第二十三条　[向其他信息处理者提供个人信息]个人信息处理者向其他个人信息处理者提供其处理的个人信息的,应当向个人告知接收方的名称或者姓名、联系方式、处理目的、处理方式和个人信息的种类,并取得个人的<u>单独同意</u>。接收方应当在上述处理目的、处理方式和个人信息的种类等范围内处理个人信息。接收方变更原先的处理目的、处理方式的,应当依照本法规定重新取得个人同意。

第二十四条　[利用个人信息进行自动化决策]个人信息处理者利用个人信息进行自动化决策,应当保证决策的透明度和结果公平、公正,不得对个人在交易价格等交易条件上实行不合理的差别待遇。

通过自动化决策方式向个人进行信息推送、商业营销,应当同时提供不针对其个人特征的选项,或者向个人提供便捷的拒绝方式。

通过自动化决策方式作出对个人权益<u>有重大影响</u>的决定,个人有权要求个人信息处理者予以说明,并有权拒绝个人信息处理者仅通过自动化决策的方式作出决定。

第二十五条　[公开个人信息]个人信息处理者<u>不得公开</u>其处理的个人信息,取得个人单独同意的除外。

第二十六条　[公共场所个人信息保护]在公共场所安装图像采集、个人身份识别设备,应当为维护公共安全所必需,遵守国家有关规定,并设置显著的提示标识。所收集的个人图像、身份识别信息只能用于维护公共安全的目的,不得用于其他目的;取得个人单独同意的除外。

第二十七条　[已公开个人信息的处理]个人信息处理者可以在合理的范围内处理个人自行公开或者其他已经合法公开的个人信息;个人<u>明确拒绝</u>的除外。个人信息处理者处理已公开的个人信息,对个人权益<u>有重大影响</u>的,应当依照本法规定<u>取得个人同意</u>。

第二节　敏感个人信息的处理规则

第二十八条　[敏感个人信息的定义及基本条件]敏感个人信息是一旦泄露或者非法使用,容易导致自然人的人格尊严受到侵害或者人身、财产安全受到危害的个人信息,包括生物识别、宗教信仰、特定身份、医疗健康、金融账户、行踪轨迹等信息,以及不满十四周岁未成年人的个人信息。

只有在具有特定的目的和充分的必要性,并采取严格保护措施的情形下,个人信息处理者方可处理敏感个人信息。

第二十九条 [处理敏感个人信息的同意]处理敏感个人信息应当取得个人的单独同意;法律、行政法规规定处理敏感个人信息应当取得书面同意的,从其规定。

第三十条 [处理敏感个人信息的告知]个人信息处理者处理敏感个人信息的,除本法第十七条第一款规定的事项外,还应当向个人告知处理敏感个人信息的必要性以及对个人权益的影响;依照本法规定可以不向个人告知的除外。

第三十一条 [未成年人个人信息的特别规定]个人信息处理者处理不满十四周岁未成年人个人信息的,应当取得未成年人的父母或者其他监护人的同意。

个人信息处理者处理不满十四周岁未成年人个人信息的,应当制定专门的个人信息处理规则。

第三十二条 [法律、行政法规限制处理个人信息的衔接性规定]法律、行政法规对处理敏感个人信息规定应当取得相关行政许可或者作出其他限制的,从其规定。

第三节 国家机关处理个人信息的特别规定

第三十三条 [国家机关处理个人信息的法律适用]国家机关处理个人信息的活动,适用本法;本节有特别规定的,适用本节规定。

第三十四条 [国家机关履行法定职责处理个人信息]国家机关为履行法定职责处理个人信息,应当依照法律、行政法规规定的权限、程序进行,不得超出履行法定职责所必需的范围和限度。

第三十五条 [国家机关处理个人信息告知义务]国家机关为履行法定职责处理个人信息,应当依照本法规定履行告知义务;有本法第十八条第一款规定的情形,或者告知将妨碍国家机关履行法定职责的除外。

第三十六条 [国家机关处理个人信息境内存储规定]国家机关处理的个人信息应当在中华人民共和国境内存储;确需向境外提供的,应当进行安全评估。安全评估可以要求有关部门提供支持与协助。

第三十七条 [具有公共事务管理职能的组织处理个人信息规定]法律、法规授权的具有管理公共事务职能的组织为履行法定职责处理个人信息,适用本法关于国家机关处理个人信息的规定。

第三章 个人信息跨境提供的规则

第三十八条 [向境外提供个人信息的条件]个人信息处理者因业务等需要,确需向中华人民共和国境外提供个人信息的,应当具备下列条件之一:

(一)依照本法第四十条的规定通过国家网信部门组织的安全评估;

(二)按照国家网信部门的规定经专业机构进行个人信息保护认证;

(三)按照国家网信部门制定的标准合同与境外接收方订立合同,约定双方的权利和义务;

(四)法律、行政法规或者国家网信部门规定的其他条件。

中华人民共和国缔结或者参加的国际条约、协定对向中华人民共和国境外提供个人信息的条件等有规定的,可以按照其规定执行。

个人信息处理者应当采取必要措施,保障境外接收方处理个人信息的活动达到本法规定的个人信息保护标准。

第三十九条 [向境外提供个人信息的告知同意]个人信息处理者向中华人民共和国境外提供个人信息的,应当向个人告知境外接收方的名称或者姓名、联系方式、处理目的、处理方式、个人信息的种类以及个人向境外接收方行使本法规定权利的方式和程序等事项,并取得个人的单独同意。

第四十条 [境内存储及向境外提供的安全评估]关键信息基础设施运营者和处理个人信息达到国家网信部门规定数量的个人信息处理者,应当将在中华人民共和国境内收集和产生的个人信息存储在境内。确需向境外提供的,应当通过国家网信部门组织的安全评估;法律、行政法规和国家网信部门规定可以不进行安全评估的,从其规定。

第四十一条 [处理境外机构关于提供境内个人信息的请求]中华人民共和国主管机关根据有关法律和中华人民共和国缔结或者参加的国际条约、协定,或者按照平等互惠原则,处理外国司法或者执法机构关于提供存储于境内个人信息的请求。非经中华人民共和国主管机关批准,个人信息处理者不得向外国司法或者执法机构提供存储于中华人民共和国境内的个人信息。

第四十二条 [限制或禁止向境外提供个人信息]境外的组织、个人从事侵害中华人民共和国公民的个人信息权益,或者危害中华人民共和国国家安全、公共利益的个人信息处理活动的,国家网信部门可以将其列入限制或者禁止个人信息提供清单,予以公告,并采取限制或者禁止向其提供个人信息等措施。

第四十三条 ［对等采取措施的规定］任何国家或者地区在个人信息保护方面对中华人民共和国采取歧视性的禁止、限制或者其他类似措施的，中华人民共和国可以根据实际情况对该国家或者地区对等采取措施。

第四章　个人在个人信息处理活动中的权利

第四十四条 ［个人在个人信息处理活动中权利的总括性规定］个人对其个人信息的处理享有知情权、决定权，有权限制或者拒绝他人对其个人信息进行处理；法律、行政法规另有规定的除外。

第四十五条 ［个人查阅、复制权和可携带权］个人有权向个人信息处理者查阅、复制其个人信息；有本法第十八条第一款、第三十五条规定情形的除外。

个人请求查阅、复制其个人信息的，个人信息处理者应当及时提供。

个人请求将个人信息转移至其指定的个人信息处理者，符合国家网信部门规定条件的，个人信息处理者应当提供转移的途径。

第四十六条 ［更正补充权］个人发现其个人信息不准确或者不完整的，有权请求个人信息处理者更正、补充。

个人请求更正、补充其个人信息的，个人信息处理者应当对其个人信息予以核实，并及时更正、补充。

第四十七条 ［删除权］有下列情形之一的，个人信息处理者应当主动删除个人信息；个人信息处理者未删除的，个人有权请求删除：

（一）处理目的已实现、无法实现或者为实现处理目的不再必要；

（二）个人信息处理者停止提供产品或者服务，或者保存期限已届满；

（三）个人撤回同意；

（四）个人信息处理者违反法律、行政法规或者违反约定处理个人信息；

（五）法律、行政法规规定的其他情形。

法律、行政法规规定的保存期限未届满，或者删除个人信息从技术上难以实现的，个人信息处理者应当停止除存储和采取必要的安全保护措施之外的处理。

第四十八条 ［解释说明权］个人有权要求个人信息处理者对其个人信息处理规则进行解释说明。

第四十九条 ［死者个人信息保护规定］自然人死亡的，其近亲属为了自身的合法、正当利益，可以对死者的相关个人信息行使本章规定的查阅、复制、更正、删除等权利；死者生前另有安排的除外。

第五十条 ［个人行使权利保障］个人信息处理者应当建立便捷的个人行使权利的申请受理和处理机制。拒绝个人行使权利的请求的，应当说明理由。

个人信息处理者拒绝个人行使权利的请求的，个人可以依法向人民法院提起诉讼。

第五章　个人信息处理者的义务

第五十一条 ［个人信息处理者合规保障义务］个人信息处理者应当根据个人信息的处理目的、处理方式、个人信息的种类以及对个人权益的影响、可能存在的安全风险等，采取下列措施确保个人信息处理活动符合法律、行政法规的规定，并防止未经授权的访问以及个人信息泄露、篡改、丢失：

（一）制定内部管理制度和操作规程；

（二）对个人信息实行分类管理；

（三）采取相应的加密、去标识化等安全技术措施；

（四）合理确定个人信息处理的操作权限，并定期对从业人员进行安全教育和培训；

（五）制定并组织实施个人信息安全事件应急预案；

（六）法律、行政法规规定的其他措施。

第五十二条 ［个人信息保护负责人］处理个人信息达到国家网信部门规定数量的个人信息处理者应当指定个人信息保护负责人，负责对个人信息处理活动以及采取的保护措施等进行监督。

个人信息处理者应当公开个人信息保护负责人的联系方式，并将个人信息保护负责人的姓名、联系方式等报送履行个人信息保护职责的部门。

第五十三条 ［境外个人信息处理者在境内设立个人信息保护机构或代表］本法第三条第二款规定的中华人民共和国境外的个人信息处理者，应当在中华人民共和国境内设立专门机构或者指定代表，负责处理个人信息保护相关事务，并将有关机构的名称或者代表的姓名、联系方式等报送履行个人信息保护职责的部门。

第五十四条 ［合规审计义务］个人信息处理者应当定期对其处理个人信息遵守法律、行政法规的情况进行合规审计。

第五十五条 ［个人信息保护影响评估的情形］有下列情形之一的，个人信息处理者应当事前进行个人信息保护影响评估，并对处理情况进行记录：

（一）处理敏感个人信息；

（二）利用个人信息进行自动化决策；

（三）委托处理个人信息、向其他个人信息处理者提供个人信息、公开个人信息；

（四）向境外提供个人信息；

（五）其他对个人权益有重大影响的个人信息处

理活动。

第五十六条 [个人信息保护影响评估内容]个人信息保护影响评估应当包括下列内容:

(一)个人信息的处理目的、处理方式等是否合法、正当、必要;

(二)对个人权益的影响及安全风险;

(三)所采取的保护措施是否合法、有效并与风险程度相适应。

个人信息保护影响评估报告和处理情况记录应当至少保存三年。

第五十七条 [个人信息处理者对个人信息安全事件补救和通知义务]发生或者可能发生个人信息泄露、篡改、丢失的,个人信息处理者应当立即采取补救措施,并通知履行个人信息保护职责的部门和个人。通知应当包括下列事项:

(一)发生或者可能发生个人信息泄露、篡改、丢失的信息种类、原因和可能造成的危害;

(二)个人信息处理者采取的补救措施和个人可以采取的减轻危害的措施;

(三)个人信息处理者的联系方式。

个人信息处理者采取措施能够有效避免信息泄露、篡改、丢失造成危害的,个人信息处理者可以不通知个人;履行个人信息保护职责的部门认为可能造成危害的,有权要求个人信息处理者通知个人。

第五十八条 [大型互联网平台个人信息保护特别义务]提供重要互联网平台服务、用户数量巨大、业务类型复杂的个人信息处理者,应当履行下列义务:

(一)按照国家规定建立健全个人信息保护合规制度体系,成立主要由外部成员组成的独立机构对个人信息保护情况进行监督;

(二)遵循公开、公平、公正的原则,制定平台规则,明确平台内产品或者服务提供者处理个人信息的规范和保护个人信息的义务;

(三)对严重违反法律、行政法规处理个人信息的平台内的产品或者服务提供者,停止提供服务;

(四)定期发布个人信息保护社会责任报告,接受社会监督。

第五十九条 [个人信息处理受托人的个人信息保护义务]接受委托处理个人信息的受托人,应当依照本法和有关法律、行政法规的规定,采取必要措施保障所处理的个人信息的安全,并协助个人信息处理者履行本法规定的义务。

第六章 履行个人信息保护职责的部门

第六十条 [个人信息保护职责分工]国家网信部门负责统筹协调个人信息保护工作和相关监督管理工作。国务院有关部门依照本法和有关法律、行政法规的规定,在各自职责范围内负责个人信息保护和监督管理工作。

县级以上地方人民政府有关部门的个人信息保护和监督管理职责,按照国家有关规定确定。

前两款规定的部门统称为履行个人信息保护职责的部门。

第六十一条 [个人信息保护职责]履行个人信息保护职责的部门履行下列个人信息保护职责:

(一)开展个人信息保护宣传教育,指导、监督个人信息处理者开展个人信息保护工作;

(二)接受、处理与个人信息保护有关的投诉、举报;

(三)组织对应用程序等个人信息保护情况进行测评,并公布测评结果;

(四)调查、处理违法个人信息处理活动;

(五)法律、行政法规规定的其他职责。

第六十二条 [国家网信部门统筹协调职责]国家网信部门统筹协调有关部门依据本法推进下列个人信息保护工作:

(一)制定个人信息保护具体规则、标准;

(二)针对小型个人信息处理者、处理敏感个人信息以及人脸识别、人工智能等新技术、新应用,制定专门的个人信息保护规则、标准;

(三)支持研究开发和推广应用安全、方便的电子身份认证技术,推进网络身份认证公共服务建设;

(四)推进个人信息保护社会化服务体系建设,支持有关机构开展个人信息保护评估、认证服务;

(五)完善个人信息保护投诉、举报工作机制。

第六十三条 [监督检查措施和当事人配合义务]履行个人信息保护职责的部门履行个人信息保护职责,可以采取下列措施:

(一)询问有关当事人,调查与个人信息处理活动有关的情况;

(二)查阅、复制当事人与个人信息处理活动有关的合同、记录、账簿以及其他有关资料;

(三)实施现场检查,对涉嫌违法的个人信息处理活动进行调查;

(四)检查与个人信息处理活动有关的设备、物品;对有证据证明是用于违法个人信息处理活动的设备、物品,向本部门主要负责人书面报告并经批准,可以查封或者扣押。

履行个人信息保护职责的部门依法履行职责,当事人应当予以协助、配合,不得拒绝、阻挠。

第六十四条 [监管约谈、强制合规审计和涉嫌犯罪案件移送]履行个人信息保护职责的部门在履行职责中,发现个人信息处理活动存在较大风险或者发生个人信息安全事件的,可以按照规定的权限和程序对该个人信息处理者的法定代表人或者主要负责人进行约谈,或者要求个人信息处理者委托专业机构对其个人信息处理活动进行合规审计。个人信息处理者应当按照要求采取措施,进行整改,消除隐患。

履行个人信息保护职责的部门在履行职责中,发现违法处理个人信息涉嫌犯罪的,应当及时移送公安机关依法处理。

第六十五条 [对违法个人信息处理活动的投诉、举报]任何组织、个人有权对违法个人信息处理活动向履行个人信息保护职责的部门进行投诉、举报。收到投诉、举报的部门应当依法及时处理,并将处理结果告知投诉、举报人。

履行个人信息保护职责的部门应当公布接受投诉、举报的联系方式。

第七章 法律责任

第六十六条 [违法处理个人信息及处理个人信息未依法履行个人信息保护义务的行政处罚]违反本法规定处理个人信息,或者处理个人信息未履行本法规定的个人信息保护义务的,由履行个人信息保护职责的部门责令改正,给予警告,没收违法所得,对违法处理个人信息的应用程序,责令暂停或者终止提供服务;拒不改正的,并处一百万元以下罚款;对直接负责的主管人员和其他直接责任人员处一万元以上十万元以下罚款。

有前款规定的违法行为,情节严重的,由省级以上履行个人信息保护职责的部门责令改正,没收违法所得,并处五千万元以下或者上一年度营业额百分之五以下罚款,并可以责令暂停相关业务或者停业整顿,通报有关主管部门吊销相关业务许可或者吊销营业执照;对直接负责的主管人员和其他直接责任人员处十万元以上一百万元以下罚款,并可以决定禁止其在一定期限内担任相关企业的董事、监事、高级管理人员和个人信息保护负责人。

第六十七条 [信用惩戒]有本法规定的违法行为的,依照有关法律、行政法规的规定记入信用档案,并予以公示。

第六十八条 [国家机关不履行个人信息保护义务和履行个人信息保护职责部门的工作人员渎职的处罚]国家机关不履行本法规定的个人信息保护义务的,由其上级机关或者履行个人信息保护职责的部门责令改正;对直接负责的主管人员和其他直接责任人员依法给予处分。

履行个人信息保护职责的部门的工作人员玩忽职守、滥用职权、徇私舞弊,尚不构成犯罪的,依法给予处分。

第六十九条 [个人信息侵权责任]处理个人信息侵害个人信息权益造成损害,个人信息处理者不能证明自己没有过错的,应当承担损害赔偿等侵权责任。

前款规定的损害赔偿责任按照个人因此受到的损失或者个人信息处理者因此获得的利益确定;个人因此受到的损失和个人信息处理者因此获得的利益难以确定的,根据实际情况确定赔偿数额。

第七十条 [个人信息保护公益诉讼]个人信息处理者违反本法规定处理个人信息,侵害众多个人的权益的,人民检察院、法律规定的消费者组织和由国家网信部门确定的组织可以依法向人民法院提起诉讼。

第七十一条 [治安管理处罚和刑事责任的衔接]违反本法规定,构成违反治安管理行为的,依法给予治安管理处罚;构成犯罪的,依法追究刑事责任。

第八章 附 则

第七十二条 [个人信息处理特别情形的法律适用]自然人因个人或者家庭事务处理个人信息的,不适用本法。

法律对各级人民政府及其有关部门组织实施的统计、档案管理活动中的个人信息处理有规定的,适用其规定。

第七十三条 [关键用语含义]本法下列用语的含义:

(一)个人信息处理者,是指在个人信息处理活动中自主决定处理目的、处理方式的组织、个人。

(二)自动化决策,是指通过计算机程序自动分析、评估个人的行为习惯、兴趣爱好或者经济、健康、信用状况等,并进行决策的活动。

(三)去标识化,是指个人信息经过处理,使其在不借助额外信息的情况下无法识别特定自然人的过程。

(四)匿名化,是指个人信息经过处理无法识别特定自然人且不能复原的过程。

第七十四条 [施行日期]本法自2021年11月1日起施行。

PART II

第二部分

指导案例

最高人民法院指导案例(166 号)

北京隆昌伟业贸易有限公司诉北京城建重工有限公司合同纠纷案①

(最高人民法院审判委员会讨论通过　2021 年 11 月 9 日发布)

【关键词】

民事　合同纠纷　违约金调整　诚实信用原则

【裁判要点】

当事人双方就债务清偿达成和解协议,约定解除财产保全措施及违约责任。一方当事人依约申请人民法院解除了保全措施后,另一方当事人违反诚实信用原则不履行和解协议,并在和解协议违约金诉讼中请求减少违约金的,人民法院不予支持。

【相关法条】

《中华人民共和国合同法》第 6 条、第 114 条(注:现行有效的法律为《中华人民共和国民法典》第 7 条、第 585 条)

【基本案情】

2016 年 3 月,北京隆昌伟业贸易有限公司(以下简称隆昌贸易公司)因与北京城建重工有限公司(以下简称城建重工公司)买卖合同纠纷向人民法院提起民事诉讼,人民法院于 2016 年 8 月作出(2016)京 0106 民初 6385 号民事判决,判决城建重工公司给付隆昌贸易公司货款 5284648.68 元及相应利息。城建重工公司对此判决提起上诉,在上诉期间,城建重工公司与隆昌贸易公司签订协议书,协议书约定:(1)城建重工公司承诺于 2016 年 10 月 14 日前向隆昌贸易公司支付人民币 300 万元,剩余的本金 2284648.68 元、利息 462406.72 元及诉讼费 25802 元(共计 2772857.4 元)于 2016 年 12 月 31 日前支付完毕;城建重工公司未按照协议约定的时间支付首期给付款 300 万元或未能在 2016 年 12 月 31 日前足额支付完毕全部款项的,应向隆昌贸易公司支付违约金 80 万元;如果城建重工公司未能在 2016 年 12 月 31 日前足额支付完毕全部款项的,隆昌贸易公司可以自 2017 年 1 月 1 日起随时以(2016)京 0106 民初 6385 号民事判决为依据向人民法院申请强制执行,同时有权向城建重工公司追索本协议确定的违约金 80 万元。(2)隆昌贸易公司申请解除在他案中对城建重工公司名下财产的保全措施。双方达成协议后城建重工公司向二

审法院申请撤回上诉并按约定于 2016 年 10 月 14 日给付隆昌贸易公司首期款项 300 万元,隆昌贸易公司按协议约定申请解除了对城建重工公司财产的保全。后城建重工公司未按照协议书的约定支付剩余款项,2017 年 1 月隆昌贸易公司申请执行(2016)京 0106 民初 6385 号民事判决书所确定的债权,并于 2017 年 6 月起诉城建重工公司支付违约金 80 万元。

一审中,城建重工公司答辩称:隆昌贸易公司要求给付的请求不合理,违约金数额过高。根据生效判决,城建重工公司应给付隆昌贸易公司的款项为 5284648.68 元及利息。隆昌贸易公司诉城建重工公司因未完全履行和解协议承担违约金的数额为 80 万元,此违约金数额过高,有关请求不合理。一审宣判后,城建重工公司不服一审判决,上诉称:一审判决在错误认定城建重工公司恶意违约的基础上,适用惩罚性违约金,不考虑隆昌贸易公司的损失情况等综合因素而全部支持其诉讼请求,显失公平,请求适当减少违约金。

【裁判结果】

北京市丰台区人民法院于 2017 年 6 月 30 日作出(2017)京 0106 民初 15563 号民事判决:北京城建重工有限公司于判决生效之日起十日内支付北京隆昌伟业贸易有限公司违约金 80 万元。北京城建重工有限公司不服一审判决,提起上诉。北京市第二中级人民法院于 2017 年 10 月 31 日作出(2017)京 02 民终 8676 号民事判决:驳回上诉,维持原判。

【裁判理由】

法院生效裁判认为:隆昌贸易公司与城建重工公司在诉讼期间签订了协议书,该协议书均系双方的真实意思表示,不违反法律法规强制性规定,合法有效,双方应诚信履行。本案涉及诉讼中和解协议的违约金调整问题。本案中,隆昌贸易公司与城建重工公司签订协议书约定城建重工公司如未能于 2016 年 10 月 14 日前向隆昌贸易公司支付人民币 300 万元,或未能于 2016 年 12 月 31 日前支付剩余的本金 2284648.68 元、利息 462406.72 元及诉讼费 25802 元(共计

---
① 本书中的指导案例均原文收录,所涉法律法规均为当时有效的法律法规。

2772857.4元),则隆昌贸易公司有权申请执行原一审判决并要求城建重工公司承担80万元违约金。现城建重工公司于2016年12月31日前未依约向隆昌贸易公司支付剩余的2772857.4元,隆昌贸易公司的损失主要为尚未得到清偿的2772857.4元。城建重工公司在诉讼期间与隆昌贸易公司达成和解协议并撤回上诉,

隆昌贸易公司按协议约定申请解除了对城建重工公司账户的冻结。而城建重工公司作为商事主体自愿给隆昌贸易公司出具和解协议并承诺高额违约金,但在账户解除冻结后城建重工公司并未依约履行后续给付义务,具有主观恶意,有悖诚实信用。一审法院判令城建重工公司依约支付80万元违约金,并无不当。

最高人民法院指导案例(107号)

中化国际(新加坡)有限公司诉蒂森克虏伯冶金产品有限责任公司国际货物买卖合同纠纷案

(最高人民法院审判委员会讨论通过 2019年2月25日发布)

【关键词】

民事 国际货物买卖合同 联合国国际货物销售合同公约 法律适用 根本违约

【裁判要点】

1. 国际货物买卖合同的当事各方所在国为《联合国国际货物销售合同公约》的缔约国,应优先适用公约的规定,公约没有规定的内容,适用合同中约定适用的法律。国际货物买卖合同中当事人明确排除适用《联合国国际货物销售合同公约》的,则不应适用该公约。

2. 在国际货物买卖合同中,卖方交付的货物虽然存在缺陷,但只要买方经过合理努力就能使用货物或转售货物,不应视为构成《联合国国际货物销售合同公约》规定的根本违约的情形。

【相关法条】

《中华人民共和国民法通则》第145条

《联合国国际货物销售合同公约》第1条、第25条

【基本案情】

2008年4月11日,中化国际(新加坡)有限公司(以下简称中化新加坡公司)与蒂森克虏伯冶金产品有限责任公司(以下简称德国克虏伯公司)签订了购买石油焦的《采购合同》,约定本合同应当根据美国纽约州当时有效的法律订立、管辖和解释。中化新加坡公司按约支付了全部货款,但德国克虏伯公司交付的石油焦HGI指数仅为32,与合同中约定的HGI指数典型值为36-46之间不符。中化新加坡公司认为德国克虏伯公司构成根本违约,请求判令解除合同,要求德国克虏伯公司返还货款并赔偿损失。

【裁判结果】

江苏省高级人民法院一审认为,根据《联合国国际货物销售合同公约》的有关规定,德国克虏伯公司

提供的石油焦HGI指数远低于合同约定标准,导致石油焦难以在国内市场销售,签订买卖合同时的预期目的无法实现,故德国克虏伯公司的行为构成根本违约。江苏省高级人民法院于2012年12月19日作出(2009)苏民三初字第0004号民事判决:一、宣告蒂森克虏伯冶金产品有限责任公司与中化国际(新加坡)有限公司于2008年4月11日签订的《采购合同》无效。二、蒂森克虏伯冶金产品有限责任公司于本判决生效之日起三十日内返还中化国际(新加坡)有限公司货款2684302.9美元并支付自2008年9月25日至本判决确定的给付之日的利息。三、蒂森克虏伯冶金产品有限责任公司于本判决生效之日起三十日内赔偿中化国际(新加坡)有限公司损失520339.77美元。

宣判后,德国克虏伯公司不服一审判决,向最高人民法院提起上诉,认为一审判决对本案适用法律认定错误。最高人民法院认为一审判决认定事实基本清楚,但部分法律适用错误,责任认定不当,应当予以纠正。最高人民法院于2014年6月30日作出(2013)民四终字第35号民事判决:一、撤销江苏省高级人民法院(2009)苏民三初字第0004号民事判决第一项。二、变更江苏省高级人民法院(2009)苏民三初字第0004号民事判决第二项为蒂森克虏伯冶金产品有限责任公司于本判决生效之日起三十日内赔偿中化国际(新加坡)有限公司货款损失1610581.74美元并支付自2008年9月25日至本判决确定的给付之日的利息。三、变更江苏省高级人民法院(2009)苏民三初字第0004号民事判决第三项为蒂森克虏伯冶金产品有限责任公司于本判决生效之日起三十日内赔偿中化国际(新加坡)有限公司堆存费损失98442.79美元。四、驳回中化国际(新加坡)有限公司的其他诉讼请求。

【裁判理由】

最高人民法院认为，本案为国际货物买卖合同纠纷，双方当事人均为外国公司，案件具有涉外因素。《最高人民法院关于适用〈中华人民共和国涉外民事关系法律适用法〉若干问题的解释（一）》第二条规定："涉外民事关系法律适用法实施以前发生的涉外民事关系，人民法院应当根据该涉外民事关系发生时的有关法律规定确定应当适用的法律；当时法律没有规定的，可以参照涉外民事关系法律适用法的规定确定。"案涉《采购合同》签订于 2008 年 4 月 11 日，在《中华人民共和国涉外民事关系法律适用法》实施之前，当事人签订《采购合同》时的《中华人民共和国民法通则》第一百四十五条规定："涉外合同的当事人可以选择处理合同争议所适用的法律，法律另有规定的除外。涉外合同的当事人没有选择的，适用与合同有最密切联系的国家的法律。"本案双方当事人在合同中约定应当根据美国纽约州当时有效的法律订立、管辖和解释，该约定不违反法律规定，应认定有效。由于本案当事人营业地所在国新加坡和德国均为《联合国国际货物销售合同公约》缔约国，美国亦为《联合国国际货物销售合同公约》缔约国，且在一审审理期间双方当事人一致选择适用《联合国国际货物销售合同公约》作为确定其权利义务的依据，并未排除《联合国国际货物销售合同公约》的适用，江苏省高级人民法院适用《联合国国际货物销售合同公约》审理本案是正确的。而对于审理案件中涉及到的问题《联合国国际货物销售合同公约》没有规定的，应当适用当事人选择的美国纽约州法律。《〈联合国国际货物销售合同公约〉判例法摘要汇编》并非《联合国国际货物销售合同公约》的组成部分，其不能作为审理本案的法律依据。但在如何准确理解《联合国国际货物销售合同公约》相关条款的含义方面，其可以作为适当的参考资料。

双方当事人在《采购合同》中约定的石油焦 HGI 指数典型值在 36-46 之间，而德国克虏伯公司实际交付的石油焦 HGI 指数为 32，低于双方约定的 HGI 指数典型值的最低值，不符合合同约定。江苏省高级人民法院认定德国克虏伯公司构成违约是正确的。

关于德国克虏伯公司的上述违约行为是否构成根本违约的问题。首先，从双方当事人在合同中对石油焦需符合的化学和物理特性规格约定的内容看，合同对石油焦的受潮率、硫含量、灰含量、挥发物含量、尺寸、热值、硬度（HGI 值）等七个方面作出了约定。而从目前事实看，对于德国克虏伯公司交付的石油焦，中化新加坡公司仅认为 HGI 指数一项不符合合同约定，而对于其他六项指标，中化新加坡公司并未提出异议。结合当事人提交的证人证言以及证人出庭的陈述，HGI 指数表示石油焦的研磨指数，指数越低，石油焦的硬度越大，研磨难度越大。但中化新加坡公司一方提交的上海大学材料科学与工程学院出具的说明亦不否认 HGI 指数为 32 的石油焦可以使用，只是认为其用途有限。故可以认定虽然案涉石油焦 HGI 指数与合同约定不符，但该批石油焦仍然具有使用价值。其次，本案一审审理期间，中化新加坡公司为减少损失，经过积极的努力将案涉石油焦予以转售，且其在就将相关问题致德国克虏伯公司的函件中明确表示该批石油焦转售的价格"未低于市场合理价格"。这一事实说明案涉石油焦是可以以合理价格予以销售的。第三，综合考量其他国家裁判对《联合国国际货物销售合同公约》中关于根本违约条款的理解，只要买方经过合理努力就能使用货物或转售货物，甚至打些折扣，质量不符依然不是根本违约。故应当认为德国克虏伯公司交付 HGI 指数为 32 的石油焦的行为，并不构成根本违约。江苏省高级人民法院认定德国克虏伯公司构成根本违约并判决宣告《采购合同》无效，适用法律错误，应予以纠正。

最高人民法院指导案例（228 号）

张某诉李某、刘某监护权纠纷案

（最高人民法院审判委员会讨论通过　2024 年 5 月 30 日发布）

【关键词】

民事　监护权　未成年人　婚姻关系存续期间平等监护权

【裁判要点】

1. 在夫妻双方分居期间，一方或者其近亲属擅自带走未成年子女，致使另一方无法与未成年子女相见的，构成对另一方因履行监护职责所产生的权利的侵害。

2. 对夫妻双方分居期间的监护权纠纷，人民法院可以参照适用民法典关于离婚后子女抚养的有关规定，暂时确定未成年子女的抚养事宜，并明确暂时直接抚养未成年子女的一方有协助对方履行监护职责的义务。

【基本案情】

张某（女）与李某于2019年5月登记结婚，婚后在河北省保定市某社区居住。双方于2020年11月生育一女，取名李某某。2021年4月19日起，张某与李某开始分居，后协议离婚未果。同年7月7日，李某某之父李某及祖母刘某在未经李某某之母张某允许的情况下擅自将李某某带走，回到河北省定州市某村。此时李某某尚在哺乳期内，张某多次要求探望均被李某拒绝。张某遂提起离婚诉讼，法院于2022年1月13日判决双方不准离婚。虽然双方婚姻关系依旧存续，但已实际分居，其间李某某与李某、刘某共同生活，张某长期未能探望孩子。2022年1月5日，张某以监护权纠纷为由提起诉讼，请求判令李某、刘某将李某某送回，并由自己依法继续行使对李某某的监护权。

【裁判结果】

河北省定州市人民法院于2022年3月22日作出民事判决：驳回原告张某的诉讼请求。宣判后，张某不服，提起上诉，河北省保定市中级人民法院于2022年7月13日作出民事判决：一、撤销河北省定州市人民法院一审民事判决；二、李某某暂由上诉人张某直接抚养；三、被上诉人李某可探望李某某，上诉人张某对被上诉人李某探望李某某予以协助配合。

【裁判理由】

本案的争议焦点是：李某某之父李某、祖母刘某擅自带走李某某的行为是否构成侵权，以及如何妥善处理夫妻双方虽处于婚姻关系存续期间但已实际分居时，李某某的抚养监护问题。

第一，关于李某某之父李某、祖母刘某擅自带走李某某的行为是否对李某某之母张某构成侵权。民法典第三十四条第二款规定："监护人依法履行监护职责产生的权利，受法律保护。"第一千零五十八条规定："夫妻双方平等享有对未成年子女抚养、教育和保护的权利，共同承担对未成年子女抚养、教育和保护的义务。"父母是未成年子女的监护人，双方平等享有对未成年子女抚养、教育和保护的权利。本案中，李某、刘某擅自将尚在哺乳期的李某某带走，并拒绝将李某某送回张某身边，致使张某长期不能探望孩子，亦导致李某某被迫中断母乳、无法得到母亲的呵护。李某和刘某的行为不仅不利于未成年人身心健康，也构成对张某因履行监护职责所产生的权利的侵害。一审法院以张某没有证据证明李某未抚养保护好李某某为由，判决驳回诉讼请求，系适用法律不当。

第二，关于婚姻关系存续期间，李某某的抚养监护应当如何处理。本案中，李某某自出生起直至被父亲李某、祖母刘某带走前，一直由其母亲张某母乳喂养，至诉前未满两周岁，属于低幼龄未成年人。尽管父母对孩子均有平等的监护权，但监护权的具体行使应符合最有利于被监护人的原则。现行法律和司法解释对于婚内监护权的行使虽无明确具体规定，考虑到双方当事人正处于矛盾较易激化的分居状态，为最大限度保护未成年子女的利益，参照民法典第一千零八十四条"离婚后，不满两周岁的子女，以由母亲直接抚养为原则"的规定，李某某暂由张某直接抚养为宜。张某在直接抚养李某某期间，应当对李某探望李某某给予协助配合。

【相关法条】

《中华人民共和国民法典》第34条、第1058条、第1084条、第1086条

《中华人民共和国未成年人保护法》第4条、第24条

最高人民法院指导案例（15号）

徐工集团工程机械股份有限公司诉成都川交工贸有限责任公司等买卖合同纠纷案

（最高人民法院审判委员会讨论通过 2013年1月31日发布）

【关键词】

民事关联公司人格混同连带责任

【裁判要点】

1. 关联公司的人员、业务、财务等方面交叉或混同，导致各自财产无法区分，丧失独立人格的，构成人格混同。

2. 关联公司人格混同，严重损害债权人利益的，关联公司相互之间对外部债务承担连带责任。

【相关法条】

《中华人民共和国民法通则》第4条

《中华人民共和国公司法》第3条第1款、第20条第3款

【基本案情】

原告徐工集团工程机械股份有限公司（以下简称

徐工机械公司)诉称:成都川交工贸有限责任公司(以下简称川交工贸公司)拖欠其货款未付,而成都川交工程机械有限责任公司(以下简称川交机械公司)、四川瑞路建设工程有限公司(以下简称瑞路公司)与川交工贸公司人格混同,三个公司实际控制人王永礼以及川交工贸公司股东等人的个人资产与公司资产混同,均应承担连带清偿责任。请求判令:川交工贸公司支付所欠货款10916405.71元及利息;川交机械公司、瑞路公司及王永礼等个人对上述债务承担连带清偿责任。

被告川交工贸公司、川交机械公司、瑞路公司辩称:三个公司虽有关联,但并不混同,川交机械公司、瑞路公司不应对川交工贸公司的债务承担清偿责任。

王永礼等人辩称:王永礼等人的个人财产与川交工贸公司的财产并不混同,不应为川交工贸公司的债务承担清偿责任。

法院经审理查明:川交机械公司成立于1999年,股东为四川省公路桥梁工程总公司二公司、王永礼、倪刚、杨洪刚等。2001年,股东变更为王永礼、李智、倪刚。2008年,股东再次变更为王永礼、倪刚。瑞路公司成立于2004年,股东为王永礼、李智、倪刚。2007年,股东变更为王永礼、倪刚。川交工贸公司成立于2005年,股东为吴帆、张家蓉、凌欣、过胜利、汤维明、武竞、郭印,何万庆2007年入股。2008年,股东变更为张家蓉(占90%股份)、吴帆(占10%股份),其中张家蓉系王永礼之妻。在公司人员方面,三个公司经理均为王永礼,财务负责人均为凌欣,出纳会计均为卢鑫,工商手续经办人均为张梦;三个公司的管理人员存在交叉任职的情形,如过胜利兼任川交工贸公司副总经理和川交机械公司销售部经理的职务,且免去过胜利川交工贸公司副总经理职务的决定系由川交机械公司作出;吴帆既是川交工贸公司的法定代表人,又是川交机械公司的综合部行政经理。在公司业务方面,三个公司在工商行政管理部门登记的经营范围均涉及工程机械且部分重合,其中川交工贸公司的经营范围被川交机械公司的经营范围完全覆盖;川交机械公司系徐工机械公司在四川地区(攀枝花除外)的唯一经销商,但三个公司均从事相关业务,且相互之间存在共用统一格式的《销售部业务手册》《二级经销协议》、结算账户的情形;三个公司在对外宣传中区分不明,2008年12月4日重庆市公证处出具的《公证书》记载:通过因特网查询,川交工贸公司、瑞路公司在相关网站上共同招聘员工,所留电话号码、传真号码等联系方式相同;川交工贸公司、瑞路公司的招聘信息,包括大量关于川交机械公司的发展历程、主营业务、企业精神的宣传内容;部分川交工贸公司的招聘信息中,公司简介全部为对瑞路公司的介绍。在公

司财务方面,三个公司共用结算账户,凌欣、卢鑫、汤维明、过胜利的银行卡中曾发生高达亿元的往来,资金的来源包括三个公司的款项,对外支付的依据仅为王永礼的签字;在川交工贸公司向其客户开具的收据中,有的加盖其财务专用章,有的则加盖瑞路公司财务专用章;在与徐工机械公司均签订合同、均有业务往来的情况下,三个公司于2005年8月共同向徐工机械公司出具《说明》,称因川交机械公司业务扩张而注册了另两个公司,要求所有债权债务、销售量均计算在川交工贸公司名下,并表示今后尽量以川交工贸公司名义进行业务往来;2006年12月,川交工贸公司、瑞路公司共同向徐工机械公司出具《申请》,以统一核算为由要求将2006年度的业绩、账务均计算至川交工贸公司名下。

另查明,2009年5月26日,卢鑫在徐州市公安局经侦支队对其进行询问时陈述:川交工贸公司目前已经垮了,但未注销。又查明徐工机械公司未得到清偿的货款实为10511710.71元。

【裁判结果】

江苏省徐州市中级人民法院于2011年4月10日作出(2009)徐民二初字第0065号民事判决:一、川交工贸公司于判决生效后10日内向徐工机械公司支付货款10511710.71元及逾期付款利息;二、川交机械公司、瑞路公司对川交工贸公司的上述债务承担连带清偿责任;三、驳回徐工机械公司对王永礼、吴帆、张家蓉、凌欣、过胜利、汤维明、郭印、何万庆、卢鑫的诉讼请求。宣判后,川交机械公司、瑞路公司提起上诉,认为一审判决认定三个公司人格混同,属认定事实不清;认定川交机械公司、瑞路公司对川交工贸公司的债务承担连带责任,缺乏法律依据。徐工机械公司答辩请求维持一审判决。江苏省高级人民法院于2011年10月19日作出(2011)苏商终字第0107号民事判决:驳回上诉,维持原判。

【裁判理由】

法院生效裁判认为:针对上诉范围,二审争议焦点为川交机械公司、瑞路公司与川交工贸公司是否人格混同,应否对川交工贸公司的债务承担连带清偿责任。

川交工贸公司与川交机械公司、瑞路公司人格混同。一是三个公司人员混同。三个公司的经理、财务负责人、出纳会计、工商手续经办人均相同,其他管理人员亦存在交叉任职的情形,川交工贸公司的人事任免存在由川交机械公司决定的情形。二是三个公司业务混同。三个公司实际经营中均涉及工程机械相关业务,经销过程中存在共用销售手册、经销协议的情形;对外进行宣传时信息混同。三是三个公司财务混同。三个公司使用共同账户,以王永礼的签字作为具体用款依据,对其中的资金及支配无法证明已作区

分;三个公司与徐工机械公司之间的债权债务、业绩、账务及返利均计算在川交工贸公司名下。因此,三个公司之间表征人格的因素(人员、业务、财务等)高度混同,导致各自财产无法区分,已丧失独立人格,构成人格混同。

川交机械公司、瑞路公司应当对川交工贸公司的债务承担连带清偿责任。公司人格独立是其作为法人独立承担责任的前提。《中华人民共和国公司法》(以下简称《公司法》)第三条第一款规定:"公司是企业法人,有独立的法人财产,享有法人财产权。公司以其全部财产对公司的债务承担责任。"公司的独立财产是公司独立承担责任的物质保证,公司的独立人格也突出地表现在财产的独立上。当关联公司的财产无法区分,丧失独立人格时,就丧失了独立承担责

任的基础。《公司法》第二十条第三款规定:"公司股东滥用公司法人独立地位和股东有限责任,逃避债务,严重损害公司债权人利益的,应当对公司债务承担连带责任。"本案中,三个公司虽在工商登记部门登记为彼此独立的企业法人,但实际上相互之间界线模糊、人格混同,其中川交工贸公司承担所有关联公司的债务却无力清偿,又使其他关联公司逃避巨额债务,严重损害了债权人的利益。上述行为违背了法人制度设立的宗旨,违背了诚实信用原则,其行为本质和危害结果与《公司法》第二十条第三款规定的情形相当,故参照《公司法》第二十条第三款的规定,川交机械公司、瑞路公司对川交工贸公司的债务应当承担连带清偿责任。

最高人民检察院指导案例(检例第164号)

江西省浮梁县人民检察院诉A化工集团有限公司污染环境民事公益诉讼案

【关键词】

民事公益诉讼　跨省倾倒危险废物　惩罚性赔偿　侵权企业民事责任

【要旨】

检察机关提起环境民事公益诉讼时,对于侵权人违反法律规定故意污染环境、破坏生态致社会公共利益受到严重损害后果的,有权要求侵权人依法承担相应的惩罚性赔偿责任。提出惩罚性赔偿数额,可以以生态环境功能损失费用为基数,综合案件具体情况予以确定。

【基本案情】

2018年3月3日至7月31日,位于浙江的A化工集团有限公司(以下简称A公司)生产叠氮化钠的蒸馏系统设备损坏,导致大量硫酸钠废液无法正常处理。该公司生产部经理吴某甲经请示公司法定代表人同意,负责对硫酸钠废液进行处置。在处置过程中,A公司为吴某甲报销了两次费用。吴某甲将硫酸钠废液交由无危险废物处置资质的吴某乙处理。吴某乙雇请李某某,由范某某押运、董某某和周某某带路,在江西省浮梁县寿安镇八角井、湘湖镇洞口村两处地块违法倾倒30车共计1124.1吨硫酸钠废液,致使周边8.08亩范围内土壤和地表水、地下水受到污染,当地3.6公里河道、6.6平方公里流域环境受影响,造成1000余名群众饮水、用水困难。经鉴定,两处地块修复的总费用为2168000元,环境功能性损失

费用为57135.45元。

【检察机关履职过程】

江西省浮梁县人民检察院(以下简称浮梁县院)在办理吴某甲等6人涉嫌污染环境罪刑事案件时,发现公益受损的线索。浮梁县院即引导侦查机关和督促生态环境部门固定污染环境的相关证据,同时建议当地政府采取必要应急措施,防止污染进一步扩大。办案过程中,委托鉴定机构对倾倒点是否存在土壤污染以及生态修复所需费用、环境功能性损失费用等进行司法鉴定。经江西求实司法鉴定中心鉴定,浮梁县两处倾倒点的土壤表层均存在列入《国家危险废物名录》(2016年版)中的危险废物叠氮化钠污染,八角井倾倒点水体中存在叠氮化钠且含量超标2.2至177.33倍不等,对周边约8.08亩的范围内环境造成污染;两处地块修复的总费用为2168000元,环境功能性损失费用为57135.45元。

浮梁县院经审查,对吴某甲等6人提起刑事诉讼。2019年12月18日,浮梁县人民法院以污染环境罪判处被告人吴某甲等6人有期徒刑六年六个月至三年二个月不等,并处罚金5万元至2万元不等。一审宣判后,吴某甲、李某某不服提出上诉,2020年4月7日,江西省景德镇市中级人民法院裁定驳回上诉,维持原判。

(一)民事公益诉讼诉前程序

根据"两高"司法解释规定,民事公益诉讼由侵权

行为地或者被告住所地中级人民法院管辖。因本案的环境污染侵权行为发生地和损害结果地均在浮梁县,且涉及的刑事案件已由浮梁县院办理,从案件调查取证、生态环境恢复等便利性考虑,应继续由浮梁县院管辖民事公益诉讼案件。经与江西省高级人民法院协商,江西省人民检察院 2020 年 6 月 22 日将本案指定浮梁县院管辖,江西省高级人民法院将该案指定浮梁县人民法院审理。7 月 1 日,浮梁县院对本案立案审查并开展调查核实,同时调取了刑事案件卷宗和相关证据材料。

2020 年 7 月 2 日,浮梁县院发布公告,公告期满后没有适格主体提起诉讼。

(二)提起民事公益诉讼

2020 年 11 月 17 日,浮梁县院以 A 公司为被告提起民事公益诉讼,诉请法院判令被告承担污染修复费 2168000 元、环境功能性损失费 57135.45 元、应急处置费 532860.11 元、检测费、鉴定费 95670 元,共计 2853665.56 元,并在国家级新闻媒体上向社会公众赔礼道歉。

浮梁县院经审查认为,A 公司工作人员将公司生产的硫酸钠废液交由无危险废物处置资质的个人处理,非法倾倒在浮梁县境内,造成了当地水体、土壤等生态环境严重污染,损害了社会公共利益。案件审理中,因《中华人民共和国民法典》已于 2021 年 1 月 1 日正式实施。虽然案涉污染环境、破坏生态的侵权行为发生在《民法典》施行前,但是侵权人未采取有效措施修复生态环境,生态环境持续性受损,严重损害社会公共利益,为更有利于保护生态环境,维护社会秩序和公共利益,根据《最高人民法院关于适用〈中华人民共和国民法典〉时间效力的若干规定》第二条规定,"民法典实施前的法律事实引起的民事纠纷案件,当时的法律、司法解释有规定,适用当时的法律、司法解释的规定,但是适用民法典的规定更有利于保护民事主体合法权益,更有利于维护社会和经济秩序,更有利于弘扬社会主义核心价值观的除外"。A 公司生产部经理吴某甲系经法定代表人授权处理废液,公司也两次为其报销了产生的相关费用,吴某甲污染环境的行为应认定为职务行为,A 公司应承担污染环境的侵权责任。因公司工作人员违法故意污染环境造成严重后果,为更加有力、有效地保护社会公共利益,根据《民法典》第一千二百三十二条之规定,A 公司除应承担环境污染损失和赔礼道歉的侵权责任外,还应承担惩罚性赔偿金。

2021 年 1 月 3 日,浮梁县院依法变更诉讼请求,在原诉讼请求基础上增加诉讼请求,要求 A 公司以环境功能性损失费的 3 倍承担环境侵权惩罚性赔偿金 171406.35 元。

(三)案件办理结果

2021 年 1 月 4 日,浮梁县人民法院公开审理本案并当庭依法判决,支持检察机关全部诉讼请求:1. 被告于本判决生效之日起十日内赔偿生态环境修复费用 2168000 元、环境功能性损失费用 57135.45 元、应急处置费用 532860.11 元、检测鉴定费 95670 元,并承担环境污染惩罚性赔偿 171406.35 元,以上共计 3025071.91 元;2. 被告于本判决生效之日起三十日内对违法倾倒硫酸钠废液污染环境的行为在国家级新闻媒体上向社会公众赔礼道歉。

一审宣判后,被告未上诉。判决生效后,被告主动将赔偿款缴纳到位。为修复被污染的环境,2021 年 9 月,浮梁县人民法院将被告缴纳的环境修复费用委托第三方依法公开招标确定修复工程施工主体,并邀请当地政府、环保部门和村民进行全程监督,目前被倾倒点生态环境修复治理已经完成。

【指导意义】

(一)检察机关提起环境民事公益诉讼时,可以依法提出惩罚性赔偿诉讼请求。《民法典》在环境污染和生态破坏责任中规定惩罚性赔偿,目的在于加大侵权人的违法成本,更加有效地发挥制裁、预防功能,遏制污染环境、破坏生态的行为发生。《民法典》第一千二百三十二条关于惩罚性赔偿的规定是环境污染和生态环境破坏责任的一般规定,既适用于环境私益诉讼,也适用于环境公益诉讼。故意污染环境侵害公共利益,损害后果往往更为严重,尤其需要发挥惩罚性赔偿的惩戒功能。检察机关履行公共利益代表的职责,在依法提起环境民事公益诉讼时应当重视适用惩罚性赔偿,对于侵权人违反法律规定故意污染环境、破坏生态造成严重后果的,可以请求人民法院判令侵权人承担惩罚性赔偿责任。

(二)检察机关应当综合考量具体案情提出惩罚性赔偿数额。基于保护生态环境的公益目的,检察机关在确定环境侵权惩罚性赔偿数额时,应当以生态环境受到损害至修复完成期间服务功能丧失导致的损失、生态环境功能永久性损害造成的损失等可量化的生态环境损害作为计算基数,同时结合具体案情,综合考量侵权人主观过错程度,损害后果的严重程度,生态修复成本,侵权人的经济能力、对案件造成危害后果及承担责任的态度、所受行政处罚和刑事处罚等因素,提出请求判令赔偿的数额。

(三)检察机关可以要求违反污染防治责任的企业承担生态环境修复等民事责任。我国对危险废物污染环境防治实行污染者依法承担责任的原则。危险废物产生者未按照法律法规规定的程序和方法将危险废物交由有处置资质的单位或者个人处置,属于违反污染防治责任的行为,应对由此造成的环境污染承担民事责任。同时，根据《民法典》第一千一百九十一条关于用人单位的工作人员因执行工作任务造成他人损害的，由用人单位承担侵权责任的规定，企业职工在执行工作任务时，实施违法处置危险废物的行为造成环境污染的，企业应承担民事侵权责任。因承担刑事责任和民事责任的主体不同，检察机关不能提出刑事附带民事公益诉讼的，可以在刑事诉讼结束后，单独提起民事公益诉讼，要求企业对其处理危险废物过程中违反国家规定造成生态环境损害的行为，依法承担民事责任。

【相关规定】

《中华人民共和国民法典》(2021年施行)第120条、第178条、第179条、第1191条、第1229条、第1232条、第1234条

《中华人民共和国环境保护法》(2014年修订)第6条、第48条

《中华人民共和国民事诉讼法》(2017年修正)第52条第2款

《最高人民法院、最高人民检察院关于检察公益诉讼案件适用法律若干问题的解释》(2018年施行)第13条(现为2020年修正后的第13条第1款、第2款)

《最高人民法院关于审理环境民事公益诉讼案件适用法律若干问题的解释》(2020年修正)第18条、第19条、第20条、第21条、第22条

《最高人民法院关于适用〈中华人民共和国民法典〉时间效力的若干规定》(2021年施行)第2条

《人民检察院公益诉讼办案规则》(2021年施行)98条

《最高人民法院关于审理生态环境侵权纠纷案件适用惩罚性赔偿的解释》(2022年施行)第12条

最高人民检察院指导案例(检例第174号)

未成年人网络民事权益综合司法保护案

【关键词】

未成年人网络服务　支持起诉　行政公益诉讼　社会治理

【要旨】

未成年人未经父母或者其他监护人同意，因网络高额消费行为引发纠纷提起民事诉讼并向检察机关申请支持起诉的，检察机关应当坚持未成年人特殊、优先保护要求，对确有必要的，可以依法支持起诉。检察机关应当结合办案，综合运用社会治理检察建议、行政公益诉讼诉前检察建议等监督方式，督促、推动网络服务提供者、相关行政主管部门细化落实未成年人网络保护责任。

【基本案情】

原告程某甲，女，2005年9月出生，在校学生。

法定代理人程某，男，系程某甲父亲。

法定代理人徐某，女，系程某甲母亲。

被告上海某网络科技有限公司(以下简称某公司)。

2020年7月，程某甲在父母不知情的情况下，下载某公司开发运营的一款网络游戏社交应用软件(APP)，并注册成为其用户，后又升级至可以进行高额消费的高级别用户。至2021年2月，程某甲在该APP上频繁购买虚拟币、打赏主播，累计消费人民币21.7万余元。程某甲的法定代理人程某、徐某，对程某甲登录该APP并进行高额消费的行为不予追认。

【检察机关履职过程】

支持起诉。2021年2月，程某甲的父亲程某发现女儿的网络高额消费行为，与某公司多次协调未果后向多个相关部门求助，但问题未得到解决。程某通过电话向上海市人民检察院与共青团上海市委员会共建的"上海市未成年人权益保护监督平台"寻求帮助，该平台将线索移至公司注册地某区人民检察院。检察机关受理后，立即向程某了解详细情况。经调查核实，该APP虽然在用户协议中载明"不满18周岁不得自行注册登录"，但对用户身份审核不严，致程某甲注册为能够进行高额消费的用户。检察机关向程某甲及其法定代理人解释民法典、未成年人保护法和相关规定，建议程某甲及其法定代理人向人民法院提起民事诉讼。

2021年3月，程某甲及其法定代理人向某区人民法院提起民事诉讼，要求确认程某甲与某公司的网络服务合同无效，某公司全额返还消费款。同时，程某甲及其法定代理人向检察机关申请支持起诉。检察机关审查认为：程某甲系限制民事行为能力人，未经监护人同意实施与其年龄、智力不相符合的高额网络消费行为，其法定代理人亦明确表示对该行为不予追认，程某甲实施的消费行为无效，程某甲及其法定代理人要求网络服务提供者返还钱款符合法律规定。本案系未成年人涉网络案件，相较于应对该类问题经验丰富的某公司，程某甲及其法定代理人在网络证据收集、网络专业知识等方面均处于弱势，其曾采取多

种形式维权,但未取得实际效果,检察机关有必要通过支持起诉的方式,帮助程某甲依法维护权益。检察机关指导程某甲的法定代理人收集、梳理证据,固定程某甲在该APP上的聊天、充值记录,对注册登录过程、使用及消费情况进行公证。同年5月,某区人民法院开庭审理此案,检察机关派员出庭,并结合指导程某甲收集的证据发表支持起诉意见,某公司表示认可。检察机关积极配合人民法院开展诉前调解工作,原、被告自愿达成调解协议并经法庭确认,某公司全额返还程某甲消费款项。同时,针对程某甲父母疏于对女儿心理状况关心,忽视对其网络行为监管等问题,检察机关要求程某甲父母切实履行监护责任,加强对程某甲关心关爱,引导和监督其安全、合理使用网络。

制发检察建议。在支持起诉过程中,检察机关通过大数据摸排、实地走访行政主管部门、法院发现,相关部门受理了大量与涉案APP有关的未成年人网络消费投诉和立案申请,本案具有一定普遍性。该APP兼具网络游戏和社交功能,属于网络服务新业态,作为该领域知名企业之一的某公司,没有完全落实未成年人保护相关法律、行政法规规定的法律责任。针对该APP用户超出本区管辖范围的情况,某区人民检察院及时报告,在上海市人民检察院指导下,于2021年5月向某公司制发检察建议,要求其全面落实未成年人网络保护主体责任,按照未成年人保护法有关要求优化产品功能、强化内容管理,完善未成年用户识别认证和保护措施。该公司成立专项整改小组,推出完善平台实名制认证规则、提高平台监管能力、增设未成年人申诉维权通道、升级风险防控措施、完善未成年人个人信息保护制度等六个方面的12项整改措施。

开展行政公益诉讼。结合本案及多起与该APP有关的涉未成年人网络服务案件,检察机关发现,相关行政主管部门对网络服务新业态的监管不到位,存在侵害不特定未成年网络消费者合法权益的隐患。2021年6月,某区人民检察院向区文化和旅游局执法大队制发行政公益诉讼诉前检察建议,要求对某公司的整改情况进行跟踪评估,并加强本区互联网企业监管,督促网络服务提供者严格落实未成年人网络保护法律规定和网络保护措施。执法大队完全采纳检察建议,对该公司进行约谈,并以新修订的未成年人保护法正式施行为契机,组织相关网络服务提供者开展网络"护苗行动"。

形成网络保护合力。检察机关立足法律监督职能,邀请市网络游戏行业协会、某区相关行政主管部门,对某公司落实检察建议内容、完善网络服务规则和设定相应技术标准、构建"网游+社交"新业态未成年人保护标准等方面进行跟踪评估。为进一步净化未成年人网络环境,上海市人民检察院组织全市检察机关开展"未成年人网络保护"专项监督,主动会商市网络和信息管理办公室,联合市网络游戏行业协会及某公司等30余家知名网络游戏企业发起《上海市网络游戏行业未成年人保护倡议》,明确技术标准、增设智能筛查和人工审核措施,严格落实未成年人网络防沉迷、消费保护措施,强化未成年人网络游戏真实身份认证,促进建立政府监管、行业自治、企业自律、法律监督的未成年人网络保护"四责协同"机制。检察机关还联合相关部门举办"未成年人网络文明主题宣传""清朗e企来"等活动,通过座谈交流、在线直播、拍摄公益宣传片等方式,向全社会开展以案释法,促进提升未成年人网络保护意识。

【指导意义】

(一)依法能动履行支持起诉职能,保障未成年人民事权益。未成年人保护法明确规定,人民检察院可以通过督促、支持起诉的方式,维护未成年人合法权益。未成年人及其法定代理人因网络服务合同纠纷提出支持起诉申请的,检察机关应当坚持未成年人特殊、优先保护要求,对支持起诉必要性进行审查。对于网络服务提供者未落实未成年人网络保护责任,当事人申请符合法律规定,但存在诉讼能力较弱,采取其他方式不足以实现权利救济等情形的典型案件,检察机关可以依法支持起诉。检察机关可以通过法律释明引导、协助当事人收集证据,制发《支持起诉意见书》,还可以派员出席法庭,发表支持起诉意见,更有力维护未成年人合法权益。同时,检察机关可以结合案件办理开展以案释法宣传,为同类案件处理提供指引,提高当事人依法维权能力。

(二)以司法保护推动网络空间诉源治理,增强未成年人网络保护合力。检察机关针对行政机关履行未成年人网络保护监管职责不到位的情况,可以加强磋商联动,以行政公益诉讼促进未成年人网络保护行政监管落地落实。发现有的互联网平台存在未成年人权益保护措施缺失、违法犯罪隐患等问题的,要依法审慎选择履职方式,充分运用检察建议督促企业依法经营,主动落实未成年人网络保护主体责任。检察机关可以加强与相关行政主管部门、行业协会的联动,将个案办理与类案监督、社会治理相结合,推动未成年人网络保护多方协同、齐抓共管。

【相关规定】

《中华人民共和国民法典》(2021年施行)第145条、第157条

《中华人民共和国民事诉讼法》(2021年修正)第15条

《中华人民共和国未成年人保护法》(2020年修订)第66条、第74条、第75条、第78条、第106条

最高人民法院指导案例(170号)

饶国礼诉某物资供应站等房屋租赁合同纠纷案

(最高人民法院审判委员会讨论通过 2021年11月9日发布)

【关键词】

民事 房屋租赁合同 合同效力 行政规章 公序良俗 危房

【裁判要点】

违反行政规章一般不影响合同效力,但违反行政规章签订租赁合同,约定将经鉴定机构鉴定存在严重结构隐患,或将造成重大安全事故的应当尽快拆除的危房出租用于经营酒店,危及不特定公众人身及财产安全,属于损害社会公共利益、违背公序良俗的行为,应当依法认定租赁合同无效,按照合同双方的过错大小确定各自应当承担的法律责任。

【相关法条】

《中华人民共和国民法总则》第153条、《中华人民共和国合同法》第52条、第58条(注:现行有效的法律为《中华人民共和国民法典》第153条、第157条)

【基本案情】

南昌市青山湖区晶品假日酒店(以下简称晶品酒店)组织形式为个人经营,经营者系饶国礼,经营范围及方式为宾馆服务。2011年7月27日,晶品酒店通过公开招标的方式中标获得租赁某物资供应站所有的南昌市青山南路1号办公大楼的权利,并向物资供应站出具《承诺书》,承诺中标以后严格按照加固设计单位和江西省建设工程安全质量监督管理局等权威部门出具的加固改造方案,对青山南路1号办公大楼进行科学、安全的加固,并在取得具有法律效力的书面文件后,再使用该大楼。同年8月29日,晶品酒店与物资供应站签订《租赁合同》,约定:物资供应站将南昌市青山南路1号(包含房产证记载的南昌市东湖区青山南路1号和东湖区青山南路3号)办公楼4120平方米建筑出租给晶品酒店,用于经营商务宾馆。租赁期限为十五年,自2011年9月1日起至2026年8月31日止。除约定租金和其他费用标准、支付方式、违约赔偿责任外,还在第五条特别约定:1.租赁物经有关部门鉴定为危楼,需加固后方能使用。晶品酒店对租赁物的前述问题及瑕疵已充分了解。晶品酒店承诺对租赁物进行加固,确保租赁物达到商业房产使用标准,晶品酒店承担全部费用。2.加固工程方案的报批、建设、验收(验收部门为江西省建设工程安全质量监督管理局或同等资质的部门)均由晶品酒店负责,物资供应站根据需要提供协助。3.晶品酒店如未经加固合格即擅自使用租赁物,应承担全部责任。合同签订后,物资供应站依照约定交付了租赁房屋。晶品酒店向物资供应站给付20万元履约保证金,1000万元投标保证金。中标后物资供应站退还了800万元投标保证金。

2011年10月26日,晶品酒店与上海永祥加固技术工程有限公司签订加固改造工程《协议书》,晶品酒店将租赁的房屋以包工包料一次包干(图纸内的全部土建部分)的方式发包给上海永祥加固技术工程有限公司加固改造,改造范围为主要承重柱、墙、梁板结构加固新增墙体全部内粉刷,图纸内的全部内容,图纸、电梯、热泵。开工时间2011年10月26日,竣工时间2012年1月26日。2012年1月3日,在加固施工过程中,案涉建筑物大部分垮塌。

江西省建设业安全生产监督管理站于2007年6月18日出具《房屋安全鉴定意见》,鉴定结果和建议是:1.该大楼主要结构受力构件设计与施工均不能满足现行国家设计和施工规范的要求,其强度不能满足上部结构承载力的要求,存在较严重的结构隐患。2.该大楼未进行抗震设计,没有抗震构造措施,不符合《建筑抗震设计规范》(GB50011-2001)的要求。遇有地震或其他意外情况发生,将造成重大安全事故。3.根据《危险房屋鉴定标准》(GB50292-1999),该大楼按房屋危险性等级划分,属D级危房,应予以拆除。4.建议:(1)应立即对大楼进行减载,减少结构上的荷载。(2)对有问题的结构构件进行加固处理。(3)目前,应对大楼加强观察,并应采取措施,确保大楼安全过渡至拆除。如发现有异常现象,应立即撤出大楼的全部人员,并向有关部门报告。(4)建议尽快拆除全部结构。

饶国礼向一审法院提出诉请:一、解除其与物资供应站于2011年8月29日签订的《租赁合同》;二、物资供应站返还其保证金220万元;三、物资供应站赔偿其各项经济损失共计281万元;四、本案诉讼费用由物资供应站承担。

物资供应站向一审法院提出反诉诉请:一、判令饶国礼承担侵权责任,赔偿其 2463.5 万元;二、判令饶国礼承担全部诉讼费用。

再审中,饶国礼将其上述第一项诉讼请求变更为:确认案涉《租赁合同》无效。物资供应站亦将其诉讼请求变更为:饶国礼赔偿物资供应站损失 418.7 万元。

【裁判结果】

江西省南昌市中级人民法院于 2017 年 9 月 1 日作出(2013)洪民一初字第 2 号民事判决:一、解除饶国礼经营的晶品酒店与物资供应站 2011 年 8 月 29 日签订的《租赁合同》;二、物资供应站应返还饶国礼投标保证金 200 万元;三、饶国礼赔偿物资供应站 804.3 万元,抵扣本判决第二项物资供应站返还饶国礼的 200 万元保证金后,饶国礼还应于本判决生效后十五日内给付物资供应站 604.3 万元;四、驳回饶国礼其他诉讼请求;五、驳回物资供应站其他诉讼请求。一审判决后,饶国礼提出上诉。江西省高级人民法院于 2018 年 4 月 24 日作出(2018)赣民终 173 号民事判决:一、维持江西省南昌市中级人民法院(2013)洪民一初字第 2 号民事判决第一项、第二项;二、撤销江西省南昌市中级人民法院(2013)洪民一初字第 2 号民事判决第三项、第四项、第五项;三、物资供应站返还饶国礼履约保证金 20 万元;四、饶国礼赔偿物资供应站经济损失 182.4 万元;五、本判决第一项、第三项、第四项确定的金额相互抵扣后,物资供应站应返还饶国礼 375.7 万元,该款项限物资供应站于本判决生效后 10 日内支付;六、驳回饶国礼的其他诉讼请求;七、驳回物资供应站的其他诉讼请求。饶国礼、物资供应站均不服二审判决,向最高人民法院申请再审。最高人民法院于 2018 年 9 月 27 日作出(2018)最高法民申 4268 号民事裁定,裁定提审本案。2019 年 12 月 19 日,最高人民法院作出(2019)最高法民再 97 号民事判决:一、撤销江西省高级人民法院(2018)赣民终 173 号民事判决、江西省南昌市中级人民法院(2013)洪民一初字第 2 号民事判决;二、确认饶国礼经营的晶品酒店与物资供应站签订的《租赁合同》无效;三、物资供应站自本判决发生法律效力之日起 10 日内向饶国礼返还保证金 220 万元;四、驳回饶国礼的其他诉讼请求;五、驳回物资供应站的诉讼请求。

【裁判理由】

最高人民法院认为:根据江西省建设业安全生产监督管理站于 2007 年 6 月 18 日出具的《房屋安全鉴定意见》,案涉《租赁合同》签订前,该合同项下的房屋存在以下安全隐患:一是主要结构受力构件设计与施工均不能满足现行国家设计和施工规范的要求,其强度不能满足上部结构承载力的要求,存在较严重的结构隐患;二是该房屋未进行抗震设计,没有抗震构造措施,不符合《建筑抗震设计规范》国家标准,遇有地

震或其他意外情况发生,将造成重大安全事故。《房屋安全鉴定意见》同时就此前当地发生的地震对案涉房屋的结构造成了一定破坏、应引起业主及其上级部门足够重视等提出了警示。在上述认定基础上,江西省建设业安全生产监督管理站对案涉房屋的鉴定结果和建议是,案涉租赁房屋属于应尽快拆除全部结构的 D 级危房。据此,经有权鉴定机构鉴定,案涉房屋已被确定属于存在严重结构隐患、或将造成重大安全事故的应当尽快拆除的 D 级危房。根据中华人民共和国住房和城乡建设部《危险房屋鉴定标准》(2016 年 12 月 1 日实施)第 6.1 条规定,房屋危险性鉴定属 D 级危房的,系指承重结构已不能满足安全使用要求,房屋整体处于危险状态,构成整幢危房。尽管《危险房屋鉴定标准》第 7.0.5 条规定,对评定为局部危房或整幢危房的房屋可按下列方式进行处理:1. 观察使用;2. 处理使用;3. 停止使用;4. 整体拆除;5. 按相关规定处理。但本案中,有权鉴定机构已经明确案涉房屋应予拆除,并建议尽快拆除该危房的全部结构。因此,案涉危房并不具有可在加固后继续使用的情形。《商品房屋租赁管理办法》第六条规定,不符合安全、防灾等工程建设强制性标准的房屋不得出租。《商品房屋租赁管理办法》虽在效力等级上属部门规章,但是,该办法第六条规定体现的是对社会公共安全的保护以及对公序良俗的维护。结合本案事实,在案涉房屋已被确定属于存在严重结构隐患、或将造成重大安全事故、应当尽快拆除的 D 级危房的情形下,双方当事人仍签订《租赁合同》,约定将该房屋出租用于经营可能危及不特定公众人身及财产安全的商务酒店,明显损害了社会公共利益、违背了公序良俗。从维护公共安全及确立正确的社会价值导向的角度出发,对本案情形下合同效力的认定应从严把握,司法不应支持、鼓励这种为追求经济利益而忽视公共安全的有违社会公共利益和公序良俗的行为。故依照《中华人民共和国民法总则》第一百五十三条第二款关于违背公序良俗的民事法律行为无效的规定,以及《中华人民共和国合同法》第五十二条第四项关于损害社会公共利益的合同无效的规定,确认《租赁合同》无效。关于案涉房屋倒塌后物资供应站支付给他人的补偿费用问题,因物资供应站应对《租赁合同》的无效承担主要责任,根据《中华人民共和国合同法》第五十八条"合同无效后,双方都有过错的,应当各自承担相应的责任"的规定,上述费用应由物资供应站自行承担。因饶国礼对于《租赁合同》无效亦有过错,故对饶国礼的损失依照《中华人民共和国合同法》第五十八条的规定,亦应由其自行承担。饶国礼向物资供应站支付的 220 万元保证金,因《租赁合同》系无效合同,物资供应站基于该合同取得的该款项依法应当退还给饶国礼。

最高人民法院指导案例(35 号)

广东龙正投资发展有限公司与广东景茂拍卖行有限公司委托拍卖执行复议案

(最高人民法院审判委员会讨论通过　2014 年 12 月 18 日发布)

【关键词】

民事诉讼　执行复议　委托拍卖　恶意串通
拍卖无效

【裁判要点】

拍卖行与买受人有关联关系,拍卖行为存在以下情形,损害与标的物相关权利人合法权益的,人民法院可以视为拍卖行与买受人恶意串通,依法裁定该拍卖无效:(1)拍卖过程中没有其他无关联关系的竞买人参与竞买,或者虽有其他竞买人参与竞买,但未进行充分竞价的;(2)拍卖标的物的评估价明显低于实际价格,仍以该评估价成交的。

【相关法条】

《中华人民共和国民法通则》第 58 条
《中华人民共和国拍卖法》第 65 条

【基本案情】

广州白云荔发实业公司(以下简称荔发公司)与广州广丰房产建设有限公司(以下简称广丰公司)、广州银丰房地产有限公司(以下简称银丰公司)、广州金汇房产建设有限公司(以下简称金汇公司)非法借贷纠纷一案,广东省高级人民法院(以下简称广东高院)于 1997 年 5 月 20 日作出(1996)粤法经一初字第 4 号民事判决,判令广丰公司、银丰公司共同清偿荔发公司借款 160647776.07 元及利息,金汇公司承担连带赔偿责任。

广东高院在执行前述判决过程中,于 1998 年 2 月 11 日裁定查封了广丰公司名下的广丰大厦未售出部分,面积 18851.86m2。次日,委托广东景茂拍卖行有限公司(以下简称景茂拍卖行)进行拍卖。同年 6 月,该院委托的广东粤财房地产评估所出具评估报告,结论为:广丰大厦该部分物业在 1998 年 6 月 12 日的拍卖价格为 102493594 元。后该案因故暂停处置。

2001 年初,广东高院重新启动处置程序,于同年 4 月 4 日委托景茂拍卖对广丰大厦整栋进行拍卖。同年 11 月初,广东高院在报纸上刊登拟拍卖整栋广丰大厦的公告,要求涉及广丰大厦的所有权利人或购房业主,于 2001 年 11 月 30 日前向景茂拍卖行申报权利和登记,待广东高院处理。根据公告要求,向景茂

拍卖行申报的权利有申请交付广丰大厦预售房屋、回迁房屋和申请返还购房款、工程款、银行借款等,金额高达 15 亿多元,其中,购房人缴纳的购房款逾 2 亿元。

2003 年 8 月 26 日,广东高院委托广东财兴资产评估有限公司(即原广东粤财房地产评估所)对广丰大厦整栋进行评估。同年 9 月 10 日,该所出具评估报告,结论为:整栋广丰大厦(用地面积 3009m2,建筑面积 34840m2)市值为 3445 万元,建议拍卖保留价为市值的 70% 即 2412 万元。同年 10 月 17 日,景茂拍卖行以 2412 万元将广丰大厦整栋拍卖给广东龙正投资发展有限公司(以下简称龙正公司)。广东高院于同年 10 月 28 日作出(1997)粤高法执字第 7 号民事裁定,确认将广丰大厦整栋以 2412 万元转给龙正公司所有。2004 年 1 月 5 日,该院向广州市国土房管部门发出协助执行通知书,要求将广丰大厦整栋产权过户给买受人龙正公司,并声明原广丰大厦的所有权利人,包括购房人、受让人、抵押权人、被拆迁人或拆迁户等的权益,由该院依法处理。龙正公司取得广丰大厦后,在原主体框架结构基础上继续投入资金进行续建,续建完成后更名为“时代国际大厦”。

2011 年 6 月 2 日,广东高院根据有关部门的意见对该案复查后,作出(1997)粤高法执字第 7-1 号执行裁定,认定景茂拍卖行和买受人龙正公司的股东系亲属,存在关联关系。广丰大厦两次评估价格差额巨大,第一次评估了广丰大厦约一半面积的房产,第二次评估了该大厦整栋房产,但第二次评估价格仅为第一次评估价格的 35%,即使考虑市场变化因素,其价格变化也明显不正常。根据景茂拍卖行报告,拍卖时有三个竞买人参加竞买,另外两个竞买人均未举牌竞价,龙正公司因而一次举牌即以起拍价 2412 万元竞买成功。但经该院协调有关司法机关无法找到该二人,后书面通知景茂拍卖行提供该二人的竞买资料,景茂拍卖行未能按要求提供;景茂拍卖行也未按照《拍卖监督管理暂行办法》第四条“拍卖企业举办拍卖活动,应当于拍卖日前七天内到拍卖活动所在地工商行政管理局备案,……拍卖企业应当在拍卖活动结束

后 7 天内,将竞买人名单、身份证明复印件送拍卖活动所在地工商行政管理局备案"的规定,向工商管理部门备案。现有证据不能证实另外两个竞买人参加了竞买。综上,可以认定拍卖人景茂拍卖行和竞买人龙正公司在拍卖广丰大厦中存在恶意串通行为,导致广丰大厦拍卖不能公平竞价,损害了购房人和其他债权人的利益。根据《中华人民共和国民法通则》(以下简称《民法通则》)第五十八条、《中华人民共和国拍卖法》(以下简称《拍卖法》)第六十五条的规定,裁定拍卖无效,撤销该院 2003 年 10 月 28 日作出的(1997)粤高法执字第 7 号民事裁定。对此,买受人龙正公司和景茂拍卖行分别向广东高院提出异议。

龙正公司和景茂拍卖行异议被驳回后,又向最高人民法院申请复议。主要复议理由为:对广丰大厦前后两次评估的价值相差巨大的原因存在合理性,评估结果与拍卖行和买受人无关;拍卖保留价也是根据当时实际情况决定的,拍卖成交价是当时市场客观因素造成的;景茂拍卖行不能提供另外两名竞买人的资料,不违反《拍卖法》第五十四条第二款关于"拍卖资料保管期限自委托拍卖合同终止之日起计算,不得少于五年"的规定;拍卖广丰大厦的拍卖过程公开、合法,拍卖前曾四次在报纸上刊出拍卖公告,法律没有禁止拍卖行股东亲属的公司参与竞买。故不存在拍卖行与买受人恶意串通、损害购房人和其他债权人利益的事实。广东高院推定竞买人与拍卖行存在恶意串通行为是错误的。

【裁判结果】

广东高院于 2011 年 10 月 9 日作出(2011)粤高法执异字第 1 号执行裁定:维持(1997)粤高法执字第 7-1 号执行裁定意见,驳回异议。裁定送达后,龙正公司和景茂拍卖行向最高人民法院申请复议。最高人民法院于 2012 年 6 月 15 日作出(2012)执复字第 6 号执行裁定:驳回龙正公司和景茂拍卖行的复议请求。

【裁判理由】

最高人民法院认为:受人民法院委托进行的拍卖属于司法强制拍卖,其与公民、法人和其他组织自行委托拍卖机构进行的拍卖不同,人民法院有权对拍卖程序及拍卖结果的合法性进行审查。因此,即使拍卖已经成交,人民法院发现其所委托的拍卖行为违法,仍可以根据《民法通则》第五十八条、《拍卖法》第六十五条等法律规定,对在拍卖过程中恶意串通,导致拍卖不能公平竞价、损害他人合法权益的,裁定该拍卖无效。

买受人在拍卖过程中与拍卖机构是否存在恶意串通,应从拍卖过程、拍卖结果等方面综合考察。如果买受人与拍卖机构存在关联关系,拍卖过程没有进行充分竞价,而买受人和拍卖机构明知标的物评估价和成交价明显过低,仍以该低价成交,损害标的物相关权利人合法权益的,可以认定双方存在恶意串通。

本案中,在景茂拍卖行与买受人之间因股东的亲属关系而存在关联关系的情况下,除非能够证明拍卖过程中有其他无关联关系的竞买人参与竞买,且进行了充分的竞价,否则可以推定景茂拍卖行与买受人之间存在串通。该竞价充分的举证责任应由景茂拍卖行和与其有关联关系的买受人承担。2003 年拍卖结束后,景茂拍卖行给广东高院的拍卖报告中指出,还有另外两个自然人参加竞买,现场没有举牌竞价,拍卖中仅一次叫价即以保留价成交,并无竞价。而买受人龙正公司和景茂拍卖行不能提供其他两个竞买人的情况。经审核,其复议中提供的向工商管理部门备案的材料中,并无另外两个竞买人参加竞买的资料。拍卖资料经过了保存期,不是其不能提供竞买人情况的理由。据此,不能认定有其他竞买人参加了竞买,可以认定景茂拍卖行与买受人龙正公司之间存在串通行为。

鉴于本案拍卖系直接以评估机构确定的市场价的 70%之保留价成交的,故评估价是否合理对于拍卖结果是否公正合理有直接关系。之前对一半房产的评估价已达一亿多元,但是本次对全部房产的评估价格却只有原来一半房产评估价格的 35%。拍卖行明知价格过低,却通过亲属来购买房产,未经多轮竞价,严重侵犯了他人的利益。拍卖整个楼的价格与评估部分房产时的价格相差悬殊,拍卖行和买受人的解释不能让人信服,可以认定两者间存在恶意串通。同时,与广丰大厦相关的权利有申请交付广丰大厦预售房屋、回迁房屋和申请返还购房款、工程款、银行借款等,总额达 15 亿多元,仅购房人登记所交购房款即超过 2 亿元。而本案拍卖价款仅为 2412 万元,对于没有优先受偿权的本案申请执行人毫无利益可言,明显属于无益拍卖。鉴于景茂拍卖行负责接受与广丰大厦相关的权利的申报工作,且买受人与其存在关联关系,可认定景茂拍卖行与买受人对上述问题也应属明知。因此,对于此案拍卖导致与广丰大厦相关的权利人的权益受侵害,景茂拍卖行与买受人龙正公司之间构成恶意串通。

综上,广东高院认定拍卖人景茂拍卖行和买受人龙正公司在拍卖广丰大厦中存在恶意串通行为,导致广丰大厦拍卖不能公平竞价、损害了购房人和其他债权人的利益,是正确的。故(1997)粤高法执字第 7-1 号及(2011)粤高法执异字第 1 号执行裁定并无不当,景茂拍卖行与龙正公司申请复议的理由不能成立。

最高人民法院指导案例(33号)

瑞士嘉吉国际公司诉福建金石制油有限公司等确认合同无效纠纷案

(最高人民法院审判委员会讨论通过　2014年12月18日发布)

【关键词】

民事　确认合同无效　恶意串通　财产返还

【裁判要点】

1.债务人将主要财产以明显不合理低价转让给其关联公司,关联公司在明知债务人欠债的情况下,未实际支付对价的,可以认定债务人与其关联公司恶意串通、损害债权人利益,与此相关的财产转让合同应当认定为无效。

2.《中华人民共和国合同法》第五十九条规定适用于第三人为财产所有权人的情形,在债权人对债务人享有普通债权的情况下,应当根据《中华人民共和国合同法》第五十八条的规定,判令因无效合同取得的财产返还给原财产所有人,而不能根据第五十九条规定直接判令债务人的关联公司因"恶意串通,损害第三人利益"的合同而取得的债务人的财产返还给债权人。

【相关法条】

1.《中华人民共和国合同法》第52条第2项

2.《中华人民共和国合同法》第58条、第59条

【基本案情】

瑞士嘉吉国际公司(Cargill International SA,简称嘉吉公司)与福建金石制油有限公司(以下简称福建金石公司)以及大连金石制油有限公司、沈阳金石豆业有限公司、四川金石油粕有限公司、北京珂玛美嘉粮油有限公司、宜丰香港有限公司(该六公司以下统称金石集团)存在商业合作关系。嘉吉公司因与金石集团买卖大豆发生争议,双方在国际油类、种子和脂类联合会仲裁过程中于2005年6月26日达成《和解协议》,约定金石集团将在五年内分期偿还债务,并将金石集团旗下福建金石公司的全部资产,包括土地使用权、建筑物和固着物、所有的设备及其他财产抵押给嘉吉公司,作为偿还债务的担保。2005年10月10日,国际油类、种子和脂类联合会根据该《和解协议》作出第3929号仲裁裁决,确认金石集团应向嘉吉公司支付1337万美元。2006年5月,因金石集团未履行该仲裁裁决,福建金石公司也未配合进行资产抵押,嘉吉公司向福建省厦门市中级人民法院申请承认

和执行第3929号仲裁裁决。2007年6月26日,厦门市中级人民法院经审查后裁定对该仲裁裁决的法律效力予以承认和执行。该裁定生效后,嘉吉公司申请强制执行。

2006年5月8日,福建金石公司与福建田源生物蛋白科技有限公司(以下简称田源公司)签订一份《国有土地使用权及资产买卖合同》,约定福建金石公司将其国有土地使用权、厂房、办公楼和油脂生产设备等全部固定资产以2569万元人民币(以下未特别注明的均为人民币)的价格转让给田源公司,其中国有土地使用权作价464万元、房屋及设备作价2105万元,应在合同生效后30日内支付全部价款。王晓琪和柳锋分别作为福建金石公司与田源公司的法定代表人在合同上签名。福建金石公司曾于2001年12月31日以482.1万元取得本案所涉32138平方米国有土地使用权。2006年5月10日,福建金石公司与田源公司对买卖合同项下的标的物进行了交接。同年6月15日,田源公司通过在中国农业银行漳州支行的账户向福建金石公司在同一银行的账户转入2500万元。福建金石公司当日从该账户汇出1300万元、1200万元两笔款项至金石集团旗下大连金石制油有限公司账户,用途为往来款。同年6月19日,田源公司取得上述国有土地使用权证。

2008年2月21日,田源公司与漳州开发区汇丰源贸易有限公司(以下简称汇丰源公司)签订《买卖合同》,约定汇丰源公司购买上述土地使用权及地上建筑物、设备等,总价款为2669万元,其中土地价款603万元、房屋价款334万元、设备价款1732万元。汇丰源公司于2008年3月取得上述国有土地使用权证。汇丰源公司仅于2008年4月7日向田源公司付款569万元,此后未付其余价款。

田源公司、福建金石公司、大连金石制油有限公司及金石集团旗下其他公司的直接或间接控制人均为王政良、王晓莉、王晓琪、柳锋。王政良与王晓琪、王晓莉是父女关系,柳锋与王晓琪是夫妻关系。2009年10月15日,中纺粮油进出口有限责任公司(以下简称中纺粮油)取得田源公司80%的股权。2010

年1月15日,田源公司更名为中纺粮油(福建)有限公司(以下简称中纺福建公司)。

汇丰源公司成立于2008年2月19日,原股东为宋明权、杨淑莉。2009年9月16日,中纺粮油公司和宋明权、杨淑莉签订《股权转让协议》,约定中纺粮油公司购买汇丰源公司80%的股权。同日,中纺粮油公司(甲方)、汇丰源公司(乙方)、宋明权和杨淑莉(丙方)及沈阳金豆食品有限公司(丁方)签订《股权质押协议》,约定:丙方将所拥有汇丰源公司20%的股权质押给甲方,作为乙方、丙方、丁方履行"合同义务"之担保;"合同义务"系指乙方、丙方在《股权转让协议》及《股权质押协议》项下因"红豆事件"而产生的所有责任和义务;"红豆事件"是指嘉吉公司与金石集团就进口大豆中掺杂红豆原因而引发的金石集团涉及的一系列诉讼及仲裁纠纷以及与此有关的涉及汇丰源公司的一系列诉讼及仲裁纠纷。还约定,下述情形同时出现之日,视为乙方和丙方的"合同义务"已完全履行:1. 因"红豆事件"而引发的任何诉讼、仲裁案件的全部审理及执行程序均已终结,且乙方未遭受财产损失;2. 嘉吉公司针对乙方所涉合同可能存在的撤销权因超过法律规定的最长期间(五年)而消灭。2009年11月18日,中纺粮油公司取得汇丰源公司80%的股权。汇丰源公司成立后并未进行实际经营。

由于福建金石公司已无可供执行的财产,导致无法执行,嘉吉公司遂向福建省高级人民法院提起诉讼,请求:一是确认福建金石公司与中纺福建公司签订的《国有土地使用权及资产买卖合同》无效;二是确认中纺福建公司与汇丰源公司签订的国有土地使用权及资产《买卖合同》无效;三是判令汇丰源公司、中纺福建公司将其取得的合同项下财产返还给财产所有人。

【裁判结果】

福建省高级人民法院于2011年10月23日作出(2007)闽民初字第37号民事判决,确认福建金石公司与田源公司(后更名为中纺福建公司)之间的《国有土地使用权及资产买卖合同》、田源公司与汇丰源公司之间的《买卖合同》无效;判令汇丰源公司于判决生效之日起三十日内向福建金石公司返还因上述合同而取得的国有土地使用权,中纺福建公司于判决生效之日起三十日内向福建金石公司返还因上述合同而取得的房屋、设备。宣判后,福建金石公司、中纺福建公司、汇丰源公司提出上诉。最高人民法院于2012年8月22日作出(2012)民四终字第1号民事判决,驳回上诉,维持原判。

【裁判理由】

最高人民法院认为:因嘉吉公司注册登记地在瑞士,本案系涉外案件,各方当事人对适用中华人民共和国法律审理本案没有异议。本案源于债权人嘉吉公司认为债务人福建金石公司与关联企业田源公司、田源公司与汇丰源公司之间关于土地使用权以及地上建筑物、设备等资产的买卖合同,因属于《中华人民共和国合同法》第五十二条第二项"恶意串通,损害国家、集体或者第三人利益"的情形而应当被认定无效,并要求返还原物。本案争议的焦点问题是:福建金石公司、田源公司(后更名为中纺福建公司)、汇丰源公司相互之间订立的合同是否构成恶意串通、损害嘉吉公司利益的合同? 本案所涉合同被认定无效后的法律后果如何?

一、关于福建金石公司、田源公司、汇丰源公司相互之间订立的合同是否构成"恶意串通,损害第三人利益"的合同

首先,福建金石公司、田源公司在签订和履行《国有土地使用权及资产买卖合同》的过程中,其实际控制人之间系亲属关系,且柳锋、王晓琪夫妇分别作为两公司的法定代表人在合同上签署。因此,可以认定在签署以及履行转让福建金石公司国有土地使用权、房屋、设备的合同过程中,田源公司对福建金石公司的状况是非常清楚的,对包括福建金石公司在内的金石集团因"红豆事件"被仲裁裁决确认对嘉吉公司形成1337万美元债务的事实是清楚的。

其次,《国有土地使用权及资产买卖合同》订立于2006年5月8日,其中约定田源公司购买福建金石公司资产的价款为2569万元,国有土地使用权作价464万元、房屋及设备作价2105万元,并未根据相关会计师事务所的评估报告作价。一审法院根据福建金石公司2006年5月31日资产负债表,以其中载明固定资产原价44042705.75元、扣除折旧后固定资产净值为32354833.70元,而《国有土地使用权及资产买卖合同》中对房屋及设备作价仅2105万元,认定《国有土地使用权及资产买卖合同》中约定的购买福建金石公司资产价格为不合理低价是正确的。在明知债务人福建金石公司欠债权人嘉吉公司巨额债务的情况下,田源公司以明显不合理低价购买福建金石公司的主要资产,足以证明其与福建金石公司在签订《国有土地使用权及资产买卖合同》时具有主观恶意,属恶意串通,且该合同的履行足以损害债权人嘉吉公司的利益。

第三,《国有土地使用权及资产买卖合同》签订后,田源公司虽然向福建金石公司在同一银行的账户转账2500万元,但该转账并未注明款项用途,且福建金石公司于当日将2500万元分两笔汇入其关联企业大连金石制油有限公司账户;又根据福建金石公司和田源公司当年的财务报表,并未体现该笔2500万元的入账或支出,而是体现出田源公司尚欠福建金石公司"其他应付款"121224155.87元。一审法院据此认定田源公司并未根据《国有土地使用权及资产买卖合

同》向福建金石公司实际支付价款是合理的。

第四,从公司注册登记资料看,汇丰源公司成立时股东构成似与福建金石公司无关,但在汇丰源公司股权变化的过程中可以看出,汇丰源公司在与田源公司签订《买卖合同》时对转让的资产来源以及福建金石公司对嘉吉公司的债务是明知的。《买卖合同》约定的价款为 2669 万元,与田源公司从福建金石公司购入该资产的约定价格相差不大。汇丰源公司除已向田源公司支付 569 万元外,其余款项未付。一审法院据此认定汇丰源公司与田源公司签订《买卖合同》时恶意串通并足以损害债权人嘉吉公司的利益,并无不当。

综上,福建金石公司与田源公司签订的《国有土地使用权及资产买卖合同》、田源公司与汇丰源公司签订的《买卖合同》,属于恶意串通、损害嘉吉公司利益的合同。根据合同法第五十二条第二项的规定,均应当认定无效。

二、关于本案所涉合同被认定无效后的法律后果

对于无效合同的处理,人民法院一般应当根据合同法第五十八条"合同无效或者被撤销后,因该合同取得的财产,应当予以返还;不能返还或者没有必要返还的,应当折价补偿。有过错的一方应当赔偿对方因此所受到的损失,双方都有过错的,应当各自承担相应的责任"的规定,判令取得财产的一方返还财产。本案涉及的两份合同均被认定无效,两份合同涉及的财产相同,其中国有土地使用权已经从福建金石公司经田源公司变更至汇丰源公司名下,在没有证据证明本案所涉房屋已经由田源公司过户至汇丰源公司名下、所涉设备已经由田源公司交付汇丰源公司的情况下,一审法院直接判令取得国有土地使用权的汇丰源公司、取得房屋和设备的田源公司分别就各自取得的财产返还给福建金石公司并无不妥。

合同法第五十九条规定:"当事人恶意串通,损害国家、集体或者第三人利益的,因此取得的财产收归国家所有或者返还集体、第三人。"该条规定应当适用于能够确定第三人为财产所有权人的情况。本案中,嘉吉公司对福建金石公司享有普通债权,本案所涉财产系福建金石公司的财产,并非嘉吉公司的财产,因此只能判令将系争财产返还给福建金石公司,而不能直接判令返还给嘉吉公司。

最高人民法院指导案例(205 号)

上海市人民检察院第三分院诉郎溪华远固体废物处置有限公司、宁波高新区米泰贸易有限公司、黄德庭、薛强环境污染民事公益诉讼案

(最高人民法院审判委员会讨论通过 2022 年 12 月 30 日发布)

【关键词】

民事 环境污染民事公益诉讼 固体废物 走私 处置费用

【裁判要点】

1. 侵权人走私固体废物,造成生态环境损害或者具有污染环境、破坏生态重大风险,国家规定的机关或者法律规定的组织请求其依法承担生态环境侵权责任的,人民法院应予支持。在因同一行为引发的刑事案件中未被判处刑事责任的侵权人主张不承担生态环境侵权责任的,人民法院不予支持。

2. 对非法入境后因客观原因无法退运的固体废物采取无害化处置是防止生态环境损害发生和扩大的必要措施,所支出的合理费用应由侵权人承担。侵权人以固体废物已被行政执法机关查扣没收,处置费用应纳入行政执法成本作为抗辩理由的,人民法院不予支持。

【相关法条】

《中华人民共和国民法典》第 179 条、第 187 条(本案适用的是自 2010 年 7 月 1 日起实施的《中华人民共和国侵权责任法》第 4 条、第 15 条)

【基本案情】

法院经审理查明:2015 年初,郎溪华远固体废物处置有限公司(以下简称华远公司)法定代表人联系黄德庭,欲购买进口含铜固体废物,黄德庭随即联系宁波高新区米泰贸易有限公司(以下简称米泰公司)实际经营者陈亚君以及薛强,商定分工开展进口含铜固体废物的活动。同年 9 月,薛强在韩国组织了一票 138.66 吨的铜污泥,由米泰公司以铜矿砂品名制作了虚假报关单证,并将进口的货物清单以传真等方式告知华远公司,华远公司根据货物清单上的报价向米泰公司支付了货款 458793.90 元,再由黄德庭在上海港报关进口。后该票固体废物被海关查获滞留港区,无

法退运,危害我国生态环境安全。上海市固体废物管理中心认为,涉案铜污泥中含有大量重金属,应从严管理,委托有危险废物经营许可证单位进行无害化处置。经上海市价格认证中心评估,涉案铜污泥处置费用为1053700元。

另查明,2017年12月25日,上海市人民检察院第三分院就米泰公司、黄德庭、薛强共同实施走私国家禁止进口固体废物,向上海市第三中级人民法院提起公诉。上海市第三中级人民法院于2018年9月18日作出(2018)沪03刑初8号刑事判决,判决米泰公司犯走私废物罪,判处罚金20万元;黄德庭犯走私废物罪,判处有期徒刑四年,并处罚金30万元;薛强犯走私废物罪,判处有期徒刑二年,并处罚金5万元。该刑事判决已生效。

【裁判结果】

上海市第三中级人民法院于2019年9月5日作出(2019)沪03民初11号民事判决:被告米泰公司、被告黄德庭、被告薛强、被告华远公司于本判决生效之日起十日内,连带赔偿非法进口固体废物(铜污泥)的处置费1053700元,支付至上海市人民检察院第三分院公益诉讼专门账户。华远公司不服,提起上诉。上海市高级人民法院于2020年12月25日作出(2019)沪民终450号民事判决:驳回上诉,维持原判。

【裁判理由】

法院生效裁判认为:行为人未在走私废物犯罪案件中被判处刑事责任,不代表其必然无需在民事公益

诉讼中承担民事责任,是否应当承担民事责任,需要依据民事法律规范予以判断,若符合相应民事责任构成要件的,仍应承担民事赔偿责任。本案中,相关证据能够证明华远公司与米泰公司、黄德庭、薛强之间就进口铜污泥行为存在共同商议,其属于进口铜污泥行为的需求方和发起者,具有共同的侵权故意,符合共同实施环境民事侵权行为的构成要件。

对于非法入境的国家禁止进口的固体废物,即使因被查扣尚未造成实际的生态环境损害,但对国家生态环境安全存在重大侵害风险的,侵权行为人仍应负有消除危险的民事责任。相关行为人应当首先承担退运固体废物的法律责任,并由其自行负担退运成本,在无法退运的情形下,生态环境安全隐患和影响仍客观存在,行为人不应当因无法退运而免除排除污染风险的法律责任。故在本案中,四被告应当共同承担消除危险的民事责任。

针对非法入境而滞留境内的固体废物,无害化处置是消除危险的必要措施,相应的处置费用应由侵权行为人承担。为防止生态环境损害的发生,行为人应当承担为停止侵害、消除危险等采取合理预防、处置措施而发生的费用。案涉铜污泥无法退运,为消除环境污染危险,需要委托有关专业单位采取无害化处置,此系必要的、合理的预防处置措施。相关费用属于因消除污染危险而产生的费用,华远公司与其他各方应承担连带赔偿责任。侵权行为人以固体废物已被行政执法机关查扣没收,处置费用应纳入行政执法成本作为抗辩理由的,不应予以支持。

最高人民法院指导案例(98号)

张庆福、张殿凯诉朱振彪生命权纠纷案

(最高人民法院审判委员会讨论通过 2018年12月19日发布)

【关键词】

民事 生命权 见义勇为

【裁判要点】

行为人非因法定职责、法定义务或约定义务,为保护国家、社会公共利益或者他人的人身、财产安全,实施阻止不法侵害者逃逸的行为,人民法院可以认定为见义勇为。

【相关法条】

《中华人民共和国侵权责任法》第6条

《中华人民共和国道路交通安全法》第70条

【基本案情】

原告张庆福、张殿凯诉称:2017年1月9日,被告

朱振彪驾驶奥迪小轿车追赶骑摩托车的张永焕。后张永焕弃车在前面跑,被告朱振彪也下车在后面继续追赶,最终导致张永焕在迁曹线90公里495米处(滦南路段)撞上火车身亡。朱振彪在追赶过程中散布和传递了张永焕撞死人的失实信息;在张永焕用语言表示自杀并撞车实施自杀行为后,朱振彪仍然追赶,超过了必要限度;追赶过程中,朱振彪手持木凳、木棍,对张永焕的生命造成了威胁,并数次谩骂张永焕,对张永焕的死亡存在主观故意和明显过错,对张永焕死亡应承担赔偿责任。

被告朱振彪辩称:被告追赶交通肇事逃逸者张永焕的行为属于见义勇为行为,主观上无过错,客观上

不具有违法性,该行为与张永焕死亡结果之间不存在因果关系,对张永焕的意外死亡不承担侵权责任。

法院经审理查明:2017年1月9日上午11时许,张永焕由南向北驾驶两轮摩托车行驶至古柳线青坨鹏盛水产门口,与张雨来无证驾驶同方向行驶的无牌照两轮摩托车追尾相撞,张永焕跌倒、张雨来倒地受伤、摩托车受损,后张永焕起身驾驶摩托车驶离现场。此事故经曹妃甸交警部门认定:张永焕负主要责任,张雨来负次要责任。

事发当时,被告朱振彪驾车经过肇事现场,发现肇事逃逸行为即驾车追赶。追赶过程中,朱振彪多次向柳赞边防派出所、曹妃甸公安局110指挥中心等公安部门电话报警。报警内容主要是:柳赞镇一道档北两辆摩托车相撞,有人受伤,另一方骑摩托车逃逸,报警人正在跟随逃逸人,请出警。朱振彪驾车追赶张永焕过程中不时喊"这个人把人怼了逃跑呢"等内容。张永焕驾驶摩托车行至滦南县胡各庄镇西梁各庄村内时,弃车从南门进入该村村民郑如深家,并从郑如深家过道屋拿走菜刀一把,从北门走出。朱振彪见张永焕拿刀,即从郑如深家中拿起一个木凳,继续追赶。后郑如深赶上朱振彪,将木凳讨回,朱振彪则拿一木棍继续追赶。追赶过程中,有朱振彪喊"你怼死人了往哪跑!警察马上就来了",张永焕称"一会儿我就把自己砍了",朱振彪说"你把刀扔了我就不追你了"之类的对话。

走出西梁各庄村后,张永焕跑上滦海公路,有向过往车辆冲撞的行为。在被李江波驾驶的面包车撞倒后,张永焕随即又站起来,在路上行走一段后,转向铁路方向的开阔地跑去。在此过程中,曹妃甸区交通局路政执法大队副大队长郑作亮等人加入,与朱振彪一起继续追赶,并警告路上车辆,小心慢行,这个人想往车上撞。

张永焕走到迁曹铁路时,翻过护栏,沿路堑而行,朱振彪亦翻过护栏继续跟随。朱振彪边追赶边劝阻张永焕说:被撞到的那个人没事儿,你也有家人,知道了会惦记你的,你自首就中了。2017年1月9日11时56分,张永焕自行走向两铁轨中间,51618次火车机车上的视频显示,朱振彪挥动上衣,向驶来的列车示警。2017年1月9日12时02分,张永焕被由北向南行驶的51618次火车撞倒,后经检查被确认死亡。

在朱振彪跟随张永焕的整个过程中,两人始终保持一定的距离,未曾有过身体接触。朱振彪有劝张永焕投案的语言,也有责骂张永焕的言辞。

另查明,张雨来在与张永焕发生交通事故受伤后,当日先后被送到曹妃甸区医院、唐山市工人医院救治,于当日回家休养,至今未进行伤情鉴定。张永焕死亡后其第一顺序法定继承人有二人,即其父张庆福、其子张殿凯。

2017年10月11日,大秦铁路股份有限公司大秦车务段滦南站作为甲方,与原告张殿凯作为乙方,双方签订《铁路交通事故处理协议》,协议内容"2017年1月9日12时02分,51618次列车运行在曹北站至滦南站之间90公里495处,将擅自进入铁路线路的张永焕撞死,构成一般B类事故;死者张永焕负事故全部责任;铁路方在无过错情况下,赔偿原告张殿凯4万元。"

【裁判结果】

河北省滦南县人民法院于2018年2月12日作出(2017)冀0224民初3480号民事判决:驳回原告张庆福、张殿凯的诉讼请求。一审宣判后,原告张庆福、张殿凯不服,提出上诉。审理过程中,上诉人张庆福、张殿凯撤回上诉。河北省唐山市中级人民法院于2018年2月28日作出(2018)冀02民终2730号民事裁定:准许上诉人张庆福、张殿凯撤回上诉。一审判决已发生法律效力。

【裁判理由】

法院生效裁判认为:张庆福、张殿凯在本案二审审理期间提出撤回上诉的请求,不违反法律规定,准许撤回上诉。

本案焦点问题是被告朱振彪行为是否具有违法性;被告朱振彪对张永焕的死亡是否具有过错;被告朱振彪的行为与张永焕的死亡结果之间是否具备法律上的因果关系。

首先,案涉道路交通事故发生后张雨来受伤倒地昏迷,张永焕驾驶摩托车逃离。被告朱振彪作为现场目击人,及时向公安机关电话报警,并驱车、徒步追赶张永焕,敦促其投案,其行为本身不具有违法性。同时,根据《中华人民共和国道路交通安全法》第七十条规定,交通肇事发生后,车辆驾驶人应当立即停车、保护现场、抢救伤者,张永焕肇事逃逸的行为违法。被告朱振彪作为普通公民,挺身而出,制止正在发生的违法犯罪行为,属于见义勇为,应予以支持和鼓励。

其次,从被告朱振彪的行为过程看,其并没有侵害张永焕生命权的故意和过失。根据被告朱振彪的手机视频和机车行驶影像记录,双方始终未发生身体接触。在张永焕持刀声称自杀意图阻止他人追赶的情况下,朱振彪拿起木凳、木棍属于自我保护的行为。在张永焕声称撞车自杀,意图阻止他人追赶的情况下,朱振彪和路政人员进行了劝阻并提醒来往车辆。考虑到交通事故发生突然,当时张雨来处于倒地昏迷状态,在此情况下被告朱振彪未能准确判断张雨来伤情,在追赶过程中有时喊话传递的信息不准确或语言不文明,但不构成民事侵权责任过错,也不影响追赶行为的性质。在张永焕为逃避追赶,跨越铁路围栏、进入火车运行区间之后，被告朱振彪及时予以高声劝阻提醒，同时挥衣向火车司机示警，仍未能阻止张永焕死亡结果的发生。故该结果与朱振彪的追赶行为之间不具有法律上的因果关系。

综上，原告张庆福、张殿凯一审中提出的诉讼请求理据不足，不予支持。

最高人民法院指导案例(99号)

葛长生诉洪振快名誉权、荣誉权纠纷案

(最高人民法院审判委员会讨论通过　2018年12月19日发布)

【关键词】

民事　名誉权　荣誉权　英雄烈士　社会公共利益

【裁判要点】

1. 对侵害英雄烈士名誉、荣誉等行为，英雄烈士的近亲属依法向人民法院提起诉讼的，人民法院应予受理。

2. 英雄烈士事迹和精神是中华民族的共同历史记忆和社会主义核心价值观的重要体现，英雄烈士的名誉、荣誉等受法律保护。人民法院审理侵害英雄烈士名誉、荣誉等案件，不仅要依法保护相关个人权益，还应发挥司法彰显公共价值功能，维护社会公共利益。

3. 任何组织和个人以细节考据、观点争鸣等名义对英雄烈士的事迹和精神进行污蔑和贬损，属于歪曲、丑化、亵渎、否定英雄烈士事迹和精神的行为，应当依法承担法律责任。

【相关法条】

《中华人民共和国侵权责任法》第2条、第15条

【基本案情】

原告葛长生诉称：洪振快发表的《小学课本〈狼牙山五壮士〉有多处不实》一文以及《"狼牙山五壮士"的细节分歧》一文，以历史细节考据、学术研究为幌子，以细节否定英雄，企图达到抹黑"狼牙山五壮士"英雄形象和名誉的目的，请求判令洪振快停止侵权、公开道歉、消除影响。

被告洪振快辩称：案涉文章是学术文章，没有侮辱性的言词，关于事实的表述有相应的根据，不是凭空捏造或者歪曲，不构成侮辱和诽谤，不构成名誉权的侵害，不同意葛长生的全部诉讼请求。

法院经审理查明：1941年9月25日，在易县狼牙山发生了著名的狼牙山战斗。在这场战斗中，"狼牙山五壮士"英勇抗敌的基本事实和舍生取义的伟大精神，赢得了全中国人民的高度认同和广泛赞扬。新中国成立后，五壮士的事迹被编入义务教育教科书，五壮士被人民视为当代中华民族抗击外敌入侵的民族英雄。

2013年9月9日，时任《炎黄春秋》杂志社执行主编的洪振快在财经网发表《小学课本〈狼牙山五壮士〉有多处不实》一文。文中写道：据《南方都市报》2013年8月31日报道，广州越秀警方于8月29日晚间将一位在新浪微博上"污蔑狼牙山五壮士"的网民抓获，以虚构信息、散布谣言为由予以行政拘留7日。所谓"污蔑狼牙山五壮士"的"谣言"原本就有。据媒体报道，该网友实际上是传播了2011年12月14日百度贴吧里一篇名为《狼牙山五壮士真相原来是这样!》的帖子的内容，该帖子说五壮士"5个人中有3个是当场被打死的，后来清理战场把尸体丢下悬崖。另两个当场被活捉，只是后来不知道什么原因又从日本人手上逃了出来"。2013年第11期《炎黄春秋》杂志刊发洪振快撰写的《"狼牙山五壮士"的细节分歧》一文，亦发表于《炎黄春秋》杂志网站。该文分为"在何处跳崖""跳崖是怎么跳的""敌我双方战斗伤亡""'五壮士'是否拔了群众的萝卜"等部分。文章通过援引不同来源、不同内容、不同时期的报刊资料等，对"狼牙山五壮士"事迹中的细节提出质疑。

【裁判结果】

北京市西城区人民法院于2016年6月27日作出(2015)西民初字第27841号民事判决：一、被告洪振快立即停止侵害葛振林名誉、荣誉的行为；二、本判决生效后三日内，被告洪振快公开发布赔礼道歉公告，向原告葛长生赔礼道歉，消除影响。该公告须连续刊登五日，公告刊登媒体及内容需经本院审核，逾期不执行，本院将在相关媒体上刊登判决书的主要内容，所需费用由被告洪振快承担。一审宣判后，洪振快向北京市第二中级人民法院提起上诉，北京市第二中级人民法院于2016年8月15日作出(2016)京02民终6272号民事判决：驳回上诉，维持原判。

【裁判理由】

法院生效裁判认为：1941年9月25日，在易县狼牙山发生的狼牙山战斗，是被大量事实证明的著名战斗。在这场战斗中，"狼牙山五壮士"英勇抗敌的基本事实和舍生取义的伟大精神，赢得了全国人民高度认同和广泛赞扬，是五壮士获得"狼牙山五壮士"崇高名

誉和荣誉的基础。"狼牙山五壮士"这一称号在全军、全国人民中已经赢得了普遍的公众认同,既是国家及公众对他们作为中华民族的优秀儿女在反抗侵略、保家卫国中作出巨大牺牲的褒奖,也是他们应当获得的个人名誉和个人荣誉。"狼牙山五壮士"是中国共产党领导的八路军在抵抗日本帝国主义侵略伟大斗争中涌现出来的英雄群体,是中国共产党领导的全民抗战并取得最终胜利的重要事件载体。"狼牙山五壮士"的事迹经由广泛传播,已成为激励无数中华儿女反抗侵略、英勇抗敌的精神动力之一;成为人民军队誓死捍卫卫国家利益、保障国家安全的军魂来源之一。在和平年代,"狼牙山五壮士"的精神,仍然是我国公众树立不畏艰辛、不怕困难、为国为民奋斗终身的精神指引。这些英雄烈士及其精神,已经获得全民族的广泛认同,是中华民族共同记忆的一部分,是中华民族精神的内核之一,也是社会主义核心价值观的重要内容。而民族的共同记忆、民族精神乃至社会主义核心价值观,无论是从我国的历史看,还是从现行法上看,都已经是社会公共利益的一部分。

案涉文章对于"狼牙山五壮士"在战斗中所表现出的英勇抗敌的事迹和舍生取义的精神这一基本事实,自始至终未作出正面评价。而是以考证"在何处跳崖""跳崖是怎么跳的""敌我双方战斗伤亡"以及"'五壮士'是否拔了群众的萝卜"等细节为主要线

索,通过援引不同时期的材料、相关当事者不同时期的言论,全然不考虑历史的变迁,各个材料所形成的时代背景以及各个材料的语境等因素。在无充分证据的情况下,案涉文章多处作出似是而非的推测、质疑乃至评价。因此,尽管案涉文章无明显侮辱性的语言,但通过强调与基本事实无关或者关联不大的细节,引导读者对"狼牙山五壮士"这一英雄烈士群体英勇抗敌事迹和舍生取义精神产生质疑,从而否定基本事实的真实性,进而降低他们的英勇形象和精神价值。洪振快的行为方式符合以贬损、丑化的方式损害他人名誉和荣誉权益的特征。

案涉文章通过刊物发行和网络传播,在全国范围内产生了较大影响,不仅损害了葛振林的个人名誉和荣誉,损害了葛长生的个人感情,也在一定范围和程度上伤害了社会公众的民族和历史情感。在我国,由于"狼牙山五壮士"的精神价值已经内化为民族精神和社会公共利益的一部分,因此,也损害了社会公共利益。洪振快作为具有一定研究能力和熟练使用互联网工具的人,应当认识到案涉文章的发表及其传播将会损害到"狼牙山五壮士"的名誉及荣誉,也会对其近亲属造成感情和精神上的伤害,更会损害到社会公共利益。在此情形下,洪振快有能力控制文章所可能产生的损害后果而未控制,仍以既有的状态发表,在主观上显然具有过错。

最高人民法院指导案例(65 号)

上海市虹口区久乐大厦小区业主大会诉上海环亚实业总公司业主共有权纠纷案

(最高人民法院审判委员会讨论通过 2016 年 9 月 19 日发布)

【关键词】

民事 业主共有权 专项维修资金 法定义务 诉讼时效

【裁判要点】

专项维修资金是专门用于物业共用部位、共用设施设备保修期满后的维修和更新、改造的资金,属于全体业主共有。缴纳专项维修资金是业主为维护建筑物的长期安全使用而应承担的一项法定义务。业主拒绝缴纳专项维修资金,并以诉讼时效提出抗辩的,人民法院不予支持。

【相关法条】

《中华人民共和国民法通则》第 135 条

《中华人民共和国物权法》第 79 条、第 83 条第 2 款

《物业管理条例》第 7 条第 4 项、第 54 条第 1 款、第 2 款

【基本案情】

2004 年 3 月,被告上海环亚实业总公司(以下简称环亚公司)取得上海市虹口区久乐大厦底层、二层房屋的产权,底层建筑面积 691.36 平方米、二层建筑面积 910.39 平方米。环亚公司未支付过上述房屋的专项维修资金。2010 年 9 月,原告久乐大厦小区业主大会(以下简称久乐业主大会)经征求业主表决意见,决定由久乐业主大会代表业主提起追讨维修资金的诉讼。久乐业主大会向法院起诉,要求环亚公司就其所有的久乐大厦底层、二层的房屋向原告缴纳专项维修资金 57566.9 元。被告环亚公司辩称,其于 2004 年获得房地产权证,至本案诉讼有 6 年之久,原告从未

主张过维修资金,该请求已超过诉讼时效,不同意原告诉请。

【裁判结果】

上海市虹口区人民法院于 2011 年 7 月 21 日作出(2011)虹民三(民)初字第 833 号民事判决:被告环亚公司应向原告久乐业主大会缴纳久乐大厦底层、二层房屋的维修资金 57566.9 元。宣判后,环亚公司向上海市第二中级人民法院提起上诉。上海市第二中级人民法院于 2011 年 9 月 21 日作出(2011)沪二中民二(民)终字第 1908 号民事判决:驳回上诉,维持原判。

【裁判理由】

法院生效裁判认为:《中华人民共和国物权法》(以下简称《物权法》)第七十九条规定,"建筑物及其附属设施的维修资金,属于业主共有。经业主共同决定,可以用于电梯、水箱等共有部分的维修"。《物业管理条例》第五十四条第二款规定,"专项维修资金属于业主所有,专项用于物业保修期满后物业共用部位、共用设施设备的维修和更新、改造,不得挪作他用"。《住宅专项维修资金管理办法》(建设部、财政部令第 165 号)(以下简称《办法》)第二条第二款规定,"本办法所称住宅专项维修资金,是指专项用于住宅共用部位、共用设施设备保修期满后的维修和更新、改造的资金"。依据上述规定,维修资金性质上属于专项基金,系为特定目的,即为住宅共用部位、共用设施设备保修期满后的维修和更新、改造而专设的资金。它在购房款、税费、物业费之外,单独筹集、专户存储、单独核算。由其专用性所决定,专项维修资金的缴纳并非源于特别的交易或法律关系,而是为了准备应急性地维修、更新或改造区分所有建筑物的共有部分。由于共有部分的维护关乎全体业主的共同或公共利益,所以维修资金具有公共性、公益性。

《物业管理条例》第七条第四项规定,业主在物业管理活动中,应当履行按照国家有关规定交纳专项维修资金的义务。第五十四条第一款规定:"住宅物业、住宅小区内的非住宅物业或者与单幢住宅楼结构相连的非住宅物业的业主,应当按照国家有关规定交纳专项维修资金。"依据上述规定,缴纳专项维修资金是为特定范围的公共利益,即建筑物的全体业主共同利益而特别确立的一项法定义务,这种义务的产生与存在仅仅取决于义务人是否属于区分所有建筑物范围内的住宅或非住宅所有权人。因此,缴纳专项维修资金的义务是一种旨在维护共同或公共利益的法定义务,其只存在补缴问题,不存在因时间经过而可以不缴的问题。

业主大会要求补缴维修资金的权利,是业主大会代表全体业主行使维护小区共同或公共利益之职责的管理权。如果允许某些业主不缴纳维修资金而可享有以其他业主的维修资金维护共有部分而带来的利益,其他业主就有可能在维护共有部分上支付超出自己份额的金钱,这违背了公平原则,并将对建筑物的长期安全使用,对全体业主的共有或公共利益造成损害。

基于专项维修资金的性质和业主缴纳专项维修资金义务的性质,被告环亚公司作为久乐大厦的业主,不依法自觉缴纳专项维修资金,并以业主大会起诉追讨专项维修资金已超过诉讼时效进行抗辩,该抗辩理由不能成立。原告根据被告所有的物业面积,按照同期其他业主缴纳专项维修资金的计算标准算出的被告应缴纳的数额合理,据此判决被告应当按照原告诉请支付专项维修资金。

最高人民法院指导案例(168 号)

中信银行股份有限公司东莞分行诉陈志华等
金融借款合同纠纷案

(最高人民法院审判委员会讨论通过　2021 年 11 月 9 日发布)

【关键词】

民事　金融借款合同　未办理抵押登记　赔偿责任　过错

【裁判要点】

以不动产提供抵押担保,抵押人未依抵押合同约定办理抵押登记的,不影响抵押合同的效力。债权人依据抵押合同主张抵押人在抵押物的价值范围内承担违约赔偿责任的,人民法院应予支持。抵押权人对未能办理抵押登记有过错的,相应减轻抵押人的赔偿责任。

【相关法条】

1.《中华人民共和国物权法》第 15 条(注:现行有效的法律为《中华人民共和国民法典》第 215 条);

2.《中华人民共和国合同法》第 107 条、第 113 条第 1 款、第 119 条第 1 款(注:现行有效的法律为《中华人民共和国民法典》第 577 条、第 584 条、第 591 条第1款)。

【基本案情】

2013年12月31日,中信银行股份有限公司东莞分行(以下简称中信银行东莞分行)与东莞市华丰盛塑料有限公司(以下简称华丰盛公司)、东莞市亿阳信通集团有限公司(以下简称亿阳公司)、东莞市高力信塑料有限公司(以下简称高力信公司)签订《综合授信合同》,约定中信银行东莞分行为亿阳公司、高力信公司、华丰盛公司提供4亿元的综合授信额度,额度使用期限自2013年12月31日起至2014年12月31日止。为担保该合同,中信银行东莞分行于同日与陈志波、陈志华、陈志文、亿阳公司、高力信公司、华丰盛公司、东莞市怡联贸易有限公司(以下简称怡联公司)、东莞市力宏贸易有限公司(以下简称力宏公司)、东莞市同汇贸易有限公司(以下简称同汇公司)分别签订了《最高额保证合同》,约定:高力信公司、华丰盛公司、亿阳公司、力宏公司、同汇公司、怡联公司、陈志波、陈志华、陈志文为上述期间的贷款本息、实现债权费用在各自保证限额内向中信银行东莞分行提供连带保证责任。同时,中信银行东莞分行还分别与陈志华、陈志波、陈仁兴、梁彩霞签订了《最高额抵押合同》,陈志华、陈志波、陈仁兴、梁彩霞同意为中信银行东莞分行自2013年12月31日至2014年12月31日期间对亿阳公司等授信产生的债权提供最高额抵押,担保的主债权限额均为4亿元,担保范围包括贷款本息及相关费用,抵押物包括:1.陈志华位于东莞市中堂镇东泊村的房产及位于东莞市中堂镇东泊村中堂汽车站旁的一栋综合楼(未取得不动产登记证书);2.陈志波位于东莞市中堂镇东泊陈屋东兴路东一巷面积为4667.7平方米的土地使用权及地上建筑物、位于东莞市中堂镇吴家涌面积为30801平方米的土地使用权、位于东莞市中堂镇东泊村面积为12641.9平方米的土地使用权(均未取得不动产登记证书);3.陈仁兴位于东莞市中堂镇的房屋;4.梁彩霞位于东莞市中堂镇东泊村陈屋新村的房产。以上不动产均未办理抵押登记。

另,中信银行东莞分行于同日与亿阳公司签订了《最高额权利质押合同》《应收账款质押登记协议》。

基于《综合授信合同》,中信银行东莞分行与华丰盛公司于2014年3月18日、19日分别签订了《人民币流动资金贷款合同》,约定:中信银行东莞分行为华丰盛公司分别提供2500万元、2500万元、2000万元流动资金贷款,贷款期限分别为2014年3月18日至2015年3月18日、2014年3月19日至2015年3月15日、2014年3月19日至2015年3月12日。

东莞市房产管理局于2011年6月29日向东莞市各金融机构发出《关于明确房地产抵押登记有关事项的函》(东房函〔2011〕119号),内容为:"东莞市各金融机构:由于历史遗留问题,我市存在一些土地使用权人与房屋产权人不一致的房屋。2008年,住建部出台了《房屋登记办法》(建设部令第168号),其中第八条明确规定'办理房屋登记,应当遵循房屋所有权和房屋占用范围内的土地使用权权利主体一致的原则'。因此,上述房屋在申请所有权转移登记时,必须先使房屋所有权与土地使用权权利主体一致后才能办理。为了避免抵押人在实现该类房屋抵押权时,因无法在房管部门办理房屋所有权转移登记而导致合法利益无法得到保障,根据《物权法》《房屋登记办法》等相关规定,我局进一步明确房地产抵押登记的有关事项,现函告如下:一、土地使用权人与房屋产权人不一致的房屋需办理抵押登记的,必须在房屋所有权与土地使用权权利主体取得一致后才能办理。二、目前我市个别金融机构由于实行先放款再到房地产管理部门申请办理抵押登记,产生了一些不必要的矛盾纠纷。为了减少金融机构信贷风险和信贷矛盾纠纷,我局建议各金融机构在日常办理房地产抵押贷款申请时,应认真审查抵押房地产的房屋所有权和土地使用权权利主体是否一致,再决定是否发放该笔贷款。如对房地产权属存在疑问,可咨询房地产管理部门。三、为了更好地保障当事人利益,我局将从2011年8月1日起,对所有以自建房屋申请办理抵押登记的业务,要求申请人必须同时提交土地使用权证。"

中信银行东莞分行依约向华丰盛公司发放了7000万贷款。然而,华丰盛公司自2014年8月21日起未能按期付息。中信银行东莞分行提起本案诉讼。请求:华丰盛公司归还全部贷款本金7000万元并支付贷款利息等;陈志波、陈志华、陈仁兴、梁彩霞在抵押物价值范围内承担连带赔偿责任。

【裁判结果】

广东省东莞市中级人民法院于2015年11月19日作出(2015)东中法民四初字第15号民事判决:一、东莞市华丰盛塑料有限公司向中信银行股份有限公司东莞分行偿还借款本金7000万元、利息及复利并支付罚息;二、东莞市华丰盛塑料有限公司赔偿中信银行股份有限公司东莞分行支出的律师费13万元;三、东莞市亿阳信通集团有限公司、东莞市高力信塑料有限公司、东莞市力宏贸易有限公司、东莞市同汇贸易有限公司、东莞市怡联贸易有限公司、陈志波、陈志华、陈志文在各自《最高额保证合同》约定的限额范围内就第一、二判项确定的东莞市华丰盛塑料有限公司所负中信银行股份有限公司东莞分行的债务范围内承担连带清偿责任,保证人在承担保证责任后,有权向东莞市华丰盛塑料有限公司追偿;四、陈志华在位于广东省东莞市中堂镇东泊村中堂汽车站旁的一栋综合楼、陈志波在位于广东省东莞市中堂镇东泊村陈屋东兴路东一巷面积为4667.7平方米的土地使用权及地上建筑物(面积为3000平方米的三幢住宅)、位于东莞市中堂镇吴家涌面积为30801平方米的土地使用权、位于东莞市中堂镇东泊村面积为12641.9平方米的土地使用权的价值范围内就第一、二判项确定的东莞市华丰盛塑料有限公司所负中信银行股份有限公司东莞分行债务的未受清偿部分的二分之一范围内承担连带赔偿责任;五、驳回中信银行股份有限公司东莞分行的其他诉讼请求。中信银行股份有限公司东莞分行提出上诉。广东省高级人民法院于2017年11月14日作出(2016)粤民终1107号民事判决:驳回上诉,维持原判。中信银行股份有限公司东莞分行不服向最高人民法院申请再审。最高人民法院于2018年9月28日作出(2018)最高法民申3425号民事裁定,裁定提审本案。2019年12月9日,最高人民法院作出(2019)最高法民再155号民事判决:一、撤销广东省高级人民法院(2016)粤民终1107号民事判决;二、维持广东省东莞市中级人民法院(2015)东中法民四初字第15号民事判决第一、二、三、四项;三、撤销广东省东莞市中级人民法院(2015)东中法民四初字第15号民事判决第五项;四、陈志华在位于东莞市中堂镇东泊村的房屋价值范围内、陈仁兴在位于东莞市中堂镇的房屋价值范围内、梁彩霞在位于东莞市中堂镇东泊村陈屋新村的房屋价值范围内,就广东省东莞市中级人民法院(2015)东中法民四初字第15号民事判决第一、二判项确定的东莞市华丰盛塑料有限公司所负债务未清偿部分的二分之一范围内向中信银行股份有限公司东莞分行承担连带赔偿责任;五、驳回中信银行股份有限公司东莞分行的其他诉讼请求。

【裁判理由】

最高人民法院认为,《中华人民共和国物权法》第十五条规定:"当事人之间订立有关设立、变更、转让和消灭不动产物权的合同,除法律另有规定或者合同另有约定外,自合同成立时生效;未办理物权登记的,不影响合同效力。"本案中,中信银行东莞分行分别与陈志华等三人签订的《最高额抵押合同》,约定陈志华以其位于东莞市中堂镇东泊村的房屋、陈仁兴以其位于东莞市中堂镇的房屋、梁彩霞以其位于东莞市中堂镇东泊村陈屋新村的房屋为案涉债务提供担保。上述合同内容系双方当事人的真实意思表示,内容不违反法律、行政法规的强制性规定,应为合法有效。虽然前述抵押物未办理抵押登记,但根据《中华人民共和国物权法》第十五条之规定,该事实并不影响抵押合同的效力。

依法成立的合同,对当事人具有法律约束力,当事人应当按照合同约定履行各自义务,不履行合同义务或履行合同义务不符合约定的,应依据合同约定或法律规定承担相应责任。《最高额抵押合同》第六条"甲方声明与保证"约定:"6.2甲方对本合同项下的抵押物拥有完全的、有效的、合法的所有权或处分权,需依法取得权属证明的抵押物已依法获发全部权属证明文件,且抵押物不存在任何争议或任何权属瑕疵……6.4设立本抵押不会受到任何限制或不会造成任何不合法的情形。"第十二条"违约责任"约定:"12.1本合同生效后,甲乙双方均应履行本合同约定的义务,任何一方不履行或不完全履行本合同约定的义务的,应当承担相应的违约责任,并赔偿由此给对方造成的损失。12.2甲方在本合同第六条所作声明与保证不真实、不准确、不完整或故意使人误解,给乙方造成损失的,应予赔偿。"根据上述约定,陈志华等三人应确保案涉房产能够依法办理抵押登记,否则应承担相应的违约责任。本案中,陈志华等三人尚未取得案涉房屋所占土地使用权证,因房地权属不一致,案涉房屋未能办理抵押登记,抵押权未依法设立,陈志华等三人构成违约,应依据前述约定赔偿由此给中信银行东莞分行造成的损失。

《中华人民共和国合同法》第一百一十三条第一款规定:"当事人一方不履行合同义务或者履行合同义务不符合约定,给对方造成损失的,损失赔偿额应当相当于因违约所造成的损失,包括合同履行后可以获得的利益,但不得超过违反合同一方订立合同时预见到或者应当预见到的因违反合同可能造成的损失。"《最高额抵押合同》第6.6条约定:"甲方承诺:当主合同债务人不履行到期债务或发生约定的实现担保物权的情形,无论乙方对主合同项下的债权是否拥有其他担保(包括但不限于主合同债务人自己提供物的担保、保证、抵押、质押、保函、备用信用证等担保方式),乙方有权直接请求甲方在其担保范围内承担担保责任,无需行使其他权利(包括但不限于先行处置主合同债务人提供的物的担保)。"第8.1条约定:"按照本合同第二条第2.2款确定的债务履行期限届满之日债务人未按主合同约定履行全部或部分债务的,乙方有权按本合同的约定处分抵押物。"在《最高额抵押合同》正常履行的情况下,当主债务人不履行到期债务时,中信银行东莞分行可直接请求就抵押物优先受偿。本案抵押权因未办理登记而未设立,中信银行东莞分行无法实现抵押权,损失客观存在,其损失范围相当于在抵押财产价值范围内华丰盛公司未清偿债务数额部分,并可约定直接请求陈志华等三人进行赔偿。同时,根据本案查明的事实,中信银行东莞分行对《最高额抵押合同》无法履行亦存在过错。东莞市房产管理局已于2011年明确函告辖区各金融机构,房地权属不一致的房屋不能再办理抵押登记。据此可以认定,中信银行东莞分行在2013年签订《最高额抵押合同》时对于案涉房屋无法办理抵押登记的情况应当知情或者应当能够预见。中信银行东莞分行作为以信贷业务为主营业务的专业金融机构,应比一般债权人具备更高的审核能力。相对于此前曾就案涉抵押物办理过抵押登记的陈志华等三人来说,中信银行东莞分行具有更高的判断能力,负有更高的审查义务。中信银行东莞分行未尽到合理的审查和注意义务,对抵押权不能设立亦存在过错。同时,根据《中华

人民共和国合同法》第一百一十九条"当事人一方违约后,对方应当采取适当措施防止损失的扩大;没有采取适当措施致使损失扩大的,不得就扩大的损失要求赔偿"的规定,中信银行东莞分行在知晓案涉房屋无法办理抵押登记后,没有采取降低授信额度、要求提供补充担保等措施防止损失扩大,可以适当减轻陈志华等三人的赔偿责任。综合考虑双方当事人的过错程度以及本案具体情况,酌情认定陈志华等三人以抵押财产价值为限,在华丰盛公司尚未清偿债务的二分之一范围内,向中信银行东莞分行承担连带赔偿责任。

最高人民法院指导案例(72号)

汤龙、刘新龙、马忠太、王洪刚诉新疆鄂尔多斯彦海房地产开发有限公司商品房买卖合同纠纷案

(最高人民法院审判委员会讨论通过 2016年12月28日发布)

【关键词】

民事 商品房买卖合同 借款合同 清偿债务 法律效力 审查

【裁判要点】

借款合同双方当事人经协商一致,终止借款合同关系,建立商品房买卖合同关系,将借款本金及利息转化为已付购房款并经对账清算的,不属于《中华人民共和国物权法》第一百八十六条规定禁止的情形,该商品房买卖合同的订立目的,亦不属于《最高人民法院关于审理民间借贷案件适用法律若干问题的规定》第二十四条规定的"作为民间借贷合同的担保"。在不存在《中华人民共和国合同法》第五十二条规定情形的情况下,该商品房买卖合同具有法律效力。但对转化为已付购房款的借款本金及利息数额,人民法院应当结合借款合同等证据予以审查,以防止当事人将超出法律规定保护限额的高额利息转化为已付购房款。

【相关法条】

《中华人民共和国物权法》第186条

《中华人民共和国合同法》第52条

【基本案情】

原告汤龙、刘新龙、马忠太、王洪刚诉称:根据双方合同约定,新疆鄂尔多斯彦海房地产开发有限公司(以下简称彦海公司)应于2014年9月30日向四人交付符合合同约定的房屋。但至今为止,彦海公司拒不履行房屋交付义务。故请求判令:一、彦海公司向汤龙、刘新龙、马忠太、王洪刚支付违约金6000万元;二、彦海公司承担汤龙、刘新龙、马忠太、王洪刚主张

权利过程中的损失费用416300元;三、彦海公司承担本案的全部诉讼费用。

彦海公司辩称:汤龙、刘新龙、马忠太、王洪刚应分案起诉。四人与彦海公司没有购买和出售房屋的意思表示,双方之间房屋买卖合同名为买卖实为借贷,该商品房买卖合同系为借贷合同的担保,该约定违反了《中华人民共和国担保法》第四十条、《中华人民共和国物权法》第一百八十六条的规定无效。双方签订的商品房买卖合同存在显失公平、乘人之危的情况。四人要求的违约金及损失费用亦无事实依据。

法院经审理查明:汤龙、刘新龙、马忠太、王洪刚与彦海公司于2013年先后签订多份借款合同,通过实际出借并接受他人债权转让,取得对彦海公司合计2.6亿元借款的债权。为担保该借款合同履行,四人与彦海公司分别签订多份商品房预售合同,并向当地房屋产权交易管理中心办理了备案登记。该债权陆续到期后,因彦海公司未偿还借款本息,双方经对账,确认彦海公司尚欠四人借款本息361398017.78元。双方随后重新签订商品房买卖合同,约定彦海公司将其名下房屋出售给四人,上述欠款本息转为已付购房款,剩余购房款38601982.22元,待办理完毕全部标的物产权转移登记后一次性支付给彦海公司。汤龙等四人提交与彦海公司对账表显示,双方之间的借款利息系分别按月利率3%和4%、逾期利率10%计算,并计算复利。

【裁判结果】

新疆维吾尔自治区高级人民法院于2015年4月

27 日作出(2015)新民一初字第 2 号民事判决,判令:一、彦海公司向汤龙、马忠太、刘新龙、王洪刚支付违约金 9275057.23 元;二、彦海公司向汤龙、马忠太、刘新龙、王洪刚支付律师费 416300 元;三、驳回汤龙、马忠太、刘新龙、王洪刚的其他诉讼请求。上述款项,应于判决生效后十日内一次性付清。宣判后,彦海公司以双方之间买卖合同系借款合同的担保,并非双方真实意思表示,且欠款金额包含高利等为由,提起上诉。最高人民法院于 2015 年 10 月 8 日作出(2015)民一终字第 180 号民事判决:一、撤销新疆维吾尔自治区高级人民法院(2015)新民一初字第 2 号民事判决;二、驳回汤龙、刘新龙、马忠太、王洪刚的诉讼请求。

【裁判理由】

法院生效裁判认为:本案争议的商品房买卖合同签订前,彦海公司与汤龙等四人之间确实存在借款合同关系,且为履行借款合同,双方签订了相应的商品房预售合同,并办理了预购商品房预告登记。但双方系争商品房买卖合同是在彦海公司未偿还借款本息的情况下,经重新协商并对账,将借款合同关系转变为商品房买卖合同关系,将借款本息转为已付购房款,并对房屋交付、尾款支付、违约责任等权利义务作出了约定。民事法律关系的产生、变更、消灭,除基于法律特别规定,需要通过法律关系参与主体的意思表示一致形成。民事交易活动中,当事人意思表示发生变化并不鲜见,该意思表示的变化,除为法律特别规定所禁止外,均应予以准许。本案双方经协商一致终止借款合同关系,建立商品房买卖合同关系,并非为双方之间的借款合同履行提供担保,而是借款合同到期彦海公司难以清偿债务时,通过将彦海公司所有的商品房出售给汤龙等四位债权人的方式,实现双方权利义务平衡的一种交易安排。该交易安排并未违反法律、行政法规的强制性规定,不属于《中华人民共和国物权法》第一百八十六条规定禁止的情形,亦不适用《最高人民法院关于审理民间借贷案件适用法律若干问题的规定》第二十四条规定。尊重当事人嗣后形成的变更法律关系性质的一致意思表示,是贯彻合同自由原则的题中应有之义。彦海公司所持本案商品房买卖合同无效的主张,不予采信。

但在确认商品房买卖合同合法有效的情况下,由于双方当事人均认可该合同项下已付购房款系由原借款本息转来,且彦海公司提出该欠款数额包含高额利息。在当事人请求司法确认和保护购房者合同权利时,人民法院对基于借款合同的实际履行而形成的借款本金及利息数额应当予以审查,以避免当事人通过签订商品房买卖合同等方式,将违法高息合法化。经审查,双方之间借款利息的计算方法,已经超出法律规定的民间借贷利率保护上限。对双方当事人包含高额利息的欠款数额,依法不能予以确认。由于法律保护的借款利率明显低于当事人对账确认的借款利率,故应当认为汤龙等四人作为购房人,尚未足额支付合同约定的购房款,彦海公司未按照约定时间交付房屋,不应视为违约。汤龙等四人以彦海公司逾期交付房屋构成违约为事实依据,要求彦海公司支付违约金及律师费,缺乏事实和法律依据。一审判决判令彦海公司承担支付违约金及律师费的违约责任错误,本院对此予以纠正。

最高人民法院指导案例(95 号)

中国工商银行股份有限公司宣城龙首支行诉宣城柏冠贸易有限公司、江苏凯盛置业有限公司等金融借款合同纠纷案

(最高人民法院审判委员会讨论通过　2018 年 6 月 20 日发布)

【关键词】

民事　金融借款合同　担保　最高额抵押权

【裁判要点】

当事人另行达成协议将最高额抵押权设立前已经存在的债权转入该最高额抵押担保的债权范围,只要转入的债权数额仍在该最高额抵押担保的最高债权额限度内,即使未对该最高额抵押权办理变更登记手续,该最高额抵押权的效力仍然及于被转入的债权,但不得对第三人产生不利影响。

【相关法条】

《中华人民共和国物权法》第 203 条、第 205 条

【基本案情】

2012 年 4 月 20 日,中国工商银行股份有限公司宣城龙首支行(以下简称工行宣城龙首支行)与宣城柏冠贸易有限公司(以下简称柏冠公司)签订《小企业借款合同》,约定柏冠公司向工行宣城龙首支行借款

300 万元,借款期限为 7 个月,自实际提款日起算,2012 年 11 月 1 日还 100 万元,2012 年 11 月 17 日还 200 万元。涉案合同还对借款利率、保证金等作了约定。同年 4 月 24 日,工行宣城龙首支行向柏冠公司发放了上述借款。

2012 年 10 月 16 日,江苏凯盛置业有限公司(以下简称凯盛公司)股东会决议决定,同意将该公司位于江苏省宿迁市宿豫区江山大道 118 号-宿迁红星凯盛国际家居广场(房号:B-201、产权证号:宿豫字第 201104767 号)房产,抵押与工行宣城龙首支行,用于亿荣达公司商户柏冠公司、闽航公司、航嘉公司、金亿达公司四户企业在工行宣城龙首支行办理融资抵押,因此产生一切经济纠纷均由凯盛公司承担。同年 10 月 23 日,凯盛公司向工行宣城龙首支行出具一份房产抵押担保的承诺函,同意以上述房产为上述四户企业在工行宣城龙首支行融资提供抵押担保,并承诺如该四户企业不能按期履行工行宣城龙首支行的债务,上述抵押物在处置后的价值又不足以偿还全部债务,凯盛公司同意用其他财产偿还剩余债务。该承诺函及上述股东会决议均经凯盛公司全体股东签名及加盖凯盛公司公章。2012 年 10 月 24 日,工行宣城龙首支行与凯盛公司签订《最高额抵押合同》,约定凯盛公司以宿房权证宿豫字第 201104767 号房地产权证项下的商铺为自 2012 年 10 月 19 日至 2015 年 10 月 19 日期间,在 4000 万元的最高余额内,工行宣城龙首支行依据与柏冠公司、闽航公司、航嘉公司、金亿达公司签订的借款合同等主合同而享有对债务人的债权,无论该债权在上述期间届满时是否已到期,也无论该债权是否在最高额抵押权设立之前已经产生,提供抵押担保,担保的范围包括主债权本金、利息、实现债权的费用等。同日,双方对该抵押房产依法办理了抵押登记,工行宣城龙首支行取得宿房他证宿豫第 201204387 号房地产他项权证。2012 年 11 月 3 日,凯盛公司再次经过股东会决议,并同时向工行宣城龙首支行出具房产抵押承诺函,股东会决议与承诺函的内容及签名盖章均与前述相同。当日,凯盛公司与工行宣城龙首支行签订《补充协议》,明确双方签订的《最高额抵押合同》担保范围包括 2012 年 4 月 20 日工行宣城龙首支行与柏冠公司、闽航公司、航嘉公司和金亿达公司签订的四份贷款合同项下的债权。

柏冠公司未按期偿还涉案借款,工行宣城龙首支行诉至宣城市中级人民法院,请求判令柏冠公司偿还借款本息及实现债权的费用,并要求凯盛公司以其抵押的宿房权证宿豫字第 201104767 号房地产权证项下的房地产承担抵押担保责任。

【裁判结果】

宣城市中级人民法院于 2013 年 11 月 10 日作出

(2013)宣中民二初字第 00080 号民事判决:一、柏冠公司于判决生效之日起五日内给付工行宣城龙首支行借款本金 300 万元及利息。……四、如柏冠公司未在判决确定的期限内履行上述第一项给付义务,工行宣城龙首支行以凯盛公司提供的宿房权证宿豫字第 201104767 号房地产权证项下的房产折价或者以拍卖、变卖该房产所得的价款优先受偿……。宣判后,凯盛公司以涉案《补充协议》约定的事项未办理最高额抵押权变更登记为由,向安徽省高级人民法院提起上诉。该院于 2014 年 10 月 21 日作出(2014)皖民二终字第 00395 号民事判决:驳回上诉,维持原判。

【裁判理由】

法院生效裁判认为:凯盛公司与工行宣城龙首支行于 2012 年 10 月 24 日签订《最高额抵押合同》,约定凯盛公司自愿以其名下的房产作为抵押物,自 2012 年 10 月 19 日至 2015 年 10 月 19 日期间,在 4000 万元的最高余额内,为柏冠公司在工行宣城龙首支行所借贷款本息提供最高额抵押担保,并办理了抵押登记,工行宣城龙首支行依法取得涉案房产的抵押权。2012 年 11 月 3 日,凯盛公司与工行宣城龙首支行又签订《补充协议》,约定前述最高额抵押合同中述及抵押担保的主债权及于 2012 年 4 月 20 日工行宣城龙首支行与柏冠公司所签《小企业借款合同》项下的债权。该《补充协议》不仅有双方当事人的签字盖章,也与凯盛公司的股东会决议及其出具的房产抵押担保承诺函相印证,故该《补充协议》应系凯盛公司的真实意思表示,且所约定内容符合《中华人民共和国物权法》(以下简称《物权法》)第二百零三条第二款的规定,也不违反法律、行政法规的强制性规定,依法成立并有效,其作为原最高额抵押合同的组成部分,与原最高额抵押合同具有同等法律效力。由此,本案所涉 2012 年 4 月 20 日《小企业借款合同》项下的债权已转入前述最高额抵押权所担保的最高额为 4000 万元的主债权范围内。就该《补充协议》约定事项,是否需要对前述最高额抵押权办理相应的变更登记手续,《物权法》没有明确规定,应当结合最高额抵押权的特点及相关法律规定来判定。

根据《物权法》第二百零三条第一款的规定,最高额抵押权有两个显著特点:一是最高额抵押权所担保的债权额有一个确定的最高额度限制,但实际发生的债权额是不确定的;二是最高额抵押权是对一定期间内将要连续发生的债权提供担保。由此,最高额抵押权设立时所担保的具体债权一般尚未确定,基于尊重当事人意思自治原则,《物权法》第二百零三条第二款对前款作了但书规定,即允许经当事人同意,将最高额抵押权设立前已经存在的债权转入最高额抵押担保的债权范围,但此并非重新设立最高额抵押权,也非《物权法》第二百零五条规定的最高额抵押权变更的内容。同理，根据《房屋登记办法》第五十三条的规定，当事人将最高额抵押权设立前已存在债权转入最高额抵押担保的债权范围，不是最高抵押权设立登记的他项权利证书及房屋登记簿的必要记载事项，故亦非应当申请最高额抵押权变更登记的法定情形。

本案中，工行宣城龙首支行和凯盛公司仅是通过另行达成补充协议的方式，将上述最高额抵押权设立前已经存在的债权转入该最高额抵押权所担保的债权范围内，转入的涉案债权数额仍在该最高额抵押担保的 4000 万元最高债权额度内，该转入的确定债权并非最高抵押权设立登记的他项权利证书及房屋登记簿的必要记载事项，在不会对其他抵押权人产生不利影响的前提下，对于该意思自治行为，应当予以尊重。此外，根据商事交易规则，法无禁止即可为，即在法律规定不明确时，不应强加给市场交易主体准用严格交易规则的义务。况且，就涉案 2012 年 4 月 20 日借款合同项下的债权转入最高额抵押担保的债权范围，凯盛公司不仅形成了股东会决议，出具了房产抵押担保承诺函，且和工行宣城龙首支行达成了《补充协议》，明确将已经存在的涉案借款转入前述最高额抵押权所担保的最高额为 4000 万元的主债权范围内。现凯盛公司上诉认为该《补充协议》约定事项必须办理最高额抵押权变更登记才能设立抵押权，不仅缺乏法律依据，也有悖诚实信用原则。

综上，工行宣城龙首支行和凯盛公司达成《补充协议》，将涉案 2012 年 4 月 20 日借款合同项下的债权转入前述最高额抵押权所担保的主债权范围内，虽未办理最高额抵押权变更登记，但最高额抵押权的效力仍然及于被转入的涉案借款合同项下的债权。

最高人民法院指导案例（54 号）

中国农业发展银行安徽省分行诉张大标、安徽长江融资担保集团有限公司执行异议之诉纠纷案

（最高人民法院审判委员会讨论通过　2015 年 11 月 19 日发布）

【关键词】

民事　执行异议之诉　金钱质押　特定化　移交占有

【裁判要点】

当事人依约为出质的金钱开立保证金专门账户，且质权人取得对该专门账户的占有控制权，符合金钱特定化和移交占有的要求，即使该账户内资金余额发生浮动，也不影响该金钱质权的设立。

【相关法条】

《中华人民共和国物权法》第 212 条

【基本案情】

原告中国农业发展银行安徽省分行（以下简称农发行安徽分行）诉称：其与第三人安徽长江融资担保集团有限公司（以下简称长江担保公司）按照签订的《信贷担保业务合作协议》，就信贷担保业务按约进行了合作。长江担保公司在农发行安徽分行处开设的担保保证金专户内的资金实际是长江担保公司向其提供的质押担保，请求判令其对该账户内的资金享有质权。

被告张大标辩称：农发行安徽分行与第三人长江担保公司之间的《贷款担保业务合作协议》没有质押的意思表示；案涉账户资金本身是浮动的，不符合金钱特定化要求，农发行安徽分行对案涉保证金账户内的资金不享有质权。

第三人长江担保公司认可农发行安徽分行对账户资金享有质权的意见。

法院经审理查明：2009 年 4 月 7 日，农发行安徽分行与长江担保公司签订一份《贷款担保业务合作协议》。其中第三条"担保方式及担保责任"约定：甲方（长江担保公司）向乙方（农发行安徽分行）提供的保证担保为连带责任保证；保证担保的范围包括主债权及利息、违约金和实现债权的费用等。第四条"担保保证金（担保存款）"约定：甲方在乙方开立担保保证金专户，担保保证金专户行为农发行安徽分行营业部，账号尾号为 9511；甲方需将具体担保业务约定的保证金在保证合同签订前存入担保保证金专户，甲方需缴存的保证金不低于贷款额度的 10%；未经乙方同意，甲方不得动用担保保证金专户内的资金。第六条"贷款的催收、展期及担保责任的承担"约定：借款人逾期未能足额还款的，甲方在接到乙方书面通知后五日内按照第三条约定向乙方承担担保责任，并将相应款项划入乙方指定账户。第八条"违约责任"约定：甲方在乙方开立的担保专户的余额无论因何原因而小于约定的额度时，甲方应在接到乙方通知后三个工作日内补足，补足前乙方可以中止本协议项下业务。甲方违反本协议第六条的约定，没有按时履行保证责任

的,乙方有权从甲方在其开立的担保基金专户或其他任一账户中扣划相应的款项。2009 年 10 月 30 日、2010 年 10 月 30 日,农发行安徽分行与长江担保公司还分别签订与上述合作协议内容相似的两份《信贷担保业务合作协议》。

上述协议签订后,农发行安徽分行与长江担保公司就贷款担保业务进行合作,长江担保公司在农发行安徽分行处开立担保保证金账户,账号尾号为 9511。长江担保公司按照协议约定缴存规定比例的担保保证金,并据此为相应额度的贷款提供了连带保证责任担保。自 2009 年 4 月 3 日至 2012 年 12 月 31 日,该账户共发生了 107 笔业务,其中贷方业务为长江担保公司缴存的保证金;借方业务主要涉及两大类,一类是贷款归还后长江担保公司申请农发行安徽分行退还的保证金,部分退至债务人的账户;另一类是贷款逾期后农发行安徽分行从该账户内扣划的保证金。

2011 年 12 月 19 日,安徽省合肥市中级人民法院在审理张大标诉安徽省六本食品有限责任公司、长江担保公司等民间借贷纠纷一案过程中,根据张大标的申请,对长江担保公司上述保证金账户内的资金 1495.7852 万元进行保全。该案判决生效后,合肥市中级人民法院将上述保证金账户内的资金 1338.313257 万元划至该院账户。农发行安徽分行作为案外人提出执行异议,2012 年 11 月 2 日被合肥市中级人民法院裁定驳回异议。随后,农发行安徽分行因与被告张大标、第三人长江担保公司发生执行异议纠纷,提起本案诉讼。

【裁判结果】

安徽省合肥市中级人民法院于 2013 年 3 月 28 日作出(2012)合民一初字第 00505 号民事判决:驳回农发行安徽分行的诉讼请求。宣判后,农发行安徽分行提出上诉。安徽省高级人民法院于 2013 年 11 月 19 日作出(2013)皖民二终字第 00261 号民事判决:一、撤销安徽省合肥市中级人民法院(2012)合民一初字第 00505 号民事判决;二、农发行安徽分行对长江担保公司账户(账号尾号 9511)内的 13383132.57 元资金享有质权。

【裁判理由】

法院生效裁判认为:本案二审的争议焦点为农发行安徽分行对案涉账户内的资金是否享有质权。对此应当从农发行安徽分行与长江担保公司之间是否存在质押关系以及质权是否设立两个方面进行审查。

一、农发行安徽分行与长江担保公司是否存在质押关系

《中华人民共和国物权法》(以下简称《物权法》)第二百一十条规定:"设立质权,当事人应当采取书面形式订立质权合同。质权合同一般包括下列条款:

(一)被担保债权的种类和数额;(二)债务人履行债务的期限;(三)质押财产的名称、数量、质量、状况;(四)担保的范围;(五)质押财产交付的时间。"本案中,农发行安徽分行与长江担保公司之间虽没有单独订立带有"质押"字样的合同,但依据该协议第四条、第六条、第八条约定的条款内容,农发行安徽分行与长江担保公司之间协商一致,对以下事项达成合意:长江担保公司为担保业务所缴存的保证金设立担保保证金专户,长江担保公司按照贷款额度的一定比例缴存保证金;农发行安徽分行作为开户行对长江担保公司存入该账户的保证金取得控制权,未经同意,长江担保公司不能自由使用该账户内的资金;长江担保公司未履行保证责任,农发行安徽分行有权从该账户中扣划相应的款项。该合意明确约定了所担保债权的种类和数量、债务履行期限、质物数量和移交时间、担保范围、质权行使条件,具备《物权法》第二百一十条规定的质押合同的一般条款,故应认定农发行安徽分行与长江担保公司之间订立了书面质押合同。

二、案涉质权是否设立

《物权法》第二百一十二条规定:"质权自出质人交付质押财产时设立。"《最高人民法院关于适用〈中华人民共和国担保法〉若干问题的解释》第八十五条规定,债务人或者第三人将其金钱以特户、封金、保证金等形式特定化后,移交债权人占有作为债权的担保,债务人不履行债务时,债权人可以以该金钱优先受偿。依照上述法律和司法解释规定,金钱作为一种特殊的动产,可以用于质押。金钱质押作为特殊的动产质押,不同于不动产抵押和权利质押,还应当符合金钱特定化和移交债权人占有两个要件,以使金钱既不与出质人其他财产相混同,又能独立于质权人的财产。

本案中,首先金钱以保证金形式特定化。长江担保公司于 2009 年 4 月 3 日在农发行安徽分行开户,且与《贷款担保业务合作协议》约定的账号一致,即双方当事人已经按照协议约定为出质金钱开立了担保保证金专户。保证金专户开立后,账户内转入的资金为长江担保公司根据每次担保贷款额度的一定比例向该账户缴存保证金;账户内转出的资金为农发行安徽分行对保证金的退还和扣划,该账户未作日常结算使用,故符合《最高人民法院关于适用〈中华人民共和国担保法〉若干问题的解释》第八十五条规定的金钱以特户等形式特定化的要求。其次,特定化金钱已移交债权人占有。占有是指对物进行控制和管理的事实状态。案涉保证金账户开立在农发行安徽分行,长江担保公司作为担保保证金专户内资金的所有权人,本应享有自由支取的权利,但《贷款担保业务合作协议》约定未经农发行安徽分行同意,长江担保公司不得动

用担保保证金专户内的资金。同时,《贷款担保业务合作协议》约定在担保的贷款到期未获清偿时,农发行安徽分行有权直接扣划担保保证金专户内的资金,农发行安徽分行作为债权人取得了案涉保证金账户的控制权,实际控制和管理该账户,此种控制权移交符合出质金钱移交债权人占有的要求。据此,应当认定双方当事人已就案涉保证金账户内的资金设立质权。

关于账户资金浮动是否影响金钱特定化的问题。保证金以专门账户形式特定化并不等于固定化。案涉账户在使用过程中,随着担保业务的开展,保证金账户的资金余额是浮动的。担保公司开展新的贷款

担保业务时,需要按照约定存入一定比例的保证金,必然导致账户资金的增加;在担保公司担保的贷款到期未获清偿时,扣划保证金账户内的资金,必然导致账户资金的减少。虽然账户内资金根据业务发生情况处于浮动状态,但均与保证金业务相对应,除缴存的保证金外,支出的款项均用于保证金的退还和扣划,未用于非保证金业务的日常结算。即农发行安徽分行可以控制该账户,长江担保公司对该账户内的资金使用受到限制,故该账户资金浮动仍符合金钱作为质权的特定化和移交占有的要求,不影响该金钱质权的设立。

最高人民法院指导案例(111 号)

中国建设银行股份有限公司广州荔湾支行诉广东蓝粤能源发展有限公司等信用证开证纠纷案

(最高人民法院审判委员会讨论通过　2019 年 2 月 25 日发布)

【关键词】

民事　信用证开证　提单　真实意思表示　权利质押　优先受偿权

【裁判要点】

1. 提单持有人是否因受领提单的交付而取得物权以及取得何种类型的物权,取决于合同的约定。开证行根据其与开证申请人之间的合同约定持有提单时,人民法院应结合信用证交易的特点,对案涉合同进行合理解释,确定开证行持有提单的真实意思表示。

2. 开证行对信用证项下单据中的提单以及提单项下的货物享有质权的,开证行行使提单质权的方式与行使提单项下货物动产质权的方式相同,即对提单项下货物折价、变卖、拍卖后所得价款享有优先受偿权。

【相关法条】

《中华人民共和国海商法》第 71 条

《中华人民共和国物权法》第 224 条

《中华人民共和国合同法》第 80 条第 1 款

【基本案情】

中国建设银行股份有限公司广州荔湾支行(以下简称建行广州荔湾支行)与广东蓝粤能源发展有限公司(以下简称蓝粤能源公司)于 2011 年 12 月签订了《贸易融资额度合同》及《关于开立信用证的特别约定》等相关附件,约定该行向蓝粤能源公司提供不超过 5.5 亿元的贸易融资额度,包括开立等值额度的远期信用证。惠来粤东电力燃料有限公司(以下简称粤

东电力)等担保人签订了保证合同等。2012 年 11 月,蓝粤能源公司向建行广州荔湾支行申请开立 8592 万元的远期信用证。为开立信用证,蓝粤能源公司向建行广州荔湾支行出具了《信托收据》,并签订了《保证金质押合同》。《信托收据》确认自收据出具之日起,建行广州荔湾支行即取得上述信用证项下所涉单据和货物的所有权,建行广州荔湾支行为委托人和受益人,蓝粤能源公司为信托货物的受托人。信用证开立后,蓝粤能源公司进口了 164998 吨煤炭。建行广州荔湾支行承兑了信用证,并向蓝粤能源公司放款 84867952.27 元,用于蓝粤能源公司偿还建行首尔分行的信用证垫款。建行广州荔湾支行履行开证和付款义务后,取得了包括本案所涉提单在内的全套单据。蓝粤能源公司因经营状况恶化而未能付款赎单,故建行广州荔湾支行在本案审理过程中仍持有提单及相关单据。提单项下的煤炭因其他纠纷被广西防城港市港口区人民法院查封。建行广州荔湾支行提起诉讼,请求判令蓝粤能源公司向建行广州荔湾支行清偿信用证垫款本金 84867952.27 元及利息;确认建行广州荔湾支行对信用证项下 164998 吨煤炭享有所有权,并对处置该财产所得款项优先清偿上述信用证项下债务;粤东电力等担保人承担担保责任。

【裁判结果】

广东省广州市中级人民法院于 2014 年 4 月 21 日作出(2013)穗中法金民初字第 158 号民事判决,支持建行广州荔湾支行关于蓝粤能源公司还本付息以及

担保人承担相应担保责任的诉请,但以信托收据及提单交付不能对抗第三人为由,驳回建行广州荔湾支行关于请求确认煤炭所有权以及优先受偿权的诉请。建行广州荔湾支行不服一审判决,提起上诉。广东省高级人民法院于 2014 年 9 月 19 日作出(2014)粤高法民二终字第 45 号民事判决,驳回上诉,维持原判。建行广州荔湾支行不服二审判决,向最高人民法院申请再审。最高人民法院于 2015 年 10 月 19 日作出(2015)民提字第 126 号民事判决,支持建行广州荔湾支行对案涉信用证项下提单对应货物处置所得价款享有优先受偿权,驳回其对案涉提单项下货物享有所有权的诉讼请求。

【裁判理由】

最高人民法院认为,提单具有债权凭证和所有权凭证的双重属性,但并不意味着谁持有提单谁就当然对提单项下货物享有所有权。对于提单持有人而言,其能否取得物权以及取得何种类型的物权,取决于当事人之间的合同约定。建行广州荔湾支行履行了开证及付款义务并取得信用证项下的提单,但是由于当事人之间没有移转货物所有权的意思表示,故不能认为建行广州荔湾支行取得提单即取得提单项下货物的所有权。虽然《信托收据》约定建行广州荔湾支行取得货物的所有权,并委托蓝粤能源公司处置提单项下的货物,但根据物权法定原则,该约定因构成让与担保而不能发生物权效力。然而,让与担保的约定虽不能发生物权效力,但该约定仍具有合同效力,且《关于开立信用证的特别约定》约定蓝粤能源公司违约时,建行广州荔湾支行有权处分信用证项下单据及货物,因此根据合同整体解释以及信用证交易的特点,表明当事人真实意思表示是通过提单的流转而设立提单质押。本案符合权利质押设立所须具备的书面质押合同和物权公示两项要件,建行广州荔湾支行作为提单持有人,享有提单权利质权。建行广州荔湾支行的提单权利质权如果与其他债权人对提单项下货物所可能享有的留置权、动产质权等权利产生冲突的,可在执行分配程序中依法予以解决。

最高人民法院指导案例(53 号)

福建海峡银行股份有限公司福州五一支行诉长乐亚新污水处理有限公司、福州市政工程有限公司金融借款合同纠纷案

(最高人民法院审判委员会讨论通过　2015 年 11 月 19 日发布)

【关键词】

民事　金融借款合同　收益权质押　出质登记　质权实现

【裁判要点】

1. 特许经营权的收益权可以质押,并可作为应收账款进行出质登记。

2. 特许经营权的收益权依其性质不宜折价、拍卖或变卖,质权人主张优先受偿权的,人民法院可以判令出质债权的债务人将收益权的应收账款优先支付质权人。

【相关法条】

《中华人民共和国物权法》第 208 条、第 223 条、第 228 条第 1 款

【基本案情】

原告福建海峡银行股份有限公司福州五一支行(以下简称海峡银行五一支行)诉称:原告与被告长乐亚新污水处理有限公司(以下简称长乐亚新公司)签订单位借款合同后向被告贷款 3000 万元。被告福州市政工程有限公司(以下简称福州市政公司)为上述借款提供连带责任保证。原告海峡银行五一支行、被告长乐亚新公司、福州市政公司、案外人长乐市建设局四方签订了《特许经营权质押担保协议》,福州市政公司以长乐市污水处理项目的特许经营权提供质押担保。因长乐亚新公司未能按期偿还贷款本金和利息,故诉请法院判令:长乐亚新公司偿还原告借款本金和利息;确认《特许经营权质押担保协议》合法有效,拍卖、变卖该协议项下的质物,原告有优先受偿权;将长乐市建设局支付给两被告的污水处理服务费优先用于清偿应偿还原告的所有款项;福州市政公司承担连带清偿责任。

被告长乐亚新公司和福州市政公司辩称:长乐市城区污水处理厂特许经营权,并非法定的可以质押的权利,且该特许经营权并未办理质押登记,故原告诉请拍卖、变卖长乐市城区污水处理厂特许经营权,于法无据。

法院经审理查明:2003 年,长乐市建设局为让与

方、福州市政公司为受让方、长乐市财政局为见证方，三方签订《长乐市城区污水处理厂特许建设经营合同》，约定：长乐市建设局授予福州市政公司负责投资、建设、运营和维护长乐市城区污水处理厂项目及其附属设施的特许权，并就合同双方权利义务进行了详细约定。2004年10月22日，长乐亚新公司成立。该公司系福州市政公司为履行《长乐市城区污水处理厂特许建设经营合同》而设立的项目公司。

2005年3月24日，福州市商业银行五一支行与长乐亚新公司签订《单位借款合同》，约定：长乐亚新公司向福州市商业银行五一支行借款3000万元；借款用途为长乐市城区污水处理厂BOT项目；借款期限为13年，自2005年3月25日至2018年3月25日；还就利息及逾期罚息的计算方式作了明确约定。福州市政公司为长乐亚新公司的上述借款承担连带责任保证。

同日，福州市商业银行五一支行与长乐亚新公司、福州市政公司、长乐市建设局共同签订《特许经营权质押担保协议》，约定：福州市政公司以《长乐市城区污水处理厂特许建设经营协议》授予的特许经营权为长乐亚新公司向福州市商业银行五一支行的借款提供质押担保，长乐市建设局同意该担保；福州市政公司同意将特许经营权收益优先用于清偿借款合同项下的长乐亚新公司的债务，长乐市建设局和福州市政公司同意将污水处理费优先用于清偿借款合同项下的长乐亚新公司的债务；福州市商业银行五一支行未受清偿的，有权依法通过拍卖等方式实现质押权利等。

上述合同签订后，福州市商业银行五一支行依约向长乐亚新公司发放贷款3000万元。长乐亚新公司于2007年10月21日起未依约按期足额还本付息。

另查明，福州市商业银行五一支行于2007年4月28日名称变更为福州市商业银行股份有限公司五一支行；2009年12月1日其名称再次变更为福建海峡银行股份有限公司五一支行。

【裁判结果】

福建省福州市中级人民法院于2013年5月16日作出(2012)榕民初字第661号民事判决：一、长乐亚新污水处理有限公司应于本判决生效之日起十日内向福建海峡银行股份有限公司福州五一支行偿还借款本金28714764.43元及利息(暂计至2012年8月21日为2142597.6元，此后利息按《单位借款合同》的约定计至借款本息还清之日止)；二、长乐亚新污水处理有限公司应于本判决生效之日起十日内向福建海峡银行股份有限公司福州五一支行支付律师代理费人民币123640元；三、福建海峡银行股份有限公司福州五一支行于本判决生效之日起有权直接向长乐市

建设局收取应由长乐市建设局支付给长乐亚新污水处理有限公司、福州市政工程有限公司的污水处理服务费，并对该污水处理服务费就本判决第一、二项所确定的债务行使优先受偿权；四、福州市政工程有限公司对本判决第一、二项确定的债务承担连带清偿责任；五、驳回福建海峡银行股份有限公司福州五一支行的其他诉讼请求。宣判后，两被告均提起上诉。福建省高级人民法院于2013年9月17日作出福建省高级人民法院(2013)闽民终字第870号民事判决，驳回上诉，维持原判。

【裁判理由】

法院生效裁判认为：被告长乐亚新公司未依约偿还原告借款本金及利息，已构成违约，应向原告偿还借款本金，并支付利息及实现债权的费用。福州市政公司作为连带责任保证人，应对讼争债务承担连带清偿责任。本案争议焦点主要涉及污水处理项目特许经营权质押是否有效以及该质权如何实现问题。

一、关于污水处理项目特许经营权能否出质问题

污水处理项目特许经营权是对污水处理厂进行运营和维护，并获得相应收益的权利。污水处理厂的运营和维护，属于经营者的义务，而其收益权，则属于经营者的权利。由于对污水处理厂的运营和维护，并不属于可转让的财产权利，故讼争的污水处理项目特许经营权质押，实质上系污水处理项目收益权的质押。

关于污水处理项目等特许经营的收益权能否出质问题，应当考虑以下方面：其一，本案讼争污水处理项目《特许经营权质押担保协议》签订于2005年，尽管当时法律、行政法规及相关司法解释并未规定污水处理项目收益权可质押，但污水处理项目收益权与公路收益权性质上相类似。《最高人民法院关于适用〈中华人民共和国担保法〉若干问题的解释》第九十七条规定，"以公路桥梁、公路隧道或者公路渡口等不动产收益权出质的，按照担保法第七十五条第(四)项的规定处理"，明确公路收益权属于依法可质押的其他权利，与其类似的污水处理收益权亦应允许出质。其二，国务院办公厅2001年9月29日转发的《国务院西部开发办〈关于西部大开发若干政策措施的实施意见〉》(国办发〔2001〕73号)中提出，"对具有一定还贷能力的水利开发项目和城市环保项目(如城市污水处理和垃圾处理等)，探索逐步开办以项目收益权或收费权为质押发放贷款的业务"，首次明确可试行将污水处理项目的收益权进行质押。其三，污水处理项目收益权虽系将来金钱债权，但其行使期间及收益金额均可确定，其属于确定的财产权利。其四，在《中华人民共和国物权法》(以下简称《物权法》)颁布实施后，因污水处理项目收益权系基于提供污水处理服务而产生的将来金钱债权，依其性质亦可纳入依法可出质

的"应收账款"的范畴。因此，讼争污水处理项目收益权作为特定化的财产权利，可以允许其出质。

二、关于污水处理项目收益权质权的公示问题

对于污水处理项目收益权的质权公示问题，在《物权法》自 2007 年 10 月 1 日起施行后，因收益权已纳入该法第二百二十三条第六项的"应收账款"范畴，故应当在中国人民银行征信中心的应收账款质押登记公示系统进行出质登记，质权才能依法成立。由于本案的质押担保协议签订于 2005 年，在《物权法》施行之前，故不适用《物权法》关于应收账款的统一登记制度。因当时并未有统一的登记公示的规定，故参照当时公路收费权质押登记的规定，由其主管部门进行备案登记，有关利害关系人可通过其主管部门了解该收益权是否存在质押之情况，该权利即具备物权公示的效果。

本案中，长乐市建设局在《特许经营权质押担保协议》上盖章，且协议第七条明确约定"长乐市建设局同意为原告和福州市政公司办理质押登记出质登记手续"，故可认定讼争污水处理项目的主管部门已知晓并认可该权利质押情况，有关利害关系人亦可通过长乐市建设局查询了解讼争污水处理厂的有关权利质押的情况。因此，本案讼争的权利质押已具备公示

之要件，质权已设立。

三、关于污水处理项目收益权的质权实现方式问题

我国担保法和物权法均未具体规定权利质权的具体实现方式，仅就质权的实现作出一般性的规定，即质权人在行使质权时，可与出质人协议以质押财产折价，或就拍卖、变卖质押财产所得的价款优先受偿。但污水处理项目收益权属于将来金钱债权，质权人可请求法院判令其直接向出质人的债务人收取金钱并对该金钱行使优先受偿权，故无需采取折价或拍卖、变卖之方式。况且收益权均附有一定之负担，且其经营主体具有特定性，故依其性质亦不宜拍卖、变卖。因此，原告请求将《特许经营权质押担保协议》项下的质物予以拍卖、变卖并行使优先受偿权，不予支持。

根据协议约定，原告海峡银行五一支行有权直接向长乐市建设局收取污水处理服务费，并对所收取的污水处理服务费行使优先受偿权。由于被告仍应依约对污水处理厂进行正常运营和维护，若无法正常运营，则将影响到长乐市城区污水的处理，亦将影响原告对污水处理费的收取，故原告在向长乐市建设局收取污水处理服务费时，应当合理行使权利，为被告预留经营污水处理厂的必要合理费用。

最高人民法院指导案例(64 号)

刘超捷诉中国移动通信集团江苏有限公司徐州分公司电信服务合同纠纷案

(最高人民法院审判委员会讨论通过　2016 年 6 月 30 日发布)

【关键词】

民事　电信服务合同　告知义务　有效期限违约

【裁判要点】

1. 经营者在格式合同中未明确规定对某项商品或服务的限制条件，且未能证明在订立合同时已将该限制条件明确告知消费者并获得消费者同意的，该限制条件对消费者不产生效力。

2. 电信服务企业在订立合同时未向消费者告知某项服务设定了有效期限限制，在合同履行中又以该项服务超过有效期限为由限制或停止对消费者服务的，构成违约，应当承担违约责任。

【相关法条】

《中华人民共和国合同法》第 39 条

【基本案情】

2009 年 11 月 24 日，原告刘超捷在被告中国移动

通信集团江苏有限公司徐州分公司(以下简称移动徐州分公司)营业厅申请办理"神州行标准卡"，手机号码为 1590520xxxx，付费方式为预付费。原告当场预付话费 50 元，并参与移动徐州分公司充 50 元送 50 元的活动。在业务受理单所附《中国移动通信客户入网服务协议》中，双方对各自的权利和义务进行了约定，其中第四项特殊情况的承担中的第 1 条为：在下列情况下，乙方有权暂停或限制甲方的移动通信服务，由此给甲方造成的损失，乙方不承担责任：(1)甲方银行账户被查封、冻结或余额不足等非乙方原因造成的结算时扣划不成功的；(2)甲方预付费使用完毕而未及时补交款项(包括预付费账户余额不足以扣划下一笔预付费用)的。

2010 年 7 月 5 日，原告在中国移动官方网站网上营业厅通过银联卡网上充值 50 元。2010 年 11 月 7 日，原告在使用该手机号码时发现该手机号码已被停机，原告到被告的营业厅查询，得知被告于 2010 年 10

月 23 日因话费有效期到期而暂停移动通信服务,此时账户余额为 11.70 元。原告认为被告单方终止服务构成合同违约,遂诉至法院。

【裁判结果】

徐州市泉山区人民法院于 2011 年 6 月 16 日作出(2011)泉商初字第 240 号民事判决:被告中国移动通信集团江苏有限公司徐州分公司于本判决生效之日起十日内取消对原告刘超捷的手机号码为 1590520xxxx 的话费有效期的限制,恢复该号码的移动通信服务。一审宣判后,被告提出上诉,二审期间申请撤回上诉,一审判决已发生法律效力。

【裁判理由】

法院生效裁判认为:电信用户的知情权是电信用户在接受电信服务时的一项基本权利,用户在办理电信业务时,电信业务的经营者必须向其明确说明该电信业务的内容,包括业务功能、费用收取办法及交费时间、障碍申告等。如果用户在不知悉该电信业务的真实情况下进行消费,就会剥夺用户对电信业务的选择权,达不到真正追求的电信消费目的。

依据《中华人民共和国合同法》第三十九条的规定,采用格式条款订立合同的,提供格式条款的一方应当遵循公平原则确定当事人之间的权利和义务,并采取合理的方式提请对方注意免除或者限制其责任的条款,按照对方的要求,对该条款予以说明。电信业务的经营者作为提供电信服务合同格式条款的一方,应当遵循公平原则确定与电信用户的权利义务内容,权利义务的内容必须符合维护电信用户和电信业务经营者的合法权益、促进电信业的健康发展的立法目的,并有效告知对方注意免除或者限制其责任的条款并向其释明。业务受理单、入网服务协议是电信服务合同的主要内容,确定了原被告双方的权利义务内容,入网服务协议第四项约定有权暂停或限制移动通信服务的情形,第五项约定有权解除协议、收回号码、终止提供服务的情形,均没有因有效期到期而中止、解除、终止合同的约定。而话费有效期限制直接影响到原告手机号码的正常使用,一旦有效期到期,将导致停机、号码被收回的后果,因此被告对此负有明确如实告知的义务,且在订立电信服务合同之前就应如实告知原告。如果在订立合同之前未告知,即使在缴费阶段告知,亦剥夺了当事人的选择权,有违公平和诚实信用原则。被告主张"通过单联发票、宣传册和短信的方式向原告告知了有效期",但未能提供有效的证据予以证明。综上,本案被告既未在电信服务合同中约定有效期内容,亦未提供有效证据证实已将有效期限制明确告知原告,被告暂停服务、收回号码的行为构成违约,应当承担继续履行等违约责任,故对原告主张"取消被告对原告的话费有效期的限制,继续履行合同"的诉讼请求依法予以支持。

最高人民法院指导案例(167 号)

北京大唐燃料有限公司诉山东百富物流有限公司买卖合同纠纷案

(最高人民法院审判委员会讨论通过 2021 年 11 月 9 日发布)

【关键词】

民事 买卖合同 代位权诉讼 未获清偿 另行起诉

【裁判要点】

代位权诉讼执行中,因相对人无可供执行的财产而被终结本次执行程序,债权人就未实际获得清偿的债权另行向债务人主张权利的,人民法院应予支持。

【相关法条】

《最高人民法院关于适用〈中华人民共和国合同法〉若干问题的解释(一)》第 20 条(注:现行有效的法律为《中华人民共和国民法典》第 537 条)

【基本案情】

2012 年 1 月 20 日至 2013 年 5 月 29 日期间,北京大唐燃料有限公司(以下简称大唐公司)与山东百富物流有限公司(以下简称百富公司)之间共签订采购合同 41 份,约定百富公司向大唐公司销售镍铁、镍矿、精煤、冶金焦等货物。双方在履行合同过程中采用滚动结算的方式支付货款,但是每次付款金额与每份合同约定的货款金额并不一一对应。自 2012 年 3 月 15 日至 2014 年 1 月 8 日,大唐公司共支付百富公司货款 1827867179.08 元,百富公司累计向大唐公司开具增值税发票总额为 1869151565.63 元。大唐公司主张百富公司累计供货货值为 1715683565.63 元,百富公司主张其已按照开具增值税发票数额足额供货。

2014 年 11 月 25 日,大唐公司作为原告,以宁波万象进出口有限公司(以下简称万象公司)为被告,百富公司为第三人,向浙江省宁波市中级人民法院提起债权人代位权诉讼。该院作出(2014)浙甬商初字第74号民事判决书,判决万象公司向大唐公司支付款项36369405.32元。大唐公司于2016年9月28日就(2014)浙甬商初字第74号民事案件向浙江省象山县人民法院申请强制执行。该院于2016年10月8日依法向万象公司发出执行通知书,但万象公司逾期仍未履行义务,万象公司尚应支付执行款36369405.32元及利息,承担诉讼费209684元、执行费103769.41元。经该院执行查明,万象公司名下有机动车二辆,该院已经查封但实际未控制。大唐公司在限期内未能提供万象公司可供执行的财产,也未向该院提出异议。该院于2017年3月25日作出(2016)浙0225执3676号执行裁定书,终结本次执行程序。

大唐公司以百富公司为被告,向山东省高级人民法院提起本案诉讼,请求判令百富公司向其返还本金及利息。

【裁判结果】

山东省高级人民法院于2018年8月13日作出(2018)鲁民初10号民事判决:一、山东百富物流有限公司向北京大唐燃料有限公司返还货款75814208.13元;二、山东百富物流有限公司向北京大唐燃料有限公司赔偿占用货款期间的利息损失(以75814208.13元为基数,自2014年11月25日起至山东百富物流有限公司实际支付之日止,按照中国人民银行同期同类贷款基准利率计算);三、驳回北京大唐燃料有限公司其他诉讼请求。大唐燃料有限公司不服一审判决,提起上诉。最高人民法院于2019年6月20日作出(2019)最高法终6号民事判决:一、撤销山东省高级人民法院(2018)鲁民初10号民事判决;二、山东百富物流有限公司向北京大唐燃料有限公司返还货款153468000元;三、山东百富物流有限公司向北京大唐燃料有限公司赔偿占用货款期间的利息损失(以153468000元为基数,自2014年11月25日起至山东百富物流有限公司实际支付之日止,按照中国人民银行同期同类贷款基准利率计算);四、驳回北京大唐燃料有限公司的其他诉讼请求。

【裁判理由】

最高人民法院认为:关于(2014)浙甬商初字第74号民事判决书涉及的36369405.32元债权问题。大唐公司有权就该笔款项另行向百富公司主张。

第一,《最高人民法院关于适用〈中华人民共和国合同法〉若干问题的解释(一)》(以下简称《合同法解释(一)》)第二十条规定,债权人向次债务人提起的代位权诉讼经人民法院审理后认定代位权成立的,由次债务人向债权人履行清偿义务,债权人与债务人、债务人与次债务人之间相应的债权债务关系即予消灭。根据该规定,认定债权人与债务人之间相应债权债务关系消灭的前提是次债务人已经向债权人实际履行相应清偿义务。本案所涉执行案件中,因并未执行到万象公司的财产,浙江省象山县人民法院已经作出终结本次执行的裁定,故在万象公司并未实际履行清偿义务的情况下,大唐公司与百富公司之间的债权债务关系并未消灭,大唐公司有权向百富公司另行主张。

第二,代位权诉讼属于债的保全制度,该制度是为防止债务人财产不当减少或者应当增加而未增加,给债权人实现债权造成障碍,而非要求债权人在债务人与次债务人之间择一选择作为履行义务的主体。如果要求债权人择一选择,无异于要求债权人在提起代位权诉讼前,需要对次债务人的偿债能力作充分调查,否则应当由其自行承担债务不得清偿的风险,这不仅加大了债权人提起代位权诉讼的经济成本,还会严重挫伤债权人提起代位权诉讼的积极性,与代位权诉讼制度的设立目的相悖。

第三,本案不违反"一事不再理"原则。根据《最高人民法院关于适用〈中华人民共和国民事诉讼法〉的解释》第二百四十七条规定,判断是否构成重复起诉的主要条件是当事人、诉讼标的、诉讼请求是否相同,或者后诉的诉讼请求是否实质上否定前诉裁判结果等。代位权诉讼与对债务人的诉讼并不相同,从当事人角度看,代位权诉讼以债权人为原告、次债务人为被告,而对债务人的诉讼则以债权人为原告、债务人为被告,两者被告身份不具有同一性。从诉讼标的及诉讼请求上看,代位权诉讼虽然要求次债务人直接向债权人履行清偿义务,但针对的是债务人与次债务人之间的债权债务,而对债务人的诉讼则是要求债务人向债权人履行清偿义务,针对的是债权人与债务人之间的债权债务,两者在标的范围、法律关系等方面亦不相同。从起诉要件上看,与对债务人诉讼不同的是,代位权诉讼不仅要求具备民事诉讼法规定的起诉条件,同时还应当具备《合同法解释(一)》第十一条规定的诉讼条件。基于上述不同,代位权诉讼与对债务人的诉讼并非同一事由,两者仅具有法律上的关联性,故大唐公司提起本案诉讼并不构成重复起诉。

最高人民法院指导案例(169号)

徐欣诉招商银行股份有限公司上海延西支行银行卡纠纷案

(最高人民法院审判委员会讨论通过　2021年11月9日发布)

【关键词】

民事　银行卡纠纷　网络盗刷　责任认定

【裁判要点】

持卡人提供证据证明他人盗用持卡人名义进行网络交易,请求发卡行承担被盗刷账户资金减少的损失赔偿责任,发卡行未提供证据证明持卡人违反信息妥善保管义务,仅以持卡人身份识别信息和交易验证信息相符为由主张不承担赔偿责任的,人民法院不予支持。

【相关法条】

《中华人民共和国合同法》第107条(注:现行有效的法律为《中华人民共和国民法典》第577条)

【基本案情】

徐欣系招商银行股份有限公司上海延西支行(以下简称招行延西支行)储户,持有卡号为××××的借记卡一张。

2016年3月2日,徐欣上述借记卡发生三笔转账,金额分别为50000元、50000元及46200元,共计146200元。转入户名均为石某,卡号:××××,转入行:中国农业银行。

2016年5月30日,徐欣父亲徐某至上海市公安局青浦分局经侦支队报警并取得《受案回执》。当日,上海市公安局青浦分局经侦支队向徐欣发送沪公(青)立告字〔2016〕3923号《立案告知书》,告知信用卡诈骗案决定立案。

2016年4月29日,福建省福清市公安局出具融公(刑侦)捕字〔2016〕00066号《逮捕证》,载明:经福清市人民检察院批准,兹由我局对涉嫌盗窃罪的谢某1执行逮捕,送福清市看守所羁押。

2016年5月18日,福建省福清市公安局刑侦大队向犯罪嫌疑人谢某1制作《讯问笔录》,载明:……我以9800元人民币向我师傅购买了笔记本电脑、银行黑卡(使用别人身份办理的银行卡)、身份证、优盘等设备用来实施盗刷他人银行卡存款。我师傅卖给我的优盘里有受害人的身份信息、手机号码、银行卡号、取款密码以及银行卡内的存款情况。……用自己人的头像补一张虚假的临时身份证,办理虚假的临时身份证的目的是用于到手机服务商营业厅将我们要

盗刷的那个受害者的手机挂失并补新的SIM卡,我们补新SIM卡的目的是掌握受害者预留给银行的手机,以便于接收转账等操作时银行发送的验证码,只有输入验证码手机银行内的钱才能被转账成功。而且将受害者的银行卡盗刷后,他手上持有的SIM卡接收不到任何信息,我们转他银行账户内的钱不至于被他发现。……2016年3月2日,我师傅告诉我说这次由他负责办理受害人假的临时身份证,并补办受害者关联银行卡的新手机SIM卡。他给了我三个银行账号和密码(经辨认银行交易明细,……一张是招行卡号为××××,户名:徐欣)。

2016年6月,福建省福清市公安局出具《呈请案件侦查终结报告书》,载明:……2016年3月2日,此次作案由谢某1负责转账取款,上家负责提供信息、补卡,此次谢某1盗刷了周某、徐欣、汪某等人银行卡内存款共计400700元……。

2016年6月22日,福建省福清市人民检察院向徐欣发送《被害人诉讼权利义务告知书》,载明:犯罪嫌疑人谢某1、谢某2等3人盗窃案一案,已由福清市公安局移送审查起诉……。

徐欣向人民法院起诉请求招行延西支行赔偿银行卡盗刷损失及利息。

【裁判结果】

上海市长宁区人民法院于2017年4月25日作出(2017)沪0105民初1787号民事判决:一、招商银行股份有限公司上海延西支行给付徐欣存款损失146200元;二、招商银行股份有限公司上海延西支行给付原告徐欣自2016年3月3日起至判决生效之日止,以146200元为基数,按照中国人民银行同期存款利率计算的利息损失。招商银行股份有限公司上海延西支行不服一审判决,向上海市第一中级人民法院提起上诉。上海市第一中级人民法院2017年10月31日作出(2017)沪01民终9300号民事判决:驳回上诉,维持原判。

【裁判理由】

法院生效裁判认为:被上诉人在上诉人处办理了借记卡并将资金存入上诉人处,上诉人与被上诉人之间建立储蓄存款合同关系。《中华人民共和国商业银

行法》第六条规定,"商业银行应当保障存款人的合法权益不受任何单位和个人的侵犯"。在储蓄存款合同关系中,上诉人作为商业银行对作为存款人的被上诉人,具有保障账户资金安全的法定义务以及向被上诉人本人或者其授权的人履行的合同义务。为此,上诉人作为借记卡的发卡行及相关技术、设备和操作平台的提供者,应当对交易机具、交易场所加强安全管理,对各项软硬件设施及时更新升级,以最大限度地防范资金交易安全漏洞。尤其是,随着电子银行业务的发展,商业银行作为电子交易系统的开发、设计、维护者,也是从电子交易便利中获得经济利益的一方,应当也更有能力采取更为严格的技术保障措施,以增强防范银行卡违法犯罪行为的能力。本案根据查明的事实,被上诉人涉案账户的资金损失,系因案外人谢某1非法获取被上诉人的身份信息、手机号码、取款密码等账户信息后,通过补办手机 SIM 卡截获上诉人发送的动态验证码,进而进行转账所致。在存在网络

盗刷的情况下,上诉人仍以身份识别信息和交易验证信息通过为由主张案涉交易是持卡人本人或其授权交易,不能成立。而且,根据本案现有证据无法查明案外人谢某1如何获得交易密码等账户信息,上诉人亦未提供相应的证据证明账户信息泄露系因被上诉人没有妥善保管使用银行卡所导致,因此,就被上诉人自身具有过错,应当由上诉人承担举证不能的法律后果。上诉人另主张,手机运营商在涉案事件中存在过错。然,本案被上诉人提起诉讼的请求权基础为储蓄存款合同关系,手机运营商并非合同以及本案的当事人,手机运营商是否存在过错以及上诉人对被上诉人承担赔偿责任后,是否有权向手机运营商追偿,并非本案审理范围。综上,上诉人在储蓄存款合同履行过程中,对上诉人账户资金未尽到安全保障义务,又无证据证明被上诉人存在违约行为可以减轻责任,上诉人对被上诉人的账户资金损失应当承担全部赔偿责任。上诉人的上诉请求,理由不成立,不予支持。

最高人民检察院指导案例(检例第 156 号)

郑某安与某物业发展公司商品房买卖合同纠纷再审检察建议案

【关键词】

一房二卖　可得利益损失　自由裁量权　再审检察建议

【要旨】

"一房二卖"民事纠纷中,房屋差价损失是当事人在订立合同时应当预见的内容,属可得利益损失,应当由违约方予以赔偿。对于法院行使自由裁量权明显失当的,检察机关应当合理选择监督方式,依法进行监督,促进案件公正审理。

【基本案情】

2004 年 3 月 13 日,郑某安与某物业发展公司订立《商品房买卖合同》,约定购买商业用房,面积251.77 平方米,单价 2 万元/平方米,总价 503.54 万元。合同还约定了交房日期、双方违约责任等条款。郑某安付清首付款 201.44 万元,余款 302.1 万元以银行按揭贷款的方式支付。2005 年 6 月,某物业发展公司将案涉商铺交付郑某安使用,后郑某安将房屋出租。郑某安称因某物业发展公司未提供相关资料,导致案涉商铺至今未办理过户手续。2012 年 1 月 16 日,某物业发展公司与某百货公司订立《商品房买卖合同》,将包括郑某安已购商铺在内的一层 46-67 号

商铺 2089.09 平方米,以单价 0.9 万元/平方米,总价1880.181 万元,出售给某百货公司。2012 年 1 月 20日,双方办理房屋产权过户手续。某物业发展公司向某百货公司依约交接一层 46-67 号商铺期间,某物业发展公司与郑某安就商铺回购问题协商未果。

2013 年 2 月 28 日,郑某安将某物业发展公司诉至青海省高级人民法院,请求判令:解除双方签订的《商品房买卖合同》,返还已付购房款 503.54 万元,并承担已付购房款一倍的赔偿及房屋涨价损失。一审法院委托评估,郑某安已购商铺以 2012 年 1 月 20日作为基准日的市场价格为:单价 6.5731 万元/平方米,总价为 1654.91 万元。一审法院认定,某物业发展公司于 2012 年 1 月 20 日向某百货公司办理案涉商铺过户手续,导致郑某安与某物业发展公司签订的《商品房买卖合同》无法继续履行,构成违约。因违约给郑某安造成的损失,应以合同正常履行后可获得的利益为限,某物业发展公司应按此时的案涉商铺市场价与购买价之间的差价 1151.37 万元,向郑某安赔偿。郑某安主张的按揭贷款利息为合同正常履行后为获得利益所支出的必要成本,其应获得的利益在差价部分已得到补偿。某物业发展公司在向某百货公司交

付商铺产权时，曾就案涉商铺问题与郑某安协商过，并且某物业公司以同样方式回购了其他商铺，因此某物业发展公司实施的行为有别于"一房二卖"中出卖人存在欺诈或恶意的情形，郑某安请求某物业发展公司承担已付购房款一倍503.54万元的赔偿责任，不予支持。据此，一审法院判令：解除《商品房买卖合同》；某物业发展公司向郑某安返还已付购房款503.54万元、赔偿商铺差价损失1151.37万元。

郑某安、某物业发展公司均不服一审判决，向最高人民法院提出上诉。二审法院认定，某物业发展公司与郑某安订立《商品房买卖合同》时，《最高人民法院关于审理商品房买卖合同纠纷案件适用法律若干问题的解释》已经实施。因此，某物业发展公司应当预见到如其违反合同约定，根据该司法解释第八条规定，可能承担的违约责任，除对方当事人所遭受直接损失外，还可能包括已付购房款一倍的赔偿。综合本案郑某安实际占有案涉商铺并出租获益6年多，以及某物业发展公司将案涉商铺转售他人的背景、原因、交易价格等因素，一审判决以合同无法继续履行时点的市场价与郑某安购买价之间的差额作为可得利益损失，判令某物业发展公司赔偿郑某安1151.37万元，导致双方当事人之间利益失衡，超出当事人对违反合同可能造成损失的预期。根据《中华人民共和国合同法》第一百一十三条第一款规定精神，为了更好平衡双方当事人利益，酌定某物业发展公司赔偿郑某安可得利益损失503.54万元。据此，二审判决判令：解除《商品房买卖合同》，某物业发展公司向郑某安返还已付购房款503.54万元、赔偿商铺差价损失503.54万元。

郑某安不服二审判决，向最高人民法院申请再审，该院裁定驳回郑某安提出的再审申请。

【检察机关履职过程】

受理及审查情况。郑某安不服二审判决，向最高人民检察院申请监督。最高人民检察院通过调阅卷宗并询问当事人，重点对以下问题进行审查：一是审查郑某安主张的房屋差价损失1151.37万元是否属于可得利益损失及应否赔偿。本案中，郑某安依约支付购房款，其主要合同义务履行完毕，某物业发展公司亦已将案涉商铺交付郑某安。因不可归责于郑某安原因，案涉商铺未办理产权过户手续。其后，某物业发展公司再次出售案涉商铺给某百货公司并办理过户，构成违约，应当承担违约责任。依照《中华人民共和国合同法》规定，违约损失赔偿额相当于因违约所造成的损失，包括合同履行后可以获得的利益，但不得超过违反合同一方订立合同时预见到或者应当预见到的因违反合同可能造成的损失。某物业发展公司作为从事地产开发的专业企业，订立合同时应

预见到，若违反合同约定，将承担包括差价损失赔偿在内的违约责任。某物业发展公司再次出售案涉商铺时，对案涉商铺市价应当知悉，对因此给郑某安造成的房屋差价损失也是明知的。因此，案涉房屋差价损失1151.37万元属于可得利益损失，某物业发展公司应予赔偿。二是审查生效判决酌定某物业发展公司赔偿郑某安可得利益损失503.54万元，是否属于适用法律确有错误。某物业发展公司擅自再次出售案涉商铺，主观恶意明显，具有过错，应受到法律否定性评价。郑某安出租商铺收取租金，是其作为房屋合法占有人所享有的权利，不应作为减轻某物业发展公司民事赔偿责任的事实依据。案涉商铺第二次出售价格虽仅为0.9万元/平方米，但郑某安所购商铺的评估价格为6.5731万元/平方米，某物业发展公司作为某百货公司发起人，将案涉商铺以较低价格出售给关联企业某百货公司，双方存在利害关系，故案涉商铺的第二次出售价格不应作为减轻某物业发展公司民事赔偿责任的事实依据。

监督意见。最高人民检察院在对郑某安主张的可得利益损失是否应予赔偿以及酌定调整可得利益损失数额是否属于行使裁量权失当等情况进行全面、客观审查后，认为生效判决适用法律确有错误，且有失公平，遂于2019年1月21日依法向最高人民法院发出再审检察建议。

监督结果。最高人民法院于2020年3月31日作出民事裁定，再审本案。再审中，在法庭主持下，郑某安与某物业发展公司达成调解协议，主要内容为：（一）解除双方订立的《商品房买卖合同》；（二）某物业发展公司向郑某安返还已付购房款503.54万元，赔偿可得利益损失503.54万元；（三）某物业发展公司另行支付郑某安商铺差价损失450万元，于2020年12月31日支付200万元，于2021年5月31日前付清其余250万元；某物业发展公司如未能如期足额向郑某安付清上述款项，则再赔偿郑某安差价损失701.37万元。最高人民法院出具民事调解书对调解协议依法予以确认。

【指导意义】

（一）检察机关在办理"一房二卖"民事纠纷监督案件中，应当加强对可得利益损失法律适用相关问题的监督。根据《中华人民共和国合同法》第一百一十三条规定，当事人一方不履行合同义务或者履行合同义务不符合约定，给对方造成损失的，损失数额应当相当于因违约所造成的损失，包括合同履行后可以获得的利益。"一房二卖"纠纷中，出卖人先后与不同买受人订立房屋买卖合同，后买受人办理房屋产权过户登记手续的，前买受人基于房价上涨产生的房屋差价损失，属于可得利益损失，可以依法主张赔偿。同时，

在计算和认定可得利益损失时,应当综合考虑可预见规则、减损规则、损益相抵规则等因素,合理确定可得利益损失数额。本案系通过再审检察建议的方式开展监督,法院采纳监督意见进行再审后,依法促成双方当事人达成调解协议,实现案结事了人和。在监督实务中,检察机关应当根据案件实际情况,合理选择抗诉或再审检察建议的方式开展监督,实现双赢多赢共赢。

(二)检察机关应当加强对行使自由裁量权明显失当行为的监督,促进案件公正审理。司法机关行使自由裁量权,应当根据法律规定和立法精神,坚持合法、合理、公正、审慎的原则,对案件事实认定、法律适用等关键问题进行综合分析判断,并作出公平公正的裁判。司法实践中,有的案件办理未能充分体现法律精神,裁量时违反市场交易一般规则,导致裁量失当、裁判不公。"一房二卖"纠纷中,涉案房屋交付使用后,签约在先的买受人出租房屋所获取的租金收益,系其履行房屋买卖合同主要义务后,基于合法占有而享有的权益,而非买受人基于出卖人违约所获得的利益,不能作为法院酌减违约赔偿金的考量因素。对行使自由裁量权失当问题,检察机关应当依法加强监督,在实现个案公正的基础上,促进统一裁判标准,不断提升司法公信,维护司法权威。

【相关规定】

《中华人民共和国民法典》第 583 条、第 584 条(本案适用的是《中华人民共和国合同法》第 112 条、第 113 条第 1 款)

《中华人民共和国民事诉讼法》(2017 年修正)第 208 条、第 209 条(现为 2021 年修正后的第 215 条、第 216 条)

《人民检察院民事诉讼监督规则(试行)》(2013 年施行)第 3 条、第 47 条(现为 2021 年施行的《人民检察院民事诉讼监督规则》第 3 条、第 43 条)

最高人民法院指导案例(189 号)

上海熊猫互娱文化有限公司诉李岑、昆山播爱游信息技术有限公司合同纠纷案

(最高人民法院审判委员会讨论通过 　2022 年 12 月 8 日发布)

【关键词】

民事　合同纠纷　违约金调整　网络主播

【裁判要点】

网络主播违反约定的排他性合作条款,未经直播平台同意在其他平台从事类似业务的,应当依法承担违约责任。网络主播主张合同约定的违约金明显过高请求予以减少的,在实际损失难以确定的情形下,人民法院可以根据网络直播行业特点,以网络主播从平台中获取的实际收益为参考基础,结合平台前期投入、平台流量、主播个体商业价值等因素合理酌定。

【相关法条】

《中华人民共和国民法典》第 585 条(本案适用的是自 1999 年 10 月 1 日起实施的《中华人民共和国合同法》第 114 条)

【基本案情】

被告李岑原为原告上海熊猫互娱文化有限公司(以下简称熊猫公司)创办的熊猫直播平台游戏主播,被告昆山播爱游信息技术有限公司(以下简称播爱游公司)为李岑的经纪公司。2018 年 2 月 28 日,熊猫公司、播爱游公司及李岑签订《主播独家合作协议》(以下简称《合作协议》),约定李岑在熊猫直播平台独家进行"绝地求生游戏"的第一视角游戏直播和游戏解说。该协议违约条款中约定,协议有效期内,播爱游公司或李岑未经熊猫公司同意,擅自终止本协议或在直播竞品平台上进行相同或类似合作,或将已在熊猫直播上发布的直播视频授权给任何第三方使用的,构成根本性违约,播爱游公司应向熊猫直播平台支付如下赔偿金:(1)本协议及本协议签订前李岑因与熊猫直播平台开展直播合作熊猫公司累计支付的合作费用;(2)5000 万元人民币;(3)熊猫公司为李岑投入的培训费和推广资源费。主播李岑对此向熊猫公司承担连带责任。合同约定的合作期限为一年,从 2018 年 3 月 1 日至 2019 年 2 月 28 日。

2018 年 6 月 1 日,播爱游公司向熊猫公司发出主播催款单,催讨欠付李岑的两个月合作费用。截至 2018 年 6 月 4 日,熊猫公司为李岑直播累计支付 2017 年 2 月至 2018 年 3 月的合作费用 1111661 元。

2018 年 6 月 27 日,李岑发布微博称其将带领所在直播团队至斗鱼直播平台进行直播,并公布了直播时间及房间号。2018 年 6 月 29 日,李岑在斗鱼直播平台进行首播。播爱游公司也于官方微信公众号上发布李岑在斗鱼直播平台的直播间链接。根据"腾讯游戏"微

博新闻公开报道："BIU雷哥(李岑)是全国主机游戏直播节目的开创者，也是全国著名网游直播明星主播，此外也是一位优酷游戏频道的原创达人，在优酷视频拥有超过20万的粉丝和5000万的点击……"

2018年8月24日，熊猫公司向人民法院提起诉讼，请求判令两被告继续履行独家合作协议、立即停止在其他平台的直播活动并支付相应违约金。一审审理中，熊猫公司调整诉讼请求为判令两被告支付原告违约金300万元。播爱游公司不同意熊猫公司请求，并提出反诉请求：1. 判令确认熊猫公司、播爱游公司、李岑三方于2018年2月28日签订的《合作协议》于2018年6月28日解除；2. 判令熊猫公司向播爱游公司支付2018年4月至2018年6月之间的合作费用224923.32元；3. 判令熊猫公司向播爱游公司支付律师费20000元。

【裁判结果】

上海市静安区人民法院于2019年9月16日作出(2018)沪0106民初31513号民事判决：一、播爱游公司于判决生效之日起十日内支付熊猫公司违约金2600000元；二、李岑对播爱游公司上述付款义务承担连带清偿责任；三、熊猫公司于判决生效之日起十日内支付播爱游公司2018年4月至2018年6月的合作费用186640.10元；四、驳回播爱游公司其他反诉请求。李岑不服一审判决，提起上诉。上海市第二中级人民法院于2020年11月12日作出(2020)沪02民终562号民事判决：驳回上诉，维持原判。

【裁判理由】

法院生效裁判认为：

第一，根据本案查明的事实，熊猫公司与播爱游公司、李岑签订《合作协议》，自愿建立合同法律关系，而非李岑主张的劳动合同关系。《合作协议》系三方真实意思表示，不违反法律法规的强制性规定，应认定为有效，各方理应依约恪守。从《合作协议》的违约责任条款来看，该协议对合作三方的权利义务都进行了详细约定，主播未经熊猫公司同意在竞争平台直播构成违约，应当承担赔偿责任。

第二，熊猫公司虽然存在履行瑕疵但并不足以构成根本违约，播爱游公司、李岑并不能以此为由主张解除《合作协议》。且即便从解除的方式来看，合同解除的意思表示也应当按照法定或约定的方式明确无误地向合同相对方发出，李岑在微博平台上向不特定对象发布的所谓"官宣"或直接至其他平台直播的行为，均不能认定为向熊猫公司发出明确的合同解除的意思表示。因此，李岑、播爱游公司在二审中提出因熊猫公司违约而已经行使合同解除权的主张不能成立。

第三，当事人主张约定的违约金过高请求予以适当减少的，应当以实际损失为基础，兼顾合同的履行情况、当事人的过错程度以及预期利益等综合因素，根据公平原则和诚实信用原则予以衡量。对于公平、诚信原则的适用尺度，与因违约所受损失的准确界定，应当充分考虑网络直播这一新兴行业的特点。网络直播平台是以互联网为必要媒介、以主播为核心资源的企业，在平台运营中通常需要在带宽、主播上投入较多的前期成本，而主播违反合同在第三方平台进行直播的行为给直播平台造成损失的具体金额实际难以量化，如对网络直播平台苛求过重的举证责任，则有违公平原则。故本案违约金的调整应当考虑网络直播平台的特点以及签订合同时对熊猫公司成本及收益的预见性。本案中，考虑主播李岑在游戏直播行业中享有很高的人气和知名度的实际情况，结合其收益情况、合同剩余履行期间、双方违约及各自过错大小、熊猫公司能够量化的损失、熊猫公司已对约定违约金作出的减让、熊猫公司平台的现状等情形，根据公平与诚实信用原则以及直播平台与主播个人的利益平衡，酌情将违约金调整为260万元。

最高人民法院指导案例(67号)

汤长龙诉周士海股权转让纠纷案

(最高人民法院审判委员会讨论通过　2016年9月19日发布)

【关键词】

民事　股权转让　分期付款　合同解除

【裁判要点】

有限责任公司的股权分期支付转让款中发生股权受让人延迟或者拒付等违约情形，股权转让人要求解除双方签订的股权转让合同的，不适用《中华人民共和国合同法》第一百六十七条关于分期付款买卖中出卖人在买受人未支付到期价款的金额达到合同全部价款的五分之一时即可解除合同的规定。

【相关法条】

《中华人民共和国合同法》第94条、第167条

【基本案情】

原告汤长龙与被告周士海于2013年4月3日签订《股权转让协议》及《股权转让资金分期付款协

议》。双方约定:周士海将其持有的青岛变压器集团成都双星电器有限公司6.35%股权转让给汤长龙。股权合计710万元,分四期付清,即2013年4月3日付150万元;2013年8月2日付150万元;2013年12月2日付200万元;2014年4月2日付210万元。此协议双方签字生效,永不反悔。协议签订后,汤长龙于2013年4月3日依约向周士海支付第一期股权转让款150万元。因汤长龙逾期未支付约定的第二期股权转让款,周士海于同年10月11日,以公证方式向汤长龙送达了《关于解除协议的通知》,以汤长龙根本违约为由,提出解除双方签订的《股权转让资金分期付款协议》。次日,汤长龙即向周士海转账支付了第二期150万元股权转让款,并按照约定的时间和数额履行了后续第三、四期股权转让款的支付义务。周士海以其已经解除合同为由,如数退回汤长龙支付的4笔股权转让款。汤长龙遂向人民法院提起诉讼,要求确认周士海发出的解除协议通知无效,并责令其继续履行合同。

另查明,2013年11月7日,青岛变压器集团成都双星电器有限公司的变更(备案)登记中,周士海所有的6.35%股权已经变更登记至汤长龙名下。

【裁判结果】

四川省成都市中级人民法院于2014年4月15日作出(2013)成民初字第1815号民事判决:驳回原告汤长龙的诉讼请求。汤长龙不服,提起上诉。四川省高级人民法院于2014年12月19日作出(2014)川民终字第432号民事判决:一、撤销原审判决;二、确认周士海要求解除双方签订的《股权转让资金分期付款协议》行为无效;三、汤长龙于本判决生效后十日内向周士海支付股权转让款710万元。周士海不服四川省高级人民法院的判决,以二审法院适用法律错误为由,向最高人民法院申请再审。最高人民法院于2015年10月26日作出(2015)民申字第2532号民事裁定,驳回周士海的再审申请。

【裁判理由】

法院生效判决认为:本案争议的焦点问题是周士海是否享有《中华人民共和国合同法》(以下简称《合同法》)第一百六十七条规定的合同解除权。

一、《合同法》第一百六十七条第一款规定:"分期付款的买受人未支付到期价款的金额达到全部价款的五分之一的,出卖人可以要求买受人支付全部价款或解除合同。"第二款规定:"出卖人解除合同的,可以向买受人要求支付该标的物的使用费。"最高人民法院《关于审理买卖合同纠纷案件适用法律问题的解释》第三十八条规定:"合同法第一百六十七条第一款规定的'分期付款',系指买受人将应付的总价款在一定期间内至少分三次向出卖人支付。分期付款

买卖合同的约定违反合同法第一百六十七条第一款的规定,损害买受人利益,买受人主张该约定无效的,人民法院应予支持。"依据上述法律和司法解释的规定,分期付款买卖的主要特征为:一是买受人向出卖人支付总价款分三次以上,出卖人交付标的物之后买受人分两次以上向出卖人支付价款;二是多发、常见在经营者和消费者之间,一般是买受人作为消费者为满足生活消费而发生的交易;三是出卖人向买受人授予了一定信用,而作为授信人的出卖人在价款回收上存在一定风险,为保障出卖人剩余价款的回收,出卖人在一定条件下可以行使解除合同的权利。

本案系有限责任公司股东将股权转让给公司股东之外的其他人。尽管案涉股权的转让形式也是分期付款,但由于本案买卖的标的物是股权,因此具有与以消费为目的的一般买卖不同的特点:一是汤长龙受让股权是为参与公司经营管理并获取经济利益,并非满足生活消费;二是周士海作为有限责任公司的股权出让人,基于其所持股权一直存在于目标公司中的特点,其因分期回收股权转让款而承担的风险,与一般以消费为目的分期付款买卖中出卖人收回价款的风险并不同等;三是双方解除股权转让合同,也不存在向受让人要求支付标的物使用费的情况。综上特点,股权转让分期付款合同,与一般以消费为目的的分期付款买卖合同有较大区别。对案涉《股权转让资金分期付款协议》不宜简单适用《合同法》第一百六十七条规定的合同解除权。

二、本案中,双方订立《股权转让资金分期付款协议》的合同目的能够实现。汤长龙和周士海订立《股权转让资金分期付款协议》的目的是转让周士海所持青岛变压器集团成都双星电器有限公司6.35%股权给汤长龙。根据汤长龙履行股权转让款的情况,除第2笔股权转让款150万元逾期支付两个月,其余3笔股权转让款均按约支付,周士海认为汤长龙逾期付款构成违约要求解除合同,退回了汤长龙所付710万元,不影响汤长龙按约支付剩余3笔股权转让款的事实的成立,且本案一、二审审理过程中,汤长龙明确表示愿意履行付款义务。因此,周士海签订案涉《股权转让资金分期付款协议》的合同目的能够得以实现。另查明,2013年11月7日,青岛变压器集团成都双星电器有限公司的变更(备案)登记中,周士海所持有的6.35%股权已经变更登记至汤长龙名下。

三、从诚实信用的角度,《合同法》第六十条规定,"当事人应当按照约定全面履行自己的义务。当事人应当遵循诚实信用原则,根据合同的性质、目的和交易习惯履行通知、协助、保密等义务"。鉴于双方在股权转让合同上明确约定"此协议一式两份,双方签字

生效,永不反悔",因此周士海即使依据《合同法》第一百六十七条的规定,也应当首先选择要求汤长龙支付全部价款,而不是解除合同。

四、从维护交易安全的角度,一项有限责任公司的股权交易,关涉诸多方面,如其他股东对受让人汤长龙的接受和信任(过半数同意股权转让),记载到股东名册和在工商部门登记股权,社会成本和影响已经

倾注其中。本案中,汤长龙受让股权后已实际参与公司经营管理、股权也已过户登记到其名下,如果不是汤长龙有根本违约行为,动辄撤销合同可能对公司经营管理的稳定产生不利影响。

综上所述,本案中,汤长龙主张的周士海依据《合同法》第一百六十七条之规定要求解除合同依据不足的理由,于法有据,应当予以支持。

最高人民检察院指导案例(检例第 154 号)

李某荣等七人与李某云民间借贷纠纷抗诉案

【关键词】

民间借贷　举证责任　司法鉴定　抗诉

【要旨】

检察机关办理民间借贷纠纷监督案件应当全面、客观地审查证据,加强对借款、还款凭证等合同类文件以及款项实际交付情况的审查,确保相关证据达到高度可能性的证明标准,并就举证责任分配是否符合法定规则加强监督。对于鉴定意见应否采信,检察机关应当统筹考虑鉴定内容、鉴定程序、鉴定资质以及当事人在关键节点能否充分行使诉权等因素,结合案件其他证据综合作出判断。

【基本案情】

2004 年至 2005 年期间,李某云因经营耐火材料厂,分四次向魏某义借款 140 万元并出具借条。2006 年 7 月 31 日,魏某义因病去世。魏某义的法定继承人(即李某荣等七人)凭借条多次向李某云催要借款,李某云以已经偿还为由拒绝还款。

2007 年 6 月 5 日,李某荣等七人将李某云诉至河南省新密市人民法院,请求判令:李某云偿还借款 140 万元及起诉后的利息。李某云应诉后,向一审法院提交内容为"李某云借款已全部还清,以前双方所写借款条和还款条自行撕毁,以此为据。2006.5.8 立字据人:魏某义"的字据(以下简称还款字据),据此主张已将借款还清。李某云于 2007 年 7 月 9 日自行委托河南某司法鉴定中心对还款字据进行鉴定。2007 年 7 月 17 日,该司法鉴定中心作出鉴定意见,认为还款字据中"魏某义"的签名系本人所写,指纹系本人捺印。经李某荣等七人申请,一审法院于 2007 年 7 月 26 日委托西南某司法鉴定中心对还款字据进行鉴定。2007 年 9 月 4 日,该司法鉴定中心作出鉴定意见,认为还款字据上"魏某义"三字不是本人书写形成,不能确定指印是否打印形成。法庭质证中,李某云对内容为"李某云原借款下欠 20 万元未还,因合作硅砖款未

收回,收回后归还,其他借款已全部归还,原借款条作废。2006.5.4. 魏某义"的鉴定样本提出异议。经法庭核实,双方均否认提交过该鉴定样本,法院亦未向西南某司法鉴定中心送检。李某云以此为由主张鉴定意见不应采信并申请重新鉴定。一审法院委托辽宁某司法鉴定所重新鉴定。2008 年 5 月 21 日,该司法鉴定所作出鉴定意见,认为还款字据上"魏某义"签名与样本上"魏某义"签名为同一人所写。一审法院采信辽宁某司法鉴定所作出的鉴定意见,判决驳回李某荣等七人提出的全部诉讼请求。

李某荣等七人不服一审判决,向郑州市中级人民法院提出上诉。二审中,李某荣等七人申请对还款字据重新鉴定。二审法院委托北京某物证鉴定中心对还款字据进行鉴定。2009 年 10 月 19 日,该鉴定中心作出鉴定意见,认为还款字据上"魏某义"签名字迹与样本上"魏某义"签名字迹是同一人所写,指印是魏某义用印油按捺形成。二审法院采信北京某物证鉴定中心作出的鉴定意见,判决驳回上诉,维持原判。

李某荣等七人不服二审判决,向河南省高级人民法院申请再审。该院再审认定,李某云提供还款字据证明其偿还魏某义 140 万元借款,举证责任已经完成。第一,李某云自行委托河南某司法鉴定中心对还款字据进行鉴定,不违反法律规定,但该鉴定采用的样本未经质证,李某荣等七人提出异议,原审法院不予采信正确。第二,西南某司法鉴定中心采用的一份比对样本未经质证且来源不明,鉴定程序违法,原审法院不予采信正确。第三,辽宁某司法鉴定所在接受委托时,明确表示依其资质仅能接受文书鉴定,而指纹鉴定属痕迹鉴定,超出其资质范围。一审法院在征得双方当事人同意的情况下,委托辽宁某司法鉴定所在其鉴定资质范围内进行鉴定,程序合法。第四,二审法院委托北京某物证鉴定中心重新作出的鉴定,虽与辽宁某司法鉴定所作出的鉴定意见存在一定差异,

但主要结论相同,印证了李某云的主张。综上,再审法院采信辽宁某司法鉴定所和北京某物证鉴定中心作出的鉴定意见,判决维持二审判决。

【检察机关履职过程】

受理及审查情况。李某荣等七人不服再审判决,向河南省人民检察院申请监督。河南省人民检察院依法受理并审查后,提请最高人民检察院抗诉。检察机关通过调阅卷宗并询问当事人,重点对以下问题进行审查:一是审查承兑汇票贴息兑付情况。在本案历次诉讼中,李某云主张已偿还的100万元是以承兑汇票贴息的方式兑付,而办理承兑汇票贴息兑付手续时李某云必然会在银行划转留痕。从本案的客观情况看,款项交付情况对正确认定还款事实具有重要意义,在还款字据这一核心证据存在瑕疵的情况下,原审法院并未要求李某云提供相关证据对款项交付情况予以证明,亦未依职权调取相关证据,明显不当。二是审查还款字据的形式和内容。经审查,还款字据系孤证,且存在明显裁剪痕迹、正文与签字不是同一人所写等重大瑕疵。李某云自行委托河南某司法鉴定中心对还款字据进行鉴定时,该鉴定机构对字据原件中"魏某义"的签名和指印采用溶解、剪切的破坏性检验方法。在李某荣等七人对该瑕疵证据的真实性提出异议的情形下,原审法院亦未要求李某云提供其他能够证明还款事实的必要证据予以补强。三是审查鉴定意见。再审判决采信的鉴定意见存在李某云与鉴定机构负责人多次不当电话联系、原审法院送检时未说明该检材已经多次鉴定等瑕疵,且未采信西南某司法鉴定中心的鉴定意见,理据不充分。虽然再审法院以西南某司法鉴定中心采用未经质证且来源不明的样本为由,认定鉴定程序违法并对鉴定意见不予采信,但是从鉴定人王某荣出具的《出庭质证的书面说明》可以看出,即使不采用该份比对样本,依据其他鉴定样本也能够得出检材字迹"魏某义"非本人所写的结论。

监督意见。最高人民检察院在对承兑汇票贴息兑付、还款字据的形式和内容以及鉴定意见等情况进行全面、客观审查后,认为再审判决认定李某云已经偿还借款的事实缺乏证据证明,遂于2015年5月12日依法向最高人民法院提出抗诉。

监督结果。最高人民法院经审理,采纳了最高人民检察院的抗诉意见,并于2019年3月25日作出再审民事判决:撤销原一、二审判决及河南省高级人民法院再审判决;李某云于判决生效后十日内向李某荣等七人支付140万元及自2007年6月5日起按同期银行活期存款利率计算至付清之日止的利息。

【指导意义】

(一)检察机关办理民间借贷纠纷监督案件应当全面、客观地审查证据,并就举证责任分配是否符合法定规则加强监督。在民间借贷纠纷案件中,当事人用以证明交付借款或还款的书证往往系孤证或者存在形式、内容上的瑕疵,难以形成完整的证据链条。检察机关办理此类案件时应当重点审查以下内容:一是对借款合同、借据、收条、阶段性汇总协议等合同类文件的形式和内容进行审查;二是结合借贷金额、款项交付方式、当事人的经济能力、当地或者当事人之间的交易方式、交易习惯、当事人的财产变动情况等要素,运用日常生活经验判断相关证据的真实性以及是否能够达到高度可能性的证明标准。本案中,还款字据系孤证且自身存在重大瑕疵,债务人据此主张所借款项已经清偿,法院未要求债务人就还款字据项下的款项交付情况作出合理说明并提供相关证据,亦未在必要时依职权调取相关证据,属于举证责任分配失当。实践中,检察机关应当加强对上述问题的监督,及时监督纠正错误裁判,维护司法公正和人民群众合法权益。

(二)对鉴定意见是否采信应当结合相关证据进行综合性审查。司法鉴定是民事诉讼程序的重要组成部分,准确适用司法鉴定对于查明案件事实、充分保障当事人诉权及客观公正办理案件具有重要意义。司法实践中,检察机关对鉴定意见应当重点审查以下内容:鉴定机构或鉴定人是否具有法定鉴定资质;检材是否经各方当事人质证;鉴定人对当事人提出的异议是否答复以及答复是否合理;对合理异议鉴定机构是否作出补充鉴定意见;鉴定人是否对鉴定使用的标准和方法作出说明;鉴定人是否出庭答疑;鉴定人出具的鉴定意见与法院委托鉴定的范围、方式是否相符等。特别是在经过多次鉴定且鉴定意见存在冲突的情形下,检察机关应当统筹考虑鉴定内容、鉴定程序、鉴定资质以及当事人在关键节点能否充分行使诉权等因素,并结合案件其他证据,综合判断鉴定意见是否可以采信,防止出现"以鉴代审"的情况。

【相关规定】

《中华人民共和国民法典》第667条、第675条(本案适用的是《中华人民共和国合同法》第196条、第206条)

《中华人民共和国民事诉讼法》(2017年修正)第208条、第209条

《人民检察院民事诉讼监督规则(试行)》(2013年施行)第47条、第91条(现为2021年施行的《人民检察院民事诉讼监督规则》第43条、第90条)

最高人民检察院指导案例(检例第155号)

某小额贷款公司与某置业公司借款合同纠纷抗诉案

【关键词】

借款合同　依职权监督　高利放贷　抗诉

【要旨】

检察机关在办理借款合同纠纷监督案件中发现小额贷款公司设立关联公司,以收取咨询费、管理费等名义预先扣除借款本金、变相收取高额利息的,应当按照实际借款金额认定借款本金并依法计息。检察机关在办理相关案件中应当加强对小额贷款公司等地方金融组织违规发放贷款行为的审查和调查核实,发挥司法能动作用,依法维护金融秩序和金融安全。

【基本案情】

2012年11月23日,某置业公司与某小额贷款公司签订《借款合同》,约定:借款金额为1300万元;借款期限为90天,从2012年11月23日起至2013年2月22日止;借款月利率15‰,若人民银行调整贷款基准利率,则以提款日人民银行公布的同期贷款基准利率的4倍为准,逾期罚息在借款利率基础上加收50%。同日,某置业公司(甲方)与某信息咨询服务部(乙方)签订《咨询服务协议》,约定:甲方邀请乙方协助甲方办理贷款业务,为甲方提供贷款基本资料、贷款抵押品估价等办理贷款相关手续的咨询服务,使甲方融资成功;融资成功后,甲方同意在贷款期内向乙方缴纳服务费总额78万元,超过首次约定贷款期限的,按月收取服务费,不足一个月按一个月收取,标准为:以贷款金额为标的,每月按20‰收取咨询服务费。某信息咨询服务部负责人赵某露在乙方负责人处签字。同日,某小额贷款公司按约向某置业公司支付1300万元,某置业公司当即通过转账方式向赵某露支付咨询服务费45.5万元。其后,某置业公司又陆续向某小额贷款公司、某信息咨询服务部支付508.1602万元。

2015年6月24日,某小额贷款公司将某置业公司诉至重庆市永川区人民法院,请求判令:某置业公司偿还借款本金1300万元及约定的借期与逾期利息。一审法院认定,某小额贷款公司与某置业公司签订的《借款合同》合法有效,双方当事人均应按照合同约定履行各自义务,某小额贷款公司依约支付借款,某置业公司即应按照合同约定期限向某小额贷款公

司偿还借款本息。某小额贷款公司主张逾期月利率为22.5‰过高,调整为按中国人民银行同期同类贷款基准利率的四倍计息。某置业公司与某信息咨询服务部签订的《咨询服务协议》合法有效且已经实际履行,故某置业公司辩称咨询服务费应作为本金抵扣的理由不能成立。一审法院遂于2016年10月31日作出判决,判令:某置业公司偿还某小额贷款公司借款本金1300万元;截至2015年3月20日,利息142.2878万元;从2015年3月21日起,以1300万元为基数按中国人民银行同期同类贷款基准利率的四倍计算至本金付清之日止的利息。当事人双方均未上诉,一审判决生效。

【检察机关履职过程】

受理及审查情况。重庆市永川区人民检察院在协助上级检察院办理某小额贷款公司与王某、何某等借款合同纠纷监督案中,发现本案监督线索。经初步调查了解,某小额贷款公司可能存在规避行业监管,变相收取高额利息,扰乱国家金融秩序的情形,遂依职权启动监督程序,并重点开展以下调查核实工作:询问赵某露以及某小额贷款公司副总经理、会计等,证实某信息咨询服务部是某小额贷款公司设立,实际上是"一套人马、两块牌子",赵某露既是某信息咨询服务部负责人,也是某小额贷款公司出纳;调取赵某露银行流水,查明赵某露收到某置业公司咨询费后,最终将钱款转入某小额贷款公司账户;查阅某小额贷款公司财务凭证等会计资料,发现某小额贷款公司做账时,将每月收取的钱款分别做成利息与咨询费,本案实际年利率达到42%。重庆市永川区人民检察院认为原审判决确有错误,依法提请重庆市人民检察院第五分院抗诉。

监督意见。重庆市人民检察院第五分院经审查认为,当事人履行合同不得扰乱金融监管秩序。某信息咨询服务部名义上向某置业公司收取的咨询费、服务费,实际是代某小额贷款公司收取的利息,旨在规避国家金融监管,违规获取高息。本案借款本金数额应扣除借款当日支付的咨询服务费,即"砍头息"45.5万元,其后支付的咨询服务费应抵扣借款本息。原审判决认定事实错误,应予纠正。重庆市人民检察院第五分院于2020年10月26日向重庆市第五中级人民

法院提出抗诉。

监督结果。重庆市第五中级人民法院裁定重庆市永川区人民法院再审。再审中,某小额贷款公司认可检察机关查明的事实。再审另查明,2017年12月28日,重庆市大足区人民法院裁定受理某置业公司的破产申请;同日,某小额贷款公司申报债权。综上,重庆市永川区人民法院采纳检察机关的抗诉意见,并于2021年6月24日作出再审判决:撤销一审判决;确认某小额贷款公司对某置业公司享有破产债权1254.50万元及利息,已付利息508.1602万元予以抵扣。当事人双方均未上诉,再审判决已生效。

【指导意义】

(一)检察机关在办理借款合同纠纷监督案中,发现小额贷款公司设立关联公司预先扣除借款本金、变相收取高额利息的,应当按照实际借款金额认定借款本金并依法计息。实践中,一些小额贷款公司作为非银行性金融机构,为规避监管,利用其在放贷业务中的优势地位,采取预扣借款本金、变相收取高额利息等违法手段,损害借款人合法权益,扰乱金融市场秩序。从表面上看,此类小额贷款公司通过设立关联公司,要求借款人与关联公司订立咨询、中介等服务合同,收取咨询、管理、服务、顾问等费用,但实际上是预先扣除借款本金、变相收取高额利息。《中华人民共和国合同法》第二百条规定,借款的利息不得预先在本金中扣除,利息预先在本金中扣除的,应当按照实际借款数额返还借款并计算利息。《中华人民共和国民法典》对上述内容再次予以确认并明确规定,禁止高利放贷,借款的利率不得违反国家有关规定。对小额贷款公司设立关联公司预扣借款本金、变相收取高额利息的行为作出否定性评价,符合民法典精神及稳定规范金融秩序的要求。

(二)检察机关在办理相关案件中应当加强对小额贷款公司等地方金融组织违规发放贷款行为的审查和调查核实,发挥司法能动作用,依法维护金融秩序和金融安全。当前,部分小额贷款公司背离有效配置金融资源,引导民间资本满足实体经济、服务"三农"、小微型企业、城市低收入者等融资需求的政策初衷,违背"小额、分散"原则,违法违规放贷,甚至违背国家房地产调控措施,以首付贷、经营贷等形式违规向买房人放贷。这不仅增加自身经营风险,而且加大金融杠杆,增大金融风险,乃至危及国家金融安全。检察机关在办理相关案件中,一方面保障借款人的合法权益,另一方面应当注重通过大数据筛查类案情况,积极调查核实当事人订立合同的目的及资金流向等是否存在异常情况,发现小额贷款公司等存在违规发放贷款情形的,可以依法通过抗诉、制发检察建议等方式,促进规范小额贷款公司经营行为,依法维护金融秩序。

【相关规定】

《中华人民共和国民法典》第670条(本案适用的是《中华人民共和国合同法》第200条)、第680条

《中华人民共和国民事诉讼法》(2017年修正)第208条

《人民检察院民事诉讼监督规则(试行)》(2013年施行)第41条、第91条(现为2021年施行的《人民检察院民事诉讼监督规则》第37条、第90条)

最高人民法院指导案例(120号)

青海金泰融资担保有限公司与上海金桥工程建设发展有限公司、青海三工置业有限公司执行复议案

(最高人民法院审判委员会讨论通过 2019年12月24日发布)

【关键词】

执行 执行复议 一般保证 严重不方便执行

【裁判要点】

在案件审理期间保证人为被执行人提供保证,承诺在被执行人无财产可供执行或者财产不足清偿债务时承担保证责任的,执行法院对保证人应当适用一般保证的执行规则。在被执行人虽有财产但严重不方便执行时,可以执行保证人在保证责任范围内的财产。

【相关法条】

《中华人民共和国民事诉讼法》第225条

《中华人民共和国担保法》第17条第1款、第2款

【基本案情】

青海省高级人民法院(以下简称青海高院)在审理上海金桥工程建设发展有限公司(以下简称金桥公司)与青海海西家禾酒店管理有限公司(后更名为青海三工置业有限公司,以下简称家禾公司)建设工程施工合同纠纷一案期间,依金桥公司申请采取财产保全措施,冻结家禾公司账户存款1500万元(账户实有存款余额23万余元),并查封该公司32438.8平方米

土地使用权。之后,家禾公司以需要办理银行贷款为由,申请对账户予以解封,并由担保人宋万玲以银行存款 1500 万元提供担保。青海高院冻结宋万玲存款 1500 万元后,解除对家禾公司账户的冻结措施。2014 年 5 月 22 日,青海金泰融资担保有限公司(以下简称金泰公司)向青海高院提供担保书,承诺家禾公司无力承担责任时,愿承担家禾公司应承担的责任,担保最高限额 1500 万元,并申请解除对宋万玲担保存款的冻结措施。青海高院据此解除对宋万玲 1500 万元担保存款的冻结措施。案件进入执行程序后,经青海高院调查,被执行人青海三工置业有限公司(原青海海西家禾酒店管理有限公司)除已经抵押的土地使用权及在建工程外(在建工程价值 4 亿余元),无其他可供执行财产。保全阶段冻结的账户,因提供担保解除冻结后,进出款 8900 余万元。执行中,青海高院作出执行裁定,要求金泰公司在三日内清偿金桥公司债务 1500 万元,并扣划担保人金泰公司银行存款 820 万元。金泰公司对此提出异议称,被执行人青海三工置业有限公司尚有在建工程及相应的土地使用权,请求返还已扣划的资金。

【裁判结果】

青海省高级人民法院于 2017 年 5 月 11 日作出(2017)青执异 12 号执行裁定:驳回青海金泰融资担保有限公司的异议。青海金泰融资担保有限公司不服,向最高人民法院提出复议申请。最高人民法院于 2017 年 12 月 21 日作出(2017)最高法执复 38 号执行裁定:驳回青海金泰融资担保有限公司的复议申请,维持青海省高级人民法院(2017)青执异 12 号执行裁定。

【裁判理由】

最高人民法院认为,《最高人民法院关于人民法院执行工作若干问题的规定(试行)》第 85 条规定:"人民法院在审理案件期间,保证人为被执行人提供保证,人民法院据此未对被执行人的财产采取保全措施或解除保全措施的,案件审结后如果被执行人无财产可供执行或其财产不足清偿债务时,即使生效法律文书中未确定保证人承担责任,人民法院有权裁定执行保证人在保证责任范围内的财产。"上述规定中的保证责任及金泰公司所作承诺,类似于担保法规定的一般保证责任。《中华人民共和国担保法》第十七条第一款及第二款规定:"当事人在保证合同中约定,债务人不能履行债务时,由保证人承担保证责任的,为一般保证。一般保证的保证人在主合同纠纷未经审判或者仲裁,并就债务人财产依法强制执行仍不能履行债务前,对债权人可以拒绝承担保证责任。"《最高人民法院关于适用〈中华人民共和国担保法〉若干问题的解释》第一百三十一条规定:"本解释所称'不能清偿'指对债务人的存款、现金、有价证券、成品、半成品、原材料、交通工具等可以执行的动产和其他方便执行的财产执行完毕后,债务仍未能得到清偿的状态。"依据上述规定,在一般保证情形,并非只有在债务人没有任何财产可供执行的情形下,才可以要求一般保证人承担责任,即债务人虽有财产,但其财产严重不方便执行时,可以执行一般保证人的财产。参照上述规定精神,由于青海三工置业有限公司仅有在建工程及相应的土地使用权可供执行,既不经济也不方便,在这种情况下,人民法院可以直接执行金泰公司的财产。

最高人民法院指导案例(57 号)

温州银行股份有限公司宁波分行诉浙江创菱电器有限公司等金融借款合同纠纷案

(最高人民法院审判委员会讨论通过　2016 年 5 月 20 日发布)

【关键词】

民事　金融借款合同　最高额担保

【裁判要点】

在有数individual最高额担保合同情形下,具体贷款合同中选择性列明部分最高额担保合同,如债务发生在最高额担保合同约定的决算期内,且债权人未明示放弃担保权利,未列明的最高额担保合同的担保人也应当在最高债权限额内承担担保责任。

【相关法条】

《中华人民共和国担保法》第 14 条

【基本案情】

原告浙江省温州银行股份有限公司宁波分行(以下简称温州银行)诉称:其与被告宁波婷微电子科技有限公司(以下简称婷微电子公司)、岑建锋、宁波三好塑模制造有限公司(以下简称三好塑模公司)分别签订了"最高额保证合同",约定三被告为浙江创菱电器有限公司(以下简称创菱电器公司)一定时期和最高额度内借款,提供连带责任担保。创菱电器公司从温州银行借款后,不能按期归还部分贷款,故诉请判令被告创菱电器公司归还原告借款本金 250 万元,支付利息、罚息和律师费用;岑建锋、三好塑模公司、婷微电子公司对上述债务承担连带保证责任。

被告创菱电器公司、岑建锋未作答辩。

被告三好塑模公司辩称:原告诉请的律师费不应支持。

被告婷微电子公司辩称:其与温州银行签订的最高额保证合同,并未被列入借款合同所约定的担保合同范围,故其不应承担保证责任。

法院经审理查明:2010 年 9 月 10 日,温州银行与婷微电子公司、岑建锋分别签订了编号为温银9022010 年高保字 01003 号、01004 号的最高额保证合同,约定婷微电子公司、岑建锋自愿为创菱电器公司在 2010 年 9 月 10 日至 2011 年 10 月 18 日期间发生的余额不超过 1100 万元的债务本金及利息、罚息等提供连带责任保证担保。

2011 年 10 月 12 日,温州银行与岑建锋、三好塑模公司分别签署了编号为温银 9022011 年高保字00808 号、00809 号最高额保证合同,岑建锋、三好塑模公司自愿为创菱电器公司在 2010 年 9 月 10 日至2011 年 10 月 18 日期间发生的余额不超过 550 万元的债务本金及利息、罚息等提供连带责任保证担保。

2011 年 10 月 14 日,温州银行与创菱电器公司签署了编号为温银 9022011 企贷字 00542 号借款合同,约定温州银行向创菱电器公司发放贷款 500 万元,到期日为 2012 年 10 月 13 日,并列明担保合同编号分别为温银 9022011 年高保字 00808 号、00809 号。贷款发放后,创菱电器公司于 2012 年 8 月 6 日归还了借款本金 250 万元,婷微电子公司于 2012 年 6 月 29 日、10月 31 日、11 月 30 日先后支付了贷款利息 31115.3元、53693.71 元、21312.59 元。截至 2013 年 4 月 24日,创菱电器公司尚欠借款本金 250 万元、利息141509.01 元。另查明,温州银行为实现本案债权而发生律师费用 95200 元。

【裁判结果】

浙江省宁波市江东区人民法院于 2013 年 12 月 12日作出 (2013) 甬东商初字第 1261 号民事判决:一、创菱电器公司于本判决生效之日起十日内归还温州银行借款本金 250 万元,支付利息 141509.01 元,并支付自 2013 年 4 月 25 日起至本判决确定的履行之日止按借款合同约定计算的利息、罚息;二、创菱电器公司于本判决生效之日起十日内赔偿温州银行为实现债权而发生的律师费用 95200 元;三、岑建锋、三好塑模公司、婷微电子公司对上述第一、二项款项承担连带清偿责任,其承担保证责任后,有权向创菱电器公司追偿。宣判后,婷微电子公司以其未被列入借款合同,不应承担保证责任为由,提起上诉。浙江省宁波市中

级人民法院于 2014 年 5 月 14 日作出 (2014) 浙甬商终字第 369 号民事判决,驳回上诉,维持原判。

【裁判理由】

法院生效裁判认为:温州银行与创菱电器公司之间签订的编号为温银 9022011 企贷字 00542 号借款合同合法有效,温州银行发放贷款后,创菱电器公司未按约还本付息,已经构成违约。原告要求创菱电器公司归还贷款本金 250 万元,支付按合同约定方式计算的利息、罚息,并支付原告为实现债权而发生的律师费 95200 元,应予支持。岑建锋、三好塑模公司自愿为上述债务提供最高额保证担保,应承担连带清偿责任,其承担保证责任后,有权向创菱电器公司追偿。

本案的争议焦点为,婷微电子公司签订的温银9022010 年高保字 01003 号最高额保证合同未被选择列入温银 9022011 企贷字 00542 号借款合同所约定的担保合同范围,婷微电子公司是否应当对温银9022011 企贷字 00542 号借款合同项下债务承担保证责任。对此,法院经审理认为,婷微电子公司应当承担保证责任。理由如下:第一,民事权利的放弃必须采取明示的意思表示才能发生法律效力,默示的意思表示只有在法律有明确规定及当事人有特别约定的情况下才能发生法律效力,不宜在无明确约定或者法律无特别规定的情况下,推定当事人对权利进行放弃。具体到本案,温州银行与创菱电器公司签订的温银 9022011 企贷字 00542 号借款合同虽未将婷微电子公司签订的最高额保证合同列入,但原告未以明示方式放弃婷微电子公司提供的最高额保证,故婷微电子公司仍是该诉争借款合同的最高额保证人。第二,本案诉争借款合同签订时间及贷款发放时间均在婷微电子公司签订的编号温银 9022010 年高保字 01003 号最高额保证合同约定的决算期内 (2010 年 9 月 10 日至 2011 年 10 月 18 日),温州银行向婷微电子公司主张权利并未超过合同约定的保证期间,故婷微电子公司应依约在其承诺的最高债权限额内为创菱电器公司对温州银行的欠债承担连带保证责任。第三,最高额担保合同是债权人和担保人之间约定担保法律关系和相关权利义务关系的直接合同依据,不能以主合同内容取代从合同的内容。具体到本案,温州银行与婷微电子公司签订了最高额保证合同,双方的担保权利义务应以该合同为准,不受温州银行与创菱电器公司之间签订的温州银行非自然人借款合同约束或变更。第四,婷微电子公司曾于 2012 年 6 月、10 月、11 月三次归还过本案借款利息,上述行为也是婷微电子公司对本案借款履行保证责任的行为表征。综上,婷微电子公司应对创菱电器公司的上述债务承担连带清偿责任,其承担保证责任后,有权向创菱电器公司追偿。

最高人民检察院指导案例(检例第 157 号)

陈某与向某贵房屋租赁合同纠纷抗诉案

【关键词】

房屋租赁合同　权利瑕疵担保责任　合同解除　抗诉

【要旨】

出租人履行房屋租赁合同,应当保证租赁物符合约定的用途。租赁物存在权利瑕疵并导致房屋租赁合同目的不能实现时,承租人有权解除房屋租赁合同。检察机关在办案中应当准确适用关于合同解除的法律规定,保障当事人能够按照法定条件和程序解除合同。

【基本案情】

2012 年 9 月,某地产公司与向某贵、邓某辉等拆迁户分别签订《房屋拆迁补偿及产权调换安置协议》,约定对向某贵、邓某辉等拆迁户所属房产实施产权调换拆迁。2017 年 10 月,某地产公司与向某贵、邓某辉分别签订《门面接房协议书》,两份协议约定安置的房产为案涉同一门面房。其后,某地产公司通知向某贵、邓某辉撤销前述两份协议,并重新作出拆迁安置分配方案,将案涉门面房安置给向某贵,隔壁门面房安置给邓某辉。此后,向某贵与某地产公司办理案涉门面房交房手续并实际占有使用案涉门面房,但邓某辉以其与某地产公司签订《房屋拆迁补偿及产权调换安置协议》为由,主张其为案涉门面房权利人。2018 年 5 月 1 日,出租人向某贵与承租人陈某签订《房屋租赁协议》,将案涉门面房出租给陈某,租期三年,第一年租金 59900 元,第二年 62500 元,第三年 62500 元,保证金 1000 元,陈某已交纳保证金 1000 元及第一年的第一期租金 29900 元。门面房交付后,陈某即开始装修。装修中,案外人邓某辉及家人以其享有讼争门面房权属为由,多次强行阻止陈某施工。陈某多次报警,经当地派出所多次协调未果,陈某被迫停止装修。其后,陈某要求解除《房屋租赁协议》,向某贵不同意,并拒绝接收陈某交还的钥匙。

2018 年 7 月 10 日,陈某将向某贵起诉至重庆市彭水苗族土家族自治县人民法院,请求判令:解除双方签订的《房屋租赁协议》;向某贵退还租金、保证金并赔偿损失。重庆市彭水苗族土家族自治县人民法院认定,《最高人民法院关于审理城镇房屋租赁合同纠纷案件具体应用法律若干问题的解释》第八条规定,租赁房屋权属有争议的,承租人可以解除合同。虽然案外人邓某辉阻止陈某使用案涉房屋,但是并无证据证明其对案涉商铺享有所有权,其干涉承租人租赁使用属于侵权行为,不属于上述司法解释规定的租赁房屋权属有争议的情形。据此,重庆市彭水苗族土家族自治县人民法院作出一审判决,判令:驳回陈某的诉讼请求。

一审判决作出后,双方当事人均未提出上诉,一审判决生效。

后陈某不服一审生效判决,向重庆市彭水苗族土家族自治县人民法院申请再审,该院于 2019 年 10 月 30 日裁定驳回陈某提出的再审申请。

【检察机关履职过程】

受理及审查情况。陈某不服一审生效判决,向重庆市彭水苗族土家族自治县人民检察院申请监督。重庆市彭水苗族土家族自治县人民检察院依法受理并审查后,提请重庆市人民检察院第四分院抗诉。检察机关通过调阅卷宗并询问当事人,重点对房屋租赁协议应否解除等相关情况进行审查后认为,向某贵作为出租方,虽向陈某交付案涉门面房,但在陈某装修门面房期间,案外人邓某辉以享有案涉门面房权属为由阻止陈某施工,导致陈某不能正常使用该门面房,签约目的不能实现,陈某有权解除《房屋租赁协议》。陈某租赁案涉门面房的目的是尽快完成装修投入经营使用,案外人邓某辉阻止陈某装修,导致陈某三分之二租期内未能使用该门面房,继续履行合同对陈某明显不公平。

检察机关还查明,一审判决生效后,陈某曾于 2019 年 6 月 13 日向向某贵发出《解除合同通知书》,通知解除双方签订的《房屋租赁协议》。向某贵收到《解除合同通知书》后,不同意解除房屋租赁协议,遂于 2019 年 8 月 29 日起诉至重庆市彭水苗族土家族自治县人民法院,请求判决确认陈某发出的解除合同通知无效;陈某支付剩余租金 92500 元及利息。重庆市彭水苗族土家族自治县人民法院认为,陈某诉向某贵房屋租赁合同纠纷一案已经确认陈某无权解除租赁合同,现陈某再次发出《解除合同通知书》无效,陈某应当依约支付租金及利息,遂判决支持向某贵的全部诉讼请求。陈某不服,上诉至重庆市第四中级人民法院。重庆市第四中级人民法院认为,案外人邓某辉对案涉门面房主张权属并阻止陈某装修,系发生了合同成立后难以预见的客观情况变化,并导致继续履行合同对陈某不公平,亦不能实现合同目的,陈某书面通知解除合同有效,判决撤销该案一审判决,驳回向某贵的诉讼请求。

监督意见。重庆市人民检察院第四分院在对案涉门面房权属、房屋租赁协议履行情况以及应否解除房屋租赁协议等问题进行全面审查后,认为陈某诉向某贵房屋租赁合同纠纷案的一审生效判决适用法律确有错误,遂于 2020 年 6 月 19 日向重庆市第四中级人民法院提出抗诉。

监督结果。重庆市第四中级人民法院裁定将陈某诉向某贵房屋租赁合同纠纷一案发回重庆市彭水苗族土家族自治县人民法院重审。重庆市彭水苗族土家族自治县人民法院采纳检察机关的抗诉意见,于 2020 年 12 月 22 日作出再审一审判决:撤销一审生效民事判决;确认陈某与向某贵于 2018 年 5 月 1 日签订的《房屋租赁协议》已经解除;向某贵退还陈某房屋租金 28589.32 元、保证金 1000 元;赔偿陈某装修损失 13375 元。

【指导意义】

(一)检察机关在办理房屋租赁合同纠纷监督案件中,应当依法对出租人负有的出租房屋权利瑕疵担保责任作出正确认定。《中华人民共和国合同法》第二百一十六条规定,出租人应当按照约定将租赁物交付承租人,并在租赁期间保持租赁物符合约定的用途。在房屋租赁合同中,承租人与出租人签订租赁合同的目的,在于使用租赁物并获得收益,出租人应当保证租赁物符合约定的用途,即要承担对租赁物的瑕疵担保责任,包括物的瑕疵担保责任和权利的瑕疵担保责任。其中,出租人的权利瑕疵担保责任,是指出租人应担保不因第三人对承租人主张权利而使承租人不能依约使用、收益租赁物的责任。根据合同法相关规定,因第三人主张权利,致使承租人不能对租赁物使用、收益的,承租人可以请求减少租金或者不支付租金;如果承租人合同目的无法实现,亦可以主张解除租赁合同。《中华人民共和国民法典》第七百二十三条、第七百二十四条延续了上述规定精神。检察机关对此类案件应当重点审查以下内容:第一,出租房屋权利瑕疵在签约时是否存在。如在签约时已存在,承租人有权请求出租人承担瑕疵担保责任。第二,承租人是否明知出租房屋存在权利瑕疵。如承租人在签约时不知存在权利瑕疵,则其为善意相对人,有权请求出租人承担瑕疵担保责任;如果承租人明知存

在权利瑕疵,自愿承担案外人主张讼争标的物权属可能带来的风险,则出租人不承担瑕疵担保责任。第三,承租人是否及时告知出租人权利瑕疵存在并要求出租人合理剔除。如承租人及时告知,但出租人未能合理剔除权利瑕疵,出租人应当承担权利瑕疵担保责任;如承租人怠于履行告知义务,导致出租人丧失剔除瑕疵时机,应当减轻或者免除出租人的赔偿责任。

(二)检察机关在办案中应当准确适用关于合同解除的法律规定,保障当事人能够按照法定条件和程序解除合同。《中华人民共和国合同法》第九十三条、第九十四条规定,当事人协商一致,可以解除合同;当事人可以约定一方解除合同的条件,解除合同的条件成就时,解除权人可以解除合同;符合法律规定的相关情形,当事人可以解除合同。《中华人民共和国民法典》延续并完善上述规定:一是如果当事人以通知方式解除合同的,合同应自通知到达对方时解除;对方对解除合同有异议的,应当保障任何一方当事人均可以请求人民法院或者仲裁机构确认解除行为的效力。二是如果当事人未通知对方,直接以提起诉讼或者仲裁的方式主张解除合同,人民法院或者仲裁机构确认该主张的,应当保障合同自起诉状副本或者仲裁申请副本送达对方时解除。本案中,出租人不同意按合同约定解除合同,双方对此协商未果,后承租人诉请解除房屋租赁合同未获得法院支持,在此情形下,承租人向出租人发送《解除合同通知书》,亦未实现解除合同的目的。对于承租人通过协商与诉讼已穷尽法定的合同解除手段,但仍然未能解除合同而申请检察监督的,检察机关应当依法履行监督职责,保障当事人能够按照法定条件和程序解除合同,以维护当事人的合法权益,实现公权监督与私权救济的有效结合。

【相关规定】

《中华人民共和国民法典》第 562 条、第 563 条、第 565 条、第 593 条、第 708 条、第 723 条(本案适用的是《中华人民共和国合同法》第 93 条、第 94 条、第 96 条、第 121 条、第 216 条、第 228 条)

《中华人民共和国民法典》第 724 条(本案适用的是自 2009 年起施行的《最高人民法院关于审理城镇房屋租赁合同纠纷案件具体应用法律若干问题的解释》第 8 条)

《中华人民共和国民事诉讼法》(2017 年修正)第 208 条、209 条

《人民检察院民事诉讼监督规则(试行)》(2013 年施行)第 47 条、第 91 条(现为 2021 年施行的《人民检察院民事诉讼监督规则》第 43 条、第 90 条)

最高人民法院指导案例（171 号）

中天建设集团有限公司诉河南恒和置业有限公司 建设工程施工合同纠纷案

（最高人民法院审判委员会讨论通过　2021 年 11 月 9 日发布）

【关键词】

民事　建设工程施工合同　优先受偿权　除斥期间

【裁判要点】

执行法院依其他债权人的申请，对发包人的建设工程强制执行，承包人向执行法院主张其享有建设工程价款优先受偿权且未超过除斥期间的，视为承包人依法行使了建设工程价款优先受偿权。发包人以承包人起诉时行使建设工程价款优先受偿权超过除斥期间为由进行抗辩的，人民法院不予支持。

【相关法条】

《中华人民共和国合同法》第 286 条（注：现行有效的法律为《中华人民共和国民法典》第 807 条）

【基本案情】

2012 年 9 月 17 日，河南恒和置业有限公司与中天建设集团有限公司签订一份《恒和国际商务会展中心工程建设工程施工合同》约定，由中天建设集团有限公司对案涉工程进行施工。2013 年 6 月 25 日，河南恒和置业有限公司向中天建设集团有限公司发出《中标通知书》，通知中天建设集团有限公司中标位于洛阳市洛龙区开元大道的恒和国际商务会展中心工程。2013 年 6 月 26 日，河南恒和置业有限公司和中天建设集团有限公司签订《建设工程施工合同》，合同中双方对工期、工程价款、违约责任等有关工程事项进行了约定。合同签订后，中天建设集团有限公司进场施工。施工期间，因河南恒和置业有限公司拖欠工程款，2013 年 11 月 12 日、11 月 26 日、2014 年 12 月 23 日中天建设集团有限公司多次向河南恒和置业有限公司送达联系函，请求河南恒和置业有限公司立即支付拖欠的工程款，按合同约定支付违约金并承担相应损失。2014 年 4 月、5 月，河南恒和置业有限公司与德汇工程管理（北京）有限公司签订《建设工程造价咨询合同》，委托德汇工程管理（北京）有限公司对案涉工程进行结算审核。2014 年 11 月 3 日，德汇工程管理（北京）有限公司出具《恒和国际商务会展中心结算审核报告》。河南恒和置业有限公司、中天建设集团有限公司和德汇工程管理（北京）有限公司分别在

审核报告中的审核汇总表上加盖公章并签字确认。2014 年 11 月 24 日，中天建设集团有限公司收到通知，河南省焦作市中级人民法院依据河南恒和置业有限公司其他债权人的申请将对案涉工程进行拍卖。2014 年 12 月 1 日，中天建设集团有限公司第九建设公司向河南省焦作市中级人民法院提交《关于恒和国际商务会展中心在建工程拍卖联系函》中载明，中天建设集团有限公司系恒和国际商务会展中心在建工程承包方，自项目开工，中天建设集团有限公司已完成产值 2.87 亿元工程，中天建设集团有限公司请求依法确认优先受偿权并参与整个拍卖过程。中天建设集团有限公司和河南恒和置业有限公司均认可案涉工程于 2015 年 2 月 5 日停工。

2018 年 1 月 31 日，河南省高级人民法院立案受理中天建设集团有限公司对河南恒和置业有限公司的起诉。中天建设集团有限公司请求解除双方签订的《建设工程施工合同》并请求确认河南恒和置业有限公司欠付中天建设集团有限公司工程价款及优先受偿权。

【裁判结果】

河南省高级人民法院于 2018 年 10 月 30 日作出（2018）豫民初 3 号民事判决：一、河南恒和置业有限公司与中天建设集团有限公司于 2012 年 9 月 17 日、2013 年 6 月 26 日签订的两份《建设工程施工合同》无效；二、确认河南恒和置业有限公司欠付中天建设集团有限公司工程款 288428047.89 元及相应利息（以 288428047.89 元为基数，自 2015 年 3 月 1 日起至 2018 年 4 月 10 日止，按照中国人民银行公布的同期贷款利率计付）；三、中天建设集团有限公司在工程价款 288428047.89 元范围内，对其施工的恒和国际商务会展中心工程折价或者拍卖的价款享有行使优先受偿权的权利；四、驳回中天建设集团有限公司的其他诉讼请求。宣判后，河南恒和置业有限公司提起上诉，最高人民法院于 2019 年 6 月 21 日作出（2019）最高法民终 255 号民事判决：驳回上诉，维持原判。

【裁判理由】

最高人民法院认为：《最高人民法院关于审理建

设工程施工合同纠纷案件适用法律问题的解释(二)》第二十二条规定:"承包人行使建设工程价款优先受偿权的期限为六个月,自发包人应当给付建设工程价款之日起算。"根据《最高人民法院关于建设工程价款优先受偿权问题的批复》第一条规定,建设工程价款优先受偿权的效力优先于设立在建设工程上的抵押权和发包人其他债权人所享有的普通债权。人民法院依据发包人的其他债权人或抵押权人申请对建设工程采取强制执行行为,会对承包人的建设工程价款优先受偿权产生影响。此时,如承包人向执行法院主张其对建设工程享有建设工程价款优先受偿权的,属于行使建设工程价款优先受偿权的合法方式。河南恒和置业有限公司和中天建设集团有限公司共同委托的造价机构德汇工程管理(北京)有限公司于2014年11月3日对案涉工程价款出具《审核报告》。2014年11月24日,中天建设集团有限公司收到通知,河南省焦作市中级人民法院依据河南恒和置业有限公司

其他债权人的申请将对案涉工程进行拍卖。2014年12月1日,中天建设集团有限公司第九建设公司向河南省焦作市中级人民法院提交《关于恒和国际商务会展中心在建工程拍卖联系函》,请求依法确认对案涉建设工程的优先受偿权。2015年2月5日,中天建设集团有限公司对案涉工程停止施工。2015年8月4日,中天建设集团有限公司向河南恒和置业有限公司发送《关于主张恒和国际商务会展中心工程价款优先受偿权的工作联系单》,要求对案涉工程价款享有优先受偿权。2016年5月5日,中天建设集团有限公司第九建设公司又向河南省洛阳市中级人民法院提交《优先受偿权参与分配申请书》,依法确认并保障其对案涉建设工程价款享有的优先受偿权。因此,河南恒和置业有限公司关于中天建设集团有限公司未在6个月除斥期间内以诉讼方式主张优先受偿权,其优先受偿权主张不应得到支持的上诉理由不能成立。

最高人民法院指导案例(73号)

通州建总集团有限公司诉安徽天宇化工有限公司别除权纠纷案

(最高人民法院审判委员会讨论通过　2016年12月28日发布)

【关键词】

民事　别除权　优先受偿权　行使期限　起算点

【裁判要点】

符合《中华人民共和国破产法》第十八条规定的情形,建设工程施工合同视为解除的,承包人行使优先受偿权的期限应自合同解除之日起计算。

【相关法条】

《中华人民共和国合同法》第286条

《中华人民共和国破产法》第18条

【基本案情】

2006年3月,安徽天宇化工有限公司(以下简称安徽天宇公司)与通州建总集团有限公司(以下简称通州建总公司)签订了一份《建设工程施工合同》,安徽天宇公司将其厂区一期工程生产厂区的土建、安装工程发包给通州建总公司承建,合同约定,开工日期:暂定2006年4月28日(以实际开工报告为准),竣工日期:2007年3月1日,合同工期总日历天数300天。发包方不按合同约定支付工程款,双方未达成延期付款协议,承包人可停止施工,由发包人承担违约责任。

后双方又签订一份《合同补充协议》,对支付工程款又做了新的约定,并约定厂区工期为113天,生活区工期为266天。2006年5月23日,监理公司下达开工令,通州建总公司遂组织施工,2007年安徽天宇公司厂区的厂房等主体工程完工。后因安徽天宇公司未按合同约定支付工程款,致使工程停工,该工程至今未竣工。2011年7月30日,双方在仲裁期间达成和解协议,约定如处置安徽天宇公司土地及建筑物偿债时,通州建总公司的工程款可优先受偿。后安徽天宇公司因不能清偿到期债务,江苏宏远建设集团有限公司向安徽省滁州市中级人民法院申请安徽天宇公司破产还债。安徽省滁州市中级人民法院于2011年8月26日作出(2011)滁民二破字第00001号民事裁定,裁定受理破产申请。2011年10月10日,通州建总公司向安徽天宇公司破产管理人申报债权并主张对该工程享有优先受偿权。2013年7月19日,安徽省滁州市中级人民法院作出(2011)滁民二破字第00001-2号民事裁定,宣告安徽天宇公司破产。通州建总公司于2013年8月27日提起诉讼,请求确认其债权享有优先受偿权。

【裁判结果】

安徽省滁州市中级人民法院于 2014 年 2 月 28 日作出(2013)滁民一初字第 00122 号民事判决:确认原告通州建总集团有限公司对申报的债权就其施工的被告安徽天宇化工有限公司生产厂区土建、安装工程享有优先受偿权。宣判后,安徽天宇化工有限公司提出上诉。安徽省高级人民法院于 2014 年 7 月 14 日作出(2014)皖民一终字第 00054 号民事判决,驳回上诉,维持原判。

【裁判理由】

法院生效裁判认为:本案双方当事人签订的建设工程施工合同虽约定了工程竣工时间,但涉案工程因安徽天宇公司未能按合同约定支付工程款导致停工。现没有证据证明在工程停工后至法院受理破产申请前,双方签订的建设施工合同已经解除或终止履行,也没有证据证明在法院受理破产申请后,破产管理人决定继续履行合同。根据《中华人民共和国破产法》第十八条"人民法院受理破产申请后,管理人对破产申请受

理前成立而债务人和对方当事人均未履行完毕的合同有权决定解除或继续履行,并通知对方当事人。管理人自破产申请受理之日起二个月未通知对方当事人,或者自收到对方当事人催告之日起三十日内未答复的,视为解除合同"之规定,涉案建设工程施工合同在法院受理破产申请后已实际解除,本案建设工程无法正常竣工。按照最高人民法院全国民事审判工作会议纪要精神,因发包人的原因,合同解除或终止履行时已经超出合同约定的竣工日期的,承包人行使优先受偿权的期限自合同解除之日起计算,安徽天宇公司要求按合同约定的竣工日期起算优先受偿权行使时间的主张,缺乏依据,不予采信。2011 年 8 月 26 日,法院裁定受理对安徽天宇公司的破产申请,2011 年 10 月 10 日通州建总公司向安徽天宇公司的破产管理人申报债权并主张工程款优先受偿权,因此,通州建总公司主张优先受偿权的时间是 2011 年 10 月 10 日。安徽天宇公司认为通州建总公司行使优先受偿权的时间超过了破产管理之日六个月,与事实不符,不予支持。

最高人民法院指导案例(51 号)

阿卜杜勒·瓦希德诉中国东方航空股份有限公司航空旅客运输合同纠纷案

(最高人民法院审判委员会讨论通过 2015 年 4 月 15 日发布)

【关键词】

民事 航空旅客运输合同 航班延误 告知义务 赔偿责任

【裁判要点】

1. 对航空旅客运输实际承运人提起的诉讼,可以选择对实际承运人或缔约承运人提起诉讼,也可以同时对实际承运人和缔约承运人提起诉讼。被诉承运人申请追加另一方承运人参加诉讼的,法院可以根据案件的实际情况决定是否准许。

2. 当不可抗力造成航班延误,致使航空公司不能将换乘其他航班的旅客按时运抵目的地时,航空公司有义务及时向换乘的旅客明确告知到达目的地后是否提供转签服务,以及在不能提供转签服务时旅客如何办理旅行手续。航空公司未履行该项义务,给换乘旅客造成损失的,应当承担赔偿责任。

3. 航空公司在打折机票上注明"不得退票,不得转签",只是限制购买打折机票的旅客由于自身原因而不得退票和转签,不能据此剥夺旅客在支付票款后享有的乘坐航班按时抵达目的地的权利。

【相关法条】

《中华人民共和国民法通则》第 142 条

《经 1955 年海牙议定书修订的 1929 年华沙统一国际航空运输一些规则的公约》第 19 条、第 20 条、第 24 条第 1 款

《统一非立约承运人所作国际航空运输的某些规则以补充华沙公约的公约》第 7 条

【基本案情】

2004 年 12 月 29 日,ABDUL WAHEED(阿卜杜勒·瓦希德,以下简称阿卜杜勒)购买了一张由香港国泰航空公司(以下简称国泰航空公司)作为出票人的机票。机票列明的航程安排为:2004 年 12 月 31 日上午 11 点,上海起飞至香港,同日 16 点香港起飞至卡拉奇;2005 年 1 月 31 日卡拉奇起飞至香港,同年 2 月 1 日香港起飞至上海。其中,上海与香港间的航程由中国东方航空股份有限公司(以下简称东方航空公司)实际承运,香港与卡拉奇间的航程由国泰航空公司实际承运。机票背面条款注明,该合同应遵守华沙公约所指定的有关责任的规则和限制。该机票为打折票,

机票上注明"不得退票、不得转签"。

2004年12月30日下午15时起上海浦东机场下中雪，导致机场于该日22点至23点被迫关闭1小时，该日104个航班延误。31日，因飞机除冰、补班调配等原因，导致该日航班取消43架次、延误142架次，飞机出港正常率只有24.1%。东方航空公司的MU703航班也因为天气原因延误了3小时22分钟，导致阿卜杜勒及其家属到达香港机场后未能赶上国泰航空公司飞卡拉奇的衔接航班。东方航空公司工作人员告知阿卜杜勒只有两种处理方案：其一是阿卜杜勒等人在机场里等候3天，然后搭乘国泰航空公司的下一航班，3天费用自理；其二是阿卜杜勒等人出资，另行购买其他航空公司的机票至卡拉奇，费用为25000港元。阿卜杜勒当即表示无法接受该两种方案，其妻子杜琳打电话给东方航空公司，但该公司称有关工作人员已下班。杜琳对东方航空公司的处理无法接受，且因携带婴儿而焦虑、激动。最终由香港机场工作人员交涉，阿卜杜勒及家属共支付17000港元，购买了阿联酋航空公司的机票及行李票，搭乘该公司航班绕道迪拜，到达卡拉奇。为此，阿卜杜勒支出机票款4721港元、行李票款759港元，共计5480港元。

阿卜杜勒认为，东方航空公司的航班延误，又拒绝重新安排航程，给自己造成了经济损失，遂提出诉讼，要求判令东方航空公司赔偿机票款和行李票款，并定期对外公布航班的正常率、旅客投诉率。

东方航空公司辩称，航班延误的原因系天气条件恶劣，属不可抗力；其已将此事通知了阿卜杜勒，阿卜杜勒亦明知将错过香港的衔接航班，其无权要求东方航空公司改变航程。阿卜杜勒称，其明知会错过衔接航班仍选择登上飞往香港的航班，系因为东方航空公司对其承诺会予以妥善解决。

【裁判结果】

上海市浦东新区人民法院于2005年12月21日作出(2005)浦民一(民)初字第12164号民事判决：一、中国东方航空股份有限公司应在判决生效之日起十日内赔偿阿卜杜勒损失共计人民币5863.60元；二、驳回阿卜杜勒的其他诉讼请求。宣判后，中国东方航空股份有限公司提出上诉。上海市第一中级人民法院于2006年2月24日作出(2006)沪一中民一(民)终字第609号民事判决：驳回上诉，维持原判。

【裁判理由】

法院生效裁判认为：原告阿卜杜勒是巴基斯坦国公民，其购买的机票，出发地为我国上海，目的地为巴基斯坦卡拉奇。《中华人民共和国民法通则》第一百四十二条第一款规定："涉外民事关系的法律适用，依照本章的规定确定。"第二款规定："中华人民共和国缔结或者参加的国际条约同中华人民共和国的民事

法律有不同规定的，适用国际条约的规定，但中华人民共和国声明保留的条款除外。"我国和巴基斯坦都是《经1955年海牙议定书修订的1929年华沙统一国际航空运输一些规则的公约》（以下简称《1955年在海牙修改的华沙公约》）和1961年《统一非立约承运人所办国际航空运输的某些规则以补充华沙公约的公约》（以下简称《瓜达拉哈拉公约》）的缔约国，故这两个国际公约对本案适用。《1955年在海牙修改的华沙公约》第二十八条(1)款规定："有关赔偿的诉讼，应该按原告的意愿，在一个缔约国的领土内，向承运人住所地或其总管理处所在地或签订契约的机构所在地法院提出，或向目的地法院提出。"第三十二条规定："运输合同的任何条款和在损失发生以前的任何特别协议，如果运输合同各方借以违背本公约的规定，无论是选择所适用的法律或变更管辖权的规定，都不生效力。"据此，在阿卜杜勒持机票起诉的情形下，中华人民共和国上海市浦东新区人民法院有权对这起国际航空旅客运输合同纠纷进行管辖。

《瓜达拉哈拉公约》第一条第二款规定："'缔约承运人'指与旅客或托运人，或与旅客或托运人的代理人订立一项适用华沙公约的运输合同的当事人。"第三款规定："'实际承运人'指缔约承运人以外，根据缔约承运人的授权办理第二款所指的全部或部分运输的人，但对该部分运输此人并非华沙公约所指的连续承运人。在没有相反的证据时，上述授权被推定成立。"第七条规定："对实际承运人所办运输的责任诉讼，可以由原告选择，对实际承运人或缔约承运人提起，或者同时或分别向他们提起。如果只对其中的一个承运人提起诉讼，则该承运人应有权要求另一承运人参加诉讼。这种参加诉讼的效力以及所适用的程序，根据受理案件的法院的法律决定。"阿卜杜勒所持机票，是由国泰航空公司出票，故国际航空旅客运输合同关系是在阿卜杜勒与国泰航空公司之间设立，国泰航空公司是缔约承运人。东方航空公司与阿卜杜勒之间不存在直接的国际航空旅客运输合同关系，也不是连续承运人，只是推定其根据国泰航空公司的授权，完成该机票确定的上海至香港间运输任务的实际承运人。阿卜杜勒有权选择国泰航空公司或东方航空公司或两者同时为被告提起诉讼；在阿卜杜勒只选择东方航空公司为被告提起的诉讼中，东方航空公司虽然有权要求国泰航空公司参加诉讼，但由于阿卜杜勒追究的航班延误责任发生在东方航空公司承运的上海至香港段航程中，与国泰航空公司无关，根据本案案情，衡量诉讼成本，无需追加国泰航空公司为本案的当事人共同参加诉讼。故东方航空公司虽然有权申请国泰航空公司参加诉讼，但这种申请能否被允

许,应由受理案件的法院决定。一审法院认为国泰航空公司与阿卜杜勒要追究的航班延误责任无关,根据本案旅客维权的便捷性、担责可能性、诉讼的成本等情况,决定不追加香港国泰航空公司为本案的当事人,并无不当。

《1955 年在海牙修改的华沙公约》第十九条规定:"承运人对旅客、行李或货物在航空运输过程中因延误而造成的损失应负责任。"第二十条(1)款规定:"承运人如果证明自己和他的代理人为了避免损失的发生,已经采取一切必要的措施,或不可能采取这种措施时,就不负责任。"2004 年 12 月 31 日的 MU703 航班由于天气原因发生延误,对这种不可抗力造成的延误,东方航空公司不可能采取措施来避免发生,故其对延误本身无需承担责任。但还需证明其已经采取了一切必要的措施来避免延误给旅客造成的损失发生,否则即应对旅客因延误而遭受的损失承担责任。阿卜杜勒在浦东机场时由于预见到 MU703 航班的延误会使其错过国泰航空公司的衔接航班,曾多次向东方航空公司工作人员询问怎么办。东方航空公司应当知道国泰航空公司从香港飞往卡拉奇的衔接航班三天才有一次,更明知阿卜杜勒一行携带着婴儿,不便在中转机场长时间等候,有义务向阿卜杜勒一行提醒中转时可能发生的不利情形,劝告阿卜杜勒一行改日乘坐。但东方航空公司没有这样做,却让阿卜杜勒填写《续航情况登记表》,并告知会帮助解决,使阿卜杜勒对该公司产生合理信赖,从而放心登机飞赴香港。鉴于阿卜杜勒一行是得到东方航空公司的帮助承诺后来到香港,但是东方航空公司不考虑阿卜杜勒一行携带婴儿要尽快飞往卡拉奇的合理需要,向阿卜杜勒告知了要么等待三天乘坐下一航班且三天

中相关费用自理,要么自费购买其他航空公司机票的"帮助解决"方案。根据查明的事实,东方航空公司始终未能提供阿卜杜勒的妻子杜琳在登机前填写的《续航情况登记表》,无法证明阿卜杜勒系在明知飞往香港后会发生对己不利的情况仍选择登机,故法院认定"东方航空公司没有为避免损失采取了必要的措施"是正确的。东方航空公司没有采取一切必要的措施来避免因航班延误给旅客造成的损失发生,不应免责。阿卜杜勒迫于无奈自费购买其他航空公司的机票,对阿卜杜勒购票支出的 5480 港元损失,东方航空公司应承担赔偿责任。

在延误的航班到达香港机场后,东方航空公司拒绝为阿卜杜勒签转机票,其主张阿卜杜勒的机票系打折票,已经注明了"不得退票,不得转签",其无须另行提醒和告知。法院认为,即使是航空公司在打折机票上注明"不得退票,不得转签",只是限制购买打折机票的旅客由于自身原因而不得退票和转签;旅客购买了打折机票,航空公司可以相应地取消一些服务,但是旅客支付了足额票款,航空公司就要为旅客提供完整的运输服务,并不能剥夺旅客在支付了票款后享有的乘坐航班按时抵达目的地的权利。本案中的航班延误并非由阿卜杜勒自身的原因造成。阿卜杜勒乘坐延误的航班到达香港机场后肯定需要重新签转机票,东方航空公司既未能在始发机场告知阿卜杜勒在航班延误时机票仍不能签转的理由,在中转机场亦拒绝为其办理签转手续。因此,东方航空公司未能提供证据证明损失的产生系阿卜杜勒自身原因所致,也未能证明其为了避免损失扩大采取了必要的方式和妥善的补救措施,故判令东方航空公司承担赔偿责任。

最高人民法院指导案例(108 号)

浙江隆达不锈钢有限公司诉 A. P. 穆勒－马士基有限公司 海上货物运输合同纠纷案

(最高人民法院审判委员会讨论通过　2019 年 2 月 25 日发布)

【关键词】

民事　海上货物运输合同　合同变更　改港　退运　抗辩权

【裁判要点】

在海上货物运输合同中,依据合同法第三百零八条的规定,承运人将货物交付收货人之前,托运人享有要求变更运输合同的权利,但双方当事人仍要遵循合同法第五条规定的公平原则确定各方的权利和义

务。托运人行使此项权利时,承运人也可相应行使一定的抗辩权。如果变更海上货物运输合同难以实现或者将严重影响承运人正常营运,承运人可以拒绝托运人改港或者退运的请求,但应当及时通知托运人不能变更的原因。

【相关法条】

《中华人民共和国合同法》第 308 条
《中华人民共和国海商法》第 86 条

【基本案情】

2014年6月,浙江隆达不锈钢有限公司(以下简称隆达公司)由中国宁波港出口一批不锈钢无缝产品至斯里兰卡科伦坡港,货物报关价值为366918.97美元。隆达公司通过货代向 A.P. 穆勒-马士基有限公司(以下简称马士基公司)订舱,涉案货物于同年6月28日装载于4个集装箱内装船出运,出运时隆达公司要求做电放处理。2014年7月9日,隆达公司通过货代向马士基公司发邮件称,发现货物运错目的地要求改港或者退运。马士基公司于同日回复,因货物距抵达目的港不足2天,无法安排改港,如需退运则需与目的港确认后回复。次日,隆达公司的货代询问货物退运是否可以原船带回,马士基公司于当日回复"原船退回不具有操作性,货物在目的港卸货后,需要由现在的收货人在目的港清关后,再向当地海关申请退运。海关批准后,才可以安排退运事宜"。2014年7月10日,隆达公司又提出"这个货要安排退运,就是因为清关清不了,所以才退回宁波的,有其他办法吗"。此后,马士基公司再未回复邮件。

涉案货物于2014年7月12日左右到达目的港。马士基公司应隆达公司的要求于2015年1月29日向其签发了编号603386880的全套正本提单。根据提单记载,托运人为隆达公司,收货人及通知方均为VENUS STEEL PVT LTD,起运港中国宁波,卸货港科伦坡。2015年5月19日,隆达公司向马士基公司发邮件表示已按马士基公司要求申请退运。马士基公司随后告知隆达公司涉案货物已被拍卖。

【裁判结果】

宁波海事法院于2016年3月4日作出(2015)甬海法商初字第534号民事判决,认为隆达公司因未采取自行提货等有效措施导致涉案货物被海关拍卖,相应货损风险应由该公司承担,故驳回隆达公司的诉讼请求。一审判决后,隆达公司提出上诉。浙江省高级人民法院于2016年9月29日作出(2016)浙民终222号民事判决:撤销一审判决;马士基公司于判决送达之日起十日内赔偿隆达公司货物损失183459.49美元及利息。二审法院认为依据合同法第三百零八条,隆达公司在马士基公司交付货物前享有请求改港或退运的权利。在隆达公司提出退运要求后,马士基公司既未明确拒绝安排退运,也未通知隆达公司自行处理,对涉案货损应承担相应的赔偿责任,酌定责任比例为50%。马士基公司不服二审判决,向最高人民法院申请再审。最高人民法院于2017年12月29日作出(2017)最高法民再412号民事判决:撤销二审判决;维持一审判决。

【裁判理由】

最高人民法院认为,合同法与海商法有关调整海

上运输关系、船舶关系的规定属于普通法与特别法的关系。根据海商法第八十九条的规定,船舶在装货港开航前,托运人可以要求解除合同。本案中,隆达公司在涉案货物海上运输途中请求承运人进行退运或者改港,因海商法未就航程中托运人要求变更运输合同的权利进行规定,故本案可适用合同法第三百零八条关于托运人要求变更运输合同权利的规定。基于特别法优先适用于普通法的法律适用基本原则,合同法第三百零八条规定的是一般运输合同,该条规定在适用于海上货物运输合同的情况下,应该受到海商法基本价值取向及强制性规定的限制。托运人依据合同法第三百零八条主张变更运输合同的权利不得致使海上货物运输合同中各方当事人利益显失公平,也不得使承运人违反对其他托运人承担的安排合理航线等义务,或剥夺承运人关于履行海上货物运输合同变更事项的相应抗辩权。

合同法总则规定的基本原则是合同法立法的准则,是适用于合同法全部领域的准则,也是合同法具体制度及规范的依据。依据合同法第三百零八条的规定,在承运人将货物交付收货人之前,托运人享有要求变更运输合同的权利,但双方当事人仍要遵循合同法第五条规定的公平原则确定各方的权利和义务。海上货物运输具有运输量大、航程预先拟定、航线相对固定等特殊性,托运人要求改港或者退运的请求有时不仅不易操作,还会妨碍承运人的正常营运或者给其他货物的托运人或收货人带来较大损害。在此情况下,如果要求承运人无条件服从托运人变更运输合同的请求,显失公平。因此,在海上货物运输合同下,托运人并非可以无限制地行使请求变更的权利,承运人也并非在任何情况下都应无条件服从托运人请求变更的指示。为合理平衡海上货物运输合同中各方当事人利益之平衡,在托运人行使要求变更权利的同时,承运人也相应地享有一定的抗辩权利。如果变更运输合同难以实现或者将严重影响承运人正常营运,承运人可以拒绝托运人改港或者退运的要求,但应当及时通知托运人不能执行的原因。如果承运人关于不能执行原因等抗辩成立,承运人未按照托运人退运或改港的指示执行则并无不当。

涉案货物采用的是国际班轮运输,载货船舶除运载隆达公司托运的4个集装箱外,还运载了其他货主托运的众多货物。涉案货物于2014年6月28日装船出运,于2014年7月12日左右到达目的港。隆达公司于2014年7月9日才要求马士基公司退运或者改港。马士基公司在航程已过大半,距离到达目的港只有两三天的时间,以航程等原因无法安排改港、原船退回不具有操作性为抗辩事由,符合案件事实情况,该抗辩事由成立,马士基公司未安排退运或者改港并无不当。

马士基公司将涉案货物运至目的港后,因无人提货,将货物卸载至目的港码头符合海商法第八十六条的规定。马士基公司于 2014 年 7 月 9 日通过邮件回复隆达公司距抵达目的港不足 2 日。隆达公司已了解货物到港的大体时间并明知涉案货物在目的港无人提货,但在长达 8 个月的时间里未采取措施处理涉案货物致其被海关拍卖。隆达公司虽主张马士基公司未尽到谨慎管货义务,但并未举证证明马士基公司存在管货不当的事实。隆达公司的该项主张缺乏依据。依据海商法第八十六条的规定,马士基公司卸货后所产生的费用和风险应由收货人承担,马士基公司作为承运人无需承担相应的风险。

最高人民法院指导案例(1 号)

上海中原物业顾问有限公司诉陶德华居间合同纠纷案

(最高人民法院审判委员会讨论通过　2011 年 12 月 20 日发布)

【关键词】

民事　居间合同　二手房买卖　违约

【裁判要点】

房屋买卖居间合同中关于禁止买方利用中介公司提供的房源信息却绕开该中介公司与卖方签订房屋买卖合同的约定合法有效。但是,当卖方将同一房屋通过多个中介公司挂牌出售时,买方通过其他公众可以获知的正当途径获得相同房源信息的,买方有权选择报价低、服务好的中介公司促成房屋买卖合同成立,其行为并没有利用先前与之签约中介公司的房源信息,故不构成违约。

【相关法条】

《中华人民共和国合同法》第 424 条

【基本案情】

原告上海中原物业顾问有限公司(简称中原公司)诉称:被告陶德华利用中原公司提供的上海市虹口区株洲路某号房屋销售信息,故意跳过中介,私自与卖方直接签订购房合同,违反了《房地产求购确认书》的约定,属于恶意“跳单”行为,请求法院判令陶德华按约支付中原公司违约金 1.65 万元。

被告陶德华辩称:涉案房屋原产权人李某某委托多家中介公司出售房屋,中原公司并非独家掌握该房源信息,也非独家代理销售。陶德华并没有利用中原公司提供的信息,不存在“跳单”违约行为。

法院经审理查明:2008 年下半年,原产权人李某某到多家房屋中介公司挂牌销售涉案房屋。2008 年 10 月 22 日,上海某房地产经纪有限公司带陶德华看了该房屋;11 月 23 日,上海某房地产顾问有限公司(简称某房地产顾问公司)带陶德华之妻曹某某看了该房屋;11 月 27 日,中原公司带陶德华看了该房屋,并于同日与陶德华签订了《房地产求购确认书》。该《确认书》第 2.4 条约定,陶德华在验看过该房地产后六个月内,陶德华或其委托人、代理人、代表人、承办人等与陶德华有关联的人,利用中原公司提供的信息、机会等条件但未通过中原公司而与第三方达成买卖交易的,陶德华应按照与出卖方就该房地产买卖达成的实际成交价的 1%,向中原公司支付违约金。当时中原公司对该房屋报价 165 万元,而某房地产顾问公司报价 145 万元,并积极与卖方协商价格。11 月 30 日,在某房地产顾问公司居间下,陶德华与卖方签订了房屋买卖合同,成交价 138 万元。后买卖双方办理了过户手续,陶德华向某房地产顾问公司支付佣金 1.38 万元。

【裁判结果】

上海市虹口区人民法院于 2009 年 6 月 23 日作出(2009)虹民三(民)初字第 912 号民事判决:被告陶德华应于判决生效之日起十日内向原告中原公司支付违约金 1.38 万元。宣判后,陶德华提出上诉。上海市第二中级人民法院于 2009 年 9 月 4 日作出(2009)沪二中民二(民)终字第 1508 号民事判决:一、撤销上海市虹口区人民法院(2009)虹民三(民)初字第 912 号民事判决;二、中原公司要求陶德华支付违约金 1.65 万元的诉讼请求,不予支持。

【裁判理由】

法院生效裁判认为:中原公司与陶德华签订的《房地产求购确认书》属于居间合同性质,其中第 2.4 条的约定,属于房屋买卖居间合同中常有的禁止“跳单”格式条款,其本意是为防止买方利用中介公司提供的房源信息却“跳”过中介公司购买房屋,从而使中介公司无法得到应得的佣金,该约定并不存在免除一方责任、加重对方责任、排除对方主要权利的情形,应认定有效。根据该条约定,衡量买方是否“跳单”违约的关键,是看买方是否利用了该中介公司提供的房源信息、机会等条件。如果买方并未利用该中介公司提供的信息、机会等条件,而是通过其他公众可以获知的正当途径获得同一房源信息,则买方有权选择报价低、服务好的中介公司促成房屋买卖合同成立,而不构成"跳单"违约。本案中,原产权人通过多家中介公司挂牌出售同一房屋,陶德华及其家人分别通过不同

的中介公司了解到同一房源信息,并通过其他中介公司促成了房屋买卖合同成立。因此,陶德华并没有利用中原公司的信息、机会,故不构成违约,对中原公司的诉讼请求不予支持。

最高人民法院指导案例(113号)

迈克尔·杰弗里·乔丹与国家工商行政管理总局商标评审委员会、乔丹体育股份有限公司"乔丹"商标争议行政纠纷案

(最高人民法院审判委员会讨论通过 2019年12月24日发布)

【关键词】

行政 商标争议 姓名权 诚实信用

【裁判要点】

1. 姓名权是自然人对其姓名享有的人身权,姓名权可以构成商标法规定的在先权利。外国自然人外文姓名的中文译名符合条件的,可以依法主张作为特定名称按照姓名权的有关规定予以保护。

2. 外国自然人就特定名称主张姓名权保护的,该特定名称应当符合以下三项条件:(1)该特定名称在我国具有一定的知名度,为相关公众所知悉;(2)相关公众使用该特定名称指代该自然人;(3)该特定名称已经与该自然人之间建立了稳定的对应关系。

3. 使用是姓名权人享有的权利内容之一,并非姓名权人主张保护其姓名权的法定前提条件。特定名称按照姓名权受法律保护的,即使自然人并未主动使用,也不影响姓名权人按照商标法关于在先权利的规定主张权利。

4. 违反诚实信用原则,恶意申请注册商标,侵犯他人现有在先权利的"商标权人",以该商标的宣传、使用、获奖、被保护等情况形成了"市场秩序"或者"商业成功"为由,主张该注册商标合法有效的,人民法院不予支持。

【相关法条】

1.《中华人民共和国商标法》(2013年修正)第32条(本案适用的是2001年修正的《中华人民共和国商标法》第31条)

2.《中华人民共和国民法通则》第4条、第99条第1款

3.《中华人民共和国民法总则》第7条、第110条

4.《中华人民共和国侵权责任法》第2条第2款

【基本案情】

再审申请人迈克尔·杰弗里·乔丹(以下简称迈

克尔·乔丹)与被申请人国家工商行政管理总局商标评审委员会(以下简称商标评审委员会)、一审第三人乔丹体育股份有限公司(以下简称乔丹公司)商标争议行政纠纷案中,涉及乔丹公司的第6020569号"乔丹"商标(即涉案商标),核定使用在国际分类第28类的体育活动器械、游泳池(娱乐用)、旱冰鞋、圣诞树装饰品(灯饰和糖果除外)。再审申请人主张该商标含有其英文姓名的中文译名"乔丹",属于2001年修正的商标法第三十一条规定的"损害他人现有的在先权利"的情形,故向商标评审委员会提出撤销申请。

商标评审委员会认为,涉案商标"乔丹"与"Michael Jordan"及其中文译名"迈克尔·乔丹"存在一定区别,并且"乔丹"为英美普通姓氏,难以认定这一姓氏与迈克尔·乔丹之间存在当然的对应关系,故裁定维持涉案商标。再审申请人不服,向北京市第一中级人民法院提起行政诉讼。

【裁判结果】

北京市第一中级人民法院于2015年4月1日作出(2014)一中行(知)初字第9163号行政判决,驳回迈克尔·杰弗里·乔丹的诉讼请求。迈克尔·杰弗里·乔丹不服一审判决,提起上诉。北京市高级人民法院于2015年8月17日作出(2015)高行(知)终字第1915号行政判决,驳回迈克尔·杰弗里·乔丹上诉,维持原判。迈克尔·杰弗里·乔丹仍不服,向最高人民法院申请再审。最高人民法院提审后,于2016年12月7日作出(2016)最高法行再27号行政判决:一、撤销北京市第一中级人民法院(2014)一中行(知)初字第9163号行政判决;二、撤销北京市高级人民法院(2015)高行(知)终字第1915号行政判决;三、撤销国家工商行政管理总局商标评审委员会商评字〔2014〕第052058号关于第6020569号"乔丹"商标争议裁定;四、国家工商行政管理总局商标评审委员会

对第6020569号"乔丹"商标重新作出裁定。

【裁判理由】

最高人民法院认为,本案争议焦点为争议商标的注册是否损害了再审申请人就"乔丹"主张的姓名权,违反2001年修正的商标法第三十一条关于"申请商标注册不得损害他人现有的在先权利"的规定。判决主要认定如下:

一、关于再审申请人主张保护姓名权的法律依据

商标法第三十一条规定:"申请商标注册不得损害他人现有的在先权利"。对于商标法已有特别规定的在先权利,应当根据商标法的特别规定予以保护。对于商标法虽无特别规定,但根据民法通则、侵权责任法和其他法律的规定应予保护,并且在争议商标申请日之前已由民事主体依法享有的民事权利或者民事权益,应当根据该概括性规定给予保护。《中华人民共和国民法通则》第九十九条第一款、《中华人民共和国侵权责任法》第二条第二款均明确规定,自然人依法享有姓名权。故姓名权可以构成商标法第三十一条规定的"在先权利"。争议商标的注册损害他人在先姓名权的,应当认定该争议商标的注册违反商标法第三十一条的规定。

姓名被用于指代、称呼、区分特定的自然人,姓名权是自然人对其姓名享有的重要人身权。随着我国社会主义市场经济不断发展,具有一定知名度的自然人将其姓名进行商业化利用,通过合同等方式为特定商品、服务代言并获得经济利益的现象已经日益普遍。在适用商标法第三十一条的规定对他人的在先姓名权予以保护时,不仅涉及对自然人人格尊严的保护,而且涉及对自然人姓名,尤其是知名人物姓名所蕴含的经济利益的保护。未经许可擅自将他人享有在先姓名权的姓名注册为商标,容易导致相关公众误认为标记有该商标的商品或者服务与该自然人存在代言、许可等特定联系的,应当认定该商标的注册损害他人的在先姓名权,违反商标法第三十一条的规定。

二、关于再审申请人主张的姓名权所保护的具体内容

自然人依据商标法第三十一条的规定,就特定名称主张姓名权保护时,应当满足必要的条件。

其一,该特定名称应具有一定知名度、为相关公众所知悉,并用于指代该自然人。《最高人民法院关于审理不正当竞争民事案件应用法律若干问题的解释》第六条第二款是针对"擅自使用他人的姓名,引人误认为是他人的商品"的不正当竞争行为的认定作出的司法解释,该不正当竞争行为本质上也是损害他人姓名权的侵权行为。认定该行为时所涉及的"引人误认为是他人的商品",与本案中认定争议商标的注册是否容易导致相关公众误认为存在代言、许可等特定

联系是密切相关的。因此,在本案中可参照适用上述司法解释的规定,确定自然人姓名权保护的条件。

其二,该特定名称应与该自然人之间已建立稳定的对应关系。在解决本案涉及的在先姓名权与注册商标权的权利冲突时,应合理确定在先姓名权的保护标准,平衡在先姓名权人与商标权人的利益。既不能由于争议商标标志中使用或包含有仅为部分人所知悉或临时性使用的自然人"姓名",即认定争议商标的注册损害该自然人的姓名权;也不能如商标评审委员会所主张的那样,以自然人主张的"姓名"与该自然人形成"唯一"对应为前提,对自然人主张姓名权的保护提出过苛的标准。自然人所主张的特定名称与该自然人已经建立稳定的对应关系时,即使该对应关系达不到"唯一"的程度,也可以依法获得姓名权的保护。综上,在适用商标法第三十一条关于"不得损害他人现有的在先权利"的规定时,自然人就特定名称主张姓名权保护的,该特定名称应当符合以下三项条件:一是该特定名称在我国具有一定的知名度、为相关公众所知悉;二是相关公众使用该特定名称指代该自然人;三是该特定名称已经与该自然人之间建立了稳定的对应关系。

在判断外国人能否就其外文姓名的部分中文译名主张姓名权保护时,需要考虑我国相关公众对外国人的称谓习惯。中文译名符合前述三项条件的,可以依法主张姓名权的保护。本案现有证据足以证明"乔丹"在我国具有较高的知名度、为相关公众所知悉,我国相关公众通常以"乔丹"指代再审申请人,并且"乔丹"已经与再审申请人之间形成了稳定的对应关系,故再审申请人就"乔丹"享有姓名权。

三、关于再审申请人及其授权的耐克公司是否主动使用"乔丹",其是否主动使用的事实对于再审申请人在本案中主张的姓名权有何影响

首先,根据《中华人民共和国民法通则》第九十九条第一款的规定,"使用"是姓名权人享有的权利内容之一,并非其承担的义务,更不是姓名权人"禁止他人干涉、盗用、假冒",主张保护其姓名权的法定前提条件。

其次,在适用商标法第三十一条的规定保护他人在先姓名权时,相关公众是否容易误认为标记有争议商标的商品或者服务与该自然人存在代言、许可等特定联系,是认定争议商标的注册是否损害该自然人姓名权的重要因素。因此,在符合前述有关姓名权保护的三项条件的情况下,自然人有权根据商标法第三十一条的规定,就其并未主动使用的特定名称获得姓名权的保护。

最后,对于在我国具有一定知名度的外国人,其本人或者利害关系人可能并未在我国境内主动使用其姓名;或者由于便于称呼、语言习惯、文化差异等原

因,我国相关公众、新闻媒体所熟悉和使用的"姓名"与其主动使用的姓名并不完全相同。例如在本案中,我国相关公众、新闻媒体普遍以"乔丹"指代再审申请人,而再审申请人、耐克公司则主要使用"迈克尔·乔丹"。但不论是"迈克尔·乔丹"还是"乔丹",在相关公众中均具有较高的知名度,均被相关公众普遍用于指代再审申请人,且再审申请人并未提出异议或者反对。故商标评审委员会、乔丹公司关于再审申请人、耐克公司未主动使用"乔丹",再审申请人对"乔丹"不享有姓名权的主张,不予支持。

四、关于乔丹公司对于争议商标的注册是否存在明显的主观恶意

本案中,乔丹公司申请注册争议商标时是否存在主观恶意,是认定争议商标的注册是否损害再审申请人姓名权的重要考量因素。本案证据足以证明乔丹公司是在明知再审申请人及其姓名"乔丹"具有较高知名度的情况下,并未与再审申请人协商、谈判以获得其许可或授权,而是擅自注册了包括争议商标在内的大量与再审申请人密切相关的商标,放任相关公众误认为标记有争议商标的商品与再审申请人存在特定联系的损害结果,使得乔丹公司无需付出过多成本,即可实现由再审申请人为其"代言"等效果。乔丹公司的行为有违《中华人民共和国民法通则》第四条规定的诚实信用原则,其对于争议商标的注册具有明显的主观恶意。

五、关于乔丹公司的经营状况,以及乔丹公司对其企业名称、有关商标的宣传、使用、获奖、被保护等

情况,对本案具有何种影响

乔丹公司的经营状况,以及乔丹公司对其企业名称、有关商标的宣传、使用、获奖、被保护等情况,均不足以使争议商标的注册具有合法性。

其一,从权利的性质以及损害在先姓名权的构成要件来看,姓名被用于指代、称呼、区分特定的自然人,姓名权是自然人对其姓名享有的人身权。而商标的主要作用在于区分商品或者服务来源,属于财产权,与姓名权是性质不同的权利。在认定争议商标的注册是否损害他人在先姓名权时,关键在于是否容易导致相关公众误认为标记有争议商标的商品或者服务与姓名权人之间存在代言、许可等特定联系,其构成要件与侵害商标权的认定不同。因此,即使乔丹公司经过多年的经营、宣传和使用,使得乔丹公司及其"乔丹"商标在特定商品类别上具有较高知名度,相关公众能够认识到标记有"乔丹"商标的商品来源于乔丹公司,也不足以据此认定相关公众不容易误认为标记有"乔丹"商标的商品与再审申请人之间存在代言、许可等特定联系。

其二,乔丹公司恶意申请注册争议商标,损害再审申请人的在先姓名权,明显有悖于诚实信用原则。商标评审委员会、乔丹公司主张的市场秩序或者商业成功并不完全是乔丹公司诚信经营的合法成果,而是一定程度上建立于相关公众误认的基础之上。维护此种市场秩序或者商业成功,不仅不利于保护姓名权人的合法权益,而且不利于保障消费者的利益,更不利于净化商标注册和使用环境。

最高人民法院指导案例(89号)

"北雁云依"诉济南市公安局历下区分局燕山派出所公安行政登记案

(最高人民法院审判委员会讨论通过　2017年11月15日发布)

【关键词】

行政　公安行政登记　姓名权　公序良俗　正当理由

【裁判要点】

公民选取或创设姓氏应当符合中华传统文化和伦理观念。仅凭个人喜好和愿望在父姓、母姓之外选取其他姓氏或者创设新的姓氏,不属于《全国人民代表大会常务委员会关于〈中华人民共和国民法通则〉第九十九条第一款、〈中华人民共和国婚姻法〉第二十二条的解释》第二款第三项规定的"有不违反公序良俗的其他正当理由"。

【相关法条】

《中华人民共和国民法通则》第99条第1款

《中华人民共和国婚姻法》第22条

《全国人民代表大会常务委员会关于〈中华人民共和国民法通则〉第九十九条第一款、〈中华人民共和国婚姻法〉第二十二条的解释》

【基本案情】

原告"北雁云依"法定代理人吕晓峰诉称:其妻张瑞峥在医院产下一女取名"北雁云依",并办理了出生证明和计划生育服务手册新生儿落户备查登记。为女儿办理户口登记时,被告济南市公安局历下区分局

燕山派出所(以下简称"燕山派出所")不予上户口。理由是孩子姓氏必须随父姓或母姓,即姓"吕"或姓"张"。根据《中华人民共和国婚姻法》(以下简称《婚姻法》)和《中华人民共和国民法通则》(以下简称《民法通则》)关于姓名权的规定,请求法院判令确认被告拒绝以"北雁云依"为姓名办理户口登记的行为违法。

被告燕山派出所辩称:依据法律和上级文件的规定不按"北雁云依"进行户口登记的行为是正确的。《民法通则》规定公民享有姓名权,但没有具体规定。而2009年12月23日最高人民法院举行新闻发布会,关于夫妻离异后子女更改姓氏问题的答复中称,《婚姻法》第二十二条是我国法律对子女姓氏问题作出的专门规定,该条规定子女可以随父姓,可以随母姓,没有规定可以随第三姓。行政机关应当依法行政,法律没有明确规定的行为,行政机关就不能实施,原告和行政机关都无权对法律作出扩大化解释,这就意味着子女只有随父姓或者随母姓两种选择。从另一个角度讲,法律确认姓名权是为了使公民能以文字符号即姓名明确区别于他人,实现自己的人格和权利。姓名权和其他权利一样,受到法律的限制而不可滥用。新生婴儿随父姓、随母姓是中华民族的传统习俗,这种习俗标志着血缘关系,随父姓或者随母姓,都是有血缘关系的,可以在很大程度上避免近亲结婚,但是姓第三姓,则与这种传统习俗、与姓的本意相违背。全国各地公安机关在执行《婚姻法》第二十二条关于子女姓氏的问题上,标准都是一致的,即子女应当随父姓或者随母姓。综上所述,拒绝原告法定代理人以"北雁云依"的姓名为原告申报户口登记的行为正确,恳请人民法院依法驳回原告的诉讼请求。

法院经审理查明:原告"北雁云依"出生于2009年1月25日,其父亲名为吕晓峰,母亲名为张瑞峥。因酷爱诗词歌赋和中国传统文化,吕晓峰、张瑞峥夫妇二人决定给爱女起名为"北雁云依",并以"北雁云依"为名办理了新生儿出生证明和计划生育服务手册新生儿落户备查登记。2009年2月,吕晓峰前往燕山派出所为女儿申请办理户口登记,被民警告知拟被登记人员的姓氏应当随父姓或者母姓,即姓"吕"或者"张",否则不符合办理出生登记条件。因吕晓峰坚持以"北雁云依"为姓名为女儿申请户口登记,被告燕山派出所遂依照《婚姻法》第二十二条之规定,于当日作出拒绝办理户口登记的具体行政行为。

该案经过两次公开开庭审理,原告"北雁云依"法定代理人吕晓峰在庭审中称:其为女儿选取的"北雁云依"之姓名,"北雁"是姓,"云依"是名。

因案件涉及法律适用问题,需送请有权机关作出解释或者确认,该案于2010年3月11日裁定中止审理,中止事由消除后,该案于2015年4月21日恢复审理。

【裁判结果】

济南市历下区人民法院于2015年4月25日作出(2010)历行初字第4号行政判决:驳回原告"北雁云依"要求确认被告燕山派出所拒绝以"北雁云依"为姓名办理户口登记行为违法的诉讼请求。

一审宣判并送达后,原被告双方均未提出上诉,本判决已发生法律效力。

【裁判理由】

法院生效裁判认为:2014年11月1日,第十二届全国人民代表大会常务委员会第十一次会议通过了《全国人民代表大会常务委员会关于〈中华人民共和国民法通则〉第九十九条第一款、〈中华人民共和国婚姻法〉第二十二条的解释》。该立法解释规定:"公民依法享有姓名权。公民行使姓名权,还应当尊重社会公德,不得损害社会公共利益。公民原则上应当随父姓或者母姓。有下列情形之一的,可以在父姓和母姓之外选取姓氏:(一)选取其他直系长辈血亲的姓氏;(二)因由法定扶养人以外的人抚养而选取抚养人姓氏;(三)有不违反公序良俗的其他正当理由。少数民族公民的姓氏可以从本民族的文化传统和风俗习惯。"

本案不存在选取其他直系长辈血亲姓氏或者选取法定扶养人以外的抚养人姓氏的情形,案件的焦点就在于原告法定代理人吕晓峰提出的理由是否符合上述立法解释第二款第三项规定的"有不违反公序良俗的其他正当理由"。首先,从社会管理和发展的角度,子女承袭父母姓氏有利于提高社会管理效率,便于管理机关和其他社会成员对姓氏使用人的主要社会关系进行初步判断。倘若允许随意选取姓氏甚至恣意创造姓氏,则会增加社会管理成本,不利于社会和他人,不利于维护社会秩序和实现社会的良性管控,而且极易使社会管理出现混乱,增加社会管理的风险性和不确定性。其次,公民选取姓氏涉及公序良俗。在中华传统文化中,"姓名"中的"姓",即姓氏,主要来源于客观上的承袭,系先祖所传,承载了对先祖的敬重、对家庭的热爱等,体现着血缘传承、伦理秩序和文化传统。而"名"则源于主观创造,为父母所授,承载了个人喜好、人格特征、长辈愿望等。公民对姓氏传承的重视和尊崇,不仅仅体现了血缘关系、亲属关系,更承载着丰富的文化传统、伦理观念、人文情怀,符合主流价值观念,是中华民族向心力、凝聚力的载体和镜像。公民原则上随父姓或者母姓,符合中华传统文化和伦理观念,符合绝大多数公民的意愿和实际做法。反之,如果任由公民仅凭个人意愿喜好,随意选取姓氏甚至自创姓氏,则会造成对文化传统和伦理观念的冲击,违背社会善良风俗和一般道德要求。

再次,公民依法享有姓名权,公民行使姓名权属于民事活动,既应当依照《民法通则》第九十九条第一款和《婚姻法》第二十二条的规定,还应当遵守《民法通则》第七条的规定,即应当尊重社会公德,不得损害社会公共利益。通常情况下,在父姓和母姓之外选取姓氏的行为,主要存在于实际抚养关系发生变动、有利于未成年人身心健康、维护个人人格尊严等情形。

本案中,原告"北雁云依"的父母自创"北雁"为姓氏、选取"北雁云依"为姓名给女儿办理户口登记的理由是"我女儿姓名'北雁云依'四字,取自四首著名的中国古典诗词,寓意父母对女儿的美好祝愿"。此理由仅凭个人喜好愿望并创设姓氏,具有明显的随意性,不符合立法解释第二款第三项的情形,不应给予支持。

最高人民法院指导案例(29 号)

天津中国青年旅行社诉天津国青国际旅行社擅自使用他人企业名称纠纷案

(最高人民法院审判委员会讨论通过 2014 年 6 月 26 日发布)

【关键词】

民事 不正当竞争 擅用他人企业名称

【裁判要点】

1. 对于企业长期、广泛对外使用,具有一定市场知名度、为相关公众所知悉,已实际具有商号作用的企业名称简称,可以视为企业名称予以保护。

2. 擅自将他人已实际具有商号作用的企业名称简称作为商业活动中互联网竞价排名关键词,使相关公众产生混淆误认的,属于不正当竞争行为。

【相关法条】

1.《中华人民共和国民法通则》第一百二十条

2.《中华人民共和国反不正当竞争法》第五条

【基本案情】

原告天津中国青年旅行社(以下简称天津青旅)诉称:被告天津国青国际旅行社有限公司在其版权所有的网站页面、网站源代码以及搜索引擎中,非法使用原告企业名称全称及简称"天津青旅",违反了反不正当竞争法的规定,请求判令被告立即停止不正当竞争行为、公开赔礼道歉、赔偿经济损失 10 万元,并承担诉讼费用。

被告天津国青国际旅行社有限公司(以下简称天津国青旅)辩称:"天津青旅"没有登记注册,并不由原告享有,原告主张的损失没有事实和法律依据,请求驳回原告诉讼请求。

法院经审理查明:天津中国青年旅行社于 1986 年 11 月 1 日成立,是从事国内及出入境旅游业务的国有企业,直属于共青团天津市委员会。共青团天津市委员会出具证明称,"天津青旅"是天津中国青年旅行社的企业简称。2007 年,《今晚报》等媒体在报道天津中国青年旅行社承办的活动中已开始以"天津青

旅"简称指代天津中国青年旅行社。天津青旅在报价单、旅游合同、与同行业经营者合作文件、发票等资料以及经营场所各门店招牌上等日常经营活动中,使用"天津青旅"作为企业的简称。天津国青国际旅行社有限公司于 2010 年 7 月 6 日成立,是从事国内旅游及入境旅游接待等业务的有限责任公司。

2010 年底,天津青旅发现通过 Google 搜索引擎分别搜索"天津中国青年旅行社"或"天津青旅",在搜索结果的第一名并标注赞助商链接的位置,分别显示"天津中国青年旅行社网上营业厅 www. lechuyou. com 天津国青网上在线营业厅,是您理想选择,出行提供优质、贴心、舒心的服务"或"天津青旅网上营业厅 www. lechuyou. com 天津国青网上在线营业厅,是您理想选择,出行提供优质、贴心、舒心的服务",点击链接后进入网页是标称天津国青国际旅行社乐出游网的网站,网页顶端出现"天津国青国际旅行社-青年旅行社青旅/天津国旅"等字样,网页内容为天津国青旅游业务信息及报价,标称网站版权所有:乐出游网-天津国青,并标明了天津国青的联系电话和经营地址。同时,天津青旅通过百度搜索引擎搜索"天津青旅",在搜索结果的第一名并标注推广链接的位置,显示"欢迎光临天津青旅重合同守信誉单位,汇集国内出境经典旅游线路,100% 出团,天津青旅 400 - 611 - 5253 022. ctsgz. cn",点击链接后进入网页仍然是上述标称天津国青乐出游网的网站。

【裁判结果】

天津市第二中级人民法院于 2011 年 10 月 24 日作出 (2011) 二中民三知初字第 135 号民事判决:一、被告天津国青国际旅行社有限公司立即停止侵害行为;二、被告于本判决生效之日起三十日内,在其公司

网站上发布致歉声明持续 15 天；三、被告赔偿原告天津中国青年旅行社经济损失 30000 元；四、驳回原告其他诉讼请求。宣判后，天津国青旅提出上诉。天津市高级人民法院于 2012 年 3 月 20 日作出（2012）津高民三终字第 3 号民事判决：一、维持天津市第二中级人民法院上述民事判决第二、三、四项；二、变更判决第一项"被告天津国青国际旅行社有限公司立即停止侵害行为"为"被告天津国青国际旅行社有限公司立即停止使用'天津中国青年旅行社'、'天津青旅'字样及作为天津国青国际旅行社有限公司网站的搜索链接关键词"；三、驳回被告其他上诉请求。

【裁判理由】

法院生效裁判认为：根据《最高人民法院关于审理不正当竞争民事案件应用法律若干问题的解释》第六条第一款规定："企业登记主管机关依法登记注册的企业名称，以及在中国境内进行商业使用的外国（地区）企业名称，应当认定为反不正当竞争法第五条第（三）项规定的'企业名称'。具有一定的市场知名度、为相关公众所知悉的企业名称中的字号，可以认定为反不正当竞争法第五条第（三）项规定的'企业名称'。"因此，对于企业长期、广泛对外使用，具有一定市场知名度、为相关公众所知悉，已实际具有商号作用的企业名称简称，也应当视为企业名称予以保护。"天津中国青年旅行社"是原告 1986 年成立以来一直使用的企业名称，原告享有企业名称专用权。"天津青旅"作为其企业名称简称，于 2007 年就已被其在经营活动中广泛使用，相关宣传报道和客户也以"天津青旅"指代天津中国青年旅行社，经过多年在经营活动中使用和宣传，已享有一定市场知名度，为相关公众所知悉，已与天津中国青年旅行社之间建立起稳定

的关联关系，具有可以识别经营主体的商业标识意义。所以，可以将"天津青旅"视为企业名称与"天津中国青年旅行社"共同加以保护。

《中华人民共和国反不正当竞争法》第五条第（三）项规定，经营者不得采用擅自使用他人的企业名称，引人误认为是他人的商品等不正当手段从事市场交易，损害竞争对手。因此，经营者擅自将他人的企业名称或简称作为互联网竞价排名关键词，使公众产生混淆误认，利用他人的知名度和商誉，达到宣传推广自己的目的的，属于不正当竞争行为，应当予以禁止。天津国青旅作为从事旅游服务的经营者，未经天津青旅许可，通过在相关搜索引擎中设置与天津青旅企业名称有关的关键词并在网站源代码中使用等手段，使相关公众在搜索"天津中国青年旅行社"和"天津青旅"关键词时，直接显示天津国青旅的网站链接，从而进入天津国青旅的网站联系旅游业务，达到利用网络用户的初始混淆争夺潜在客户的效果，主观上具有使相关公众在网络搜索、查询中产生误认的故意，客观上擅自使用"天津中国青年旅行社"及"天津青旅"，利用了天津青旅的企业信誉，损害了天津青旅的合法权益，其行为属于不正当竞争行为，依法应予制止。天津国青旅作为与天津青旅同业的竞争者，在明知天津青旅企业名称及简称享有较高知名度的情况下，仍擅自使用，有借他人之名为自己谋取不当利益的意图，主观恶意明显。依照《中华人民共和国民法通则》第一百二十条规定，天津国青旅应当承担停止侵害、消除影响、赔偿损失的法律责任。至于天津国青旅在网站网页顶端显示的"青年旅行社青旅"字样，并非原告企业名称的保护范围，不构成对原告的不正当竞争行为。

最高人民法院指导案例（143 号）

北京兰世达光电科技有限公司、黄晓兰诉赵敏名誉权纠纷案

（最高人民法院审判委员会讨论通过　2020 年 10 月 9 日发布）

【关键词】

民事　名誉权　网络侵权　微信群　公共空间

【裁判要点】

1. 认定微信群中的言论构成侵犯他人名誉权，应当符合名誉权侵权的全部构成要件，还应当考虑信息网络传播的特点并结合侵权主体、传播范围、损害程度等具体因素进行综合判断。

2. 不特定关系人组成的微信群具有公共空间属

性，公民在此类微信群中发布侮辱、诽谤、污蔑或者贬损他人的言论构成名誉权侵权，应当依法承担法律责任。

【相关法条】

1.《中华人民共和国民法通则》第 101 条、第 120 条

2.《中华人民共和国侵权责任法》第 6 条、第 20 条、第 22 条

【基本案情】

原告北京兰世达光电科技有限公司(以下简称兰世达公司)、黄晓兰诉称:黄晓兰系兰世达公司员工,从事机器美容美甲业务。自2017年1月17日以来,被告赵敏一直对二原告进行造谣、诽谤、诬陷,多次诬蔑、谩骂,称黄晓兰有精神分裂,污蔑兰世达公司的仪器不正规、讹诈客户,并通过微信群等方式进行散布,造成原告名誉受到严重损害,生意受损,请求人民法院判令:一、被告对二原告赔礼道歉,并以在北京市顺义区X号张贴公告、北京当地报纸刊登公告的方式为原告消除影响、恢复名誉;二、赔偿原告兰世达公司损失2万元;三、赔偿二原告精神损害抚慰金各5千元。

被告赵敏辩称:被告没有在小区微信群里发过损害原告名誉的信息,只与邻居、好朋友说过与二原告发生纠纷的事情,且此事对被告影响亦较大。兰世达公司仪器不正规、讹诈客户非被告一人认为,其他人也有同感。原告的美容店经常不开,其损失与被告无关。故请求驳回原告的诉讼请求。

法院经审理查明:兰世达公司在北京市顺义区某小区一层开有一家美容店,黄晓兰系该公司股东兼任美容师。2017年1月17日下午16时许,赵敏陪同住小区的另一业主到该美容店做美容。黄晓兰为顾客做美容,赵敏询问之前其在该美容店祛斑的事情,后二人因美容服务问题发生口角。后公安部门对赵敏作出行政处罚决定书,给予赵敏行政拘留三日的处罚。

原告主张赵敏的微信昵称为X郡主(微信号X---calm),且系小区业主微信群群主,双方发生纠纷后赵敏多次在业主微信群中对二原告进行造谣、诽谤、污蔑、谩骂,并将黄晓兰从业主群中移出,兰世达公司因赵敏的行为生意严重受损。原告提供微信聊天记录及张某某的证人证言予以证明。微信聊天记录来自两个微信群,人数分别为345人和123人,记载有昵称X郡主发送的有关黄晓兰、兰世达公司的言论,以及其他群成员询问情况等的回复信息;证人张某某是兰世达公司顾客,也是小区业主,其到庭陈述看到的微信群内容并当庭出示手机微信,群主微信号为X---calm。

赵敏对原告陈述及证据均不予认可,并表示其2016年在涉诉美容店做激光祛斑,黄晓兰承诺保证全部祛除掉,但做过两次后,斑越发严重,多次沟通,对方不同意退钱,事发当日其再次咨询此事,黄晓兰却否认赵敏在此做过祛斑,双方发生口角;赵敏只有一个微信号,且经常换名字,现在业主群里叫X果,自己不是群主,不清楚群主情况,没有加过黄晓兰为好友,也没有在微信群里发过损害原告名誉的信息,只与邻居、朋友说过与原告的纠纷,兰世达公司仪器不正规、

讹诈客户,其他人也有同感,公民有言论自由。

经原告申请,法院自深圳市腾讯计算机系统有限公司调取了微信号X---calm的实名认证信息,确认为赵敏,同时确认该微信号与黄晓兰微信号X-HL互为好友时间为2016年3月4日13:16:18。赵敏对此予以认可,但表示对于微信群中发送的有关黄晓兰、兰世达公司的信息其并不清楚,现已经不用该微信号了,也退出了其中一个业主群。

【裁判结果】

北京市顺义区人民法院于2017年9月19日作出(2017)京0113民初5491号民事判决:一、被告赵敏于本判决生效之日起七日内在顺义区X房屋门口张贴致歉声明,向原告黄晓兰、北京兰世达光电科技有限公司赔礼道歉,张贴时间为七日,致歉内容须经本院审核;如逾期不执行上述内容,则由本院在上述地址门口全文张贴本判决书内容;二、被告赵敏于本判决生效之日起七日内赔偿原告北京兰世达光电科技有限公司经济损失三千元;三、被告赵敏于本判决生效之日起七日内赔偿原告黄晓兰精神损害抚慰金二千元;四、驳回原告黄晓兰、北京兰世达光电科技有限公司的其他诉讼请求。宣判后,赵敏提出上诉。北京市第三中级人民法院于2018年1月31日作出(2018)京03民终725号民事判决:驳回上诉,维持原判。

【裁判理由】

法院生效裁判认为:名誉权是民事主体依法享有的维护自己名誉并排除他人侵害的权利。民事主体不仅包括自然人,也包括法人及其他组织。《中华人民共和国民法通则》第一百零一条规定,公民、法人享有名誉权,公民的人格尊严受法律保护,禁止用侮辱、诽谤等方式损害公民、法人的名誉。

本案的争议焦点为,被告赵敏在微信群中针对原告黄晓兰、兰世达公司的言论是否构成名誉权侵权。传统名誉权侵权有四个构成要件,即受害人确有名誉被损害的事实、行为人行为违法、违法行为与损害后果之间有因果关系、行为人主观上有过错。对于微信群中的言论是否侵犯他人名誉权的认定,要符合传统名誉权侵权的全部构成要件,还应当考虑信息网络传播的特点并结合侵权主体、传播范围、损害程度等具体因素进行综合判断。

本案中,赵敏否认其微信号X---calm所发的有关涉案信息是其本人所为,但就此未提供证据证明,且与已查明事实不符,故就该抗辩意见,法院无法采纳。根据庭审查明情况,结合微信聊天记录内容、证人证言、法院自深圳市腾讯计算机系统有限公司调取的材料,可以认定赵敏在与黄晓兰发生纠纷后,通过微信号在双方共同居住的小区两个业主微信群发布的信息中使用了"傻X""臭傻X""精神分裂""装疯

卖傻"等明显带有侮辱性的言论，并使用了黄晓兰的照片作为配图，而对于兰世达公司的"美容师不正规""讹诈客户""破仪器""技术和产品都不灵"等贬损性言辞，赵敏未提交证据证明其所发表言论的客观真实性；退一步讲，即使有相关事实发生，其亦应通过合法途径解决。赵敏将上述不当言论发至有众多该小区住户的两个微信群，其主观过错明显，从微信群的成员组成、对其他成员的询问情况以及网络信息传播的便利、广泛、快捷等特点来看，涉案言论确易引发对黄晓兰、兰世达公司经营的美容店的猜测和误解，损害小区公众对兰世达公司的信赖，对二者产生负面认识并造成黄晓兰个人及兰世达公司产品或者服务的社会评价降低，赵敏的损害行为与黄晓兰、兰世达公司名誉受损之间存在因果关系，故赵敏的行为符合侵犯名誉权的要件，已构成侵权。

行为人因过错侵害他人民事权益，应当承担侵权责任。不特定关系人组成的微信群具有公共空间属性，公民在此类微信群中发布侮辱、诽谤、污蔑或者贬损他人的言论构成名誉权侵权，应当依法承担法律责任。公民、法人的名誉权受到侵害，有权要求停止侵害，恢复名誉，消除影响，赔礼道歉，并可以要求赔偿损失。现黄晓兰、兰世达公司要求赵敏基于侵犯名誉权之行为赔礼道歉，符合法律规定，应予以支持，赔礼道歉的具体方式由法院酌情确定。关于兰世达公司名誉权被侵犯产生的经济损失，兰世达公司提供的证据不能证明实际经济损失数额，但兰世达公司在涉诉小区经营美容店，赵敏在有众多该小区住户的微信群中发表不当言论势必会给兰世达公司的经营造成不良影响，故对兰世达公司的该项请求，综合考虑赵敏的过错程度、侵权行为内容与造成的影响、侵权持续时间、兰世达公司实际营业情况等因素酌情确定。关于黄晓兰主张的精神损害抚慰金，亦根据上述因素酌情确定具体数额。关于兰世达公司主张的精神损害抚慰金，缺乏法律依据，故不予支持。

最高人民法院指导案例（229 号）

沙某某诉袁某某探望权纠纷案

（最高人民法院审判委员会讨论通过　2024 年 5 月 30 日发布）

【关键词】

民事　探望权　未成年人　隔代探望　丧子老人

【裁判要点】

未成年人的父、母一方死亡，祖父母或者外祖父母向人民法院提起诉讼请求探望孙子女或者外孙子女的，人民法院应当坚持最有利于未成年人、有利于家庭和谐的原则，在不影响未成年人正常生活和身心健康的情况下，依法予以支持。

【基本案情】

沙某某系丁某某的母亲，其独生子丁某某与袁某某于 2016 年 3 月结婚，于 2018 年 1 月生育双胞胎男孩丁某甲、丁某乙。2018 年 7 月丁某某因病去世。丁某甲、丁某乙一直与袁某某共同生活。沙某某多次联系袁某某想见孩子，均被袁某某拒绝。沙某某遂起诉请求每月 1 日、20 日探望孩子，每次 2 小时。

【裁判结果】

陕西省西安市新城区人民法院于 2021 年 6 月 18 日作出民事判决：原告沙某某每月第一个星期探望丁某甲、丁某乙一次，每次不超过两小时，袁某某应予配合。宣判后，袁某某不服，提起上诉。陕西省西安市中级人民法院于 2021 年 9 月 28 日作出民事判决：驳回上诉，维持原判。

【裁判理由】

沙某某系丁某甲、丁某乙的祖母，对两个孩子的探望属于隔代探望。虽然我国法律并未对祖父母或者外祖父母是否享有隔代探望权作出明确规定，但探望权系与人身关系密切相关的权利，通常基于血缘关系产生；孩子的父、母一方去世的，祖父母与孙子女的近亲属关系不因父或母去世而消灭。祖父母隔代探望属于父母子女关系的延伸，符合我国传统家庭伦理观念，符合社会主义核心价值观及公序良俗。隔代探望除满足成年亲属对未成年人的情感需求外，也是未成年人获得更多亲属关爱的一种途径。特别是在本案沙某某的独生子丁某某已经去世的情况下，丁某甲、丁某乙不仅是丁某某和袁某某的孩子，亦系沙某某的孙子，沙某某通过探望孙子，获得精神慰藉，延续祖孙亲情，也会给两个孩子多一份关爱，有利于未成年人健康成长，袁某某应予配合。同时，隔代探望应当在有利于未成年人成长和身心健康，不影响未成年人及其母亲袁某某正常生活的前提下进行，探望前应当做好沟通。

【相关法条】

《中华人民共和国民法典》第 10 条、第 1043 条、第 1045 条、第 1086 条

最高人民法院指导案例(66号)

雷某某诉宋某某离婚纠纷案

(最高人民法院审判委员会讨论通过 2016年9月19日发布)

【关键词】

民事 离婚 离婚时 擅自处分共同财产

【裁判要点】

一方在离婚诉讼期间或离婚诉讼前,隐藏、转移、变卖、毁损夫妻共同财产,或伪造债务企图侵占另一方财产的,离婚分割夫妻共同财产时,依照《中华人民共和国婚姻法》第四十七条的规定可以少分或不分财产。

【相关法条】

《中华人民共和国婚姻法》第47条

【基本案情】

原告雷某(女)和被告宋某某于2003年5月19日登记结婚,双方均系再婚,婚后未生育子女。双方婚后因琐事感情失和,于2013年上半年产生矛盾,并于2014年2月分居。雷某某曾于2014年3月起诉要求与宋某某离婚,经法院驳回后,双方感情未见好转。2015年1月,雷某某再次诉至法院要求离婚,并依法分割夫妻共同财产。宋某某认为夫妻感情并未破裂、不同意离婚。

雷某某称宋某某名下在中国邮政储蓄银行的账户内有共同存款37万元,并提交存取款凭单、转账凭单作为证据。宋某某称该37万元,来源于婚前房屋拆迁补偿款及养老金,现尚剩余20万元左右(含养老金14 322.48元),并提交账户记录、判决书、案款收据等证据。

宋某某称雷某某名下有共同存款25万元,要求依法分割。雷某某对此不予认可,一审庭审中其提交在中国工商银行尾号为4179账户自2014年1月26日起的交易明细,显示至2014年12月21日该账户余额为262.37元。二审审理期间,应宋某某的申请,法院调取了雷某某上述中国工商银行账号自2012年11月26日开户后的银行流水明细,显示雷某某于2013年4月30日通过ATM转账及卡取的方式将该账户内的195 000元转至案外人雷某齐名下。宋某某认为该存款是其婚前房屋出租所得,应归双方共同所有,雷某某在离婚之前即将夫妻共同存款转移。雷某某提出该笔存款是其经营饭店所得收益,开始称该笔款已用于夫妻共同开销,后又称用于偿还其外甥女的借款,但雷某某对其主张均未提供相应证据证明。另,雷某某在庭审中曾同意各自名下存款归各自所有,其另行支付宋某某10万元存款,后雷某某反悔,不同意支付。

【裁判结果】

北京市朝阳区人民法院于2015年4月16日作出(2015)朝民初字第04854号民事判决:准予雷某某与宋某某离婚;雷某某名下中国工商银行尾号为4179账户内的存款归雷某某所有,宋某某名下中国邮政储蓄银行账号尾号为7101、9389及1156账户内的存款归宋某某所有,并对其他财产和债务问题进行了处理。宣判后,宋某某提出上诉,提出对夫妻共同财产雷某某名下存款分割等请求。北京市第三中级人民法院于2015年10月19日作出(2015)三中民终字第08205号民事判决:维持一审判决其他判项,撤销一审判决第三项,改判雷某某名下中国工商银行尾号为4179账户内的存款归雷某某所有,宋某某名下中国邮政储蓄银行尾号为7101账户、9389账户及1156账户内的存款归宋某某所有,雷某某于本判决生效之日起七日内支付宋某某12万元。

【裁判理由】

法院生效裁判认为:婚姻关系以夫妻感情为基础。宋某某、雷某某共同生活过程中因琐事产生矛盾,在法院判决不准离婚后,双方感情仍未好转,经法院调解不能和好,双方夫妻感情确已破裂,应当判决准予双方离婚。

本案二审期间双方争议的焦点在于雷某某是否转移夫妻共同财产和夫妻双方名下的存款应如何分割。《中华人民共和国婚姻法》第十七条第二款规定:"夫妻对共同所有的财产,有平等的处理权。"第四十七条规定:"离婚时,一方隐藏、转移、变卖、毁损夫妻共同财产,或伪造债务企图侵占另一方财产的,分割夫妻共同财产时,对隐藏、转移、变卖、毁损夫妻共同财产或伪造债务的一方,可以少分或不分。离婚后,另一方发现有上述行为的,可以向人民法院提起诉讼,请求再次分割夫妻共同财产。"这就是说,一方在离婚诉讼期间或离婚诉讼前,隐藏、转移、变卖、毁损夫妻共同财产,或伪造债务企图侵占另一方财产的,侵害了夫妻对共同财产的平等处理权,离婚分割夫妻共同财产时,应当依照《中华人民共和国婚姻法》第四十七条的规定少分或不分财产。

本案中,关于双方名下存款的分割,结合相关证据,宋某某婚前房屋拆迁款转化的存款,应归宋某某个人所有,宋某某婚后所得养老保险金,应属夫妻共同财产。雷某某名下中国工商银行尾号为 4179 账户内的存款为夫妻关系存续期间的收入,应作为夫妻共同财产予以分割。雷某某于 2013 年 4 月 30 日通过ATM 转账及卡取的方式,将尾号为 4179 账户内的 195 000 元转至案外人名下。雷某某始称该款用于家庭开

销,后又称用于偿还外债,前后陈述明显矛盾,对其主张亦未提供证据证明,对钱款的去向不能作出合理的解释和说明。结合案件事实及相关证据,认定雷某某存在转移、隐藏夫妻共同财产的情形。根据上述法律规定,对雷某某名下中国工商银行尾号 4179 账户内的存款,雷某某可以少分。宋某某主张对雷某某名下存款进行分割,符合法律规定,予以支持。故判决宋某某婚后养老保险金 14 322.48 元归宋某某所有,对于雷某某转移的 19.5 万元存款,由雷某某补偿宋某某 12 万元。

最高人民法院指导案例(50 号)

李某、郭某阳诉郭某和、童某某继承纠纷案

(最高人民法院审判委员会讨论通过 2015 年 4 月 15 日发布)

【关键词】

民事 继承 人工授精 婚生子女

【裁判要点】

1. 夫妻关系存续期间,双方一致同意利用他人的精子进行人工授精并使女方受孕后,男方反悔,而女方坚持生出该子女的,不论该子女是否在夫妻关系存续期间出生,都应视为夫妻双方的婚生子女。

2. 如果夫妻一方所订立的遗嘱中没有为胎儿保留遗产份额,因违反《中华人民共和国继承法》第十九条规定,该部分遗嘱内容无效。分割遗产时,应当依照《中华人民共和国继承法》第二十八条规定,为胎儿保留继承份额。

【相关法条】

1.《中华人民共和国民法通则》第五十七条

2.《中华人民共和国继承法》第十九条、第二十八条

【基本案情】

原告李某诉称:位于江苏省南京市某住宅小区的306 室房屋,是其与被继承人郭某顺的夫妻共同财产。郭某顺因病死亡后,其儿子郭某阳出生。郭某顺的遗产,应当由妻子李某、儿子郭某阳与郭某顺的父母即被告郭某和、童某某等法定继承人共同继承。请求法院在析产继承时,考虑郭某和、童某某有自己房产和退休工资,而李某无固定收入还要抚养幼子的情况,对李某和郭某阳给予照顾。

被告郭某和、童某某辩称:儿子郭某顺生前留下遗嘱,明确将 306 室赠予二被告,故对该房产不适用法定继承。李某所生的孩子与郭某顺不存在血缘关系,郭某顺在遗嘱中声明他不要这个人工授精生下的

孩子,他在得知自己患癌症后,已向李某表示过不要这个孩子,是李某自己坚持要生下孩子。因此,应该由李某对孩子负责,不能将孩子列为郭某顺的继承人。

法院经审理查明:1998 年 3 月 3 日,原告李某与郭某顺登记结婚。2002 年,郭某顺以自己的名义购买了涉案建筑面积为 45.08 平方米的 306 室房屋,并办理了房屋产权登记。2004 年 1 月 30 日,李某和郭某顺共同与南京军区南京总医院生殖遗传中心签订了人工授精协议书,对李某实施了人工授精,后李某怀孕。2004 年 4 月,郭某顺因病住院,其在得知自己患了癌症后,向李某表示不要这个孩子,但李某不同意人工流产,坚持要生下孩子。5 月 20 日,郭某顺在医院立下自书遗嘱,在遗嘱中声明他不要这个人工授精生下的孩子,并将 306 室房屋赠与其父母郭某和、童某某。郭某顺于 5 月 23 日病故。李某于当年 10 月22 日产下一子,取名郭某阳。原告李某无业,每月领取最低生活保障金,另有不固定的打工收入,并持有夫妻关系存续期间的共同存款 18705.4 元。被告郭某和、童某某系郭某顺的父母,居住在同一个住宅小区的 305 室,均有退休工资。2001 年 3 月,郭某顺为开店,曾向童某某借款 8500 元。

南京大陆房地产估价师事务所有限责任公司受法院委托,于 2006 年 3 月对涉案 306 室房屋进行了评估,经评估房产价值为 19.3 万元。

【裁判结果】

江苏省南京市秦淮区人民法院于 2006 年 4 月 20日作出一审判决:涉案的 306 室房屋归原告李某所有;李某于本判决生效之日起 30 日内,给付原告郭某阳

33442.4元,该款由郭某阳的法定代理人李某保管;李某于本判决生效之日起30日内,给付被告郭某和33442.4元,给付被告童某某41942.4元。一审宣判后,双方当事人均未提出上诉,判决已发生法律效力。

【裁判理由】

法院生效裁判认为:本案争议焦点主要有两方面:一是郭某阳是否为郭某顺和李某的婚生子女?二是在郭某顺留有遗嘱的情况下,对306室房屋应如何析产继承?

关于争议焦点一。《最高人民法院关于夫妻离婚后人工授精所生子女的法律地位如何确定的复函》中指出:"在夫妻关系存续期间,双方一致同意进行人工授精,所生子女应视为夫妻双方的婚生子女,父母子女之间权利义务关系适用《中华人民共和国婚姻法》的有关规定。"郭某顺因无生育能力,签字同意医院为其妻子即原告李某施行人工授精手术,该行为表明郭某顺具有通过人工授精方法获得其与李某共同子女的意思表示。只要在夫妻关系存续期间,夫妻双方同意通过人工授精生育子女,所生子女均应视为夫妻双方的婚生子女。《中华人民共和国民法通则》第五十七条规定:"民事法律行为从成立时起具有法律约束力。行为人非依法律规定或者取得对方同意,不得擅自变更或者解除。"因此,郭某顺在遗嘱中否认其与李某所怀胎儿的亲子关系,是无效民事行为,应当认定郭某阳是郭某顺和李某的婚生子女。

关于争议焦点二。《中华人民共和国继承法》(以下简称《继承法》)第五条规定:"继承开始后,按照法定继承办理;有遗嘱的,按照遗嘱继承或者遗赠办理;有遗赠扶养协议的,按照协议办理。"被继承人郭某顺死亡后,继承开始。鉴于郭某顺留有遗嘱,本案应当按照遗嘱继承办理。《继承法》第二十六条规定:"夫妻在婚姻关系存续期间所得的共同所有的财产,除有约定的以外,如果分割遗产,应当先将共同所有的财产的一半分出为配偶所有,其余的为被继承人的遗产。"最高人民法院《关于贯彻执行〈中华人民共和国继承法〉若干问题的意见》第38条规定:"遗嘱人以遗嘱处分了属于国家、集体或他人所有的财产,遗嘱的这部分,应认定无效。"登记在被继承人郭某顺名下的306室房屋,已查明是郭某顺与原告李某夫妻关系存续期间取得的夫妻共同财产。郭某顺死亡后,该房屋的一半应归李某所有,另一半才能作为郭某顺的遗产。郭某顺在遗嘱中,将306室全部房产处分归其父母,侵害了李某的房产权,遗嘱的这部分应属无效。此外,《继承法》第十九条规定:"遗嘱应当对缺乏劳动能力又没有生活来源的继承人保留必要的遗产份额。"郭某顺在立遗嘱时,明知其妻子腹中的胎儿而没有在遗嘱中为胎儿保留必要的遗产份额,该部分遗嘱内容无效。《继承法》第二十八条规定:"遗产分割时,应当保留胎儿的继承份额。"因此,在分割遗产时,应当为该胎儿保留继承份额。综上,在扣除应当归李某所有的财产和应当为胎儿保留的继承份额之后,郭某顺遗产的剩余部分才可以按遗嘱确定的分配原则处理。

最高人民法院指导案例(227 号)

胡某某、王某某诉德某餐厅、蒋某某等生命权纠纷案

(最高人民法院审判委员会讨论通过 2024 年 5 月 30 日发布)

【关键词】

民事 生命权 未成年人 多因一果 侵权责任 按份责任

【裁判要点】

1. 经营者违反法律规定向未成年人售酒并供其饮用,因经营者的过错行为导致未成年人饮酒后遭受人身损害的风险增加,并造成损害后果的,应当认定违法售酒行为与未成年人饮酒后发生的人身损害存在因果关系,经营者依法应当承担相应的侵权责任。

2. 经营者违反法律规定向未成年人售酒并供其饮用、同饮者或者共同从事危险活动者未尽到相应提醒和照顾义务,对该未成年人造成同一损害后果的,应当按照过错程度、原因力大小等因素承担相应的按份赔偿责任。遭受人身损害的未成年人及其监护人对同一损害的发生存在过错的,按照民法典第一千一百七十三条的规定,可以减轻侵权人的责任。

【基本案情】

胡某甲(殁年15周岁)系原告胡某某、王某某之子,其与蒋某某(时年14周岁)、陈某(时年14周岁)系重庆市某中学初中二年级学生。2018年5月19日,胡某甲等人来到重庆市某县德某餐厅为蒋某某庆祝生日,胡某甲提议要喝酒庆祝,蒋某某同意,遂在德某餐厅购买了啤酒,并在该餐厅就餐饮用。胡某甲及蒋某某每人喝了两瓶啤酒后,陈某到达该餐厅。随

后，三人又在该餐厅喝了四瓶啤酒。饭后，胡某甲提议外出玩耍，后遇见陈某某、邓某某、张某某、王某某等四人，七人相约至湖边玩耍。在湖边泡脚戏水过程中，胡某甲不慎后仰溺水。众人试图救援，但未能成功。

胡某某、王某某将德某餐厅、其他六名未成年人及其监护人、重庆市某中学等诉至法院，请求共同赔偿胡某甲的死亡赔偿金、丧葬费等损失。另查明，本案共餐和游玩的未成年人均系重庆市某中学初中二年级学生；在日常教学管理中，该中学已经履行教育机构职责，对学生进行了日常安全教育，并完成安全日志、教学笔记等工作。

【裁判结果】

重庆市垫江县人民法院于2019年3月19日作出民事判决：一、由被告德某餐厅赔偿原告胡某某、王某人民币21183.36元；二、由被告蒋某某的监护人赔偿原告人民币3530.56元；三、由被告陈某的监护人赔偿原告人民币2824.45元；四、由被告王某某的监护人赔偿原告人民币1412.24元；五、由被告邓某某的监护人赔偿原告人民币2118.34元；六、由被告陈某某的监护人赔偿原告人民币2118.34元；七、由被告张某某的监护人赔偿原告人民币2118.34元；八、被告重庆市某中学等不承担责任。宣判后，胡某某、王某某、德某餐厅不服，提起上诉。重庆市第三中级人民法院于2019年8月8日作出民事判决：驳回上诉，维持原判。

【裁判理由】

关于本案各被告是否应当对胡某甲的死亡承担赔偿责任的关键在于：各被告基于餐饮经营者、同饮者、同行者等身份在各自的义务范围内是否存在过错，以及该过错与胡某甲溺亡之间是否存在因果关系。

一、关于原告方的责任判定。胡某甲溺水时为初中二年级学生，对自己的行为已经有了一定的认知和判断能力，且已接受学校日常安全教育。本案中，聚餐时胡某甲主动提议饮酒，饮酒后胡某甲实施了下湖戏水等危险行为，且下湖戏水也系由胡某甲提议。胡某甲对自己的死亡存在重大过错。二原告作为其监护人，日常即有放任胡某甲饮酒的情形，且事故发生在周末放假期间，其疏于对胡某甲的管理教育，未履行好监护人职责，对胡某甲的溺亡应当自行承担90%的损失。

二、关于德某餐厅的责任判定。1. 关于德某餐厅是否应当对胡某甲的溺亡后果承担侵权责任。2012年修正的未成年人保护法第三十七条规定："禁止向未成年人出售烟酒，经营者应当在显著位置设置不向未成年人出售烟酒的标志；对难以判明是否已成年的，应当要求其出示身份证件……"德某餐厅作为餐

饮经营者，违反未成年人保护法的相关规定，向未成年人售酒，具有明显的违法性；德某餐厅既未通过要求酒水购买者出示身份证件等方式审慎判断其未成年人身份，亦未设置不得向未成年人出售烟酒的标志，还放任未成年人在餐厅内饮酒，具有明显过错。德某餐厅违法向胡某甲售酒并供其饮用，客观上增加了损害发生的风险，售酒行为与胡某甲溺亡后果之间具有一定的因果关系。因此，德某餐厅应当承担侵权责任。2. 关于德某餐厅责任承担形式的判定。本案中，德某餐厅和其他数个行为人之间在胡某甲溺亡这一损害后果产生前，并无共同意思联络，不构成共同侵权，不承担连带责任。售酒行为并非造成溺亡的直接原因，而是与下湖戏水玩耍等行为结合后，才促成损害后果的发生，单独的售酒行为并不能造成全部损害后果，故德某餐厅不应当对全部损害承担责任。德某餐厅向未成年人售酒并供其饮用，增加了未成年人酒后下湖戏水造成人身损害的风险，是导致其溺亡的间接原因。结合其过错程度、原因力大小，法院判决德某餐厅对胡某甲的溺亡承担6%的责任。

三、关于蒋某某等六名未成年人被告及其监护人的责任判定。蒋某某、陈某与胡某甲共同饮酒，酒后蒋某某、陈某、邓某某、陈某某、张某某与胡某甲一同到湖边玩耍并参与了下湖泡脚、戏水等危险行为，以上被告均知晓或者应当知晓胡某甲下湖具有危险性，蒋某某、陈某与其共饮，蒋某某、陈某、王某某、邓某某、陈某某、张某某未制止胡某甲下湖的危险行为，以上被告未能尽到相互照顾、提醒的义务，故对胡某甲的溺亡均应当承担责任。综合考虑蒋某某是生日聚会的组织者并参与饮酒，陈某参与饮酒、王某某下湖救援及其他人共同以不同形式参与救援，且六名被告均系限制民事行为能力人等情形，法院确定由蒋某某对胡某甲的溺亡承担1%的责任，由陈某对胡某甲的溺亡承担0.8%的责任，由王某某对胡某甲的溺亡承担0.4%的责任，由邓某某、陈某某、张某某对胡某甲的溺亡各自承担0.6%的责任。因该六名被告均系限制民事行为能力人，侵权责任依法由各自监护人承担。

此外，经营者违反未成年人保护法的相关规定向未成年人售酒，还应依法承担相应行政责任。本案宣判后，人民法院以司法建议方式向相关部门作了提醒。

【相关法条】

《中华人民共和国民法典》第1165条、第1172条、第1173条（本案适用的是2010年7月1日施行的《中华人民共和国侵权责任法》第6条、第12条、第26条）

《中华人民共和国未成年人保护法》第59条（本案适用的是2012年10月26日修正的《中华人民共和国未成年人保护法》第37条）

最高人民法院指导案例（222 号）

广州德某水产设备科技有限公司诉广州宇某水产科技有限公司、南某水产研究所财产损害赔偿纠纷案

（最高人民法院审判委员会讨论通过　2023 年 12 月 15 日发布）

【关键词】

民事诉讼　财产损害赔偿　未缴纳专利年费　专利权终止　赔偿损失

【裁判要点】

登记的专利权人在专利权权属争议期间负有善意维护专利权效力的义务，因其过错致使专利权终止、无效或者丧失，损害真正权利人合法权益的，构成对真正权利人财产权的侵害，应当承担赔偿损失的民事责任。

【基本案情】

专利号为 ZL200910192778.6、名称为"一种多功能循环水处理设备"发明专利（以下简称涉案专利）的专利权人为南某水产研究所、广州宇某水产科技有限公司（以下简称宇某公司），发明人为姜某平、李某厚、颉某勇。涉案专利申请日为 2009 年 9 月 28 日，授权日为 2012 年 5 月 30 日，因未及时缴费，涉案专利的专利权于 2012 年 9 月 28 日被终止。

广州德某水产设备科技有限公司（以下简称德某公司）认为，姜某平曾是德某公司员工，其离职后成为了宇某公司的股东，李某厚、颉某勇是南某水产研究所的员工。涉案专利是姜某平的职务发明，专利的申请权应该属于德某公司。德某公司曾分别于 2010 年、2011 年就涉案专利申请权纠纷起诉南某水产研究所、宇某公司等，请求判令涉案专利申请权归德某公司所有。涉案专利权因未缴费而终止失效时，相关权属纠纷正在审理中。故德某公司以宇某公司和南某水产研究所故意未缴纳该专利年费，致使该专利权终止失效，给德某公司造成了无法挽回的损失为由诉至法院，请求判令各被告赔偿经济损失及维权合理开支共计 150 万元。

【裁判结果】

广州知识产权法院于 2019 年 7 月 12 日作出（2016）粤 73 民初 803 号民事判决：一、宇某公司、南某水产研究所应于本判决发生法律效力之日起十日内赔偿德某公司经济损失及合理维权费用共 50 万元；二、驳回德某公司的其他诉讼请求。宣判后，宇某公司、南某水产研究所向最高人民法院提起上诉。最高人民法院于 2020 年 4 月 1 日作出（2019）最高法知民终 424 号民事判决，在变更本案案由的基础上，驳回上诉，维持原判。

【裁判理由】

最高人民法院认为：

一、关于本案案由的确定

专利法第十一条第一款规定，发明和实用新型专利权被授予后，除本法另有规定的以外，任何单位或者个人未经专利权人许可，都不得实施其专利，即不得为生产经营目的的制造、使用、许诺销售、销售、进口其专利产品，或者使用其专利方法以及使用、许诺销售、销售、进口依照该专利方法直接获得的产品。根据该规定，侵害发明专利权的行为仅限于以生产经营为目的的制造、使用、许诺销售、销售、进口专利产品的行为和使用专利方法以及使用、许诺销售、销售、进口依照该专利方法直接获得的产品的行为。也即，专利法实行专利侵权行为法定原则，除法律明确规定为侵害专利权的行为外，其他行为即使与专利权有关，也不属于侵害专利权的行为。在登记的专利权人不是专利技术所有人的情况下，如登记的专利权人故意不缴纳专利年费导致专利权终止失效而给专利技术所有人造成经济损失，那么该损失实际上是与该专利技术有关的财产损失。故意不缴纳专利年费导致专利权终止失效的行为应当属于一般侵权行为，该种案件案由可以确定为财产损害赔偿纠纷。本案中，根据德某公司的主张，其认为南某水产研究所、宇某公司将归其所有的职务发明申请专利，之后却故意不缴纳专利年费导致专利权终止失效，致使该技术进入公有领域，失去了专利权的保护，损害了其本应该基于涉案专利获得的市场独占利益，因此德某公司主张的侵权行为不是侵害专利权的行为，其主张的经济损失实际上是与该专利技术有关的财产损失，故本案应当属于财产损害赔偿纠纷，而非侵害发明专利权纠纷。原审判决将本案案由确定为侵害发明专利权纠纷，显属不当，应予纠正。

二、南某水产研究所、宇某公司是否应当对涉案专利权终止失效承担赔偿责任，应否赔偿德某公司 50

万元的经济损失与合理费用

诚实信用原则是民法的基本原则，它要求民事主体在民事活动中恪守诺言，诚实不欺，在不损害他人利益和社会利益的前提下追求自己的利益，从而在当事人之间的利益关系和当事人与社会之间的利益关系中实现平衡，并维持市场道德秩序。专利权是经国家行政审查后授予的有期限的知识产权，其在权利保护期内有效存续需要专利权人持续缴纳专利年费、不主动放弃等。当事人无论基于何种原因对专利申请权、专利权权属发生争议时，基于诚实信用原则，登记的专利权人通常应当负有使已经获得授权的专利权维持有效的善良管理责任，包括持续缴纳专利年费等，因为专利权一旦终止失效，专利技术通常情况下即会进入公有领域，从而使专利技术所有人丧失市场独占利益，损害到专利技术所有人的合法权益。登记的专利权人未尽到该善良管理责任，给专利技术所有人造成损失的，应当负有赔偿责任。本案中，在 2010 年、2011 年德某公司已经两次以专利申请权权属纠纷为由起诉南某水产研究所、宇某公司，尤其是德某公司主张涉案发明是职务发明的第二次诉讼正在进行

的情况下，作为登记的专利权人，南某水产研究所、宇某公司应当负有在涉案专利授权以后维持其持续有效的善良管理责任，包括持续缴纳专利年费，以避免可能给德某公司造成损害。但南某水产研究所、宇某公司却未缴纳专利年费，导致涉案专利权于 2012 年 9 月 28 日被终止失效，侵害了德某公司的合法权益，其显然未尽到善良管理责任，违背了诚实信用原则，应当赔偿因此给德某公司造成的损失。对于赔偿损失的具体数额，本案应当根据涉案专利权终止失效时的市场价格确定具体赔偿数额。鉴于双方均未提供证据证明涉案专利权在终止失效时的市场价格，综合考虑到涉案专利为发明专利、涉案专利权在授权公告当年即被终止失效、南某水产研究所和宇某公司过错严重、德某公司历时较长的维权情况等，即便考虑德某公司也存在一定过失，原审判决确定的经济损失及合理费用共计 50 万元的赔偿也并无不妥。

【相关法条】

《中华人民共和国民法典》第 1165 条、第 1173 条（本案适用的是 2010 年 7 月 1 日施行的《中华人民共和国侵权责任法》第 6 条、第 26 条）

最高人民法院指导案例（207 号）

江苏省南京市人民检察院诉王玉林
生态破坏民事公益诉讼案

（最高人民法院审判委员会讨论通过 2022 年 12 月 30 日发布）

【关键词】

民事 生态破坏民事公益诉讼 非法采矿 生态环境损害 损失整体认定 系统保护修复

【裁判要点】

1. 人民法院审理环境民事公益诉讼案件，应当坚持山水林田湖草沙一体化保护和系统治理。对非法采矿造成的生态环境损害，不仅要对造成山体（矿产资源）的损失进行认定，还要对开采区域的林草、水土、生物资源及其栖息地等生态环境要素的受损情况进行整体认定。

2. 人民法院审理环境民事公益诉讼案件，应当充分重视提高生态环境修复的针对性、有效性，可以在判决侵权人承担生态环境修复费用时，结合生态环境基础修复及生物多样性修复方案，确定修复费用的具体使用方向。

【相关法条】

《中华人民共和国环境保护法》第 64 条

《中华人民共和国民法典》第 1165 条（本案适用的是自 2010 年 7 月 1 日起实施的《中华人民共和国侵权责任法》第 6 条）

【基本案情】

2015 年至 2018 年期间，王玉林违反国家管理矿产资源法律规定，在未取得采矿许可证的情况下，使用机械在南京市浦口区永宁镇老山林场原山林二矿老宕口内、北沿山大道建设施工红线外非法开采泥灰岩、泥页岩等合计十余万吨。南京市浦口区人民检察院以王玉林等人的行为构成非法采矿罪向南京市玄武区人民法院提起公诉。该案审理期间，王玉林已退赔矿石资源款 4455998.6 元。2020 年 3 月、8 月，江苏省环境科学研究院先后出具《"南京市浦口区王玉林等人非法采矿案"生态环境损害评估报告》（以下简称《评估报告》）《"南京市浦口区王玉林等人非法采矿案"生态环境损害（动物类）补充说明》（以下简称《补充说明》）。南京市人民检察院认为，王玉林非法采矿

造成国家矿产资源和生态环境破坏,损害社会公共利益,遂提起本案诉讼,诉请判令王玉林承担生态破坏侵权责任,赔偿生态环境损害修复费用 1893112 元(具体包括:1. 生态资源的损失中林木的直接经济损失 861750 元;2. 生态系统功能受到影响的损失:森林涵养水损失 440233 元;水土流失损失 50850 元;土壤侵蚀损失 81360 元;树木放氧量减少损失 64243 元;鸟类生态价值损失 243122 元;哺乳动物栖息地服务价值损失 18744 元;3. 修复期间生物多样性的价值损失132810 元)以及事务性费用 400000 元,并提出了相应的修复方案。

【裁判结果】

江苏省南京市中级人民法院于 2020 年 12 月 4 日作出(2020)苏 01 民初 798 号民事判决:一、被告王玉林对其非法采矿造成的生态资源损失 1893112 元(已缴纳)承担赔偿责任,其中 1498436 元用于南京市山林二矿生态修复工程及南京市浦口区永宁街道大桥林场路口地质灾害治理工程,394676 元用于上述地区生物多样性的恢复及保护。二、被告王玉林承担损害评估等事务性费用 400000 元(已缴纳),该款项于本判决生效后十日内划转至南京市人民检察院。判决后,南京市人民检察院与王玉林均未上诉,判决已发生法律效力。

【裁判理由】

法院生效裁判认为:非法采矿对生态资源造成复合性危害,在长江沿岸非法露天采矿,不仅造成国家矿产资源损失,还必然造成开采区域生态环境破坏及生态要素损失。环境和生物之间、生物和生物之间协同共生,相互影响、相互依存,形成动态的平衡。一个生态要素的破坏,必然会对整个生态系统的多个要素造成不利影响。非法采矿将直接导致开采区域的植被和土壤破坏,山体损坏影响到林、草蓄积,林、草减少影响到水土涵养,上述生态要素的破坏又直接、间接影响到鸟类和其他动物的栖息环境,造成生态系统的整体破坏及生物多样性的减少,自然要素生态利益的系统损害必将最终影响到人类的生产生活和优美生态环境的实现。被告王玉林违反矿产资源法的规定,未取得采矿许可证即实施非法采矿行为,造成生态环境的破坏,主观存在过错,非法采矿行为与生态环境损害之间具有因果关系,应当依照《中华人民共和国侵权责任法》第六条之规定,对其行为造成的生态环境损害后果承担赔偿责任。

一、关于生态环境损害计算问题

(一)生态资源的经济损失计算合理。非法采矿必将使被开采区域的植被遭到严重破坏,受损山体的修复及自然林地的恢复均需要合理周期,即较长时间才能重新恢复林地的生态服务功能水平,故《评估报告》以具有 20 年生长年限的林地作为参照计算具有一定合理性,《评估报告》制作人关于林木经济损失计算的解释科学,故应对非法采矿行为造成林木经济损失 861750 元依法予以认定。

(二)鸟类生态价值损失计算恰当。森林资源为鸟类提供了栖息地和食物来源,鸟类种群维持着食物链的完整性,保持营养物质循环的顺利进行,栖息地的破坏必然导致林鸟迁徙或者食物链条断裂,一旦食物链的完整性被破坏,必将对整个森林生态系统产生严重的后果。《补充说明》载明,两处非法开采点是林鸟种群的主要栖息地和适宜生境,非法采矿行为造成鸟类栖息地被严重破坏,由此必然产生种子传播收益额及改善土壤收益额的损失。鸟类为种子的主要传播者和捕食者,可携带或者吞食植物种子,有利于生态系统次生林的自然演替;同时,次生林和原始森林系统的良性循环,也同样为鸟类的自然栖息地提供了庇护,对植物种子的传播具有积极意义。《补充说明》制作人从生态系统的完整性和种间生态平衡的角度,对非法采矿行为造成平衡性和生物多样性的破坏等方面对鸟类传播种子损失作出了详细解释,解释科学合理,故对非法采矿造成鸟类生态价值损失 243122 元予以认定。

(三)哺乳动物栖息地服务价值损失客观存在。森林生态系统是陆地生态系统的重要组成部分,同时也是哺乳动物繁衍和生存的主要栖息地之一。哺乳动物不仅对维持生态系统平衡有重要作用,还能够调节植物竞争,维护系统物种多样性以及参与物质和能量循环等,是改变生态系统内部各构件配置的最基本动力。虽然因客观因素无法量化栖息地生态环境损害价值,但非法采矿行为造成山体破坏和植被毁坏,导致哺乳动物过境受到严重影响,哺乳动物栖息地服务价值损失客观存在。结合案涉非法采矿区域位于矿坑宕口及林场路口的实际情况,综合考虑上述区域植被覆盖率以及人类活动影响造成两区域内哺乳动物的种类和数量较少等客观因素,公益诉讼起诉人主张按照其他生态环境损失 1874368 元的 1% 计算哺乳动物栖息地服务价值损失 18744 元具有一定的合理性,应当依法予以支持。

二、关于生态环境修复问题

恢复性司法理念要求受损的生态环境切实得到有效修复,系统保护需要从各个生态要素全方位、全地域、全过程保护,对破坏生态所造成的损失修复,也要从系统的角度对不同生态要素所遭受的实际影响予以综合考量,注重从源头上系统开展生态环境修复,注重自然要素生态利益的有效发挥,对长江流域生态系统提供切实有效的保护。鉴于非法采矿给生态环境造成了严重的破坏,应当采取消除受损山体存在的地质灾害隐患,以及从尽可能恢复其生态环境功能的角度出发,结合经济、社会、人文等实际发展需要进行总体分析判断。

案涉修复方案涵盖了山体修复、植被复种、绿地平整等生态修复治理的多个方面,充分考虑了所在区域生态环境结构的功能定位,体现了强化山水林田湖草沙等各种生态要素协同治理的理念,已经法庭技术顾问论证,结论科学,方法可行。王玉林赔偿的生态环境损失费用中,属于改善受破坏的自然环境状况,恢复和维持生态环境要素正常生态功能发挥范畴的,可用于侵权行为发生地生态修复工程及地质灾害治

理工程使用。本案中生物栖息地也是重要的生态保护和修复目标,生物多样性受到影响的损失即鸟类生态价值损失、哺乳动物栖息地服务价值损失、修复期间生物多样性价值恢复费用属于生物多样性恢复考量范畴,可在基础修复工程完成后,用于侵权行为发生地生物多样性的恢复及保护。

综上,法院最终判决王玉林对其非法采矿造成的生态资源损失承担赔偿责任,并在判决主文中写明了生态修复、地质治理等项目和生物多样性保护等费用使用方向。

最高人民法院指导案例(142 号)

刘明莲、郭丽丽、郭双双诉孙伟、河南兰庭物业管理有限公司信阳分公司生命权纠纷案

(最高人民法院审判委员会讨论通过　2020 年 10 月 9 日发布)

【关键词】

民事　生命权　劝阻　合理限度　自身疾病

【裁判要点】

行为人为了维护因碰撞而受伤害一方的合法权益,劝阻另一方不要离开碰撞现场且没有超过合理限度的,属于合法行为。被劝阻人因自身疾病发生猝死,其近亲属请求行为人承担侵权责任的,人民法院不予支持。

【相关法条】

《中华人民共和国侵权责任法》第 6 条

【基本案情】

2019 年 9 月 23 日 19 时 40 分左右,郭某骑着一辆折叠自行车从博士名城小区南门广场东侧道路出来,向博士名城南门出口骑行,在南门广场与 5 岁儿童罗某相撞,造成罗某右颌受伤出血,倒在地上。带自己孩子在此玩耍的孙伟见此情况后,将罗某扶起,并通过微信语音通话功能与罗某母亲李某 1 联系,但无人接听。孙伟便让身旁的邻居去通知李某 1,并让郭某等待罗某家长前来处理。郭某称是罗某撞了郭某,自己还有事,需要离开。因此,郭某与孙伟发生言语争执。孙伟站在自行车前面阻拦郭某,不让郭某离开。

事发时的第一段视频显示:郭某往前挪动自行车,孙伟站在自行车前方,左手拿手机,右手抓住自行车车把,持续时间约 8 秒后孙伟用右手推车把两下。郭某与孙伟之间争执的主要内容为:郭某对孙伟说,你讲理不?孙伟说,我咋不讲理,我叫你等一会儿。

郭某说,你没事我还有事呢。孙伟说,我说得对不,你撞小孩。郭某说,我还有事呢。孙伟说,你撞小孩,我说你半天。郭某说,是我撞小孩还是小孩撞我?第二段视频显示,孙伟、郭某、博士名城小区保安李某 2、吴某四人均在博士名城小区南门东侧出口从南往北数第二个石墩附近。孙伟左手拿手机,右手放在郭某自行车车把上持续时间约 5 秒左右。李某 2、吴某劝郭某不要骂人,郭某称要拨打 110,此时郭某情绪激动并有骂人的行为。

2019 年 9 月 23 日 19 时 46 分,孙伟拨打 110 报警电话。郭某将自行车停好,坐在博士名城小区南门东侧出口从南往北数第一个石墩上。郭某坐在石墩上不到两分钟即倒在地上。孙伟提交的一段时长 14 秒事发状况视频显示,郭某倒在地上,试图起身;孙伟在操作手机,报告位置。

2019 年 9 月 23 日 19 时 48 分,孙伟拨打 120 急救电话。随后,孙伟将自己孩子送回家,然后返回现场。医护人员赶到现场即对郭某实施抢救。郭某经抢救无效,因心脏骤停死亡。

另,郭某曾于 2019 年 9 月 4 日因"意识不清伴肢体抽搐 1 小时"为主诉入住河南省信阳市中心医院,后被诊断为"右侧脑梗死,继发性癫痫,高血压病 3 级(极高危),2 型糖尿病,脑血管畸形,阵发性心房颤动"。信阳市中心医院就郭某该病症下达病重通知书,显示"虽经医护人员积极救治,但目前患者病情危重,并且病情有可能进一步恶化,随时会危及患者生命"。信阳市中心医院在对郭某治疗期间,在沟通记

录单中记载了郭某可能出现的风险及并发症,其中包含:脑梗塞进展,症状加重;脑疝形成呼吸心跳骤停;恶心心律失常猝死等等。郭某 2019 年 9 月 16 日的病程记录记载:郭某及其家属要求出院,请示上级医师后予以办理。

郭某之妻刘明莲及其女郭丽丽、郭双双提起诉讼,要求孙伟承担侵权的赔偿责任,河南兰庭物业管理有限公司信阳分公司承担管理不善的赔偿责任。

【裁判结果】

河南省信阳市平桥区人民法院于 2019 年 12 月 30 日作出(2019)豫 1503 民初 8878 号民事判决:驳回原告刘明莲、郭丽丽、郭双双的诉讼请求。宣判后,各方当事人均未提出上诉。一审判决已发生法律效力。

【裁判理由】

法院生效裁判认为:本案争议的焦点问题是被告孙伟是否实施了侵权行为;孙伟阻拦郭某离开的行为与郭某死亡的结果之间是否有因果关系;孙伟是否有过错。

第一,郭某骑自行车与年幼的罗某相撞之后,罗某右颌受伤出血并倒在地上。郭某作为事故一方,没有积极理性处理此事,执意离开。对不利于儿童健康、侵犯儿童合法权益的行为,任何组织和个人有权予以阻止或者向有关部门控告。罗某作为未成年人,自我保护能力相对较弱,需要成年人对其予以特别保护。孙伟见到郭某与罗某相撞后,为保护罗某的利益,让郭某等待罗某的母亲前来处理相撞事宜,其行

为符合常理。根据案发当晚博士名城业主群聊天记录中视频的发送时间及孙伟拨打 110、120 的电话记录等证据证实,可以确认孙伟阻拦郭某的时间为 8 分钟左右。在阻拦过程中,虽然孙伟与郭某发生言语争执,但孙伟的言语并不过激。孙伟将手放在郭某的自行车车把上,双方没有发生肢体冲突。孙伟的阻拦方式和内容均在正常限度之内。因此,孙伟的劝阻行为是合法行为,且没有超过合理限度,不具有违法性,应予以肯定与支持。

第二,郭某自身患脑梗、高血压、心脏病、糖尿病、继发性癫痫等多种疾病,事发当月曾在医院就医,事发前一周应其本人及家属要求出院。孙伟阻拦郭某离开,郭某坐在石墩上,倒地后因心脏骤停不幸死亡。郭某死亡,令人惋惜。刘明莲、郭丽丽、郭双双作为死者郭某的近亲属,心情悲痛,提起本案诉讼,可以理解。孙伟的阻拦行为本身不会造成郭某死亡的结果,郭某实际死亡原因为心脏骤停。因此,孙伟的阻拦行为与郭某死亡的后果之间并不存在法律上的因果关系。

第三,虽然孙伟阻拦郭某离开,诱发郭某情绪激动,但是,事发前孙伟与郭某并不认识,不知道郭某身患多种危险疾病。孙伟阻拦郭某的行为目的是保护儿童利益,并不存在侵害郭某的故意或过失。在郭某倒地后,孙伟拨打 120 急救电话予以救助。由此可见,孙伟对郭某的死亡无法预见,其对郭某的死亡后果发生没有过错。

最高人民法院指导案例(206 号)

北京市人民检察院第四分院诉朱清良、朱清涛环境污染民事公益诉讼案

(最高人民法院审判委员会讨论通过 2022 年 12 月 30 日发布)

【关键词】

民事 环境污染民事公益诉讼 土壤污染 生态环境功能损失赔偿 生态环境修复 修复效果评估

【裁判要点】

1. 两个以上侵权人分别实施污染环境、破坏生态行为造成同一损害,每一个侵权人的污染环境、破坏生态行为都不足以造成全部损害,部分侵权人根据修复方案确定的整体修复要求履行全部修复义务后,请求以代其他侵权人支出的修复费用折抵其应当承担的生态环境服务功能损失赔偿金的,人民法院应予支持。

2. 对于侵权人实施的生态环境修复工程,应当进行

修复效果评估。经评估,受损生态环境服务功能已经恢复的,可以认定侵权人已经履行生态环境修复责任。

【相关法条】

《中华人民共和国民法典》第 1167 条、第 1229 条(本案适用的是自 2010 年 7 月 1 日起实施的《中华人民共和国侵权责任法》第 21 条、第 65 条)

【基本案情】

2015 年 10 月至 12 月,朱清良、朱清涛在承包土地内非法开采建筑用砂 89370.8 立方米,价值人民币 4468540 元。经鉴定,朱清良二人非法开采的土地覆被类型为果园,地块内原生土壤丧失,原生态系统被完全破坏,生态系统服务能力严重受损,确认存在生

态环境损害。鉴定机构确定生态环境损害恢复方案为将损害地块恢复为园林地，将地块内缺失土壤进行客土回填，下层回填普通土，表层覆盖60厘米种植土，使地块重新具备果树种植条件。恢复工程费用评估核算为2254578.58元。北京市人民检察院第四分院以朱清良、朱清涛非法开采造成土壤受损、破坏生态环境，损害社会公共利益为由提起环境民事公益诉讼（本案刑事部分另案审理）。

2020年6月24日，朱清良、朱清涛的代理人朱某某签署生态环境修复承诺书，承诺按照生态环境修复方案开展修复工作。修复工程自2020年6月25日开始，至2020年10月15日完成。2020年10月15日，北京市房山区有关单位对该修复工程施工质量进行现场勘验，均认为修复工程依法合规、施工安全有序开展、施工过程中未出现安全性问题、环境污染问题、施工程序、工程质量均符合修复方案要求。施工过程严格按照生态环境修复方案各项具体要求进行，回填土壤质量符合标准，地块修复平整，表层覆盖超过60厘米的种植土，已重新具备果树种植条件。

上述涉案土地内存在无法查明的他人倾倒的21392.1立方米渣土，朱清良、朱清涛在履行修复过程中对该部分渣土进行环境清理支付工程费用75.4万元。

【裁判结果】

北京市第四中级人民法院于2020年12月21日作出（2020）京04民初277号民事判决：一、朱清良、朱清涛对其造成的北京市房山区长阳镇朱岗子村西的14650.95平方米土地生态环境损害承担恢复原状的民事责任，确认朱清良、朱清涛已根据《房山区朱清良等人盗采砂石矿案生态环境损害鉴定评估报告书》确定的修复方案将上述受损生态环境修复到损害发生之前的状态和功能（已履行完毕）。二、朱清良、朱清涛赔偿生态环境受到损害至恢复原状期间的服务功能损失652896.75元；朱清良、朱清涛在履行本判决第一项修复义务时处理涉案地块上建筑垃圾所支付费用754000元折抵其应赔偿的生态环境受到损害至恢复原状期间的服务功能损失652896.75元。三、朱清良、朱清涛于本判决生效之日起七日内给付北京市人民检察院第四分院鉴定费115000元。四、朱清良、朱清涛在一家全国公开发行的媒体上向社会公开赔礼道歉，赔礼道歉的内容及媒体、版面、字体需经本院审核，朱清良、朱清涛应于本判决生效之日起十五日内向本院提交，并于审核通过之日起三十日内刊登，如未履行上述义务，则由本院选择媒体刊登判决主要内容，所需费用由朱清良、朱清涛负担。判决后，双方当事人均未提出上诉。

【裁判理由】

法院生效裁判认为：朱清良、朱清涛非法开采的

行为，造成了生态环境破坏，侵害了不特定多数人的合法权益，损害了社会公共利益，构成环境民事侵权。朱清良、朱清涛作为非法开采行为人，违反了保护环境的法定义务，应对造成的生态环境损害承担民事责任。

一、关于被告对他人倾倒渣土的处理费用能否折抵生态功能损失赔偿费用的问题。从环境法的角度而言，生态环境具有供给服务、调节服务、文化服务以及支持服务等功能。生态环境受损将导致其向公众或其他生态系统提供上述服务的功能减少或丧失。朱清良、朱清涛在其租赁的林果地上非法开采，造成地块土壤受损，属于破坏生态环境、损害社会公共利益的行为，还应赔偿生态环境受到损害至恢复原状期间的服务功能损失。根据鉴定评估报告对生态服务价值损失的评估意见，确定朱清良、朱清涛应承担的服务功能损失赔偿金额为652896.75元。《最高人民法院关于审理环境民事公益诉讼案件适用法律若干问题的解释》第二十四条第一款规定，人民法院判决被告承担的生态环境修复费用、生态环境受到损害至恢复原状期间服务功能损失等款项，应当用于修复被损害的生态环境。故被告人承担的生态环境受到损害至恢复原状期间服务功能损失的款项应当专项用于该案环境修复、治理或异地公共生态环境修复、治理。朱清良、朱清涛对案涉土地进行生态修复时，土地上还存在无法查明的他人倾倒渣土。朱清涛、朱清良非法开采的行为造成受损地块原生土壤丧失、土壤的物理结构变化，而他人倾倒渣土的行为则会造成土壤养分的改变，两个侵权行为叠加造成现在的土壤生态环境损害。为全面及时恢复生态环境，朱清良、朱清涛根据修复方案对涉案地块整体修复的要求，对该环境内所倾倒渣土进行清理并为此实际支出75.4万元，系属于对案涉环境积极的修复、治理，这与法律、司法解释规定的被告承担生态功能损失赔偿责任的目的和效果是一致的。同时，侵权人在承担修复责任的同时，积极采取措施，对他人破坏环境造成的后果予以修复治理，有益于生态环境保护，在修复效果和综合治理上亦更能体现及时优化生态环境的特点。因此，综合两项费用的功能目的以及赔偿费用专项执行的实际效果考虑，朱清良、朱清涛对倾倒渣土环境进行清理的费用可以折抵朱清良、朱清涛需要承担的生态功能损失赔偿费用。

二、关于被告诉讼过程中自行进行生态修复的效果评估问题。朱清良、朱清涛在诉讼过程中主动履行环境修复义务，并于2020年6月25日至10月15日期间按照承诺书载明的生态环境修复方案对案涉地块进行了回填修复。根据《最高人民法院关于审理生态环境损害赔偿案件的若干规定（试行）》第九条规定，负有相关环境资源保护监督管理职责的部门或者

其委托的机构在行政执法过程中形成的事件调查报告、检验报告、监测报告、评估报告、监测数据等，经当事人质证并符合证据标准的，可以作为认定案件事实的根据。本案中，北京市房山区有关单位积极履行环境监督管理职责，对于被告人自行实施的生态修复工程进行过程监督并出具相应的验收意见，符合其职责范围，且具备相应的专业判断能力，有关单位联合出具的验收意见，可以作为认定当事人自行实施的生态修复工程质量符合标准的重要依据。同时，评估机构在此基础上，对修复工程进行了效果评估，确认案涉受损地块内土壤已恢复至基线水平，据此可以认定侵权人已经履行生态环境修复责任。

最高人民法院指导案例(220 号)

嘉兴市中某化工有限责任公司、上海欣某新技术有限公司诉王某集团有限公司、宁波王某科技股份有限公司等侵害技术秘密纠纷案

(最高人民法院审判委员会讨论通过　2023 年 12 月 15 日发布)

【关键词】

民事　侵害技术秘密　使用全部技术秘密　故意侵害技术秘密　损害赔偿数额

【裁判要点】

1. 权利人举证证明被诉侵权人非法获取了完整的产品工艺流程、成套生产设备资料等技术秘密且已实际生产出相同产品的，人民法院可以认定被诉侵权人使用了全部技术秘密，但被诉侵权人提供相反证据足以推翻的除外。

2. 被诉侵权人构成故意侵害技术秘密的，人民法院可以被诉侵权人相关产品销售利润为基础，计算损害赔偿数额；销售利润难以确定的，可以依据权利人相关产品销售价格及销售利润率乘以被诉侵权人相关产品销售数量为基础，计算损害赔偿数额。

【基本案情】

嘉兴市中某化工有限责任公司(以下简称嘉兴中某化工公司)系全球主要的香兰素制造商，具有较强的技术优势。上海欣某新技术有限公司(以下简称上海欣某公司)成立于 1999 年 11 月 5 日，经营范围为生物、化工专业领域内的技术服务、技术咨询、技术开发、技术转让及新产品的研制。2002 年开始嘉兴中某化工公司与上海欣某公司共同研发了乙醛酸法制备香兰素的新工艺，包括缩合、中和、氧化、脱羧等反应过程，还包括愈创木酚、甲苯、氧化铜和乙醇的循环利用过程。嘉兴中某化工公司与上海欣某公司主张的技术秘密包括六个秘密点，上述技术秘密载体为涉及 58 个非标设备的设备图 287 张(包括主图及部件图)、工艺管道及仪表流程图(第三版)25 张。嘉兴中某化

工公司与上海欣某公司之间签订的《技术开发合同》《技术转让合同》《关于企业长期合作的特别合同》均有保密条款的约定。

傅某根自 1991 年进入嘉兴中某化工公司工作，2008 年起担任香兰素车间副主任，主要负责香兰素生产设备维修维护工作。自 2003 年起，嘉兴中某化工公司先后制定了文件控制程序、记录控制程序、食品安全、质量和环境管理手册、设备/设施管理程序等文件。嘉兴中某化工公司就其内部管理规定对员工进行了培训，傅某根于 2007 年参加了管理体系培训、环境管理体系培训、宣传教育培训、贯标培训。2010 年 3 月 25 日，嘉兴中某化工公司制定《档案与信息化管理安全保密制度》。2010 年 4 月起，嘉兴中某化工公司与员工陆续签订保密协议，对商业秘密的范围和员工的保密义务作了约定，傅某根以打算辞职为由拒绝签订保密协议。

王某集团有限公司(以下简称王某集团公司)成立于 1995 年 6 月 8 日，经营范围为食品添加剂山梨酸钾的研发、生产，化工产品(除危险化学品)的制造、销售等，王某军任监事。宁波王某科技股份有限公司(以下简称王某科技公司)成立于 2009 年 10 月 21 日，由王某军与王某集团公司共同出资成立，王某军任法定代表人。宁波王某香精香料有限公司成立于 2015 年 11 月 20 日，由王某科技公司以实物方式出资 8000 万元成立，经营范围为实用香精香料(食品添加剂)的研发、生产等，主要产品为香兰素，王某军任法定代表人。2017 年宁波王某香精香料有限公司企业名称变更为某孚狮王某香料(宁波)有限公司(以下简称某孚狮王某公司)。

2010 年春节前后，冯某义与傅某根、费某良开始商议并寻求香兰素生产技术的交易机会。同年 4 月 12 日，三人前往王某集团公司与王某军洽谈香兰素生产技术合作事宜，以嘉兴市智某工程技术咨询有限公司（以下简称嘉兴智某公司）作为甲方，王某集团公司香兰素分厂作为乙方，签订《香兰素技术合作协议》。同日，王某集团公司向嘉兴智某公司开具 100 万元银行汇票，冯某义通过背书转让后支取 100 万元现金支票，从中支付给傅某根 40 万元、费某良 24 万元。随后，傅某根交给冯某义一个 U 盘，其中存有香兰素生产设备图 200 张、工艺管道及仪表流程图 14 张、主要设备清单等技术资料，冯某义转交给了王某军。同年 4 月 15 日，傅某根向嘉兴中某化工公司提交辞职报告，同年 5 月傅某根从嘉兴中某化工公司离职，随即与冯某义、费某良进入王某科技公司香兰素车间工作。2011 年 3 月 15 日，浙江省宁波市环境保护局批复同意王某科技公司生产香兰素等建设项目环境影响报告书，批准香兰素年产量为 5000 吨。同年 6 月，王某科技公司开始生产香兰素。某孚狮王某公司自成立时起持续使用王某科技公司作为股权出资的香兰素生产设备生产香兰素。

2018 年嘉兴中某化工公司、上海欣某公司向浙江省高级人民法院起诉，认为王某集团公司、王某科技公司、某孚狮王某公司、傅某根、王某军侵害其享有的香兰素技术秘密。

【裁判结果】

浙江省高级人民法院于 2020 年 4 月 24 日作出（2018）浙民初 25 号民事判决：一、王某集团公司、王某科技公司、某孚狮王某公司、傅某根立即停止侵害涉案技术秘密的行为，即停止以不正当手段获取、披露、使用、允许他人使用涉案设备图和工艺管道及仪表流程图记载的技术秘密；该停止侵害的时间持续到涉案技术秘密已为公众所知悉时止。二、王某集团公司、王某科技公司、傅某根自本判决生效之日起十日内连带赔偿嘉兴中某化工公司、上海欣某公司经济损失 300 万元，合理维权费用 50 万元，共计 350 万元；某孚狮王某公司对其中 7% 即 24.5 万元承担连带赔偿责任。三、驳回嘉兴中某化工公司、上海欣某公司的其他诉讼请求。除王某军外，本案各方当事人均不服一审判决，向最高人民法院提出上诉。

最高人民法院于 2021 年 2 月 19 日作出（2020）最高法知民终 1667 号民事判决：一、撤销浙江省高级人民法院（2018）浙民初 25 号民事判决。二、王某集团公司、王某科技公司、某孚狮王某公司、傅某根、王某军立即停止侵害嘉兴中某化工公司、上海欣某公司技术秘密的行为，即停止以不正当手段获取、披露、使用、允许他人使用涉案设备图和工艺管道及仪表流程

图记载的技术秘密，该停止侵害的时间持续到涉案技术秘密为公众所知悉时止。三、王某集团公司、王某科技公司、傅某根、王某军自本判决生效之日起十日内连带赔偿嘉兴中某化工公司、上海欣某公司经济损失 155829455.20 元，合理维权费用 3492216 元，共计 159321671.20 元，某孚狮王某公司对其中 7% 即 11152516.98 元承担连带赔偿责任。四、驳回嘉兴中某化工公司、上海欣某公司的其他诉讼请求。五、驳回王某集团公司、王某科技公司、某孚狮王某公司、傅某根的上诉请求。二审宣判后，王某集团公司、王某科技公司、某孚狮王某公司、傅某根、王某军不服，向最高人民法院申请再审。

最高人民法院于 2021 年 10 月 19 日作出（2021）最高法民申 3890 号民事裁定：驳回王某集团公司、王某科技公司、某孚狮王某公司、傅某根、王某军的再审申请。

【裁判理由】

最高人民法院认为：王某集团公司等被诉侵权人已经实际制造了香兰素产品，故其必然具备制造香兰素产品的完整工艺流程和相应装置设备。嘉兴中某化工公司与上海欣某公司主张的技术秘密包括六个秘密点，涉及 58 个非标设备的设备图 287 张和工艺管道及仪表流程图 25 张。被诉侵权技术信息载体为王某集团公司等被诉侵权人获取的 200 张设备图和 14 张工艺流程图，经比对其中有 184 张设备图与涉案技术秘密中设备图的结构型式、大小尺寸、设计参数、制造要求均相同，设备名称和编号、图纸编号、制图单位等也相同，共涉及 40 个非标设备；有 14 张工艺流程图与嘉兴中某化工公司的工艺管道及仪表流程图的设备位置和连接关系、物料和介质连接关系、控制内容和参数等均相同，其中部分图纸标注的图纸名称、项目名称、设计单位也相同。同时，王某科技公司提供给浙江杭某容器有限公司（以下简称杭某公司）的脱甲苯冷凝器设备图、王某科技公司环境影响报告书附 15 氧化单元氧化工艺流程图虽然未包含在冯某义提交的图纸之内，但均属于涉案技术秘密的范围。鉴于王某科技公司已在设备加工和环评申报中加以使用，可以确定王某科技公司获取了该两份图纸。本案中，涉案技术秘密的载体为 287 张设备图和 25 张工艺管道及仪表流程图，王某集团公司等被诉侵权人非法获取了其中的 185 张设备图和 15 张工艺流程图。考虑到王某集团公司等被诉侵权人获取涉案技术秘密图纸后完全可以做一些针对性的修改，故虽有 4 项与涉案技术秘密中的对应技术信息存在些许差异，但根据本案具体侵权情况，完全可以认定这些差异是因王某集团公司等被诉侵权人在获取涉案技术秘密后进行规避性或者适应性修改所导致，故可以认定这 4 项依然使用了涉案技术秘密。在此基础上，可以进一步认

定王某集团公司等被诉侵权人实际使用了其已经获取的全部185张设备图和15张工艺流程图。具体理由是：第一，香兰素生产设备和工艺流程通常具有配套性，其生产工艺及相关装置相对明确固定，王某集团公司等被诉侵权人已经实际建成香兰素项目生产线并进行规模化生产，故其必然具备制造香兰素产品的完整工艺流程和相应装置设备。第二，王某集团公司等被诉侵权人拒不提供有效证据证明其对香兰素产品的完整工艺流程和相应装置设备进行了研发和试验，且其在极短时间内上马香兰素项目生产线并实际投产，王某科技公司的香兰素生产线从启动到量产仅用了一年左右的时间。与之相比，嘉兴中某化工公司涉案技术秘密从研发到建成生产线至少用了长达四年多的时间。第三，王某集团公司等被诉侵权人未提交有效证据证明其对被诉技术方案及相关设备进行过小试和中试，且其又非法获取了涉案技术图纸，同时王某科技公司的环境影响报告书及其在向杭某公司购买设备的过程中均已使用了其非法获取的设备图和工艺流程图。综合考虑技术秘密案件的特点及本案实际情况，同时结合王某集团公司等被诉侵权人未提交有效相反证据的情况，可以认定王某集团公司等被诉侵权人使用了其非法获取的全部技术秘密。第四，虽然王某集团公司、王某科技公司的香兰素生产工艺流程和相应装置设备与涉案技术秘密在个别地方略有不同，但其未提交证据证明这种不同是基于其自身的技术研发或通过其他正当途径获得的技术成果所致。同时现有证据表明，王某集团公司等被诉侵权人是在获取了涉案技术秘密后才开始组建工厂生产香兰素产品，即其完全可能在获得涉案技术秘密后对照该技术秘密对某些生产工艺或个别配件装置做规避性或者适应性修改。这种修改本身也是实际使用涉案技术秘密的方式之一。综上，认定王某集团公司等被诉侵权人从嘉兴中某化工公司处非法获取的涉案技术秘密，即185张设备图和15张工艺流程图均已被实际使用。

傅某根长期在嘉兴中某化工公司工作，负责香兰素车间设备维修，能够接触到涉案技术秘密。2010年4月12日，冯某义、傅某根等三人前往王某集团公司与王某军洽谈香兰素生产技术合作事宜，迅速达成《香兰素技术合作协议》，约定由冯某义、傅某根等人以香兰素新工艺技术入股王某集团公司香兰素分厂。傅某根根据该协议获得40万元的对价，随后将含有涉案技术秘密的U盘经冯某义转交给王某军。傅某根从嘉兴中某化工公司辞职后即加入王某科技公司，负责香兰素生产线建设，王某科技公司在很短时间内完成香兰素生产线建设并进行工业化生产，全面使用

了嘉兴中某化工公司和上海欣某公司的设备图和工艺流程图。以上事实足以证明傅某根实施了获取及披露涉案技术秘密给王某集团公司、王某科技公司并允许其使用涉案技术秘密的行为。王某集团公司、王某科技公司均系从事香兰素生产销售的企业，与嘉兴中某化工公司具有直接竞争关系，应当知悉傅某根作为嘉兴中某化工公司员工对该公司香兰素生产设备图和工艺流程图并不享有合法权利。但是，王某集团公司仍然通过签订《香兰素技术合作协议》，向傅某根、冯某义等支付报酬的方式，直接获取嘉兴中某化工公司的涉案技术秘密，并披露给王某科技公司使用。王某科技公司雇佣傅某根并使用其非法获取的技术秘密进行生产，之后又通过设备出资方式将涉案技术秘密披露并允许某孚狮王某公司继续使用，以上行为均侵害了嘉兴中某化工公司与上海欣某公司的技术秘密。某孚狮王某公司自成立起持续使用王某科技公司作为技术出资的香兰素生产线，构成侵害涉案技术秘密。

王某集团公司等被诉侵权人非法获取并持续、大量使用商业价值较高的涉案技术秘密，手段恶劣，具有侵权恶意，其行为冲击香兰素全球市场，且王某集团公司等被诉侵权人存在举证妨碍、不诚信诉讼等情节，王某集团公司、王某科技公司、某孚狮王某公司、傅某根拒不执行原审法院的生效行为保全裁定，法院根据上述事实依法决定按照销售利润计算本案侵权损害赔偿数额。由于王某集团公司、王某科技公司及某孚狮王某公司在本案中拒不提交与侵权行为有关的账簿和资料，法院无法直接依据其实际销售数据计算销售利润。考虑到嘉兴中某化工公司香兰素产品的销售价格及销售利润率可以作为确定王某集团公司、王某科技公司及某孚狮王某公司相关销售价格和销售利润率的参考，为严厉惩处恶意侵害技术秘密的行为，充分保护技术秘密权利人的合法利益，人民法院决定以嘉兴中某化工公司香兰素产品2011年至2017年期间的销售利润率来计算本案损害赔偿数额，即以2011年至2017年期间王某集团公司、王某科技公司及某孚狮王某公司生产和销售的香兰素产量乘以嘉兴中某化工公司香兰素产品的销售价格及销售利润率计算赔偿数额。

【相关法条】

1.《中华人民共和国民法典》第1168条（本案适用的是自2010年7月1日起施行的《中华人民共和国侵权责任法》第8条）

2.《中华人民共和国反不正当竞争法》（2019年修正）第9条、第17条（本案适用2017年修订的《中华人民共和国反不正当竞争法》第9条、第17条）

最高人民法院指导案例(130号)

重庆市人民政府、重庆两江志愿服务发展中心诉重庆藏金阁物业管理有限公司、重庆首旭环保科技有限公司生态环境损害赔偿、环境民事公益诉讼案

(最高人民法院审判委员会讨论通过 2019年12月26日发布)

【关键词】

民事 生态环境损害赔偿诉讼 环境民事公益诉讼 委托排污 共同侵权 生态环境修复费用 虚拟治理成本法

【裁判要点】

1. 取得排污许可证的企业,负有确保其排污处理设备正常运行且排放物达到国家和地方排放标准的法定义务,委托其他单位处理的,应当对受托单位履行监管义务;明知受托单位违法排污不予制止甚或提供便利的,应当对环境污染损害承担连带责任。

2. 污染者向水域排污造成生态环境损害,生态环境修复费用难以计算的,可以根据环境保护部门关于生态环境损害鉴定评估有关规定,采用虚拟治理成本法对损害后果进行量化,根据违法排污的污染物种类、排污量及污染源排他性等因素计算生态环境损害量化数额。

【相关法条】

《中华人民共和国侵权责任法》第8条

【基本案情】

重庆藏金阁电镀工业园(又称藏金阁电镀工业中心)位于重庆市江北区港城工业园区内,是该工业园区内唯一的电镀工业园,园区内有若干电镀企业入驻。重庆藏金阁物业管理有限公司(以下简称藏金阁公司)为园区入驻企业提供物业管理服务,并负责处理企业产生的废水。藏金阁公司领取了排放污染物许可证,并拥有废水处理的设施设备。2013年12月5日,藏金阁公司与重庆首旭环保科技有限公司(以下简称首旭公司)签订为期4年的《电镀废水处理委托运行承包管理运行协议》(以下简称《委托运行协议》),首旭公司承接藏金阁电镀工业中心废水处理项目,该电镀工业中心的废水由藏金阁公司交给首旭公司使用藏金阁公司所有的废水处理设备进行处理。2016年4月21日,重庆市环境监察总队执法人员在对藏金阁公司的废水处理站进行现场检查时,发现废水处理站中两个总铬反应器和一个综合反应器设施均未运行,生产废水未经处理便排入外环境。2016年4月22日至26日期间,经执法人员采样监测分析发现外排废水重金属超标,违法排放废水总铬浓度为55.5mg/L,总锌浓度为 2.85x102mg/L,总铜浓度为27.2mg/L,总镍浓度为41mg/L,分别超过《电镀污染物排放标准》(GB21900-2008)的规定标准54.5倍、189倍、53.4倍、81倍,对生态环境造成严重影响和损害。2016年5月4日,执法人员再次进行现场检查,发现藏金阁废水处理站1号综合废水调节池的含重金属废水通过池壁上的120mm口径管网未经正常处理直接排放至外环境并流入港城园区市政管网再进入长江。经监测,1号池内渗漏的废水中六价铬浓度为6.10mg/L,总铬浓度为10.9mg/L,分别超过国家标准29.5倍、9.9倍。从2014年9月1日至2016年5月5日违法排放废水量共计145624吨。还查明,2014年8月,藏金阁公司将原废酸收集池改造为1号综合废水调节池,传送废水也由地下管网改为高空管网作业。该池池壁上原有110mm和120mm口径管网各一根,改造时只封闭了110mm口径管网,而未封闭120mm口径管网,该未封闭管网系埋于地下的暗管。首旭公司自2014年9月起,在明知池中有一根120mm管网可以连通外环境的情况下,仍然一直利用该管网将未经处理的含重金属废水直接排放至外环境。

受重庆市人民政府委托,重庆市环境科学研究院对藏金阁公司和首旭公司违法排放超标废水造成生态环境损害进行鉴定评估,并于2017年4月出具《鉴定评估报告书》。该评估报告载明:本事件污染行为明确,污染物迁移路径合理,污染源与违法排放至外环境的废水中污染物具有同源性,且污染源具有排他性。污染行为发生持续时间为2014年9月1日至2016年5月5日,违法排放废水共计145624吨,其主要污染因子为六价铬、总铬、总锌、总镍等,对长江水体造成严重损害。《鉴定评估报告书》采用《生态环境损害鉴定评估技术指南总纲》《环境损害鉴定评估推荐方法(第Ⅱ版)》推荐的虚拟治理成本法对生态环境

损害进行量化,按 22 元/吨的实际治理费用作为单位虚拟治理成本,再乘以违法排放废水数量,计算出虚拟治理成本为 320.3728 万元。违法排放废水点为长江干流主城区段水域,适用功能类别属Ⅲ类水体,根据虚拟治理成本法的"污染修复费用的确定原则"Ⅲ类水体的倍数范围为虚拟治理成本的 4.5~6 倍,本次评估选取最低倍数 4.5 倍,最终评估出二被告违法排放废水造成的生态环境污染损害量化数额为 1441.6776 万元(即 320.3728 万元×4.5 = 1441.6776 万元)。重庆市环境科学研究院是环境保护部《关于印发〈环境损害鉴定评估推荐机构名录(第一批)〉的通知》中确认的鉴定评估机构。

2016 年 6 月 30 日,重庆市环境监察总队以藏金阁公司从 2014 年 9 月 1 日至 2016 年 5 月 5 日通过 1 号综合调节池内的 120mm 口径管将含重金属废水未经废水处理站总排口便直接排入港城园区市政废水管网进入长江为由,作出行政处罚决定,对藏金阁公司罚款 580.72 万元。藏金阁公司不服申请行政复议,重庆市环境保护局作出维持行政处罚决定的复议决定。后藏金阁公司诉至重庆市渝北区人民法院,要求撤销行政处罚决定和行政复议决定。重庆市渝北区人民法院于 2017 年 2 月 28 日作出(2016)渝 0112 行初 324 号行政判决,驳回藏金阁公司的诉讼请求。判决后,藏金阁公司未提起上诉,该判决发生法律效力。

2016 年 11 月 28 日,重庆市渝北区人民检察院向重庆市渝北区人民法院提起公诉,指控首旭公司、程龙(首旭公司法定代表人)等构成污染环境罪,应依法追究刑事责任。重庆市渝北区人民法院于 2016 年 12 月 29 日作出(2016)渝 0112 刑初 1615 号刑事判决,判决首旭公司、程龙等人构成污染环境罪。判决后,未提起抗诉和上诉,该判决发生法律效力。

【裁判结果】

重庆市第一中级人民法院于 2017 年 12 月 22 日作出(2017)渝 01 民初 773 号民事判决:一、被告重庆藏金阁物业管理有限公司和被告重庆首旭环保科技有限公司连带赔偿生态环境修复费用 1441.6776 万元,于本判决生效后十日内交付至重庆市财政局专用账户,由原告重庆市人民政府及其指定的部门和原告重庆两江志愿服务发展中心结合本区域生态环境损害情况用于开展替代修复;二、被告重庆藏金阁物业管理有限公司和被告重庆首旭环保科技有限公司于本判决生效后十日内,在省级或以上媒体向社会公开赔礼道歉;三、被告重庆藏金阁物业管理有限公司和被告重庆首旭环保科技有限公司在本判决生效后十日内给付原告重庆市人民政府鉴定费 5 万元,律师费 19.8 万元;四、被告重庆藏金阁物业管理有限公司和

被告重庆首旭环保科技有限公司在本判决生效后十日内给付原告重庆两江志愿服务发展中心律师费 8 万元;五、驳回原告重庆市人民政府和原告重庆两江志愿服务发展中心其他诉讼请求。判决后,各方当事人在法定期限内均未提出上诉,判决发生法律效力。

【裁判理由】

法院生效裁判认为,重庆市人民政府依据《生态环境损害赔偿制度改革试点方案》规定,有权提起生态环境损害赔偿诉讼,重庆两江志愿服务发展中心具备合法的环境公益诉讼主体资格,二原告基于不同的规定而享有各自的诉权,均应依法予以保护。鉴于两案原告基于同一污染事实与相同被告提起诉讼,诉讼请求基本相同,故将两案合并审理。

本案的争议焦点为:

一、关于《鉴定评估报告书》认定的污染物种类、污染源排他性、违法排放废水计量以及损害量化数额是否准确

首先,关于《鉴定评估报告书》认定的污染物种类、污染源排他性和违法排放废水计量是否准确的问题。污染物种类、污染源排他性及违法排放废水计量均已被(2016)渝 0112 行初 324 号行政判决直接或者间接确认,本案中二被告并未提供相反证据来推翻原判决,故对《鉴定评估报告书》依据的上述环境污染事实予以确认。具体而言,一是关于污染物种类的问题。除了生效刑事判决所认定的总铬和六价铬之外,二被告违法排放的废水中还含有重金属物质如总锌、总镍等,该事实得到了江北区环境监测站、重庆市环境监测中心出具的环境监测报告以及(2016)渝 0112 行初 324 号生效行政判决的确认,也得到了首旭公司法定代表人程龙在调查询问中的确认。二是关于污染源排他性的问题。二被告辩称,江北区环境监测站出具的江环(监)字[2016]第 JD009 号分析报告单确定的取样点 W4、W6 位置高于藏金阁废水处理站,因而该两处检出污染物超标不可能由二被告的行为所致。由于被污染水域具有流动性的特征和自净功能,水质得到一定程度的恢复,鉴定机构在鉴定时客观上已无法再在废水处理站周围提取到违法排放废水行为持续时所流出的废水样本,故只能依据环境行政执法部门在查处二被告违法行为时通过取样所固定的违法排放废水样本进行鉴定。在对藏金阁废水处理情况进行环保执法的过程中,先后在多个取样点进行过数次监测取样,除江环(监)字[2016]第 JD009 号分析报告单以外,江北区环境监测站与重庆市环境监测中心还出具了数份监测报告,重庆市环境监察总队的行政处罚决定和重庆市环境保护局的复议决定是在对上述监测报告进行综合评定的基础上作出的,并非单独依据其中一份分析报告书或者监测报告作出。

环保部门在整个行政执法包括取样等前期执法过程中,其行为的合法性和合理性已经得到了生效行政判决的确认。同时,上述监测分析结果显示废水中的污染物系电镀行业排放的重金属废水,在案证据证实涉案区域唯有藏金阁一家电镀工业园,而且环境监测结果与藏金阁废水处理站违法排放废水种类一致,以上事实证明上述取水点排出的废水来源仅可能来自于藏金阁废水处理站,故可以认定污染物来源具有排他性。三是关于违法排污计量的问题。根据生效刑事判决和行政判决的确认,并结合行政执法过程中的调查询问笔录,可以认定铬调节池的废水进入 1 号综合废水调节池,利用 1 号池安装的 120mm 口径管网将含重金属的废水直接排入外环境并进入市政管网这一基本事实。经庭审查明,《鉴定评估报告书》综合证据,采用用水总量减去消耗量、污泥含水量、在线排水量、节假日排水量的方式计算出违法排放废水量,其所依据的证据和事实或者已得到被告方认可或生效判决确认,或者相关行政行为已通过行政诉讼程序的合法性审查,其所采用的计量方法具有科学性和合理性。综上,藏金阁公司和首旭公司提出的污染物种类、违法排放废水量和污染源排他性认定有误的异议不能成立。

其次,关于《鉴定评估报告书》认定的损害量化数额是否准确的问题。原告方委托重庆市环境科学研究院就本案的生态环境损害进行鉴定评估并出具了《鉴定评估报告书》,该报告确定二被告违法排污造成的生态环境损害量化数额为 1441.6776 万元。经查,重庆市环境科学研究院是环境保护部《关于印发〈环境损害鉴定评估推荐机构名录(第一批)〉的通知》中确立的鉴定评估机构,委托其进行本案的生态环境损害鉴定评估符合司法解释之规定,其具备相应鉴定资格。根据环境保护部组织制定的《生态环境损害鉴定评估技术指南总纲》《环境损害鉴定评估推荐方法(第 II 版)》,鉴定评估可以采用虚拟治理成本法对事件造成的生态环境损害进行量化,量化结果可以作为生态环境损害赔偿的依据。鉴于本案违法排污行为持续时间长、违法排放数量大,且长江水体处于流动状态,难以直接计算生态环境修复费用,故《鉴定评估报告书》采用虚拟治理成本法对损害结果进行量化并无不当。《鉴定评估报告书》将 22 元/吨确定为单位实际治理费用,系根据重庆市环境监察总队现场核查藏金阁公司财务凭证,并结合对藏金阁公司法定代表人孙启良的调查询问笔录而确定。《鉴定评估报告书》根据《环境损害鉴定评估推荐方法(第 II 版)》,Ⅲ类地表水污染修复费用的确定原则为虚拟治理成本的 4.5-6 倍,结合本案污染事实,取最小倍数即 4.5 倍计算得出损害量化数额为 320.3728 万元×4.5 = 1441.6776

万元,亦无不当。

综上所述,《鉴定评估报告书》的鉴定机构和鉴定评估人资质合格,鉴定评估委托程序合法,鉴定评估项目负责人亦应法庭要求出庭接受质询,鉴定评估所依据的事实有生效法律文书支撑,采用的计算方法和结论科学有据,故对《鉴定评估报告书》及所依据的相关证据予以采信。

二、关于藏金阁公司与首旭公司是否构成共同侵权

首旭公司是明知 1 号废水调节池池壁上存在 120mm 口径管网并故意利用其违法排污的直接实施主体,其理应对损害后果承担赔偿责任,对此应无疑义。本争议焦点的核心问题在于如何评价藏金阁公司的行为,其与首旭公司是否构成共同侵权。法院认为,藏金阁公司与首旭公司构成共同侵权,应当承担连带责任。

第一,我国实行排污许可制,该制度是国家对排污者进行有效管理的手段,取得排污许可证的企业即是排污单位,负有依法排污的义务,否则将承担相应法律责任。藏金阁公司持有排污许可证,必须确保按照许可证的规定和要求排放。藏金阁公司以委托运行协议的形式将废水处理交由专门从事环境治理业务(含工业废水运营)的首旭公司作业,该行为并不为法律所禁止。但是,无论是自行排放还是委托他人排放,藏金阁公司都必须确保其废水处理站正常运行,并确保排放物达到国家和地方排放标准,这是取得排污许可证企业的法定责任,该责任不能通过民事约定来解除。申言之,藏金阁公司作为排污主体,具有监督首旭公司合法排污的法定责任,依照《委托运行协议》其也具有监督首旭公司日常排污情况的义务,本案违法排污行为持续了 1 年 8 个月的时间,藏金阁公司显然未尽监管义务。

第二,无论是作为排污设备产权人和排污主体的法定责任,还是按照双方协议约定,藏金阁公司均应确保废水处理设施设备正常、完好。2014 年 8 月藏金阁公司将废酸池改造为 1 号废水调节池并将地下管网改为高空管网作业时,未按照正常处理方式对池中的 120mm 口径暗管进行封闭,藏金阁公司亦未举证证明不封闭暗管的合理合法性,而首旭公司正是通过该暗管实施违法排放,也就是说,藏金阁公司明知为首旭公司提供的废水处理设备留有可以实施违法排放的管网,据此可以认定其具有违法故意,且客观上为违法排放行为的完成提供了条件。

第三,待处理的废水是由藏金阁公司提供给首旭公司的,那么藏金阁公司知道需处理的废水数量,同时藏金阁公司作为排污主体,负责向环保部门缴纳排污费,其也知道合法排放的废水数量,加之作为物业

管理部门,其对于园区企业产生的实际用水量亦是清楚的,而这几个数据结合起来,即可确知违法排放行为的存在,因此可以认定藏金阁公司知道首旭公司在实施违法排污行为,但其却放任首旭公司违法排放废水,同时还继续将废水交由首旭公司处理,可以视为其与首旭公司形成了默契,具有共同侵权的故意,并共同造成了污染后果。

第四,环境侵权案件具有侵害方式的复合性、侵害过程的复杂性、侵害后果的隐蔽性和长期性,其证

明难度尤其是对于排污企业违法排污主观故意的证明难度较高,且本案又涉及到对环境公益的侵害,故应充分考虑到此类案件的特殊性,通过准确把握举证证明责任和归责原则来避免责任逃避和公益受损。综上,根据本案事实和证据,藏金阁公司与首旭公司构成环境污染共同侵权的证据已达到高度盖然性的民事证明标准,应当认定藏金阁公司和首旭公司对于违法排污存在主观上的共同故意和客观上的共同行为,二被告构成共同侵权,应承担连带责任。

最高人民法院指导案例(19号)

赵春明等诉烟台市福山区汽车运输公司、卫德平等机动车交通事故责任纠纷案

(最高人民法院审判委员会讨论通过　2013年11月8日发布)

【关键词】

民事　机动车交通事故　责任　套牌　连带责任

【裁判要点】

机动车所有人或者管理人将机动车号牌出借他人套牌使用,或者明知他人套牌使用其机动车号牌不予制止,套牌机动车发生交通事故造成他人损害的,机动车所有人或者管理人应当与套牌机动车所有人或者管理人承担连带责任。

【相关法条】

《中华人民共和国侵权责任法》第8条

《中华人民共和国道路交通安全法》第16条

【基本案情】

2008年11月25日5时30分许,被告林则东驾驶套牌的鲁F41703货车在同三高速公路某段行驶时,与同向行驶的被告周亚平驾驶的客车相撞,两车冲下路基,客车翻滚致车内乘客冯永菊当场死亡。经交警部门认定,货车司机林则东负主要责任,客车司机周亚平负次要责任,冯永菊不负事故责任。原告赵春明、赵某某、冯某某、侯某某分别系死者冯永菊的丈夫、儿子、父亲和母亲。

鲁F41703号牌在车辆管理部门登记的货车并非肇事货车,该号牌登记货车的所有人系被告烟台市福山区汽车运输公司(以下简称福山公司),实际所有人系被告卫德平,该货车在被告永安财产保险股份有限公司烟台中心支公司(以下简称永安保险公司)投保机动车第三者责任强制保险。

套牌使用鲁F41703号牌的货车(肇事货车)实际

所有人为被告卫广辉,林则东系卫广辉雇佣的司机。据车辆管理部门登记信息反映,鲁F41703号牌登记货车自2004年4月26日至2008年7月2日,先后15次被以损坏或灭失为由申请补领号牌和行驶证。2007年8月23日卫广辉申请补领行驶证的申请表上有福山公司的签章。事发后,福山公司曾派人到交警部门处理相关事宜。审理中,卫广辉表示,卫德平对套牌事宜知情并收取套牌费,事发后卫广辉还向卫德平借用鲁F41703号牌登记货车的保单去处理事故,保单仍在卫广辉处。

发生事故的客车的登记所有人系被告朱荣明,但该车辆几经转手,现实际所有人系周亚平,朱荣明对该客车既不支配也未从该车运营中获益。被告上海腾飞建设工程有限公司(以下简称腾飞公司)系周亚平的雇主,但事发时周亚平并非履行职务。该客车在中国人民财产保险股份有限公司上海市分公司(以下简称人保公司)投保了机动车第三者责任强制保险。

【裁判结果】

上海市宝山区人民法院于2010年5月18日作出(2009)宝民一(民)初字第1128号民事判决:一、被告卫广辉、林则东赔偿四原告丧葬费、精神损害抚慰金、死亡赔偿金、交通费、误工费、住宿费、被扶养人生活费和律师费共计396863元;二、被告周亚平赔偿四原告丧葬费、精神损害抚慰金、死亡赔偿金、交通费、误工费、住宿费、被扶养人生活费和律师费共计170084元;三、被告福山公司、卫德平对上述判决主文第一项的赔偿义务承担连带责任;被告卫广辉、林则东、周亚

平对上述判决主文第一、二项的赔偿义务互负连带责任;四、驳回四原告的其余诉讼请求。宣判后,卫德平提起上诉。上海市第二中级人民法院于 2010 年 8 月 5 日作出(2010)沪二中民一(民)终字第 1353 号民事判决:驳回上诉,维持原判。

【裁判理由】

法院生效裁判认为:根据本案交通事故责任认定,肇事货车司机林则东负事故主要责任,而卫广辉是肇事货车的实际所有人,也是林则东的雇主,故卫广辉和林则东应就本案事故损失连带承担主要赔偿责任。永安保险公司承保的鲁 F41703 货车并非实际肇事货车,其也不知道鲁 F41703 机动车号牌被肇事货车套牌,故永安保险公司对本案事故不承担赔偿责任。根据交通事故责任认定,本案客车司机周亚平对事故负次要责任,周亚平也是该客车的实际所有人,故周亚平应对本案事故损失承担次要赔偿责任。朱荣明虽系该客车的登记所有人,但该客车已几经转手,朱荣明既不支配该车,也未从该车运营中获益,故其对本案事故不承担责任。周亚平虽受雇于腾飞公司,但本案事发时周亚平并非在为腾飞公司履行职务,故腾飞公司对本案亦不承担责任。至于承保该客

车的人保公司,因死者冯永菊系车内人员,依法不适用机动车交通事故责任强制保险,故人保公司对本案不承担责任。另,卫广辉和林则东一方、周亚平一方虽各自应承担的责任比例有所不同,但车祸的发生系两方的共同侵权行为所致,故卫广辉、林则东对于周亚平的应负责任份额、周亚平对于卫广辉、林则东的应负责任份额,均应互负连带责任。

鲁 F41703 货车的登记所有人福山公司和实际所有人卫德平,明知卫广辉等人套用自己的机动车号牌而不予阻止,且提供方便,纵容套牌货车在公路上行驶,福山公司与卫德平的行为已属于出借机动车号牌给他人使用的情形,该行为违反了《中华人民共和国道路交通安全法》等有关机动车管理的法律规定。将机动车号牌出借他人套牌使用,将会纵容不符合安全技术标准的机动车通过套牌在道路上行驶,增加道路交通的危险性,危及公共安全。套牌机动车发生交通事故造成损害,号牌出借人同样存在过错,对于肇事的套牌车一方应负的赔偿责任,号牌出借人应当承担连带责任。故福山公司和卫德平应对卫广辉与林则东一方的赔偿责任份额承担连带责任。

最高人民法院指导案例(24 号)

荣宝英诉王阳、永诚财产保险股份有限公司江阴支公司机动车交通事故责任纠纷案

(最高人民法院审判委员会讨论通过 2014 年 1 月 26 日发布)

【关键词】

民事 交通事故 过错责任

【裁判要点】

交通事故的受害人没有过错,其体质状况对损害后果的影响不属于可以减轻侵权人责任的法定情形。

【相关法条】

《中华人民共和国侵权责任法》第 26 条

《中华人民共和国道路交通安全法》第 76 条第 1 款第 2 项

【基本案情】

原告荣宝英诉称:被告王阳驾驶轿车与其发生刮擦,致其受伤。该事故经江苏省无锡市公安局交通巡逻警察支队滨湖大队(简称滨湖交警大队)认定:王阳负事故的全部责任,荣宝英无责。原告要求下述两被告赔偿医疗费用 30006 元、住院伙食补助费 414 元、营养费 1620 元、残疾赔偿金 27658.05 元、护理费 6000 元、交通费 800 元、精神损害抚慰金 10500 元,并承担

本案诉讼费用及鉴定费用。

被告永诚财产保险股份有限公司江阴支公司(简称永诚保险公司)辩称:对于事故经过及责任认定没有异议,其愿意在交强险限额范围内予以赔偿;对于医疗费用 30006 元、住院伙食补助费 414 元没有异议;因鉴定意见结论中载明"损伤参与度评定为 75%,其个人体质的因素占 25%",故确定残疾赔偿金应当乘以损伤参与度系数 0.75,认可 20743.54 元;对于营养费认可 1350 元,护理费认可 3300 元,交通费认可 400 元,鉴定费用不予承担。

被告王阳辩称:对于事故经过及责任认定没有异议,原告的损失应当由永诚保险公司在交强险限额范围内优先予以赔偿;鉴定费用请求法院依法判决,其余各项费用同意保险公司意见;其已向原告赔偿 20000 元。

法院经审理查明:2012 年 2 月 10 日 14 时 45 分许,王阳驾驶号牌为苏 MT1888 的轿车,沿江苏省无锡

市滨湖区蠡湖大道由北往南行驶至蠡湖大道大通路口人行横道线时，碰擦行人荣宝英致其受伤。2月11日，滨湖交警大队作出《道路交通事故认定书》，认定王阳负事故的全部责任，荣宝英无责。事故发生当天，荣宝英即被送往医院治疗，发生医疗费用30006元，王阳垫付20000元。荣宝英治疗恢复期间，以每月2200元聘请一名家政服务人员。号牌苏MT1888轿车在永诚保险公司投保了机动车交通事故责任强制保险，保险期间为2011年8月17日0时起至2012年8月16日24时止。原、被告一致确认荣宝英的医疗费用为30006元、住院伙食补助费为414元、精神损害抚慰金为10500元。

荣宝英申请并经无锡市中西医结合医院司法鉴定所鉴定，结论为：1. 荣宝英左桡骨远端骨折的伤残等级评定为十级；左下肢损伤的伤残等级评定为九级。损伤参与度评定为75%，其个人体质的因素占25%。2. 荣宝英的误工期评定为150日，护理期评定为60日，营养期评定为90日。一审法院据此确认残疾赔偿金27658.05元扣减25%为20743.54元。

【裁判结果】

江苏省无锡市滨湖区人民法院于2013年2月8日作出(2012)锡滨民初字第1138号判决：一、被告永诚保险公司于本判决生效后十日内赔偿荣宝英医疗费用、住院伙食补助费、营养费、残疾赔偿金、护理费、交通费、精神损害抚慰金共计45343.54元。二、被告王阳于本判决生效后十日内赔偿荣宝英医疗费用、住院伙食补助费、营养费、鉴定费共计4040元。三、驳回原告荣宝英的其他诉讼请求。宣判后，荣宝英向江苏省无锡市中级人民法院提出上诉。无锡市中级人民法院经审理于2013年6月21日以原审适用法律错误为由作出(2013)锡民终字第497号民事判决：一、撤销无锡市滨湖区人民法院(2012)锡滨民初字第1138号民事判决；二、被告永诚保险公司于本判决生效后十日内赔偿荣宝英52258.05元。三、被告王阳于本判决生效后十日内赔偿荣宝英4040元。四、驳回原告荣宝英的其他诉讼请求。

【裁判理由】

法院生效裁判认为，《中华人民共和国侵权责任法》第二十六条规定："被侵权人对损害的发生也有过错的，可以减轻侵权人的责任。"《中华人民共和国道路交通安全法》第七十六条第一款第(二)项规定，

机动车与非机动车驾驶人、行人之间发生交通事故，非机动车驾驶人、行人没有过错的，由机动车一方承担赔偿责任；有证据证明非机动车驾驶人、行人有过错的，根据过错程度适当减轻机动车一方的赔偿责任。因此，交通事故中在计算残疾赔偿金是否应当扣减时应当根据受害人对损失的发生或扩大是否存在过错进行分析。本案中，虽然原告荣宝英的个人体质状况对损害后果的发生具有一定的影响，但这不是侵权责任法等法律规定的过错，荣宝英不应因个人体质状况对交通事故导致的伤残存在一定影响而自负相应责任，原审判决以伤残等级鉴定结论中将荣宝英个人体质状况"损伤参与度评定为75%"为由，在计算残疾赔偿金时作相应扣减属适用法律错误，应予纠正。

从交通事故受害人发生损伤及造成损害后果的因果关系看，本起交通事故的引发系肇事者王阳驾驶机动车穿越人行横道线时，未尽到安全注意义务碰擦行人荣宝英所致；本起交通事故造成的损害后果系受害人荣宝英被机动车碰撞、跌倒发生骨折所致，事故责任认定荣宝英对本起事故不负责任，其对事故的发生及损害后果的造成均无过错。虽然荣宝英年事已高，但其年老骨质疏松仅是事故造成后果的客观因素，并无法律上的因果关系。因此，受害人荣宝英对于损害的发生或者扩大没有过错，不存在减轻或者免除加害人赔偿责任的法定情形。同时，机动车应当遵守文明行车、礼让行人的一般交通规则和社会公德。本案所涉事故发生在人行横道线上，正常行走的荣宝英对将被机动车碰撞这一事件无法预见，而王阳驾驶机动车在路经人行横道线时未依法减速慢行、避让行人，导致事故发生。因此，依法应当由机动车一方承担事故引发的全部赔偿责任。

根据我国道路交通安全法的相关规定，机动车发生交通事故造成人身伤亡、财产损失的，由保险公司在机动车第三者责任强制保险责任限额范围内予以赔偿。而我国交强险立法并未规定在确定交强险责任时应依据受害人体质状况对损害后果的影响作相应扣减，保险公司的免责事由也仅限于受害人故意造成交通事故的情形，即便是投保机动车无责，保险公司也应在交强险无责限额内予以赔偿。因此，对于受害人符合法律规定的赔偿项目和标准的损失，均属交强险的赔偿范围，参照"损伤参与度"确定损害赔偿责任和交强险责任均没有法律依据。

最高人民法院指导案例（83 号）

威海嘉易烤生活家电有限公司诉永康市金仕德工贸有限公司、浙江天猫网络有限公司侵害发明专利权纠纷案

（最高人民法院审判委员会讨论通过 2017 年 3 月 6 日发布）

【关键词】

民事 侵害发明专利权 有效通知 必要措施 网络服务提供者 连带责任

【裁判要点】

1. 网络用户利用网络服务实施侵权行为，被侵权人依据侵权责任法向网络服务提供者所发出的要求其采取必要措施的通知，包含被侵权人身份情况、权属凭证、侵权人网络地址、侵权事实初步证据等内容的，即属有效通知。网络服务提供者自行设定的投诉规则，不得影响权利人依法维护其自身合法权利。

2. 侵权责任法第三十六条第二款所规定的网络服务提供者接到通知后所应采取的必要措施包括但并不限于删除、屏蔽、断开链接。"必要措施"应遵循审慎、合理的原则，根据所侵害权利的性质、侵权的具体情形和技术条件等来加以综合确定。

【相关法条】

《中华人民共和国侵权责任法》第 36 条

【基本案情】

原告威海嘉易烤生活家电有限公司（以下简称嘉易烤公司）诉称：永康市金仕德工贸有限公司（以下简称金仕德公司）未经其许可，在天猫商城等网络平台上宣传并销售侵害其 ZL200980000002.8 号专利权的产品，构成专利侵权；浙江天猫网络有限公司（以下简称天猫公司）在嘉易烤公司投诉金仕德公司侵权行为的情况下，未采取有效措施，应与金仕德公司共同承担侵权责任。请求判令：1. 金仕德公司立即停止销售被诉侵权产品；2. 金仕德公司立即销毁库存的被诉侵权产品；3. 天猫公司撤销金仕德公司在天猫平台上所有的侵权产品链接；4. 金仕德公司、天猫公司连带赔偿嘉易烤公司 50 万元；5. 本案诉讼费用由金仕德公司、天猫公司承担。

金仕德公司答辩称：其只是卖家，并不是生产厂家，嘉易烤公司索赔数额过高。

天猫公司答辩称：1. 其作为交易平台，并不是生产销售侵权产品的主要经营方或者销售方；2. 涉案产品是否侵权不能确定；3. 涉案产品是否使用在先也不能确定；4. 在不能证明其为侵权方的情况下，由其连带赔偿 50 万元缺乏事实和法律依据，且其公司业已删除了涉案产品的链接，嘉易烤公司关于撤销金仕德公司在天猫平台上所有侵权产品链接的诉讼请求亦不能成立。

法院经审理查明：2009 年 1 月 16 日，嘉易烤公司及其法定代表人李琏熙共同向国家知识产权局申请了名称为"红外线加热烹调装置"的发明专利，并于 2014 年 11 月 5 日获得授权，专利号为 ZL200980000002.8。该发明专利的权利要求书记载："1. 一种红外线加热烹调装置，其特征在于，该红外线加热烹调装置包括：托架，在其上部中央设有轴孔，且在其一侧设有控制电源的开关；受红外线照射就会被加热的旋转盘，作为在其上面可以盛食物的圆盘形容器，在其下部中央设有可拆装的插入到上述轴孔中的突起；支架，在上述托架的一侧纵向设置；红外线照射部，其设在上述支架的上端，被施加电源就会朝上述旋转盘照射红外线；上述托架上还设有能够从内侧拉出的接油盘；在上述旋转盘的突起上设有轴向的排油孔。"2015 年 1 月 26 日，涉案发明专利的专利权人变更为嘉易烤公司。涉案专利年费缴纳至 2016 年 1 月 15 日。

2015 年 1 月 29 日，嘉易烤公司的委托代理机构北京商专律师事务所向北京市海诚公证处申请证据保全公证，其委托代理人王永先、时寅在公证处监督下，操作计算机登入天猫网（网址为 http://www.tmall.com），在一家名为"益心康旗舰店"的网上店铺购买了售价为 388 元的 3D 烧烤炉，并拷贝了该网店经营者的营业执照信息。同年 2 月 4 日，时寅在公证处监督下接收了寄件人名称为"益心康旗舰店"的快递包裹一个，内有韩文包装的 3D 烧烤炉及赠品、手写收据联和中文使用说明书、保修卡。公证员对整个证据保全过程进行了公证并制作了（2015）京海诚内民证字第 01494 号公证书。同年 2 月 10 日，嘉易烤公司委托案外人张一军向淘宝网知识产权保护平台上传了包含专利侵权分析报告和技术特征比对表在内的投诉材料，但淘宝网最终没有审核通过。同年 5 月 5 日，天猫公司向浙江省杭州市钱塘公证处申请证据保全公证，由其代理人刁曼丽在公证处的监督下操

作电脑,在天猫网益心康旗舰店搜索"益心康 3D 烧烤炉韩式家用不粘电烤炉无烟烤肉机电烤盘铁板烧烤肉锅",显示没有搜索到符合条件的商品。公证员对整个证据保全过程进行了公证并制作了(2015)浙杭钱证内字第 10879 号公证书。

一审庭审中,嘉易烤公司主张将涉案专利权利要求 1 作为本案要求保护的范围。经比对,嘉易烤公司认为除了开关位置的不同,被控侵权产品的技术特征完全落入了涉案专利权利要求 1 记载的保护范围,而开关位置的变化是业内普通技术人员不需要创造性劳动就可解决的,属于等同特征。两原审被告对比对结果不持异议。

另查明,嘉易烤公司为本案支出公证费 4000 元,代理服务费 81000 元。

【裁判结果】

浙江省金华市中级人民法院于 2015 年 8 月 12 日作出(2015)浙金知民初字第 148 号民事判决:一、金仕德公司立即停止销售侵犯专利号为 ZL200980000002.8 的发明专利权的产品的行为;二、金仕德公司于判决生效之日起十日内赔偿嘉易烤公司经济损失 150000 元(含嘉易烤公司为制止侵权而支出的合理费用);三、天猫公司对上述第二项中金仕德公司赔偿金额的 50000 元承担连带赔偿责任;四、驳回嘉易烤公司的其他诉讼请求。一审宣判后,天猫公司不服,提起上诉。浙江省高级人民法院于 2015 年 11 月 17 日作出(2015)浙知终字第 186 号民事判决:驳回上诉,维持原判。

【裁判理由】

法院生效裁判认为:各方当事人对于金仕德公司销售的被诉侵权产品落入嘉易烤公司涉案专利权利要求 1 的保护范围,均不持异议,原审判决认定金仕德公司涉案行为构成专利侵权正确。关于天猫公司在本案中是否构成共同侵权,侵权责任法第三十六条第二款规定,网络用户利用网络服务实施侵权行为的,被侵权人有权通知网络服务提供者采取删除、屏蔽、断开链接等必要措施。网络服务提供者接到通知后未及时采取必要措施的,对损害的扩大部分与该网络用户承担连带责任。上述规定系针对权利人发现网络用户利用网络服务提供者的服务实施侵权行为后"通知"网络服务提供者采取必要措施,以防止侵权后果不当扩大的情形,同时还明确界定了此种情形下网络服务提供者所应承担的义务范围及责任构成。本案中,天猫公司涉案被诉侵权行为是否构成侵权应结合对天猫公司的主体性质、嘉易烤公司"通知"的有效性以及天猫公司在接到嘉易烤公司的"通知"后是否应当采取措施及所采取的措施的必要性和及时性等加以综合考量。

首先,天猫公司依法持有增值电信业务经营许可证,系信息发布平台的服务提供商,其在本案中为金仕德公司经营的"益心康旗舰店"销售涉案被诉侵权产品提供网络技术服务,符合侵权责任法第三十六条第二款所规定网络服务提供者的主体条件。

其次,天猫公司在二审庭审中确认嘉易烤公司已于 2015 年 2 月 10 日委托案外人张一军向淘宝网知识产权保护平台上传了包含被投诉商品链接及专利侵权分析报告、技术特征比对表在内的投诉材料,且根据上述投诉材料可以确定被投诉主体及被投诉商品。

侵权责任法第三十六条第二款所涉及的"通知"是认定网络服务提供者是否存在过错及应否就危害结果的不当扩大承担连带责任的条件。"通知"是指被侵权人就他人利用网络服务商的服务实施侵权行为的事实向网络服务提供者所发出的要求其采取必要技术措施,以防止侵权行为进一步扩大的行为。"通知"既可以是口头的,也可以是书面的。通常,"通知"内容应当包括权利人身份情况、权属凭证、证明侵权事实的初步证据以及指向明确的被诉侵权人网络地址等材料。符合上述条件的,即应视为有效通知。嘉易烤公司涉案投诉通知符合侵权责任法规定的"通知"的基本要件,属有效通知。

再次,经查,天猫公司对嘉易烤公司投诉材料作出审核不通过的处理,其在回复中表明审核不通过原因是:烦请在实用新型、发明的侵权分析对比表表二中详细填写被投诉商品落入贵方提供的专利权利要求的技术点,建议采用图文结合的方式一一指出。(需注意,对比的对象为卖家发布的商品信息上的图片、文字),并提供购买订单编号或双方会员名。

二审法院认为,发明或实用新型专利权的判断往往并非仅依赖表面或书面材料就可以作出,因此专利权人的投诉材料通常只需包括权利人身份、专利名称及专利号、被投诉商品及被投诉主体内容,以便投诉接受方转达被投诉主体。在本案中,嘉易烤公司的投诉材料已完全包含上述要素。至于侵权分析比对,天猫公司一方面认为其对卖家所售商品是否侵犯发明专利判断能力有限,另一方面却又要求投诉方"详细填写被投诉商品落入贵方提供的专利权利要求的技术点,建议采用图文结合的方式一一指出",该院认为,考虑到互联网领域投诉数量巨大、投诉情况复杂的因素,天猫公司的上述要求基于其自身利益考量虽也具有一定的合理性,而且也有利于天猫公司对于被投诉行为的性质作出初步判断并采取相应的措施。但就权利人而言,天猫公司的前述要求并非权利人投诉通知有效的必要条件。况且,嘉易烤公司在本案的投诉材料中提供了多达 5 页的以图文并茂的方式表现的技术特征对比表,天猫公司仍以教条的、格式化的回复将技术特征对比作为审核不通过的原因之一,处置失当。至于天猫公司审核不通过并提出提供购买订单编号或双方会员名的要求，该院认为，本案中投诉方是否提供购买订单编号或双方会员名并不影响投诉行为的合法有效。而且，天猫公司所确定的投诉规制并不对权利人维权产生法律约束力，权利人只需在法律规定的框架内行使维权行为即可，投诉方完全可以根据自己的利益考量决定是否接受天猫公司所确定的投诉规制。更何况投诉方可能无需购买商品而通过其他证据加以证明，也可以根据他人的购买行为发现可能的侵权行为，甚至投诉方即使存在直接购买行为，但也可以基于某种经济利益或商业秘密的考量而拒绝提供。

最后，侵权责任法第三十六条第二款所规定的网络服务提供者接到通知后所应采取必要措施包括但并不限于删除、屏蔽、断开链接。"必要措施"应根据所侵害权利的性质、侵权的具体情形和技术条件等来加以综合确定。

本案中，在确定嘉易烤公司的投诉行为合法有效之后，需要判断天猫公司在接收投诉材料之后的处理是否审慎、合理。该院认为，本案系侵害发明专利权纠纷。天猫公司作为电子商务网络服务平台的提供者，基于其公司对于发明专利侵权判断的主观能力、

侵权投诉胜诉概率以及利益平衡等因素的考量，并不必然要求天猫公司在接受投诉后对被投诉商品立即采取删除和屏蔽措施，对被投诉商品采取的必要措施应当秉承审慎、合理原则，以免损害被投诉人的合法权益。但是将有效的投诉通知材料转达被投诉人并通知被投诉人申辩当属天猫公司应当采取的必要措施之一。否则权利人投诉行为将失去任何意义，权利人的维权行为也将难以实现。网络服务平台提供者应该保证有效投诉信息传递的顺畅，而不应成为投诉信息的黑洞。被投诉人对于其或生产、或销售的商品是否侵权，以及是否应主动自行停止被投诉行为，自会作出相应的判断及应对。而天猫公司未履行上述基本义务的结果导致被投诉人未收到任何警示从而造成损害后果的扩大。至于天猫公司在嘉易烤公司起诉后即对被诉商品采取删除和屏蔽措施，当属审慎、合理。综上，天猫公司在接到嘉易烤公司的通知后未及时采取必要措施，对损害的扩大部分应与金仕德公司承担连带责任。天猫公司就此提出的上诉理由不能成立。关于天猫公司所应承担责任的份额，一审法院综合考虑侵权持续的时间及天猫公司应当知道侵权事实的时间，确定天猫公司对金仕德公司赔偿数额的 50000 元承担连带赔偿责任，并无不当。

最高人民法院指导案例（141 号）

支某 1 等诉北京市永定河管理处生命权、健康权、身体权纠纷案

（最高人民法院审判委员会讨论通过　2020 年 10 月 9 日发布）

【关键词】

民事　生命权纠纷　公共场所　安全保障义务

【裁判要点】

消力池属于禁止公众进入的水利工程设施，不属于侵权责任法第三十七条第一款规定的"公共场所"。消力池的管理人和所有人采取了合理的安全提示和防护措施，完全民事行为能力人擅自进入造成自身损害，请求管理人和所有人承担赔偿责任的，人民法院不予支持。

【相关法条】

《中华人民共和国侵权责任法》第 37 条第 1 款

【基本案情】

2017 年 1 月 16 日，北京市公安局丰台分局卢沟桥派出所接李某某 110 报警，称支某 3 外出遛狗未归，怀疑支某 3 掉在冰里了。接警后该所民警赶到现场开展查找工作，于当晚在永定河拦河闸自西向东第二

闸门前消力池内发现一男子死亡，经家属确认为支某 3。发现死者时永定河拦河闸南侧消力池内池水表面结冰，冰面高度与消力池池壁边缘基本持平，消力池外河道无水。北京市公安局丰台分局于 2017 年 1 月 20 日出具关于支某 3 死亡的调查结论（丰公治亡查字〔2017〕第 021 号），主要内容为：经过（现场勘察、法医鉴定、走访群众等）工作，根据所获证据，得出如下结论：一、该人系符合溺亡死亡；二、该人死亡不属于刑事案件。支某 3 家属对死因无异议。支某 3 遗体被发现的地点为永定河拦河闸下游方向闸西侧消力池，消力池系卢沟桥分洪枢纽水利工程（拦河闸）的组成部分。永定河卢沟桥分洪枢纽工程的日常管理、维护和运行由北京市永定河管理处负责。北京市水务局称事发地点周边安装了防护栏杆，在多处醒目位置设置了多个警示标牌，标牌注明管理单位为"北京市永定河管理处"。支某 3 的父母支某 1、马某某，妻子李

某某和女儿支某 2 向法院起诉,请求北京市永定河管理处承担损害赔偿责任。

【裁判结果】

北京市丰台区人民法院于 2019 年 1 月 28 日作出(2018)京 0106 民初 2975 号民事判决:驳回支某 1 等四人的全部诉讼请求。宣判后,支某 1 等四人提出上诉。北京市第二中级人民法院于 2019 年 4 月 23 日作出(2019)京 02 民终 4755 号民事判决:驳回上诉,维持原判。

【裁判理由】

本案主要争议在于支某 3 溺亡事故发生地点的查实、相应管理机关的确定,以及该管理机关是否应承担侵权责任。本案主要事实和法律争议认定如下:

一、关于支某 3 的死亡地点及管理机关的事实认定。首先,从死亡原因上看,公安机关经鉴定认定支某 3 死因系因溺水导致;从事故现场上看,支某 3 遗体发现地点为永定河拦河闸前消力池。根据受理支某 3 失踪查找的公安机关派出所出具工作记录可认定支某 3 溺亡地点为永定河拦河闸南侧的消力池内。其次,关于消力池的管理机关。现已查明北京市永定河管理处为永定河拦河闸的管理机关,北京市永定河管理处对此亦予以认可,并明确确认消力池属于其管辖范围,据此认定北京市永定河管理处系支某 3 溺亡地点的管理责任方。鉴于北京市永定河管理处系依法成立的事业单位,依法可独立承担相应民事责任,故北京市水务局、北京市丰台区水务局、北京市丰台区永定河管理所均非本案的适格被告,支某 1 等四人要求该三被告承担连带赔偿责任的主张无事实及法律依据,不予支持。

二、关于管理机关北京市永定河管理处是否应承担侵权责任的认定。首先,本案并不适用侵权责任法中安全保障义务条款。安全保障义务所保护的人与义务人之间常常存在较为紧密的关系,包括缔约磋商关系、合同法律关系等,违反安全保障义务的侵权行为是负有安全保障义务的人由于没有履行合理范围内的安全保障义务而实施的侵权行为。根据查明的事实,支某 3 溺亡地点位于永定河拦河闸侧面消力池。从性质上看,消力池系永定河拦河闸的一部分,属于水利工程设施的范畴,并非对外开放的冰场;从位置上看,消力池位于拦河闸下方的永定河河道的中间处;从抵达路径来看,抵达消力池的正常路径,需要从永定河的沿河河堤下楼梯到达河道,再从永定河河道步行至拦河闸下方,因此无论是消力池的性质、消力池所处位置还是抵达消力池的路径而言,均难以认定消力池属于公共场所。北京市永定河管理处也不是群众性活动的组织者,故支某 1 等四人上诉主张四被上诉人未尽安全保障义务,与法相悖。其次,从侵权责任的构成上看,一方主张承担侵权责任,应就另一方存在违法行为、主观过错、损害后果且违法行为与损害后果之间具有因果关系等侵权责任构成要件承担举证责任。永定河道并非正常的活动、通行场所,依据一般常识即可知无论是进入河道或进入冰面的行为,均容易发生危及人身的危险,此类对危险后果的预见性,不需要专业知识就可知晓。支某 3 在明知进入河道、冰面行走存在风险的情况下,仍进入该区域并导致自身溺亡,其主观上符合过于自信的过失,应自行承担相应的损害后果。成年人应当是自身安危的第一责任人,不能把自己的安危寄托在国家相关机构无时无刻地提醒之下,户外活动应趋利避害,不随意进入非群众活动场所是每一个公民应自觉遵守的行为规范。综上,北京市永定河管理处对支某 3 的死亡发生无过错,不应承担赔偿责任。在此需要指出,因支某 3 意外溺亡,造成支某 1、马某某老年丧子、支某 2 年幼丧父,其家庭境遇令人同情,法院对此予以理解,但是赔偿的责任方是否构成侵权则需法律上严格界定及证据上的支持,不能以情感或结果责任主义为导向将损失交由不构成侵权的他方承担。

最高人民法院指导案例(140 号)

李秋月等诉广州市花都区梯面镇红山村村民委员会违反安全保障义务责任纠纷案

(最高人民法院审判委员会讨论通过 2020 年 10 月 9 日发布)

【关键词】

民事 安全保障义务 公共场所 损害赔偿

【裁判要点】

公共场所经营管理者的安全保障义务,应限于合理限度范围内,与其管理和控制能力相适应。完全民事行为能力人因私自攀爬景区内果树采摘果实而不慎跌落致其自身损害,主张经营管理者承担赔偿责任的,人民法院不予支持。

【相关法条】

《中华人民共和国侵权责任法》第 37 条第 1 款

【基本案情】

红山村景区为国家 AAA 级旅游景区,不设门票。广东省广州市花都区梯面镇红山村村民委员会(以下简称红山村村民委员会)系景区内情人堤河道旁杨梅树的所有人,其未向村民或游客提供免费采摘杨梅的活动。2017 年 5 月 19 日下午,吴某私自上树采摘杨梅不慎从树上跌落受伤。随后,有村民将吴某送红山村医务室,但当时医务室没有人员。有村民拨打 120 电话,但 120 救护车迟迟未到。后红山村村民李某 1 自行开车送吴某到广州市花都区梯面镇医院治疗。吴某于当天转至广州市中西医结合医院治疗,后因抢救无效于当天死亡。

红山村曾于 2014 年 1 月 26 日召开会议表决通过《红山村村规民约》,该村规民约第二条规定:每位村民要自觉维护村集体的各项财产利益,每个村民要督促自己的子女自觉维护村内的各项公共设施和绿化树木,如有村民故意破坏或损坏公共设施,要负责赔偿一切费用。

吴某系红山村村民,于 1957 年出生。李记坤系吴某的配偶,李秋月、李月如、李天托系吴某的子女。李秋月、李月如、李天托、李记坤向法院起诉,主张红山村村民委员会未尽到安全保障义务,在本案事故发生后,被告未采取及时和必要的救助措施,应对吴某的死亡承担责任。请求判令被告承担 70% 的人身损害赔偿责任 631346.31 元。

【裁判结果】

广东省广州市花都区人民法院于 2017 年 12 月 22 日作出 (2017) 粤 0114 民初 6921 号民事判决:一、被告广州市花都区梯面镇红山村村民委员会向原告李秋月、李月如、李天托、李记坤赔偿 45096.17 元,于本判决发生法律效力之日起 10 日内付清;二、驳回原告李秋月、李月如、李天托、李记坤的其他诉讼请求。宣判后,李秋月、李月如、李天托、李记坤与广州市花都区梯面镇红山村村民委员会均提出上诉。广东省广州市中级人民法院于 2018 年 4 月 16 日作出 (2018) 粤 01 民终 4942 号民事判决:驳回上诉,维持原判。二审判决生效后,广东省广州市中级人民法院于 2019 年 11 月 14 日作出 (2019) 粤 01 民监 4 号民事裁定,再审本案。广东省广州市中级人民法院于 2020 年 1 月 20 日作出 (2019) 粤 01 民再 273 号民事判决:一、撤销本院 (2018) 粤 01 民终 4942 号民事判决及广东省广州市花都区人民法院 (2017) 粤 0114 民初 6921 号民事判决;二、驳回李秋月、李月如、李天托、李记坤的诉讼请求。

【裁判理由】

法院生效裁判认为:本案的争议焦点是红山村村民委员会是否应对吴某的损害后果承担赔偿责任。

首先,红山村村民委员会没有违反安全保障义务。红山村村民委员会作为红山村景区的管理人,虽负有保障游客免遭损害的安全保障义务,但安全保障义务内容的确定应限于景区管理人的管理和控制能力的合理范围之内。红山村景区属于开放式景区,未向村民或游客提供采摘杨梅的活动,杨梅树本身并无安全隐患,若要求红山村村民委员会对景区内的所有树木加以围蔽、设置警示标志或采取其他防护措施,显然超过善良管理人的注意标准。从爱护公物、文明出行的角度而言,村民或游客均不应私自爬树采摘杨梅。吴某作为具有完全民事行为能力的成年人,应当充分预见攀爬杨梅树采摘杨梅的危险性,并自觉规避此类危险行为。故李秋月、李月如、李天托、李记坤主张红山村村民委员会未尽安全保障义务,缺乏事实依据。

其次,吴某的坠亡系其私自爬树采摘杨梅所致,与红山村村民委员会不具有法律上的因果关系。《红山村村规民约》规定:村民要自觉维护村集体的各项财产利益,包括公共设施和绿化树木等。该村规民约是红山村村民的行为准则和道德规范,形成红山村的公序良俗。吴某作为红山村村民,私自爬树采摘杨梅,违反了村规民约和公序良俗,导致了损害后果的发生,该损害后果与红山村村民委员会不具有法律上的因果关系。

最后,红山村村民委员会对吴某私自爬树坠亡的后果不存在过错。吴某坠亡系其自身过失行为所致,红山村村民委员会难以预见和防止吴某私自爬树可能产生的后果。吴某跌落受伤后,红山村村民委员会主任李某 2 及时拨打 120 电话求救,在救护车到达前,另有村民驾车将吴某送往医院救治。因此,红山村村民委员会对吴某损害后果的发生不存在过错。

综上所述,吴某因私自爬树采摘杨梅不慎坠亡,后果令人痛惜。虽然红山村为事件的发生地,杨梅树为红山村村民委员会集体所有,但吴某的私自采摘行为有违村规民约,与公序良俗相悖,且红山村村民委员会并未违反安全保障义务,不应承担赔偿责任。

最高人民法院指导案例(210 号)

九江市人民政府诉江西正鹏环保科技有限公司、杭州连新建材有限公司、李德等生态环境损害赔偿诉讼案

(最高人民法院审判委员会讨论通过　2022 年 12 月 30 日发布)

【关键词】

民事　生态环境损害赔偿诉讼　部分诉前磋商　司法确认　证据　继续审理

【裁判要点】

1. 生态环境损害赔偿案件中,国家规定的机关通过诉前磋商,与部分赔偿义务人达成生态环境损害赔偿协议的,可以依法向人民法院申请司法确认;对磋商不成的其他赔偿义务人,国家规定的机关可以依法提起生态环境损害赔偿诉讼。

2. 侵权人虽因同一污染环境、破坏生态行为涉嫌刑事犯罪,但生态环境损害赔偿诉讼案件中认定侵权事实证据充分的,不以相关刑事案件审理结果为依据,人民法院应当继续审理,依法判决侵权人承担生态环境修复和赔偿责任。

【相关法条】

《中华人民共和国民法典》第 1229 条(本案适用的是自 2010 年 7 月 1 日起实施的《中华人民共和国侵权责任法》第 65 条)

【基本案情】

2017 年至 2018 年间,江西正鹏环保科技有限公司(以下简称正鹏公司)与杭州塘栖热电有限公司(以下简称塘栖公司)等签署合同,运输、处置多家公司生产过程中产生的污泥,收取相应的污泥处理费用。正鹏公司实际负责人李德将从多处收购来的污泥直接倾倒,与丰城市志合新材料有限公司(以下简称志合公司,已注销)合作倾倒,或者交由不具有处置资质的张永良、舒正峰等人倾倒至九江市区多处地块,杭州连新建材有限公司(以下简称连新公司)明知张永良从事非法转运污泥,仍放任其持有加盖公司公章的空白合同处置污泥。经鉴定,上述被倾倒的污泥共计 1.48 万吨,造成土壤、水及空气污染,所需修复费用 1446.288 万元。案发后,九江市浔阳区人民检察院依法对被告人张永良等 6 人提起刑事诉讼,后经九江市中级人民法院二审审理,于 2019 年 10 月 25 日判处被告人张永良、舒正峰、黄永、陈世水、马祖兴、沈孝军 6 人犯污染环境罪(李德、夏吉萍另案处理),有期徒刑三年二个月至有期徒刑十个月不等,并处罚金 10 万

元至 5 万元不等。九江市人民政府依据相关规定开展磋商,与塘栖公司达成金额计 4872387 元的赔偿协议,但未能与正鹏公司、连新公司、李德等 7 人达成赔偿协议。塘栖公司所赔款项包括 1 号地块、2 号地块全部修复费用及 4 号地块部分修复费用等,已按协议全部履行。协议双方向九江市中级人民法院申请司法确认,九江市中级人民法院已依法裁定对该磋商协议作出确认。因未能与正鹏公司、连新公司、李德等 7 人达成赔偿协议,九江市人民政府就 3 号地块、5 号地块修复费用及 4 号地块剩余修复费用等提起本案诉讼,要求各被告履行修复生态环境义务,支付生态环境修复费用、公开赔礼道歉并承担律师费和诉讼费用。

【裁判结果】

江西省九江市中级人民法院于 2019 年 11 月 4 日作出(2019)赣 04 民初 201 号民事判决:一、被告正鹏公司、李德、黄永、舒正峰、陈世水于本判决生效后三个月内对九江市经济技术开发区沙阎路附近山坳地块(3 号地块)污泥共同承担生态修复义务,如未履行该修复义务,则上述各被告应于期限届满之日起十日内共同赔偿生态修复费用 280.3396 万元(被告舒正峰已自愿缴纳 10 万元生态修复金至法院账户);二、被告正鹏公司、连新公司、张永良、李德、黄永、舒正峰、夏吉萍、陈世水于本判决生效后三个月内对九江市经济技术开发区沙阎路伍丰村郑家湾地块(4 号地块)污泥共同承担生态修复义务,如未履行该修复义务,则上述各被告应于期限届满之日起十日内共同赔偿生态修复费用 201.8515 万元(被告连新公司已自愿缴纳 100 万元生态修复金至法院账户);三、被告正鹏公司、张永良、李德、夏吉萍、马祖兴于本判决生效后三个月内对九江市永修县九颂山河珑园周边地块(5 号地块)污泥共同承担生态修复义务,如未履行该修复义务,则上述各被告应于期限届满之日起十日内共同赔偿生态修复费用 448.9181 万元;四、各被告应于本判决生效后十日内共同支付环评报告编制费 20 万元,风险评估方案编制费 10 万元及律师代理费 4 万元;五、各被告于本判决生效后十日内,在省级或以上媒体向社会公开赔礼道歉;六、驳回原告九江市人

民政府的其他诉讼请求。宣判后，当事人未上诉，一审判决生效。

【裁判理由】

法院生效裁判认为：正鹏公司、连新公司、张永良、李德、舒正峰、黄永、夏吉萍、陈世水、马祖兴以分工合作的方式非法转运、倾倒污泥造成生态环境污染，损害了社会公共利益，应当承担相应的生态环境损害赔偿责任。因各被告倾倒的每一地块污泥已混同，同一地块的污泥无法分开进行修复，应由相关被告承担同一地块的共同修复责任。本案各被告对案涉 3、4、5 号地块环境污染应承担的侵权责任逐一认定如下：

一、3 号地块污泥系李德从长江江面多家公司接手，由黄永、舒正峰、陈世水分工合作倾倒，该地块修复费用 280.3396 万元，应由上述各被告共同承担。陈世水辩解其系李德雇员且在非法倾倒行为中非法所得较少及作用较小，应由雇主李德承担赔偿责任或由其承担较小赔偿责任。因环境共同侵权并非以非法所得或作用大小来计算修复责任大小，该案无证据可证明陈世水系李德雇员，陈世水与其他被告系以分工合作的方式非法倾倒污泥，应承担共同侵权连带环境修复责任。

二、4 号地块部分污泥来源于连新公司（系张永良以连新公司名义获得），由李德、黄永、舒正峰、陈世水分工合作进行倾倒，该地块剩余修复费用 201.8515 万元，应由上述各被告共同承担。连新公司辩称来源于张永良的污泥并不等同于来源于连新公司，连新公司不应承担赔偿责任。依据审理查明的事实可知，连新公司是在处理污泥能力有限的情况下，将公司公章、空白合同交由张永良处理污泥，其对张永良处理污泥的过程未按照法律规定的流程进行追踪，存在明显监管过失，且张永良、证人黄某某证言证实 4 号地块的部分污泥来源于连新公司。因而，连新公司该抗辩意见不应予以支持。

三、5 号地块污泥来源于张永良，由李德、马祖兴分工合作进行倾倒，该地块修复费用 448.9181 万元，应由上述各被告共同承担。环境损害鉴定报告中评估报告编制费 20 万元、风险评估方案编制费 10 万元以及律师代理费 4 万元，均属本案诉讼的合理支出费用，原告主张的上述费用应予以支持。生态环境损害赔偿案件承担责任的方式包括赔礼道歉，九江市人民政府要求被告在省级或以上媒体向社会公开道歉的诉讼请求于法有据，应予以支持。

本案裁判还认为，李德作为正鹏公司的实际控制人，在正鹏公司无处理污泥资质及能力的情况下，以正鹏公司的名义参与污泥的非法倾倒，李德与正鹏公司应共同承担生态环境修复责任。在上述 4 号、5 号地块的污泥非法倾倒中，夏吉萍以志合公司的名义与正鹏公司合作处理污泥的方式参与其中，且作为志合公司实际负责人取得相关利润分成，故夏吉萍应共同承担上述地块的生态修复责任。对夏吉萍辩称其不明知被告正鹏公司非法倾倒污泥的行为，不应承担生态环境损害修复责任，其本人涉嫌环境污染刑事犯罪正在公诉，刑案应优先于本案审理的理由，本案正鹏公司与志合公司的合作协议、银行流水记录及李德、夏吉萍、张永良的供述、证人王某某的证言、志合公司转运联单等证据足以证明志合公司与正鹏公司于 2017 年 9 月 14 日合作后，双方共同参与了涉案污泥倾倒，夏吉萍取得倾倒污泥的利润分成，应当承担所涉污泥倾倒导致的环境损害赔偿责任。本案对夏吉萍侵权事实的认定已有相关证据予以支持，并非必须以相关刑事案件审理结果为依据，继续审理并无不妥。

最高人民法院指导案例（129 号）

江苏省人民政府诉安徽海德化工科技有限公司生态环境损害赔偿案

（最高人民法院审判委员会讨论通过　2019 年 12 月 26 日发布）

【关键词】

民事　生态环境损害赔偿诉讼　分期支付

【裁判要点】

企业事业单位和其他生产经营者将生产经营过程中产生的危险废物交由不具备危险废物处置资质的企业或者个人进行处置，造成环境污染的，应当承担生态环境损害责任。人民法院可以综合考虑企业事业单位和其他生产经营者的主观过错、经营状况等因素，在责任人提供有效担保后判决其分期支付赔偿费用。

【相关法条】

1.《中华人民共和国侵权责任法》第 65 条

2.《中华人民共和国环境保护法》第 64 条

【基本案情】

2014 年 4 月 28 日,安徽海德化工科技有限公司(以下简称海德公司)营销部经理杨峰将该公司在生产过程中产生的 29.1 吨废碱液,交给无危险废物处置资质的李宏生等人处置。李宏生等人将上述废碱液交给无危险废物处置资质的孙志才处置。2014 年 4 月 30 日,孙志才等人将废碱液倾倒进长江,造成了严重环境污染。2014 年 5 月 7 日,杨峰将海德公司的 20 吨废碱液交给李宏生等人处置,李宏生等人将上述废碱液交给孙志才处置。孙志才等人于 2014 年 5 月 7 日及同年 6 月 17 日,分两次将废碱液倾倒进长江,造成江苏省靖江市城区 5 月 9 日至 11 日集中式饮用水源中断取水 40 多个小时。2014 年 5 月 8 日至 9 日,杨峰将 53.34 吨废碱液交给李宏生等人处置,李宏生等人将上述废碱液交给丁卫东处置。丁卫东等人于 2014 年 5 月 14 日将该废碱液倾倒进新通扬运河,导致江苏省兴化市城区集中式饮用水源中断取水超过 14 小时。上述污染事件发生后,靖江市环境保护局和靖江市人民检察院联合委托江苏省环境科学学会对污染损害进行评估。江苏省环境科学学会经调查、评估,于 2015 年 6 月作出了《评估报告》。江苏省人民政府向江苏省泰州市中级人民法院提起诉讼,请求判令海德公司赔偿生态环境修复费用 3637.90 万元,生态环境服务功能损失费用 1818.95 万元,承担评估费用 26 万元及诉讼费等。

【裁判结果】

江苏省泰州市中级人民法院于 2018 年 8 月 16 日作出(2017)苏 12 民初 51 号民事判决:一、被告安徽海德化工科技有限公司赔偿环境修复费用 3637.90 万元;二、被告安徽海德化工科技有限公司赔偿生态环境服务功能损失费用 1818.95 万元;三、被告安徽海德化工科技有限公司赔偿评估费用 26 万元。宣判后,安徽海德化工科技有限公司提出上诉,江苏省高级人民法院于 2018 年 12 月 4 日作出(2018)苏民终 1316 号民事判决:一、维持江苏省泰州市中级人民法院(2017)苏 12 民初 51 号民事判决。安徽海德化工科技有限公司应于本判决生效之日起六十日内将赔偿款项 5482.85 万元支付至泰州市环境公益诉讼资金账户。二、安徽海德化工科技有限公司在向江苏省泰州市中级人民法院提供有效担保后,可于本判决生效之日起六十日内支付上述款项的 20%(1096.57 万元),并于 2019 年 12 月 4 日、2020 年 12 月 4 日、2021 年 12 月 4 日、2022 年 12 月 4 日前各支付上述款项的 20%(每期 1096.57 万元)。如有一期未按时履行,江苏省人民政府可以就全部未赔偿款项申请法院强制执行。如安徽海德化工科技有限公司未按本判决指定的期限履行给付义务,应当依照《中华人民共和国民事诉讼法》第二百五十三条之规定,加倍支付迟延履行期间的债务利息。

【裁判理由】

法院生效裁判认为,海德公司作为化工企业,对其在生产经营过程中产生的危险废物废碱液,负有防止污染环境的义务。海德公司放任该公司营销部负责人杨峰将废碱液交给不具备危险废物处置资质的个人进行处置,导致废碱液被倾倒进长江和新通扬运河,严重污染环境。《中华人民共和国环境保护法》第六十四条规定,因污染环境和破坏生态造成损害的,应当依照《中华人民共和国侵权责任法》的有关规定承担侵权责任。《中华人民共和国侵权责任法》第六十五条规定,因污染环境造成损害的,污染者应当承担侵权责任。《中华人民共和国侵权责任法》第十五条将恢复原状、赔偿损失确定为承担责任的方式。环境修复费用、生态环境服务功能损失、评估费等均为恢复原状、赔偿损失等法律责任的具体表现形式。依照《中华人民共和国侵权责任法》第十五条第一款第六项、第六十五条,《最高人民法院关于审理环境侵权责任纠纷案件适用法律若干问题的解释》第一条第一款、第十三条之规定,判决海德公司承担侵权赔偿责任并无不当。

海德公司以企业负担过重、资金紧张,如短期内全部支付赔偿将导致企业破产为由,申请分期支付赔偿费用。为保障保护生态环境与经济发展的有效衔接,江苏省人民政府在庭后表示,在海德公司能够提供证据证明其符合国家经济结构调整方向、能够实现绿色生产转型,在有效提供担保的情况下,同意海德公司依照《中华人民共和国民事诉讼法》第二百三十一条之规定,分五期支付赔偿款。

最高人民法院指导案例（127 号）

吕金奎等 79 人诉山海关船舶重工有限责任公司海上污染损害责任纠纷案

（最高人民法院审判委员会讨论通过　2019 年 12 月 26 日发布）

【关键词】

民事　海上污染损害责任　污染物排放标准

【裁判要点】

根据海洋环境保护法等有关规定，海洋环境污染中的"污染物"不限于国家或者地方环境标准明确列举的物质。污染者向海水水域排放未纳入国家或者地方环境标准的含有铁物质等成分的污水，造成渔业生产者养殖物损害的，污染者应当承担环境侵权责任。

【相关法条】

1.《中华人民共和国侵权责任法》第 65 条、第 66 条

2.《中华人民共和国海洋环境保护法》（2017 年修正）第 94 条第 1 项（本案适用的是 2013 年修正的《中华人民共和国海洋环境保护法》第 95 条第 1 项）

【基本案情】

2010 年 8 月 2 日上午，秦皇岛山海关老龙头东海域海水出现异常。当日 11 时 30 分，秦皇岛市环境保护局接到举报，安排环境监察、监测人员，协同秦皇岛市山海关区渤海乡副书记，纪委书记等相关人员到达现场，对海岸情况进行巡查。根据现场巡查情况，海水呈红褐色、浑浊。秦皇岛市环境保护局的工作人员同时对海水进行取样监测，并于 8 月 3 日作出《监测报告》对海水水质进行分析，分析结果显示海水 pH 值 8.28、悬浮物 24mg/L、石油类 0.082mg/L、化学需氧量 2.4mg/L、亚硝酸盐氮 0.032mg/L、氨氮 0.018mg/L、硝酸盐氮 0.223mg/L、无机氮 0.273mg/L、活性磷酸盐 0.006mg/L、铁 13.1mg/L。

大连海事大学海事司法鉴定中心（以下简称司法鉴定中心）接受法院委托，就涉案海域污染状况以及污染造成的养殖损失等问题进行鉴定。《鉴定意见》的主要内容：（一）关于海域污染鉴定。1. 鉴定人采取卫星遥感技术，选取 NOAA 卫星 2010 年 8 月 2 日北京时间 5 时 44 分和 9 时 51 分两幅图像，其中 5 时 44 分图像显示山海关船舶重工有限责任公司（以下简称山船重工公司）附近海域存在一片污染海水异常区，面积约 5 平方千米；9 时 51 分图像显示距山船重工公

司以南约 4 千米海域存在污染海水异常区，面积约 10 平方千米。2. 对污染源进行分析，通过排除赤潮、大面积的海洋溢油等污染事故，确定卫星图像上污染海水异常区应由大型企业污水排放或泄漏引起。根据山船重工公司系山海关老龙头附近临海唯一大型企业，修造船舶会产生大量污水，船坞刨锈污水中铁含量很高，一旦泄漏将严重污染附近海域，推测出污染海水源地系山船重工公司，泄漏时间约在 2010 年 8 月 2 日北京时间 00 时至 04 时之间。3. 对养殖区受污染海水进行分析，确定了王丽荣等 21 人的养殖区地理坐标，并将上述当事人的养殖区地理坐标和污染水域的地理坐标一起显示在电子海图上，得出污染水域覆盖了全部养殖区的结论。（二）关于养殖损失分析。鉴定人对水质环境进行评价，得出涉案海域水质中悬浮物、铁及石油类含量较高，已远远超过《渔业水质标准》和《海水水质标准》，污染最严重的因子为铁，对渔业和养殖水域危害程度较大。同时，确定吕金国等人存在养殖损失。

山船重工公司对《鉴定意见》养殖损失部分发表质证意见，主要内容为认定海水存在铁含量超标的污染无任何事实根据和鉴定依据。1. 鉴定人评价养殖区水质环境的唯一依据是秦皇岛市环境保护局出具的《监测报告》，而该报告在格式和内容上均不符合《海洋监测规范》的要求，分析铁含量所采用的标准是针对地面水、地下水及工业废水的规定，《监测报告》对污染事实无任何证明力；2.《鉴定意见》采用的《渔业水质标准》和《海水水质标准》中，不存在对海水中铁含量的规定和限制，故铁含量不是判断海洋渔业水质标准的指标。即使铁含量是指标之一，其达到多少才能构成污染损害，亦无相关标准。

又查明，《鉴定意见》鉴定人之一在法院审理期间提交《分析报告》，主要内容：（一）介绍分析方法。（二）对涉案海域污水污染事故进行分析。1. 对山海关老龙头海域卫星图像分析和解译。2. 污染海水漂移扩散分析。3. 污染源分析。因卫星图像上污染海水异常区灰度值比周围海水稍低，故排除海洋赤潮可能；因山海关老龙头海域无油井平台，且 8 月 2 日前

后未发生大型船舶碰撞、触礁搁浅事故,故排除海洋溢油可能。据此,推测污染海水区应由大型企业污水排放或泄漏引起,山船重工公司为山海关老龙头附近临海唯一大型企业,修造船舶会产生大量污水,船坞刨锈污水中铁含量较高,向外泄漏将造成附近海域严重污染。4. 养殖区受污染海水分析。将养殖区地理坐标和污染水域地理坐标一起显示在电子海图上,得出污染水域覆盖全部养殖区的结论。

吕金奎等79人诉至法院,以山船重工公司排放的大量红色污水造成扇贝大量死亡,使其受到重大经济损失为由,请求判令山船重工公司赔偿。

【裁判结果】

天津海事法院于2013年12月9日作出(2011)津海法事初字第115号民事判决:一、驳回原告吕金奎等50人的诉讼请求;二、驳回原告吕金国等29人的诉讼请求。宣判后,吕金奎等79人提出上诉。天津市高级人民法院于2014年11月11日作出(2014)津高民四终字第22号民事判决:一、撤销天津海事法院(2011)津海法事初字第115号民事判决;二、山海关船舶重工有限责任公司于本判决送达之日起十五日内赔偿王丽荣等21人养殖损失共计1377696元;三、驳回吕金奎等79人的其他诉讼请求。

【裁判理由】

法院生效裁判认为,《中华人民共和国侵权责任法》第六十六条规定,因污染环境发生纠纷,污染者应当就法律规定的不承担责任或者减轻责任的情形及其行为与损害之间不存在因果关系承担举证责任。吕金奎等79人应当就山船重工公司实施了污染行为,该行为使自己受到了损害之事实承担举证责任,并提交污染行为和损害之间可能存在因果关系的初步证据;山船重工公司应当就法律规定的不承担责任或者减轻责任的情形及行为与损害之间不存在因果关系承担举证责任。

关于山船重工公司是否实施污染行为。吕金奎等79人为证明污染事实发生,提交了《鉴定意见》《分析报告》《监测报告》以及秦皇岛市环境保护局出具的函件等予以证明。关于上述证据对涉案污染事实的证明力,原审法院依据吕金奎等79人的申请委托司法鉴定中心进行鉴定,该司法鉴定中心业务范围包含海事类司法鉴定,三位鉴定人均具有相应的鉴定资质,对鉴定单位和鉴定人的资质予以确认。而且,《分析报告》能够与秦皇岛市山海关区在《询问笔录》中的陈述以及秦皇岛市环境保护局出具的函件相互佐证,上述证据可以证实秦皇岛山海关老龙头海域在2010年8月2日发生污染的事实。《中华人民共和国海洋环境保护法》第九十五条第一项规定:"海洋环境污染损害,是指直接或者间接地把物质或者能量引入海洋

环境,产生损害海洋生物资源、危害人体健康、妨害渔业和海上其他合法活动、损害海水使用素质和减损环境质量等有害影响。"《鉴定意见》根据污染海水异常区灰度值比周围海水稍低的现象,排除海洋赤潮的可能;通过山海关老龙头海域无油井平台以及2010年8月2日未发生大型船舶碰撞、触礁搁浅等事实,排除海洋溢油的可能;进而,根据《监测报告》中海水呈红褐色、浑浊,铁含量为13.1mg/L的监测结果,得出涉案污染事故系严重污水排放或泄漏导致的推论。同时,根据山船重工公司为山海关老龙头附近临海唯一大型企业以及公司的主营业务为船舶修造的事实,得出污染系山船重工公司在修造大型船舶过程中泄漏含铁量较高的刨锈污水导致的结论。山船重工公司虽不认可《鉴定意见》的上述结论,但未能提出足以反驳的相反证据和理由,故对《鉴定意见》中关于污染源分析部分的证明力予以确认,并据此认定山船重工公司实施了向海水中泄漏含铁量较高污水的污染行为。

关于吕金奎等79人是否受到损害。《鉴定意见》中海域污染鉴定部分在确定了王丽荣等21人养殖区域的基础上,进一步通过将养殖区地理坐标与污染海水区地理坐标一起显示在电子海图上的方式,得出污染海水区全部覆盖养殖区的结论。据此,认定王丽荣等21人从事养殖且养殖区域受到了污染。

关于污染行为和损害之间的因果关系。王丽荣等21人在完成上述证明责任的基础上,还应提交证明污染行为和损害之间可能存在因果关系的初步证据。《鉴定意见》对山海关老龙头海域水质进行分析,其依据秦皇岛市环境保护局出具的《监测报告》将该海域水质评价为悬浮物、铁物质及石油含量较高,污染最严重的因子为铁,对渔业和养殖水域危害程度较大。至此,王丽荣等21人已完成海上污染损害赔偿纠纷案件的证明责任。山船重工公司主张其非侵权行为人,应就法律规定的不承担责任或者减轻责任的情形及行为与损害之间不存在因果关系承担举证责任。山船重工公司主张因《鉴定意见》采用的评价标准中不存在对海水中铁含量的规定和限制,故铁不是评价海水水质的标准;且即使铁含量是标准之一,其达到多少才能构成污染损害亦无相关指标。对此,人民法院认为:第一,《中华人民共和国海洋环境保护法》明确规定,只要行为人将物质或者能量引入海洋造成损害,即视为污染;《中华人民共和国侵权责任法》第六十五条亦未将环境污染责任限定为排污超过国家标准或者地方标准。故,无论国家或地方标准中是否规定了某类物质的排放控制要求,或排污是否符合国家或地方规定的标准,只要能够确定污染行为造成环境损害,行为人就须承担赔偿责任。第二,我国

现行有效评价海水水质的《渔业水质标准》和《海水水质标准》实施后长期未进行修订，其中列举的项目已不足以涵盖当今可能造成污染的全部物质。据此，《渔业水质标准》和《海水水质标准》并非判断某类物质是否造成污染损害的唯一依据。第三，秦皇岛市环境保护局亦在《秦皇岛市环保局复核意见》中表示，因国家对海水中铁物质含量未明确规定污染物排放标准，故是否影响海水养殖需相关部门专家进一步论证。本案中，出具《鉴定意见》的鉴定人具备海洋污染鉴定的专业知识，其通过对相关背景资料进行分析判断，作出涉案海域水中铁物质对渔业和养殖水域危害程度较大的评价，具有科学性，应当作为认定涉案海域被铁物质污染的依据。

最高人民法院指导案例（133 号）

山东省烟台市人民检察院诉王振殿、马群凯环境民事公益诉讼案

（最高人民法院审判委员会讨论通过　2019 年 12 月 26 日发布）

【关键词】

民事　环境民事公益诉讼　水污染　生态环境修复责任　自净功能

【裁判要点】

污染者违反国家规定向水域排污造成生态环境损害，以被污染水域有自净功能、水质得到恢复为由主张免除或者减轻生态环境修复责任的，人民法院不予支持。

【相关法条】

1.《中华人民共和国侵权责任法》第 4 条第 1 款、第 8 条、第 65 条、第 66 条

2.《中华人民共和国环境保护法》第 64 条

【基本案情】

2014 年 2 月至 4 月期间，王振殿、马群凯在未办理任何注册、安检、环评等手续的情况下，在莱州市柞村镇消水庄村沙场大院北侧车间从事盐酸清洗长石颗粒项目，王振殿提供场地、人员和部分资金，马群凯出资建设反应池、传授技术、提供设备、购进原料、出售成品。在作业过程中产生约 60 吨的废酸液，该废酸液被王振殿先储存于厂院北墙外的废水池内。废酸液储存于废水池期间存在明显的渗漏迹象，渗漏的废酸液对废水池周边土壤和地下水造成污染。废酸液又被通过厂院东墙和西墙外的排水沟排入村北的消水河，对消水河内水体造成污染。2014 年 4 月底，王振殿、马群凯盐酸清洗长石颗粒作业被莱州市公安局查获关停后，盐酸清洗长石颗粒剩余的 20 余吨废酸液被王振殿填埋在反应池内。该废酸液经莱州市环境监测站监测和莱州市环境保护局认定，监测 PH 值小于 2，根据国家危险废物名录及危险废物鉴定标准和鉴别方法，属于废物类别为"HW34 废酸代码为 900-300-34"的危险废物。2016 年 6 月 1 日，被告人马群凯因犯污染环境罪，被判处有期徒刑一年六个月，缓刑二年，并处罚金人民币二万元（所判罚金已缴纳）；被告人王振殿犯污染环境罪，被判处有期徒刑一年二个月，缓刑二年，并处罚金人民币二万元（所判罚金已缴纳）。

莱州市公安局办理王振殿污染环境刑事一案中，莱州市公安局食药环侦大队《现场勘验检查工作记录》中记载："中心现场位于消水沙场院内北侧一废弃车间内。车间内西侧南北方向排列有两个长 20m、宽 6m、平均深 1.5m 的反应池，反应池底部为斜坡。车间北侧见一夹道，夹道内见三个长 15m、宽 2.6m、深 2m 的水泥池。"现车间内西侧的北池废酸液被沙土填埋，受污染沙土总重为 223 吨。

2015 年 11 月 27 日，莱州市公安局食品药品与环境犯罪侦查大队委托山东省环境保护科学研究设计院环境风险与污染损害鉴定评估中心对莱州市王振殿、马群凯污染环境案造成的环境损害程度及数额进行鉴定评估。该机构于 2016 年 2 月作出莱州市王振殿、马群凯污染环境案环境损害检验报告，认定：本次评估可量化的环境损害为应急处置费用和生态环境损害费用，应急处置费用为酸洗池内受污染沙土的处置费用 5.6 万元，生态环境损害费用为偷排酸洗废水造成的生态损害修复费用 72 万元，合计为 77.6 万元。

2016 年 4 月 6 日，莱州市人民检察院向莱州市环境保护局发出莱检民（行）行政违监〔2016〕37068300001 号检察建议，"建议对消水河流域的其他企业、小车间等的排污情况进行全面摸排，看是否还存在向消水河流域排放污染物的行为"。莱州市环境保护局于同年 5 月 3 日回复称："我局在收到莱州市

人民检察院检察建议书后,立即组织执法人员对消水河流域的企业、小车间的排污情况进行全面排查,经严格执法,未发现有向消水河流域排放废酸等危险废物的环境违法行为"。

2017年2月8日,山东省烟台市中级人民法院会同公益诉讼人及王振殿、马群凯、烟台市环保局、莱州市环保局、消水庄村委对王振殿、马群凯实施侵权行为造成的污染区域包括酸洗池内的沙土和周边居民区的部分居民家中水井地下水进行了现场勘验并取样监测,取证现场拍摄照片22张。环保部门向人民法院提交了2017年2月13日水质监测达标报告(8个监测点位水质监测结果均为达标)及其委托山东恒诚检测科技有限公司出具的2017年2月14日酸洗池固体废物检测报告(酸洗反应南池-40 cm PH值=9.02,-70 cm PH值=9.18,北池-40 cm PH值=2.85,-70 cm PH值=2.52)。公益诉讼人向人民法院提交的2017年3月3日由莱州市环境保护局委托山东恒诚检测科技有限公司对王振殿酸洗池废池的检测报告,载明:反应池南池-1.2m PH值=9.7,北池-1.2m PH值<2。公益诉讼人认为,《危险废物鉴别标准浸出毒性鉴别GB5085.3-2007》和《土壤环境监测技术规范》(HJ/t166-2004)规定,PH值≥12.5或者≤2.0时为具有腐蚀性的危险废物。国家危险废物名录(2016版)HW34废酸一项900-300-34类为"使用酸进行清洗产生的废酸液";HW49其他废物一项900-041-49类为"含有或沾染毒性、感染性危险废物的废弃包装物、容器、过滤吸附介质"。涉案酸洗池内受污染沙土属于危险废物,酸洗池内的受污染沙土总量都应该按照危险废物进行处置。

公益诉讼人提交的山东省地质环境监测总站水工环高级工程师刘炜金就地下水污染演变过程所作的咨询报告专家意见,载明:一、地下水环境的污染发展过程。1. 污染因子通过地表入渗进入饱和带(潜水含水层地下水水位以上至地表的地层),通过渗漏达到地下水水位进入含水层。2. 进入含水层,初始在水头压力作用下向四周扩散形成一个沿地下水流向展布的似圆状污染区。3. 当污染物持续入渗,在地下水水动力的作用下,污染因子随着地下水径流,向下游扩散,一般沿地下水流向以初始形成的污染区为起点呈扇形或椭圆形向下流拓展扩大。4. 随着地下水径流形成的污染区不断拓展,污染面积不断扩大,污染因子的浓度不断增大,造成对地下水环境的污染,在污染源没有切断的情况下,污染区将沿着地下水径流方向不断拓展。二、污染区域的演变过程、地下水污染的演变过程,主要受污染的持续性、包气带的渗漏性、含水层的渗透性、土壤及含水层岩土的吸附性、地下水径流条件等因素密切相关。1. 长期污染演变过

程。在污染因子进入地表通过饱和带向下渗漏的过程中,部分被饱和带岩石吸附,污染包气带的岩土层;初始进入含水层的污染因子浓度较低,当经过一段时间渗漏途经吸附达到饱和后,进入含水层的污染因子浓度将逐渐接近或达到污水的浓度。进入含水层向下游拓展过程中,通过地下水的稀释和含水层的吸附,开始会逐渐降低。达到饱和后,随着污染因子的不断注入,达到一定浓度的污染区将不断向下游拓展,污染区域面积将不断扩大。2. 短期污染演变过程。短期污染是指污水进入地下水环境经过一定时期,消除污染源,已进入地下水环境的污染因子和污染区域的变化过程。(1)污染因子的演变过程。在消除污染源阻断污染因子进入地下水环境的情况下,随着上游地下水径流和污染区地下水径流扩大区域的地下水的稀释,及含水层岩土的吸附作用,污染水域的地下水浓度将逐渐降低,水质逐渐好转。(2)污染区域的变化。在消除污染源,污水阻止进入含水层后,地下水污染区域将随着时间的推移,在地下水径流水动力的作用下,整个污染区将逐渐向下游移动扩大,随着污染区扩大、岩土吸附作用的加强,含水层中地下水水质将逐渐好转,在经过一定时间后,污染因子将吸附于岩土层和稀释于地下水中,改善污染区地下水环境,最终使原污染区达到有关水质要求标准。

【裁判结果】

山东省烟台市中级人民法院于2017年5月31日作出(2017)鲁06民初8号民事判决:一、被告王振殿、马群凯在本判决生效之日起三十日内在烟台市环境保护局的监督下按照危险废物的处置要求将酸洗池内受污染沙土223吨进行处置,消除危险;如不能自行处置,则由环境保护主管部门委托第三方进行处置,被告王振殿、马群凯赔偿酸洗危险废物处置费用5.6万元,支付至烟台市环境公益诉讼基金账户。二、被告王振殿、马群凯在本判决生效之日起九十日内对莱州市柞村镇消水庄村沙场大院北侧车间周边地下水、土壤和消水河内水体的污染治理制定修复方案并进行修复,逾期不履行修复义务或者修复未达到保护生态环境社会公共利益标准的,赔偿因其偷排酸洗废水造成的生态损害修复费用72万元,支付至烟台市环境公益诉讼基金账户。该案宣判后,双方均未提出上诉,判决已发生法律效力。

【裁判理由】

法院生效裁判认为:

一、关于王振殿、马群凯侵权行为认定问题

(一)关于涉案危险废物数量及处置费用的认定问题

审理中,山东恒诚检测科技有限公司出具的检测报告指出涉案酸洗反应南池-40 cm、-70 cm及-1.2m

深度的 ph 值均在正常值范围内；北池-1.2m pH 值<2 属于危险废物。涉案酸洗池的北池内原为王振殿、马群凯使用盐酸进行长石颗粒清洗产生的废酸液，后其用沙土进行了填埋，根据国家危险废物名录（2016版）HW34 废酸 900-300-34 和 HW49 其他废物一项 900-041-49 类规定，现整个池中填埋的沙土吸附池中的废酸液，成为含有或沾染腐蚀性毒性的危险废物。山东省环境保护科学研究设计院环境风险与污染损害鉴定评估中心出具的环境损害检验报告中将酸洗池北池内受污染沙土总量 223 吨作为危险废物量，参照《环境污染损害数额计算推荐方法》中给出的"土地资源参照单位修复治理成本"清洗法的单位治理成本 250-800 元/吨，本案取值 250 元/吨予以计算处置费用 5.6 万元，具有事实和法律依据，并无不当，予以采信。（具体计算方法为：20m×6m×平均深度 1.3m×密度 1.3t/m3 = 203t 沙土＋20t 废酸 = 223t×250 元/t = 5.6 万元）

（二）关于涉案土壤、地表水及地下水污染生态损害修复费用的认定问题

莱州市环境监测站监测报告显示，废水池内残留废水的 PH 值<2，属于强酸性废水。王振殿、马群凯通过废水池、排水沟排放的酸洗废水系危险废物亦为有毒物质污染环境，致部分居民家中水井颜色变黄，味道呛人，无法饮用。监测发现部分居民家中井水的 PH 值低于背景值，氯化物、总硬度远高于背景值，且明显超标。储存于废水池期间渗漏的废水渗透至周边土壤和地下水，排入沟内的废水流入消水河。涉案污染区域周边没有其他类似污染源，可以确定受污染地下水系黄色、具有刺鼻气味，且氯化物浓度较高的污染物，即王振殿、马群凯实施的环境污染行为造成。

2017 年 2 月 13 日水质监测报告显示，在原水质监测范围内的部分监测点位，水质监测结果达标。根据地质环境监测专家出具的意见，可知在消除污染源阻断污染因子进入地下水环境的情况下，随着上游地下水径流和污染区地下水径流扩大区域的地下水稀释及含水层岩土的吸附作用，污染水域的地下水浓度将逐渐降低，水质逐渐好转。地下水污染区域将随着时间的推移，在地下水径流水动力的作用下，整个污染区将逐渐向下游移动扩大。经过一定时间，原污染

区可能达到有关水质要求标准，但这并不意味着地区生态环境好转或已修复。王振殿、马群凯仍应当承担其污染区域的环境生态损害修复责任。在被告不能自行修复的情况下，根据《环境污染损害数额计算推荐方法》和《突发环境事件应急处置阶段环境损害评估推荐方法》的规定，采用虚拟治理成本法估算王振殿、马群凯偷排废水造成的生态损害修复费用。虚拟治理成本是指工业企业或污水处理厂治理等量地排放到环境中的污染物应该花费的成本，即污染物排放量与单位污染物虚拟治理成本的乘积。单位污染物虚拟治理成本是指突发环境事件发生地的工业企业或污水处理厂单位污染物治理平均成本。在量化生态环境损害时，可以根据受污染影响区域的环境功能敏感程度分别乘以 1.5-10 的倍数作为环境损害数额的上下限值。本案受污染区域的土壤、Ⅲ类地下水及消水河 V 类地表水生态损害修复费用，山东省环境保护科学研究设计院环境风险与污染损害鉴定评估中心出具的环境损害检验报告中取虚拟治理成本的 6 倍，按照已生效的莱州市人民法院（2016）鲁 0683 刑初 136 号刑事判决书认定的偷排酸洗废水 60 吨的数额计算，造成的生态损害修复费用为 72 万元，即单位虚拟治理成本 2000 元/t×60t×6 倍 = 72 万元具有事实和法律依据，并无不当。

二、关于侵权责任问题

《中华人民共和国侵权责任法》第六十五条规定，"因污染环境造成损害的，污染者应当承担侵权责任。"第六十六条规定，"因污染环境发生纠纷，污染者应当就法律规定的不承担责任或者减轻责任的情形及其行为与损害之间不存在因果关系承担举证责任。"山东省莱州市人民法院作出的（2016）鲁 0683 刑初 136 号刑事判决书认定王振殿、马群凯实施的环境污染行为与所造成的环境污染损害后果之间存在因果关系，王振殿、马群凯对此没有异议，并且已经发生法律效力。根据《中华人民共和国环境保护法》第六十四条、《中华人民共和国侵权责任法》第八条、第六十五条、第六十六条、《最高人民法院关于审理环境侵权责任纠纷案件适用法律若干问题的解释》第十四条之规定，王振殿、马群凯应当对其污染环境造成社会公共利益受到损害的行为承担侵权责任。

最高人民法院指导案例(128 号)

李劲诉华润置地(重庆)有限公司环境污染责任纠纷案

(最高人民法院审判委员会讨论通过　2019 年 12 月 26 日发布)

【关键词】

民事　环境污染责任　光污染　损害认定　可容忍度

【裁判要点】

由于光污染对人身的伤害具有潜在性、隐蔽性和个体差异性等特点,人民法院认定光污染损害,应当依据国家标准、地方标准、行业标准,是否干扰他人正常生活、工作和学习,以及是否超出公众可容忍度等进行综合认定。对于公众可容忍度,可以根据周边居民的反应情况、现场的实际感受及专家意见等判断。

【相关法条】

1.《中华人民共和国侵权责任法》第 65 条、第 66 条

2.《中华人民共和国环境保护法》第 42 条第 1 款

【基本案情】

原告李劲购买位于重庆市九龙坡区谢家湾正街×小区×幢×-×-×的住宅一套,并从 2005 年入住至今。被告华润置地(重庆)有限公司开发建设的万象城购物中心与原告住宅相隔一条双向六车道的公路,双向六车道中间为轻轨线路。万象城购物中心与原告住宅之间无其他遮挡物。在正对原告住宅的万象城购物中心外墙上安装有一块 LED 显示屏用于播放广告等,该 LED 显示屏广告位从 2014 年建成后开始投入运营,每天播放宣传资料及视频广告等,其产生强光直射入原告住宅房间,给原告的正常生活造成影响。

2014 年 5 月,原告小区的业主向市政府公开信箱投诉反映:从 5 月 3 日开始,谢家湾华润二十四城的万象城的巨型 LED 屏幕开始工作,LED 巨屏的强光直射进其房间,造成严重的光污染,并且宣传片的音量巨大,影响了其日常生活,希望有关部门让万象城减小音量并且调低 LED 屏幕亮度。2014 年 9 月,黄杨路×小区居民向市政府公开信箱投诉反映:万象城有块巨型 LED 屏幕通宵播放资料广告,产生太强光线,导致夜间无法睡眠,无法正常休息。万象城大屏夜间光污染严重影响周边小区高层住户,请相关部门解决,禁止夜间播放,或者禁止通宵播放,只能在晚上八点前播放,并调低亮度。2018 年 2 月,原告小区的住户向市政府公开信箱投诉反映:万象城户外广告大屏

就是住户的噩梦,该广告屏每天播放视频广告,光线极强还频繁闪动,住在对面的业主家里夜间如同白昼,严重影响老人和小孩的休息,希望相关部门尽快对其进行整改。

本案审理过程中,人民法院组织原、被告双方于 2018 年 8 月 11 日晚到现场进行了查看,正对原告住宅的一块 LED 显示屏正在播放广告视频,产生的光线较强,可直射入原告住宅居室,当晚该 LED 显示屏播放广告视频至 20 时 58 分关闭。被告公司员工称该 LED 显示屏面积为 160 ㎡。

就案涉光污染问题是否能进行环境监测的问题,人民法院向重庆市九龙坡区生态环境监测站进行了咨询,该站负责人表示,国家与重庆市均无光污染环境监测方面的规范及技术指标,所以监测站无法对光污染问题开展环境监测。重庆法院参与环境资源审判专家库专家、重庆市永川区生态环境监测站副站长也表示从环保方面光污染没有具体的标准,但从民事法律关系的角度,可以综合其余证据判断是否造成光污染。从本案原告提交的证据看,万象城电子显示屏对原告的损害客观存在,主要体现为影响原告的正常休息。就 LED 显示屏产生的光辐射相关问题,法院向重庆大学建筑城规学院教授、中国照明学会副理事长以及重庆大学建筑城规学院高级工程师、中国照明学会理事等专家作了咨询,专家表示,LED 的光辐射一是对人有视觉影响,其中失能眩光和不舒适眩光对人的眼睛有影响;另一方面是生物影响:人到晚上随着光照强度下降,渐渐入睡,是褪黑素和皮质醇两种激素发生作用的结果——褪黑素晚上上升、白天下降,皮质醇相反。如果光辐射太强,使人生物钟紊乱,长期就会有影响。另外 LED 的白光中有蓝光成分,蓝光对人的视网膜有损害,而且不可修复。但户外蓝光危害很难检测,时间、强度的标准是多少,有待标准出台确定。关于光照亮度对人的影响,有研究结论认为一般在 400cd/㎡ 以下对人的影响会小一点,但动态广告屏很难适用。对于亮度的规范,不同部门编制的规范对亮度的限值不同,但 LED 显示屏与直射的照明灯光还是有区别,以 LED 显示屏的相关国家标准来认定比较合适。

【裁判结果】

重庆市江津区人民法院于 2018 年 12 月 28 日作出（2018）渝 0116 民初 6093 号判决：一、被告华润置地（重庆）有限公司从本判决生效之日起，立即停止其在运行重庆市九龙坡区谢家湾正街万象城购物中心正对原告李劲位于重庆市九龙坡区谢家湾正街×小区×幢住宅外墙上的一块 LED 显示屏时对原告李劲的光污染侵害：1. 前述 LED 显示屏在 5 月 1 日至 9 月 30 日期间开启时间应在 8：30 之后，关闭时间应在 22：00 之前；在 10 月 1 日至 4 月 30 日期间开启时间应在 8：30 之后，关闭时间应在 21：50 之前。2. 前述 LED 显示屏在每日 19：00 后的亮度值不得高于 600cd/㎡。二、驳回原告李劲的其余诉讼请求。一审宣判后，双方当事人均未提出上诉，判决已发生法律效力。

【裁判理由】

法院生效裁判认为：保护环境是我国的基本国策，一切单位和个人都有保护环境的义务。《中华人民共和国民法总则》第九条规定："民事主体从事民事活动，应当有利于节约资源、保护生态环境。"《中华人民共和国物权法》第九十条规定："不动产权利人不得违反国家规定弃置固体废物，排放大气污染物、水污染物、噪声、光、电磁波辐射等有害物质。"《中华人民共和国环境保护法》第四十二条第一款规定："排放污染物的企业事业单位和其他生产经营者，应当采取措施，防治在生产建设或者其他活动中产生的废气、废水、废渣、医疗废物、粉尘、恶臭气体、放射性物质以及噪声、振动、光辐射、电磁辐射等对环境的污染和危害。"本案系环境污染责任纠纷，根据《中华人民共和国侵权责任法》第六十五条规定："因污染环境造成损害的，污染者应当承担侵权责任。"环境污染侵权责任属特殊侵权责任，其构成要件包括以下三个方面：一是污染者有污染环境的行为；二是被侵权人有损害事实；三是污染者污染环境的行为与被侵权人的损害之间有因果关系。

一、关于被告是否有污染环境的行为

被告华润置地（重庆）有限公司作为万象城购物中心的建设方和经营管理方，其在正对原告住宅的购物中心外墙上设置 LED 显示屏播放广告、宣传资料等，产生的强光直射进入原告的住宅居室。根据原告提供的照片、视频资料等证据，以及组织双方当事人到现场查看的情况，可以认定被告使用 LED 显屏播放广告、宣传资料等所产生的强光已超出了一般公众普遍可容忍的范围，就大众的认知规律和切身感受而言，该强光会严重影响相邻人群的正常工作和学习，干扰周围居民正常生活和休息，已构成由强光引起的光污染。被告使用 LED 显示屏播放广告、宣传资料等造成光污染的行为已构成污染环境的行为。

二、关于被侵权人的损害事实

环境污染的损害事实主要包含了污染环境的行为致使当事人的财产、人身受到损害以及环境受到损害的事实。环境污染侵权的损害后果不同于一般侵权的损害后果，不仅包括症状明显并可计量的损害结果，还包括那些症状不明显或者暂时无症状且暂时无法用计量方法反映的损害结果。本案系光污染纠纷，光污染对人身的伤害具有潜在性和隐蔽性等特点，被侵权人往往在开始受害时显露不出明显的受损害症状，其所遭受的损害往往暂时无法用精确的计量方法来反映。但随着时间的推移，损害会逐渐显著。参考本案专家意见，光污染对人的影响除了能够感知的对视觉的影响外，太强的光辐射会造成人生物钟紊乱，短时间看不出影响，但长期会带来影响。本案中，被告使用 LED 显示屏播放广告、宣传资料等所产生的强光，已超出了一般人可容忍的程度，影响了相邻居住的原告等居民的正常生活和休息。根据日常生活经验法则，被告运行 LED 显示屏产生的光污染势必会给原告等人的身心健康造成损害，这也为公众普遍认可。综上，被告运行 LED 显示屏产生的光污染已致使原告居住的环境权益受损，并导致原告的身心健康受到损害。

三、被告是否应承担污染环境的侵权责任

《中华人民共和国侵权责任法》第六十六条规定："因污染环境发生纠纷，污染者应当就法律规定的不承担责任或者减轻责任的情形及其行为与损害之间不存在因果关系承担举证责任。"本案中，原告已举证证明被告有污染环境的行为及原告的损害事实。被告需对其在本案中存在法律规定的不承担责任或者减轻责任的情形，或被告污染行为与损害之间不存在因果关系承担举证责任。但被告并未提交证据对前述情形予以证实，对此被告应承担举证不能的不利后果，应承担污染环境的侵权责任。根据《最高人民法院关于审理环境侵权责任纠纷案件适用法律若干问题的解释》第十三条规定："人民法院应当根据被侵权人的诉讼请求以及具体案情，合理判定污染者承担停止侵害、排除妨碍、消除危险、恢复原状、赔礼道歉、赔偿损失等民事责任。"环境侵权的损害不同于一般的人身损害和财产损害，对侵权行为人承担的侵权责任有其独特的要求。由于环境侵权是通过环境这一媒介侵害到一定地区不特定的多数人的人身、财产权益，而且一旦出现可用计量方法反映的损害，其后果往往已无法弥补和消除。因此在环境侵权中，侵权行为人实施了污染环境的行为，即使还未出现可计量的损害后果，即应承担相应的侵权责任。本案中，从市民的投诉反映看，被告作为万象城购物中心的经营管理者，其在生产经营过程中，理应认识到使用 LED 显示屏播放广告、宣传资料等发出的强光会对居住在对面以及周围住宅小区的原告等人造成影响,并负有采取必要措施以减少对原告等人影响的义务。但被告仍然一直使用 LED 显示屏播放广告、宣传资料等,其产生的强光明显超出了一般人可容忍的程度,构成光

污染,严重干扰了周边人群的正常生活,对原告等人的环境权益造成损害,进而损害了原告等人的身心健康。因此即使原告尚未出现明显症状,其生活受到光污染侵扰,环境权益受到损害也是客观存在的事实,故被告应承担停止侵害、排除妨碍等民事责任。

最高人民法院指导案例(215 号)

昆明闽某纸业有限责任公司等污染环境刑事附带民事公益诉讼案

(最高人民法院审判委员会讨论通过 2023 年 10 月 20 日发布)

【关键词】

刑事 刑事附带民事公益诉讼 环境污染 单位犯罪 环境侵权债务 公司法人人格否认 股东连带责任

【裁判要点】

公司股东滥用公司法人独立地位、股东有限责任,导致公司不能履行其应当承担的生态环境损害修复、赔偿义务,国家规定的机关或者法律规定的组织请求股东对此依照《中华人民共和国公司法》第二十条的规定承担连带责任的,人民法院依法应当予以支持。

【基本案情】

被告单位昆明闽某纸业有限公司(以下简称闽某公司)于 2005 年 11 月 16 日成立,公司注册资本 100 万元。黄某海持股 80%,黄某芬持股 10%,黄某龙持股 10%。李某城系闽某公司后勤厂长。闽某公司自成立起即在长江流域金沙江支流螳螂川河道一侧埋设暗管,接至公司生产车间的排污管道,用于排放生产废水。经鉴定,闽某公司偷排废水期间,螳螂川河道内水质指标超基线水平 13.0 倍-239.1 倍,上述行为对螳螂川地表水环境造成污染,共计减少废水污染治理设施运行支出 3009662 元,以虚拟治理成本法计算,造成环境污染损害数额为 10815021 元,并对螳螂川河道下游金沙江生态流域功能造成一定影响。

闽某公司生产经营活动造成生态环境损害的同时,其股东黄某海、黄某芬、黄某龙还存在如下行为:1. 股东个人银行卡收公司应收资金共计 124642613.1 元,不作财务记载。2. 将属于公司财产的 9 套房产(市值 8920611 元)记载于股东及股东配偶名下,由股东无偿占有。3. 公司账簿与股东账簿不分,公司财产与股东财产、股东自身收益与公司盈利难以区分。闽某公司自案发后已全面停产,对公账户可用余额仅为 18261.05 元。

云南省昆明市西山区人民检察院于 2021 年 4 月 12 日公告了本案相关情况,公告期内未有法律规定的机关和有关组织提起民事公益诉讼。昆明市西山区人民检察院遂就上述行为对闽某公司、黄某海、李某城等提起公诉,并对该公司及其股东黄某海、黄某芬、黄某龙等人提起刑事附带民事公益诉讼,请求否认闽某公司独立地位,由股东黄某海、黄某芬、黄某龙对闽某公司生态环境损害赔偿承担连带责任。

【裁判结果】

云南省昆明市西山区人民法院于 2022 年 6 月 30 日以(2021)云 0112 刑初 752 号刑事附带民事公益诉讼判决,认定被告单位昆明闽某纸业有限公司犯污染环境罪,判处罚金人民币 2000000 元;被告人黄某海犯污染环境罪,判处有期徒刑三年六个月,并处罚金人民币 500000 元;被告人李某城犯污染环境罪,判处有期徒刑三年六个月,并处罚金人民币 500000 元;被告单位昆明闽某纸业有限公司在判决生效后十日内承担生态环境损害赔偿人民币 10815021 元,以上费用付至昆明市环境公益诉讼救济专项资金账户用于生态环境修复;附带民事公益诉讼被告昆明闽某纸业有限公司在判决生效后十日内支付昆明市西山区人民检察院鉴定检测费用合计人民币 129500 元。附带民事公益诉讼被告黄某海、黄某芬、黄某龙对被告昆明闽某纸业有限公司负担的生态环境损害赔偿和鉴定检测费用承担连带责任。

宣判后,没有上诉、抗诉,一审判决已发生法律效力。案件进入执行程序,目前可供执行财产价值已覆盖执行标的。

【裁判理由】

法院生效裁判认为:企业在生产经营过程中,应当承担合理利用资源、采取措施防治污染、履行保护环境的社会责任。被告单位闽某公司无视企业环境

保护社会责任,违反国家法律规定,在无排污许可的前提下,未对生产废水进行有效处理并通过暗管直接排放,严重污染环境,符合《中华人民共和国刑法》第三百三十八条之规定,构成污染环境罪。被告人黄某海、李某城作为被告单位闽某公司直接负责的主管人员和直接责任人员,在单位犯罪中作用相当,亦应以污染环境罪追究其刑事责任。闽某公司擅自通过暗管将生产废水直接排入河道,造成高达 10815021 元的生态环境损害,并对下游金沙江生态流域功能也造成一定影响,其行为构成对环境公共利益的严重损害,不仅需要依法承担刑事责任,还应承担生态环境损害赔偿民事责任。

附带民事公益诉讼被告闽某公司在追求经济效益的同时,漠视对环境保护的义务,致使公司生产经营活动对环境公共利益造成严重损害后果,闽某公司承担的赔偿损失和鉴定检测费用属于公司环境侵权债务。

由于闽某公司自成立伊始即与股东黄某海、黄某芬、黄某龙之间存在大量、频繁的资金往来,且三人均有对公司财产的无偿占有,与闽某公司已构成人格高度混同,可以认定属《中华人民共和国公司法》第二十条第三款规定的股东滥用公司法人独立地位和股东有限责任的行为。现闽某公司所应负担的环境侵权债务合计 10944521 元,远高于闽某公司注册资本 1000000 元,且闽某公司自案发后已全面停产,对公账户可用余额仅为 18261.05 元。上述事实表明黄某海、黄某芬、黄某龙与闽某公司的高度人格混同已使闽某公司失去清偿其环境侵权债务的能力,闽某公司难以履行其应当承担的生态环境损害赔偿义务,符合《中华人民共和国公司法》第二十条第三款规定的股东承担连带责任之要件,黄某海、黄某芬、黄某龙应对闽某公司的环境侵权债务承担连带责任。

【相关法条】

1.《中华人民共和国长江保护法》第 93 条

2.《中华人民共和国民法典》第 83 条、第 1235 条

3.《中华人民共和国公司法》第 20 条

司法解释总名录①

总　则

最高人民法院关于审理民事案件适用诉讼时效制度若干问题的规定(2020 年 12 月 23 日)
最高人民法院关于适用《中华人民共和国民法典》时间效力的若干规定(2020 年 12 月 29 日)
最高人民法院关于适用《中华人民共和国民法典》总则编若干问题的解释(2022 年 2 月 24 日)

物　权

最高人民法院关于适用《中华人民共和国民法典》物权编的解释(一)(2020 年 12 月 29 日)
最高人民法院关于审理建筑物区分所有权纠纷案件适用法律若干问题的解释(2020 年 12 月 23 日)
最高人民法院关于适用《中华人民共和国民法典》有关担保制度的解释(2020 年 12 月 31 日)

合　同

最高人民法院关于适用《中华人民共和国民法典》合同编通则若干问题的解释(2023 年 12 月 4 日)
最高人民法院关于审理买卖合同纠纷案件适用法律问题的解释(2020 年 12 月 23 日)
最高人民法院关于审理商品房买卖合同纠纷案件适用法律若干问题的解释(2020 年 12 月 23 日)
最高人民法院关于审理建设工程施工合同纠纷案件适用法律问题的解释(一)(2020 年 12 月 29 日)
最高人民法院关于审理技术合同纠纷案件适用法律若干问题的解释(2020 年 12 月 23 日)
最高人民法院关于审理城镇房屋租赁合同纠纷案件具体应用法律若干问题的解释(2020 年 12 月 23 日)
最高人民法院关于审理融资租赁合同纠纷案件适用法律问题的解释(2020 年 12 月 23 日)
最高人民法院关于审理民间借贷案件适用法律若干问题的规定(2020 年 12 月 23 日)

婚姻家庭

最高人民法院关于适用《中华人民共和国民法典》婚姻家庭编的解释(一)(2020 年 12 月 29 日)

继　承

最高人民法院关于适用《中华人民共和国民法典》继承编的解释(一)(2020 年 12 月 29 日)

侵权责任

最高人民法院关于适用《中华人民共和国民法典》侵权责任编的解释(一)(2024 年 9 月 25 日)
最高人民法院关于确定民事侵权精神损害赔偿责任若干问题的解释(2020 年 12 月 23 日)
最高人民法院关于审理人身损害赔偿案件适用法律若干问题的解释(2022 年 2 月 15 日)
最高人民法院关于审理利用信息网络侵害人身权益民事纠纷案件适用法律若干问题的规定(2020 年 12 月 23 日)
最高人民法院关于审理道路交通事故损害赔偿案件适用法律若干问题的解释(2020 年 12 月 23 日)

---

① 司法解释的重点内容,在本书中用相关法条的形式在主法条之后收录,故不再单列。画线内容为主观题考试法条检索关键词。

图书在版编目（CIP）数据

2025 国家统一法律职业资格考试法律法规汇编：指导性案例书 . 民法 / 拓朴法考组编 . -- 北京：中国法制出版社，2025.1

ISBN 978-7-5216-4293-3

Ⅰ . ①2… Ⅱ . ①拓… Ⅲ . ①民法-汇编-中国-资格考试-自学参考资料 Ⅳ . ①D920.9

中国国家版本馆 CIP 数据核字（2024）第 048396 号

策划编辑：李连宇
责任编辑：李连宇 　　　　　　　　　　　　　　　　　　封面设计：拓　朴

2025 国家统一法律职业资格考试法律法规汇编：指导性案例书 . 民法
2025 GUOJIA TONGYI FALÜ ZHIYE ZIGE KAOSHI FALÜ FAGUI HUIBIAN：ZHIDAOXING ANLISHU. MINFA
组编 / 拓朴法考
经销 / 新华书店
印刷 / 三河市华润印刷有限公司
开本 / 787 毫米×1092 毫米　16 开 　　　　　　　　印张 / 16.5　字数 / 580 千
版次 / 2025 年 1 月第 1 版 　　　　　　　　　　　2025 年 1 月第 1 次印刷

中国法制出版社出版
书号 ISBN 978-7-5216-4293-3 　　　　　　　　　　　　　　　　定价：51.00 元

北京市西城区西便门西里甲 16 号西便门办公区
邮政编码：100053 　　　　　　　　　　　　　　　传真：010-63141600
网址：**http：//www. zgfzs. com** 　　　　　　　　　编辑部电话：**010-63141811**
市场营销部电话：**010-63141612** 　　　　　　　　印务部电话：**010-63141606**

如有印装质量问题，请与本社印务部联系。
本书二维码内容由拓朴法考提供，用于服务广大考生，有效期截至 2025 年 12 月 31 日。